**Deutschland und Luxemburg
Einwohner**
Deutschland (2013): 80,5 Mio
Luxemburg (2013): 537 000

Österreich

Einwohner (2013): 8,5 Mio

0 · 25 · 50 Meilen
0 · 25 · 50 Kilometer

DEUTSCHLAND

TSCHECHIEN

SLOWAKEI

Gmünd
Horn
Krems
Donau
WIEN
Linz
Melk
Sankt Pölten
Wien
OBERÖSTERREICH
Amstetten
Baden
NIEDERÖSTERREICH
Neusiedler See
Gmunden
Eisenstadt
Salzburg
Bad Ischl
Wiener Neustadt
Hallstatt
Liezen
Mariazell
BURGENLAND
Bodensee
Bregenz
Enns
STEIERMARK
Bruck an der Mur
Oberwart
VORARLBERG
Reutte
Kufstein
Sankt Johann in Tirol
Feldkirch
Wörgl
Bischofshofen
St. Anton am Arlberg
Kitzbühel
Zell am See
Innsbruck
Radstadt
Güssing
Landeck
Inn
Bruck
SALZBURG
Sankt Georgen ob Judenburg
DIE
TIROL
Mauterndorf
Graz
Mur
SCHWEIZ
Osttirol
(zu Tirol)
SÜDTIROL
Lienz
Spittal an der Drau
Feldkirchen
UNGARN
Meran
Drau
KÄRNTEN
Klagenfurt
Bozen
Villach
Wörther See
ITALIEN
SLOWENIEN

FRANKREICH

DEUTSCHLAND

0 · 25 · 50 Meilen
0 · 25 · 50 Kilometer

Rhein
SCHAFFHAUSEN
Schaffhausen
APPENZELL
AUSSERRHODEN
BASEL
(STADT)
THURGAU
Kreuzlingen
Basel
Rhein
Frauenfeld
Bodensee
Liestal
Winterthur
St. Gallen
St. Margrethen
BERN
BASEL
(LAND)
Baden
AARGAU
ZÜRICH
Herisau
Delémont
Zürich
APPENZELL
JURA
SOLOTHURN
Aarau
Reuss
INNERRHODEN
Solothurn
Aare
Zürichsee
SANKT GALLEN
Vaduz
JURA
Biel
LUZERN
Zug
Einsiedeln
ÖSTERREICH
ZUG
LIECHTENSTEIN
NEUENBURG
BERN
Vierwaldstätter See
SCHWYZ
Glarus
Neuchâtel
BERNER
Luzern
Schwyz
GLARUS
Chur
Neuenburger See
OBERLAND
Samen
NIDWALDEN
Braunwald
Klosters-Serneus
Bern
Aare
OBWALDEN
Altdorf
Davos
Fribourg
Engelberg
URI
Rhein
Thun
Brienz
Andermatt
Disentis
GRAUBÜNDEN
WAADT
FREIBURG
Thunersee
Brienzersee
Interlaken
Lausanne
Jungfrau
Grindelwald
Montreux
Jungfraujoch
St. Moritz
Inn
Genfer See
Brig
Tessin
TESSIN
Gstaad
Rotten
Bellinzona
GENF
Sion
Locarno
Genf
WALLIS
Zermatt
Lugano
Rhône
Matterhorn
Lago
Maggiore

ITALIEN

Die Schweiz
und Liechtenstein
Einwohner

Schweiz (2013): 8,0 Mio
Liechtenstein (2013): 37 000

What's New to the Seventh Edition

- *Deutsch: Na klar!* Seventh Edition offers **powerful digital tools: Connect German** is McGraw-Hill's digital platform that houses the eBook, the Workbook / Laboratory Manual activities, integrated audio and video, peer-editing writing tools, and voice tools, all of which vastly improve the quality of students' out-of-class work.

- **McGraw-Hill LearnSmart**® is the only super-adaptive learning tool on the market that is proven to significantly improve students' course outcomes. As students work through each chapter's vocabulary and grammar modules, **LearnSmart** identifies the areas that students are struggling with most and provides them with the practice they need to master them. **LearnSmart** gives each student a unique learning experience tailored just for him or her. The **LearnSmart** mobile app allows students to study anytime and anywhere!

- The Seventh Edition features expanded coverage of culture with *thirty* **Kulturjournal** cultural readings and numerous **Kulturspot** boxes. The **Kulturjournal** is a longer cultural reading that focuses on chapter-relevant topics. Each chapter features two such readings, accompanied by eye-catching imagery and discussion questions. These texts deal with cultural topics in some depth, and are thus formulated at the appropriate linguistic level, in English at first, but all in German beginning in **Kapitel 4.** The **Kulturspot** is a shorter feature that highlights interesting and relevant cultural tidbits at relevant points in the chapter. In addition, many language activities incorporate a great deal of cultural content. These are now called out with a small icon of the flags of Germany, Austria, and Switzerland. Together with the cultural components inherent in many language and grammar activities, the presentation of German culture in *Deutsch: Na klar!* is unsurpassed.

- An all-new *Deutsch: Na klar!* video and the accompanying **Videoclips** activities expose students to the sounds of a variety of German speakers from many different regions. Every fifth chapter the **Videoclips** section provides review segments and activities that recycle and spiral topics and vocabulary from the preceding chapters.

- An online *Guide to Grammar Terms* provides additional grammar help for students. It is coupled with point-of-use references in the student text.

- Three new readings have been selected: In **Kapitel 8,** students read tips from a fitness guru on the best way to exercise and stay fit; in **Kapitel 11,** a young German describes his year spent as a volunteer before starting a career; and in **Kapitel 13,** we read what various young people say about how they use the Internet and other technology devices.

- In **Kapitel 13 "Medien und Technik,"** there are now three **Themen** instead of two.

- Every chapter offers more open-ended and interactive tasks to help students to better develop their communicative skills and strategies.

- Page layout has been improved with a more user-friendly arrangement of materials. Even more colorful visuals and interesting imagery, as well as a colorful new design, enhance and simplify navigation and use of the book.

- The print *Workbook* and *Laboratory Manual* have been integrated into a single volume to make these supplements more user-friendly.

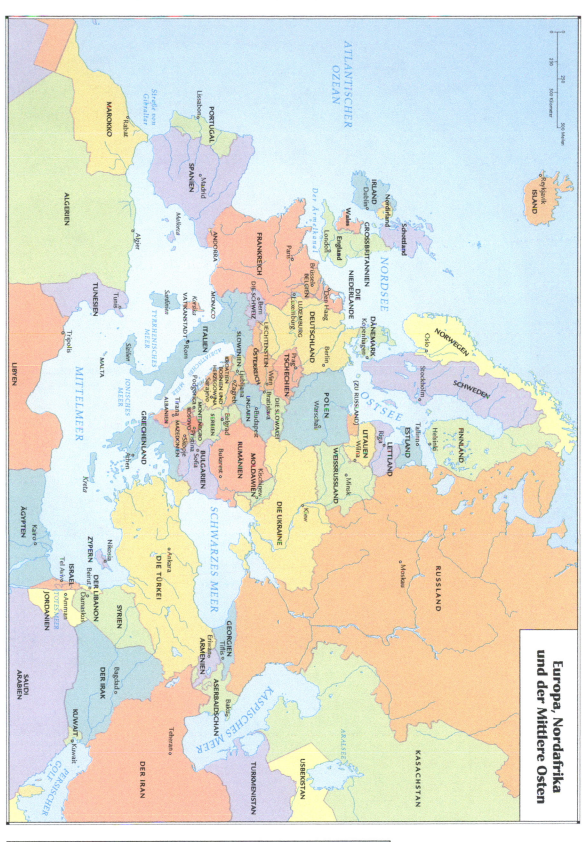

Europa, Nordafrika und der Mittlere Osten

EU-LÄNDER (2013)	EINWOHNER (2013) Millionen
Belgien	11,2
Bulgarien	7,3
Dänemark	5,6
Deutschland	80,5
Estland	1,3
Finnland	5,4
Frankreich	65,6
Griechenland	11,1
Großbritannien	63,9
Irland	4,6
Italien	59,7
Kroatien	4,3
Lettland	2,0
Litauen	3,0
Luxemburg	0,5
Malta	0,4
die Niederlande	16,8
Österreich	8,5
Polen	38,5
Portugal	10,5
Rumänien	20,0
Schweden	9,6
die Slowakei	5,4
Slowenien	2,1
Spanien	46,7
Tschechien	10,5
Ungarn	9,9
Zypern	0,9
GESAMT	505,7

Seventh Edition

Deutsch: Na klar!
An Introductory German Course

Robert Di Donato
Miami University
Oxford, Ohio

Monica D. Clyde

Mc Graw Hill Education

DEUTSCH: NA KLAR!, SEVENTH EDITION

1 2 3 4 5 6 7 8 9 0 DOW/DOW 1 0 9 8 7 6 5

Student Edition
ISBN 978-0-07-338635-5
MHID 0-07-338635-9

Annotated Instructor's Edition
ISBN 978-1-259-28945-3
MHID 1-259-28945-1

Senior Vice President, Products & Markets: *Kurt L. Strand*
Vice President, General Manager, Products & Markets: *Michael Ryan*
Vice President, Content Design & Delivery: *Kimberly Meriwether David*
Managing Director: *Katie Stevens*
Senior Brand Manager: *Kimberley Sallee*
Senior Product Developer: *Susan Blatty*
Product Developer: *Paul Listen*
Senior Market Development Manager: *Helen Greenlea*
Executive Marketing Manager: *Craig Gill*
Senior Faculty Development Manager: *Jorge Arbujas*
Marketing Manager: *Chris Brown*
Editorial Coordinator: *Caitlin Bahrey*
Marketing Specialist: *Leslie Briggs*
Senior Director of Digital Content: *Janet Banhidi*
Senior Digital Product Developer: *Laura Ciporen*
Digital Product Analyst: *Sarah Carey*
Director, Content Design & Delivery: *Terri Schiesl*
Program Manager: *Kelly Heinrichs*
Content Project Managers: *Sheila M. Frank, Amber Bettcher*
Buyer: *Susan K. Culbertson*
Design: *Trevor Goodman*
Content Licensing Specialists: *Beth A. Thole, Lori Hancock*
Cover Image: *Sony Centre, Berlin, Germany ©John Harper*
Compositor: *Lumina Datamatics, Inc.*
Typeface: *10/12 Times LT Std*
Printer: *R. R. Donnelley*

Library of Congress Cataloging-in-Publication Data

Di Donato, Robert.
   Deutsch: Na klar! : an introductory German course / Robert Di Donato, Miami University, Oxford, Ohio;
Monica D. Clyde, St. Mary's College of California, Moraga, California. — Seventh Edition.
      p. cm.
   Includes index.
   ISBN 0-07-338635-9 (alk. paper) — ISBN 978-1-259-28945-3 (alk. paper) — ISBN 1-259-28945-1
(alk. paper)   1. German language—Grammar.   2. German language—Textbooks for foreign speakers—
English.   3. German language—Sound recordings for English speakers.   I. Clyde, Monica.   II. Title.
   PF3112.D48 2015
   438.2'421—dc23
                                                                          2014022196

www.mhhe.com

Contents

Contents **xiii**

Preface

Willkommen bei *Deutsch: Na klar!* Welcome to the Seventh Edition of *Deutsch: Na klar!* with its new and exciting pedagogical features and its innovative digital learning resources **McGraw-Hill Connect® German** and **McGraw-Hill LearnSmart®**. *Deutsch: Na klar!* engages students with its unique integration of authentic materials and targeted listening and speaking activities, contemporary culture, and communicative building blocks, providing the tools they need to build a solid foundation in introductory German.

> "*Deutsch: Na klar!* is the best U.S.-based German language textbook on the market today."
> —Angela Ferguson, Samford University

The Seventh Edition of *Deutsch: Na klar!* builds on the tried-and-true features of the program:

- ▶ a flexible approach that immerses students in German language and culture, designed to suit a wide variety of teaching styles, methodologies, and classrooms;

- ▶ engaging video interviews on a variety of chapter topics featuring speakers from varying backgrounds;

- ▶ an emphasis on culture through a rich array of authentic visual and textual materials with accompanying activities and exercises;

- ▶ succinct grammar explanations practiced and reinforced by a wealth of exercises and activities;

- ▶ a commitment to the balanced development of both receptive skills (listening and reading) and productive skills (speaking and writing);

- ▶ abundant communicative activities, from controlled to open-ended, as well as many form-focused activities and exercises; and

- ▶ the promotion of meaningful acquisition of vocabulary and structures with considerable attention to accuracy.

These features support the core goals of the introductory German course—communicative and cultural competence—and lay the groundwork for student success.

> "*Deutsch: Na klar!* is a comprehensive introductory German program that is easy to incorporate in the classroom. It offers a variety of authentic German-language materials. Working with these items helps to develop the students' ability to understand written and spoken German."
> —Emily Hackmann, University of Kansas

McGraw-Hill Connect® German and McGraw-Hill LearnSmart®

Ever evolving to meet the changing needs of instructors and students, *Deutsch: Na klar!* in its Seventh Edition has responded to feedback from users themselves. Employing a wide array of research tools, we identified a number of areas for potential innovation; the new program builds upon the success of the sixth edition with an expanded emphasis on culture, contemporary language, and current technology to create a truly communicative, interactive experience. On the digital side, this new edition offers **Connect German** and **LearnSmart,** with their unparalleled adaptive and digital learning resources. These powerful tools, now an integral part of the Seventh Edition, complement and support the goals of the *Deutsch: Na klar!* program and address the needs of the evolving introductory German course.

Communicative Competence

One of the major challenges of any introductory language course is to give each student ample exposure to the language and sufficient opportunity for speaking practice to inspire them to communicate with confidence with a reasonable degree of accuracy. In addition, instructors want their students to be able to understand both spoken and written German with a certain amount of detail and to be able to read with a certain degree of ease.

The *Deutsch: Na klar!* program supports these goals by engaging students with contemporary materials in print, audio, and video and presents students with the kinds of situations they would encounter in any German-speaking environment. The program has been carefully designed to have students communicate in a controlled way at first, then in a progressively more open-ended fashion on a variety of topics.

In **Connect German,** students have full access to the digitally enhanced eBook, the online *Workbook/Laboratory Manual* activities, **LearnSmart,** and all of the accompanying audio and video resources, giving them the ability to interact with the materials as often as they wish.

Each chapter of the *Deutsch: Na klar!* program contains the following exciting enhancements to promote communicative practice and competence:

- ▶ **Interactive vocabulary presentations (Wörter im Kontext)** with audio allow students to listen, record, and practice the new vocabulary at home.

- **Interactive textbook and workbook activities for vocabulary and grammar in Connect German,** many of which are auto-graded, give students the opportunity to complete their assignments and come to class better prepared to participate in paired and group activities.

- **Blackboard Instant Messaging™** provides the necessary tools for students to work in pairs online or to practice speaking together before coming to class.

- The **Voice Board** feature allows individuals to record their own voice as many times as they wish before they post their recording to which other students may respond.

In addition to the **Connect German** chapter resources, **LearnSmart** modules for vocabulary and grammar have been developed specifically for *Deutsch: Na klar!*. This powerful adaptive system helps students pinpoint their weaknesses and provides them with an individualized study program based on their results. Audio prompts for vocabulary and grammar help students strengthen both their listening and writing skills. All students, no matter their previous language experience, can benefit from using **LearnSmart,** which includes built-in reporting and a competitive scoreboard to increase student engagement. Our research has shown that students using **LearnSmart** have significantly improved their learning and course outcomes.

By using these powerful digital tools, students have myriad opportunities to build their communicative skills. By assigning **Connect German** and **LearnSmart,** instructors can save valuable class time for communication.

Cultural Competence

Another important goal of the first-year course is to introduce students to the rich cultures of German-speaking countries. Throughout the program, *Deutsch: Na klar!* reinforces and enhances students' exposure to the culture of German-speaking areas through the **Kulturjournale**. These cultural readings focus on chapter related topics and are accompanied by several discussion questions. They provide students the opportunity of exploring the chapter topic in more depth. Students are engaged in cross-cultural comparisons and analysis—they express opinions, summarize and synthesize texts, and narrate events—throughout the program. The program's meaningful and extensive cultural exploration of the German-speaking world is fully supported in **Connect German** through audio and video resources and interactive activities. Each video segment is accompanied by comprehension and cross-cultural comparison activities that encourage students to make connections between their culture and those of the German-speaking world.

The **Connect German** platform gives students the opportunity to interact with the cultural materials as often as they wish and engage them more fully in their language learning. As we see the modern German classroom changing, we are looking at teaching and learning in a different light. Our research shows that German instructors seek digital tools to extend learning outside of the classroom in more effective ways. The cutting-edge functionality of **Connect German** and **LearnSmart**

enables instructors to achieve their course goals using new online presentation activities, improved homework tools, and a better reporting feature. Together, **Connect German** and **LearnSmart** create a dynamic learning environment that presents communicative practice and rich cultural content as it motivates students to succeed regardless of the delivery platform.

Deutsch: Na klar! and the ACTFL Standards

> "*Deutsch: Na klar!* is based on ACTFL's Standards for Foreign Language Learning and contains activities that foster and encourage meaningful communication in German."
>
> —Teresa Bell, Brigham Young University

The five Cs of the National Standards—Communication, Connections, Culture, Comparisons, and Communities—developed by ACTFL in collaboration with a number of national language organizations (*Standards for Foreign Language Learning: Preparing for the 21st Century*) as well as the modes of language performance as presented in the ACTFL Performance Descriptors permeate every aspect of the *Deutsch: Na klar!* program. Each chapter provides abundant opportunities for communication and language acquisition in interpersonal, interpretive, and presentational modes. Every activity and exercise in *Deutsch: Na klar!* reflects at least one of the modes of the ACTFL Performance Standards. The **Kulturjournale** and many post-reading activities require students to interpret information and apply it in a new context. The **Zu guter Letzt** section of each chapter functions as a culminating activity directing students to use the vocabulary, grammar, and information from the chapter in a presentation (such as a podcast) on a specific aspect of the chapter topic. Interactive activities in a variety of contexts and situations in the **Wörter im Kontext, Grammatik im Kontext,** and **Sprache im Kontext** as well as the **Videoclips** section require students to negotiate meaning and therefore reinforce the interpersonal mode of communication. Although all of the activities in *Deutsch: Na klar!* relate in some way to the National Standards, in **Connect German,** activities that support these standards have been tagged, allowing instructors the flexibility to sort and select activities based on the standards they wish to emphasize in their own classrooms.

In summary, through its authentic materials, cultural features, readings, listening texts, communicative activities, grammar exercises, and innovative technology, *Deutsch: Na klar!* teaches students how to use German effectively in real-life situations and how to communicate successfully in the German-speaking world. We invite you to experience the new *Deutsch: Na klar!* program to see how our partnership with today's instructors and students has allowed us to identify and address some of the most common needs in today's German classrooms. Discover the power of *Deutsch: Na klar!'s* proven approach, enhanced by **LearnSmart** and our new digital platform **Connect German.**

Organization of the Text

The structure of *Deutsch: Na klar!* is simple yet effective. The program begins with a focus on the world of the learners, moves to the survival world helping them to function in the language in their immediate surroundings, and culminates in the world of issues and ideas. The **Einführung** and **Kapitel 1–4** focus on students and their world, following learners in their daily lives and teaching them to describe who they are and how they live and interact with friends and family. **Kapitel 5–10** concentrate on the survival world, helping students to navigate the world outside their most immediate surroundings. Here they learn to make purchases, to order in restaurants, to talk about what they do in their leisure time and how they keep fit and healthy, as well as words for places and activities when in a city or travelling. The last four chapters, **Kapitel 11–14,** focus on the world of issues and ideas. Students learn how German speakers talk about the world of work and the use of technology. They also learn about living in German-speaking countries and how German speakers entertain themselves and get their news and information.

Deutsch: Na klar! consists of a preliminary chapter (**Einführung**) and fourteen regular chapters. Each of the fourteen regular chapters has the following organization:

Section	Description
Alles klar?	Topic introduction and warm-up
Wörter im Kontext	Vocabulary presentations and activities
Themen 1, 2, (3)	
Kulturjournal	Cultural reading with discussion questions
Grammatik im Kontext	Grammar explanations and exercises
Kulturjournal	Cultural reading with discussion questions
Sprache im Kontext	
Videoclips	Video activities
Lesen	Chapter reading with pre- and post-reading tasks
Zu guter Letzt	Culminating activity
Wortschatz	Chapter vocabulary list
Das kann ich nun!	Brief chapter self-quiz

Program Supplements

Connect German, used in conjunction with *Deutsch: Na klar!, An Introductory German Course,* provides digital solutions for schools with face-to-face, hybrid, or 100% online modes. In addition to the interactive eBook, the complete *Workbook/Laboratory Manual* (combined in the Seventh Edition into one volume), and the audio and video resources

described on the preceding pages, some of the key administrative capabilities of **Connect German** include:

- ▶ the ability to customize syllabi and assignments to fit the needs of individual programs;
- ▶ an integrated gradebook with powerful reporting features;
- ▶ the ability to assign **LearnSmart** modules and monitor student progress;
- ▶ access to all instructor's resources, including the *Instructor's Manual, Connect German User's Guide,* premade exams, all audio scripts and video scripts, and a customizable testing program with audio for the online delivery of assessments; and
- ▶ access to McGraw-Hill **Tegrity®,** McGraw-Hill's proprietary video capture software that allows instructors to post short videos, tutorials, and lessons for student access outside of class.

Mobile Tools for Digital Success

Connect German is now mobile-enabled, allowing students to engage in their course material via the devices they use every day. Students can access the *Workbook/Laboratory Manual* activities, eBook, **LearnSmart,** video and audio resources on tablets.

MH Campus and Blackboard®: Integration of **MH Campus** and **Blackboard** simplifies and streamlines your course administration by integrating with your campus's Learning Management System. With features such as single sign-on for students and instructors, gradebook synchronization, and easy access to all of McGraw-Hill's language content (even from other market-leading titles not currently adopted for your course), teaching an introductory language course has never been simpler.

Workbook/Laboratory Manual: In the Seventh Edition, this supplement has been combined into one volume with the pronunciation and audio activities for each chapter (**Aussprache** and **Hören und Sprechen**) preceding the written ones (**Lesen und Schreiben**). This supplement provides conventional, drill-like practice of structures and vocabulary using a variety of written and audio activities. At the same time, each chapter includes open-ended personalization and journal activities that expand upon the chapter themes. The corresponding audio files are posted at **Connect German.**

The all-new *Deutsch: Na klar!* **Video Program** contains interviews with students at the Universität Leipzig who come from a wide variety of linguistic and cultural backgrounds. It is available in **Connect German** and on DVD.

The *Textbook Audio Program* contains material tied to the listening activities in the main text. This audio material is available free of charge in **Connect German.**

The *Laboratory Audio Program* is available online for users of the print *Workbook/Laboratory Manual.*

Acknowledgments

REVIEWERS

The authors and publisher would like to express their gratitude to the numerous instructors listed here, whose feedback contributed to the development of this program through their participation in focus groups, surveys, and chapter reviews. (Note that the inclusion of their names here does not necessarily constitute their endorsement of the program.)

Auburn University
Iulia Pittman
Barton Community College
Marlene Kabriel
Boston College
Ruth Sondermann
Bowling Green State University
Theodore Rippey
Brigham Young University
Teresa Bell
Central Michigan University
James W. Jones
Coastal Carolina University
John Littlejohn
Dartmouth College
Bruce Duncan
Konrad Kenkel
Franciscan University of Steubenville
Beate T. Engel-Doyle
Georgia State University
Robin Y. Huff
Hartwick College
Joseph M. Castine
Elena Todeva
Johns Hopkins University
Deborah Mifflin
Louisiana State University
Michael B. Dettinger
Lycoming College
Daniela Ribitsch
Macomb Community College
Olga A. Hiltunen

Miami University
Mila Ganeva
Mariana Ivanova
North Carolina Central University
Claudia A. Becker
Oberlin College
Sonja Boos
Elizabeth Hamilton
Steven R. Huff
Pasadena City College
James Keller
Samford University
Angela D. Ferguson
St. Cloud State University
Shawn C. Jarvis
Maria Mikolchak
University of Arizona
Albrecht Classen
University of California, Los Angeles
Christopher M. Stevens
University of Central Florida
MariaGrazia Spina
University of Central Missouri
Kristy Boney
University of Cincinnati
Susan Reinhardt
University of Dayton
Arthur Mosher
Ulrike Schellhammer
University of Florida
Sharon DiFino

University of Kansas
Emily Hackmann
University of Kentucky
Bradley Barr
Sarah Szczepanski
Benjamin Vogelpohl
Caitlin Wetsch
University of Massachusetts, Amherst
Maureen Gallagher
University of Massachusetts, Boston
Christine Schumann
University of North Carolina, Wilmington
Olga Trokhimenko
University of Oklahoma
Jacob M. Vidourek
University of San Diego
Christiane Staninger
University of Texas at Austin
Steven Bartels
Holly Brining
Jessica Plummer
Per Urlaub
Wayne State University
Felecia A. Lucht
Wesleyan University
Iris Bork-Goldfield
Wittenberg University
Timothy Bennett

We would also like to thank the many people who worked on this book behind the scenes, beginning with Arden Smith, who painstakingly compiled the German-English/English-German vocabularies, and Beth A. Thole and Sylvie Pittet, who secured reprint permissions for the realia and texts. We would also like to acknowledge Wolfgang Horsch for his engaging line drawings and cartoons.

We would also like to thank Lida Daves-Schneider for her contributions to the Third Edition, some of which remain in this new edition. Likewise, we want to acknowledge and thank Michael Conner at Texas State University for the instructor annotations he wrote for the Fifth Edition, which remain in this edition as well.

The authors wish to express gratitude to Nancy Grabow, Diablo Valley College, and Caralinda Lee, Saint Mary's College of California. Over the past few years, both of them have shared suggestions and made many useful comments regarding work on the new editions. We would also like to thank friends and colleagues at Miami University: Ruth Sanders, Mila Ganeva, Nicole Thesz, Mariana Ivanova, and Sascha Gerhards, who have used *Deutsch: Na klar!* over the years at different universities, shared their experiences with it, and contributed many suggestions for the new edition. Our thanks go as well to Bettina Lülsdorf, Uta Kalwa Bettin, Annette (Emmi) Unkelbach, Manfred Flügge, Ilsabeth Groetschel, and Mike Meisner for their special assistance in matters of German *Landeskunde* and language. Special thanks go to Milan Lülsdorf who was available day and night via Facebook to answer questions on *Landeskunde* and current German usage. We would also like to acknowledge the valuable contribution of Lena Renner who, as a university student in Berlin, provided valuable information on current student life in Germany. And finally a big thank you goes to Aer Saysamone who was a constant sounding board for new ideas, strategies, and activities responding tirelessly to the question "As a student of German, how would you react to . . . ?"

Our deepest gratitude goes to Paul Listen, our Product Developer, whose tireless efforts, interminable patience and welcome inspiration kept us organized and on track, provided us with the support we needed, and helped to make the Seventh Edition the best *Deutsch: Na klar!* yet. We also wish to acknowledge the editing, production, and art and design team at McGraw-Hill: Sheila M. Frank, Trevor Goodman, and Lori Hancock. Thanks also to Marie Deer for her wonderful copyediting and to Tina Schrader for her excellent proofreading, and to Craig Gill and Christopher Brown, and the rest of the McGraw-Hill marketing and sales staff, who have so actively promoted this book over the past six editions. Thanks to Lumina Datamatics for their careful composition of the book. Finally, we would like to express our gratitude to the McGraw-Hill editorial staff: our Managing Director, Katie Stevens, our Brand Manager, Kimberley Sallee, our Senior Product Developer, Susan Blatty, and Caitlin Bahrey and Leslie Briggs, our Product Development Coordinators. Special thanks are due to the former Editor in Chief Thalia Dorwick, whose belief in the project originally made it a reality, and whose constant support helped bring it to completion, and Erik Børve, whose vision made this book happen in the first place.

About the Authors

Robert Di Donato is Professor of German Studies at Miami University in Oxford, Ohio. He received his Ph.D. from The Ohio State University. He is the chief academic and series developer of *Fokus Deutsch,* a telecourse with accompanying texts and materials for teaching and learning German, produced by WGBH Television and the Annenberg Foundation, and coauthor of *The Big Yellow Book of German Verbs.* In addition to a number of articles on foreign language teaching methodology, he has also edited two volumes for the Central States Conference, written articles about language teaching methodology, and has given numerous keynote speeches, workshops, and presentations on teaching methods and teacher education both in the United States and abroad. He has won a number of awards for his work in language teaching and learning, including the Outstanding German Educator Award from the American Association of Teachers of German (AATG) and the Florence Steiner Award for Leadership in Foreign Language Education from the American Council on the Teaching of Foreign Languages (ACTFL). He was national president of AATG from 1986–1987.

Monica D. Clyde is a native of Düsseldorf. She received her Ph.D. in German literature from the University of California at Berkeley. She has taught German language and literature at Mills College, Cañada College, the Defense Language Institute, and the College of San Mateo. She was Director of Faculty Development and Scholarship at Saint Mary's College of California until her retirement in 2003. She coauthored *Texte und Kontexte* and was a contributor to *Mosaik: Deutsche Kultur und Literatur,* Third Edition, both intermediate college-level German textbooks. Her recent scholarly publication focuses on the history of Germans who came to the San Francisco area from the time of the Gold Rush up to World War I. She is currently president of the board of directors of the German School of the East Bay where she also teaches an advanced German course.

—Grüß dich! Geht's gut?
—Na klar!

Einführung

In diesem Kapitel

▶ **Themen:** Expressing greetings and farewells, getting acquainted, inquiring about someone's well-being, spelling in German, numbers, useful classroom expressions, cognates

▶ **Landeskunde:** Forms of address, postal codes and country abbreviations, German-speaking countries and their neighbors, the German language

Wie heißt du?

VIDEOCLIPS

Hallo! Guten Tag! Herzlich willkommen!
Internationale Studenten

Professor: **Guten Tag!*** **Herzlich willkommen! Mein Name ist** Pohle, Norbert Pohle. Und **wie ist Ihr Name?**

Sabine: Sabine Zimmermann.

Professor: Und Sie? **Wie heißen Sie?**

Antonio: **Ich heiße** Antonio Coletti.

Professor: Und **woher kommen Sie?**

Antonio: **Aus** Italien.

Safir: Und **ich bin** Safir Youssef. **Ich komme aus** Marokko.

Auf einer Party

Peter: **Grüß dich.** Ich heiße Peter Sedlmeier.

Katarina: **Hi!** Mein Name ist Katarina Steinmetz.

Peter: **Woher kommst du?**

Katarina: Aus Dresden. Und du?

Peter: Aus Rosenheim. Das ist in Bayern.

Katarina: **Freut mich!**

---

*New, active vocabulary is shown in bold print.

Ein Treffen° in Berlin

meeting

Herr Grote:	**Frau** Kühne, **das ist Herr** Yamamoto aus Tokio.
Frau Kühne:	Freut mich.
Herr Yamamoto:	Freut mich **auch.**
Herr Grote:	Frau Kühne kommt aus Österreich.

Sprach-Info

German speakers address one another as **Sie** or **du.** The formal **Sie** (*you*) is used with strangers and even coworkers and acquaintances. Family members and friends address one another with **du** (*you*), as do children and, generally, students. Close personal friends address one another with **du** and first names. Most adults address one another as **Herr** or **Frau** and use **Sie,** although some might use first names with **Sie.** Children and students address adults who are not family or friends with **Sie. Frau** is the standard title for all women, regardless of marital status.

Aktivität 1   *Sie* oder *du*?

Which form of address (**Sie** or **du**) …

1. would German children use with their teacher?
2. would a student use with an instructor?
3. is more appropriate among students?
4. would a child use with an aunt or uncle?
5. would a customer use with a salesperson?
6. should you use with any adult you do not know?
7. would a person use with a pet dog or cat?

Aktivität 2   Wie ist der Name?

Introduce yourself to several people in your class.

S1: Mein Name ist _____.
S2: Ich heiße _____.
S1: Woher kommst du?
S2: Aus _____. Und du?
S1: Aus _____.

Aktivität 3   Darf ich vorstellen?°

May I introduce?

Introduce a classmate to another.

BEISPIEL: Gina: Paul, das ist Chris.
Paul: Tag, Chris.
Chris: Hallo, Paul.

Wie schreibt man das?°

How is that spelled?

When you introduce yourself or give information about yourself, you may have to spell out words for clarification. In contrast to English, German follows fairly predictable spelling and pronunciation rules. You will gradually learn these rules throughout the course.

The German alphabet has the same twenty-six letters as the English alphabet, plus four other letters of its own. The four special German letters are written as follows. Note that the letter **ß** has no capital; **SS** is used instead.

Ä	ä	a-Umlaut: **Bär, Käse**
Ö	ö	o-Umlaut: **böse, hören**
Ü	ü	u-Umlaut: **müde, Süden**
	ß	sz („ess tsett"): **süß, Straße**

A pair of dots above a German vowel is called an "umlaut." Although this book refers to these vowels as **a-, o-,** or **u-Umlaut,** they are actually distinct letters. When spelling words, speakers of German refer to them as they are pronounced. Listen carefully to these vowels on the *Deutsch: Na klar!* audio recordings and in your instructor's pronunciation of them.

The alphabet house (**Buchstabenhaus**) below shows how German schoolchildren learn to write the letters of the alphabet. In addition to displaying individual letters, the **Buchstabenhaus** also practices frequently used letter combinations.

Aktivität 4 Das ABC

Repeat the letters of the German alphabet after your instructor.

Aktivität 5 B-E-R-L-I-N: So schreibt man das!°

That is how you spell it!

Listen as your instructor spells some common German words. Write the words as you hear them.

Aktivität 6 Wie bitte?°

I beg your pardon?

Introduce yourself to another student and spell your name.

BEISPIEL: **S1:** Mein Name ist _____.
 S2: Wie bitte?
 S1: (*repeat your name; then spell it in German*)
 S2: Ah, so!

Aktivität 7 Buchstabieren Sie!°

Spell!

Think of three German words, names, products, or company names you already know or choose three items from the list below. Then close your book. Without saying the word, spell it in German (**auf Deutsch**) for a classmate, who writes it down and says the word back to you.

Frankfurt

Autobahn

Supermarkt   Volkswagen

Lufthansa   Delikatessen

Radio   Kindergarten

Oktoberfest

Gesundheit   Einstein

Aktivität 8 Länder und Ländercodes

When traveling in Europe, you will often see country codes (**Ländercodes**) on the license plates of cars from different countries, for example "D" for Germany (**Deutschland**) as shown in the photo. Repeat the country names (**Länder**) listed below after your instructor. Then work with a partner and use the map to provide the country codes. Finally, indicate which countries are neighbors of Germany.

Land	Ländercode	Deutschlands Nachbarländer
Belgien	_____	☐
Dänemark	_____	☐
Deutschland	_____	☐
Frankreich	_____	☐
Großbritannien	_____	☐
Irland	_____	☐
Italien	_____	☐
die Niederlande	_____	☐
Österreich	_____	☐
Polen	_____	☐
Portugal	_____	☐
Russland	_____	☐
die Schweiz	_____	☐
Tschechien	_____	☐

Hallo! – Mach's gut!°

Take care!

How do people in German-speaking countries greet one another and say good-bye? Look at the following expressions and illustrations, and guess which ones are greetings and which ones are good-byes.

Hi! —Hallo!

German speakers use various formal and informal hellos and good-byes, depending on the situation and the person with whom they are speaking. Saying hello:

Formal	Casual	Use
guten Morgen	Morgen	*until about 10:00 A.M.*
guten Tag	Tag	*generally between 10:00 A.M. and early evening*
guten Abend	'n Abend*	*from about 5:00 P.M. on*
grüß Gott†	grüß Gott	*southern German and Austrian for* **guten Tag**
	grüß dich **hallo** **hi**	*greetings among young people any time*

Saying good-bye and good night:

Formal	Casual	Use
auf Wiedersehen	Wiederseh'n	*any time*
	mach's gut **tschüss**	*among young people, friends, and family*
gute Nacht	Nacht	*only at night*

Aktivität 9   Was sagt man?°

What do you say?

What would people say in the following circumstances? For most circumstances there are many possible options.

1. _____ your German instructor entering the classroom
2. _____ two students saying good-bye
3. _____ a person from Vienna greeting an acquaintance
4. _____ two students meeting at a café
5. _____ a mother as she turns off the lights in her child's room at night
6. _____ a student leaving a professor's office
7. _____ family members greeting one another in the morning

a. Gute Nacht!
b. Grüß dich!
c. Tschüss!
d. Mach's gut!
e. Guten Tag!
f. (Auf) Wiedersehen!
g. (Guten) Morgen!
h. Grüß Gott!
i. Hallo!/Hi!
j. Guten Abend!

Aktivität 10   Minidialoge

Complete the following short dialogues with an appropriate greeting or leave-taking.

1. A: _____ _____! Ich heiße Stefan. Wie heißt du?
   B: Ich heiße Fusün.

2. C: _____ _____. Mein Name ist Eva Schrittmeier.
   D: Und mein Name ist Georg Stillweg. Woher kommen Sie?
   E: Aus Stuttgart.

3. F: Wiederseh'n und gute _____, Jan.
   G: _____, Tarek, mach's _____!

---

*The **'n** before **Abend** is short for **guten.**

†*Lit.* Greetings in the name of God.

Na, wie geht's?°

So, how's it going?

German has several ways of asking *How are you?*

Wie geht es dir?⎫
Wie geht's? ⎭ *a family member or friend*

Wie geht es Ihnen, Herr Lindemann? *an acquaintance*

You can respond in a number of different ways.

¹Ich ... *I feel so beat!*

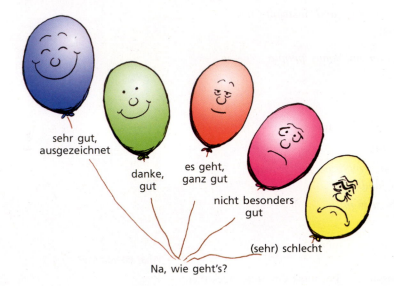

sehr gut, ausgezeichnet

danke, gut

es geht, ganz gut

nicht besonders gut

(sehr) schlecht

Na, wie geht's?

Kulturspot

German speakers will ask someone **Na, wie geht's?, Geht's gut?,** or **Wie geht es Ihnen?** only if they already know the person well. When you ask a native German speaker, be prepared for a detailed answer, particularly if the person is not feeling well. **Hi** or **Hallo, wie geht's?** is sometimes used as a general greeting among young people.

Aktivität 11   Wie geht's?

Listen as three pairs of people greet each other and conduct brief conversations. Indicate whether the statements below match what you hear.

	Ja	Nein
Dialog 1		
a. The conversation takes place in the morning.	☐	☐
b. The greetings are informal.	☐	☐
c. The man and the woman are both doing fine.	☐	☐
Dialog 2		
a. The two speakers must be from southern Germany or Austria.	☐	☐
b. The speakers are close friends.	☐	☐
c. Both of them are doing fine.	☐	☐
Dialog 3		
a. The two speakers know each other.	☐	☐
b. The man is feeling great.	☐	☐
c. They use a formal expression to say good-bye.	☐	☐

Aktivität 12   Und wie geht es dir?

Start a conversation chain by asking one classmate how he/she is.

BEISPIEL: S1: Na, Jorge, wie geht's?
S2: Danke, gut. Und wie geht es dir, Caitlin?
S3: Ausgezeichnet! Und wie geht's dir, …?

So zählt man auf Deutsch.°

This is how you count in German.

0 **null**	9 **neun**	18 **achtzehn**	90 **neunzig**
1 **eins**	10 **zehn**	19 **neunzehn**	100 **(ein)hundert**
2 **zwei**	11 **elf**	20 **zwanzig**	200 **zweihundert**
3 **drei**	12 **zwölf**	30 **dreißig**	300 **dreihundert**
4 **vier**	13 **dreizehn**	40 **vierzig**	1 000 **(ein)tausend**
5 **fünf**	14 **vierzehn**	50 **fünfzig**	2 000 **zweitausend**
6 **sechs**	15 **fünfzehn**	60 **sechzig**	3 000 **dreitausend**
7 **sieben**	16 **sechzehn**	70 **siebzig**	
8 **acht**	17 **siebzehn**	80 **achtzig**	

The numbers 21 through 99 are formed by combining the numbers 1–9 with 20–90.

21 einundzwanzig
22 zweiundzwanzig
23 dreiundzwanzig
24 vierundzwanzig
25 fünfundzwanzig
26 sechsundzwanzig
27 siebenundzwanzig
28 achtundzwanzig
29 neunundzwanzig

Bücherei am Münztor
Schongau

Blumenstr. 2

Telefon mit Anrufbeantworter
08861 - 9 37 86
Email buecherei_muenztor@web.de

The numbers *one* and *seven* are written as follows: 1   7

German uses a period or a space where English uses a comma.

1.000   7 000

In German-speaking countries, telephone numbers generally have a varying number of digits and may be spoken as follows:

0 24 36 71 → null zwei vier, drei sechs, sieben eins

[*or*] null, vierundzwanzig, sechsunddreißig, einundsiebzig

Aktivität 13　Wichtige Telefonnummern°

Important phone numbers

You will hear the telephone numbers for the following institutions. Write the numbers you hear in the appropriate spaces.

🚓	Polizei	
🚒	Feuerwehr/Rettung	
🏨	Hotel Traube am Bodensee	
ⓘ	Information Baden-Baden	
🎵	Schwarzwald Musikfestival	
🎫 EINTRITT	Theaterkarten in München	
🖼	Tourist-Information Weimar	
🎭	Staatsoper in Berlin	
🛩	Zeppelin Museum in Friedrichshafen	
🏛	Kulturhistorisches Museum Rostock	

Aktivität 14　Analyse: Adressen

Look over the examples of addresses (**Adressen**) from German-speaking countries. How do they differ from the way addresses are written in your country?

1. Locate the name of the street (**Straße**) and the town (**Stadt**).
2. Where is the house number (**Hausnummer**) placed? Where is the postal code (**Postleitzahl**) placed?
3. Can you guess what the **A** before **9020 Klagenfurt** and the **CH** before **8001 Zürich** represent?
4. Now say each address out loud.

Universitätsstraße 65–67
A-9020 Klagenfurt

VERKEHRSMUSEUM DRESDEN
Augustusstraße 1, 01067 Dresden · Tel. 0351/ 864 40 · Fax 0351/ 864 41 10
http://www.verkehrsmuseum.sachsen.de
e-mail: verkehrsmuseum@verkehrsmuseum.sachsen.de

Gebecke
Buchhandlung & Antiquariat
Bücher · Musikalien · Graphik
seit 1881
2698　www.antiquariat-gebecke.de
Pölkenstraße 3 · 06484 Quedlinburg

Buchantiquariat Benz
Adresse: Kirchgasse 7, CH-8001 Zürich
Telefon: ++41 (44) 261 57 50
E-Mail: eos@eosbooks.ch

Aktivität 15　Die Adresse und Telefonnummer, bitte!

You will hear three brief requests for addresses and telephone numbers. As you listen, choose the correct street numbers and provide the missing postal codes and telephone numbers.

1. Professor Hausers Adresse ist …

   Gartenstraße　9　12　19

   _____ Ebenhausen/Isartal

   Die Telefonnummer ist _____.

2. Die Adresse von Margas Fitnessstudio ist …

   Bautzner Straße　5　15　14

   _____ Dresden

   Die Telefonnummer ist _____.

3. Die Adresse von Autohaus Becker ist …

   Landstuhler Straße　54　44　45

   _____ Zweibrücken-Ixheim

   Die Telefonnummer ist _____.

Aktivität 16　Hin und her°: Was ist die Postleitzahl? 　*Back and forth*

This is the first of many activities in which you will exchange information with a partner. Here, one of you uses the chart below; the other turns to the corresponding chart in Appendix A. Take turns asking each other for the postal codes of the persons living in the cities below.

BEISPIEL: **S1**: Was ist Saskias Postleitzahl in Hamburg?
　　　　　　S2: D-22041. Was ist Peters Postleitzahl in Salzburg?

Saskia		Hamburg	Susanne		Wien
Peter	A-5020	Salzburg	Felix	D-10825	Berlin
Mathias		Zürich	Marion		Vaduz
Kathrin	D-01067	Dresden	Michael	D-99817	Eisenach

Aktivität 17　Ein Interview

Schritt 1: Jot down answers to the following questions.

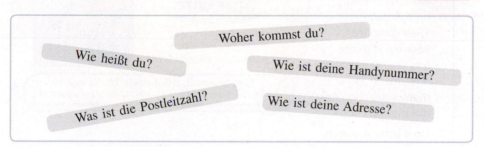

Woher kommst du?

Wie heißt du?

Wie ist deine Handynummer?

Was ist die Postleitzahl?

Wie ist deine Adresse?

Schritt 2: Use the questions in **Schritt 1** to interview a partner and fill in the information in the grid below.

Name	
Stadt	
Straße und Hausnummer	
Postleitzahl	
Handynummer	

Schritt 3: Now tell the class about the person you interviewed.

BEISPIEL: Das ist Ashley aus Chicago. Die Adresse ist 678 Maple Street. Die Postleitzahl ist 60076. Die Handynummer ist 555-4797.

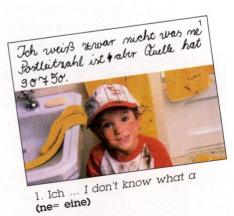

Ich weiß zwar nicht was ne[1] Postleitzahl ist, aber Quelle hat 90750.

1. Ich … I don't know what a (ne= eine)

connect

Die deutsche Sprache

German and English: why do some words look identical or very similar in both languages? Even if you have never studied German before, you will soon see that you know or recognize more German than you thought. For example, look at the ad for the *Kur-Café* and pick out as many words as you can that you recognize or think you understand. Some words, for example **Biergarten** and **Familie**, are familiar and look similar to English words. German words like these that are common in English, as well as others like **Kindergarten** and **Delikatessen,** are called cognates or international words. Since English and German are related—that is, they are both Germanic languages—they share many cognates.

Here are some facts about the German language:

▶ Linguists classify German as a West Germanic language, like English and Dutch.

▶ Though descended from Germanic dialects, German has had many influences from Latin and Greek as well as from French and, more recently, English.

▶ Before modern German evolved, there was no standard German language, only many different dialects. Martin Luther's Bible translation into German (completed in 1534) helped to unify the German language and establish modern German.

▶ The terms "High German" and "Low German" do not refer to the quality of the language but are geographic designations. Standard German or "High German" (**Hochdeutsch**) began to evolve in the mountainous areas of the south, while "Low German" (or **Plattdeutsch**) was spoken in the northern or lowland regions.

▶ Today, because of education and modern means of communication, virtually everyone can speak standard German, sometimes along with a local regional dialect.

Zur Diskussion

1. With a partner, make a list of five English words that have German cognates. (Don't use any of the words in the ad on this page!) Then compare your list with the lists your classmates have made. How many total cognates did the class find?

2. Do a little research on the Internet and find out the names of three German dialects and where they are spoken.

3. Is German spoken by anyone in the area where you live or study? Report to the class.

Hotel – Pension

Kur-Café
★★★
BAD SUDERODE · HARZ

Besitzer Familie Hofmann

Café – Restaurant – Wintergarten

Blasmusik
06.08.2005
und 20.08.2005
ab 15.00 Uhr
Tschechische Blasmusikanten im Biergarten

Vorankündigung
Pfifferling und Waldpilzwochen

· täglich ab 7.00 Uhr geöffnet
ständig Veranstaltungen wie:
Folklore, Video- und Unterhaltungsabende

Kur-Café
★★★
BAD SUDERODE · HARZ

Hotel-Pension · Café
Restaurant · Wintergarten

06507 Bad Suderode Ellernstraße 12+14

Bad Suderode, Ellernstraße 12, 14 und 19
Tel. (03 94 85) 54 10, 5 00 52, 6 00 52, Fax (03 94 85) 54 11 19
e-mail: hofmanns-kur-cafe@web.de · Internet: www.hofmanns-kur-cafe.de

Sie können schon etwas Deutsch!°

You already know some German!

Aktivität 18 Wie viel Deutsch verstehen Sie?

You have learned that you can use visual and verbal cues to understand a considerable amount of written German. Now you will hear some short radio announcements and news headlines. Listen for cognates and other verbal clues as you try to understand the gist of what is being said. As you hear each item, write its number in front of the topic(s) to which it corresponds. Not all the topics shown will be mentioned.

_____ Automobil   _____ Musik   _____ Sport

_____ Bank   _____ Politik   _____ Tanz

_____ Film   _____ Restaurant   _____ Theater

_____ Kinder

Aktivität 19 Informationen finden

An important first step in reading is identifying the type of text you have in front of you. Look for verbal as well as visual clues. Look at the texts below. Write the letter of each text in front of the appropriate category in the list below (some categories will remain empty).

1. _____ ticket for an event
2. _____ short news item about crime
3. _____ concert announcement
4. _____ newspaper headline
5. _____ recipe
6. _____ section from a TV guide
7. _____ ad for a restaurant

SYMPHONISCHES ORCHESTER BERLIN

Heute, 16 Uhr   **PHILHARMONIE**

Dirigent: **László Kovács**
Solist: **Boris Bloch**

Kodály: Tänze aus Galanta
Tschaikowsky: Konzert für Klavier und Orchester Nr. 2, G-Dur, op. 44
Rimsky-Korsakoff: „Scheherazade" Symphonische Suite aus „Tausend und eine Nacht"

e.

Frankfurter wird Lotto-Millionär

Mit den sechs richtigen Zahlen 33, 29, 58, 12, 11 und 90 hat ein Frankfurter am Samstag im Lotto 2 000 000 Euro gewonnen.

d.

CAFÉ KADENZ

Pfiffige Mischung aus Bistro, Café, Restaurant und Bar. Schlemmerfrühstück, großes Kaffeeangebot, kleine, leckere Gerichte, ausgesuchte Weine und Cocktails verlocken dazu, in einem Wiener Hauch von Caféhausatmosphäre zu genießen.

Täglich geöffnet
von 10.00 - 01.00 Uhr
Jüdenstr. 17 • 37073 Göttingen
Übrigens: Auch Sonntags geöffnet
Tel. 0551/ 4 72 08

a.

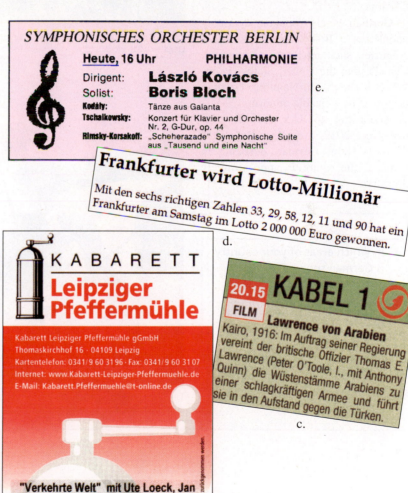

**KABARETT
Leipziger
Pfeffermühle**

Kabarett Leipziger Pfeffermühle gGmbH
Thomaskirchhof 16 · 04109 Leipzig
Kartentelefon: 0341/9 60 31 96 · Fax: 0341/9 60 31 07
Internet: www.Kabarett-Leipziger-Pfeffermuehle.de
E-Mail: Kabarett.Pfeffermuehle@t-online.de

"Verkehrte Welt" mit Ute Loeck, Jan Gärtig, Marco Schiedt

Parkett Links / Reihe 05 / Sitz 05
Preisklasse 1 - 10.00 Euro
Mittwoch 11.08.2010 - 20:00 Uhr

b.

20.15 FILM   **KABEL 1**

Lawrence von Arabien
Kairo, 1916: Im Auftrag seiner Regierung vereint der britische Offizier Thomas E. Lawrence (Peter O'Toole, l., mit Anthony Quinn) die Wüstenstämme Arabiens zu einer schlagkräftigen Armee und führt sie in den Aufstand gegen die Türken.

c.

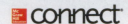

Wo spricht man Deutsch?°

Worldwide, there are some 100 million people who speak German as their native language. About 87 million of them live in Europe. It is the official language of Germany (Deutschland), Austria (Österreich), and Liechtenstein. It is one of four official languages of Switzerland (die Schweiz) and one of three official languages of Luxembourg and Belgium. German is also spoken in regions of France, Denmark, Italy, the Czech Republic, Poland, Romania, Bosnia and Herzegovina, Hungary, Latvia, Lithuania, Estonia, Russia, Slovakia, and Ukraine.

German is also spoken by many people as a first language in other countries such as Brazil, Argentina, Canada, and the United States (Pennsylvania Dutch). In Namibia, German is spoken by a sizable minority.

According to U.S. census figures from 2012, over 40 million U.S. citizens claim German descent. In Canada, the figure is approximately 3 million.

Blumenau, eine Stadt im Süden Brasiliens von deutschen Einwanderern gegründet (*founded*).

Zur Diskussion

1. In which areas of your country is German spoken?
2. Are there any German traditions, customs, or monuments in your area? If so, describe them.

°Where is German spoken?

Die Amischen sprechen Pennsylvania Dutch, einen alten deutschen Dialekt aus der Region Rheinland-Pfalz in Deutschland.

Nützliche Ausdrücke im Sprachkurs°

Ihr **Deutschlehrer** / Ihre **Deutschlehrerin** sagt:

Bitte …	*Please . . .*
Hören Sie zu.	*Listen.*
Schreiben Sie.	*Write.*
Machen Sie die Bücher auf Seite _____ auf.	*Open your books to page _____.*
Lesen Sie.	*Read.*
Machen Sie die Bücher zu.	*Close your books.*
Wiederholen Sie.	*Repeat.*
Haben Sie Fragen?	*Do you have any questions?*
[Ist] Alles klar?	*Is everything clear?*
Noch einmal, bitte!	*Once more, please. / Could you say that again, please?*

Sie sagen:

Langsamer, bitte!	*Slower, please.*
Wie bitte?	*Excuse me? What did you say?*
Wie schreibt man _____?	*How do you write _____?*
Ich habe eine Frage.	*I have a question.*
Wie sagt man _____ auf Deutsch?	*How do you say _____ in German?*
Was bedeutet _____?	*What does _____ mean?*
Das weiß ich nicht.	*I don't know.*
Ich verstehe das nicht.	*I don't understand.*
Alles klar.	*I get it.*
Ja.	*Yes.*
Nein.	*No.*
Danke [schön].	*Thank you.*

Aktivität 20   Wie sagt man das auf Deutsch?

Match the English expressions to their German equivalents.

1. _____ I have a question.
2. _____ I don't understand.
3. _____ Is everything clear?
4. _____ How do you write _____?
5. _____ Open your books.
6. _____ What does _____ mean?
7. _____ Pardon, what did you say?
8. _____ Open your books to page _____.
9. _____ Once more, please. / Could you say that again, please?

a. Alles klar?
b. Machen Sie die Bücher auf.
c. Was bedeutet _____?
d. Machen Sie die Bücher auf Seite _____ auf.
e. Ich verstehe das nicht.
f. Noch einmal, bitte.
g. Wie schreibt man _____?
h. Wie bitte?
i. Ich habe eine Frage.

► Videoclips

A **Kennenlernen** Watch as several people ask a number of questions about one another. Upon watching a second time, complete the blanks with words from the box.

Ich heiße Nicole.

bin	das	heiße	Wie

bist	du	heißt

1. **JENNY:** Wie _____ du?
   NICOLE: Nicole.
   JENNY: Wie schreibt man das?
   NICOLE: N-I-C-O-L-E.
   JENNY: _____ alt (*old*) bist du?
   NICOLE: Ich bin achtundzwanzig.

2. **JUDITH:** Wie heißt du?
   MICHAEL: Ich _____ Michael.
   JUDITH: Wie schreibt man das?
   MICHAEL: M-I-C-H-A-E-L.
   JUDITH: Wie alt _____ du?
   MICHAEL: Ich bin fünfundvierzig Jahre alt.

3. **SIMONE:** Wie heißt _____?
   FELICITAS: Ich heiße Felicitas.
   SIMONE: Wie schreibt man _____?
   FELICITAS: F-E-L-I-C-I-T-A-S.
   SIMONE: Wie alt bist du?
   FELICITAS: Ich _____ einundzwanzig Jahre alt.

B Match the names with the correct ages.

1. Nicole   **a.** 21
2. Michael   **b.** 28
3. Felicitas   **c.** 45

C Which other phrase could the interviewer use to ask for the other person's name?

1. Woher kommst du?
2. Wie ist dein Name?
3. Wie geht's?

D Which one of these phrases does *not* have to do with one's name?

1. Ich heiße Michael.
2. Ich bin neunzehn Jahre alt.
3. Wie heißt du?
4. Ich bin Felicitas.

E Now walk around your classroom, introduce yourself to several classmates, and ask the other student to spell his or her name each time.

BEISPIEL: S1: Wie ist dein Name?
     oder: Wie heißt du?
     S2: Ich heiße Jacob.
     S1: Wie schreibt man das?
     S2: J-A-C-O-B.

Wie alt bist du?

Wortschatz

Zur Begrüßung — Greetings

grüß dich	hello, hi (*among friends and family*)
guten Abend	good evening
(guten) Morgen	good morning
(guten) Tag	hello, good day
hallo	hello (*among friends and family*)
herzlich willkommen	welcome
hi	hi

Beim Abschied — Saying Good-bye

(auf) Wiedersehen	good-bye
gute Nacht	good night
mach's gut	take care, so long (*informal*)
tschüss	so long, 'bye (*informal*)

Bekannt werden — Getting Acquainted

Frau; die **Frau**	Mrs., Ms.; woman
Herr; der **Herr**	Mr.; gentleman
der **Lehrer** / die **Lehrerin**	teacher
Das ist …	This is . . .
Wie heißt du?	What's your name? (*informal*)
Wie ist dein Name?	What's your name? (*informal*)
Wie heißen Sie?	What's your name? (*formal*)
Wie ist Ihr Name?	What's your name? (*formal*)
Woher kommst du?	Where are you from? (*informal*)
Woher kommen Sie?	Where are you from? (*formal*)
Ich bin …	I'm . . .
Ich heiße …	My name is . . .
Ich komme aus …	I'm from . . .
Mein Name ist …	My name is . . .
bitte	please; you're welcome
danke	thanks
danke schön	thank you very much
Freut mich.	Pleased to meet you.
auch	also, too
und	and

Auskunft erfragen — Asking for Information

ja	yes
na klar	absolutely, of course
nein	no
Wie heißt …	What is the name of . . .
die Stadt?	the town; the city?
die Straße?	the street?
Wie ist …	What is . . .
deine/Ihre Telefonnummer?	your (*informal/formal*) telephone number?
die Adresse?	the address?
die Hausnummer?	the street address?
die Postleitzahl?	the postal code?

Nach dem Befinden fragen — Asking About Someone's Well-being

Geht's gut?	Are you doing well? (*informal*)
Na, wie geht's?	How are you? (*casual*)
Wie geht's?	How are you? (*informal*)
Wie geht's dir?	How are you? (*informal*)
Wie geht es Ihnen?	How are you? (*formal*)
ausgezeichnet	excellent
danke, gut	fine, thanks
ganz gut	pretty good/well
nicht besonders gut	not particularly well
schlecht	bad(ly), poor(ly)
sehr gut	very well; fine; good

Im Deutschunterricht — In German Class

Alles klar.	I get it.
Das weiß ich nicht.	I don't know.
Ich habe eine Frage.	I have a question.
Ich verstehe das nicht.	I don't understand.
Langsamer, bitte.	Slower, please.
Was bedeutet _____?	What does _____ mean?
Wie bitte?	Excuse me? What did you say?
Wie sagt man _____ auf Deutsch?	How do you say _____ in German?
Wie schreibt man _____?	How do you write _____?

Zahlen (Numbers)

0 null		17 siebzehn	
1 eins		18 achtzehn	
2 zwei		19 neunzehn	
3 drei		20 zwanzig	
4 vier		30 dreißig	
5 fünf		40 vierzig	
6 sechs		50 fünfzig	
7 sieben		60 sechzig	
8 acht		70 siebzig	
9 neun		80 achtzig	
10 zehn		90 neunzig	
11 elf		100 (ein)hundert	
12 zwölf		200 zweihundert	
13 dreizehn		300 dreihundert	
14 vierzehn		1 000 (ein)tausend	
15 fünfzehn		2 000 zweitausend	
16 sechzehn		3 000 dreitausend	

Deutschsprachige Länder und ihre Nachbarn	German-speaking Countries and Their Neighbors
Belgien	Belgium
Dänemark	Denmark
Deutschland	Germany
Frankreich	France
Italien	Italy
Liechtenstein	Liechtenstein
Luxemburg	Luxembourg
die **Niederlande** (*pl.*)	the Netherlands
Österreich	Austria
Polen	Poland
die **Schweiz**	Switzerland
die **Slowakei**	Slovakia
Slowenien	Slovenia
Tschechien	the Czech Republic
Ungarn	Hungary

Das kann ich nun!

Now that you have completed the **Einführung,** do the following in German to check what you have learned.

1. Formulate appropriate expressions to:
   a. Introduce yourself to a stranger.
   b. Introduce someone to another person.
   c. Greet a friend.
   d. Greet a stranger.
   e. Say good-bye to a friend.
2. Say the alphabet and spell your full name.
3. Ask a friend how he/she is doing and tell him/her how you are doing.
4. a. Give your phone number.
   b. Count from 1 to 100.
5. Formulate an appropriate statement or question for when . . .
   a. you don't understand something.
   b. you didn't hear what someone said.
   c. you want to know what something means.
   d. you want to know how to say something in German.
6. State five countries where German is spoken and give their official abbreviations.

UNIVERSITÄTSBIBLIOTHE

Leben unter Studenten

Kapitel

1

Das bin ich

Was studierst du?

www.connectgerman.com

In diesem Kapitel

- ▸ **Themen:** Giving personal information, describing yourself, inquiring about others, hobbies and interests

- ▸ **Grammatik:** Nouns, gender, and definite articles; personal pronouns; infinitives and present tense; the verb **sein;** word order; asking questions; interrogatives; **denn**

- ▸ **Lesen:** „Dialog" (Nasrin Siege)

- ▸ **Landeskunde:** German customs, multicultural society in Germany

- ▸ **Zu guter Letzt:** Einander kennenlernen

A One of the things you will learn to do in German is to give information about yourself and other people in different situations and contexts. Look at this young Swiss woman's profile information and find the following information about her.

- ▶ What is her full name?
- ▶ In what country does she live?
- ▶ In what city does she live?
- ▶ How old is she?
- ▶ How tall is she?
- ▶ What is her hobby?

Vokabelsuche (*Word search*). Find the German words for:

1. birthday
2. height
3. family name
4. age
5. running

B You will now hear five speakers introduce themselves. As you listen, see whether you can hear what cities they are from.

1. Berlin   Leipzig   München
2. Rostock   Köln   Luzern
3. Wien   Jena   Mainz
4. Düsseldorf   Graz   Leipzig
5. Erfurt   Zürich   Frankfurt

Wörter im Kontext

Thema 1: Persönliche Angaben°

Information

Wer sind diese Leute? Scan the information, then create a profile of each person.

1. Hallo! Mein Name ist Harald Lohmann. Ich bin ursprünglich aus Dessau und **wohne jetzt** in Magdeburg. Meine Adresse ist Bahnhofstraße 20. Ich bin 41 **Jahre alt** und 1,82 Meter **groß. Ich bin Professor von Beruf.**

2. Also, ich heiße Daniela. Mein **Nachname** ist Lercher. Ich komme aus Graz in Österreich. Ich wohne jetzt in Wien in der Mozartstraße 36. Ich studiere Musik, bin 1,65 groß und 19 Jahre alt.

3. Anton ist mein **Vorname** und Rütli mein Nachname. Ich **bin** 1970 in Basel in der Schweiz **geboren.** Ich wohne und **arbeite** jetzt in Luzern. Meine Adresse ist Schulstrasse 8. Ich bin Architekt von Beruf. Ich bin 1,79 groß.

Neue Wörter

wohne (wohnen) live
jetzt now
Jahre years
alt old
groß tall
ich bin ... von Beruf my profession is . . .
bin ... geboren was born . . .
arbeite (arbeiten) work

A Schreiben Sie Steckbriefe (*profiles*) von diesen Personen:

1. Vorname:
   Nachname:
   Geburtsort:
   Größe:
   Alter:
   Beruf:
   Wohnort:
   Straße und Hausnummer:
   Land:

2. Vorname:
   Nachname:
   Geburtsort:
   Größe:
   Alter:
   Beruf:
   Wohnort:
   Straße und Hausnummer:
   Land:

3. Vorname:
   Nachname:
   Geburtsort:
   Größe:
   Alter:
   Beruf:
   Wohnort:
   Straße und Hausnummer:
   Land:

Sprach-Info

To ask how tall someone is, say: **Wie groß bist du?** or **Wie groß sind Sie?**

In stating their height, German speakers use the metric system. If you are 1.63 m (163 cm) tall, you can express it as follows: **Ich bin eins dreiundsechzig (groß).** In German, it's written **1,63 m.**

1 cm (Zentimeter) = 0.39 in. (inch)
1 in. (inch)   = **2,54 cm (Zentimeter)**

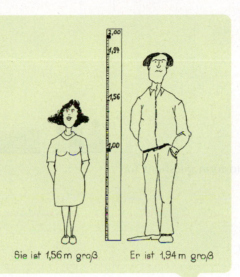

Sie ist 1,56 m groß   Er ist 1,94 m groß

Aktivität 1   Interessante Personen

Schritt 1: Listen to the following statements about the people in the profiles and say whether they are true (**das stimmt**) or false (**das stimmt nicht**).

	Das stimmt	Das stimmt nicht		Das stimmt	Das stimmt nicht
1. a.	☐	☐	3. a.	☐	☐
b.	☐	☐	b.	☐	☐
c.	☐	☐	c.	☐	☐
d.	☐	☐	d.	☐	☐
e.	☐	☐	e.	☐	☐
f.	☐	☐			
2. a.	☐	☐			
b.	☐	☐			
c.	☐	☐			
d.	☐	☐			
e.	☐	☐			

Schritt 2: Now it's your turn!

Mein Nachname ist _____.   Ich wohne in _____.

Mein Vorname ist _____.   Meine Adresse ist _____.

Ich komme aus _____.   Ich bin _____, _____ groß.

Aktivität 2 Eine neue Studentin

Julie, who recently arrived in Berlin, is registering at the **Einwohnermel-deamt.** Listen to the interview between the official and Julie. What information does the official ask her for? Indicate **ja** if the information is asked for, **nein** if it is not.

	Ja	Nein
BEISPIEL: Vor- und Nachname	☒	☐
1. Wohnort in den USA	☐	☐
2. Beruf	☐	☐
3. Geburtsort	☐	☐
4. Geburtstag	☐	☐
5. Telefonnummer	☐	☐
6. Straße und Hausnummer	☐	☐
7. Postleitzahl	☐	☐

Aktivität 3 Fragen Sie!°

Ask!

Schritt 1: Unscramble the following to form questions for a short interview.

1. dein / wie / Name / ist /, bitte / ?
2. Adresse / ist / deine / wie / ?
3. deine / Telefonnummer / wie / ist / ?
4. du / woher / kommst / ?
5. groß / bist / wie / du / ?
6. alt / du / wie / bist / ?

Schritt 2: Now use the questions to interview two people in your class.

Schritt 3: Tell the class what you've found out.

1. Das ist _____.
2. (Tims/Elizabeths) Adresse ist _____.
3. Seine/Ihre Telefonnummer ist _____.
4. Er/Sie kommt aus _____.
5. Er/Sie ist ____,_____ groß und _____ Jahre alt.

Aktivität 4 Wie groß bist du? Wie alt bist du?

Figure out your height in meters with the help of the conversion chart. Then exchange this information with one or two people in the class.

BEISPIEL: **S1:** Wie groß bist du?

    S2: Ich bin 1,64 (eins vierundsechzig) groß.

    S1: Wie alt bist du?

    S2: Ich bin dreiundzwanzig.

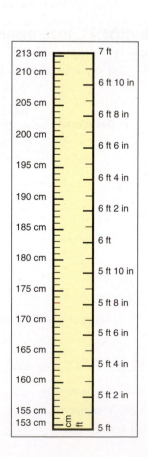

cm	ft/in
213 cm	7 ft
210 cm	
	6 ft 10 in
205 cm	
	6 ft 8 in
200 cm	
	6 ft 6 in
195 cm	
	6 ft 4 in
190 cm	
	6 ft 2 in
185 cm	
	6 ft
180 cm	
	5 ft 10 in
175 cm	
	5 ft 8 in
170 cm	
	5 ft 6 in
165 cm	
	5 ft 4 in
160 cm	
	5 ft 2 in
155 cm	
153 cm	5 ft

Thema 2: Sich erkundigen°

Inquiring

„Info und Wissen": eine Quizshow

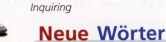

Neue Wörter

heute today
wer who
was what
machen are doing
besuche (besuchen) am visiting
Freunde friends
wie finden Sie ...? how do you like . . . ?
ganz toll really great
aber but
natürlich of course
das Lesen reading
das Reisen traveling
das Wandern hiking
das Kochen cooking
Kreuzworträtsel crossword puzzles
viel Glück good luck
heute Abend this evening
danke sehr thanks a lot

Ansager: Guten Abend, meine Damen und Herren. Willkommen **heute** im Studio bei Info und Wissen. Und hier kommt Quizmaster Dieter Sielinsky.

Herr Sielinsky: Guten Abend und herzlich willkommen. Und **wer** ist unsere Kandidatin? Wie ist Ihr Name, bitte?

Frau Lentz: Lentz, Gabi Lentz.

Herr Sielinsky: Woher kommen Sie, Frau Lentz?

Frau Lentz: Aus München.

Herr Sielinsky: Und **was machen** Sie denn in Berlin?

Frau Lentz: Ich **besuche Freunde** hier.

Herr Sielinsky: Na, und **wie finden Sie** Berlin denn?

Frau Lentz: **Ganz toll,** faszinierend.

Herr Sielinsky: Und was sind Sie von Beruf, Frau Lentz?

Frau Lentz: Ich bin Web-Designerin.

Herr Sielinsky: Und haben Sie Hobbys?

Frau Lentz: **Aber natürlich! Lesen, Reisen, Wandern, Kochen,** und ich mache **Kreuzworträtsel.**

Herr Sielinsky: So, na dann **viel Glück heute Abend.**

Frau Lentz: **Danke sehr.**

Refer to *Personal Pronouns*, p. 34 and to *The Verb: Infinitive and Present Tense*, p. 36.

A Info und Wissen

▶ How does the quizmaster ask his guest what her name is?

▶ What phrase does the quizmaster use to ask Frau Lentz where she is from?

▶ What does the quizmaster ask to find out Frau Lentz's profession?

▶ What question does he ask to find out about her hobbies?

▶ What question does he ask to find out if Frau Lentz likes Berlin?

▶ What pronoun does the quizmaster use to address Frau Lentz?

Sprach-Info

To convey strong curiosity or surprise, add the particle **denn** to your question.

> Was ist die T.U. **denn**?
> *What is the T.U.?* (strong curiosity)

> Was machen Sie **denn** in Berlin?
> *What are you doing in Berlin?* (surprise and curiosity)

Ein Gespräch an der Uni

Helmut:	Grüß Gott! Helmut Sachs.
Julie:	Guten Tag! Ich heiße Julie Harrison.
Helmut:	Woher kommst du, Julie?
Julie:	Ich komme aus Cincinnati.
Helmut:	Ah, aus den USA! Cincinnati? Ist das im Mittelwesten?
Julie:	Ja, im Bundesstaat Ohio.
Helmut:	**Sag mal,** was machst du jetzt **hier?**
Julie:	Ich **lerne Deutsch** am Sprachinstitut. Und du?
Helmut:	Ich **studiere** Physik an der TU
Julie:	**Echt?** Was ist die TU denn?
Helmut:	Die Technische **Universität.** Und wie lange **bleibst** du hier in München?
Julie:	Zwei Semester. **Nächstes Jahr** bin ich wieder in Ohio.
Helmut:	Ach so.

Neue Wörter

sag mal tell me
hier here
lerne (lernen) am learning
das Deutsch German
studiere (studieren) am studying; am majoring in
echt (*coll.*) really
die Universität university
bleibst (bleiben) are staying
nächstes Jahr next year

A Ein Gespräch an der Uni

- How do Helmut and Julie greet each other?
- How does Helmut ask Julie where she is from? How does this differ from the same question asked by the quizmaster?
- What phrase does Helmut use to ask Julie what she is doing in Munich?
- Helmut doesn't know where Cincinnati is. What does he ask Julie to get that information?
- What pronoun do Julie and Helmut use to address each other?

The *Guide to Grammar Terms* online in CONNECT provides more basic information about pronouns.

Aktivität 5 Steht das im Dialog?

Indicate whether the statements below are correct or incorrect, based on the information found in the dialogues in **Thema 2.**

	Das stimmt	Das stimmt nicht
1. Der Quizmaster heißt Dieter Sielinsky.	☐	☐
2. Gabi Lentz kommt aus Augsburg.	☐	☐
3. Frau Lentz ist Journalistin von Beruf.	☐	☐
4. Tanzen ist ein Hobby von Frau Lentz.	☐	☐
5. Frau Lentz findet Berlin zu groß.	☐	☐
6. Julie kommt aus Cincinnati.	☐	☐
7. Julie lernt Deutsch in München.	☐	☐
8. Helmut studiert Mathematik.	☐	☐
9. Julie bleibt zwei Jahre in München.	☐	☐

Sprach-Info

To say that you are studying at a university or to state your major, use the verb **studieren.**

> Ich **studiere** in München.
>
> Ich **studiere** Physik.

To say you are studying specific material, such as for a test, use **lernen.**

> Ich **lerne** heute Abend für eine Chemieprüfung.

To say that you are learning or taking a language, use the verb **lernen.**

> Ich **lerne** Deutsch.

Aktivität 6　Was sagen diese Leute zueinander?°

What do these people say to each other?

Determine whether the following phrases and questions would be used by two students addressing each other, by a professor and a student, or by both pairs of speakers.

	Zwei Studenten	Professor und Student
1. Was studierst du?	☐	☐
2. Grüß dich!	☐	☐
3. Auf Wiedersehen.	☐	☐
4. Wie heißt du?	☐	☐
5. Guten Tag!	☐	☐
6. Wie heißen Sie?	☐	☐
7. Was machst du hier?	☐	☐
8. Was studieren Sie?	☐	☐
9. Tschüss!	☐	☐
10. Mach's gut!	☐	☐

Aktivität 7　Fragen und Antworten°

Questions and answers

Match each question in the left-hand column with a possible answer from the right-hand column. More than one answer is possible for some.

1. _____ Wie heißen Sie?
2. _____ Woher kommst du?
3. _____ Was machen Sie hier?
4. _____ Wo ist das?
5. _____ Wer ist das?

a. Ich studiere hier.
b. Das ist im Mittelwesten.
c. Mein Name ist Meier.
d. Ich heiße Keller.
e. Ich lerne Deutsch.
f. Ich komme aus Deutschland.
g. Das ist Peter.
h. Ich bin aus Kalifornien.

Aktivität 8　Kurzdialoge°

Brief dialogues

Listen to the brief conversational exchanges and indicate in each case whether the response to the first question or statement is logical (**logisch**) or illogical (**unlogisch**).

	Logisch	Unlogisch
1.	☐	☐
2.	☐	☐
3.	☐	☐
4.	☐	☐
5.	☐	☐
6.	☐	☐
7.	☐	☐
8.	☐	☐
9.	☐	☐
10.	☐	☐

Aktivität 9 Eine Konversation

Number the following sentences in order to form a short conversation between Herr Brinkmann and Frau Garcia, who are just getting acquainted. Then perform it with a partner.

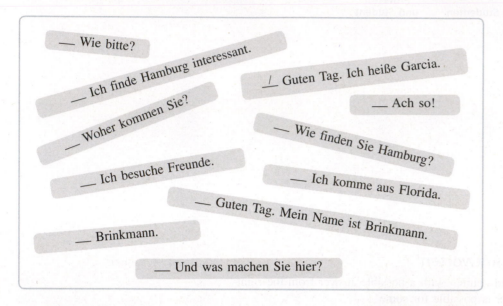

— Wie bitte?

— Ich finde Hamburg interessant.

__/__ Guten Tag. Ich heiße Garcia.

— Ach so!

— Woher kommen Sie?

— Wie finden Sie Hamburg?

— Ich besuche Freunde.

— Ich komme aus Florida.

— Guten Tag. Mein Name ist Brinkmann.

— Brinkmann.

— Und was machen Sie hier?

Aktivität 10 Was studierst du?

Schritt 1: Find your major in the following list. Then, by asking questions, try to find at least one other classmate who has the same major as you.

BEISPIEL: **S1:** Was studierst du?
S2: Ich studiere Geschichte. Und du?
S1: Ich studiere Informatik.

VORLESUNGSVERZEICHNIS

Anthropologie
Betriebswirtschaft[1]
Biologie
Chemie
Deutsch/Germanistik
Englisch/Anglistik
Französisch/Romanistik
Geschichte[3]
Informatik
Jura
Kunst[4]
Marketing
Maschinenbau[6]

Mathematik
Medienwissenschaft[2]
Medizin
Musik
Pädagogik
Philosophie
Physik
Politik
Psychologie
Soziologie
Spanisch/Romanistik
Volkswirtschaft[5]

[1]business administration [2]media studies [3]history [4]art [5]economics
[6]mechanical engineering

Schritt 2: Now report back to the class. Does anyone have the same major as you?

BEISPIEL: Ich studiere Informatik. Candice und Ben studieren auch Informatik.

Thema 3: Eigenschaften und Interessen°

Characteristics and interests

Wir lernen Deutsch

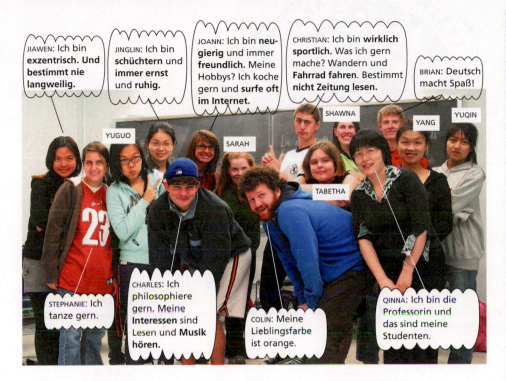

JIAWEN: Ich bin **exzentrisch**. Und bestimmt nie **langweilig**.

JINGLIN: Ich bin **schüchtern** und immer **ernst** und **ruhig**.

JOANN: Ich bin **neugierig** und immer **freundlich**. Meine Hobbys? Ich koche gern und **surfe oft im Internet**.

CHRISTIAN: Ich bin **wirklich sportlich**. Was ich gern mache? Wandern und **Fahrrad fahren**. Bestimmt nicht Zeitung lesen.

BRIAN: Deutsch macht Spaß!

YUGUO

SARAH

SHAWNA

YANG

YUQIN

TABETHA

STEPHANIE: Ich tanze gern.

CHARLES: Ich philosophiere gern. Meine **Interessen** sind Lesen und **Musik hören**.

COLIN: Meine Lieblingsfarbe ist orange.

QINNA: Ich bin die Professorin und das sind meine Studenten.

Neue Wörter

bestimmt definitely
nie never
langweilig boring
schüchtern shy
immer always
ernst serious
ruhig quiet
neugierig curious
freundlich friendly
oft often
wirklich really
sportlich athletic
Fahrrad fahren to ride/riding a bicycle
nicht not
die Zeitung newspaper
Interessen interests
Musik hören listening to music
faul lazy
fleißig hardworking
humorvoll humorous
lustig cheerful
nett nice
praktisch practical
sympathisch likable
Das macht Spaß. That's fun to do.
Das mache ich gern! I like doing that!
Bücher books
gehen to go/going
Computerspiele spielen to play/playing computer games
diskutieren to discuss/discussing
essen to eat/eating
Karten spielen to play/playing cards
SMS schicken to send/sending text messages
tanzen to dance/dancing

A **So bin ich!** (*That's me!*) Indicate the characteristics that apply to you.

☐ chaotisch
☐ dynamisch
☐ ernst
☐ exzentrisch
☐ **faul**
☐ **fleißig**
☐ freundlich
☐ humorvoll
☐ konservativ
☐ langweilig

☐ liberal
☐ **lustig**
☐ **nett**
☐ neugierig
☐ **praktisch**
☐ progressiv
☐ **romantisch**
☐ schüchtern
☐ sportlich
☐ **sympathisch**

B **Das macht Spaß! Das mache ich gern!** Indicate your interests and hobbies.

☐ **Bücher** lesen
☐ ins Café **gehen**
☐ **Computerspiele spielen**
☐ **Diskutieren**
☐ **Essen**
☐ Fahrrad fahren
☐ Fotografieren
☐ im Internet surfen
☐ **Karten spielen**

☐ Kochen
☐ Musik
☐ Reisen
☐ **SMS schicken**
☐ Sport
☐ **Tanzen**
☐ Telefonieren
☐ Wandern
☐ Zeitung lesen

Sprach-Info

One way to say that it's fun to do something is by using the following expression.

> Fotografieren **macht Spaß.**
> *Photography is fun to do.*

> Was macht Spaß? —Im Internet surfen macht Spaß.

Another way to express that you like to do something is by using **gern(e)***.

> Ich fotografiere gern(e). *I like to take pictures (do photography).*

> Was machst du gern(e)? —Ich surfe gern(e) im Internet.

———
*Note that the **e** in **gern(e)** is optional.

Aktivität 11 Gegenteile

Refer to the list of characteristics at the beginning of **Thema 3** and provide the opposite(s) of each of the following adjectives.

1. lustig ≠ _____
2. faul ≠ _____
3. konservativ ≠ _____
4. langweilig ≠ _____
5. dynamisch ≠ _____

The *Guide to Grammar Terms* online in CONNECT provides more basic information about adjectives.

Aktivität 12 Interessen und Hobbys

Provide the name of the activity represented by each drawing.

1. _____

2. _____

3. _____

4. _____

5. _____

6. _____

Aktivität 13 Ratespiel: Wie bin ich? Was mache ich gern?

Write two adjectives that describe you, and one of your interests. Do not write your name. Your instructor will collect and distribute everyone's list. Then each class member will read a description out loud, while the others try to guess who the writer is.

BEISPIEL: Ich bin dynamisch und exzentrisch. Ich surfe gern im Internet.

Aktivität 14 Wichtig° oder nicht?

Important

1. Make a list of three characteristics and three interests that you consider important in a friend.
2. Tally the results, displaying them on the board or screen.
   Which characteristic is most important for the class?
   Which interest is most frequently mentioned?

KULTURJOURNAL

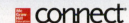

Andere Länder, andere Sitten

Andere Länder, andere Sitten (*Different countries, different customs*) is a common German saying. Most of us have certain ideas about what is characteristic for a country and its people. Our understanding is often based on preconceived notions of what is typical. Maybe what was once typical is no longer so. Our lives and habits are greatly influenced by globalization, a fact of life everywhere. Use your research skills to find answers to three of the following questions.

▶ Leisure-time clubs and associations (**Vereine**) are popular in Germany. What is the largest of these?

▶ What type of sport is the most popular by far?

▶ Which pet is more common in Germany, dogs or cats?

▶ Bread (**Brot**) is a staple of many traditional meals in Germany. How much is eaten there every year?

▶ What is the most common family name in Germany?

▶ How do Germans generally greet each other?

▶ What is the largest immigrant ethnic group in Germany?

▶ How many federal states (**Bundesländer**) are there in Germany?

▶ What city is both the largest in Germany and the capital (**Hauptstadt**)?

Zur Diskussion

1. Do any of your findings surprise you?
2. How would the answers differ if these questions were asked about your country?
3. What do different customs say about the people practicing them?

Nouns, Gender, and Definite Articles°

Nomen, Genus und bestimmte Artikel

Nouns in German can be easily recognized in print or writing because they are capitalized.

German nouns are classified by grammatical gender as either masculine, feminine, or neuter. The definite articles **der, die,** and **das** (all meaning *the* in German) signal the gender of nouns.

▶ The *Guide to Grammar Terms* online in CONNECT provides more basic information about nouns, gender, and definite articles.

Masculine: der	Feminine: die	Neuter: das
der Mann	die Frau	das Haus
der Beruf	die Adresse	das Buch
der Name	die Straße	das Semester

The grammatical gender of a noun that refers to a human being generally matches biological gender; that is, most words for males are masculine, and words for females are feminine. Aside from this, though, the grammatical gender of German nouns is largely unpredictable.

The definite article in the plural is **die** for all nouns, regardless of gender.

der Freund   **die** Freunde

the friend   *the friends*

You will learn how to form the plurals of nouns in **Kapitel 2.**

Even words borrowed from other languages have a grammatical gender in German, as you can see from the following newspaper headline.

Since the gender of nouns is generally unpredictable, you should make it a habit to learn the definite article with each noun.

Fußball ist der Hit

Sometimes gender is signaled by the ending of the noun. The suffix **-in,** for instance, signals a feminine noun.

der Amerikaner, die Amerikaner**in**

der Freund, die Freund**in**

der Professor, die Professor**in**

der Student, die Student**in**

Compound nouns (**Komposita**) are very common in German. They always take the gender of the final noun in the compound.

der Biergarten   = das Bier   + **der** Garten

das Telefonbuch   = das Telefon + **das** Buch

die Telefonnummer = das Telefon + **die** Nummer

▶ The *Guide to Grammar Terms* online in CONNECT provides more basic information about compound nouns.

Übung 1   Was hören Sie?

Circle the definite article you hear in each of the following questions and statements.

1. der die das
2. der die das
3. der die das
4. der die das

5. der die das
6. der die das
7. der die das
8. der die das

Übung 2   *Der, die* oder *das*?

Provide the correct definite article (**der, die,** or **das**) for each of the following nouns.

1. _____ Professorin
2. _____ Spiel
3. _____ Mann

4. _____ Fahrrad
5. _____ Name
6. _____ Buch

Übung 3   Hier fehlen die Artikel.

Complete each sentence with the missing article.

1. _____ Studentin aus Cincinnati lernt Deutsch am Sprachinstitut.
2. _____ Student studiert Physik an der TU.
3. _____ Frau aus München findet Berlin ganz toll.
4. Was ist _____ Hobby von Frau Lentz?
5. _____ Adresse vom Hotel ist bestimmt im Telefonbuch.
6. Wo ist _____ Telefonbuch?
7. Fußballtrainer? _____ Beruf ist interessant, aber oft stressig.
8. _____ Kreuzworträtsel ist sehr kompliziert.
9. _____ Freund von Ute studiert Informatik.
10. _____ Zeitung aus München heißt *Süddeutsche Zeitung*.

Übung 4   Wörter bilden°

Create compound nouns using the words supplied.

Creating words

BEISPIEL: der Garten + das Haus = das Gartenhaus

das Bier	die Frau	der Mann
das Buch	der Garten	die Nummer	das Spiel
der Computer	das Haus	das Telefon

Personal Pronouns°

A personal pronoun stands for a person or a noun.

Mein Name ist **Ebert. Ich** bin Architekt.

*My name is **Ebert. I** am an architect.*

Du bist immer so praktisch, **Gabi.**

*You are always so practical, **Gabi.***

Der Wagen ist toll. Ist **er** neu?

*The car is fabulous. Is **it** new?*

The *Guide to Grammar Terms* online in CONNECT provides more basic information about personal pronouns.

	Singular		**Plural**	
1st person	ich	*I*	wir	*we*
2nd person	du	*you (informal)*	ihr	*you (informal)*
	Sie	*you (formal)*	Sie	*you (formal)*
3rd person	er	*he; it*	sie	*they*
	sie	*she; it*		
	es	*it*		

Ich bin rundum Spitze [1]
mit pan-ADRESS

[1] Ich … *I am really sharp. (I am great in every way.)*

NOTE:

▶ The pronoun **ich** is not capitalized unless it is the first word in a sentence.

▶ German has three words to express *you:* **du, ihr,** and **Sie. Du** and **ihr** are familiar or informal forms. **Sie** is a formal form. Use the singular **du** for a family member, close friend, fellow student, child, or animal. If speaking to two or more of these, use the plural **ihr.** Use **Sie** (always capitalized) for one or more acquaintances, strangers, or anyone with whom you would use **Herr** or **Frau.**

▶ The third-person singular pronouns **er, sie** (*she*), and **es** reflect the grammatical gender of the noun or person to which they refer.

Mark und Anja sind Studenten.	*Mark and Anja are students.*
Er kommt aus Bonn und **sie** kommt aus Wien.	*He comes from Bonn, and she comes from Vienna.*
—Wie ist **der Film?**	*How is the film?*
—**Er** ist wirklich lustig.	*It is really funny.*
—Wo ist **die Zeitung?**	*Where is the newspaper?*
—**Sie** ist hier.	*It is here.*
—Wo ist **das Buch?**	*Where is the book?*
—**Es** ist nicht zu Hause.	*It is not at home.*

Übung 5   Du, ihr oder Sie?

Would you address the following people with **du, ihr,** or **Sie?**

1. Frau Lentz aus München
2. Ute und Felix, zwei gute Freunde
3. Sebastian, ein guter Freund
4. Herr Professor Rauschenbach
5. Herr und Frau Zwiebel aus Stuttgart
6. eine Studentin in der Mensa
7. ein Tourist aus Kanada
8. Max, 10 Jahre alt

Übung 6 Herr und Frau Lentz

Working with a partner, take turns asking and answering questions about
Herr and Frau Lentz, using a pronoun in each answer.

BEISPIEL: S1: Wie ist Frau Lentz?

S2: _Sie_ ist nett und freundlich.

1. Wo wohnen Herr und Frau Lentz?   ____ wohnen in München.
2. Was ist Frau Lentz von Beruf?   ____ ist Web-Designerin.
3. Was ist Herr Lentz von Beruf?   ____ ist Koch im Hofbräuhaus.
4. Wie groß ist Frau Lentz?   ____ ist 1,63 m groß.
5. Und wie groß ist Herr Lentz?   ____ ist 1,90 m groß.
6. Wie heißt Frau Lentz mit Vornamen?   ____ heißt Gabi.
7. Was machen Herr und Frau Lentz   ____ besuchen Freunde.
   in Berlin?

Übung 7 Informationen

Working with a partner, take turns asking a question and
finding an appropriate answer among the ones provided.
Then complete each answer with the appropriate pronoun.

BEISPIEL: S1: Wo ist die Universität?

S2: _Sie_ ist im Stadtzentrum.

Frage	Antwort
1. Wie heißt die schöne, alte Universitätsstadt im Schwarzwald?	a. ____ heißt _Good bye, Lenin!_
2. Wie ist das Leben (*life*) dort?	b. ____ ist über 500 Jahre alt.
3. Wie alt ist die Universität in Freiburg?	c. ____ studiert Deutsch am Sprachinstitut.
4. Im Filmklub spielt ein Film. Wie heißt der Film?	d. ____ ist sehr schön und nicht zu groß.
5. Wo ist das Museum?	e. ____ heißt Freiburg im Breisgau.
6. Wie findest du die Stadt?	f. ____ wohnt im Studentenwohnheim.
7. Wo wohnt der Student aus Hamburg?	g. ____ ist interessant und nie langweilig.
8. Was studiert die Studentin aus den USA?	h. ____ ist im Stadtzentrum.

Im Stadtzentrum von Freiburg

Übung 8 Julie und Helmut

Refer back to the dialogue **Ein Gespräch an der Uni** in **Thema 2.** Then answer the
following questions about Julie and Helmut. Use pronouns in your answers.

1. Wo sind Julie und Helmut?
2. Was macht Julie in Deutschland?
3. Was studiert Helmut?
4. Was ist die TU?
5. Was fragt Helmut Julie? „Sag mal, was machst _____ jetzt hier?"
6. Wie antwortet Julie? „_____ lerne Deutsch am Sprachinstitut."

The Verb: Infinitive and Present Tense°

In German, the basic form of the verb, the infinitive, consists of the verb stem plus the ending **-en** or, sometimes, just **-n.**

Infinitive	Verb Stem	Ending
kommen	komm	**-en**
wandern	wander	**-n**

> The *Guide to Grammar Terms* online in CONNECT provides more basic information about verb stems, infinitives, and tense.

The present tense is formed by adding different endings to the verb stem. These endings vary according to the subject of the sentence.

Here are the present-tense forms of three common verbs.

	kommen	**finden**	**heißen**
ich	komm**e**	find**e**	heiß**e**
du	komm**st**	find**est**	heiß**t**
er sie es	komm**t**	find**et**	heiß**t**
wir	komm**en**	find**en**	heiß**en**
ihr	komm**t**	find**et**	heiß**t**
sie/Sie	komm**en**	find**en**	heiß**en**

NOTE:

> German has four different endings to form the present tense: **-e, -(e)st, -(e)t,** and **-en.** English, in contrast, has only one ending, *-(e)s*, for the third-person singular (*comes, goes*).

> Verbs with stems ending in **-d** or **-t** (**fin̲den, arbei̲ten**) add an **-e-** before the **-st** or **-t** ending (**du find̲est, er arbeit̲et**).

> Verbs with stems ending in **-ß, -s,** or **-z** (**hei̲ßen, rei̲sen, tan̲zen**) add only a **-t** in the **du** form (**du heißt̲, reist̲, tanzt̲**).

Use of the Present Tense

The present tense in German may express either something happening at the moment or a recurring or habitual action.

| Wolfgang spielt Karten. | *Wolfgang is playing cards.* |
| Antje arbeitet viel. | *Antje works a lot.* |

It can also express a future action or occurrence, especially with an expression of time.

| Nächstes Jahr lerne ich Spanisch. | *Next year I'm going to learn Spanish.* |

German has only one form of the present tense, whereas English has three.

Hans **tanzt** wirklich gut.	*Hans dances really well.*
	Hans is dancing really well.
	Hans does dance really well.

Übung 9   Analyse: Verbformen

Answer the following questions about the visuals shown.

1. Identify the different verb endings in the illustrations.
2. What is the subject in each sentence?
   Is it in the singular or in the plural?
3. What is the infinitive form of each verb?

Ich lese das Journal, weil ...

UNIVERSITÄT LEIPZIG

Foto: Randy Kühn

MARS – WIR KOMMEN!

Hat den Flamenco in Berlin mitgeprägt: Amparo de Triana – heute zu erleben auf dem Pfefferberg

Berlin tanzt Flamenco

Ob[1] fünf oder zehn Jahre alt: »Schule macht Spaß«

Fußgänger[2] findet 10 000 Euro auf der Straße

Nr. 1234560 Gewinnsparlos
Nr. 1234561 Gewinnsparlos

Hier **kommt** Ihr **Glück**![3]

Informationen zum Gewinnsparen

"Ihr seht mich bald wieder!"

"Arbeitest du hier?"

[1]Whether   [2]Pedestrian   [3]happiness

Sprach-Info

An infinitive can be used as a noun.

Mein Hobby ist **Kochen**.	*My hobby is **cooking**.*
Wandern macht Spaß.	***Hiking** is fun.*
Ich finde **Kochen** interessant.	*I find **cooking** interesting.*

Übung 10   Zwei Freunde

Connect the matching sentence elements to create a profile of the two friends, Anna and Philipp.

studieren Mathematik in Zürich.

tanzt wirklich gut.

heiße Anna.

Ich …   macht gern Sport.

wandern gern.

Mein Freund / Er …   wohne in Zürich.

Wir …   spiele gern Karten.

fahren oft Fahrrad.

wohnt auch in Zürich.

finde die Stadt sehr schön.

findet Karten spielen langweilig.

koche gern.

heißt Philipp.

Übung 11   Sabine und Michael in Österreich

Working with a partner, complete the following questions and answers by supplying the missing verb endings.

1. **S1:** Wie heiß_____ du?
   S2: Ich heiß_____ Sabine Keller.

2. **S1:** Woher komm_____ du?
   S2: Ich komm_____ aus den USA.

3. **S1:** Was mach_____ du im Internetcafé?
   S2: Na, ich surf_____ im Internet und spiel_____ Computerspiele.

4. **S1:** Wie find_____ du das Essen in der Mensa?
   S2: Ich find_____ das Essen da nicht gut.

5. **S1:** Woher komm_____ Michael?
   S2: Er komm_____ aus Kanada.

6. **S1:** Was mach_____ ihr in Graz?
   S2: Wir lern_____ Deutsch und wir studier_____ hier.

7. **S1:** Wie find_____ ihr die Professoren hier?
   S2: Wir find_____ die Professoren sehr gut.

8. **S1:** Wie lange bleib_____ ihr in Graz?
   S2: Ich bleib_____ zwei Semester hier. Michael bleib_____ ein Semester.

Übung 12　Kleine Szenen

Supply the missing verb endings and then role-play each scene.

Szene 1 (drei Personen)

A: Das ist Herr Witschewatsch. Er komm____ aus Rosenheim.

B: Ah, guten Tag, Herr Wischewas.

C: Nein, nein, ich heiß____ Witschewatsch.

B: Ach so, Sie heiß____ Wischewasch?

C: Nein, Wit-sche-wat-sch.

B: Oh, Entschuldigung°, ich hör____ nicht gut.

excuse me

Szene 2 (zwei Personen)

A: Ich hör____, Sie komm____ aus Rosenheim?

B: Nein, nein, ich komm____ nicht aus Rosenheim. Ich komm____ aus Rüdesheim, Rüdesheim am Rhein.

A: Ach, meine Freundin Antje komm____ auch aus Rüdesheim.

Szene 3 (drei Personen)

A: Wie find____ ihr Andreas?

B: Ich find____ Andreas echt langweilig.

C: Ich auch.

A: Sabine find____ Andreas super.

C: Na, und er find____ Sabine total langweilig.

Szene 4 (zwei Personen)

A: Guten Morgen, meine Damen und Herren. Willkommen in Dresden. Heute besuch____ wir das Verkehrsmuseum (*transport museum*).

B: Das Verkehrsmuseum? Ich bleib____ im Hotel!

The Verb *sein*

Here are the forms of the irregular verb **sein** (*to be*).

sein			
ich	**bin**	wir	**sind**
du	**bist**	ihr	**seid**
er sie es	**ist**	sie	**sind**
Sie **sind**			

Sein is used to describe or identify someone or something.

 Marion **ist** Studentin.

 Sie **ist** sehr sympathisch.

The *Guide to Grammar Terms* online in CONNECT provides more basic information about irregular verbs.

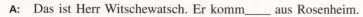

Übung 13　So ist das.°

That's the way it is.

Everyone is picking on Thomas. Complete the sentences with the appropriate form of **sein**.

1. Die Freundin von Thomas sagt: „Du ＿＿＿＿ so konservativ, Thomas."
2. Thomas sagt: „Wie bitte? Das stimmt nicht. Ich ＿＿＿＿ sehr progressiv."
3. Der Vater von Thomas sagt: „Thomas ＿＿＿＿ so unpraktisch."
4. Thomas denkt: „Ihr ＿＿＿＿ alle so unfair."
5. Die Mutter von Thomas sagt: „Wir ＿＿＿＿ zu kritisch. Thomas ＿＿＿＿ sehr intelligent und sensibel."
6. Der Chef von Thomas sagt zu Thomas: „Herr Berger, Sie ＿＿＿＿ nicht sehr fleißig."
7. Thomas denkt: „Er ＿＿＿＿ immer so unfreundlich und unfair." So ＿＿＿＿ das Leben.

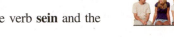

Sprach-Info

Some adjectives can combine with the prefix **un-** to indicate the opposite meaning.

praktisch	**un**praktisch
practical	*impractical*
freundlich	**un**freundlich
friendly	*unfriendly*

Übung 14　Beschreibungen

Describe yourself and others to a classmate using the verb **sein** and the adjectives you have learned.

ich	mein Freund	meine Professorin
meine Freundin	mein Professor	Gabi Lentz

Word Order° in Sentences

Wortstellung

In German, the conjugated verb (the verb with the personal ending) has a fixed position. It is always the second element in a sentence. The subject of the sentence can either precede or follow the verb.

First Element (Subject, Adverb, etc.)	Second Element (Verb)	Other Elements
Ich	studiere	Informatik in Deutschland.
Nächstes Jahr	mache	ich ein Praktikum.
Heute	besuchen	wir das Verkehrsmuseum.

🟢 The *Guide to Grammar Terms* online in CONNECT provides more basic information about conjugation and adverbs.

Übung 15　Leas Freund

Restate the information in each sentence by starting with the boldfaced word or words.

BEISPIEL: Leas Freund heißt **Stefan.** →
　　　　Stefan heißt Leas Freund.

1. Stefan ist Musiker **von Beruf.**
2. Er wohnt **jetzt** in Berlin.
3. Er spielt **oft** im Jazzklub.
4. Er findet **Berlin** ganz fantastisch.
5. Stefans Hobby ist **Fahrrad fahren.**
6. Er arbeitet **nächstes Jahr** in Wien.

Übung 16　Wer macht was und wann?

Create two sentences for each group of words.

BEISPIEL: besuchen / das Museum / heute / wir →
　　　　Wir besuchen heute das Museum.
　　　　Heute besuchen wir das Museum.

1. Karten / wir / spielen / heute Abend
2. bei McDonald's / Peter / arbeitet / jetzt
3. ich / oft / mache / Kreuzworträtsel
4. spielen / wir / heute / Tennis mit Boris
5. ein Praktikum in Dresden / Peter / nächstes Jahr / macht

Kulturspot

Dresden, the capital city of the state of Saxony, is located on the Elbe River in southeastern Germany.

Übung 17 Meine Pläne°

plans

Tell a partner two things you may do today and tomorrow (**morgen**), choosing from the list below or from your own plans. Your partner will then tell the class about your plans.

BEISPIEL: S1: Heute spiele ich Karten. Morgen spiele ich Tennis. →
S2: Heute spielt Bob Karten. Morgen spielt er Tennis.

> gar nicht arbeiten   tanzen gehen   SMS schicken
>
> viel arbeiten   Musik hören   Computerspiele/Karten/? spielen
>
> Freunde besuchen   Musik machen   im Internet surfen   ???

Asking Questions°

Fragen stellen

In German there are two types of questions: *word questions* and *yes/no questions*.

Word Questions

Wann kommst du?	**When** are you coming?
Was machst du?	**What** are you doing?
Wer ist das?	**Who** is that?
Wie findest du Berlin?	**How** do you like Berlin?
Wo wohnst du?	**Where** do you live?
Woher sind Sie?	**Where** are you from?

NOTE:

▶ Word questions begin with an interrogative or question pronoun and require specific information in the answer.

▶ The conjugated verb is the second element in a word question.

▶ German uses only one verb form to formulate a question, in contrast to English.

Wo **wohnst** du?   { *Where **do** you **live**?*
{ *Where **are** you **living**?*

The *Guide to Grammar Terms* online in CONNECT provides more basic information about interrogative pronouns.

Übung 18 Zwei Menschen

Read the two personal ads and answer the questions.

1. Wie heißt der Mann?
2. Wie heißt die Frau?
3. Wie alt ist die Frau?
4. Wie alt ist der Mann?
5. Wie groß ist der Mann?
6. Wie groß ist die Frau?
7. Wie ist Jürgen?
8. Was macht Petra?

> **Ich heiße Petra**, bin 28 Jahre alt, 168 cm groß und arbeite in einem Ingenieurbüro.
>
> **Jürgen** ist 25 Jahre alt, 185 cm groß, blond, sportlich-schlank, gut aussehend und sympathisch.

Übung 19 Ergänzen Sie.

Complete each question with an appropriate interrogative pronoun: **wann, was, wer, wie, woher,** or **wo.**

1. _____ heißt du?
2. _____ kommst du?
3. _____ studierst du denn?
4. _____ findest du Heidelberg?
5. _____ wohnst du denn?
6. _____ studiert Mathematik in Zürich?
7. _____ machst du denn hier?
8. _____ besuchst du das Verkehrsmuseum?

Übung 20 Formulieren Sie passende Fragen.

Formulate a word question for each answer.

BEISPIEL: _____Woher kommst du_____? Ich komme aus Kanada.

1. _____? Ich heiße Peter.
2. _____? Ich wohne in Essen.
3. _____? Ich studiere da Medizin.
4. _____? Ich komme aus Bayern.

5. _____? Nächstes Jahr mache ich ein Praktikum.
6. _____? Meine Familie wohnt in Nürnberg.
7. _____? Ich finde Hamburg sehr schön.
8. _____? Das ist die Studentin aus Berlin.

Übung 21 Ein Interview

Interview a classmate about studying at your college/university.

Schritt 1: Write four questions you will ask using interrogative pronouns.

Schritt 2: Pose the questions to your partner and make note of his/her answers.

Schritt 3: Then tell the class about the person you interviewed.

Was wollen Sie über Hamburg wissen?

Yes/No Questions

A yes/no question begins with the conjugated verb and can be answered with either **ja** or **nein.** In a yes/no question, the verb is immediately followed by the subject.

Kommst du?	*Are you coming?*
Studiert Lea in Berlin?	*Is Lea studying in Berlin?*
Heißt der Professor Kuhn?	*Is the professor's name Kuhn?*

Übung 22 Ja und nein

What questions could trigger the following answers?

BEISPIEL: _____Kommen Sie aus Hamburg_____? Ja, ich komme aus Hamburg.

1. _____? Nein, ich bin nicht Frau Schlegel; ich bin Frau Weber.
2. _____? Ja, wir wohnen in Köln.
3. _____? Ja, ich finde Köln sehr interessant.

4. _____? Nein, ich arbeite nicht bei der Telekom.
5. _____? Ja, Köln ist sehr groß.
6. _____? Ja, wir spielen oft Karten.

Übung 23 Das Studentenleben°

Student life

Schritt 1: You will hear some information about a German student. Listen and choose the correct completion for each statement.

1. Die Studentin heißt …   a. Claudia   b. Katrin   c. Karin
2. Sie kommt aus …   a. Göttingen   b. Dresden   c. Bremen
3. Der Familienname ist …   a. Renner   b. Reuter   c. Reiser
4. Sie studiert …   a. Mathematik   b. Jura   c. Informatik
5. Sie wohnt …   a. bei einer Familie   b. im Studentenwohnheim   c. allein
6. Sie geht oft …   a. schwimmen   b. wandern   c. Tennis spielen

Schritt 2: Now formulate yes/no questions based on the statements given in **Schritt 1.** Ask another student in your class to verify the information.

BEISPIEL: S1: Heißt die Studentin Claudia?

     S2: Nein, sie heißt Karin.

Übung 24 Zur Information

Take a survey and then share some of the results in class.

Schritt 1: Write five informal yes/no questions using verbs and other words from the lists below or using other vocabulary you know.

BEISPIELE: Wohnst du im Studentenwohnheim?
          Bist du immer freundlich?

arbeiten	nie	in der Disco
hören	manchmal (*sometimes*)	freundlich/unfreundlich/fleißig/?
machen	oft	im Internet
schicken	immer	Karten/Fußball/Computerspiele/?
sein	gern	Kreuzworträtsel/Musik
spielen		klassische Musik / Rock / ?
surfen		SMS/E-Mails
tanzen		im Studentenwohnheim
wohnen		

Schritt 2: Now pose these questions to a partner until he/she has answered yes to three of them. You may have to come up with more questions. Your responses to one another need not be complete sentences.

BEISPIEL: S1: Wohnst du im Studentenwohnheim?
          S2: Ja. / Aber natürlich! / Na klar! / Nein.

Schritt 3: Now report back to the class.

BEISPIEL: Matt wohnt im Studentenwohnheim. Er ist immer freundlich. …

Übung 25 Wie bitte?

Schritt 1: Invent a fictitious person and fill in the blanks.

1. Ich heiße _____.

2. Ich komme aus _____.

3. Ich studiere _____. Das macht Spaß.

Schritt 2: Now take turns with a partner introducing your fictitious self. Your partner pretends that he/she has not clearly heard what you said and asks you to repeat. Follow the model.

BEISPIEL: S1: Ich heiße Fritz Fisch.

          S2: Wie bitte? Wie heißt du?

          S1: Fritz Fisch.

          S2: Ach so!

          S1: Ich komme aus Alaska.

          S2: Wie bitte? Woher kommst du?

          S1: Aus Alaska. …

Multikulturalismus in Deutschland

Some 80 million people live in Germany. Of these, the number with an immigrant background totals 16 million, or one in five of the population. The immigrant population in Germany is slowly increasing. The largest minority group is Turkish, but immigrants come from Greece, Poland, Russia, Spain, Serbo-Croatia, Italy, and from Latin America and South America as well. While immigrant populations have contributed significantly to the multiethnic make-up of Germany, the road has not been an easy one. Despite efforts to combat anti-immigrant sentiment, stereotypes and outright racism still exist.

In 2010 Chancellor Angela Merkel underscored the issues surrounding culture and ethnicity by declaring that multiculturalism had failed in Germany. Her statement unleashed a number of debates, discussions, and protests. *Spiegel* magazine recently interviewed a number of people of foreign descent regarding racism and its effect on them personally. Aziza J. of Hamburg, whose father is from Morocco, was one of those interviewed: "Eight years ago, I made the decision to wear a headscarf, and since then my life has been a different one. . . . A while ago, I was at a bus stop and left a package unattended for just a moment—passersby were alarmed, thinking I was about to set off a bomb! . . . At a supermarket, an elderly man started insulting me for no reason: 'What are you doing here? We don't want you here!'"

Attitudes towards immigrants may be related to age. A recent study undertaken by TNIS Emnid for the Bertelsmann Foundation demonstrated that young people in Germany see things differently than the older generation. Eighty-five percent of those in their teens or twenties find that immigrants make life in Germany more interesting. Only three in five of those over the age of 60 feel that way.

The poster below was one of many from a nationwide campaign in 1993 arguing for greater acceptance of minority groups. Although the author is unknown, the poster appeared on personal websites and on t-shirts.

Source: Portions adapted from *The Guardian,* 19 Sep 2012

Minoritäten in Berlin

Zur Diskussion

1. The poster below lists some items that have their origins elsewhere. Can you think of additional items that might be listed on such a poster?

2. What are some measures taken in your country or at your university to combat racism and prejudice against minority groups?

Dein Christus ein Jude
Dein Auto ein Japaner
Deine Pizza italienisch
Deine Demokratie griechisch
Dein Kaffee brasilianisch
Dein Urlaub türkisch
Deine Zahlen arabisch
Deine Schrift Lateinisch
Und Dein Nachbar nur ein Ausländer?

Plakat gegen Rassismus und Ausländerfeindlichkeit (antiforeigner sentiments), gesehen in einer Hamburger U-Bahn Station

▶ Videoclips

A **Studium.** Sandra and Susan are talking to Juliane and Jupp about what their majors are, what courses they have, and what they like to do in their free time. Listen to both conversations a first time. Then look at the chart below and listen a second time. As you do, indicate who does what.

Was studierst du?

	Sandra	Susan
Was studierst du?		
Englisch	☐	☐
Deutsch als Fremdsprache°	☐	☐
Afrikanistik	☐	☐
Welche Seminare° belegst° du?		
Suaheli	☐	☐
Phonetik	☐	☐
Test und Testentwicklung°	☐	☐
Phonologie	☐	☐
Deutsche Grammatik	☐	☐
Was machst du in deiner Freizeit?		
laufen	☐	☐
schwimmen	☐	☐
singen	☐	☐
lesen	☐	☐
Volleyball	☐	☐

foreign language

*courses / **belegst: belegen** to take, be enrolled in*

test development

B **Interview.** Ask three students in your class what they are majoring in at the university. Then ask them to name two of their classes. Jot down their responses and report your findings to the class.

BEISPIEL: Was studierst du?
Welche Seminare belegst du?

C **Hobbys.** Nicole and Jupp are asking Maria and Simone about their hobbies. Which of the following do Maria and Simone *not* mention?

☐ Hula-Hoop
☐ laufen
☐ lesen
☐ schwimmen
☐ singen
☐ Tennis
☐ viel Sport

D **Was für Hobbys hast du?**

1. Interview the students in your class about the hobbies they have. Jot down their responses.

2. Now do a class profile on hobbies. Which hobby was mentioned by the largest number of students? Which do the fewest class members have?

Lesen

Zum Thema°

About the topic

Where do the students in your German class come from? Were all students in the class born in the same country? What nationalities and ethnic groups are represented? How many students can speak more than one language? How many students have bilingual parents?

Auf den ersten Blick°

At first glance

1. Look at the title and the text itself. What type of text is this? What led you to your conclusions?
2. Label the exchanges in the dialogue with *S1 (Speaker 1)* and *S2 (Speaker 2)*.
3. Skim the text for references to geographical locations and references to a person's appearance.
4. From the context, what do you think **reden** and **aussehen** (**siehst … aus, sehe aus**) mean?

Sprach-Info

In spoken German, the question word **woher** is often split into two, with the **her** coming at the end of the sentence.

Woher kommst du?
Wo kommst du **her**?   *Where do you come from?*

Dialog

von Nasrin Siege

„Du redest so gut deutsch. Wo kommst du denn her?"
„Aus Hamburg."
„Wieso? Du siehst aber nicht so aus!"
„Wie sehe ich denn aus?"
5 „Na ja, so schwarzhaarig und dunkel ..."
„Na und?"
„Wo bist du denn geboren?"
„In Hamburg."
„Und dein Vater?"
10 „In Hamburg."
„Deine Mutter?"
„Im Iran."
„Da haben wir's!"
„Was denn?"
not a 15 „Dass du keine° Deutsche bist!"
„Wer sagt das?"
„Na ich!"
„Warum?"

Zum Text°

About the text

1. What does the text tell you about the birthplace, place of residence, and citizenship of Speaker 2? What else can you determine about him or her?

2. Consider what you've learned about different forms of "you" in German. Speculate: How old are the two speakers? How well do they know each other? Where might this dialogue take place? How do you think it started?

3. Why is the nationality of Speaker 2 an issue for Speaker 1?

Ein Slogan für Die Linke, eine politische Partei (*party*) in Deutschland

Zu guter Letzt

Einander kennenlernen°

Getting to know one another

You are going to be working with other students in the class on various speaking and writing tasks in German. There are probably some students that you already know and others that you don't. In this activity, you will interview three students you have not already met, tell someone else about one of them, and write a short profile of each of them.

Schritt 1: Before you ask the questions below, formulate them in German. Ask each student:

- ▶ his/her name _____
- ▶ where he/she comes from _____
- ▶ where he/she was born _____
- ▶ what he/she likes to do _____
- ▶ what he/she is studying _____
- ▶ how he/she likes the university here _____

Schritt 2: Now interview the three students and jot down their responses.

Schritt 3: Using your notes, tell another student about one of the persons you interviewed.

Schritt 4: Write a short profile of each student you interviewed, using complete sentences. Use the model below.

BEISPIEL: Eine Studentin heißt Stacey. Sie kommt aus …

Sprache im Kontext **47**

Wortschatz

Eigenschaften	Characteristics
alt	old
ernst	serious
exzentrisch	eccentric
fantastisch	fantastic
faul	lazy
fleißig	hardworking, diligent
freundlich/unfreundlich	friendly/unfriendly
groß	tall
gut	good, well
Er tanzt gut.	He dances well.
humorvoll	humorous
interessant	interesting
kompliziert	complicated
konservativ	conservative
langweilig	boring
lustig	cheerful; fun-loving
nett	nice
neugierig	curious
praktisch/unpraktisch	practical/impractical
romantisch	romantic
ruhig	quiet
schüchtern	shy
sportlich	athletic
stressig	stressful
sympathisch/unsympathisch	likable/unlikable
toll! (coll.)	super!
ganz toll!	super! great!

Substantive	Nouns
der Amerikaner / die Amerikanerin	American
der Beruf	profession, occupation
Was sind Sie von Beruf?	What do you do for a living?
das Buch	book
(das) Deutsch	German (language)
das Essen	food; eating
das Fahrrad	bicycle
der Freund / die Freundin	friend
der Geburtsort	birthplace
der Geburtstag	birthday, date of birth
das Hobby	hobby
das Interesse	interest
das Jahr	year
nächstes Jahr	next year
der Journalist / die Journalistin	journalist
der Mann	man
die Mensa	student cafeteria
die Musik	music
der Name	name
der Nachname	family name, surname
der Vorname	first name, given name
das Praktikum	internship
ein Praktikum machen	to do an internship

der Professor / die Professorin	professor
das Semester	semester
der Spaß	fun
der Student / die Studentin	student
die Universität	university
der Wohnort	place of residence
die Zeitung	newspaper

Verben	Verbs
arbeiten	to work
besuchen	to visit
bleiben	to stay, remain
diskutieren	to discuss
essen	to eat
fahren	to drive, ride
Fahrrad fahren	to ride a bicycle
finden	to find
Wie findest du …?	How do you like . . . ?; What do you think of . . . ?
gehen	to go
heißen	to be called, be named
hören	to listen, hear
kochen	to cook
kommen	to come
lernen	to learn, study
lesen	to read
machen	to do; to make
Kreuzworträtsel machen	to do crossword puzzles
reisen	to travel
sagen	to say, tell
sag mal	tell me
schicken	to send
sein	to be
spielen	to play
Computerspiele spielen	to play computer games
Karten spielen	to play cards
studieren	to study
surfen	to surf
im Internet surfen	to surf the Internet
tanzen	to dance
telefonieren	to talk on the phone
wandern	to hike
wohnen	to reside, live

Personalpronomen	Personal Pronouns
ich	I
du	you (informal sing.)
er	he; it
sie	she; it; they
es	it

wir	we	ganz	quite, very, really
ihr	you (*informal pl.*)	gern	gladly
Sie	you (*formal sing./pl.*)	gern + *verb*	to like doing something
		heute	today
Interrogativpronomen	**Interrogative Pronouns**	heute Abend	this evening
wann	when	hier	here
was	what	ich bin geboren	I was born
wer	who	immer	always
wie	how	jetzt	now
wo	where	natürlich	of course, natural(ly)
woher	from where	nicht	not
		nie	never
Sonstiges	**Other**	oft	often
aber	but	sehr	very
bestimmt	no doubt; definitely	viel	a lot, much
danke sehr	thanks a lot	viel Glück!	good luck!
Das macht Spaß.	That's fun.	viel Spaß!	have fun!
echt (*coll.*)	really	wirklich	really

Das kann ich nun!

1. Sagen Sie, wie Sie heißen und wo Sie wohnen. Sagen Sie auch Ihre Telefon-/Handynummer, wie groß Sie sind, und wo Sie geboren sind.

2. Was studieren/lernen Sie an der Universität? Nennen Sie zwei Fächer.

3. Beschreiben Sie einen Freund / eine Freundin. Drei Adjektive bitte.

   Mein Freund heißt … Er ist …

   Meine Freundin heißt … Sie ist …

4. Haben Sie Hobbys? Nennen Sie zwei.

5. Ergänzen Sie diese Sätze:

   a. Der Film _____ langweilig.
   b. Ich _____ Berlin toll.
   c. Woher _____ Sie?
   d. Fotografieren _____ Spaß.

6. **Der, die** oder **das?**

   a. _____ Semester
   b. _____ Name
   c. _____ Zeitung

7. Sagen Sie **Sie, du,** oder **ihr?**

   a. ein Freund: _____
   b. Herr und Frau Lentz: _____
   c. dein Bruder und deine Schwester: _____

8. Wie fragt man auf Deutsch?

   a. *When are you coming?*
   b. *Where do you live?*
   c. *Is Susan studying in Munich?*
   d. *Who is visiting Berlin next year?*

9. Hier fehlt ein Wort.

   a. _____ heißen Sie?
   b. _____ kommen Sie?
   c. _____ kommt aus Berlin?
   d. _____ studierst du?

Wie hoch ist die Miete? Hmm, ein Zimmer in einer WG?

Kapitel

2

Wie ich wohne

Wo wohnst du?

www.connectgerman.com

In diesem Kapitel

▶ **Themen:** Talking about types of housing, furnishings, favorite activities

▶ **Grammatik:** The verb **haben**; the nominative and accusative case of indefinite and definite articles; **dieser** and **welcher**; negation with **nicht** and **kein**; verbs with stem-vowel changes; the plural of nouns

▶ **Lesen:** „So wohne ich"

▶ **Landeskunde:** How and where Germans live

▶ **Zu guter Letzt:** Wir suchen einen Mitbewohner / eine Mitbewohnerin

A Bulletin board flyers (**Anschlagzettel**) and the Internet are popular ways to make announcements and disseminate information at German universities. What is the purpose of the **Anschlagzettel** shown here? Once you have determined this, answer the multiple-choice questions.

ein Dach

- ▶ Was bedeutet „Wir brauchen ein Dach"?
    - **a.** Die Studentinnen brauchen einen Regenschirm.
    - **b.** Sie brauchen ein Zimmer.
    - **c.** Sie suchen eine Wohnung.

ein Regenschirm

- ▶ Die vier Studentinnen suchen _____
    - **a.** eine kleine Wohnung.
    - **b.** eine große Wohnung mit Bad und Küche.
    - **c.** drei Zimmer.
- ▶ Die Studentinnen suchen eine Wohnung _____
    - **a.** im Zentrum (zentrale Lage).
    - **b.** mit Garage.
    - **c.** mit Balkon und Garten.

Alles klar?

ein Zimmer

Vokabelsuche. Find the German word for:

1. kitchen
2. bath
3. central location
4. reward

B Listen to the following short conversations. Choose the kind of apartment the speakers are looking for.

1. **a.** eine Zweizimmerwohnung
   b. eine Dreizimmerwohnung
2. **a.** eine Zweizimmerwohnung mit Küche und Bad
   b. eine Dreizimmerwohnung in zentraler Lage
3. **a.** ein Zimmer bei einer Familie
   b. ein Zimmer in einem Studentenheim

Wörter im Kontext

Thema 1: Auf Wohnungssuche

Stefan schickt eine SMS an Tina.

> Hallo, Tina, wo bist du denn **gerade?**
>
> Hi Stefan! Bin hier im Café Milano bei der Uni.
>
> Du, ich komme auch **gleich**.

Im Café Milano...

Stefan: Tag, Tina! Na, wie geht's?

Tina: Ach, nicht besonders.

Stefan: **Was ist denn los?**

Tina: Ich **suche dringend** eine **Wohnung** oder ein **Zimmer,** irgendwo. Wohnungen sind **alle so teuer.**

Stefan: Ist denn im **Studentenwohnheim nichts frei?**

Tina: Hier in Freiburg? **Da** ist nichts frei.

Stefan: Und im Internet?

Tina: Die Zimmer im Internet sind immer gleich **weg.**

Stefan: Du, hier ist die Uni-Zeitung von heute. Da, schau mal. Hier ist **etwas.** „Suchen eine **Mitbewohnerin, Nichtraucherin,** für unsere WG: Zimmer, **möbliert** mit Balkon."

Tina: Interessant. **Wie hoch** ist die **Miete?**

Stefan: **Nur** 250 Euro.

Tina: **Das geht.** Ich hab' nicht viel **Geld.** Und die Adresse?

Stefan: In Gundelfingen. **Nicht gerade zentrale Lage.**

Tina: Hm. Das ist **ziemlich weit von der Uni.**

Stefan: **Stimmt.**

Tina: Ich schicke mal eine SMS und **frage,** wie weit es zur Uni ist.

Neue Wörter

gerade just now
gleich right away
Was ist denn los? What's the matter?
suche (suchen) am looking for
dringend urgently
die Wohnung apartment
das Zimmer room
teuer expensive
nichts nothing
frei free, available
da here; there
weg gone
etwas something
die Mitbewohnerin roommate, housemate (female)
die Nichtraucherin nonsmoker (female)
möbliert furnished
hoch high
die Miete rent
nur only
Das geht. That's okay.
das Geld money
nicht gerade not exactly
zentrale Lage centrally located
ziemlich rather
weit far
von der Uni from the university
Stimmt. You're right.
frage (fragen) ask

A Indicate whether the following statements are correct (**das stimmt**) or incorrect (**das stimmt nicht**) based on the information in the dialogue.

	Das stimmt	Das stimmt nicht
1. Stefan schickt eine SMS an Tina.	☐	☐
2. Tina und Stefan treffen sich (*meet*) im Café Milano.	☐	☐
3. Tina hat ein Problem: sie braucht dringend eine Wohnung oder ein Zimmer.	☐	☐
4. Im Studentenwohnheim ist nichts frei.	☐	☐
5. Stefan findet etwas im Internet.	☐	☐
6. Das Zimmer ist möbliert.	☐	☐
7. Die WG ist in zentraler Lage.	☐	☐

B Wo wohnen Sie?

Ich wohne …

- ☐ in einem Appartement.
- ☐ in einem Zimmer im Studentenwohnheim.
- ☐ zu Hause bei meiner Familie.
- ☐ in einer **Wohngemeinschaft (WG)**.
- ☐ allein in einer Wohnung.

C Was haben Sie?

Ich habe …

- ☐ einen Mitbewohner / eine Mitbewohnerin.
- ☐ ein möbliertes Zimmer.
- ☐ ein **Handy**.
- ☐ einen Laptop.
- ☐ ein Zimmer mit **Kabelanschluss**.
- ☐ eine Wohnung mit **Bad** und **Küche**.
- ☐ ein **Arbeitszimmer**.
- ☐ ein **Schlafzimmer**.
- ☐ ein **Wohnzimmer**.
- ☐ ein **Esszimmer**.
- ☐ ein Haus mit (*with*) **Garage und Terrasse**.
- ☐ ein Haus / eine Wohnung mit vielen **Fenstern**.

D Mein Zimmer oder meine Wohnung ist …

- ☐ **gemütlich**
- ☐ **groß**
- ☐ **klein**
- ☐ **dunkel**
- ☐ **hell**
- ☐ möbliert
- ☐ **unmöbliert**
- ☐ **preiswert**
- ☐ teuer
- ☐ **schön**

E Die Miete ist …

- ☐ hoch
- ☐ **niedrig**

Aktivität 1 Welches Zimmer ist das?

With which room do you associate the following?

1. wohnen: _____
2. kochen: _____
3. baden: _____
4. lernen: _____
5. essen: _____
6. schlafen: _____

Aktivität 2 Wir brauchen eine Wohnung / ein Zimmer.

Scan the five ads from people looking for housing. Label the ads from 1 to 5 in the order in which you hear them.

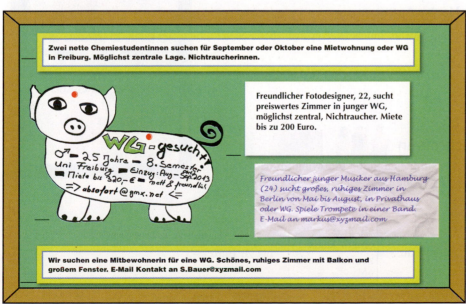

Zwei nette Chemiestudentinnen suchen für September oder Oktober eine Mietwohnung oder WG in Freiburg. Möglichst zentrale Lage. Nichtraucherinnen.

WG-gesucht!
♂ – 25 Jahre – 8. Semester, Uni Freiburg ■ Einzug: Aug – Sept. 2013 ■ Miete bis 320,– € ■ nett & freundlich => absofort@gmx.net <=

Freundlicher Fotodesigner, 22, sucht preiswertes Zimmer in junger WG, möglichst zentral, Nichtraucher. Miete bis zu 200 Euro.

Freundlicher junger Musiker aus Hamburg (24) sucht großes, ruhiges Zimmer in Berlin von Mai bis August, in Privathaus oder WG. Spiele Trompete in einer Band. E-Mail an markus@xyzmail.com

Wir suchen eine Mitbewohnerin für eine WG. Schönes, ruhiges Zimmer mit Balkon und großem Fenster. E-Mail Kontakt an S.Bauer@xyzmail.com

Neue Wörter

die Wohngemeinschaft (WG) cooperative housing
das Handy cell phone
der Kabelanschluss cable hookup
das Bad bathroom
die Küche kitchen
das Arbeitszimmer study
das Schlafzimmer bedroom
das Wohnzimmer living room
das Esszimmer dining room
die Terrasse patio
das Fenster window
gemütlich comfortable, cozy
groß big
klein small
dunkel dark
hell bright
niedrig low

Sprach-Info

Das ist **ein** Balkon.

Das ist **eine** Küche.

Das ist **ein** Bad.

When a masculine noun is used as a direct object, **ein** changes to **einen**; however, feminine **eine** and neuter **ein** do not change:

Meine Wohnung hat **einen** Balkon, **eine** Küche und **ein** Bad.

Refer to *The Indefinite Article: Nominative and Accusative*, p. 62.

Sprach-Info

In German, attributive adjectives—that is, adjectives in front of nouns—take endings.

Ich suche ein möbliertes Zimmer.   *I'm looking for a furnished room.*

Predicate adjectives—that is, adjectives used after a verb such as **sein**—do not take endings.

Das Zimmer ist möbliert.   *The room is furnished.*

You will learn more about attributive adjective endings in **Kapitel 9.**

The *Guide to Grammar Terms* online in CONNECT provides more basic information about attributive adjectives.

Aktivität 3 Wer braucht was?

Schritt 1: Look over the five ads from **Aktivität 2** and indicate the correct answers:

1. Die zwei Chemiestudentinnen suchen …
   - **a.** ein Zimmer im Studentenwohnheim.
   - **b.** ein Appartement.
   - **c.** eine Mietwohnung oder eine WG.

2. Der 25-jährige sucht …
   - **a.** ein Zimmer im Studentenwohnheim.
   - **b.** ein Zimmer in einer WG.
   - **c.** eine kleine Wohnung mit Küche und Bad.

3. Eine WG hat ein Zimmer mit Balkon frei und sucht …
   - **a.** einen Mitbewohner.
   - **b.** eine Mitbewohnerin.
   - **c.** eine Nichtraucherin.

4. Ein Fotodesigner sucht …
   - **a.** ein Studio für seine Arbeit.
   - **b.** ein preiswertes Zimmer in einer jungen WG.
   - **c.** ein Appartement.

5. Der Musiker aus Hamburg sucht …
   - **a.** eine kleine Wohnung in Berlin.
   - **b.** ein Haus für eine Band.
   - **c.** ein ruhiges Zimmer in Berlin von Mai bis August.

Schritt 2: Now look over the ads again and say as much as you can about each, giving more detailed information.

BEISPIEL: Die zwei Chemiestudentinnen suchen eine Wohnung ab September oder Oktober.
Sie sind Nichtraucherinnen.

Aktivität 4 Eine Anzeige° schreiben    °ad

Using the ads on page 53 as models, create a simple ad in the following format. Trade ads with another person, who will read yours to the class.

Student / Studentin / ich / ??	sucht / suche	großes / kleines / ruhiges / helles / möbliertes / unmöbliertes / ??	Zimmer in	einer WG / einem Haus / zentraler Lage / ??	bis zu Euro —.

Kulturspot

The euro (€) is the currency used in eighteen countries of the European Union, including Germany. It was introduced in 2002 to replace the currencies of the individual member countries. There are euro coins **(Münzen)** and bills **(Scheine)**. The bills and coins are of different sizes depending on the denomination. The bills are also different colors. The front side of each coin is the same for all countries, but the back side has different motifs for each nation.

Thema 2: Möbelsuche auf dem Flohmarkt

A **Was** sehen Sie da auf dem Flohmarkt? Indicate what you see at the flea market depicted above.

BEISPIEL: Da ist ein **Tisch**.

- ☐ ein **Fernseher**
- ☐ ein **Teppich**
- ☐ ein **Sessel**
- ☐ ein **Kleiderschrank**
- ☐ ein **Sofa**
- ☐ eine **Lampe**

- ☐ ein **Papierkorb**
- ☐ eine **Tür**
- ☐ ein **Bücherregal**
- ☐ ein **Stuhl**
- ☐ eine Kamera
- ☐ eine **Kommode**

- ☐ ein **Schlafsack**
- ☐ eine **Gitarre**
- ☐ ein Smartphone
- ☐ eine **Wand**

Sprach-Info

To say that something is *not* present, you can use the negative form of **ein**, which is **kein.**

Da ist **kein** Schlafsack.	*There is no sleeping bag [there].*
Da ist **keine** Gitarre.	*There is no guitar [there].*
Und da ist **kein** Smartphone.	*And there is no smartphone [there].*

B Was haben Sie **schon** in Ihrem Zimmer / in Ihrer Wohnung?

Ich habe …

- ☐ einen **Fernseher**
- ☐ eine **Lampe**
- ☐ ein **Radio**

- ☐ einen **Laptop**
- ☐ einen **CD-Spieler**
- ☐ ??

Neue Wörter

die **Möbel** (*pl.*) furniture
der **Flohmarkt** flea market
das **Bett** bed
das **Bücherregal** bookcase
der **Stuhl** chair
der **Schreibtisch** desk
der **Sessel** easy chair
der **Tisch** table
der **Teppich** rug
der **Papierkorb** wastepaper basket
der **Kleiderschrank** clothes closet
die **Tür** door
die **Kommode** dresser, chest of drawers
die **Wand** wall
der **Fernseher** television
der **Wecker** alarm clock
die **Zimmerpflanze** houseplant
die **Uhr** clock
die **Bücher** books
der **Schlafsack** sleeping bag
kein, keine, keinen no, not a, not any
schon already

Refer to *The Indefinite Article: Nominative and Accusative,* p. 62, and to *Negation:* ***nicht*** *and* ***kein,*** p. 68.

C Was haben Sie nicht?

Ich habe …

☐ kein Bett   ☐ keinen Kleiderschrank   ☐ keine Stereoanlage
☐ kein Bücherregal   ☐ keine Lampe   ☐ keinen Tisch
☐ keinen **DVD-Spieler** ☐ kein Poster   ☐ keine Zimmerpflanze
☐ keinen Fernseher   ☐ keinen Schreibtisch   ☐ ??

Refer to *The Definite Article: Nominative and Accusative*, p. 64.

Sprach-Info

When a masculine noun is used as a direct object, **der** changes to **den**. The articles **das** and **die** remain unchanged.

Wie findest du **den** Computer?

Wie findest du **das** Bett und **die** Lampe?

Aktivität 5   Einkäufe° auf dem Flohmarkt

purchases

Look again at the flea market picture at the beginning of **Thema 2.**

Schritt 1: Take turns asking each other how much things cost.

BEISPIEL: S1: Was kostet der Computer?

S2: 25 Euro. Was kostet die Lampe?

S1: 12 Euro.

Schritt 2: Now imagine that you have 50 euros to spend at this flea market. Take turns asking each other what the other would buy.

BEISPIEL: S1: Was kaufst du?

S2: Ich kaufe die Lampe, den Computer und den Tisch. Was kaufst du?

S1: Ich kaufe _____.

Aktivität 6   Tina hat jetzt endlich° ein Zimmer.

finally

Listen as Tina tells her friend Karin about the room she has just found. As you listen, indicate the things Tina already has.

☐ ein Bett   ☐ eine Lampe   ☐ einen Stuhl
☐ ein Bücherregal   ☐ einen Schreibtisch ☐ einen Tisch
☐ einen Internetanschluss ☐ einen Sessel

Aktivität 7   Ein Gespräch im Kaufhaus°

department store

Listen as Tina talks with a salesperson. Then answer the true/false questions and correct any false statements.

	Das stimmt	Das stimmt nicht
1. Tina braucht nur eine Lampe.	☐	☐
2. Tina findet die italienische Lampe schön.	☐	☐
3. Die Lampe aus Italien ist nicht teuer.	☐	☐
4. Tina kauft eine Lampe für 25 Euro.	☐	☐
5. Das Kaufhaus führt (*carries*) keine (*no*) Bücherregale.	☐	☐

Aktivität 8 Wie findest du das?

Bring in several photos of household items or furniture—photos from your own room, from a magazine, or from the Internet. Using the model as a guide, ask each other questions and offer reactions.

BEISPIEL: S1: Wie findest du das Poster?
S2: Sehr hässlich und langweilig. Und wie findest du _____?

zu (*too*) …	**bequem**/unbequem	lustig
sehr …	**billig**	praktisch/unpraktisch
nicht …	cool	**preiswert**
	hässlich	schön
	interessant/uninteressant	teuer
	komisch	??
	langweilig	

Neue Wörter

bequem comfortable
billig cheap
hässlich ugly
komisch odd
preiswert inexpensive

Thema 3: Was wir gern machen

A Was machen diese **Leute** gern? Match each statement with the corresponding drawing.

1. _____: „Ich lese gern." **Dieser** Herr **liest** gern.
2. _____: „Ich esse gern." Diese Frau **isst** gern.
3. _____: „Ich schlafe gern." Dieser **Mensch schläft** gern.
4. _____: „Ich fahre gern Motorrad." Diese Frau **fährt** gern **Motorrad.**
5. _____: „Ich sehe gern Videos." Dieser **Junge sieht** gern Videos.
6. _____: „Ich laufe oft und gern." Diese Frau **läuft** gern.
7. _____: „Ich spreche gern Deutsch." Dieser Student **spricht** gern Deutsch.

Sprach-Info

In some German verbs, the stem vowel changes from **e** to **i**, **e** to **ie**, or **a** to **ä** in certain verb forms. Do you recognize these verbs?

 Refer to *Verbs with Stem-Vowel Changes*, p. 70.

 Refer to *The **der**-Words **dieser** and **welcher***, p. 66.

Neue Wörter

die Leute (*pl.*) people
dieser, diese, dieses this
liest (lesen) reads
isst (essen) eats
der Mensch person
schläft (schlafen) sleeps
fährt (fahren) rides
der Junge boy
sieht (sehen) sees, watches
läuft (laufen) runs
spricht (sprechen) speaks
schreiben write

a. Ernst Immermüd

b. Herr Wurm

c. Frau Renner

d. Frau Schlemmer

e. Sofie Schnell

f. Georg Glotze

Klar!

g. Lars Lustig

B Was machen Sie gern?

	Ja	Nein
Hören Sie gern Musik?	☐	☐
Essen Sie gern Sushi?	☐	☐
Fahren Sie gern **Auto?**	☐	☐
Kochen Sie gern?	☐	☐
Schreiben Sie gern E-Mails?	☐	☐
Schwimmen Sie gern?	☐	☐
Laufen Sie gern?	☐	☐
Sprechen Sie gern Deutsch?	☐	☐
Trinken Sie gern Cappuccino?	☐	☐
Schicken Sie gern SMS?	☐	☐

Aktivität 9   Hin und her: Machen sie das gern?

Find out what the following people like to do or don't like to do by asking your partner.

BEISPIEL: **S1:** Was macht Jakob gern?

S2: Jakob kocht gern. Was macht Jakob nicht gern?

S1: Er fährt nicht gern Auto.

	gern	nicht gern
Jakob		Auto fahren
Antonia	reisen	
Philipp		Karten spielen
Leonie	Videos sehen	
Sie		
Ihr Partner / Ihre Partnerin		

Im Café unter den Linden

Aktivität 10   Zwei Berliner°

Two people from Berlin

Read the following questions and then scan the profiles of the two people from Berlin to find the answers to the questions.

1. Was trinkt Jasmin gern? Und Mehmet?

2. Was essen die beiden gern?

3. Wer hört gern klassische Musik? Wer hört gern die Wise Guys?

4. Was liest Mehmet gern?

5. Wer kocht gern?

6. Wer fährt gern ein Smart Cabrio?

7. Welche Sprachen spricht Jasmin? Und Mehmet?

Name: *Jasmin*
Alter: *23*
Lieblingsgetränk: *Rotwein*
Lieblingsessen: *Nudelgerichte*
Lieblingsmusik: *klassische Musik, Jazz*
Lieblingsauto: *Smart Cabrio*
Lieblingsaktivität: *unter den Linden mit Freunden im Café sitzen*
Hobbys: *im Internet surfen, lesen, kochen, Sport*
Sprachen: *Deutsch, Französisch*

Name: *Mehmet*
Alter: *30*
Lieblingsgetränk: *Tee*
Lieblingsessen: *Hackbraten*
Lieblingsmusik: *die Wise Guys*
Lieblingsauto: *BMW*
Lieblingsaktivität: *in Konzerte in der Waldbühne gehen*
Hobbys: *Zeitung lesen, ins Kino gehen, wandern*
Sprachen: *Deutsch, Türkisch, Englisch*

Aktivität 11   Wer macht was gern?

Schritt 1: Find out who likes to do the following things by asking different classmates the questions below. If they answer *yes,* have them sign their name in the blank to the right (or keep track by jotting down the people's names on a separate sheet).

BEISPIEL: S1: Siehst du gern Filme?
　　　　S2: Ja, ich sehe gern Filme.

1. Wanderst du gern?　　　　_____

2. Hörst du gern laute Musik?　　_____

3. Liest du gern Zeitung?　　　　_____

4. Surfst du gern im Internet?　　_____

5. Isst du gern Brokkoli?　　　　_____

6. Fährst du gern Motorrad?　　　_____

Schritt 2: Now ask three people in your class: **"Was machst du gern und was machst du nicht gern?"** Jot down their responses and report them to the class.

BEISPIEL: Jeff reist gern, aber er tanzt nicht gern.
　　　　Sharon spielt gern Karten, aber sie kocht nicht gern.
　　　　Dave hört gern Musik, aber er arbeitet nicht gern.

Aktivität 12 Interaktion

You receive invitations from several people. Do you want to accept or reject the invitations?

BEISPIEL: **S1:** Wir gehen heute tanzen. Kommst du mit?

S2: Super! Ich komme mit. Ich tanze sehr gern.

oder: Ich habe keine Lust.

Einladung	Reaktion
Ich gehe / Wir gehen heute …	Ja, schön.
in ein Rockkonzert.	Gut.
ins Kino (*to a movie*).	Tut mir leid (*I'm sorry*).
ins Theater.	Ich habe …
schwimmen.	keine Zeit.
Tennis/Fußball spielen.	keine Lust.
tanzen.	kein Geld.
auf eine Party.	
zum Fußballspiel.	

Sprach-Info

In order to turn down an invitation, you could offer the following excuses.

Nein, ich habe keine Zeit.
No, I don't have the time.

or

Nein, ich habe keine Lust.
No, I don't feel like it.

or

Nein, ich habe kein Geld.
No, I don't have any money.

KULTURJOURNAL

connect

Wie man wohnt

A recent study by the TNS Emnid Institute reveals some interesting insights into how people in Germany look at their living spaces. Here are some of the findings:

▶ The typical German lives in 96 square meters or 1,033 square feet of space. In more expensive large cities, the living spaces are smaller.

▶ Of all the rooms in the house or apartment, the living room ranks as the most important, for Germans, for its coziness.

▶ 95% of Germans trust their own taste in decorating because they consider their home to be an expression of themselves.

▶ Most Germans prefer a dwelling with lots of light and soft colors. Only a small percentage of those interviewed like brightly colored walls in their homes.

So what does a typical apartment look like? And how do students live? In German-speaking countries, the kitchen and bathroom are not counted when describing the number of rooms in an apartment, but all other rooms (including living rooms) are. Thus, a **Zweizimmerwohnung** has one bedroom and a living room while a **Dreizimmerwohnung** has two bedrooms and a living room. An **Appartement** is a studio or efficiency apartment.

Students typically either live in a **Studentenwohnheim** (residence hall) or share living accommodations, such as an apartment, to cut expenses. Many students prefer living in a **Wohngemeinschaft (WG)**, a cooperative in which each student has a private room while kitchen and bath facilities are shared.

Source: Portions adapted from a publication by the Goethe Institut

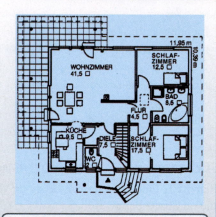

Zur Diskussion

1. How many bedrooms does a **Zweizimmerwohnung** have?

2. How are apartment sizes described in your country?

3. What kind of living arrangements do students have in your country?

The Verb *haben*

The irregular verb **haben** (*to have*), like many other verbs, needs a direct object to form a complete sentence.

Wir **haben** eine Vorlesung um zwei Uhr.   *We have a lecture at two o'clock.*

Anja **hat** Zeit.   *Anja has time.*

▶ The *Guide to Grammar Terms* online in CONNECT provides more basic information about direct objects.

haben			
ich	habe	wir	haben
du	**hast**	ihr	habt
er sie es	**hat**	sie	haben
Sie haben			

Übung 1   Analyse: Ein Gespräch am Mittag

Read the short dialogue and answer the questions.

Lukas: Grüß dich, Anna. Hast du Hunger?

Anna: Warum fragst du?

Lukas: Ich geh' jetzt essen. Ich hab' Hunger. Kommst du mit?

Anna: Klar! Da kommt übrigens Jan. Der hat bestimmt auch Hunger.

Jan: Habt ihr zwei vielleicht Hunger?

Anna: Ja, und wie! Aber ich hab' nicht viel Zeit. Um zwei haben wir nämlich eine Vorlesung.

1. Which forms of the verb **haben** can you find in the dialogue?
2. The **ich**-form of **haben** appears without the ending **-e.** What could be the reason for this?

Übung 2   Habt ihr Hunger?

Complete the sentences with **haben.**

Simon, Tom und Hanna sind Studenten in Bonn. Es ist gerade Mittagszeit.

Simon _____¹ Hunger. Er sagt zu Hanna und Tom: „Ich _____² großen Hunger. _____³ ihr auch Hunger?" Hanna und Tom _____⁴ um zwei Uhr eine Vorlesung. Sie _____⁵ also nicht viel Zeit. Tom _____⁶ auch kein Geld. Er sagt zu Simon: „Du, ich _____⁷ kein Geld. _____⁸ du etwas Geld?" Simon zu Tom: „Du _____⁹ Glück! Ich _____¹⁰ heute gerade etwas Geld. Du _____¹¹ ja nie Geld." Tom: „Da _____¹² du recht! Wie immer."

Mittagszeit in der Mensa

The Nominative and Accusative Cases°

Kasus: der Nominativ und der Akkusativ

In English, the subject and the direct object in a sentence are distinguished from each other by their placement. The subject usually precedes the verb, whereas the direct object usually follows the verb.

In German, however, the subject and the object are not distinguished from each other by their placement in the sentence. Instead, subjects and objects are indicated by grammatical cases. In this chapter you will learn about the nominative case (**der Nominativ**) for the subject of the sentence (as well as the predicate noun*) and the accusative case (**der Akkusativ**) for the direct object.

German typically signals the case and the grammatical gender of a noun through different forms of the definite and indefinite articles that precede a noun.

> ◐ The Guide to Grammar Terms online in CONNECT provides more basic information about the nominative, the accusative, subjects, predicate nouns, and indefinite articles.

The Indefinite Article°: Nominative and Accusative

Der unbestimmte Artikel

You are already familiar with the nominative case. Those are the forms you used in **Kapitel 1.** Here are the nominative and accusative forms of the indefinite article (*a/an*).

Nominative:	Das ist **ein** Stuhl.	*That is a chair.*
Accusative:	Ich brauche **einen** Stuhl.	*I need a chair.*
Nominative:	Das ist **eine** Zeitung.	*That is a newspaper.*
Accusative:	Wo finde ich hier **eine** Zeitung?	*Where do I find a newspaper here?*
Nominative:	Das ist **ein** Zimmer.	*That is a room.*
Accusative:	Ich brauche **ein** Zimmer.	*I need a room.*

Singular		
	Masculine	*Feminine*	*Neuter*
Nominative	ein Stuhl	eine Zeitung	ein Zimmer
Accusative	**einen** Stuhl	eine Zeitung	ein Zimmer

NOTE:

> ◐ Only the masculine indefinite article has a distinct accusative form: **einen.**

> ◐ There is no plural indefinite article, just as in English.

Anzeigen (*ads*) am Schwarzen Brett

Courtesy of Robert Di Donato

---
*A predicate noun comes after the verb **sein** (*to be*).

Übung 3   Neu in Göttingen

You will now hear a conversation between Stefan and Birgit. As you listen, indicate what Stefan already has and what he still needs for his new apartment. Not all items are mentioned.

	Das hat Stefan	Das braucht Stefan
1. einen DVD-Spieler	☐	☐
2. eine Zimmerpflanze	☐	☐
3. eine Uhr	☐	☐
4. einen Couchtisch	☐	☐
5. einen Laptop	☐	☐
6. einen Schreibtisch	☐	☐
7. ein Bücherregal	☐	☐
8. eine Kaffeemaschine	☐	☐
9. einen Schlafsack	☐	☐
10. ein Bett	☐	☐
11. einen Sessel	☐	☐

Übung 4   Was sehen Sie?

Das ist eine typische Studentenbude (*small student room*).

Da ist _____.

Das Zimmer hat _____.

Übung 5   Was ich habe und was ich brauche

Schritt 1: List three items that you already have and at least one item that you need. Tell your partner about these things.

BEISPIEL: Ich habe _____.

Ich brauche _____.

Schritt 2: Report to the class what your partner has and needs.

BEISPIEL: John hat einen Laptop, einen Schreibtisch und ein Bett. Er braucht einen Sessel.

The Definite Article°: Nominative and Accusative

Der bestimmte Artikel

Here are the nominative and the accusative case forms of the definite article (*the*).

Nominative:	**Der** Stuhl kostet 70 Euro.	*The chair costs 70 euros.*
Accusative:	Ich kaufe **den** Stuhl.	*I am going to buy the chair.*
Nominative:	Wo ist **die** Zeitung?	*Where is the newspaper?*
Accusative:	Ich brauche **die** Zeitung.	*I need the newspaper.*
Nominative:	Wie groß ist **das** Zimmer?	*How big is the room?*
Accusative:	Ich miete **das** Zimmer.	*I am going to rent the room.*

	Singular			Plural
	Masculine	*Feminine*	*Neuter*	*All Genders*
Nominative	der Stuhl	die Zeitung	das Zimmer	die Stühle
Accusative	**den** Stuhl	die Zeitung	das Zimmer	die Stühle

NOTE:

▶ Only the masculine definite article has a distinct accusative form: **den.**

▶ The plural has only one article for all three genders: **die.**

A few common masculine nouns have a special accusative singular form. For example:

Nominative	Accusative
der Mensch	den Mensch**en**
der Student	den Student**en**
der Herr	den Herr**n**

Weak masculine nouns, as they are called, are indicated in the vocabulary lists of this book by the notation (**-en** *masc.*) or (**-n** *masc.*).

▶ The *Guide to Grammar Terms* online in CONNECT provides more basic information about weak masculine nouns.

Übung 6   Tinas Zimmer

Tina is describing the things in her room to a friend. Complete each sentence with a word from the box, or choose a word of your own. Make sure to add the definite article in the proper case!

BEISPIEL: *Die Lampe* ist nicht sehr modern.

Bett	Laptop	Schreibtisch	Teppich
Lampe	Poster	Sessel	???

1. _____ ist aber super bequem.
2. Ich habe _____ von (*from*) Stefan.
3. _____ brauche ich für die Uni.
4. Ich finde _____ sehr schön.
5. _____ ist zu groß.

Übung 7 Die Studentenbude°

Student room

What do you think of what you see in this room?

BEISPIEL: Ich finde das Zimmer sehr klein.

Ich finde …

das Zimmer	nicht	praktisch/unpraktisch
das Bücherregal	zu (*too*)	komisch
der Laptop	sehr	klein/groß
der Schreibtisch		modern/unmodern
der Drucker (*printer*)		schön
die Schreibtischlampe		bequem/unbequem
die Möbel		sympathisch
das Bett		??
die Zimmerpflanze		
der Kleiderschrank		
das Poster		
der Teppich		
der Nachttisch		
der Student		

Eine Studentenbude

Übung 8 Was kaufen Sie?

Sie haben 500 Euro. Was kaufen Sie?

BEISPIEL: Ich kaufe _____ für 130 Euro und … .

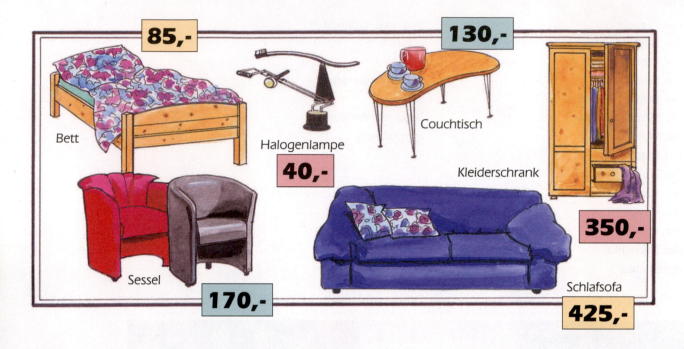

85,- Bett

Halogenlampe 40,-

130,- Couchtisch

Kleiderschrank 350,-

Sessel 170,-

Schlafsofa 425,-

The *der*-Words *dieser* and *welcher*

The word **dieser** (*this*) and the question word **welcher** (*which*) have the same endings as the definite article. For this reason they are frequently referred to as **der**-words.

Diese Wohnung ist zentral gelegen.	*This apartment is centrally located.*
Dieser Schreibtisch kostet 400 Euro.	*This desk costs 400 euros.*
Welchen Schreibtisch kaufst du?	*Which desk are you going to buy?*
Dieses Sofa ist nicht sehr bequem.	*This sofa is not very comfortable.*

All **der**-words follow the same pattern as the definite articles.

▶ The *Guide to Grammar Terms* online in CONNECT provides more basic information about **der**-words.

		Masculine	Feminine	Neuter	Plural
Nominative		dieser	diese	dieses	diese
		welcher	welche	welches	welche
Accusative		diesen	diese	dieses	diese
		welchen	welche	welches	welche

NOTE:

▶ Just as with the definite article, only the accusative masculine has an ending different from the nominative.

Übung 9   Auf dem Flohmarkt

Stefan has sent Tina photos of some flea market items on his smartphone. Tina texts back giving some opinions and asking for clarification. Match each form of **dieser** or **welcher** with the correct completion of the sentence.

1. Welcher ____
2. Dieser ____
3. Welche ____
4. Dieses ____
5. Welches ____
6. Diese ____

a. Sofa kostet 200 Euro.
b. Bücherregal ist praktisch?
c. Schreibtisch kostet zu viel.
d. Sessel kostet 75 Euro?
e. Bücherregale sind nicht schön.
f. Lampe kostet 15 Euro?

Übung 10   Im Geschäft

Complete the sentences with the appropriate form of **dieser** or **welcher.**

Martina ist Studentin. Sie hat natürlich nicht viel Geld. Sie geht einkaufen.

Martina: Wie viel kostet _____ Schreibtisch hier?

Verkäufer°: _____ Schreibtisch meinen Sie?   *salesman*

Martina: Ich meine _____ Schreibtisch hier.

Verkäufer: Ja also, _____ Schreibtisch ist sehr preiswert. Der kostet nur 1 000 Euro.

Martina: Das ist viel zu teuer. Was kostet denn _____ Sofa hier?

Verkäufer: _____ Sofa meinen Sie? _____ Sofa hier kostet nur 500 Euro.

Sprach-Info

In conversational German, the definite article is often used instead of a personal pronoun, particularly when emphasizing something. It is often placed at the beginning of the sentence.

Was kostet dieser Computer? —**Der** ist sehr preiswert, nur 600 Euro.
  —Gut, **den** kaufe ich.

Wie findest du die Wohnung von Klaus? —**Die** finde ich sehr gemütlich.

Übung 11   Fragen und Antworten

Complete each sentence by inserting a form of **dieser** in the question and the definite article as pronoun in the answer.

BEISPIEL: Was macht ___*diese*___ Frau sehr gern? —___*Die*___ macht sehr gern Kreuzworträtsel.

1. Was macht _____ Mensch schon wieder? —_____ schläft schon wieder.
2. Was kostet _____ Zeitung hier? —_____ kostet nur zwei Euro.
3. Liest du _____ Zeitung oft? —_____ lese ich immer.
4. Wie findest du _____ Computer? —_____ finde ich ausgezeichnet.
5. Was kostet _____ Bücherregal? —_____ ist sehr preiswert, nur 250 Euro.

Negation°: *nicht* and *kein*

Verneinung

You have already learned how to negate a simple statement by adding the word **nicht** (*not*) before a predicate adjective.

The *Guide to Grammar Terms* online in CONNECT provides more basic information about negation and predicate adjectives.

Die Lampe ist **nicht** billig.   *The lamp is not cheap.*

You can also use **nicht** to negate an entire statement, or just an adverb.

Karin kauft die Lampe **nicht**.   *Karin is not buying the lamp.*

Ralf tanzt **nicht** besonders gut.   *Ralf doesn't dance particularly well.*

Another way to express negation is by using the negative article **kein** (*no, not a, not any*), which parallels the forms of **ein**.

—Ist das **eine** Wohngemeinschaft?   *Is that shared housing?*
—Das ist **keine** Wohngemeinschaft.   *That isn't shared housing.*

—Hast du **einen** Computer?   *Do you have a computer?*
—Nein, ich habe **keinen** Computer.   *No, I don't have a computer.*

—Hast du Geld?   *Do you have any money?*
—Nein, ich habe **kein** Geld.   *No, I do not have any money.*

—Sind das Studenten?   *Are those students?*
—Nein, das sind **keine** Studenten.   *No, those are not students.*

NOTE:

▶ Use **kein** to negate a noun that is preceded by an indefinite article or no article at all.

▶ Unlike **ein,** the negative article **kein** has plural forms.

	Singular			Plural
	Masculine	*Feminine*	*Neuter*	*All Genders*
Nominative	kein Sessel	keine Lampe	kein Sofa	keine Stühle
Accusative	keinen Sessel	keine Lampe	kein Sofa	keine Stühle

Übung 12   Immer diese Ausreden!°

Excuses, excuses!

Everyone has a different excuse for turning down an invitation. Listen and indicate the excuse given by each person.

1. Reinhard …
☐ hat keine Zeit.
☐ hat keine Lust.
☐ hat kein Geld.

2. Erika …
☐ hat keinen Freund.
☐ hat keine Zeit.
☐ hat keine Lust.

3. Frau Becker …
☐ trinkt keinen Kaffee.
☐ hat keine Lust.
☐ hat keine Zeit.

4. Jens und Ulla …
☐ haben kein Examen.
☐ haben keine Zeit.
☐ haben keinen Hunger.

5. Peter …
☐ hat keine Lust.
☐ hat kein Geld.
☐ hat kein Auto.

Übung 13   Ein Frühstück°

breakfast

Was ist hier komisch (*funny*)? In Grimm's fairy tale "The Frog Prince," a prince turned into a frog is transformed back into a prince by a beautiful princess. The cartoon on the right draws on this story for its comical effect. Circle the correct option in each statement.

1. Die zwei Störche (*storks*) suchen ein/kein Frühstück.
2. Der Frosch hat ein/kein Problem.
3. Störche essen gern / nicht gern Frösche zum Frühstück.
4. Der Frosch ist ein/kein Prinz.
5. Der Frosch ist sehr / nicht sehr intelligent.
6. Die Störche essen heute ein/kein Frühstück.
7. Ich finde den Cartoon komisch / nicht komisch.

Übung 14   Susanne sucht ein Zimmer.

Fill each blank with **nicht** or the appropriate form of **kein**.

BEISPIEL: Susanne sucht ein Zimmer in Freiburg; sie braucht ___*keine*___ Wohnung.

1. In der Schwarzwaldstraße ist ein Zimmer frei in einer Studenten-WG. Die Wohnung ist sehr schön, aber das Zimmer ist _____ möbliert.
2. In der Lessingstraße ist auch ein Zimmer frei. Es hat ein Bett, aber _____ Schreibtisch.
3. Sie findet das Zimmer _____ schön. Es ist viel zu klein und dunkel.
4. Das Zimmer ist auch _____ zentral gelegen.
5. Susanne hat _____ Auto. Sie fährt _____ gern Auto in der Stadt.
6. Im Studentenwohnheim ist momentan leider _____ Zimmer frei.
7. Ein Zimmer suchen ist stressig. Es macht _____ Spaß (*m.*).
8. Susanne hat viel Arbeit mit ihrem Studium. Sie hat also _____ viel Zeit für die Zimmersuche.
9. Stefan, Susannes Freund, wohnt bei seiner Familie in Freiburg. Da zahlt er _____ Miete.
10. Susannes Familie wohnt _____ in Freiburg; sie wohnt in Hamburg.

Übung 15   Wer hat das nicht?

Find out what your fellow students do not have.

BEISPIEL: S1: Wer hat kein Handy?

     S2: Zwei Studenten haben kein Handy.

Wer hat kein- …?

Computer	Fahrrad	Stuhl
Stereoanlage	Zimmerpflanze	Wecker
Schreibtisch	Radio	Handy
Lampe	Auto	Poster im Zimmer
Telefon	Motorrad	DVD-Spieler
Sessel	Kommode	Geld
Fernseher	Teppich	
Sofa	Regal	

Zwei Störche und ein Frosch

[1]Die Masche zieht immer! *That line never fails.*

Verbs with Stem-Vowel Changes°

Verben mit Wechsel des Stammvokals

A number of common verbs have vowel changes in some of the present tense forms.

	fahren	schlafen	laufen	essen	sehen	lesen
ich	fahre	schlafe	laufe	esse	sehe	lese
du	**fährst**	**schläfst**	**läufst**	**isst**	**siehst**	**liest**
er sie es	**fährt**	**schläft**	**läuft**	**isst**	**sieht**	**liest**
wir	fahren	schlafen	laufen	essen	sehen	lesen
ihr	fahrt	schlaft	lauft	esst	seht	lest
sie/Sie	fahren	schlafen	laufen	essen	sehen	lesen

NOTE:

▶ The vowel changes are in the second-person singular (**du**) and the third-person singular (**er, sie, es**).

Verbs with vowel changes in the present tense will be indicated in the vocabulary sections of this book as follows: **schlafen (schläft), sprechen (spricht).**

▶ The *Guide to Grammar Terms* online in CONNECT provides more basic information about verb stems.

Übung 16 Kontraste

Mr. and Mrs. Wunderlich don't have a lot in common. Create a profile of each of them using the phrases provided.

BEISPIEL: fährt sehr gern Motorrad/Fahrrad →

> Frau Wunderlich fährt gern Motorrad.
> Herr Wunderlich fährt gern Fahrrad.

1. sieht gern Horrorfilme/Komödien
2. isst sehr gern Pizza/Sushi
3. liest die Zeitung / nur die Comics
4. läuft jeden Tag 10 Kilometer / macht keinen Sport
5. spricht Italienisch/Türkisch

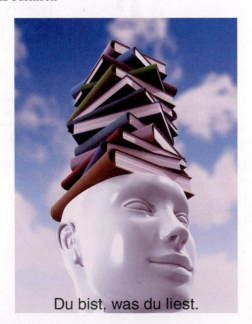

Du bist, was du liest.

Übung 17 Was machen diese Leute?

Work with a partner to come up with a sentence for each of the six verbs in the middle column below. Suggestions for the beginnings and ends of sentences are provided.

BEISPIEL: Felix schläft im Deutschkurs.

die Studentin	essen	Deutsch
die Verkäuferin	fahren	E-Mails
du	laufen	(nicht) gern
Felix	lesen	heute
Herr Lehnert	schlafen	im Deutschkurs
ich	sprechen	Italienisch
mein Freund		lange
mein Professor		mit dem Auto
meine Freundin		mit dem Fahrrad
meine Professorin		(nicht) oft
???		selten
		wieder
		Zeitung
		???

Übung 18 Was machen Sie gern?

Schritt 1: Look at the items in the box below and find three things you like to do. Jot down a statement to this effect. Then interview your classmates to find others who share some of your interests.

BEISPIEL: SIE: Ich wandere und tanze gern und schlafe gern lange. Und du, Erin?

     ERIN: Ich wandere nicht gern, aber ich schlafe gern lange.

Schritt 2: Report to the class what you have discovered.

BEISPIEL: Jeremy wandert gern. Jacob tanzt gern. Und Erin schläft gern lange.

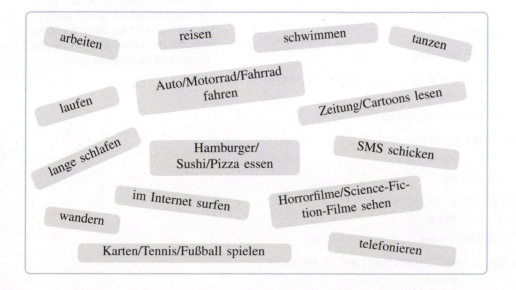

arbeiten
reisen
schwimmen
tanzen
Auto/Motorrad/Fahrrad fahren
laufen
Zeitung/Cartoons lesen
lange schlafen
Hamburger/ Sushi/Pizza essen
SMS schicken
im Internet surfen
Horrorfilme/Science-Fiction-Filme sehen
wandern
Karten/Tennis/Fußball spielen
telefonieren

The Plural of Nouns°

German forms the plural of nouns in several different ways. The following chart shows the most common plural patterns and the notation of those patterns in the vocabulary lists of this book.

Substantive im Plural

The *Guide to Grammar Terms* online in CONNECT provides more basic information about singular and plural nouns.

Singular	Plural	Type of Change	Notation
das Zimmer	die Zimmer	*no change*	-
die Mutter	die Mütter	*stem vowel is umlauted*	∶
der Tag	die Tage	*ending -e is added*	-e
der Stuhl	die Stühle	*ending -e is added and stem vowel is umlauted*	∹e
das Buch	die Bücher	*ending -er is added and stem vowel is umlauted*	∹er
die Lampe	die Lampen	*ending -n is added*	-n
die Frau	die Frauen	*ending -en is added*	-en
die Studentin	die Studentinnen	*ending -nen is added*	-nen
das Radio	die Radios	*ending -s is added*	-s

NOTE:

▸ The definite article in the plural is **die** for all nouns, regardless of gender.

▸ Nouns ending in **-er** or **-el** do not, with a few exceptions, change this ending in the plural.

Singular	Plural
der Amerikan**er**	die Amerikan**er**
der Sess**el**	die Sess**el**

However, the stem vowel may change, as follows:

die **Mu**tter	die **Mü**tter
der **Va**ter	die **Vä**ter

▸ Most feminine nouns form the plural by adding **-n** or **-en** to the singular.

Singular	Plural
die Küche	die Küche**n**
die Wohnung	die Wohnung**en**

▸ Feminine nouns ending in -**in** form the plural by adding -**nen** to the singular.

Singular	Plural
die Amerikaner**in**	die Amerikaner**innen**

▸ Many masculine nouns form the plural by adding **-e.**

Singular	Plural
der Tisch	die Tisch**e**

▸ Weak masculine nouns form the plural by adding **-en.**

Singular	Plural
der Student	die Student**en**

▸ Nouns ending in vowels other than -**e** usually form the plural by adding -**s.**

Singular	Plural
das Handy	die Handy**s**
das Sofa	die Sofa**s**

Although most nouns follow a predictable pattern in forming the plural, many do not. Make it a habit to learn the plural formation with each new noun you learn.

Sprach-Info

In order to use gender-inclusive language to refer to people, Germans frequently write forms such as **Student/in, Amerikaner/in,** or even **StudentIn, AmerikanerIn,** and for the plural of such nouns, **StudentInnen, AmerikanerInnen.**

Übung 19 Zimmer zu vermieten

Supply the plural forms.

1. Mathias und Susanne suchen zwei _____ oder _____ für eine WG im Zentrum von Leipzig. (Mitbewohnerin, Mitbewohner)

2. Die schöne, große Wohnung hat vier _____. (Zimmer)

3. Sie hat auch eine Küche, zwei _____ und einen Balkon. (Bad).

4. Preiswerte _____ in zentraler Lage sind rar. (Wohnung)

5. Die _____ sind sehr hoch. (Miete)

6. Sie sind viel zu hoch für viele _____ und _____ wie Mathias und Susanne. (Studentin, Student)

7. Mathias und Susanne suchen zwei _____ oder _____. (Nichtraucherin, Nichtraucher)

8. Ein Zimmer in der Wohnung ist sehr groß und hat zwei _____ zum Garten. (Fenster)

9. Da hört man die _____ auf der Straße nicht so. (Auto)

Übung 20 Im Studentenwohnheim

Choose suitable nouns from the box at right to complete Kerstin's e-mail to Lea, making sure to put them in the plural where appropriate.

Kerstin hat jetzt ein Zimmer in einem Studentenwohnheim in Berlin. Das Wohnheim ist ganz neu und modern. Hier ist Kerstins E-Mail an eine Freundin.

Hallo, Lea!

Na wie geht's? Ich hab' jetzt endlich ein Zimmer in einem Wohnheim. Gottseidank! Das Wohnheim hat 100 _____.[a] Es gibt einen Computerraum, einen Fitnessraum, einen Musikraum und zwei _____.[b] Und wir haben auch fünf Gästezimmer für _____.[c] Ich liebe die vielen _____[d] in der Stadt. Man sieht dort immer viele _____[e] und _____.[f] Sie trinken Kaffee und diskutieren über alles und nichts. Ich habe übrigens eine _____[g] auf meinem Zimmer. Sie kommt aus Stuttgart und ist sehr sympathisch. Das Zimmer hat zwei _____,[h] zwei _____,[i] und zwei _____,[j] aber nur *einen* Schreibtisch und *einen* Stuhl! Und wir haben nur ein Regal für die _____.[k] Ich schicke dir drei _____[l] mit dieser E-Mail. Du siehst, es geht mir ausgezeichnet. Tschüss, Kerstin

das Bett
das Café
das Buch
der Student
das Foto
die Lampe
der Bierkeller (*pub*)
das Zimmer
der Kleiderschrank
die Studentin
der Besucher
die Mitbewohnerin

Übung 21 Wie viele?

List items in your classroom and students in your class.

BEISPIEL: Das Klassenzimmer hat 27 Stühle.

Das Klassenzimmer hat …

Fenster (-)

Tür (-en)

Stuhl (¨e)

Tisch (-e)

Student (-en)

Studentin (-nen)

Computer (-)

Papierkorb (¨e)

Buch (¨er)

??

KULTURJOURNAL

connect Mc Graw Hill Education

Wo leben die Deutschen?

Germany has a great number of cities with a population over a hundred thousand, but only four with more than a million inhabitants. These are Berlin, with 3.4 million, followed by Hamburg, Munich (**München**), and Cologne (**Köln**). One of the smallest communities in Germany, meanwhile, is the mini-village of Wiedenborstel in the state of Schleswig-Holstein. At last count it had 11 inhabitants and one mayor.

What characterizes the German landscape is the diversity of communities: besides the larger towns there are many smaller communities—midsize and small towns as well as villages. Particularly in the north, east, and south, large urban centers are surrounded by many small towns and villages. In the west, there are large population centers in the great industrial areas along the Rhine (**Rhein**), Ruhr, and Main rivers.

And where would those inhabitants of Germany actually prefer to live? Many Germans claim that they would prefer to live somewhere **"im Grünen,"** that is, in a home surrounded by forests, meadows, fields, mountains, and water, as long as all this is within easy reach of a city with all the amenities of modern life.

Anna K. of Mecklenburg-Vorpommern says of living in the countryside, "I like the peace and quiet in the forest. And I like collecting mushrooms!" But while Germans tend to express a certain longing for a less hectic life in nature, their actual preference may in fact be the large urban centers with lively cultural offerings and opportunities to live close to good schools, transportation, and shopping. As Lars M. from Berlin puts it: "I find living in Berlin intoxicating. The city has so much to offer that can't be found elsewhere." According to a recent survey, Hamburg is the **Traumstadt** of many Germans, followed by Berlin, Munich, and then Cologne.

Ein Tag im Alsterpark in Hamburg

Zur Diskussion

1. Choose one of the four largest German cities or an area in Germany that interests you. Search the Internet to find out some things about it.

2. Share what you have discovered with the class:
   ▶ Why do you find this city or area interesting?
   ▶ What does it have to offer that is different from what you would find in your own area?

▶ Videoclips

In this video clip, three students at the university in Leipzig talk about where they live. First review the words and phrases in the **Nützliche Wörter** list. Then view the clip once through. After a second viewing, answer the questions about each.

A **Wohnen.** Working with a partner, combine sentence parts to create statements based on Sophie's description. (Some have more than one possible answer!)

Ich wohne im Süden von Leipzig.

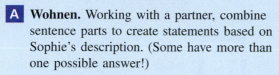

1. Sophie wohnt
2. Die Wohnung liegt
3. Die Wohnung kostet insgesamt
4. Die Wohnung ist
5. Die Wohnung hat
6. Sophie bezahlt
7. Die Zimmer sind alle

a. sehr groß.
b. 150 Euro pro Monat plus Nebenkosten.
c. im Süden von Leipzig.
d. sehr klein.
e. mit einer Freundin zusammen.
f. 400 Euro pro Monat.
g. in einer kleinen Wohnung.
h. zwei Zimmer, eine Küche und ein Bad.

Nützliche Wörter

im Süden in the south

im sechsten Stock on the seventh floor

(be)zahlen to pay

Nebenkosten additional costs (*such as utilities*)

in der Nähe vom Bahnhof in the vicinity of the train station

unsaniert unrenovated

Altbau older building

dreieinhalb three and a half

der Flur hallway

mit wechselnder Besetzung with a changing group of people

B **Wo wohnt Maria?** Indicate whether each statement is correct or incorrect. If incorrect, what is the correct answer?

	Das stimmt	Das stimmt nicht
1. Maria wohnt in der Nähe vom Bahnhof.	☐	☐
2. Sie wohnt in einem modernen Neubau.	☐	☐
3. Sie findet die Wohnung sehr gemütlich.	☐	☐
4. Die Wohnung hat zwei Zimmer.	☐	☐
5. Sie wohnt in einer Wohngemeinschaft.	☐	☐
6. Sie bezahlt nur 265 Euro Miete pro Monat.	☐	☐

C **Wo wohnt Michael?** Choose the correct answer.

1. Michael wohnt
   a. in einer Wohngemeinschaft.
   b. mit seiner Freundin zusammen.
   c. jetzt allein.

2. Die Wohnung kostet
   a. 80 Quadratmeter pro Monat.
   b. 400 Euro pro Monat plus Nebenkosten.
   c. 450 Euro pro Monat.

3. Die Wohnung liegt
   a. in der Nähe vom Bahnhof.
   b. bei einem wunderschönen Park.
   c. in einem schönen Altbau.

4. Michaels Wohnung hat

    a. zwei Badezimmer.

    b. zwei Arbeitszimmer.

    c. kein Wohnzimmer.

D **Wo möchten Sie gern wohnen?** Working with a partner, decide whether you would prefer to live in Michael's, Sophie's, or Maria's apartment and give a reason. Compare your decision with that of others in your class. Which apartment is the favorite among your classmates?

    BEISPIEL: Ich mag (*like*) Michaels Wohnung. Sie ist sehr groß und liegt in einem schönen Altbau.

Lesen

Wie und wo wohnen junge Leute in Deutschland? In this section you will look at texts in which young people in Germany tell how they live.

Zum Thema

Wie wohnen Sie?

A Take a few moments to complete the questionnaire; then interview a partner to see how he/she answered the questions.

Wie wohne ich?

1. Ich wohne _____.

    a. in einem Studentenwohnheim

    b. in einer Wohnung

    c. bei meinen Eltern

    d. in meinem eigenen (*own*) Haus

    e. privat in einem Zimmer

    f. ??

2. Ich teile (*share*) mein Zimmer / meine Wohnung / mein Haus mit _____.

    a. einer anderen Person

    b. zwei, drei, vier, … Personen

    c. niemand anderem. Ich wohne allein.

3. Ich habe _____.

    a. eine Katze (*cat*)

    b. einen Hund (*dog*)

    c. einen Goldfisch

    d. andere Haustiere (eine Kobra, einen Hamster, …)

    e. keine Haustiere

4. Als Student hat man hier _____ Probleme, eine Wohnung zu finden.

    a. keine

    b. manchmal

    c. große

5. Die Mieten sind hier _____.

    a. niedrig

    b. hoch

B Report to the class what you found out about your partner.

Auf den ersten Blick

In the following passages students in Bonn, the former capital of the Federal Republic of Germany, and Rostock, a city in northeastern Germany, tell about their living arrangements. Skim through the texts, and for each one organize the vocabulary you recognize into the following categories.

Person	Housing	Objects Found in Room
BEISPIEL: Katja	Studentenwohnheim	Betten, Schreibtisch, Esstisch, Regale …

So wohne ich

Name: *Katja Meierhans*
Wohnort: *Rostock*
Hauptfächer: *Mathematik, Chemie*

Während des Studiums wohne ich im Studentenwohnheim mit noch einer[1]
5 Studentin auf einem Zimmer; Gemeinschaftswaschräume[2] und WCs[3] für den ganzen Flur[4] (22 Zimmer); im Raum sind Betten, Schreibtisch, Esstisch, viele Regale, viele Schränke. Ich bin zufrieden[5]. Zu Hause (300 km von Rostock) wohne ich bei meinen Eltern. Ich fahre gern nach Hause, aber in Rostock bin ich unabhängiger[6].

10 **Name:** *Christoph Stiegen*
Wohnort: *Niederkassel (Rheidt)*
Hauptfächer: *Politologie, Italienisch*

Ich wohne in einer Wohnung etwas außerhalb von[7] Bonn. Die Wohnung hat 52m^2, zwei Zimmer, Küche, Diele[8], Bad. Ich teile mir[9] die Wohnung mit einem
15 Freund, der auch in Bonn studiert. Es ist eine Dachwohnung[10].

Name: *Jennifer Wolcott*
Wohnort: *Mönchengladbach*
Hauptfächer: *Englisch, Politische Wissenschaften*

Ich wohne in einem Zimmer (12m^2) in einem Studentenwohnheim. In dem
20 Zimmer sind ein Schreibtisch mit einer Schublade[11], ein Bett, ein Regal, ein Kleiderschrank und ein Waschbecken[12] mit Spiegel[13]. Ich habe einen Teppich[14] hingelegt, Pflanzen auf die große Fensterbank[15] gestellt, noch ein Regal (für meine vielen Bücher). Außerdem habe ich Bilder, Poster und Fotos an die weißen Wände gehängt. Ich teile Bad/Toiletten und eine große Küche mit
25 zwanzig Studenten.

[1]*noch* … one other [2]common washrooms [3]toilets [4]hallway [5]content, satisfied [6]more independent [7]*etwas* … just outside of [8]front hall [9]*teile* … share [10]attic apartment [11]drawer [12]sink [13]mirror [14]carpet [15]windowsill

Zum Text

A Which description most closely matches this drawing?

B Look at the chart below and then scan the texts for specific information in order to complete it. If there is no information given for a particular category, leave that space blank.

Name	Wohnort	Wie er/sie wohnt	Was im Zimmer ist	Weitere Informationen

1. Using the information you have written in the chart, construct sentences about the students. Have the rest of the class guess which person you are describing.

2. Now, using the information in the chart again, describe one of the people by creating true and false statements. The rest of the class has to say whether your statements are true or false.

Zu guter Letzt

Wir suchen einen Mitbewohner / eine Mitbewohnerin.

In this chapter you have learned how to talk about student living situations and furnishings. In this project you will join others to interview a prospective roommate, choose a roommate, explain your choice, and report to the class.

Schritt 1: Work in groups of three or four. Imagine that you all live in a large apartment, house, or WG as roommates and that one of you is moving out. You are seeking a replacement for him/her. Create a flyer, in German, in which you describe what you have to offer. Feel free to consult and utilize the housing ads and flyers found in **Kapitel 2** as you create your own. You might start as follows:

> Wir, drei Studentinnen, suchen eine Mitbewohnerin für unsere Wohnung. …

Distribute your housing flyer to classmates and find at least two people who want to interview for the room.

Schritt 2: Interview each applicant. Use German to ask the questions. You will want to ask the applicant several questions, such as whether he/she . . .

- is a student
- is also working
- is a (non)smoker
- has a pet (**einen Hund, eine Katze, einen Hamster**)
- owns a car, motorcycle, bicycle
- listens to loud music (**laute Musik**)
- has a lot of visitors (**viel Besuch haben**)
- has a computer and will need a high-speed connection (**Computeranschluss**)
- considers herself/himself chaotic and eccentric or quiet and serious

The applicant might have questions, as well, such as . . .

- how large the room is
- whether the room is furnished
- how much the rent is
- whether there is a yard
- how many people live in the apartment

Schritt 3: After you have interviewed prospective roommates, compare notes about the different people you interviewed and decide whom to invite to become your roommate.

Schritt 4: Report back to the class on whom you have chosen and why.

BEISPIEL: Wir vermieten (*rent*) das Zimmer an Jeanine. Sie ist sehr nett und sympathisch. Sie studiert Informatik. Sie ist Nichtraucherin und hört keine laute Musik. …

Wortschatz

Auf dem Flohmarkt / At the Flea Market

das **Bett**, -en	bed
der **CD-Spieler**, -	CD player
der **Computer**, -	computer
der **Computeranschluss**, ̈e	computer connection
der **DVD-Spieler**, -	DVD player
der **Fernseher**, -	TV set
das **Foto**, -s	photograph
die **Gitarre**, -n	guitar
das **Handy**, -s	cell phone
der **Kleiderschrank**, ̈e	clothes closet
die **Kommode**, -n	dresser
die **Lampe**, -n	lamp
die **Möbel** (pl.)	furniture
der **Papierkorb**, ̈e	wastepaper basket
das **Poster**, -	poster
das **Radio**, -s	radio
das **Regal**, -e	shelf
das **Bücherregal**, -e	bookcase, bookshelf
der **Sessel**, -	armchair
das **Sofa**, -s	sofa
die **Stereoanlage**, -n	stereo
der **Stuhl**, ̈e	chair
das **Telefon**, -e	telephone
der **Teppich**, -e	rug, carpet
der **Tisch**, -e	table
der **Couchtisch**, -e	coffee table
der **Nachttisch**, -e	nightstand
der **Schreibtisch**, -e	desk
die **Uhr**, -en	clock
der **Wecker**, -	alarm clock

Das Haus / The House

das **Bad**, ̈er	bathroom
der **Balkon**, -e	balcony
das **Fenster**, -	window
die **Garage**, -n	garage
der **Garten**, ̈	garden; yard
das **Haus**, ̈er	house
die **Küche**, -n	kitchen
die **Terrasse**, -n	terrace, patio
die **Tür**, -en	door
die **Wand**, ̈e	wall
das **Zimmer**, -	room
das **Arbeitszimmer**, -	workroom, study
das **Badezimmer**, -	bathroom
das **Esszimmer**, -	dining room
das **Schlafzimmer**, -	bedroom
das **Wohnzimmer**, -	living room

Sonstige Substantive / Other Nouns

das **Auto**, -s	car
der **Euro**, -s	euro
das **Geld**	money
der **Junge** (-n masc.), -n	boy
das **Kaufhaus**, ̈er	department store
die **Leute** (pl.)	people
der **Mensch** (-en masc.), -en	person, human being
die **Miete**, -n	rent
der **Mitbewohner**, - / die **Mitbewohnerin**, -nen	roommate, housemate
das **Motorrad**, ̈er	motorcycle
der **Nichtraucher**, - / die **Nichtraucherin**, -nen	nonsmoker
das **Problem**, -e	problem
das **Studentenwohnheim**, -e	dormitory
der **Tag**, -e	day
das **Video**, -s	video
die **Wohngemeinschaft**, -en (abbreviated **WG**, plural **WGs**)	shared housing
die **Wohnung**, -en	apartment
die **Zeit**, -en	time
die **Zimmerpflanze**, -n	houseplant

Verben / Verbs

brauchen	to need
essen (isst)	to eat
fahren (fährt)	to drive, ride
fragen	to ask
haben (hat)	to have
Durst haben	to be thirsty
gern haben	to like (a person or thing)
Hunger haben	to be hungry
Lust haben	to feel like (doing something)
recht haben	to be correct
Zeit haben	to have time
kaufen	to buy
kosten	to cost
laufen (läuft)	to run, jog
lesen (liest)	to read
schlafen (schläft)	to sleep
schreiben	to write
schwimmen	to swim
sehen (sieht)	to see
sprechen (spricht)	to speak
suchen	to look for
trinken	to drink

Adjektive und Adverbien / Adjectives and Adverbs

alle	all
bequem	comfortable, comfortably
billig	inexpensive(ly), cheap(ly)
da	there
dringend	desperate(ly)
dunkel	dark

frei	free(ly)	selten	rare(ly)
genau	exact(ly)	so	so
gerade	just, exactly; now	teuer	expensive(ly)
groß	big, large	viel/viele	much/many
hässlich	ugly	wieder	again
hell	bright(ly), light		

hoch	high(ly)	**Sonstiges**	**Other**
klein	small	dieser	this
möbliert	furnished	etwas	something; somewhat, a little (*adverb*)
unmöbliert	unfurnished		
niedrig	low	kein	no, none, not any
noch	still; yet	nichts	nothing
nur	only	warum	why
preiswert	a bargain, inexpensive(ly)	Was ist denn los?	What's the matter?
recht	quite, rather	weit (weg) von …	far (away) from . . .
recht preiswert	quite inexpensive, reasonable	welcher	which
		zentral gelegen	centrally located
schon	already		
schön	nice(ly), beautiful(ly)		

Das kann ich nun!

1. Sagen Sie:

   a. Wo und wie wohnen Sie?

   b. Wie hoch ist die Miete?

   c. Haben Sie einen Computeranschluss und ein Handy?

2. Nennen Sie vier Zimmer in einer Wohnung.

3. Nennen Sie fünf Möbelstücke in Ihrem Zimmer. Was haben Sie nicht? (Zwei Möbelstücke) Ich habe …

4. Was machen Sie gern? Nennen Sie drei Aktivitäten.

5. Nennen Sie die Artikel und Pluralformen von …

   a. Zimmer   e. Stuhl

   b. Buch   f. Mitbewohnerin

   c. Handy   g. Mensch

   d. Küche

6. Wie sagt man das auf Deutsch?

   a. A salesperson offers you a desk at a price that she considers reasonable, but you find it too expensive. Express your opinion.

   b. You are telling someone who has invited you for coffee that you have no time.

   c. You are telling someone that Frau Renner likes to ride a motorcycle.

Ein Grillfest mit der Familie

Familie und Freunde

Woher kommt deine Familie?

In diesem Kapitel

▶ **Themen:** Family members, days of the week, months, holidays and celebrations, ordinal numbers

▶ **Grammatik:** Possessive adjectives; personal pronouns in the accusative case; prepositions with the accusative; **werden, wissen,** and **kennen**

▶ **Lesen:** „Wie feierst du deinen großen Tag?"

▶ **Landeskunde:** German holidays and celebrations, families in Germany

▶ **Zu guter Letzt:** Drei Persönlichkeiten

connect plus+

GERMAN

www.connectgerman.com

A Below you see a picture of Thomas Neumann's family from Stuttgart with all of his relatives labeled. Look at the picture and try to identify the words for mother, father, sister, brother, grandfather, grandmother, and niece.

At what kind of family celebration was the picture taken?

mein Großvater
Gerhard
trägt einen Zylinder

meine Großmutter
Ella

mein Vater
Sebastian

meine Frau
Nicola

Das bin ich:
Thomas

meine Mutter
Ursel

meine
Schwester
Lisa

mein Bruder
Lars

meine Nichte
Nicole

meine Nichte
Sarah

B Now listen as Thomas's sister, Lisa, describes her family. As you listen, indicate whether the following statements are correct (**das stimmt**) or incorrect (**das stimmt nicht**).

	Das stimmt	Das stimmt nicht	
1. Das Foto zeigt Familie Neumann bei einer Geburtstagsfeier.	☐	☐	
2. Familie Neumann wohnt in Leipzig.	☐	☐	
3. Lisa Neumann hat zwei Brüder.	☐	☐	
4. Ihr Bruder Thomas und Thomas' Frau, Nicola, sind Lehrer von Beruf.	☐	☐	
5. Lisa plant eine Reise nach Kanada.	☐	☐	
6. Lisas Bruder Lars hat zwei Kinder.	☐	☐	
7. Großvater Gerhard trägt einen Zylinder° auf dem Kopf.	☐	☐	*top hat*

Wörter im Kontext

Thema 1: Ein Familienstammbaum°

A family tree

Bernd Thalhofers Familie

Look at Bernd Thalhofer's family tree to see how each person pictured is related to him.

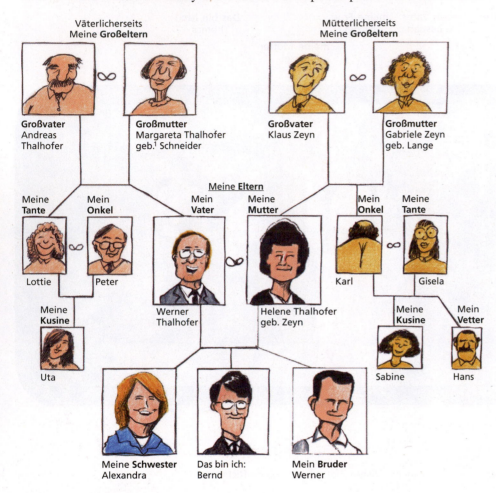

Väterlicherseits
Meine **Großeltern**

Mütterlicherseits
Meine **Großeltern**

Großvater
Andreas
Thalhofer

Großmutter
Margareta Thalhofer
geb.[1] Schneider

Großvater
Klaus Zeyn

Großmutter
Gabriele Zeyn
geb. Lange

Meine **Eltern**

Meine
Tante

Mein
Onkel

Mein
Vater

Meine
Mutter

Mein
Onkel

Meine
Tante

Lottie

Peter

Karl

Gisela

Meine
Kusine

Werner
Thalhofer

Helene Thalhofer
geb. Zeyn

Meine
Kusine

Mein
Vetter

Uta

Sabine

Hans

Meine **Schwester**
Alexandra

Das bin ich:
Bernd

Mein **Bruder**
Werner

Refer to *Possessive
Adjectives,* p. 92.

A   Wer ist wer in dieser Familie?

1. Bernd Thalhofer hat einen Bruder und eine _____. Das sind seine
_____.

2. Sein Vater und seine Mutter sind seine _____.

3. Er hat auch Großeltern: zwei _____ und zwei _____.

4. Bernds Vater hat eine Schwester. Sie ist Bernds _____.

5. Seine Mutter hat einen Bruder. Er ist Bernds _____.

6. Bernds Onkel Karl und Tante Gisela haben zwei _____: eine
_____ und einen _____.

7. Hans ist Bernds _____ und Sabine ist seine _____.

Neue Wörter

die Geschwister (*pl.*) siblings
der Großvater (Großväter,
   pl.) grandfather
der Opa (Opas, *pl.*) grandpa
die Großmutter (Großmütter,
   pl.) grandmother
die Oma (Omas, *pl.*) grandma
das Kind (Kinder, *pl.*) child
die Tochter daughter
der Sohn son

---

[1]geb. = geborene   *maiden name*

B **Meine Verwandtschaft.** Complete the following sentences to show the relationships these people have to you.

1. Meine Mutter und mein Vater sind meine _____.
2. Mein Opa und meine Oma sind meine _____.
3. Die Tochter meiner (*of my*) Eltern ist meine _____.
4. Die Söhne und Töchter meiner Eltern sind meine _____.
5. Der Sohn meiner Eltern ist mein _____.
6. Die Schwester meiner Mutter ist meine _____.
7. Der Bruder meiner Mutter ist mein _____.
8. Der Mann meiner Schwester ist mein _____.
9. Die _____ meiner Mutter ist meine Kusine.
10. Der _____ meiner Mutter ist mein Vetter.
11. Der Vater meines (*of my*) Vaters ist mein _____. Ich bin sein(e) _____.
12. Die Mutter meines Vaters ist meine _____.
13. Die Frau meines Bruders ist meine _____.
14. Mein Onkel und meine Tante haben zwei Kinder, einen Sohn und eine Tochter. Sie sind mein _____ und meine _____.

Neue Wörter

der Mann husband
der Schwager brother-in-law
die Nichte niece
der Neffe nephew
der Enkel grandson
die Enkelin granddaughter
die Frau wife
die Schwägerin sister-in-law

As in English, to indicate that somebody is related to another person, add an **-s** to the person's name—though without an apostrophe.

> Das ist Bernd **Thalhofers** Familie.
> **Bernds** Eltern heißen Werner und Helene.

Another way to indicate relationships is with the preposition **von** (*of*).

> Das ist die Familie **von** Bernd Thalhofer.
> Die Eltern **von** Bernd heißen Werner und Helene.

The **von** construction is preferred if a name ends in an **-s** or a **-z.**

> Die Frau **von** Markus heißt Julia.
> Die Eltern **von** Frau Lentz kommen aus München.

Due to the influence of English, the apostrophe is being used more and more to express the possessive, though it is not officially acknowledged.

Aktivität 1   Wer ist das?

Unscramble the letters to find out which family member each item represents.

1. feeNf
2. eTtna
3. esKnui
4. treeVt
5. chNeti
6. klnOe
7. sewrStche
8. drerBu
9. tmßGorture
10. rVaet

Wer ist wer in dieser Familie?

Aktivität 2   Ein Interview

Schritt 1: Ask a person in your class about his/her family.

1. Wie heißen deine Eltern?
2. Wie viele Geschwister hast du?
3. Wie heißen deine Geschwister?
4. Wo wohnt deine Familie?
5. Wie alt sind deine Geschwister?
6. ??

Schritt 2: Report back to the class about your partner's family.

BEISPIEL: Jennys Familie wohnt in Toronto. Jenny hat fünf
Brüder und drei Schwestern. Ihre Brüder heißen Mark,
Stephen, …

Sprach-Info

To indicate that someone is related through a blended family or only through one parent, compounds can be formed using **Stief-** (*step*) and **Halb-** (*half*). The German equivalent to English *great* is the prefix **Ur-**.

Maria ist meine **Stiefschwester.**
Maria is my stepsister.

Mein **Halbbruder** heißt Jens.
My half brother is named Jens.

Wilhelmine ist meine **Urgroßmutter.**
Wilhelmine is my great-grandmother.

Familie von Bismarck

Fürst Otto von Bismarck
1815-1898

⬭⬭

Fürstin Johanna von Bismarck
1824-1894
* Gräfin von Puttkammer

Graf Wilhelm (Bill)
1852-1901

Fürst Herbert von Bismarck
1849-1904

⬭⬭

Fürstin Marguerite von Bismarck
1871-1945
* Gräfin Hoyos

Gräfin Marie
1847-1926

Graf Gottfried
1901-1949

Gräfin Hannah
1893-1971

⬭⬭

Leopold von Bredow

Alexandra
Marei
Philippa

Fürst Otto von Bismarck
1897-1975

⬭⬭

Fürstin Ann-Mari von Bismarck
1907-1999
* Gräfin Tengbom

Gräfin Goedela
1896-1981

⬭⬭

Graf Keyserling
1880-1946

Graf Albrecht
1903-1970

Graf
Maximilian
* 1947

Gräfin
Gunilla
* 1949

Gräfin
Mari-Ann
1929-1981

Fürst Ferdinand von Bismarck
* 1930

⬭⬭

Fürstin Elisabeth von Bismarck
* 1939
* Gräfin Lippens

Graf Carl Alexander
* 1935-1992

Graf Leopold
* 1951

Aktivität 3   Ein berühmter Stammbaum

Otto Eduard Leopold von Bismarck was born April 1, 1815 in Prussia of an aristocratic family. He became prime minister of Prussia in 1862 and served as the first chancellor of the German Empire when it formed in 1871. Fill in the information about his family based on the family tree on page 86.

1. Wie heißt der ältere (*older*) Sohn von Otto von Bismarck und Fürstin Johanna?
   _____

2. Wie heißen die zwei Enkelinnen von Otto und Johanna? _____

3. Fürst Ferdinand von Bismarck ist der _____ von Fürstin Ann-Mari und Fürst Otto.

4. Gräfin Hannah ist die _____ von Otto und Johanna.

5. Fürstin Marguerite ist die _____ von Fürst Otto (geboren 1897).

6. Graf Albrecht ist der _____ von Otto und Johanna.

Kulturspot

Since 1919, all privileges of the nobility have been abolished in Germany as well as in Austria. In Germany, however (though not in Austria), aristocratic families retain their titles. Here are some words dealing with these aristocratic titles:

der Adel *nobility, aristocracy*

der Fürst, die Fürstin *prince/princess*

der Graf, die Gräfin *count/countess*

Thema 2: Der Kalender: Die Wochentage und die Monate

Oktober

Montag	Dienstag	Mittwoch	Donnerstag	Freitag	Samstag	Sonntag
				1	2	3
4	5	6	7	8	9	10
11	12	13	14	15	16	17
18	19	20	21	22	23	24
25	26	27	28	29	30	31

die Monate	
Januar	Juli
Februar	August
März	September
April	Oktober
Mai	November
Juni	Dezember

Aktivität 4   Welcher Tag ist das?

Days of the week are sometimes abbreviated. Can you identify which day of the week each of these abbreviations represents?

1. Mo _____
2. Fr _____
3. Do _____
4. So _____
5. Mi _____
6. Sa _____
7. Di _____

Aktivität 5   Wie alt bist du?

Interview several classmates to learn their ages and birthdates.

BEISPIEL: S1: Wie alt bist du?

S2: Ich bin 23.

S1: Wann wirst du 24?

S2: Ich werde im August 24. Und du?

Sprach-Info

Use the following phrases to say the day or month when something takes place.

—Wann wirst du 21?
—Ich werde **am Samstag** 21.

—Wann hast du Geburtstag?
—Ich habe **im Dezember** Geburtstag.

Refer to The Verb *werden*, p. 101.

Aktivität 6 Eine Einladung° zum Geburtstag

invitation

Listen and take notes as Tom and Heike talk about an upcoming birthday party. Read the questions first before listening to the conversation.

1. Wer hat Geburtstag?
2. Wann ist der Geburtstag?
3. Wo ist die Party?
4. Wer kommt sonst noch (*else*)?
5. Kommt die Person am Telefon, oder nicht?

Aktivität 7 Hin und her: Verwandtschaften°

relationships

Ask a partner questions about Bernd's family.

BEISPIEL: **S1:** Wie ist Gisela mit Bernd verwandt?

S2: Gisela ist Bernds Tante.

S1: Wie alt ist sie denn?

S2: Sie ist 53.

S1: Wann hat sie Geburtstag?

S2: Im Februar.

Person	Verwandtschaft	Alter	Geburtstag
Gisela			
Alexandra	Schwester	25	März
Christoph			
Andreas	Großvater	80	Juni
Sabine			

Sprach-Info

To form most ordinal numbers (*first, second, third,* and so on) in German, add the suffix **-te** or **-ste** to the cardinal number. Note that the words for *first, third, seventh,* and *eighth* are exceptions to the rule.

eins	**erste**	neun	neun**te**
zwei	zwei**te**	zehn	zehn**te**
drei	**dritte**	elf	elf**te**
vier	vier**te**	zwölf	zwöl**fte**
fünf	fün**fte**	dreizehn	dreizehn**te**
sechs	sech**ste**	...	...
sieben	**sieb(en)te**	zwanzig	zwanzig**ste**
acht	**achte**		

Ordinal numbers are normally used with the definite article.

　　Freitag ist **der erste** Oktober.

To talk about dates for special occasions, you can say:

　　Wann hast du Geburtstag? —**Am 18. (achtzehnten)** September.

Note that ordinal numbers are written with a period: **der 4. Juli; am 4. Juli.**

Thema 3: Feste und Feiertage°

Geburtstagswünsche

Celebrations and holidays

Germans express birthday wishes in many ways. Here are some typical birthday wishes taken from German newspapers.

> ♥ **Heike**
> wird heute
> „21"
> Herzlichen Glückwunsch

> *Lieber Vater und Opa!*
> Zu Deinem 85. Geburtstag gratulieren
> *Hansi –Waltraud – Angela – Torsten*
> *Birgit – Peter – Jan und Marco*

> *Hallo Belinda!*
> Viel Glück und alles Gute
> zum 18.
> wünschen Mutti und Papa
> und der ganze Clan.

> **Ralf hat**
> **Geburtstag!**
> ***Alles Gute!***

> **Liebe Oma** *Marie Sudhoff*
> zu Deinem **80. Geburtstag** wünschen Dir
> Deine Kinder, Enkel und Urenkel alles
> Liebe und Gute.

Neue Wörter

wird (werden) turns, becomes
Herzlichen Glückwunsch (zum Geburtstag) Happy birthday!
gratulieren congratulate
Alles Gute! All the best!
wünschen wish

A **Analyse**

▶ Find at least two different expressions of good wishes in the ads.

▶ Who are the family members who are sending birthday greetings to Belinda? to Marie Sudhoff?

▶ Marie Sudhoff is being addressed as "**liebe Oma.**" To which family member does the term **Oma** refer? What is another word for **Oma**?

▶ One birthday greeting gives no name but says only "**lieber Vater und Opa.**" Is this ad directed to one or two people? What clue(s) helped you arrive at your answer? What is another word for **Opa**?

Feiertage in der Familie Thalhofer

Der **Valentinstag** ist in Deutschland relativ **neu.** Bernd und Alexandra **kennen** diesen Tag aus den USA. Der Muttertag ist für Frau Thalhofer nicht so **wichtig,** aber ihre Familie schenkt (*gives*) ihr **oft** Blumen.

Dieses Jahr gibt es noch eine **Hochzeit** in Bernds Familie. Seine Kusine Sabine **heiratet** nämlich im September. Die Familie **plant** ein großes **Familienfest** mit einem Abendessen in der Marksburg am Rhein. Bernds Großeltern feiern dieses Jahr ihre goldene Hochzeit, aber sie **wissen** noch nicht wo.

Neue Wörter

neu new
kennen know
wichtig important
die Hochzeit wedding
heiratet (heiraten) is getting married
plant (planen) is planning
das Familienfest family gathering
wissen know

Die Marksburg am Rhein

Bernd hat im April Geburtstag. Dieses Jahr **feiert** er mit seiner Frau Bettina **vielleicht** bei Freunden in Berlin. Natürlich feiern sie auch bei den Eltern in Köln, und **es gibt** auch eine kleine **Party** und natürlich auch **Geschenke.**

Weihnachten hat eine lange **Tradition. Am Heiligen Abend** gibt es Geschenke und ein Familienessen. Auch am ersten Weihnachtstag (25. Dezember) feiert die Familie zusammen. Am zweiten Weihnachtstag (26. Dezember) besucht die Familie die Großeltern, Tanten und Onkel.

Silvester sind Thalhofers oft bei Freunden. **Um Mitternacht** gibt es dann oft ein kleines Feuerwerk im Garten. Manchmal bleiben sie aber auch zu Hause.

Neue Wörter

feiert (feiern) celebrates

vielleicht perhaps

es gibt there is

das Geschenk (Geschenke, *pl.***)** present

das Weihnachten Christmas

am Heiligen Abend on Christmas Eve

das Silvester New Year's Eve

um Mitternacht at midnight

A **Feiertage und Feste.** Complete the following with words from the Neue Wörter boxes.

Der Valentinstag ist in Deutschland relativ _____. Bernd und Alexandra Thalhofer _____ diesen Tag aus den USA. Zum Muttertag schenkt man _____ Blumen. Dieses Jahr gibt es in der Familie eine _____ im September. Bernds Kusine _____ nämlich. Für dieses Famlienfest _____ die Familie ein Festessen auf einer Burg am Rhein. Zum Geburtstag gibt es oft eine Party und _____. Bernds Großeltern feiern dieses Jahr ihre goldene Hochzeit, aber sie _____ noch nicht wo. _____ hat eine lange Tradition in Deutschland. An Silvester gibt es um _____ oft ein Feuerwerk.

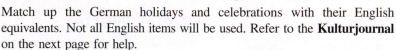

heiratet	Hochzeit	Geschenke	neu	wissen
Mitternacht	kennen	oft	Weihnachten	plant

Aktivität 8   Feste und Feiertage

Match up the German holidays and celebrations with their English equivalents. Not all English items will be used. Refer to the **Kulturjournal** on the next page for help.

1. ____ Weihnachten
2. ____ Karneval
3. ____ Geburtstag
4. ____ Ostern
5. ____ Silvester
6. ____ Hochzeit
7. ____ der Heilige Abend
8. ____ Tag der deutschen Einheit

  a. Mardi Gras
  b. Christmas Eve
  c. Easter
  d. Labor Day
  e. birthday
  f. wedding
  g. Memorial Day
  h. German Unity Day
  i. Christmas
  j. New Year's Eve

Aktivität 9   Geburtstagsgrüße

Choose several of the following words and phrases to create birthday greetings for someone.

alles Gute	herzlichen Glückwunsch	wir gratulieren	du wirst
zu deinem ___ Geburtstag	ich gratuliere	lieber ___	wünscht / wünschen dir
___ wird ___	viel Glück	zum Geburtstag	liebe ___

Aktivität 10 Eine Einladung zu einer Party

Invite someone to a party, using the expressions provided.

BEISPIEL: S1: Ich mache am Sonntag eine Party. Kommst du?

S2: Am Sonntag? Vielen Dank. Ich komme gern.

oder: Vielen Dank. Leider kann ich nicht kommen.

Other Excuses

Es tut mir leid. / Ich bin leider nicht zu Hause. / Ich fahre nämlich nach _____. / Mein Vater / Meine Mutter usw. (*and so on*) hat nämlich auch Geburtstag.

Neue Wörter

Es tut mir leid. I'm sorry.

leider unfortunately

nämlich namely, that is to say (*giving a reason*)

Sprach-Info

When stating your reason for an action, use the adverb **nämlich**. Note that there is no exact equivalent of **nämlich** in English.

Ich kann nicht kommen. Ich fahre **nämlich** nach Hamburg.
I cannot come. The reason is, I am going to Hamburg.

KULTURJOURNAL

Feste und Feiertage

Legal holidays in German-speaking countries are largely religious holidays. The most important ones are Christmas (**Weihnachten**), New Year (**Neujahr**), and Easter (**Ostern**) and are celebrated for two days each. An important nonreligious holiday in Germany is the Day of German Unity (**Tag der deutschen Einheit**) on October 3, the day in 1990 when Germany was officially reunited. On October 26 (**der österreichische Nationalfeiertag**), Austrians celebrate the founding of modern Austria after World War II. The Swiss mark the historic union of their country, which dates back seven centuries to the year 1291, on August 1 each year (**Bundesfeiertag**) with festivities, folklore, music, fireworks, and political speeches.

There are many regional holidays as well. Mardi Gras (**Karneval** in the Rhineland and **Fasching** in southern Germany) is celebrated before Lent, in early spring. People get one day off work to participate in the merriment in and out of doors. Germans in northern and eastern regions do not celebrate Mardi Gras. Special festivals, so-called **Volksfeste,** are held in most communities, large and small, throughout Germany. Some of the better known ones are the yearly **Oktoberfest** in Munich and the **Kieler Woche** in the city of Kiel. The **Kieler Woche** is dedicated to sailing races on the Baltic Sea and draws sailing enthusiasts from around the world. Many local festivals have their origin in the Middle Ages, such as for instance the very popular **Schützenfeste** and **Kirmes.** **Schützenfeste** have their origins in target-shooting practice during the Middle Ages when protecting a village or town was of great importance, whereas a **Kirmes,** now a general **Volksfest,** originated in a church-related celebration (**Kirchmess**).

Germans go all out for family celebrations such as weddings and silver and golden wedding anniversaries.

Volkstanz bei einem Volksfest in Bayern

So feiert man Karneval im Rheinland

Zur Diskussion

1. Which German holidays are also holidays in your country?
2. Describe a regional or local festival to your classmates.

Possessive Adjectives°

Possessivartikel

Possessive adjectives (e.g., *my, your, his, our*) indicate ownership or belonging.

Dies ist Sandras Familie.

The *Guide to Grammar Terms* online in CONNECT provides more basic information about possessive adjectives.

Sandra, 8 Jahre: Meine Mutter Martina, meine Schwester Andrea, mein Vater Uli und ich

Wer ist wer in Sandras Familie?

Wie heißt **deine** Schwester?	*What's your sister's name?*
Meine Schwester heißt Andrea.	*My sister's name is Andrea.*
Ihr Vater heißt Uli.	*Her father's name is Uli.*
Ihre Mutter heißt Martina.	*Her mother's name is Martina.*

Here are the possessive adjectives in German as well as the corresponding personal pronouns.

Singular		
Personal Pronoun	**Possessive Adjective**	
ich	**mein**	*my*
du	**dein**	*your (informal)*
Sie	**Ihr**	*your (formal)*
er	**sein**	*his; its*
sie	**ihr**	*her; its*
es	**es**	*its*

Plural		
Personal Pronoun	**Possessive Adjective**	
wir	**unser**	*my*
ihr	**euer**	*your (informal)*
Sie	**Ihr**	*your (formal)*
sie	**ihr**	*their*

Possessives—short for possessive adjectives—take the same endings as the indefinite article **ein.** They are sometimes called **ein**-words because their endings are the same as those of **ein.** Unlike **ein,** however, they also have plural forms. They agree in gender, case, and number with the nouns they modify.

The nominative and accusative forms of **mein** and **unser** illustrate the pattern for all possessives.

The *Guide to Grammar Terms* online in CONNECT provides more basic information about ein-words.

	Singular			Plural
	Masculine	*Neuter*	*Feminine*	*All Genders*
Nominative	mein Freund unser Freund	mein Buch unser Buch	meine Mutter unsere Mutter	meine Freunde unsere Freunde
Accusative	mein**en** Freund unser**en** Freund	mein Buch unser Buch	meine Mutter unsere Mutter	meine Freunde unsere Freunde

NOTE:

▶ The masculine singular possessive adjective is the only one for which the accusative form differs from the nominative: **mein → meinen, unser → unseren.**

▶ The formal possessive adjective **Ihr** (*your*) is capitalized, just like the formal personal pronoun **Sie** (*you*).

▶ The possessive adjective **euer** (*your*) drops the **e** of the stem when an ending is added: **eu~~e~~re → eure, eu~~e~~ren → euren.**

Übung 1   Kurz und bündig

Match each German possessive to its English equivalent. Some of the English items have more than one correct German match, and some of the German items will match up to more than one of the English possessives.

1. my
2. his
3. your (*informal singular*)
4. our
5. their
6. her
7. your (*formal*)
8. your (*informal plural*)
9. its

a. ihr
b. dein
c. Ihr
d. sein
e. euer
f. unser
g. mein

Übung 2 Analyse: Possessiva

Scan the Valentine's Day greetings and identify all possessive adjectives. In each case, determine whether the possessive refers to a male or female individual or to several people. What is the gender of each name or noun?

Herzliche Grüße zum Valentinstag 🌹

> **Für meine Lieben**
> **Helmut und Sandra**
> einen lieben Gruß und ein dickes
> Küsschen[1]
> **Eure Doris Ma**   GF100081

> Hallo Maus! Nun ist
> es doch schon das
> 4. Jahr! In Liebe
> Deine Katze

> **Liebe Beate,**
> ich liebe Dich
> **Dein Rainer**
>   GF100037

> Guten Morgen, mein Tiger. Die
> Welt[2] ist wieder schön durch
> Dich. Dein Stern von Rio

> **Lieber Andre!**
> Alles Liebe zum Valentinstag.
> **Dein Häschen**
>   GF100036

[1]ein ... *a big kiss*   [2]*world*

Übung 3 Herzlichen Glückwunsch!

You will hear eight congratulatory messages taken from a radio program. Write out who is receiving each greeting (**Empfänger/in**) and who is sending it (**Absender/in**). Include the possessive adjectives you hear, if any. Follow the example.

Empfänger/in	Absender/in
1. *unsere Mutter*	*deine Kinder*
2. _____	_____
3. _____	_____
4. _____	_____
5. _____	_____
6. _____	_____
7. _____	_____
8. _____	_____

Übung 4 Unser Familienporträt

Dirk und Lena machen eine Website über ihre Familie.

Schritt 1: Complete each sentence with the correct form of **unser.**

1. Hier seht ihr _____ Haus in Bonn.
2. Und das ist _____ Familie.
3. Links auf dem Foto seht ihr _____ Vater.
4. Da rechts ist _____ Bruder. Er heißt Cristof und ist 23 Jahre alt.
5. Und hier ist _____ Mutter. Sie heißt Lena und ist 47.
6. Die zwei Mädchen links und rechts von unserem Vater sind _____ Kusinen.
7. Und hier vorne seht ihr _____ Hund. Er heißt Rakete.

Schritt 2: Now restate the sentences from **Schritt 1** using the correct form of **mein.**

BEISPIEL: Hier seht ihr mein Haus in Bonn.

Übung 5 Kombinationen: Was passt zusammen?

Combine elements from both columns to form sentences in which the personal pronoun in the first column matches the possessive adjective in the second. In some instances more than one match is possible.

BEISPIEL: Ich liebe mein Handy.

1. Ich liebe
2. Er feiert heute
3. Sie suchen
4. Du suchst
5. Heute besuchen wir
6. Sie sucht
7. Morgen seht ihr
8. Sie sehen

a. ihre Kreditkarte.
b. Ihr Auto auf dem Parkplatz.
c. mein Handy.
d. unsere Eltern.
e. ihre Kinder im Supermarkt.
f. eure Freunde.
g. seinen Geburtstag.
h. dein Fahrrad.

Übung 6 Kleine Gespräche im Alltag°

everyday life

Complete the minidialogues with appropriate possessive adjectives.

1. **Claudia:** Hier ist _____ neue Telefonnummer.
   Stefan: Gut, und _____ neue Adresse?
   Claudia: _____ neue Adresse ist Rosenbachweg 2.

2. **Saskia:** Und dies hier ist _____ Freund.
   Svea: Wie heißt er denn?
   Saskia: _____ Name ist Max.
   Svea: Max? Na, so was! So heißt nämlich _____ Hund.

3. **Herr Weidner:** Und was sind Sie von Beruf, Frau Rudolf?
   Frau Rudolf: Ich bin Automechanikerin.
   Herr Weidner: Und was ist _____ Mann von Beruf?
   Frau Rudolf: _____ Mann ist Hausmann.
   Herr Weidner: Hausmann?

4. **Frau Sanders:** Ach, wie niedlich (*cute*)! Ist das _____ Tochter?
   Frau Karsten: Ja, das ist _____ Tochter.
   Frau Sanders: Und ist das _____ Hund?
   Frau Karsten: Ja, das ist _____ Hund. Das ist der Cäsar.

5. **Inge:** Kennst du _____ Freund Klaus?
   Ernst: Ich kenne Klaus nicht, aber ich kenne _____ Schwester.
   Inge: Morgen besuchen wir vielleicht _____ Eltern in Stuttgart.

6. **Polizist:** Ist das _____ Auto?
   Frau Kunze: Ja, leider ist das _____ Auto.
   Polizist: Hier ist Parkverbot.

Übung 7 Persönliche Angaben

Schritt 1: Complete a personal profile of yourself. Add one or two items of your own choice.

_____ Name ist _____.   _____ Geburtstag ist im _____. (z.B. Juli)

_____ Familie wohnt in _____.   _____ Lieblingsband (*f.*) heißt _____.

_____ Mutter heißt _____.   _____ Hobby ist _____.

_____ Vater heißt _____.   _____ Lieblingsbuch ist _____.

_____ Geschwister heißen _____.   ???

Schritt 2: Now exchange personal profiles with someone in your class and report about him/her to the class.

BEISPIEL: Das ist Leah Holder. Ihre Familie wohnt in Cincinnati. …

Personal Pronouns in the Accusative Case°

Personalpronomen im Akkusativ

You have already learned the personal pronouns for the nominative case. Here are the corresponding accusative forms.

Singular		Plural	
Nominative	**Accusative**	**Nominative**	**Accusative**
ich	**mich** *me*	wir	**uns** *us*
du	**dich** *you (informal)*	ihr	**euch** *you (informal)*
Sie	**Sie** *you (formal)*	Sie	**Sie** *you (formal)*
er	**ihn** *him; it*		
sie	**sie** *her; it*	sie	**sie** *them*
es	**es** *it*		

NOTE:

▶ The third-person singular pronouns **ihn, sie,** and **es** must agree in gender with the noun to which they refer.

▶ In the accusative case, **ihn** can mean *him* or *it,* and **sie** can mean *her* or *it,* depending on the gender of the noun to which they refer.

—Kennst du **meinen Freund?**   *Do you know my friend?*
—Ja, ich kenne **ihn.**   *Yes, I know him.*

—Brauchst du **den Computer?**   *Do you need the computer?*
—Na klar brauche ich **ihn.**   *I absolutely do need it.*

—Hast du **meine Adresse?**   *Do you have my address?*
—Ich glaube, ich habe **sie.**   *I think I have it.*

The interrogative pronoun **wen** (*whom*) is the accusative form (direct object form) of **wer** (*who*). Whereas in English "whom" is being used less frequently, **wen** must be used in German whenever the interrogative pronoun refers to a person as the direct object in the accusative case.

Wer ist das?   *Who is that?*

But:

Wen kennst du?   *Who(m) do you know?*

Wen siehst du?   *Who(m) do you see?*

Übung 8　Analyse: Nominative oder Akkusativ?

Identify all personal pronouns in the ads and announcements and determine whether they are in the nominative or in the accusative case. Then provide the English meaning of each phrase.

Mein Schatz,[1]
Ich liebe Dich.
Deine Jutta

[1]Mein ... *My dear*　　　GA140650

Wir sind da, wo Sie uns brauchen.

Ruth Brandt,
Unsere Omi ist das Liebste,[1] was wir haben, das wollen wir heute einmal[2] sagen:
WIR LIEBEN DICH

Deine Kinder
Deine Enkelkinder

[1]das ... *the dearest thing that*　[2]*just*

Gourmets lieben ihn.

Übung 9　Wen kennst du?

Supply the missing direct-object personal pronouns corresponding to the nominative pronouns provided.

BEISPIEL: Ich kenne _euch_ (ihr).

1. Ich kenne _____ (du).
2. Kennst du _____ (ich) denn nicht?
3. Du kennst ja meine Familie. Oder kennst du _____ (sie) nicht?
4. Wir kennen _____ (ihr) aber schon lange.
5. Hier kommt Herr Wunderlich. Kennst du _____ (er)?
6. Herr Wunderlich kennt _____ (wir).
7. Ich kenne die Stadt nicht so gut. Meine Freundin kennt _____ (sie) aber sehr gut.

Übung 10　Liebst° du das?

Love

With a partner, take turns creating questions and answering them. Use a pronoun in your answer.

BEISPIEL: **S1:** Liebst du das komische rote Auto?
　　　　　S2: Ja, ich liebe es.
　　　oder: Nein, ich liebe es nicht.

Liebst du ...

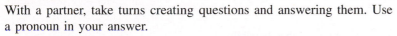

Hip-Hop-Musik (*f.*)　　Partys
Computerspiele　　Geld　　das komische rote Auto
Blogs im Internet　　den/die Filmschauspieler/in __?__ (z.B. George Clooney, Meryl Streep)
?　　Schokolade (*f.*)　　Familienfeste
Seifenopern (*soap operas*) im Fernsehen

Übung 11 Im Café Kadenz

Several students are conversing at different tables at the Café Kadenz. Complete the blanks with appropriate personal pronouns in the nominative or the accusative case.

1. A: Wie findest _____ den Professor Klinger?

B: Also, ich finde _____ unmöglich. _____ kommt nie pünktlich. Wir warten (*wait*) und warten, dann kommt _____ endlich und liest seine Vorlesung, keine Diskussion, keine Fragen, nichts. _____ ist echt langweilig.

A: Ich verstehe _____ nicht, Karin. Warum gehst du dann hin?

2. C: Machst du jetzt das Linguistik-Seminar?

D: Ja, ich brauche _____ für mein Hauptfach (*major*).

3. E: Und wie findest du deine Mitbewohner im Wohnheim?

F: Ich finde _____ ganz prima. Da sind zwei Italienerinnen aus Venedig. _____ sind wirklich nett. Ich verstehe _____ allerdings nicht immer.

4. G: Im Lumière läuft der Film „Die fetten Jahre sind vorbei". Kennst du _____?

H: Nein, aber die Filmkritiker finden _____ ausgezeichnet.

5. I: Da kommt endlich unser Kaffee. Wie trinkst du _____?

J: Gewöhnlich trinke ich _____ schwarz.

6. K: Meine Eltern besuchen _____ nächste Woche. Das ist immer stressig.

L: Ja, ich verstehe _____ gut.

Übung 12 Wie findest du das?

Schritt 1: With a partner, create five questions regarding student life. Then interview several people in your class.

BEISPIEL: S1: Wie findest du die Vorlesungen von Professor Ziegler?

S2: Ich finde sie ausgezeichnet. Und du?

S3: Ich finde sie zu lang.

Schritt 2: Once you have interviewed several classmates, report your findings to the classs.

BEISPIEL: Justin findet die Vorlesungen von Professor Ziegler sehr gut, aber Amanda findet sie zu lang.

das Essen (in der Mensa)
der Kaffee (in der Mensa)
das Leben (im Studentenwohnheim)
die Uni-Zeitung
die Studenten an der Uni
die Mitbewohner (im Studentenwohnheim)
die Stadt
der Film _____
das Buch _____
dein Freund/deine Freundin
dein Zimmer
??

ausgezeichnet
faul
sympathisch/unsympathisch
langweilig
schlecht
gut
freundlich/unfreundlich
interessant
schön
??

Prepositions with the Accusative Case°

Präpositionen mit dem Akkusativ

A preposition links nouns, pronouns, and phrases to other words in the sentence. You have already seen and used a number of German prepositions.

Ich studiere Architektur **in** Berlin.

Ich brauche eine Lampe **für** meinen Schreibtisch.

The use of prepositions, in English as well as in German, is highly idiomatic. An important difference, however, is that German prepositions require certain cases; that is, some prepositions are followed by nouns or pronouns in the accusative case, others by nouns or pronouns in the dative or genitive case. In this chapter, we focus on prepositions that always require the accusative case.

▶ The *Guide to Grammar Terms* online in CONNECT provides more basic information about prepositions and the dative and genitive.

Wir sind für Sie da!

Der freundliche Kunden-Service

Here are the most common accusative prepositions.

durch	through, across
für	for
gegen	against; around (*with time*)
ohne	without
um	at (*with time*)
um (… herum)	around (*a place*)

Deutsche Welthungerhilfe

Wir tun etwas **gegen** den Hunger.
We are doing something against hunger.

Er kommt **gegen** fünf Uhr.
He's coming around five o'clock.

Herr Krause fährt **durch** die Stadt.
Mr. Krause drives through town.

Er braucht ein Geschenk **für** seine Tochter.
He needs a gift for his daughter.

Er geht **ohne** seine Frau einkaufen.
He goes shopping without his wife.

Die Geburtstagsfeier beginnt **um** sechs.
The birthday party begins at six.

Er sucht einen Parkplatz und fährt dreimal **um** den Marktplatz (**herum**).
He looks for a parking space and drives around the market square three times.

NOTE:

▶ When the preposition **um** is used to indicate movement around something, the word **herum** is often added after the place.

um die Stadt (**herum**)

▶ Three accusative prepositions often contract with the article **das.**

durch das → **durchs** Zimmer

für das → **fürs** Auto

um das → **ums** Haus

Übung 13 Kleine Geschenke

Uwe is having difficulty choosing birthday gifts for friends and relatives. Express your gift recommendations based on the facts provided about everyone. Include a suitable adjective in your answer, such as **perfekt, praktisch, originell, nett, gut,** or **schön**.

BEISPIEL: Seine Oma geht gern ins Café. →
Ich finde den Hut gut für seine Oma.

1. Seine Eltern reisen und fotografieren viel.
2. Sein Großvater wandert gern.
3. Sein Bruder Dirk schläft immer zu lange.
4. Seine Schwester Maria fährt nach Spanien.
5. Seine Freundin Sara liebt exzentrischen Schmuck (*jewelry*).
6. Seine Kusine Julia ist Fitnessfan.
7. Seine Mutter liest gern Detektivromane.
8. Sein Freund Marco ist etwas exzentrisch.

der Wecker   das Buch   die Zehensocken   der Ring   zwei Wanderstöcke

der Hut   die Fitness-DVD   die Sonnenbrille   das Fotoalbum

Übung 14 Dieter braucht ein Geschenk

Choose the correct preposition.

1. Dieter braucht dringend ein Geburtstagsgeschenk _____ seine Freundin Sonja. (um/für)
2. Leider hat Sonja schon alles, aber _____ Geschenk geht es nicht. (ohne/durch)
3. Dieter gibt _____ sieben Uhr abends eine kleine Party _____ sie. (für/um)
4. Sonja hat Partys gern, aber sie ist _____ große Partys. (gegen/ohne)
5. Dieter fährt also in die Stadt. Er fährt dreimal _____ den Marktplatz herum. (um/durch) Er sucht einen Parkplatz. Er findet nichts.
6. Er fährt und fährt _____ die Straßen. (um/durch)
7. Er sucht und sucht _____ Erfolg (*success*). (für/ohne) Was nun?
8. Er parkt schließlich illegal. Was tut er nicht alles _____ Sonja. (ohne/für)
9. Was macht Sonja Spaß? Kochen! Also ein Kochbuch _____ Vegetarier. (durch/für) Sonja ist nämlich Vegetarierin.
10. Im Buchladen geht Dieter _____ den Tisch mit (*with*) Kochbüchern herum. (für/um)
11. Er sieht ein Buch: „Kochen _____ Vegetarier _____ Zeit". (ohne/für)
12. Das ist perfekt _____ sie. (gegen/für)

The Verb *werden*

The verb **werden** (*to become*) has irregular forms in the present tense.

werden			
ich	werde	wir	werden
du	**wirst**	ihr	werdet
er sie} es	**wird**	sie	werden
Sie werden			

Übung 15   Kennen Sie eigentlich meine Familie?

Complete the sentences using the appropriate form of **werden.**

1. Ich _____ im September 16 Jahre alt.
2. Meine zwei Kusinen _____ am Samstag 13.
3. Mein kleiner Bruder Bernd _____ im November 11.
4. Meine kleine Schwester Sara _____ dieses Jahr 5 Jahre alt.
5. Mein Vater hat im Dezember Geburtstag. Er _____ 45 Jahre alt.
6. Mein Großvater fragt immer: „Wann _____ du 15?" Er vergisst (*forgets*), dass ich schon 15 bin!

Übung 16   Eine Umfrage: Wer wird wann wie alt?

Do a class poll:

1. Wer _____ dieses Jahr _____ Jahre alt?
2. Wie viele Leute _____ dieses Jahr 19?
3. Wann _____ du 50? 100? (Ich werde in 30 Jahren 50.)
4. Wann _____ dein Freund oder deine Freundin 19, 21, 25?

The Verbs *kennen* and *wissen*

The verbs **kennen** and **wissen** both mean *to know.* **Wissen** means *to know facts,* while **kennen** means *to know or be acquainted/familiar with a person or thing.*

Ich **kenne** Herrn Meyer.	*I know Mr. Meyer.*
Ich **weiß** seine E-Mail-Adresse nicht.	*I don't know his e-mail address.*
Wissen Sie, wo er wohnt?	*Do you know where he lives?*

While **kennen** follows regular conjugation patterns in the present tense, the verb **wissen** has irregular forms.

wissen			
ich	**weiß**	wir	wissen
du	**weißt**	ihr	wisst
er sie} es	**weiß**	sie	wissen
Sie wissen			

Johann Wolfgang von
Goethe, 1749–1832

Wer kennt Goethe?

ZEITUNGSLESER WISSEN MEHR!

Übung 17 Die neue Mitbewohnerin

Wendy, an exchange student from San Diego, is new in Göttingen and lives in a dorm.
Listen to Wendy's questions and indicate the appropriate negative responses.

	Weiß ich nicht.	Kenne ich nicht.		Weiß ich nicht.	Kenne ich nicht.
1.	☐	☐	5.	☐	☐
2.	☐	☐	6.	☐	☐
3.	☐	☐	7.	☐	☐
4.	☐	☐	8.	☐	☐

Übung 18 Wissen oder kennen?

Complete the minidialogues with the correct forms of **wissen** and **kennen**.

1. A: _____ du Goethe?

   B: Nein, aber ich _____, wer er ist.

   A: _____ du seinen Roman, „Die Leiden (*sufferings*) des jungen Werther"?

   B: Nein, den _____ ich nicht. Aber mein Professor _____ ihn bestimmt.

2. C: _____ du, welcher Film heute im Odeon läuft?

   D: Das _____ ich nicht. Aber Toni _____ das bestimmt. Der _____ alles.

3. E: Wo wohnt ihr eigentlich jetzt?

   F: In der Schillerstraße. _____ du die?

   E: Nein. Ich _____ aber, wo die Goethestraße ist.

4. G: _____ ihr schon, wo ihr nächstes Semester studiert?

   H: Nein, wir _____ nur, dass wir nicht hier bleiben.

5. I: Ich _____, wo eine Wohnung frei wird.

   J: Wo denn?

   I: In der Weenderstraße.

   J: Die _____ ich nicht.

6. K: Ihr _____ doch den Peter Sudhoff?

   L: Tut mir leid, den _____ wir nicht.

Übung 19 Ein neugieriger° Mensch

inquisitive

Find out what your partner knows or does not know. Take turns asking each other questions starting either with **Kennst du … ?** or **Weißt du … ?** Choose elements from the list below and some of your own.

BEISPIEL: S1: Kennst du den Film „The Avengers"?

S2: Ja, den kenne ich. Weißt du, … ?

meine Familie?

die Band _____ (z.B. „Wir sind Helden")?

wo meine Familie wohnt?

wie die Studentenzeitung hier heißt?

den Film „Good bye, Lenin"?

Angela Merkel?

wer Angela Merkel ist?

KULTURJOURNAL

Die deutsche Familie

Families are important in every culture. We often define ourselves in terms of our family relationships. When young German children ages 8 to 10 were asked, "What is a family?," their responses were revealing.

Niklas, age 10, points out that "You can tell if a family is a good one by their faces. If they all laugh and are happy, then everything is good."

The perspectives given by adults are not so different. The following summarizes typical attitudes: "Above all, family means having people you can lean on, it means loving and being loved, living among people who understand me and I can be proud of, and it's also being happy."

So what constitutes the modern German family? According to survey results from the Hamburg-based ad agency Jung von Matt, the most common German family constellation is a three-person household with a mother, a father, and a son.

Yet a complete picture of the family in Germany is more complex. According to the Statistisches Bundesamt[1], by the year 2012 only about a quarter of the German population was living in families of three or more, whether step-families or **Patchworkfamilien,** foster settings, or adoption situations. That percentage was much higher 10 to 15 years earlier. This demographic change is due to a great degree to the rise in the number of single households. Single households are most common in the states of Berlin, Bremen, and Sachsen. By contrast, most households in the states of Hessen, Rheinland-Pfalz, and Saarland consist of a family of some sort. (Data source: *Die Welt,* "Familien in Deutschland jetzt in der Minderheit", *May 15, 2013)*

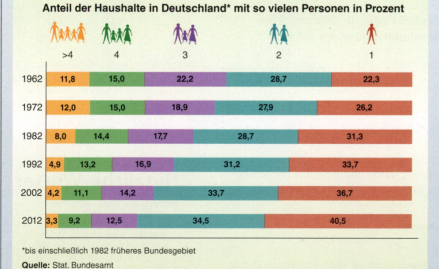

Zusammen leben oder allein
Anteil der Haushalte in Deutschland* mit so vielen Personen in Prozent

	>4	4	3	2	1
1962	11,8	15,0	22,2	28,7	22,3
1972	12,0	15,0	18,9	27,9	26,2
1982	8,0	14,4	17,7	28,7	31,3
1992	4,9	13,2	16,9	31,2	33,7
2002	4,2	11,1	14,2	33,7	36,7
2012	3,3	9,2	12,5	34,5	40,5

*bis einschließlich 1982 früheres Bundesgebiet

Quelle: Stat. Bundesamt

Zur Diskussion

1. Look at a map of Germany and determine where Berlin, Bremen, Sachsen, Hessen, Rheinland-Pfalz, and Saarland are located.

2. According to the graph, what is the fastest-growing household type in Germany today?

3. What is the situation like in your country with respect to single and family households?

---

[1]Office of Federal Statistics

Sprache im Kontext

▶ Videoclips

A **Familie.** The first segment shows Juliane and Pascal talking about origins and family. Their conversation is transcribed below. View the segment and provide the missing words from the box.

JULIANE: Woher kommst du?
PASCAL: Aus _____ .
JULIANE: Wo liegt das?
PASCAL: Das liegt in der _____.
JULIANE: Woher kommt deine _____?
PASCAL: Aus _____ und aus der Schweiz.
JULIANE: Erzähl mir ein bisschen von deiner Familie.
PASCAL: Meine _____ sind Rentner (*retirees*) und meine _____ arbeiten.

Pascal erzählt von seiner Familie.

Eltern	Geschwister	Familie
Schweiz	Holland	Zürich

B In the second segment, Simone asks Nadezda about her family and where they are from. View the segment twice. For each statement, choose the one response that is *incorrect*.

1. Nadezda kommt aus _____.
   a. Moskau   **b.** Russland   **c.** Deutschland

2. Nadezdas Familie kommt aus _____.
   a. Russland   **b.** Dänemark   **c.** Europa

3. Nadezda hat _____.
   a. eine Schwester   **b.** Eltern   **c.** Großeltern

C View the segments about Pascal and Nadezda again if necessary. Then indicate which statements are true (**das stimmt**) and which are false (**das stimmt nicht**).

	Das stimmt	Das stimmt nicht
1. Pascals Eltern sind Rentner.	☐	☐
2. Nadezda hat drei Geschwister.	☐	☐
3. Pascals Geschwister studieren an der Universität.	☐	☐
4. Nadezda hat ein Kind.	☐	☐

D **Feiertage.** In the third and fourth segments, Tanja and Felicitas are telling Sandra and Simone about their favorite holiday. View the conversations and answer the questions.

1. Welchen Feiertag findet Tanja am besten?

2. Welchen Feiertag findet Felicitas am besten?

Now, complete Tanja's and Felicitas's descriptions of their favorite holidays.

3. Weihnachten ist ruhig und _____, und man bekommt viele _____.

4. Am Tag der deutschen Einheit wurde (*became*) _____ wieder eine Nation.

Nützliche Wörter

gemütlich cozy, convivial
zusammengeschweißt wurde was joined (*lit.* was welded together)

Schritt 1: After viewing the conversations, work with a partner telling them in German where you are from and where your family lives. Then say a bit about your family and what your favorite holiday is. Each partner should take notes on the information the other is giving.

Schritt 2: Based on the information you've collected, ask your partner two follow-up questions. Once you have that information, write a short profile of your partner in German and give it to him or her to check for accuracy.

Lesen

Zum Thema

Eine Umfrage (*survey*). Fill out the questionnaire and compare answers.

A Welche Feiertage sind in Ihrer Familie wichtig?

	Wichtig	Unwichtig
1. Geburtstage	☐	☐
2. Hochzeitstage	☐	☐
3. religiöse Feiertage	☐	☐
4. nationale Feiertage	☐	☐
5. Muttertag	☐	☐
6. Vatertag	☐	☐

B Wie feiern Sie Ihren Geburtstag?

	Ja	Nein
1. Wir haben ein großes Familienfest.	☐	☐
2. Wir gehen ins Restaurant.	☐	☐
3. Familie und Freunde kaufen Geschenke für mich.	☐	☐
4. Ich mache an diesem Tag nichts Besonderes.	☐	☐
5. ??	☐	☐

Auf den ersten Blick

A Skim over the short texts on the next page. Who are the respondents? What are their ages? What is the general topic?

B Now scan the texts more closely, looking for words of the following types.

- ◗ words relating to family

- ◗ words related to places where a celebration is held

- ◗ compound nouns: locate five compound nouns in the texts and determine their components and their English equivalents

C The two most frequently used words in the texts are the verb **feiern** and the noun **Geburtstag.** How do they relate to the expression **"deinen großen Tag"** in the title? What is implied?

Kulturspot

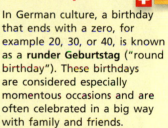

In German culture, a birthday that ends with a zero, for example 20, 30, or 40, is known as a **runder Geburtstag** ("round birthday"). These birthdays are considered especially momentous occasions and are often celebrated in a big way with family and friends.

Herr Lülsdorf wird dieses Jahr 80 Jahre alt.

Wie feierst du deinen großen Tag?

Wer feiert hier Geburtstag?

Anna, 18: Meine Zwillingsschwester[1] und ich feiern jedes Jahr zusammen[2]. Meistens machen wir eine große Party bei uns zu Hause. Unseren 18. Geburtstag haben wir bei unserer Oma im Partykeller gefeiert. Dort ist mehr Platz.

5 **Stefan, 15:** Ich gehe gerne auf Geburtstagspartys, aber ich gebe selber nicht gerne welche[3]. Deswegen feiere ich immer nur mit meinen Eltern und dem Rest der Verwandtschaft.

Patrick, 19: Seit ich 18 bin, feiere ich meinen Geburtstag nur mit meiner Freundin zusammen. Wir sind jetzt schon seit zweieinhalb Jahren ein Paar.

10 **Lennard, 19:** Ich fahre für ein paar Tage nach Paris. Dort feiere ich dann zusammen mit meiner Brieffreundin.

Bettina, 39: Ich feiere dieses Jahr einen runden[4] Geburtstag, meinen vierzigsten, und lade natürlich 40 Gäste ein, Freunde und Verwandte. Wir feiern in einem Restaurant in der Innenstadt. Es gibt ein kleines Programm mit 15 Gedichten[5] und Musik. Und es gibt auch ein super Essen.

Saskia, 30: Der Geburtstag sieht gewöhnlich so bei uns aus: Das Geburtstagskind bekommt den Frühstückstisch schön gedeckt mit Kerzen[6] und Blumen aus dem Garten. Gleich morgens kommen auch die Geschenke von der Familie auf den Tisch. Am Abend kommen immer all unsere Freunde 20 vorbei. Zu essen gibt es ein kleines kaltes Buffet, mit etwas frischem Salat, Brot[7] und Käse. Wir tanzen auch schon mal zu später Stunde.

Tante Annegret, 70: Ich habe meinen runden Geburtstag ganz groß mit Familie und Freunden gefeiert[8]: Erst ein großes Essen in einem Restaurant, dann Kaffee und Kuchen (selbstgebacken[9]!) im Garten der Familie. 25 Anschließend[10] ein kleines Programm im Garten, hier zum Beispiel ein Sketch mit zwei Freundinnen. Eine Freundin spielt eine Wahrsagerin[11]. Sie prophezeit mir, was die Zukunft[12] bringt. Das war sehr lustig!

Was bringt die Zukunft?

Teilweise aus: *JUMA* 2/2004, www.juma.de, Umfrage: Kristina Dörnenburg

---

[1]Zwillings- *twin* [2]*together* [3]here: *any* [4]*(birthday) ending in 0* [5]*poems* [6]*candles* [7]*bread*
[8]habe gefeiert: *celebrated* [9]*home-baked* [10]*Next* [11]*soothsayer* [12]*future*

Zum Text

A Now read the statements closely and complete the table. Try to guess the meaning from the context as much as possible. Note which words you have to look up, if any, to find the information.

Name	Alter	Wie die Person feiert (groß, klein, allein, mit Freunden, mit Familie usw.)	wo die Person feiert

B What, if anything, did you find surprising about the way these people celebrate their birthdays? What differences, if any, are there between the way people celebrate their birthdays in your area and the way the Germans celebrate theirs?

C **Wie feiern Sie Ihren Geburtstag?** Now describe briefly how you typically spend your birthday, using the texts you have just read as a model.

Zu guter Letzt

Drei Persönlichkeiten°

Personalities

Schritt 1: Rollenspiel. Which of these three personalities would you like to interview? Come up with at least six questions and answers. One of you plays the interviewer and the other the famous person. You can begin as follows.

BEISPIEL: S1: Wo sind Sie geboren, Herr/Frau _____?

S2: Ich komme ursprünglich aus _____.

Wolfgang Amadeus Mozart
Geburtsort: Salzburg
Geburtsdatum: 27. Januar 1756
Verheiratet[1] mit: Constanze geb. Weber
Kinder: Karl und Wolfgang
Wohnort: Wien
Beruf: Kapellmeister und Komponist
Hobbys: Musik, Tanzen, Geselligkeit[2], Reisen

Paula Modersohn-Becker
Geburtsort: Dresden
Geburtsdatum: 8. Februar 1876
Verheiratet mit: Otto Modersohn
Kinder: Mathilde
Wohnort: zuletzt in Worpswede
Beruf: Malerin
Hobbys: Musik, Tanzen, Kochen, Lesen, Zeichnen

Roger Federer
Geburtsort: Basel in der Schweiz
Geburtsdatum: 8. August 1981
Größe: 1,85 m
Verheiratet mit: Mirka
Kinder: Zwillingstöchter
Wohnort: Herrliberg am Zürichsee, Schweiz
Beruf: Tennisspieler

_____
[1]married [2]conviviality

Schritt 2: Darf ich vorstellen? Imagine that you are at a party with one of these people and that you wish to introduce him or her. State at least three interesting things about the person.

BEISPIEL: Darf ich vorstellen. Das ist Herr/Frau _____.

Er/Sie kommt aus _____.

Er/Sie ist _____ von Beruf.

Sein/Ihr Hobby ist _____.

Schritt 3: Eine Kurzbiografie. Working with a partner, think of another famous personality (for example, an actor, athlete, artist, or politician) and write a short biography of him or her. Present this to the class without stating the name. The class tries to guess who the person is.

Wortschatz

Der Stammbaum — Family Tree

der Bruder, ¨	brother
die Eltern (*pl.*)	parents
der Enkel, -	grandson
die Enkelin, -nen	granddaughter
die Familie, -n	family
die Frau, -en	wife
die Geschwister (*pl.*)	siblings
die Großeltern (*pl.*)	grandparents
die Großmutter, ¨	grandmother
der Großvater, ¨	grandfather
die Kusine, -n	(female) cousin
der Mann, ¨er	husband
die Mutter, ¨	mother
der Neffe (-n *masc.*), -n	nephew
die Nichte, -n	niece
die Oma, -s	grandma
der Onkel, -	uncle
der Opa, -s	grandpa
der Schwager, ¨	brother-in-law
die Schwägerin, -nen	sister-in-law
die Schwester, -n	sister
der Sohn, ¨e	son
die Tante, -n	aunt
die Tochter, ¨	daughter
der Vater, ¨	father
der Vetter, -n	(male) cousin

Die Wochentage — Days of the Week

der Montag	Monday
am Montag	on Monday
der Dienstag	Tuesday
der Mittwoch	Wednesday
der Donnerstag	Thursday
der Freitag	Friday
der Samstag / der Sonnabend	Saturday
der Sonntag	Sunday

Die Monate — Months

der Januar*	January
im Januar	in January
der Februar	February
der März	March
der April	April
der Mai	May
der Juni	June
der Juli	July
der August	August
der September	September
der Oktober	October
der November	November
der Dezember	December

*Jänner is used in Austria.

Feste und Feiertage — Holidays

das Familienfest, -e	family gathering
(der) Fasching	Mardi Gras (*southern Germany, Austria*)
das Geschenk, -e	gift, present
der Heilige Abend	Christmas Eve
die Hochzeit, -en	wedding
der Kalender, -	calendar
(der) Karneval	Mardi Gras (*Rhineland*)
der Muttertag	Mother's Day
das Neujahr	New Year's Day
(das) Ostern	Easter
die Party, -s	party
(das) Silvester	New Year's Eve
die Tradition, -en	tradition
der Valentinstag	Valentine's Day
das Weihnachten	Christmas
der Weihnachtsbaum, ¨e	Christmas tree

Verben — Verbs

feiern	to celebrate
geben (gibt)	to give
gratulieren	to congratulate
heiraten	to marry
kennen	to know (*be acquainted with a person or thing*)
planen	to plan
werden (wird)	to become, be
wissen (weiß)	to know (*something as a fact*)
wünschen	to wish

Adjektive und Adverbien — Adjectives and Adverbs

leider	unfortunately
morgen	tomorrow
nämlich	namely, that is to say
neu	new
verwandt mit	related to
vielleicht	perhaps, maybe
wichtig	important

Ordinalzahlen — Ordinal Numbers

erste	first
der erste Mai	May first
am ersten Mai	on May first
zweite	second
dritte	third
vierte	fourth
fünfte	fifth
sechste	sixth
sieb(en)te	seventh
achte	eighth
neunte	ninth

zehnte	tenth		
elfte	eleventh		
zwölfte	twelfth		
dreizehnte	thirteenth		
zwanzigste	twentieth		

Akkusativpronomen / **Accusative Pronouns**

mich	me
dich	you (*informal sg.*)
ihn	him; it
sie	her; it; them
es	it
uns	us
euch	you (*informal pl.*)
Sie	you (*formal*)

Possessivartikel / **Possessive Adjectives**

mein	my
dein	your (*informal sg.*)
sein	his; its
ihr	her; its; their
unser	our
euer	your (*informal pl.*)
Ihr	your (*formal*)

Sonstiges / **Other**

Alles Gute!	All the best!
es gibt	there is, there are
Es tut mir leid.	I'm sorry.
Herzlichen Glückwunsch zum Geburtstag!	Happy birthday!
der **Hund**, -e	dog
um Mitternacht	at midnight
Wann hast du Geburtstag?	When is your birthday?
Welches Datum ist heute/morgen?	What is today's/ tomorrow's date?

Akkusativpräpositionen / **Accusative Prepositions**

durch	through
für	for
gegen	against; around (+ *time*)
ohne	without
um	at (+ *time*)
um (… herum)	around (*spatial*)

Das kann ich nun!

1. Wer sind die folgenden Familienmitglieder?
   a. Mein Bruder und meine Schwester sind meine _____.
   b. Meine Mutter und mein Vater sind meine _____.
   c. Familie Renner hat drei _____: einen Sohn und zwei _____.
2. Drei wichtige Feiertage sind: _____, _____, und _____.
3. Zum Geburtstag wünscht man „_____ _____ zum Geburtstag!"
4. Wann haben Sie Geburtstag? Mein Geburtstag ist _____. Dann _____ ich _____ Jahre alt.

5. Wie sagt man das auf Deutsch?
   a. Is that your car, Mrs. Singer?
   b. Do you know our parents?
   c. His brother knows that.
   d. My sister knows him.
6. Welche Präpositionen fehlen hier?
   a. Ich kaufe ein Geschenk _____ meinen Freund.
   b. Meine Freunde gehen heute _____ mich auf die Party bei Klaus.
   c. Meine Oma geht oft _____ den Park.
7. Nennen Sie die Wochentage mit den Buchstaben D und M am Anfang.
   a. D _____ und D _____
   b. M _____ und M _____

Studierende in einer Vorlesung an der Technischen Universität in München

Kapitel

4
Mein Tag

Wie spät ist es?

www.connectgerman.com

In diesem Kapitel

▶ **Themen:** Telling time, times of the day, daily plans, movies, music, theater

▶ **Grammatik:** Separable-prefix verbs; modal verbs; **möchte;** the imperative; the particles **bitte, doch, mal**

▶ **Lesen:** „In der S-Bahn komme ich endlich zum Lesen"

▶ **Landeskunde:** German theater, music, and film; student life in Germany

▶ **Zu guter Letzt:** Ein Podcast über Sehenswertes an der Uni

A In diesem  (Brief) sehen Sie fünf 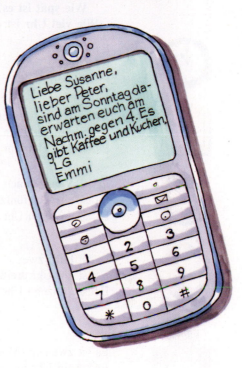 (Bilder). Die fünf Bilder stehen für fünf Wörter oder Ausdrücke. Die Ausdrücke sind alphabetisch geordnet.

Fahrrad

Haus(e)

Herz

Sonntag

Tasse Kaffee

Lesen Sie den Brief nun mit den Wörtern.

(handwritten note): Seid Ihr zu 🏠 ☀️ -tag? Wir kommen per 🚲 vorbei. Auf eine kleine ☕ ❤️-liche Grüße Susanne u. Peter

(SMS on phone): Liebe Susanne, lieber Peter, sind am Sonntag da-erwarten euch am Nachm. gegen 4. Es gibt Kaffee und Kuchen. LG Emmi

B Schauen Sie die SMS (*text message*) an! Was bedeuten diese Abkürzungen (*abbreviations*)?

1. Nachm.
   a. Nachmittag
   b. Nach dem Essen

2. LG
   a. Lisa und Gerd
   b. Liebe Grüße

Was gibt es zum Essen und Trinken bei Emmi?

C Sie hören jetzt eine telefonische Einladung. Hören Sie zu und markieren Sie die richtige Information.

1. Die Einladung ist für _____.
   a. Sonntag
   b. Samstag
   c. Freitag

2. Erika und Thomas wollen _____.
   a. Dirk zu Kaffee und Kuchen einladen
   b. mit Dirk auf eine Party gehen
   c. mit Dirk ins Café gehen

3. Dirk soll _____ kommen.
   a. um 3 Uhr
   b. um 5 Uhr
   c. um 4 Uhr

Sprach-Info

As with English, SMS texting in German makes liberal use of abbreviations. Many English abbreviations are used. Here are a few examples of SMS abbreviations frequently used in German.

afk *away from keyboard*

akla (alles klar) *got it*

bb (bis bald) *see/talk to you soon*

dad (denke an dich) *thinking of you*

gm (guten Morgen)

hdl (hab dich lieb) *love you*

lg (liebe Grüße) *sincerely*

lol *laugh out loud*

thx (danke) *thanks*

Wörter im Kontext

Thema 1: Die Uhrzeit

Wie spät ist es?
Wie viel Uhr ist es?

Es ist eins.
Es ist **ein Uhr.**
Es ist dreizehn Uhr.

Es ist zehn (Minuten) **nach** eins.
Es ist ein Uhr zehn.
Es ist dreizehn Uhr zehn.

Es ist **Viertel nach** eins.
Es ist ein Uhr fünfzehn.
Es ist dreizehn Uhr fünfzehn.

Es ist **halb** zwei.
Es ist ein Uhr dreißig.
Es ist dreizehn Uhr dreißig.

Es ist zwanzig (Minuten) **vor** zwei.
Es ist ein Uhr vierzig.
Es ist dreizehn Uhr vierzig.

Es ist **Viertel vor** zwei.
Es ist ein Uhr fünfundvierzig.
Es ist dreizehn Uhr fünfundvierzig.

Es ist zehn (Minuten) vor zwei.
Es ist ein Uhr fünfzig.
Es ist dreizehn Uhr fünfzig.

Eine **Minute** hat sechzig **Sekunden,** eine **Stunde** sechzig Minuten und ein Tag
vierundzwanzig Stunden.

Sprach-Info

In official timetables—for instance, in radio, television, movie, and theater guides—time is expressed according to the twenty-four-hour system.

1.00–12.00 Uhr = *1:00 A.M. to 12:00 noon*

13.00–24.00 Uhr = *1:00 P.M. to 12:00 midnight*

Midnight may also be referred to as **0 (null) Uhr.**

When writing time in numbers, German speakers often separate hours and minutes with a period, instead of a colon as in English.

Aktivität 1   Zeitansagen°

Time announcements

Welche Uhrzeiten hören Sie?

1. a. 7.38   b. 17.35   c. 17.30
2. a. 3.06   b. 2.06   c. 20.16
3. a. 14.00   b. 14.15   c. 14.05
4. a. 12.25   b. 10.24   c. 11.25
5. a. 19.45   b. 9.45   c. 19.40
6. a. 13.00   b. 3.40   c. 13.40
7. a. 0.15   b. 0.05   c. 0.45
8. a. 20.05   b. 20.50   c. 21.50

Aktivität 2 Wie spät ist es dort?

Sehen Sie sich die Zeichnung an und beantworten Sie die Fragen.

1. Wie spät ist es in New York?
2. Wie spät ist es in Tokio?
3. Wie spät ist es in Moskau?
4. Die vierte Uhr ist eine Kuckucksuhr. Welche Zeit repräsentiert diese Uhr?
5. Warum mag der Mann am Schreibtisch diese Kuckucksuhr?
   a. Die Uhr geht sehr langsam.
   b. Sie symbolisiert das moderne Leben.
   c. Sie erinnert (*reminds*) den Mann an die gute alte Zeit.

Kulturspot

Die traditionelle Kuckucksuhr kommt aus dem Schwarzwald (*Black Forest*). Man weiß nicht genau, wann die erste Kuckucksuhr entstand (*was created*), aber man hört schon im 17. Jahrhundert von ihrer Existenz. Im Schwarzwald gibt es sogar ein Kuckucksuhrenmuseum und eine lange Kuckucksuhrenstraße durch eine wunderschöne Landschaft.

Aktivität 3 Wie viel Uhr ist es? Wie spät ist es?

BEISPIEL: Wie viel Uhr ist es? (Wie spät ist es?) →
Es ist Viertel nach sieben.

 1.

 2.

 3.

 4.

 5.

 6.

 7.

Sprach-Info

To find out at what time something takes place, ask:

Um wie viel Uhr _____?

To say at what time something takes place, use the following expressions:

um ein Uhr (1.00 Uhr)

um ein Uhr zehn (1.10 Uhr)

um ein Uhr fünfzehn (1.15 Uhr)

um ein Uhr dreißig (1.30 Uhr)

um ein Uhr vierzig (1.40 Uhr)

um ein Uhr fünfundvierzig (1.45 Uhr)

Aktivität 4 Was macht Hans-Jürgen am Wochenende?

Sehen Sie sich die Bilder an und ergänzen Sie Hans-Jürgens Pläne für das **Wochenende**.

Neue Wörter

das Wochenende weekend

steht ... auf (aufstehen) gets up

frühstückt (frühstücken) eats breakfast

ruft ... an (anrufen) calls up

trifft (treffen) meets

Siehe *Separable-Prefix Verbs*, S. 121.

11.00

11.15

1. Um _____ schläft Hans-Jürgen noch. Dann klingelt der Wecker.
2. Um _____ **steht** er endlich **auf.**

11.30

11.50

12.30

3. Um _____ **frühstückt** er und liest seine **SMS.**
4. Um _____ **ruft** er eine Freundin **an.**
5. Um _____ **trifft** er seine Freundin Carola im Café.

15.00

18.45

20.15

6. Um _____ spielt Hans-Jürgen Fußball auf dem Sportplatz.
7. Um _____ **geht** er **einkaufen.** Er kauft eine Pizza.
8. Um _____ geht er mit Freunden ins Kino.

Aktivität 5 Mein Zeitbudget

Wie viel Zeit verbringen (*spend*) Sie **gewöhnlich** mit diesen Dingen?

Schritt 1: Tragen Sie in die Tabelle ein, wie viel Zeit Sie **pro Woche** mit jeder Tätigkeit verbringen.

Tätigkeit	Montag bis Freitag	Wochenende
Vorlesungen Labor Bibliothek Hausaufgaben		
Jobben		

Essen:
    Frühstück
    Mittagessen
    Abendessen		

Einkaufen Aufräumen Sport Fernsehen Lesen Freunde besuchen / auf Partys gehen Musik hören Simsen online sein Schlafen		

Schritt 2: Stellen Sie etwa fünf Fragen an einen Partner / eine Partnerin. Fragen Sie:

▶ Wie viel Zeit verbringst du in Vorlesungen? im Labor? mit Lesen? …

▶ Wie viel Zeit hast du für dich?

Schritt 3: Berichten Sie der Klasse, wie Ihr Partner / Ihre Partnerin seine/ihre Zeit verbringt.

BEISPIEL: Laura verbringt fünfzehn Stunden pro Woche in Vorlesungen und zehn Stunden pro Woche mit Jobben. Sie hat nicht viel Zeit für Fernsehen aber hört oft Musik.

Studierende zu Füßen von Aristoteles an der Universtät in Freiburg

geht ... einkaufen (einkaufen gehen) goes shopping

gewöhnlich usually

pro Woche per week

die **Vorlesung** lecture

die **Bibliothek** library

fernsehen to watch TV

aufräumen to straighten up, tidy up

simsen to text

Thema 2: **Pläne machen**
Hans-Jürgens Wochenplan

Hans-Jürgen **hat** viel **vor** und plant seine Zeit immer sehr genau. Dies ist sein Wochenplan für die nächsten vier Tage.

15. DONNERSTAG

07.00 Karin im **Fitnesscenter** treffen
09.00 Vorlesung
12.00 mit Thomas in der Mensa essen
16.30 Erika auf eine Tasse Kaffee **einladen**
19.30 **ins Konzert** gehen

16. FREITAG

07.00 schwimmen gehen
10.15 Biologie-Vorlesung
15.00 Fußballtickets **abholen**
20.00 mit Astrid und Max **ausgehen**

17. SAMSTAG

09.00 Wohnung aufräumen
14.00 Kurt in der Bibliothek treffen
21.00 Astrid **kommt vorbei**

18. SONNTAG

11.00 spät aufstehen u. frühstücken
16.00 mit Astrid **spazieren gehen**
20.15 **fernsehen**: »Tatort«[1]

[1]Tatort *is a popular crime drama television series*

Tageszeiten

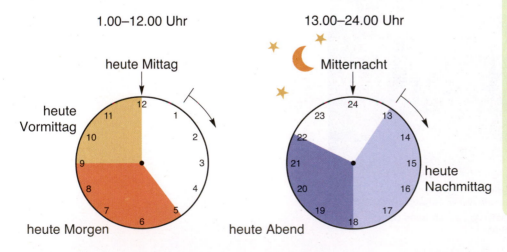

1.00–12.00 Uhr

heute Mittag

heute Vormittag

heute Morgen

13.00–24.00 Uhr

Mitternacht

heute Nachmittag

heute Abend

A Was möchte Hans-Jürgen machen – und wann? Sehen Sie sich Hans-Jürgens Wochenplan an und ergänzen Sie seine Pläne.

am Donnerstag, 15. Oktober

- ☐ Heute **Morgen möchte** Hans-Jürgen Karin im Fitnesscenter treffen.
- ☐ Heute **Mittag** möchte er _____.
- ☑ Heute **Nachmittag** möchte er _____.
- ☐ Heute **Abend** will er _____ gehen.

am Freitag, 16. Oktober

- ☐ **Morgen früh** möchte Hans-Jürgen schwimmen gehen.
- ☐ Morgen **Vormittag muss** er _____.
- ☐ Morgen Nachmittag **soll** er _____.
- ☐ Morgen Abend möchte er _____.

am Samstag, 17. Oktober

- ☐ Samstagmorgen muss Hans-Jürgen die Wohnung aufräumen.
- ☐ Samstagabend _____ Astrid
  _____.
- ☐ Samstags ist er oft bis spät in der **Nacht** bei Freunden.

am Sonntag, 18. Oktober

- ☐ Sonntagvormittag möchte er _____.
- ☐ Sonntagnachmittag möchte er _____.
- ☐ Sonntagabend will er _____.

B Und Sie? Was möchten oder müssen Sie machen – und wann?

Aktivität 6   Hin und her: Zwei Stundenpläne

Milan und Frank sind 18 Jahre alt und gehen aufs Gymnasium (*secondary school*). Vergleichen Sie ihre Stundenpläne. Welche Fächer haben sie gemeinsam (*together*)?

BEISPIEL: S1: Welchen Kurs hat Milan montags um acht?

S2: Montags um acht hat Milan Physik. Welchen Kurs hat Frank um acht?

Zeit	Montag	Dienstag	Mittwoch	Donnerstag	Freitag
8.00–8.45	Französisch	Mathe	Deutsch	Englisch	Mathe
8.50–9.35	Chemie	Musik	Deutsch	Englisch	Chemie
Pause					
9.50–10.35	Mathe	Sport	Bio-Chemie	Religion	Französisch
10.40–11.25	Englisch	Sport	Bio-Chemie	Französisch	ivFö
11.45–12.30	Deutsch	ivFö	Erdkunde	Erdkunde	Religion
12.35–13.20	Bio-Chemie	Französisch	Musik	Musik	Deutsch
13.20–14.30	Mittagspause				
14.35–15.20	Physik	Handball	Englisch		Bio-Chemie
15.25–16.10	Physik		Chemie		

Franks Stundenplan

Neue Wörter

der Morgen morning
möchte would like to
der Mittag noon
der Nachmittag afternoon
der Abend evening
will (wollen) wants to
morgen tomorrow
früh early
der Vormittag morning, before noon
muss (müssen) must
soll (sollen) is supposed to
die Nacht night

 Siehe *Modal Auxiliary Verbs*, S. 125.

Sprach-Info

When you do something on a regular basis, use the following adverbs to express the day or the time: **montags, dienstags, mittwochs, donnerstags, freitags, samstags/sonnabends, sonntags** and similarly **morgens, vormittags, mittags, nachmittags, abends, nachts.**

Aktivität 7   Bist du heute Abend zu Hause?

Siehe *The Imperative*, S. 130.

Sie wollen einen Freund / eine Freundin besuchen. Sagen Sie, wann Sie vorbeikommen und wie lange Sie bleiben möchten. Benutzen Sie folgendes Sprechschema.

S1	S2
1. Bist du _____ zu Hause?	**2a.** Ja, ich bin zu Hause. **b.** Nein, ich bin leider nicht zu Hause.
3a. Kann ich dann _____ vorbeikommen? **b.** Schade. Wann kann ich denn mal vorbeikommen?	**4a.** Ja, gern. Ich sehe dich also _____. **b.** Kannst du _____ kommen?
5a. Schön. **b.** Ja, gern. } Soll ich vorher anrufen?	**6.** Ja, ruf mich vorher kurz an. Wie lange kannst du denn bleiben?
7. _____ Minuten/Stunde(n).	**8a.** Bleib doch etwas länger! **b.** Bleib bitte nicht so lange. Ich muss arbeiten.

Aktivität 8   Wie sieht Ihr Stundenplan aus?°

How does your schedule look?

Schritt 1: Schreiben Sie Ihren Stundenplan. Wann sind Ihre Vorlesungen und Labore? Wann jobben Sie? Dann vergleichen Sie Ihren Stundenplan mit dem von zwei anderen Studenten/Studentinnen in Ihrem Kurs.

BEISPIEL: S1: Was hast du donnerstags um zehn?

        S2: Donnerstags um zehn habe ich _____. Und du?

Schritt 2: Wer hat Kurse mit Ihnen zusammen? Berichten (*Report*) Sie dies in der Klasse.

Thema 3: Kino, Musik und Theater

Jan: Ich **gehe** heute Abend **ins Theater.** Willst du mit?

Lea: Nein, danke. Ich bin kein Theaterfan. Ich **möchte lieber ins Kino.**

Jan: So! Was für **Filme** magst du denn?

Lea: **Am liebsten** Horrorfilme und Psychothriller. Die finde ich so **spannend.**

Jan: Also, im Olympia läuft ein guter **Krimi.** Der soll sehr spannend sein.

Lea: Wann **fängt** das Kino denn **an?**

Jan: Um 7.30 Uhr.

Lea: Gut. Ich **komme mit.**

Neue Wörter

möchte lieber would rather
am liebsten most preferably
spannend suspenseful; exciting
der Krimi (Krimis, *pl.*) detective story
fängt ... an (anfangen) begins
die Komödie (Komödien, *pl.*) comedy
die Tragödie (Tragödien, *pl.*) tragedy
das Theaterstück (Theaterstücke, *pl.*) play
die Oper (Opern, *pl.*) opera

A Was für Filme sehen Sie gern?

☐ Dokumentarfilme   ☐ Liebesfilme   ☐ Abenteuerfilme
☐ **Komödien**   ☐ **Krimis**   ☐ Western
☐ Psychothriller   ☐ Science-fiction-Filme

Was sehen Sie gern auf der Bühne (*on stage*)?

☐ **Tragödien**   ☐ Musicals   ☐ **Opern**
☐ Lustspiele (*comedies*)   ☐ **Theaterstücke**   ☐ Tanz und **Ballett**

Was für Musik hören Sie gern?

☐ klassische Musik   ☐ alternative Musik   ☐ Rap
☐ Heavy Metal   ☐ Jazz   ☐ Hip-Hop
☐ Rockmusik   ☐ Soul
☐ Techno   ☐ Country-Musik

Aktivität 9 Zwei Einladungen° 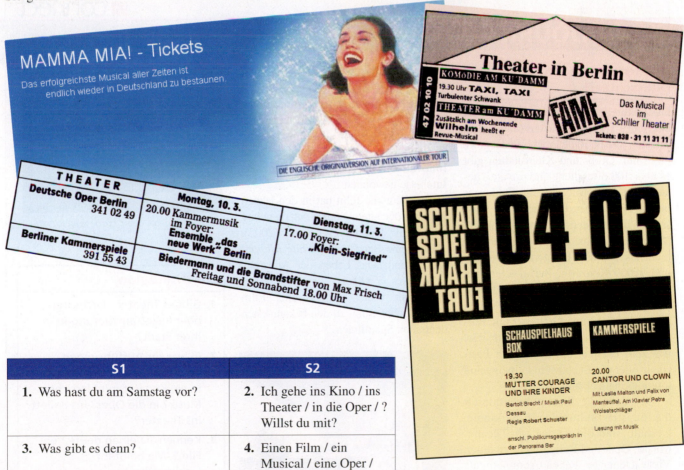 *invitations*

Sie hören zwei Dialoge. Wer spricht? Wohin möchten die Sprecher gehen? Warum ist es nicht möglich (*possible*)? Wählen Sie die richtige Information.

Dialog 1

1. Die Sprecher sind …
   a. ein Professor und ein Student.
   b. zwei Studentinnen.
   c. eine Studentin und ein Freund.

2. Die eine Person möchte …
   a. zu Hause arbeiten.
   b. ins Kino.
   c. ins Konzert.

3. Die andere Person muss leider …
   a. arbeiten.
   b. in eine Vorlesung.
   c. einen Brief schreiben.

Dialog 2

1. Die Sprecher sind …
   a. zwei Studenten.
   b. zwei Professoren.
   c. ein Student und eine Freundin.

2. Die eine Person möchte …
   a. ins Kino.
   b. in eine Vorlesung.
   c. Karten spielen.

3. Die andere Person …
   a. hat eine Vorlesung.
   b. hat Labor.
   c. muss in die Bibliothek.

Sprach-Info

To say where you are going, use the following expressions.

Ich gehe { ins Kino.
ins Theater.
ins Konzert.
in die Oper.
in die Disco.

Aktivität 10 Was hast du vor?

Schauen Sie sich die Programme für Kino, Theater und Musik an. Sagen Sie, wohin Sie gehen wollen.

MAMMA MIA! - Tickets
Das erfolgreichste Musical aller Zeiten ist endlich wieder in Deutschland zu bestaunen.

DIE ENGLISCHE ORIGINALVERSION AUF INTERNATIONALER TOUR

Theater in Berlin
47 02 10 10
KOMÖDIE AM KU'DAMM
19.30 Uhr TAXI, TAXI
Turbulenter Schwank
THEATER am KU'DAMM
Zusätzlich am Wochenende
Wilhelm heißt er
Revue-Musical

FAME
Das Musical im Schiller Theater
Tickets: 030 · 31 11 31 11

THEATER	Montag, 10. 3.	
Deutsche Oper Berlin 341 02 49	20.00 Kammermusik im Foyer: Ensemble „das neue Werk" Berlin	Dienstag, 11. 3. 17.00 Foyer: „Klein-Siegfried"
Berliner Kammerspiele 391 55 43	Biedermann und die Brandstifter von Max Frisch Freitag und Sonnabend 18.00 Uhr	

SCHAU SPIEL FRANK FURT 04.03

SCHAUSPIELHAUS BOX
19.30 MUTTER COURAGE UND IHRE KINDER
Bertolt Brecht / Musik Paul Dessau
Regie Robert Schuster
anschl. Publikumsgespräch in der Panorama Bar

KAMMERSPIELE
20.00 CANTOR UND CLOWN
Mit Leslie Malton und Felix von Manteuffel. Am Klavier Petra Wolseltschläger
Lesung mit Musik

S1	S2
1. Was hast du am Samstag vor?	2. Ich gehe ins Kino / ins Theater / in die Oper / ? Willst du mit?
3. Was gibt es denn?	4. Einen Film / ein Musical / eine Oper / ? von (+ *name*).
5a. So? Wann fängt er/es/sie denn an? b. Ach, ich bleibe lieber zu Hause.	6a. _____. b. Schade.

Aktivität 11 Was machst du so° am Wochenende?

 generally

Interviewen Sie Studenten/Studentinnen in der Klasse und finden Sie folgende Personen. Wer „ja" antwortet, muss unterschreiben.

BEISPIEL: S1: Gehst du tanzen, spazieren, laufen oder wandern?

S2: Ja, ich gehe tanzen.

S1: Unterschreib bitte hier.

Am Wochenende

1. _____ Wer geht tanzen, spazieren, laufen oder wandern?
2. _____ Wer steht früh auf?
3. _____ Wer steht spät auf?
4. _____ Wer räumt das Zimmer, die Wohnung, den Schreibtisch auf?
5. _____ Wer geht ins Kino, ins Theater, in die Oper, ins Konzert, zu einer Technoparty?
6. _____ Wer lädt Freunde ein?
7. _____ Wer sieht fern?
8. _____ Wer surft im Internet?

KULTURJOURNAL

Die Kulturszene in Deutschland

Das kulturelle Leben in Deutschland hat eine lange Tradition, und das Interesse an Theater, Musik, Ballett und Film ist groß.

In den Groß- und Kleinstädten gibt es über 400 öffentliche und private Theater, und 130 professionelle Orchester bieten ein reiches Programm an klassischer und moderner Musik. Rund 35 Millionen Zuschauer besuchen jährlich mehr als 100 000 Theateraufführungen und 7 000 Konzerte. Berlin allein hat drei Opernhäuser, 120 Museen und mehr als 50 Theater. Auch in kleinen Städten gibt es Opernhäuser, Orchester und Ballettaufführungen. Die vielen Festspiele, wie zum Beispiel die Bayreuther Festspiele oder das Bachfest in Leipzig, sind international bekannt.

Der deutsche Staat subventioniert die meisten kulturellen Programme. Deshalb sind die Karten für Theater, Musik, Oper und Ballett nicht zu teuer. Viele Deutsche haben Abonnements (*subscriptions*) für Theater, Oper, Konzerte oder Ballett.

Das Tanztheater Wuppertal hat eine Revolution in die Welt des modernen Tanzes gebracht. Die Choreografin Pina Bausch (1940–2009) entwickelte eine Revolution des Tanzes: eine Mischung aus Tanz und Theater. Diese Innovation hat großes internationales Interesse gewonnen.

Der deutsche Film hat in den letzten Jahren große internationale Anerkennung gefunden. „Good-bye, Lenin" (2003), „Das weiße Band" (*The White Ribbon*) (2009) und „Das Leben der Anderen" (*The Lives of Others*), das 2007 einen Oskar als bester ausländischer Film erhielt, gehören mit zu den bekanntesten deutschen Spielfilmen.

Pina Bausch bei einer Probe (*rehearsal*).

Zur Diskussion

1. Gibt es Theater-, Orchester- oder Ballettaufführungen in Ihrer Stadt?

2. In was für Aufführungen möchten Sie gern mal gehen? in ein Konzert mit klassischer Musik? in die Oper? ins Ballett? ins Theater?

3. Kennen Sie einen deutschen Film? Wie heißt Ihr Lieblingsfilm?

Schauspielhaus Düsseldorf

Separable-Prefix Verbs°

German, like English, has many two-part verbs that consist of a verb and a short complement that affects the meaning of the main verb. Examples of such two-part verbs in English are *to come by, to come along, to call up, to get up.*

Here are some examples:

Susanne und Peter **kommen** per Fahrrad **vorbei.**	*Susanne and Peter **are coming** **by** on their bikes.*
Ich gehe heute tanzen. **Kommst** du **mit?**	*I am going dancing today. Will you **come along?***

Verben mit trennbaren Präfixen

▶ The *Guide to Grammar Terms* online in CONNECT provides more basic information about separable-prefix verbs.

 Wüstenrot-Rendite[1]-Programm mit 470 Euro pro anno. **Jede Million fängt klein an.**[2]

[1]*yield on investment*   [2]fängt ... an: *begins*   [3]*simple*

Kommen ... vorbei, kommst ... mit, fängt ... an, and **rufe ... an** are examples of such two-part verbs in German. They are also called separable-prefix verbs. In the infinitive, the separable part of these verbs forms the verb's prefix. The prefixes are always stressed.

ánrufen, **án**fangen, **vorbéi**kommen, **mít**kommen

In a statement or a question, the prefix is separated from the conjugated verb and placed at the end of the sentence.

—**Kommst** du heute Abend **vorbei?**   *Are you coming by tonight?*
—Ja, aber ich **rufe** vorher **an.**   *Yes, but I'll call first.*

Here are examples of some separable-prefix verbs introduced in this chapter.

Verb	Beispiel
abholen (holt ... ab) to pick up	Ich **hole** dich um 6 Uhr **ab.**
anfangen (fängt ... an) to begin	Wann **fängt** die Vorlesung **an?**
anrufen (ruft ... an) to call up	Ich **rufe** dich morgen **an.**
aufräumen (räumt ... auf) to straighten up	Er **räumt** sein Zimmer **auf.**
aufstehen (steht ... auf) to get up	Er **steht** um 9 Uhr **auf.**
aufwachen (wacht ... auf) to wake up	Wann **wachst** du gewöhnlich **auf?**
ausgehen (geht ... aus) to go out	Er **geht** oft allein **aus.**
einkaufen (kauft ... ein) to shop	Herr Lerche **kauft** immer morgens **ein.**

Verb	Beispiel
einladen (lädt … ein) to invite	Ich **lade** dich zum Essen **ein.**
einschlafen (schläft … ein) to fall asleep	Ich **schlafe** gewöhnlich nicht vor Mitternacht **ein.**
fernsehen (sieht … fern) to watch TV	Sie **sieht** bis Mitternacht **fern.**
mitbringen (bringt … mit) to bring along	Ich **bringe** eine Pizza **mit.**
mitkommen (kommt … mit) to come along	**Kommst** du **mit?**
vorbeikommen (kommt … vorbei) to come by	Wir **kommen** Sonntag **vorbei.**
vorhaben (hat … vor) to plan to do	Was **hast** du heute **vor?**
zurückkommen (kommt … zurück) to come back	Wann **kommst** du **zurück?**

NOTE:

○ Separable-prefix verbs are listed in the vocabulary of this book as follows:

an•rufen   ein•schlafen (schläft ein)   vor•haben (hat vor)

Übung 1 Daniels Tagesablauf

Daniel ist Künstler (*artist*), aber die Kunst (*art*) allein bringt nicht genug Geld ein. Sie hören jetzt eine Beschreibung von Daniels Tagesablauf. Markieren Sie alle passenden Antworten auf jede Frage.

1. Wann wacht Daniel gewöhnlich auf?
   a. sehr früh
   b. sehr spät
   c. um 5 Uhr

2. Wohnt Daniel allein?
   a. ja, allein
   b. nein, zusammen mit seinem Bruder
   c. nein, mit seiner Freundin

3. Was tut Daniel für die Familie Schröder?
   a. Er geht einkaufen.
   b. Er geht mit dem Hund spazieren.
   c. Er macht Reparaturen.

4. Wann fängt Daniels Arbeit im Hotel an?
   a. um 6 Uhr
   b. um 7 Uhr
   c. um 5 Uhr

5. Wann kommt Daniel nach Hause zurück?
   a. um 12 Uhr nachts
   b. um 6 Uhr abends
   c. so gegen 3 Uhr nachmittags

6. Was macht Daniel dann zuerst?
   a. Er geht schlafen.
   b. Er geht einkaufen.
   c. Er räumt das Zimmer auf.

7. Wann fängt Daniels „Leben für die Kunst" an?
   a. spät nachmittags
   b. am Wochenende
   c. so gegen Mitternacht

8. Was für Projekte hat Daniel, der Künstler, oft vor?
   a. Er komponiert (*composes*) Musik.
   b. Er macht Skulpturen aus Metall.
   c. Er fotografiert.

9. Wie verbringt Daniel manchmal seinen Abend?
   a. Er sieht fern.
   b. Er lädt Freunde ein.
   c. Er ruft Freunde an.

10. Wann schläft Daniel gewöhnlich ein?
    a. um 12 Uhr nachts
    b. nicht vor 1 Uhr nachts
    c. so gegen halb eins

Übung 2   Was Daniel macht

Erzählen Sie jetzt mithilfe der Fragen und Antworten in **Übung 1** drei Dinge über Daniel und das, was er jeden Tag macht.

BEISPIEL: Daniel wacht gewöhnlich sehr früh auf.
Er wohnt mit seinem Bruder zusammen.
Er geht einkaufen.

The Sentence Bracket°

Die Satzklammer

Separable-prefix verbs show a sentence structure that is characteristic for German: the conjugated verb and its complement form a bracket around the core of the sentence. The conjugated verb is the second element of the sentence, and the separable prefix is the last element.

▶ The *Guide to Grammar Terms* online in CONNECT provides more basic information about the sentence bracket.

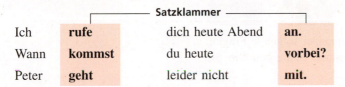

		Satzklammer		
Ich	**rufe**	dich heute Abend	**an.**
Wann	**kommst**	du heute	**vorbei?**
Peter	**geht**	leider nicht	**mit.**

Another example of the sentence bracket (**Satzklammer**) can be seen in sentences with compound verbs such as **einkaufen gehen** (*to go shopping*), **tanzen gehen** (*to go dancing*), and **spazieren gehen** (*to go for a walk*).

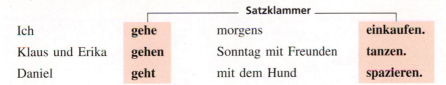

		Satzklammer		
Ich	**gehe**	morgens	**einkaufen.**
Klaus und Erika	**gehen**	Sonntag mit Freunden	**tanzen.**
Daniel	**geht**	mit dem Hund	**spazieren.**

In the sentences above, the verb **gehen** and the infinitives **einkaufen, tanzen,** and **spazieren** form a bracket around the sentence core. You will encounter the concept of the sentence bracket in many other contexts involving verbs.

Übung 3   Was ich so mache

Was machen Sie **immer, manchmal, selten, nie, oft, gewöhnlich?**

BEISPIEL: Daniel steht gewöhnlich sehr früh auf. →
Ich stehe nie früh auf.

1. Daniel steht gewöhnlich sehr früh auf.
2. Daniel geht nie am Wochenende einkaufen.
3. Lilo geht oft mit ihrem Hund spazieren.
4. Hans räumt selten sein Zimmer auf.
5. Lilo schläft gewöhnlich beim Fernsehen ein.
6. Daniel lädt manchmal abends Freunde ein.
7. Daniel schläft selten vor 1 Uhr nachts ein.
8. Lilo ruft ihre Eltern oft an.
9. Daniel geht selten mit Freunden aus.

Übung 4 Eine Verabredung°

A date

Die folgenden Sätze sind eine Konversation zwischen Hans und Petra. Ergänzen Sie zuerst die Verben mit den fehlenden (*missing*) Präfixen. Arrangieren Sie dann die Sätze als Dialog, und üben Sie den Dialog mit einem Partner / einer Partnerin.

_____ Um acht. Ich komme um halb acht _____ und hole dich _____.

_____ Ja, ich gehe ins Kino. Im Olympia läuft ein neuer Film mit Keanu Reeves. Kommst du _____?

_____ Schön. Hinterher (*afterwards*) lade ich dich zu einem Bier _____.

_____ Gerne. Wann fängt der Film denn _____?

___*1*___ Hast du heute Abend schon etwas _____?

Übung 5 Wie sieht dein Tag aus?

Schritt 1: Arbeiten Sie zu zweit (*in pairs*) und stellen Sie einander folgende Fragen. Formulieren Sie Ihre Antworten mithilfe der Ausdrücke unten. Schreiben Sie die Antworten auf.

▶ Was machst du gewöhnlich jeden Tag?

▶ Was machst du oft?

▶ Was machst du manchmal?

▶ Was machst du nie?

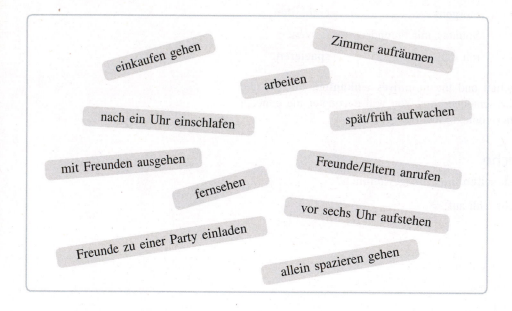

einkaufen gehen

Zimmer aufräumen

arbeiten

nach ein Uhr einschlafen

spät/früh aufwachen

mit Freunden ausgehen

Freunde/Eltern anrufen

fernsehen

vor sechs Uhr aufstehen

Freunde zu einer Party einladen

allein spazieren gehen

BEISPIEL: Ich stehe gewöhnlich vor sechs Uhr auf. Ich räume nie mein Zimmer auf. ...

Schritt 2: Geben Sie jetzt einen kurzen Bericht von etwa vier Sätzen über Ihren Partner.

BEISPIEL: Keith steht gewöhnlich vor sechs Uhr auf. Er räumt nie sein Zimmer auf. Er geht manchmal einkaufen. Jeden Tag geht er mit Freunden aus.

Modal Auxiliary Verbs°

Modalverben

▶ The *Guide to Grammar Terms* online in CONNECT provides more basic information about modal auxiliary verbs.

Modal auxiliary verbs (for example, *must, can, may*) express an attitude toward an action.

Morgen **möchten** wir Tennis **spielen.**	*Tomorrow we **would like to play** tennis.*
Am Wochenende **wollen** wir Freunde **besuchen.**	*On the weekend we **want to visit** friends.*
Ich **kann** morgen **vorbeikommen.**	*I **can come by** tomorrow.*

NOTE:

▶ The modal auxiliary verb is the conjugated verb and is in the second position in a statement.

▶ Its complement—the verb that expresses the action—is in the infinitive form and stands at the end of the sentence.

▶ In German, sentences with modal auxiliaries and a dependent infinitive demonstrate the pattern of the sentence bracket (**Satzklammer**) that you learned earlier in this chapter.

Satzklammer

Morgen	**möchten**	wir Tennis	**spielen.**
Peter	**muss**	morgen leider	**arbeiten.**
Ich	**kann**	dich heute	**besuchen.**
Heute Abend	**wollen**	wir ins Kino	**gehen.**

German has the following modal verbs.

dürfen	to be allowed to, may	**Dürfen** wir hier rauchen? *May we smoke here?*
können	to be able to, can	Ich **kann** dich gut verstehen. *I can understand you well.*
mögen	to like, care for	**Mögen** Sie Bücher? *Do you like books?*
müssen	to have to, must	Er **muss** heute arbeiten. *He has to work today.*
sollen	to be supposed to, shall	Wann **sollen** wir vorbeikommen? *When are we supposed to come by?*
wollen	to want to, plan to	**Willst** du mitgehen? *Do you want to go along?*

Hier dürfen Sie nicht parken!

The Present Tense of Modals

Modals are irregular verbs. With the exception of **sollen,** they have stem-vowel changes in the singular. Note also that the first- and third-person singular forms are identical and have no personal ending.

	dürfen	können	mögen	müssen	sollen	wollen
ich	**darf**	**kann**	**mag**	**muss**	**soll**	**will**
du	darfst	kannst	magst	musst	sollst	willst
er sie } es	**darf**	**kann**	**mag**	**muss**	**soll**	**will**
wir	dürfen	können	mögen	müssen	sollen	wollen
ihr	dürft	könnt	mögt	müsst	sollt	wollt
sie	dürfen	können	mögen	müssen	sollen	wollen
Sie	dürfen	können	mögen	müssen	sollen	wollen

Möchte (*would like [to]*) is one of the most frequently used modal verbs. It is the subjunctive of **mögen.** Note that the first- and third-person singular forms are identical.

> Wir **möchten** morgen Tennis **spielen.**   *We would like to play tennis tomorrow.*

möchte			
ich	**möchte**	wir	möchten
du	möchtest	ihr	möchtet
er sie } es	**möchte**	sie	möchten
Sie möchten			

NOTE:

▶ The modal **mögen** is generally used without a dependent infinitive.

> Er **mag** seine Arbeit im Hotel.   *He likes his work in the hotel.*

▶ The infinitive in a sentence with a modal verb may be omitted when its meaning is understood.

> Ich **muss** jetzt in die Vorlesung (**gehen**).   *I have to go to the lecture now.*

> Ich **möchte** jetzt nach Hause (**gehen**).   *I would like to go home now.*

> Er **will** das nicht (**machen**).   *He doesn't want to do that.*

> Man **darf** das nicht (**machen**).   *You aren't permitted to do that.*

Was darf man hier nicht?

Übung 6   Analyse

Scan the headlines and visual.

1. Identify the modal auxiliary verbs in the three headlines. Give the English equivalents of the sentences.
2. What verbs express the action in those sentences?
3. Mark the two parts of each sentence bracket.
4. Why does the statement about Greenpeace not have an infinitive?

Die Studenten wollen streiken

So schön (spannend, aufregend) kann Fernsehen sein

Ich möchte mehr Informationen über Greenpeace!

Übung 7   Im Deutschen Haus

Chris und Jeff wohnen im Deutschen Haus an einer amerikanischen Universität. Sie sollen so oft wie möglich deutsch miteinander sprechen. Hören Sie zu und kreuzen Sie die richtige Information an.

	Das stimmt	Das stimmt nicht
1. Chris muss für einen Test arbeiten.	☐	☐
2. Er redet laut (*aloud*) und stört (*disturbs*) seinen Mitbewohner Jeff.	☐	☐
3. Jeff wird jetzt böse (*annoyed*).	☐	☐
4. Chris kann nur laut lernen.	☐	☐
5. Chris geht in die Bibliothek.	☐	☐

Übung 8   Was sind die Tatsachen°?   *facts*

Was wissen Sie über die beiden Bewohner des Deutschen Hauses? Bilden Sie Sätze.

Chris	soll	ins Badezimmer gehen
Jeff	muss	lesen
	kann	deutsche Grammatik lernen
	will	ein A im Test bekommen
	möchte	nur laut Deutsch lernen
	darf	Jeff nicht stören
		auch arbeiten
		jetzt auch schlafen
		nicht arbeiten

Übung 9   Wer möchte das?

Ergänzen Sie die Sätze mit der passenden Form von **möchte**.

1. Wir _____ heute Abend ins Kino gehen.
2. _____ ihr mitkommen?
3. Martina _____ lieber joggen gehen.
4. Ich _____ heute Abend zu Hause bleiben und meine Hausaufgaben machen.
5. _____ du auch zu Hause bleiben und arbeiten?
6. Andreas _____ sein Projekt für seinen Computerkurs fertig machen (*complete*).
7. Meine Freunde _____ alle heute Abend ins Kino gehen.

Übung 10　Was kann man da machen?

BEISPIEL: in der Bibliothek →

　　　S1: Was kann man in der Bibliothek machen?

　　　S2: Da kann man Bücher lesen!

1. im Restaurant
2. im Kino
3. im Internet
4. in der Disco
5. im Kaufhaus
6. im Park
7. in der Bibliothek

a. Filme sehen
b. einkaufen
c. tanzen
d. Freunde treffen
e. Bücher lesen
f. etwas essen und trinken
g. spazieren gehen
h. Computerspiele spielen

Sprach-Info

The pronoun **man** (*one, people, you, they*) is commonly used to talk about a general activity.

Man darf hier nicht parken.

You (One) may not park here. (Parking is not allowed here.)

Man is used with the third-person singular verb form.

Übung 11　Was darf man hier machen oder nicht?

BEISPIEL: Man darf hier nicht parken.

1.　　　　　　　2.　　　　　　　3.

4.　　　　　　　5.　　　　　　　6.

campen
schnell fahren
schwimmen
parken

spielen
rauchen (*smoke*)
von 8 bis 14 Uhr parken

Übung 12　Was möchtest du lieber° machen?

möchtest … *would you rather*

Fragen Sie einen Partner / eine Partnerin: „Was möchtest du lieber machen?"

BEISPIEL: schwimmen gehen oder Tennis spielen? →

　　　S1: Was möchtest du lieber machen: schwimmen gehen oder Tennis spielen?

　　　S2: Ich möchte lieber Tennis spielen.

1. Zeitung lesen oder im Internet surfen?
2. fernsehen oder einkaufen gehen?
3. ins Café oder ins Kino gehen?
4. deine Familie anrufen oder eine E-Mail schicken?
5. ein Picknick machen oder spazieren gehen?
6. eine Party zu Hause machen oder ausgehen?
7. Freunde treffen oder allein sein?

Übung 13   Pläne für eine Party

Brigitte, Lisa und Anja planen eine Party. Setzen Sie passende Modalverben in die Lücken ein.

Brigitte: Also wen _____[1] (*want to*) wir denn einladen?

Lisa: Die Frage ist: Wie viele Leute _____[2] (*can*) wir denn einladen?

Anja: Im Wohnzimmer _____[3] (*can*) bestimmt zwanzig Leute sitzen.

Lisa: Und tanzen _____[4] (*can*) wir im Garten.

Anja: Und wer _____[5] (*is supposed to*) für so viele Leute kochen?

Lisa: Ich _____[6] (*want*) lieber nur ein paar Leute einladen.

Anja: Wir sagen, jeder _____[7] (*is supposed to*) etwas zum Essen mitbringen.

Brigitte: Ich _____[8] (*would like to*) Kartoffelsalat machen.

Lisa: Gute Idee. Das ist einfach und den _____[9] (*like*) alle.

Anja: Tut mir leid, aber ich _____[10] (*like*) Kartoffelsalat nicht.

Brigitte: Ich _____[11] (*can*) auch Pizza oder Lasagne machen.

Lisa: Wir _____[12] (*may*) aber nicht nur Bier servieren, wir _____[13] (*have to*) auch Mineralwasser oder Cola servieren.

Übung 14   Ein Picknick im Grünen

Einige Mitbewohner im internationalen Studentenwohnheim planen ein Picknick. Wer bringt was mit?

BEISPIEL: Andreas aus England will ein Frisbee mitbringen. Er soll auch Mineralwasser mitbringen.

Jürgen aus München	wollen	Brot und Käse (*cheese*)	kaufen
Stephanie aus den USA	müssen	Mineralwasser	mitbringen
	möchte	Bier	machen
Paola und Maria aus Italien	sollen	ein Frisbee	
	können	eine Pizza	
Nagako aus Tokio		Kartoffelsalat	
Michel aus Frankreich		eine Kamera	
ich		einen Fußball	

Übung 15   Kommst du mit?

Laden Sie Ihren Partner / Ihre Partnerin ein, etwas zu unternehmen (*do*).

BEISPIEL: **S1:** Ich will heute Tennis spielen. Möchtest du mitkommen?

S2: Nein, leider kann ich nicht. Ich muss nämlich arbeiten.

oder: Ich möchte schon. Leider muss ich …

S1	S2
heute Abend ins Rockkonzert gehen	arbeiten
ins Kino gehen	meine Eltern besuchen
nach (+ *place*) fahren	zu Hause bleiben (Mein Wagen ist kaputt.)
ins Café gehen	mein Zimmer aufräumen
Tennis spielen	Deutsch lernen (Ich habe eine Prüfung [*test*].)
Mini-Golf spielen	
auf eine Party gehen	an einem Referat (*paper*) arbeiten
tanzen gehen	??
??	

The Imperative°

The imperative is the verb form used to make requests and recommendations and to give instructions, advice, or commands. You are already familiar with imperative forms used in common classroom requests.

Wiederholen Sie bitte.	*Repeat, please.*
Hören Sie zu!	*Listen!*
Sagen Sie das auf Deutsch.	*Say that in German.*
Nehmen Sie Platz!	*Be seated!*

These are examples of formal imperatives, used for anyone you would address as **Sie.** For those you would address informally with **du,** there are two forms: one for the singular and one for the plural. Imperatives in written German often end in an exclamation point, especially to emphasize a request or a command. This chart shows all the imperative forms for six verbs.

Der Imperativ

The *Guide to Grammar Terms* online in CONNECT provides more basic information about the imperative.

Infinitive	Formal	Informal Singular	Informal Plural
kommen	**Kommen Sie** bald.	**Komm** bald.	**Kommt** bald.
fahren	**Fahren Sie** langsam!	**Fahr** langsam!	**Fahrt** langsam!
anrufen	**Rufen Sie** mich **an.**	**Ruf** mich **an.**	**Ruft** mich **an.**
sprechen	**Sprechen Sie** langsam!	**Sprich** langsam!	**Sprecht** langsam!
arbeiten	**Arbeiten Sie** jetzt!	**Arbeite** jetzt!	**Arbeitet** jetzt!
sein	**Seien Sie** bitte freundlich.	**Sei** bitte freundlich.	**Seid** bitte freundlich.

Formal Imperative

The formal imperative is formed by inverting the subject **(Sie)** and the verb in the present tense.

NOTE:

▶ The formal imperative has the same word order as a yes/no question; punctuation or intonation helps identify it as an imperative.

▶ The imperative of the verb **sein** is irregular.

Seien Sie bitte freundlich!   *Please be friendly.*

Particles and *bitte* with the Imperative

Requests or commands are often softened by adding the word **bitte** and particles such as **doch** and **mal. Bitte** can stand at the beginning, in the middle, or at the end of the sentence. The particles **doch** and **mal** follow the imperative form. They have no English equivalent.

Bitte nehmen Sie Platz.	*Please have a seat.*
Kommen Sie **doch** heute vorbei.	*Why don't you come by today?*
Rufen Sie mich **mal** an.	*Give me a call (some time).* (*Why don't you give me a call some time?*)

Bitte nehmen Sie Platz

The *Guide to Grammar Terms* online in CONNECT provides more basic information about particles.

Übung 16 In der Sprechstunde°

office hour

Mary Lerner geht zum Professor in die Sprechstunde. Kreuzen Sie an, ob es um eine Frage oder eine Aufforderung (*request or command*) geht.

	Frage	Aufforderung		Frage	Aufforderung
1.	☐	☐	6.	☐	☐
2.	☐	☐	7.	☐	☐
3.	☐	☐	8.	☐	☐
4.	☐	☐	9.	☐	☐
5.	☐	☐	10.	☐	☐

Informal Imperative

The singular informal imperative is used to request something of anyone you address with **du.** It is formed for most verbs simply by dropping the **-st** ending from the present-tense **du-**form of the verb and omitting the pronoun. Verbs that show a vowel change from **a** to **ä** (or **au** to **äu**) in the present tense have no umlaut in the imperative.

kommen: du **kommst** → **Komm!**   fahren: du **fährst** → **Fahr!**

anrufen: du **rufst an** → **Ruf an!**   laufen: du **läufst** → **Lauf!**

arbeiten: du **arbeitest** → **Arbeite!**   *But:* sein: du **bist** → **Sei!**

sprechen: du **sprichst** → **Sprich!**

The plural informal imperative is used to request something from several persons whom you individually address with **du.** This imperative form is identical to the **ihr**-form of the present tense, but without the pronoun **ihr.**

Fahrt jetzt nach Hause.   *Drive home now.*

Gebt mir bitte etwas zu essen.   *Please give me something to eat.*

Seid doch ruhig!   *Be quiet!*

Übung 17 Macht das, bitte!

Ergänzen Sie die Tabelle.

¹*enjoy*

Formal	Informal Sing.	Informal Pl.
1. Kommen Sie, bitte!	Komm, bitte!	_____, bitte!
2. _____ leise, bitte!	Sprich leise, bitte!	_____ leise, bitte!
3. Laden Sie uns bitte ein.	_____ uns bitte _____.	_____ uns bitte _____.
4. _____ doch ruhig!	Sei doch ruhig!	_____ doch ruhig!
5. Fahren Sie langsam!	_____ langsam!	Fahrt langsam!
6. Rufen Sie mich mal an.	_____ mich mal _____.	Ruft mich mal an.
7. _____ das Buch mal.	_____ das Buch mal.	Lest das Buch mal.
8. Machen Sie schnell!	Mach schnell!	_____ schnell!

Übung 18 Wir duzen einander unter Studenten.°

We students say du to one another.

Alle Studenten duzen einander. Setzen Sie die Imperativsätze in die **du**-Form.

BEISPIEL: Bitte, kommen Sie herein. → Bitte, komm herein.

1. Bitte, sprechen Sie etwas langsamer.
2. Arbeiten Sie nicht so viel!
3. Fahren Sie doch am Wochenende mit mir nach Heidelberg.
4. Bleiben Sie doch noch ein bisschen.
5. Besuchen Sie mich mal.
6. Bitte, rufen Sie mich morgen um 10 Uhr an!
7. Gehen Sie doch mal ins Kino.
8. Kommen Sie doch morgen vorbei.
9. Lesen Sie mal dieses Buch.
10. Sehen Sie mal, hier ist ein Foto von meiner Familie.
11. Seien Sie bitte ruhig!

Im Café ist auch oben Platz.

Übung 19 Pläne unter Freunden

Sie möchten Ihren Freunden sagen, was sie alles tun sollen. Machen Sie aus den Fragen Imperativsätze. Benutzen Sie dabei auch **doch, mal** oder **bitte.**

BEISPIEL: Kommt ihr heute Abend vorbei? →
          Kommt bitte heute Abend mal vorbei!

1. Ladet ihr mich ein?
2. Ruft ihr mich morgen an?
3. Holt ihr mich ab?
4. Sprecht ihr immer Deutsch?
5. Räumt ihr euer Zimmer auf?
6. Besucht ihr mich am Wochenende?
7. Kommt ihr morgen vorbei?
8. Seid ihr morgen pünktlich?

Übung 20 Situationen im Alltag

Ergänzen Sie die passende Form des Imperativs von **sein.**

1. Ich muss Sie warnen: Autofahren in Deutschland ist ein Abenteuer. _____ bitte vorsichtig!
2. Sie gehen mit zwei Freunden ins Konzert. Diese Freunde sind nie pünktlich und das irritiert Sie. Sie sagen zu ihnen: „_____ aber bitte pünktlich!"
3. Ihr Mitbewohner im Studentenwohnheim ist sehr unordentlich. Sie erwarten Ihre Eltern zu Besuch und bitten ihn: „_____ so nett und räum deine Sachen auf!"
4. Drei Mitbewohner im Studentenwohnheim spielen um drei Uhr morgens immer noch laute Musik. Sie klopfen irritiert gegen die Wand und rufen: „Zum Donnerwetter, _____ endlich ruhig!"
5. Frau Kümmel zu Frau Honig: „_____ bitte so nett und kommen Sie morgen vorbei!"

Übung 21 Die Kindheit

Welche Befehle hören Kinder sehr oft?

Schritt 1: Machen Sie eine Liste von sechs Befehlen, die Kinder oft hören.

BEISPIEL: Geh jetzt ins Bett!
　　　　　　Sei doch nett!

Schritt 2: Vergleichen Sie nun Ihre Liste mit den Listen von anderen in der Klasse.
Welche Befehle kommen oft vor (*occur*)?

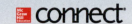

KULTURJOURNAL

Studentenleben in Deutschland

In Deutschland studieren heute 2,5 Millionen Studenten. Sie studieren an 380 staatlich anerkannten Hochschulen[1]: 109 Universitäten, 216 Fachhochschulen[2] und 55 Kunst-, Film- und Musikhochschulen. Die größte traditionelle Universität ist die Ludwig-Maximilians-Universität in München. Mit rund 80 000 Studierenden hat die Fernuniversität[3] in Hagen die meisten Studenten.

Das Unileben bringt neue Erlebnisse[4]: eine neue Stadt, neue Freunde, man muss eine Wohnung finden, vielleicht auch einen Nebenjob. Man muss Vorlesungen und Übungen belegen, die Hörsäle[5] an der Uni, die Bibliothek und Mensa finden.

Zum Leben brauchen Studierende ungefähr 800 Euro pro Monat. Studieren ist in Deutschland nicht so teuer. An staatlichen Institutionen gibt es keine hohen Studiengebühren.

An Privatuniversitäten ist das aber oft anders.

Seit einigen Jahren gibt es an deutschen Hochschulen einen Bachelor- und Masterabschluss. Das macht das Unileben stressiger. Das Studium ist intensiver. Aber Studenten finden trotzdem Zeit für Sport, Partys und Ruhe in der Freizeit.

Wie sieht der Studentenalltag in Deutschland aus? Man hat Studenten in einem Chatforum gefragt: "Wie sieht euer Alltag aus?" Hier zwei Beispiele:

PERSON 1

Studienalltag? Ok also:
aufstehen
zur Uni fahren
Vorlesungen
Pause
Vorlesungen
Pause
etc …
nach Hause fahren
Hausaufgaben machen
schlafen gehen

PERSON 2

Ein typischer Studententag
5:30 Uhr aufstehen
8 Uhr Vorlesung
10–16 Uhr: Mittagessen, mit Mitstudenten meine Übungsserien[6] vergleichen und falls noch Zeit bleibt, ein bisschen abhängen[7]
16–18 Uhr: Vorlesung
18 Uhr: mit Freunden treffen … zum Lernen gemeinsam Übungen machen
0–2:00 Uhr: Die Übungen, die ich falsch hatte, nochmal alleine überarbeiten[8]
2:00 Uhr Bett

Zur Diskussion

1. Vergleichen Sie Ihre tägliche Routine mit der Routine von einer der beiden (*one of the two*) Personen.

2. Arbeiten Sie mit einem Partner / einer Partnerin und machen Sie eine Liste von den Unterschieden und Ähnlichkeiten zwischen dem Studium in Deutschland und in Ihrem Land. Vergleichen Sie Ihre Liste mit der Liste von einem anderen Paar. Welche Aktivitäten haben Sie gemeinsam? Welche sind anders?

Portions adapted from: www.uni-protokolle.de "Wie sieht ein Studentenalltag aus?"

[1] *post-secondary schools, schools of higher education* [2] *universities of applied sciences* [3] *long-distance university* [4] *experiences* [5] *lecture halls*
[6] *practice series* [7] *hang out* [8] *rework*

▶ Videoclips (Wiederholung)

Sich begrüßen

A In dem ersten Videoclip begrüßen sich viele verschiedene Leute. Schauen Sie sich den Clip zweimal an. Ergänzen Sie dann die Lücken mit den Wörtern, die Sie hören.

1. **JUPP:** Hallo, Susi.
   SUSAN: Hallo!
   JUPP: Wie geht's _____?
   SUSAN: Ach gut, und dir?
   JUPP: Alles _____.

2. **JULIANE:** Hey!
   ALBRECHT: Hallo!
   JULIANE: Wie geht's?
   ALBRECHT: _____, gut.
   JULIANE: Lange nicht gesehen.
   ALBRECHT: _____.

3. **JENNY:** _____!
   JUDITH: Hallo!
   JENNY: Na, wie geht's dir?
   JUDITH: _____, und dir?

4. **JULIANE:** _____.
   SIMONE: Hallo.
   JULIANE: Wie geht's _____ denn so?
   SIMONE: Ja, gut, und Ihnen?
   JULIANE: Ja!

Wie begrüßen sich die meisten, formell oder informell? Warum?

Wohnort und Familie

B 1. Acht Studierende erzählen uns, woher sie und ihre Familien kommen. Welche Städte erwähnen (*mention*) sie? (*Some cities on this list are not mentioned at all.*)

☐ Berlin   ☐ Hannover   ☐ Prenzlau
☐ Braunschweig   ☐ Kairo   ☐ Regensburg
☐ Dresden   ☐ Köln   ☐ Salzgitter
☐ Grimma   ☐ Leipzig   ☐ Würzburg
☐ Hamburg   ☐ München

2. Zwei der Studierenden kommen nicht aus Deutschland. Eine Studentin kommt aus _____ in Ägypten, ein Student kommt aus der _____.

Die Uhrzeit

C Wie spät ist es?

1. **HEND:**	a. 19.00	b. 9.00	c. 9.10
2. **SUSAN:**	a. 10.10	b. 10.20	c. 10.00
3. **JENNY:**	a. 7.20	b. 12.25	c. 12.20
4. **SANDRA:**	a. 4.45	b. 4.50	c. 5.15
5. **FELICITAS:**	a. 5.57	b. 6.57	c. 6.03
6. **SOPHIE:**	a. 13.00	b. 13.27	c. 13.28
7. **MICHAEL:**	a. 14.38	b. 13.48	c. 4.38

Wie spät ist es?

Am Computer

Nützliche Wörter

die Beschäftigung activity
der Rechner computer

D Sechs Studierende berichten, wie viel Zeit sie täglich am Computer verbringen. Womit verbringen sie die meiste Zeit? Hören Sie, was die sechs sagen. Geben Sie beim zweiten Anschauen die richtigen Antworten an.

Name	Wie viel Zeit pro Tag?	Womit (*With what*)?
Susan	*ungefähr zwei Stunden*	*arbeiten, chatten*
Felicitas		
Michael		
Nadezda		
Pascal		
Judith		

E 1. Wer von den interviewten Studierenden verbringt die meiste Zeit am Computer?

2. Was ist eine besonders beliebte Beschäftigung am Computer?

3. Wer arbeitet für das Studium am Computer?

4. Wie viel Zeit verbringen diese Leute pro Tag mindestens am Computer?

F **Eine Umfrage in der Klasse**

1. Arbeiten Sie zu zweit und beantworten Sie abwechselnd die Fragen.

   a. Wie viel Zeit verbringst du gewöhnlich täglich am Computer?

   b. Womit (*With what*) verbringst du die meiste Zeit?

   c. Hast du eine Seite bei Facebook? Wie oft bist du bei Facebook? Wie viele Freunde hast du auf Facebook?

2. Stellen Sie nun eine Tabelle für die Klasse zusammen. Wie viel Zeit verbringen die Mitglieder Ihrer Klasse im Durchschnitt täglich am Computer? Womit verbringen die meisten ihre Zeit am Computer?

Lesen

Zum Thema

A Was trifft zu?

1. Wo wohnen Sie? Ich wohne …

   ☐ in einer Stadt.
   ☐ auf dem Land.
   ☐ in einem kleinen Dorf (*village*).
   ☐ in einem Vorort von _____.

2. Wie wohnen Sie? Ich wohne …

   ☐ in einem Studentenwohnheim.
   ☐ allein / mit anderen in einer Wohnung.
   ☐ bei meinen Eltern.
   ☐ ???

3. Wie kommen Sie zur Uni?

   ☐ Ich fahre mit dem Auto zur Uni.
   ☐ Ich benutze die öffentlichen Verkehrsmittel (den Bus, die U-Bahn [*subway*] usw.).
   ☐ Ich gehe zu Fuß (*on foot*).
   ☐ Ich fahre mit dem Fahrrad.

4. Für die Fahrt (*trip*) brauche ich …

  ☐ eine halbe Stunde oder weniger (*less*).
  ☐ zwischen einer halben und einer ganzen Stunde.
  ☐ mehr als eine Stunde.

B Ergänzen Sie die folgenden Aussagen.

  1. Ich muss (nicht) früh aufstehen, denn …

  2. Die meisten Studenten und Studentinnen an meiner Uni pendeln
  (*commute*) (nicht). Sie …

Auf den ersten Blick

A Look at the text without reading it. What type of text is "In der S-Bahn komme ich endlich zum Lesen"?

  ☐ a blog about the life of students
  ☐ a short personal report in a newspaper
  ☐ letters to the editor

What is your evidence?

B Scan the title and subtitle, the photographs and captions and the boldfaced text. What type of information can you gather about the content of the reading? While you should avoid reading the text word for word, it is important to understand the article's subtitle: "Studierende aus dem Münchner Umland berichten über Vor- und Nachteile ihres Alltags als Pendler." Before you look up any words, see if you can guess the meaning of **Studierende** and **Münchner Umland. Erzählen** and **berichten** are synonyms. Accompanying each picture is a first-person (**ich**) narration. Can you guess then what **erzählen** and **berichten** mean? You know what **Tag** means. Can you guess the meaning of **Alltag?**

C **Guessing from context.** As you read a text, you may be tempted to look up most of the words you do not know. Before reaching for a dictionary (on- or offline), however, try to guess the meaning of words. Draw from your knowledge of cognates and the context.

  ◗ Guess the meaning of the compound nouns **Umland, Nachtleben,** and **Vororte** from the components and context.

  ◗ Look for related words and see if you can guess their meaning. If you know the meaning of the noun **Pendler** (*commuter*), you can probably guess the meaning of the verb **pendeln.**

  ◗ In this text there are a couple of examples of verbs used as nouns, for example **pendeln** = *to commute,* **das Pendeln** = (here) *commuting.* Can you find another example?

  ◗ Note the opposites **Vor- und Nachteile** in the subtitle. The hyphen after **Vor** indicates that it shares the stem **Teile** with the following word. Which do you think means "advantages" and which "disadvantages"?

  ◗ The comparative in German often parallels that in English with the **-er,** for example "pretty, prettier" and **schön, schöner.** Can you find another comparative in the text and guess its meaning?

  ◗ The expression **seit einem Jahr** appears several times in the text. From the context, can you guess what it means?

  ◗ Can you guess at the meaning of **entweder … oder** in the sentence: **In die Uni komme ich entweder mit der BOB oder mit der S-Bahn?**

D **Using a dictionary.** When you find you really must use a dictionary, consider the following.

▶ Some forms found in texts differ from those listed in the dictionaries. For example, nouns and pronouns are listed in the nominative singular; verbs are listed under their infinitive forms; the comparatives of adjectives will not be listed. You won't find **stört** (*disturbs*), but you will find **stören** (*to disturb*).

▶ Many compound words are not listed in dictionaries. To discover their meaning, look up the components and determine the meaning of the compound from the definitions of its components.

▶ Some words have multiple meanings. Read through all possible meanings in the dictionary entry and choose the correct meaning of the word based on its use in the text.

For practice in using the dictionary, do the following exercise:

▶ How many meanings do you find for the words **pendeln** and **ziehen?** Which meanings of each word are used in the text?

▶ Under what entries would you find the verbs **stört, nervt,** and **vermisst?** Can you guess their meanings without looking them up?

▶ Underline all the words in the text that you do not understand. Choose five and look them up. In what form do they appear in the dictionary? How many meanings are given? Which meaning best fits the context?

„In der S-Bahn komme ich endlich zum Lesen"

Kathrin Schwinghammer fährt mit dem Auto zur Universität.

Studenten erzählen: Studierende aus dem Münchner Umland berichten über Vor- und Nachteile ihres Alltags als Pendler

Kathrin Schwinghammer, 20:

5 „Ich komme aus Baierbrunn, dort wohne ich bei meinen Eltern. Seit zwei Semestern studiere ich Chemie an der LMU[1]. Ich fahre immer mit dem Auto, eine Kommilitonin[2] und ich bilden eine Fahrgemeinschaft. Mit öffentlichen Verkehrsmitteln
10 würden wir noch länger brauchen[3]."

Dominik Bader, 22:

„Ich studiere Physikalische Technik an der FH[4] und wohne in Seefeld bei Herrsching. In meinem Elternhaus habe ich fast eine
15 eigene Wohnung; da sehe ich keinen Grund, auszuziehen. Wenn ich in die Stadt ziehen würde, müsste ich neben dem Studium arbeiten[5]. Ich will bald nach Südafrika reisen. Am Pendeln stört mich vor allem, dass ich
20 immer so früh aufstehen muss. Mich freut es aber, wenn ich in der S-Bahn Leute treffe, die ich schon lange nicht mehr gesehen habe."

Dominik Bader stört am Pendeln das frühe Aufstehen.

---

[1]= Ludwig-Maximilians-Universität   [2]*fellow student*   [3]*würden ... we would need even longer*
[4]= Hochschule für angewandte Wissenschaften – FH München   [5]*Wenn ... If I were to move to the city, I would have to work and study at the same time.*

Marianne Rösler, 21:

„Ich wohne seit einem Jahr nicht mehr zu
25 Hause. Aus dem kleinen Dorf, in dem meine
Eltern wohnen, bin ich nach Holzkirchen
gezogen[6], das ist nicht weit entfernt. Dort
wohne ich mit meinem Freund zusammen.
Näher an der Stadt möchte ich nicht leben.
30 Ich studiere in München Geschichte und
Volkswirtschaftslehre und komme ins zweite
Semester. In die Uni komme ich entweder
mit der BOB[7] oder der S-Bahn. Das dauert
jedes Mal eine gute halbe Stunde. Ein
35 klarer Nachteil, wenn man hier draußen
wohnt, ist das fehlende[8] Nachtleben. Aber
damit kann ich leben – ich bin kein Freund
von Großstädten."

Marianne Rösler vermisst
auf dem Land nur das
Nachtleben.

Robert Drozkowski, 21:

40 „In den nächsten Jahren möchte ich
auf jeden Fall in die Innenstadt ziehen.
Momentan bin ich aber noch zufrieden
bei meinen Eltern in Unterhaching. Dies ist
eine nette Gemeinde, in der ich mich wohl
45 fühle[9]. Wenn ich die Möglichkeit habe, mit
Freunden in eine WG in der Stadt zu ziehen,
werde ich das sofort machen. Ich studiere
seit einem Jahr Politikwissenschaften. Dafür
fahre ich täglich knapp zwei Stunden
50 S-Bahn. Das Pendeln zwischen Unterhaching
und der Uni nervt zwar, hat aber auch
einen Vorteil: Während der Fahrt komme ich
endlich zum Lesen."

Robert Drozkowski möchte
bald nach München
ziehen.

Aus: *Süddeutsche Zeitung online* 13.10.2006, www.sueddeutsche.de

---

[6]bin … *I moved to Holzkirchen*   [7]= Bayrische Oberland Bahn *Bavarian Regional
Rail*   [8]*lacking*   [9]*Dies ist … This is a nice community in which I feel comfortable.*

Zum Text

A Überfliegen Sie (*Scan*) den Text und ergänzen (*complete*) Sie die Tabelle!
Lesen Sie *nicht* Wort für Wort!

Name	Kathrin Schwing-hammer	Dominik Bader	Marianne Rösler	Robert Drozkowski
wohnt in	Baierbrunn			
wohnt	bei den Eltern			
studiert	Chemie			
wo	an der LMU			
Wie kommt er/sie zur Uni?	fährt mit dem Auto			

B Ist das ein Vorteil des Pendelns oder ein Nachteil?

	Vorteil	Nachteil
1. Man verbringt viel Zeit damit.	☐	☐
2. Man muss früh aufstehen.	☐	☐
3. Man kann im Grünen wohnen.	☐	☐
4. Man kann bei den Eltern billig wohnen.	☐	☐
5. Man kann in der S-Bahn lesen.	☐	☐

C Schauen Sie sich die Fotos und ihre Unterschriften (*captions*) noch mal an. Drücken (*Express*) die Unterschriften etwas Neutrales, einen Vor- oder Nachteil des Pendelns oder einen Wunsch (*wish*) aus?

	Neutral	Ein Wunsch	Vorteil des Pendelns	Nachteil des Pendelns
1. „Kathrin Schwinghammer fährt mit dem Auto zur Universität."	☐	☐	☐	☐
2. „Dominik Bader stört am Pendeln das frühe Aufstehen."	☐	☐	☐	☐
3. „Marianne Rösler vermisst auf dem Land nur das Nachtleben."	☐	☐	☐	☐
4. „Robert Drozkowski möchte bald nach München ziehen."	☐	☐	☐	☐

D Lesen Sie den Text noch einmal. Können Sie die Liste aus Aktivität C ergänzen? Suchen Sie im Text! Welche Sätze sind neutral, ein Wunsch, oder ein Vor- oder Nachteil des Pendelns oder draußen Wohnens?

1. neutral: *„Ich komme aus Baierbrunn"*, …
2. ein Wunsch:
3. Vorteil des Pendelns:
4. Nachteil des Pendelns:

Zu guter Letzt

Ein Podcast über Sehenswertes° an der Uni

sites worth seeing

During your German learning experience using **Deutsch: Na klar!** you will practice your German in presentational mode through a series of podcasts. The first podcast deals with life at the university you are attending.

Schritt 1: Work with two other students in the class and make a list of three interesting places to see or things to do at your university.

Schritt 2: In your group, jot down words and phrases (in German) to describe these places or activities.

Schritt 3: Use the words and phrases to write a three-sentence description of each point of interest. This will serve as a script for the podcast.

Schritt 4: Using a video camera or other means of digital recording, visit the places you have chosen to present and film each member of the group describing one place, using the scripts you have written. You can be creative and go beyond the scripts, using as much German as you can.

Schritt 5: Edit the podcast, adding titles and/or vocabulary words you may want to highlight, and present it to the class. The podcast should not be longer than three minutes.

Schritt 6: Ask the class which site on campus that you presented was the most interesting to them, and why.

Wortschatz

Tage und Tageszeiten — Days and Times of Day

der **Morgen**	morning
der **Vormittag**	morning, before noon
der **Mittag**	noon
der **Nachmittag**	afternoon
der **Abend**	evening
die **Nacht**	night
heute **Morgen**	this morning
heute **Nachmittag**	this afternoon
morgen früh	tomorrow morning
morgen **Abend**	tomorrow evening
morgens	in the morning, mornings
vormittags	before noon
mittags	at noon
nachmittags	in the afternoon, afternoons
abends	in the evening, evenings
nachts	at night, nights
montags	Mondays, on Monday(s)
dienstags	Tuesdays, on Tuesday(s)
mittwochs	Wednesdays, on Wednesday(s)
donnerstags	Thursdays, on Thursday(s)
freitags	Fridays, on Friday(s)
samstags; sonnabends	Saturdays, on Saturday(s)
sonntags	Sundays, on Sunday(s)

Unterhaltung — Entertainment

das **Ballett, -e**	ballet
die **Disco, -s**	disco; dance club
in die **Disco** gehen	to go clubbing
das **Fernsehen**	television
der **Film, -e**	film
das **Kino, -s**	cinema, (movie) theater
ins **Kino** gehen	to go to the movies
die **Komödie, -n**	comedy
das **Konzert, -e**	concert
ins **Konzert** gehen	to go to a concert
der **Krimi, -s**	crime, detective, mystery film or book
die **Oper, -n**	opera
in die **Oper** gehen	to go to the opera
das **Theater, -**	(stage) theater
ins **Theater** gehen	to go to the theater
das **Theaterstück, -e**	play, (stage) drama
die **Tragödie, -n**	tragedy

Verben mit trennbaren Präfixen — Verbs with Separable Prefixes

ab•holen	to pick up (*from a place*)
an•fangen (fängt an)	to begin
an•rufen	to call (up)
auf•räumen	to clean up, straighten up
auf•stehen	to get up; to stand up
auf•wachen	to wake up
aus•gehen	to go out
ein•kaufen (gehen)	to (go) shop(ping)
ein•laden (lädt ein)	to invite
ein•schlafen (schläft ein)	to fall asleep
fern•sehen (sieht fern)	to watch television
mit•kommen	to come along
vorbei•kommen	to come by
vor•haben (hat vor)	to plan (*to do*)
zu•hören	to listen
zurück•kommen	to return, come back

Modalverben — Modal Verbs

dürfen (darf)	to be permitted to; may
können (kann)	to be able to; can
mögen (mag)	to care for; to like
möchte	would like to
müssen (muss)	to have to; must
sollen	to be supposed to; ought, should
wollen (will)	to want to; to plan to

Uhrzeiten — Time

die **Minute, -n**	minute
die **Sekunde, -n**	second
die **Stunde, -n**	hour
Um wie viel Uhr?	At what time?
Wie spät ist es? / Wie viel Uhr ist es?	What time is it?
Es ist eins. / Es ist ein Uhr.	It's one o'clock.
halb: halb zwei	half: half past one, one-thirty
nach: fünf nach zwei	after: five after two
um: um zwei	at: at two
Viertel: Es ist Viertel nach/vor zwei.	quarter: It's a quarter after/to two.
vor: fünf vor zwei	to, of: five to/of two

Sonstiges — Other

frühstücken	to eat breakfast
simsen	to text
spazieren gehen	to go for a walk
Ich gehe spazieren.	I'm going for a walk.
treffen (trifft)	to meet
die **Bibliothek, -en**	library
das **Fitnesscenter, -**	gym
der **Plan, ̈e**	plan
die **SMS, -**	text message
eine **SMS** schicken/lesen	to send/read a text message
die **Tasse, -n**	cup
eine **Tasse** Kaffee	a cup of coffee
die **Vorlesung, -en**	(university) lecture

der **Vortrag**, ⸚e	lecture	**gemütlich**	cozy, cozily
die **Woche**, -n	week	**gewöhnlich**	usual(ly)
pro Woche	per week	**lieber: möchte lieber**	would rather
das **Wochenende**, -n	weekend	**mal**	(*softening particle often used with imperatives*)
am liebsten: möchte am liebsten	would like to (do) most	**man**	one, people, you, they
doch	(*intensifying particle often used with imperatives*)	Hier darf man nicht parken.	You may not park here.
		spannend	suspenseful, exciting
früh	early	**spät**	late

Das kann ich nun!

1. Wie viel Uhr ist es? Sagen Sie die Zeit auf Deutsch:

   6.00; 9.30; 12.45; 14.07; 17.15.

2. Was machen Sie gewöhnlich zwischen 6 Uhr morgens und 18 Uhr abends? Nennen Sie drei Dinge (*things*).

3. Was möchten Sie am Wochenende machen? Nennen Sie drei Dinge.

4. Bilden Sie Sätze.
   a. ich / morgens / um 7 Uhr / aufstehen
   b. die Vorlesung / um 11 Uhr / aufhören
   c. wir / einladen / 20 Leute / zur Party
   d. was / du / vorhaben / am Wochenende / ?

5. Wie sagt man das auf Deutsch?
   a. Please drop by at 6:00 p.m. (*familiar singular*)
   b. I can't go to the movies. I have to work.
   c. Please call me on Saturday morning. (*formal*)
   d. Would you like to go to the movies tonight? (*familiar plural*)
   e. Parking is not allowed here. (*familiar singular*)

Auf dem Markt

Kapitel
5
Einkaufen

Welche Kleidung trägst du gern?

In diesem Kapitel

- ▶ **Themen:** Talking about shopping, clothing, colors, types of foods, and shops
- ▶ **Grammatik:** The dative case; verbs that require the dative; dative prepositions; **wo, wohin,** and **woher**
- ▶ **Lesen:** „Die Obstverkäuferin" (Leonhard Thoma)
- ▶ **Landeskunde:** Clothing sizes, prices, weights and measures, where Germans shop and how they spend their money
- ▶ **Zu guter Letzt:** Eine Umfrage

www.connectgerman.com

A Auf dem Bild sehen Sie ein Kaufhaus. Wo findet man was?

BEISPIELE: Computer findet man im dritten Stock.

Bücher findet man im Erdgeschoss.

1. Bücher
2. Schuhe
3. Pullover
4. Fahrräder
5. Computer
6. Badeanzüge
7. Handys
8. Obst und Gemüse
9. Jeans
10. Toiletten

Alles klar?

im Erdgeschoss

im Untergeschoss

im dritten Stock

im ersten Stock

im zweiten Stock

3	Computer TV/DVD/CD Center Foto/Optik Elektrogeräte Telefon/Handy Shop Toiletten
2	Jeans-Wear Mode-Boutiquen Schuhe Sport/Fahrräder Camping Friseursalon
1	Damenkonfektion[1] Herrenkonfektion[2] Herrenartikel Handschuhe Bademoden[3] Uhren/Schmuck
E	Lederwaren Zeitschriften Parfümerie Kosmetik/ Drogerie Bücher
U	Lebensmittel Toiletten

[1]*women's clothes* [2]*men's clothes*
[3]*swim fashions*

B Sie hören nun vier Ansagen (*announcements*) im Kaufhaus. Geben Sie an, was die Sprecher beschreiben.

1. ☐ Kosmetik ☐ Kameras ☐ Fahrräder
2. ☐ Uhren ☐ Computer ☐ Schuhe
3. ☐ Bücher ☐ Lebensmittel ☐ Lederjacken
4. ☐ Jeans ☐ Lampen ☐ Bademoden

Kulturspot

Wo bin ich denn? Im ersten oder zweiten Stock (*floor*)? Im Deutschen ist das Erdgeschoss identisch mit dem englischen *ground floor* oder *first floor*. Das Untergeschoss liegt unter dem Erdgeschoss. Der erste Stock (*second floor*) liegt also über dem Erdgeschoss. Dann geht es weiter in den zweiten und dritten Stock.

Thema 1: Kleidungsstücke

A **Klamotten, Klamotten!** Was sehen Sie im Schrank?

Ich sehe …

- ☐ einen **Hut**
- ☐ ein **Hemd**
- ☐ ein **Kleid**
- ☐ ein Polohemd
- ☐ ein Sweatshirt
- ☐ eine **Badehose**
- ☐ einen **Badeanzug**
- ☐ einen **Anzug**
- ☐ **Socken**
- ☐ ein **T-Shirt**
- ☐ einen **Mantel**
- ☐ einen **Rock**
- ☐ einen **Rucksack**
- ☐ einen **Schal**
- ☐ **Hausschuhe**
- ☐ **Jeans**
- ☐ einen **Koffer**
- ☐ einen **Pullover**

Neue Wörter

die Klamotten (*pl.*) rags (*slang for clothing*)

der Hut hat

das Hemd shirt

das Kleid dress

die Badehose swim trunks

der Badeanzug (women's) bathing suit

der Anzug suit

die Socke (Socken, *pl.*) socks

der Mantel coat

der Rock skirt

der Rucksack backpack

der Schal scarf

der Hausschuh (Hausschuhe, *pl.*) slippers

der Koffer suitcase

die Jacke jacket

trägt (tragen) is wearing

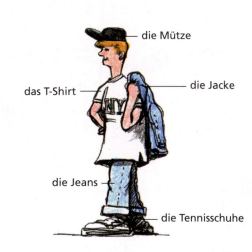

B Wer **trägt** was?

BEISPIEL: Die Frau trägt einen Schal, einen Mantel, eine Bluse, …

C Was haben Sie alles zu Hause in Ihrem Kleiderschrank?

BEISPIEL: Ich habe 15 T-Shirts, Hemden, 5 Hosen, Socken und Schuhe in meinem Kleiderschrank.

Aktivität 1   Analyse: Die Koffer-Checkliste

Die Koffer-Checkliste notiert Kleidungsstücke für den Urlaub (*vacation*).

1. Welche Kleidungsstücke packen Sie für einen Urlaub auf Hawaii ein? einen Winterurlaub in den Bergen (*mountains*)?

2. Welche Sachen auf dieser Liste tragen Sie besonders gern?

3. Suchen Sie aus der Liste vier zusammengesetzte (*compound*) Wörter.

4. Bilden Sie nun Ihre eigenen Wörter.

BEISPIEL: Bade- + Hose = Badehose

$$\left.\begin{array}{l} \text{Bade-} \\ \text{Hand-} \\ \text{Baumwoll-} \\ \text{Trainings-} \\ \text{Sport-} \\ \text{Regen-} \end{array}\right\} \; + \; \left\{\begin{array}{l} \text{Anzug} \\ \text{Mantel} \\ \text{Hose} \\ \text{Hemd} \\ \text{Jacke} \\ \text{Schuhe} \end{array}\right.$$

Koffer-Checkliste
Für den Urlaub

- [ ] T-Shirts
- [ ] Shorts
- [ ] Jeans
- [ ] Regenmantel
- [ ] Sandalen
- [ ] Badeanzug
- [ ] Badehose
- [ ] Blusen
- [ ] Röcke
- [ ] Kleider
- [ ] Hemden
- [ ] Sweatshirts
- [ ] Baumwollhosen
- [ ] Trainings- und Jogginganzüge
- [ ] Sportschuhe
- [ ] Unterwäsche
- [ ] Jacke
- [ ] Handschuhe
- [ ] Stiefel
- [ ] Pullover
- [ ] Mütze
- [ ] Socken

Aktivität 2   Eine Reise nach Südspanien

Sie hören ein Gespräch zwischen Bettina und Markus. Sie planen für die Semesterferien eine Reise an die Küste von Südspanien mit einer Gruppe von Freunden. Was nimmt man da mit? Sind die Aussagen richtig oder falsch?

	Richtig	Falsch
1. Bettina und Markus nehmen einen Koffer und einen Rucksack mit.	☐	☐
2. Markus nimmt Shorts, ein paar T-Shirts und Jeans mit.	☐	☐
3. Bettina braucht unbedingt einen neuen Badeanzug.	☐	☐
4. Markus empfiehlt ihr, sie soll einen Bikini in Spanien kaufen.	☐	☐
5. Markus hat einen besonderen Gürtel für sein Geld.	☐	☐
6. Bettina steckt ihr Geld in die Schuhe.	☐	☐

Aktivität 3   Was tragen Sie gewöhnlich?

Sagen Sie, was Sie in den folgenden Situationen tragen.

BEISPIEL: Ich trage gewöhnlich Jeans und ein T-Shirt zur Uni. Zur Arbeit trage ich ein Sporthemd und eine Hose.

zur Arbeit	einen Anzug mit Krawatte
zur Uni	einen Badeanzug/Bikini
im Winter	alte, bequeme Klamotten
im Sommer	ein Kleid
am Wochenende	Jeans
auf einer Party	ein T-Shirt
??	einen Wintermantel/eine warme Jacke
	??

MUT ZUR HERRENMODE!

WORMLAND
HERRENMODE

Aktivität 4   Ein Interview

Was tragen Sie am liebsten? Fragen Sie zwei oder drei Personen in der Klasse und berichten Sie dann. Was tragen die meisten von ihnen am liebsten zu Hause, an der Uni oder auf einer Party?

BEISPIEL: S1: Was trägst du am liebsten zu Hause?
S2: Ich trage am liebsten Jeans und T-Shirts.

Aktivität 5   Ich brauche neue Klamotten.

Was brauchen Sie, und wo gibt es das? Was kostet das?

BEISPIEL: S1: Ich brauche dringend ein Polohemd. Wo gibt es hier Polohemden?
S2: Polohemden gibt es bei Strauss.
S1: Weißt du, wie viel ein Polohemd da kostet?
S2: Es gibt Polohemden für 19,95 Euro.

Schals   Schuhe   Polohemden

Blazer   Blusen

Aktivität 6   Koffer packen!°

Let's pack our bags!

Spielen Sie in Gruppen von vier bis fünf Personen. So spielt man es:

BEISPIEL: S1: Ich packe fünf Bikinis in meinen Koffer.
S2: Ich packe fünf Bikinis und Sportschuhe in meinen Koffer.
S3: Ich packe fünf Bikinis, Sportschuhe und Ledersandalen in meinen Koffer.

Wer etwas vergisst (*forgets*) oder falsch sagt, scheidet aus (*is eliminated*).

Thema 2: Beim Einkaufen im Kaufhaus

Die **Kundin** Julia braucht ein Geburtstagsgeschenk für ihren Vater. Ein **schickes** Hemd kann er immer gebrauchen.

Verkäufer:	Bitte sehr?
Julia:	Ich möchte meinem Vater ein Sporthemd zum Geburtstag schenken. Ich **hoffe,** Sie können mir da **helfen.**
Verkäufer:	Welche **Größe** trägt Ihr Vater denn?
Julia:	Ich bin **ziemlich sicher,** Größe 42.
Verkäufer:	Und welche **Farbe** soll es sein?
Julia:	Grün oder blau. Das sind seine Lieblingsfarben.
Verkäufer:	**Wie gefällt Ihnen** dieses Hemd in Marineblau? Sehr schick und praktisch.
Julia:	Die Farbe gefällt mir nicht so gut. Praktisch ist dunkelblau ja. Haben Sie das vielleicht in Hellblau?
Verkäufer:	Hier habe ich ein Hemd in Hellblau **kariert** – sehr sportlich.
Julia:	Ist das aus Baumwolle oder Synthetik?
Verkäufer:	Wir haben nur Hemden aus Naturfasern (*natural fibers*)! Dies hier ist Baumwolle aus Ägypten.
Julia:	Na gut. Das nehme ich dann. Und falls es ihm nicht **passt,** kann er es **umtauschen?**
Verkäufer:	**Selbstverständlich,** mit Kassenbon (*receipt*). **Das macht** dann 75 Euro. Sie **zahlen** vorne an der **Kasse.**
Julia:	Danke schön.
Verkäufer:	Bitte sehr.

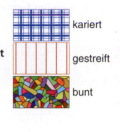

Neue Wörter

die Kundin customer (*female*)
schickes (schick) stylish
der Verkäufer salesperson (*male*)
hoffe (hoffen) hope
helfen help
die Größe size
ziemlich fairly
sicher sure
die Farbe color
Wie gefällt Ihnen …? How do you like . . . ?
passt (passen) fits
umtauschen exchange
selbstverständlich of course
das macht that comes to
zahlen pay
die Kasse cashier, checkout
kariert plaid
gestreift striped
bunt colorful
schenkt (schenken) is giving
empfiehlt (empfehlen) recommends
zeigt (zeigen) shows

A Was passiert im Kaufhaus? Stimmt das oder stimmt das nicht?

	Das stimmt	Das stimmt nicht
1. Julia möchte ihrem Vater ein Sporthemd kaufen.	☐	☐
2. Sie **schenkt** ihm das Hemd zum Geburtstag.	☐	☐
3. Er trägt Größe 42.	☐	☐
4. Der Verkäufer **empfiehlt** Julia ein Hemd in Hellblau.	☐	☐
5. Das Hemd in Marineblau gefällt Julia sehr gut.	☐	☐
6. Der Verkäufer **zeigt** Julia ein Hemd aus Baumwolle.	☐	☐
7. Julias Vater kann das Hemd mit Kassenbon umtauschen.	☐	☐

kariert
gestreift
bunt

weiß
rot
orange
gelb
grün
blau
lila
beige
braun
grau
schwarz

Aktivität 7 Im Kaufhaus

Ergänzen Sie die fehlenden Informationen aus dem Dialog.

1. Die Kundin möchte ihrem Vater _____ schenken.

2. Der Verkäufer möchte _____ und _____ wissen.

3. Größe 42 _____ ihrem Vater.

4. Das Hemd in Marineblau _____ ihr nicht.

5. Das Hemd ist aus _____.

6. Sie kann das Hemd _____, falls (*in case*) es ihrem Vater nicht gefällt.

Aktivität 8   Bunte Kleidung

1. Welche Kleidungsstücke trägt der kleine Wandersmann? Er trägt eine rote
   _____, eine orange _____, eine beige-braune _____ und auf dem
   Rücken (*back*) trägt er einen bunten _____. Wandern macht ihm Spaß!

2. Die Studentinnen tragen fast alle blaue _____. Eine Studentin trägt eine
   weiße Bluse und weiße _____. Ein Student trägt eine blau-weiß gestreifte
   _____. Auf der Bank (*bench*) links (*left*) liegt eine rote _____. Sie gehört
   wahrscheinlich der Studentin mit den Jeans und der blau-grünen _____. Sie
   arbeitet an ihren Hausaufgaben.

Ein kleiner Wandersmann

An der Universität in Freiburg

Aktivität 9   Gespräche im Geschäft

Was brauchen die Leute? In welcher Größe und in welcher Farbe? Ergänzen
Sie die Tabelle.

	Was?	In welcher Größe?	In welcher Farbe?
Dialog 1			
Dialog 2			
Dialog 3			
Dialog 4			

Aktivität 10   In welcher Größe?

Die folgende Tabelle zeigt verschiedene Größen in den USA und in
Deutschland. Welche deutsche Größe haben Sie bei Blusen oder Hemden?
Welche deutsche Schuhgröße haben Sie?

Blusen

in USA	6	8	10	12	14	16
in Deutschland	34	36	38	40	42	44

Hemden

in USA	14	14½	15	15½	16	16½
in Deutschland	36	37	38	39	40	42

Schuhe (Damen)

in USA	5½	6½	7½	8½	9½	10½
in Deutschland	36	37	38/39	39/40	41	42

Schuhe (Herren)

in USA	7½	8½	9½	10½	11½	12½
in Deutschland	41	42	43/44	44/45	46	47

Aktivität 11 Wer trägt was?

Finden Sie folgende Personen und bilden Sie Fragen. Wer **ja** sagt muss rechts unterschreiben (*sign*).

BEISPIEL: Wer trägt gern Rot?
        Frage: Trägst du gern Rot?

Frage	Unterschrift
1. Wessen (*Whose*) Lieblingsfarbe ist Lila?	_____
2. Wem steht Blau sehr gut?	_____
3. Wem steht Grün nicht gut?	_____
4. Wer trägt gern bunte Sachen?	_____
5. Wer trägt gern gestreifte oder karierte Sachen?	_____
6. Wer trägt Größe 38 in Hemden oder Blusen?	_____
7. Wer braucht die Schuhgröße 42?	_____

Aktivität 12 Wer ist das?

Beschreiben Sie, was und welche Farben jemand in Ihrem Deutschkurs trägt. Sagen Sie den Namen der Person nicht. Die anderen im Kurs müssen erraten (*guess*), wer das ist.

BEISPIEL: Diese Person trägt eine Bluse. Die Bluse ist rotweiß gestreift. Sie trägt auch Jeans; die sind blau. Und ihre Schuhe sind, hm, lila. Wer ist das?
      —Das ist Winona.

Aktivität 13 Ein Gespräch

Schritt 1: Arbeiten Sie zu zweit. Benutzen Sie die Ausdrücke im Kasten und schreiben Sie zusammen ein Gespräch zwischen einem Verkäufer / einer Verkäuferin und einem Kunden / einer Kundin. Was möchten Sie kaufen? Wie beginnt das Gespräch?

(welche) Farbe   ____ Euro   (welche) Größe

preiswert   Ich möchte gern ____.   Bitte sehr.

     steht mir (nicht)

Was kostet ____?

passt mir (nicht)   Wie gefällt Ihnen ____?

ist mir zu teuer

Ich brauche ____.   Danke schön.

ist mir zu klein/groß

Das macht zusammen ____.

Ich nehme ____.

Schritt 2: Spielen Sie jetzt das Gespräch zu zweit.

Sprach-Info

To talk about how clothing fits, how it looks, and whether you like it, you can use the following expressions.

Gefällt Ihnen dieses Hemd?
Do you like this shirt?

Ja, es **gefällt mir.**
Yes, I like it.

Größe 42 **passt ihr** bestimmt.
Size 42 will fit her for sure.

Das Hemd **steht dir** gut.
The shirt looks good on you.

Sprach-Info

The dative case is used with adjectives, sometimes in conjunction with the adverb **zu** (*too*).

300 Euro für dieses Kleid?
Das ist **mir zu teuer.**
300 euros for this dress?
That's too expensive (for me).

Siehe *Verbs with a Dative Object Only*, S. 160.

Thema 3: Lebensmittel: Essen und Trinken

Trauben
(aus Spanien)

Äpfel
(aus Norddeutschland)

Tee

Zwiebeln
(aus Holland)

Käse
(aus der Schweiz)

Kartoffeln
(aus Frankreich)

Brot

Birnen

Schinken

Schnitzel

Milch

Säfte

A Schauen Sie sich die Anzeigen und die Liste an. Welche Wörter kennen Sie schon?

☐ der Apfel	☐ das Hähnchen	☐ der Schinken
☐ der Aufschnitt	☐ der Joghurt	☐ das Schnitzel
☐ die Banane	☐ die Karotte/Möhre	☐ das Schweinefleisch
☐ das Bier	☐ die Kartoffel	☐ der Tee
☐ der Blumenkohl	☐ der Käse	☐ die Tomate
☐ der Brokkoli	☐ der Keks	☐ die Traube
☐ das Brot	☐ der Kuchen	☐ das Wasser
☐ das Brötchen	☐ die Milch	☐ die Wurst/das Würstchen
☐ die Butter	☐ das Müsli	☐ die Zahnpasta
☐ das Ei	☐ der Pfeffer	☐ der Zucker
☐ das Eis	☐ das Rindfleisch	☐ die Zwiebel
☐ die Erdbeere	☐ der Saft	
☐ die Gurke	☐ das Salz	

B Woher kommen einige Produkte in den Anzeigen?

BEISPIEL: Die Kartoffeln kommen aus Frankreich.

C Nennen Sie drei **Lebensmittel** für jede Kategorie:

Obst	Gemüse	Fleisch	Getränke
_____	_____	_____	_____
_____	_____	_____	_____
_____	_____	_____	_____

D Mini-Umfrage: Interviewen Sie drei Studentinnen/Studenten. Was essen und trinken sie **jeden** Tag zum **Frühstück?** Zum **Mittagessen?** Zum **Abendessen?**

Aktivität 14 Kleine Läden

Was kauft man wo? Sagen Sie, wo man diese Dinge kaufen kann.

BEISPIEL: Brötchen kauft man in der Bäckerei.

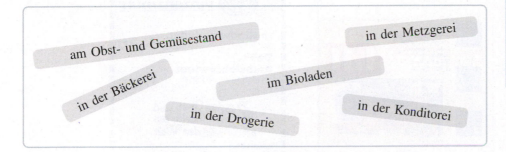

am Obst- und Gemüsestand
in der Metzgerei
in der Bäckerei
im Bioladen
in der Drogerie
in der Konditorei

1. Brötchen	**4.** Kosmetik	**7.** Vollkornbrot
2. Trauben	**5.** Schinken	**8.** Bio-Milch
3. Rindfleisch	**6.** Möhren	**9.** Apfelstrudel

Aktivität 15 Wo? Was? Wie viel?

Sie hören drei Dialoge: in einer Bäckerei, auf dem Markt und in einer Metzgerei. Geben Sie das richtige Geschäft an. Ergänzen Sie die Tabelle.

	Markt	Bäckerei	Metzgerei	Was?	Preis?
Dialog 1	☐	☐	☐		
Dialog 2	☐	☐	☐		
Dialog 3	☐	☐	☐		

In der Metzgerei kauft man Fleisch und Wurst.

Neue Wörter

die Lebensmittel (*pl.*) groceries
das Obst fruit
das Gemüse vegetables
das Fleisch meat
das Getränk (Getränke, *pl.*) drink
jeden each, every
das Frühstück breakfast
das Mittagessen lunch
das Abendessen dinner
die Metzgerei butcher shop
die Bäckerei bakery
die Konditorei pastry shop
der Laden store
der Bioladen (Bioläden, *pl.*) natural-foods store
die Apotheke pharmacy
die Drogerie toiletries and sundries store

Aktivität 16 Preiswert einkaufen!

Stellen Sie sich vor, Sie haben nur 10 Euro für Essen und Trinken übrig und müssen damit ein ganzes Wochenende auskommen. Wählen Sie Waren aus den Anzeigen (*ads*) aus. Vergleichen Sie (*compare*) Ihre Listen im Kurs.

BEISPIEL: Wir kaufen ein Kastenweißbrot für €1,59; Schinkenaufschnitt für €1,79; Schokopudding für €0,79; Pizza für €1,99 und Fischstäbchen für €1,11.

Aktivität 17 Ein Menü für eine Party

Schritt 1: Arbeiten Sie zu zweit. Sie planen eine Party. Wann soll sie sein, z.B. heute Abend? Wählen Sie Getränke und Speisen aus jeder Gruppe aus.

Zum Essen: Würstchen, Salat, ??? **Zum Nachtisch:** Eis, Kuchen, ???
Zum Trinken: Cola, Bier, ???

Schritt 2: Reden Sie nun über Ihre Pläne. Folgen Sie dem Modell.

S1	S2
1. Also, wann wollen wir die Party machen?	**2.** Ich schlage vor (*suggest*) _____.
3. Na, gut! Wollen wir _____ _____ grillen?	**4.** Schön. Lass uns _____ mit _____ machen.
5. Und was servieren wir zum Nachtisch?	**6.** Warum nicht _____ oder _____? Was sollen wir dazu trinken?
7. _____ und _____ natürlich!	**8a.** Na, gut. **b.** Also, ich schlage vor, wir trinken _____.

Aktivität 18 Einkaufstag für Jutta

Jutta muss einkaufen. Sie gibt nämlich eine Party. Schreiben Sie einen Text zu jedem Bild. Benutzen Sie Elemente aus beiden Spalten (*columns*) unten.

So beginnt die Geschichte:

Jutta gibt am Wochenende eine Party. Deshalb geht sie heute einkaufen ...

Zuerst geht sie ...	Obst und Gemüse – alles ganz frisch.
Zuletzt geht sie ...	Brot, Brötchen und Käsekuchen.
Dort kauft sie ...	und geht nach Hause.
Da gibt es ...	zur Bäckerei.
Dann geht sie ...	zum Lebensmittelgeschäft.
Jutta braucht auch ...	zur Metzgerei.
Deshalb geht sie auch ...	Würstchen zum Grillen.
Jetzt hat sie alles ...	Kaffee, Zucker, Milch und Käse.
In der Bäckerei kauft sie ...	auf den Markt.
Auf dem Markt kauft sie ...	Tomaten, Salat und Kartoffeln.
	Äpfel, Bananen und Trauben – alles ganz frisch.

Sprach-Info

The following words will help you organize your writing and help you put statements in order of occurrence.

zuerst first
deshalb therefore
dann then
zuletzt finally

Using these connectors will enable you to narrate effectively in German. Remember that if you begin your sentence with one of these connectors, your verb will immediately follow it.

Zuerst geht Jutta in die Bäckerei.

1.

2.

3.

4.

5.

Kulturspot

In deutschsprachigen Ländern benutzt man das metrische System. Hier sind einige typische Abkürzungen für Gewichte und Maße.

1 kg (Kilogramm) = 2 Pfund
500 g (Gramm) = 1 Pfund
1 l (Liter) = 1 000 ml
Kl. I = Klasse I (*top quality*)
St. = Stück (*piece*)

Wo kauft man ein?

Heutzutage kaufen Deutsche ihre Lebensmittel meistens in großen, modernen Supermarktketten ein, vor allem in den Großstädten. Aber in kleineren Ortschaften[1] gibt es noch viele Spezialgeschäfte für Lebensmittel, wie die **Metzgerei,** die **Bäckerei,** die **Konditorei,** den **Getränkeladen** und dann noch natürlich die populären Märkte unter freiem Himmel. Dort kauft man täglich frisches Gemüse, Obst und Blumen. Besonders beliebt ist es auch, direkt zum Bauern aufs Land zu fahren und da Gemüse, Obst und Eier einzukaufen. Und dann gibt es noch die vielen **Bioläden,** wo man Bioprodukte[2] und Naturprodukte kauft. Etwa 16,6 Millionen Deutsche kaufen die Hälfte ihrer Lebensmittel in Bioqualität, laut[3] einer Umfrage.

Medikamente auf Rezept[4] kauft man in Deutschland nur in einer **Apotheke** und nicht in einer **Drogerie,** wo man viele andere Dinge kauft, wie z. B. Kosmetik, Waschmittel, und Papierprodukte, ähnlich wie in einem *drugstore.*

Und wann geht man einkaufen? Die meisten Geschäfte sind während der Woche und auch samstags von 10.00 bis 20.00 Uhr geöffnet, allerdings nicht unbedingt[5] in kleineren Ortschaften. Dort ist es durchaus üblich[6], dass Geschäfte während der Mittagszeit von 12.00 bis 14.00 Uhr geschlossen sind. Das nennt man Mittagspause. Auch samstags schließen Geschäfte in kleinen Ortschaften schon um 14.00 Uhr. Es kommt also ganz auf die Ortschaft an[7]. Sonntags sind die meisten Geschäfte geschlossen, obwohl die Öffnungszeiten an Sonntagen sich auch vor allem in den Großstädten, ändern[8].

Und wie zahlt man: in bar oder mit Karte? Die meisten Kunden im Lebensmittelladen oder Spezialgeschäft

Auf dem Markt: alles täglich frisch

zahlen immer noch in bar. Kreditkarten spielen eine untergeordnete[9] Rolle, aber die sogenannte EC-Karte[10] ist weitgehend akzeptiert.

Drei Deutsche wurden gefragt[11]: „Wo kaufen Sie Ihre Lebensmittel und Obst und Gemüse ein? Wie bezahlen Sie dafür?" Hier ihre Antworten.

Lena, Studentin in Berlin: „Lebensmittel kaufe ich bei Aldi, Edeka oder Kaisers (Berliner Supermarkt) oder auch anderen Supermarktketten. Ich bezahle meistens mit EC Karte oder bar."

Frau S. aus einem kleinen Ort in Süddeutschland: „Wenn ich es eilig habe[12] und keine speziellen Wünsche habe, kaufe ich alles im Supermarkt. Dort zahle ich kleine Summen bis circa 30 Euro bar, sonst mit der Bank-Card. Brot und Brötchen kaufe ich nur bei den Bäckern, Obst und Gemüse im Fachgeschäft[13]. Fleisch, Wurst und Schinken kaufe ich auch bei unseren Metzgern. Ich zahle prinzipiell bar. In unserem kleinen Städtchen sind die Geschäfte noch nicht auf Karte eingestellt[14]."

Und Herr K. aus dem Norden bei Hamburg: „Ich kaufe fast alles im Supermarkt bei Edeka. Da gibt es auch Bio-Lebensmittel. Obst und Gemüse kaufe ich manchmal in einem Naturkostladen. Aber Eier kaufe ich immer ganz privat bei einer Bauersfrau[15], wo ich die Eier ganz frisch bekomme. Bis zu 50 Euro bezahle ich immer bar. Ich habe auch eine EC-Karte, aber mit einer Kreditkarte zahle ich nie."

Zur Diskussion

1. Was sind Ihre Gewohnheiten (*habits*) beim Einkaufen? Wo kaufen Sie gewöhnlich Lebensmittel ein?

2. Gibt es bei Ihnen Spezialgeschäfte wie Metzgereien oder Bäckereien? Gibt es Wochenmärkte?

3. Wie wichtig sind Bioprodukte für Sie? Warum?

4. Zahlen Sie im Supermarkt in bar oder mit einer Karte? Wo zahlen Sie in bar?

---

[1]*localities* [2]*organic products* [3]*according to* [4]*prescription* [5]*necessarily* [6]durchaus …: *quite customary* [7]kommt auf die Ortschaft an: *depends on the locality* [8]sich ändern: *are changing* [9]*minor* [10][*a type of debit card*] [11]wurden …: *were asked* [12]eilig habe: *am in a hurry* [13]*specialty store* [14]auf …: *set up for cards* [15]*farmer's wife*

The Dative Case°

You already know that the nominative case is the case of the subject of a sentence and that the accusative case is used for direct objects and with a number of prepositions. These cases can be recognized by the special endings of articles and possessive adjectives, as well as by different forms for the personal pronouns. Here are some examples.

Nominative		Accusative
Wer	braucht	einen Rucksack?
Der Student	braucht	einen Rucksack.
Der Rucksack	ist	für ihn.

Like the nominative and accusative cases, the dative has special forms for pronouns and special endings for articles and possessive adjectives. You have already learned one common expression that uses dative pronouns.

Wie geht es **dir?**	*How are you?* (informal)
	(lit.: *How is it going for you?*)
Wie geht es **Ihnen?**	*How are you?* (formal)

Here are the ways the dative case is used:

▶ for indirect objects (indicating the person to/for whom something is done); it answers the question **wem** (whom? to/for whom?).

Wem gehört der Koffer?	*To whom does the suitcase belong?*
Er zeigt **ihm** den Koffer.	*He shows the suitcase to him.*

▶ with certain verbs and expressions, such as **gehören** and **Spaß machen.**

Der Rucksack **gehört ihm.**	*The backpack belongs to him.*
Wandern **macht** mir **Spaß.**	*I like to hike.* (lit.: *Hiking is fun for me.*)

▶ with specific prepositions, such as **mit** and **zu.**

Der Kunde geht **mit dem** Rucksack **zur** Kasse.	*The customer goes to the cash register with the backpack.*

Personal Pronouns in the Dative

Gehört der Rucksack Thomas?	*Does the backpack belong to Thomas?*
Ja, der gehört **ihm.**	*Yes, it belongs to him.*
Wie gefällt **dir** der Rucksack?	*How do you like the backpack?*
Der Rucksack gefällt **mir** gut.	*I like the backpack.*
Einkaufen macht **uns** Spaß.	*We like to go shopping.*

The chart on the following page shows the personal pronouns in the dative case.

The *Guide to Grammar Terms* online in CONNECT provides more basic information about the dative case and indirect objects.

	Singular			Plural	
Nominative	**Dative**		**Nominative**	**Dative**	
ich	**mir**	*to/for me*	wir	**uns**	*to/for us*
du	**dir**	*to/for you (informal)*	ihr	**euch**	*to/for you (informal)*
Sie	**Ihnen**	*to/for you (formal)*	Sie	**Ihnen**	*to/for you (formal)*
er	**ihm**	*to/for him; to/for it*			
sie	**ihr**	*to/for her; to/for it*	sie	**ihnen**	*to/for them*
es	**ihm**	*to/for it*			

Übung 1 Dativpronomen: Analyse

1. Finden Sie die Dativpronomen in den drei Anzeigen (*ads*).
2. Wie heißen diese Pronomen im Nominativ?

¹die ... *the whole gang*

Übung 2 Wem macht das Spaß?

Wie sagt man das anders? Setzen Sie Personalpronomen im Dativ in die Lücken.

BEISPIEL: Ich gehe gern einkaufen. Einkaufen gehen macht ___*mir*___ Spaß.

1. Ich fotografiere gern. Fotografieren macht _____ Spaß.
2. Mein Bruder Alex isst gern. Essen macht _____ Spaß.
3. Mein Freund und ich, wir tanzen gern. Tanzen macht _____ Spaß.
4. Die Studenten gehen gern in die Disco. In die Disco gehen macht _____ Spaß.
5. Ich googele gern. Googeln macht _____ Spaß.
6. Meine Schwester kocht gern. Kochen macht _____ Spaß.
7. Esst ihr gern Apfelstrudel frisch von der Konditorei? Apfelstrudel essen macht _____ bestimmt Spaß.
8. Wir gehen gern einkaufen. Einkaufen gehen macht _____ Spaß.
9. Was machst du gern? Karten spielen macht _____ Spaß?
10. Was macht ihr gern? SMS schicken macht _____ Spaß?

Übung 3   Hallo, wie geht's?

Ergänzen Sie die fehlenden Personalpronomen im Dativ.

1. **A:** Hallo, Sophia, wie geht es _____?
   B: Danke, es geht _____ gut.
   A: Und wie geht's deinem Freund?
   B: Ach, es geht _____ nicht besonders gut. Er hat zu viel Stress.

2. **C:** Hallo, Sonja und Christoph. Na, wie geht es _____ denn?
   D: Danke, es geht _____ gut.
   C: Und was machen die Kinder?
   D: Ach, es geht _____ immer gut.

3. **E:** Guten Tag, Herr Professor Distelmeier.
   F: Guten Tag, Herr Liederlich. Wie geht es _____?
   E: Es geht _____ schlecht. Ich habe zu viel Arbeit.

4. **G:** Tag, Frau Merkel, wie geht es _____?
   H: Danke, es geht _____ gut. Und _____?
   G: Danke, auch gut. Und wie geht es Ihrer Mutter?
   H: Ach, es geht _____ nicht besonders. Sie schläft so schlecht.

Übung 4   Das macht mir Spaß.

Schritt 1: Was macht dir Spaß? Was macht dir keinen Spaß? Arbeiten Sie zu zweit.

BEISPIEL: S1: Was macht dir Spaß?
   S2: Fotografieren macht mir Spaß.
   S1: Und was macht dir keinen Spaß?
   S2: Einkaufen gehen macht mir keinen Spaß.

Schritt 2: Berichten Sie nun im Plenum über Ihre Partnerin / Ihren Partner.

BEISPIEL: Fotografieren macht Bob Spaß. Einkaufen gehen macht ihm keinen Spaß.

Articles and Possessive Adjectives in the Dative

The following chart shows the dative endings for definite and indefinite articles, possessive adjectives, and **der**-words. Note that the masculine and neuter endings are identical.

Masculine	Neuter	Feminine	Plural
dem (k)einem meinem } Mann diesem **dem** Kunden	dem (k)einem meinem } Kind diesem	der (k)einer meiner } Frau dieser	den keinen meinen } Männern Frauen Kindern diesen **den** Kunden

Der Verkäufer zeigt **dem** Kunden eine Digitalkamera.

The salesperson shows the customer a digital camera.

Er schenkt **seiner** Mutter eine Digitalkamera zum Geburtstag.

He is giving his mother a digital camera for her birthday.

Die Kamera gefällt **seinen** Eltern.

His parents like the camera.

► Nouns in the dative singular do not normally take an ending, except for the special masculine nouns that take an **-n** or **-en** in the accusative as well **(Kapitel 2).**

Nominative	Accusative	Dative
der Kunde	den Kunde**n**	dem Kunde**n**
der Student	den Student**en**	dem Student**en**

► In the dative plural, all nouns add **-n** to the ending, unless the plural already ends in **-n** or **-s**.

	Plural	Dative Plural
	die Männer	den Männer**n**
but:	die Frauen	den Frauen
	die Autos	den Autos
	die Handys	den Handys

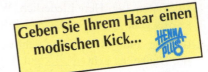

Geben Sie Ihrem Haar einen modischen Kick...

The Dative Case for Indirect Objects

As in English, many German verbs take both a direct object and an indirect object. The direct object, in the accusative, will usually be a thing; the indirect object, in the dative, will normally be a person.

Michael kauft **seiner Freundin** eine Digitalkamera.

Der Verkäufer zeigt **ihm** mehrere Kameras.

Michael schenkt sie **ihr** zum Geburtstag.

NOTE:

► The dative object precedes the accusative object when the accusative object is a noun.

► The dative object follows the accusative object when the direct object (accusative) is a personal pronoun.

Following are some of the verbs that can take two objects in German:

empfehlen (empfiehlt)	to recommend	**schicken**	to send
geben (gibt)	to give	**zeigen**	to show
schenken	to give as a gift		

Übung 5   Situationen im Alltag

Sie hören vier Dialoge. Welcher Satz passt zu dem Dialog?

1. Hans braucht unbedingt etwas Geld.
   ☐ Sein Freund kann ihm leider nichts geben.
   ☐ Sein Freund gibt ihm 5 Euro.
2. Zwei Studentinnen brauchen Hilfe.
   ☐ Ein Freund gibt ihnen etwas Geld.
   ☐ Ein Herr zeigt ihnen den Weg zum Café.
3. Helmut hat Geburtstag.
   ☐ Marianne schickt ihm eine Geburtstagskarte.
   ☐ Marianne schenkt ihm eine CD.
4. Eine Studentin erzählt einem Studenten ihren Tagesablauf.
   ☐ Sie empfiehlt ihm Yoga.
   ☐ Sie hat keine Zeit für Yoga.

Übung 6   Wortsalat!

Bilden Sie Sätze.

BEISPIEL: meinem Freund / macht / keinen Spaß / Telefonieren →
Telefonieren macht meinem Freund keinen Spaß.

1. einen Wecker / die Mutter / zum Geburtstag / ihrem Sohn / schenkt
2. ihren Freunden / schickt / diese Studentin / viele SMS / am Tag
3. den Studenten / zeigt / der Professor / eine Landkarte von Deutschland
4. dem Kunden / die Verkäuferin / einen preiswerten Computer / empfiehlt
5. du / das Handy / zum Geburtstag / gibst / deiner Schwester / ?
6. kauft / einen Ring / der Kunde / seiner Freundin
7. seiner Freundin / schenkt / zum Valentinstag / er / diesen Ring

Übung 7   So ein Stress!

Steffen hat eine große Familie und viele Freunde. Wem schenkt Steffen was?

BEISPIEL: Sein Onkel hört gern klassische Musik.
a. Er schenkt seinem Onkel eine CD.
b. Er schenkt ihm eine CD.

1. Seine Oma reist oft nach Hawaii.
2. Sein Bruder ist sportlich sehr aktiv.
3. Sein Vetter Kevin findet Fische interessant.
4. Seine Schwester Meike telefoniert pausenlos.
5. Seine Freundin Lisa wandert gern.
6. Seine Tante Marie liebt exzentrische Mode.
7. Sein Vater hat schon alles.
8. Seine Mutter trinkt morgens, mittags und abends Kaffee.
9. Seine Eltern planen eine Reise nach Spanien.

ein Aquarium mit zwei Goldfischen

das Handy

die Krawatte

die Sonnenbrille

der Kaffeebecher

der Reiseführer

die Inline-Skates

der Rucksack

der Hut

Übung 8 Was soll ich schenken?

Arbeiten Sie mit einem Partner/einer Partnerin. Nennen Sie drei Freunde oder Verwandte und sagen Sie, was diese Leute gern machen. Bitten Sie den Partner / die Partnerin, Vorschläge (*suggestions*) zu machen, was Sie diesen Leuten schenken sollen.

BEISPIEL: S1: Mein Onkel Harry geht gern wandern.
S2: Schenk ihm einen Rucksack.

Verbs with a Dative Object Only

A number of common German verbs always take an object in the dative case. Note that these dative objects usually refer to people.

danken	Ich **danke dir** für die Karte.	*I thank you for the card.*
gefallen	Wie **gefällt Ihnen** dieses Hemd?	*How do you like this shirt? (lit., How does this shirt please you?)*
gehören	Der Mercedes **gehört meinem Bruder.**	*The Mercedes belongs to my brother.*
glauben	Ich **glaube dir.**	*I believe you.*
helfen	Der Verkäufer **hilft dem Kunden.**	*The salesperson is helping the customer.*
passen	Größe 48 **passt mir** bestimmt.	*Size 48 will surely fit me.*
schmecken	Das Brot **schmeckt mir.**	*That bread tastes good (to me).*
stehen	Das Kleid **steht dir** gut.	*The dress looks good on you.*

Verbs that take only a dative object are indicated in the vocabulary lists of this book as follows: (+ *dat.*)

A number of frequently used idiomatic expressions also require dative objects.

Wie geht es **dir?**	*How are you?*
Das tut **mir** leid.	*I'm sorry.*
Das ist **mir** egal.	*I don't care.*
Das macht **mir** Spaß.	*I like/enjoy that.*
Das ist **mir zu** teuer.	*That's too expensive (for me).*

Ist der Ring teuer?

Übung 9   Ein schwieriger° Kunde

difficult

Ergänzen Sie den Dialog mit passenden Verben aus dem Kasten und Pronomen im Dativ.

Kunde: Ich brauche ein Geschenk für meine Freundin. Können Sie _____[1] vielleicht etwas _____[2]? (*recommend to me*)

Verkäufer: Eine Bluse vielleicht?

Kunde: _____[3] Sie _____[4] bitte eine Bluse in Größe 50. (*Show me*)

Verkäufer: Größe 50? Das ist aber sehr groß!

Kunde: Ich glaube, Größe 50 _____[5] _____[6] bestimmt. (*fits her*)

Verkäufer: Hier habe ich eine elegante Seidenbluse. In Schwarz.

Kunde: Nein, Schwarz _____[7] _____[8] nicht. (*look good on her*)

Verkäufer: Wie _____[9] _____[10] diese Bluse in Lila? (*do you like*)

Kunde: Schrecklich. Diese Farbe _____[11] _____[12] überhaupt nicht. (*I like*)

Verkäufer: Hier habe ich ein Modell aus Paris für 825 Euro. Ich garantiere, diese Bluse _____[13] _____[14] bestimmt. (*she will like*)

Kunde: Sie machen wohl Spaß. Das _____[15] _____[16] _____[17]. (*is too expensive for me*)

Verkäufer: Kann ich _____[18] etwas anderes _____[19]? (*show you*)

Kunde: Können Sie _____[20] vielleicht ein T-Shirt _____[21]? (*show me*)

Verkäufer: Ja, natürlich. Hier habe ich ein ganz …

Kunde: Oh, je. Es ist schon halb sechs. Es tut _____[22] _____[23]. (*I'm sorry.*) Ich muss sofort gehen. Ich _____[24] _____[25] für Ihre Hilfe. (*thank you*).

empfehlen   tut … leid

gefallen   ist … zu teuer

danken   passen

zeigen   stehen

Übung 10 Sei ehrlich°!

Sagen Sie zuerst, wem die Dinge gehören (Schritt 1) und dann, wie sie Ihnen gefallen (Schritt 2).

°honest

Schritt 1: Wem gehört das?

BEISPIEL: **S1:** Wem gehört der große Hut?
S2: Der gehört dem Fotomodell Vanessa.

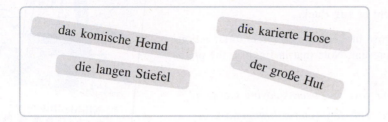

das komische Hemd
die langen Stiefel
die karierte Hose
der große Hut

Vanessa
(das Fotomodell)

Michael
(ihr Freund)

Schritt 2: Wie gefällt Ihnen das? Führen Sie ein Gespräch.

BEISPIEL: **S1:** Wie steht Vanessa der große Hut?
S2: Der Hut gefällt mir. Er steht ihr gut!

der große Hut	gefallen/gefällt		gut
das komische Hemd	passen/passt	ihm	nicht gut
die karierte Hose	sind/ist	ihr	zu eng
die langen Stiefel	stehen/steht	mir	zu groß
			zu kurz
			zu lang

Mark
(ihr Bruder)

Sabine
(ihre Schwester)

Prepositions with the Dative Case

Prepositions that require the dative case of nouns and pronouns include:

aus	from, out of	Richard kommt gerade **aus** dem Haus.
		Alexandra kommt **aus** Jena.
	(made) of	Das Hemd ist **aus** Polyester.
bei	near	Die Bäckerei ist **beim** Marktplatz.
	at (the place of)	Schicke Blusen gibt es **bei** Gisie.
	for, at (a company)	Manfred arbeitet **bei** VW.
	with	Sybille wohnt **bei** ihrer Großmutter.
mit	with	Herr Schweiger geht **mit** seiner Frau einkaufen.
	by (means of)	Wir fahren **mit** dem Bus.
nach	to	Der Bus fährt **nach** Frankfurt.
		Ich fahre jetzt **nach** Hause.
	after	**Nach** dem Essen gehen wir einkaufen.
seit	since	**Seit** gestern haben wir schönes Wetter.
	for (time)	**Seit** einem Monat kauft sie nur noch Bio-Brot.
von	from	Das Brot ist frisch **vom** Bäcker.
		Frank kommt gerade **vom** Markt.
	by (origin)	Dieses Buch ist **von** Peter Handke.
zu	to	Wir gehen heute **zum** Supermarkt.
	at	Er ist jetzt wieder **zu** Hause.
	for	**Zum** Frühstück gibt es Müsli.

Täglich frische Brötchen aus der
Bäckerei Johann Baers
Reichswalde · Dorfanger 15
Telefon 02821/49916

NOTE:

▸ **Nach Hause** and **zu Hause** are set expressions. **Nach Hause** is used to say that someone is *going* home, while **zu Hause** means someone is *at* home.

▸ The following contractions are common with these prepositions:

bei dem → **beim**	Jürgen kauft sein Brot nur **beim** Bäcker.
von dem → **vom**	Er kommt gerade **vom** Markt.
zu dem → **zum**	Er muss jetzt noch **zum** Bäcker.
zu der → **zur**	Dann geht er **zur** Bank.

The preposition **seit** is used with the present tense in German and refers to an action that started in the past and continues into the present. Note that in English, the present perfect tense is used in these contexts.

Seit wann lernst du Deutsch?	*How long have you been studying German?*
Seit drei Semestern.	*For three semesters (and still ongoing).*

German speakers frequently add the adverb **schon** for emphasis.

Ich plane schon seit einem Monat eine Grillparty.	I have been planning a barbecue for a month.

¹Vom ... *From grain to bread*

Übung 11 Ein typischer Tag

Sie hören eine Beschreibung von Maxis Tagesablauf. Was stimmt? Was stimmt nicht? Geben Sie die richtige Information an.

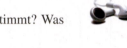

	Das stimmt	Das stimmt nicht
1. Maxi wohnt seit einem Monat in Göttingen.	☐	☐
2. Maxi wohnt allein in einer Wohnung.	☐	☐
3. Sie kann zu Fuß zur Universität gehen.	☐	☐
4. Maxi kommt gerade aus der Bibliothek.	☐	☐
5. Dann geht sie in die Mensa.	☐	☐
6. Maxi und Inge gehen zum Supermarkt.	☐	☐
7. Beim Bäcker kaufen sie ein Brot.	☐	☐
8. Maxi muss noch zur Bank.	☐	☐

Brot vom Bäcker – täglich frisch

Übung 12 Fragen beim Shopping

Was passt zusammen?

1. Wo gibt es schicke Blusen?
2. Ist die Bluse neu?
3. Ist die Bluse aus Baumwolle?
4. Das Brot schmeckt ausgezeichnet.
5. Gehst du zu Fuß zum Supermarkt?
6. Wann bist du wieder zu Hause?
7. Seit wann planst du die Grillparty?
8. Wo wollen wir die Party machen?
9. Woher kommen diese Orangen?

a. Es ist von der Bäckerei am Markt.
b. Aus Spanien.
c. Bei der Boutique Gisie.
d. Seit einem Monat.
e. Bei mir zu Hause.
f. Nein, ich fahre mit dem Fahrrad.
g. Ja, sie ist ein Geschenk von meiner Mutter.
h. Nach dem Einkaufen.
i. Nein, aus Polyester.

Übung 13   Michaels Tag

Setzen Sie die fehlenden Präpositionen, Artikel und Endungen ein.

Michael wohnt _____ sein__ Bruder zusammen in einer alten Villa in Berlin.
Er geht schon _____ 6 Uhr _____ Haus. Er fährt _____ sein__
Motorrad _____ Arbeit. Er arbeitet _____ Hotel Zentral. Er arbeitet da schon
_____ ein__ Jahr. Die Arbeit gefällt ihm sehr. Er arbeitet _____ Leute__
_____ vielen Länder__ zusammen, z. B. _____ Spanien, Afghanistan und
Amerika. Abends _____ _____ Arbeit trifft er oft ein paar Freunde. Dann
geht er _____ sein__ Freunde__ in eine Kneipe. Michael kocht gern. _____
Frühstück gibt es oft so etwas wie Rührei _____ Zwiebeln und Zucchini.
Das ist ein Rezept _____ Mexiko. Er hat das Rezept _____ sein__ Freundin
Marlene.

Übung 14   Ein Interview

Machen Sie mit den Fragen ein Interview. Interviewen Sie zwei Personen
im Kurs und berichten Sie dann über eine der Personen.

1. Wann gehst du morgens aus dem Haus?

2. Wie kommst du zur Uni/Arbeit? Mit dem Bus/Fahrrad? Zu Fuß?

3. Arbeitest du? Wo? Gefällt dir die Arbeit?

4. Seit wann lernst du Deutsch?

5. Was machst du abends? Gehst du mit Freunden aus? Bleibst du zu Hause?

6. Was macht dir besonders Spaß?

7. Was isst du gern zum Frühstück? zum Abendessen? Was magst du nicht gern?

Interrogative Pronouns° *wo, wohin,* and *woher*

Interrogativpronomen

The interrogative pronouns **wo** and **wohin** both mean *where*. **Wo** is used to ask where
someone or something is located, **wohin** to ask about the direction in which someone or
something is moving. **Woher** is used to ask where someone or something comes from.
Note that the words **wohin** and **woher** are frequently split (**wo ... hin, wo ... her**).

▶ The *Guide to Grammar Terms*
online in CONNECT provides
more basic information about
interrogative pronouns.

Wo kauft Maxi ihr Brot?	Beim Bäcker.
Wohin gehst du? (**Wo** gehst du **hin**?)	Zur Bank.
Woher hast du die gute Wurst? (**Wo** hast du die gute Wurst **her**?)	Vom Metzger.

Übung 15   Wo, wohin, woher?

Bilden Sie die Fragen zu den Antworten.

BEISPIEL: Ich muss heute noch <u>zur Bank</u>. →
        Wohin musst du heute noch? [*oder*] Wo musst du heute noch hin?

1. Brötchen gibt es <u>beim Bäcker</u>.

2. Luca muss heute noch <u>zur Metzgerei</u>.

3. Sein Freund kommt gerade <u>vom Bioladen</u>.

4. Wir gehen später <u>zum Supermarkt</u>.

5. Fenja ist heute <u>zu Hause</u>.

6. Die Leute kommen gerade <u>aus dem Kino</u>.

7. Sie gehen jetzt alle <u>nach Hause</u>.

connect

Wofür geben die Deutschen ihr Geld aus?

Wo ist mein Geld geblieben? Das ist eine Frage, die die Deutschen immer stellen. Was machen die Deutschen mit dem Geld, das sie verdienen? Wofür geben sie das Geld aus?

Es gibt vier Hauptbereiche, wo die Deutschen ihr Geld ausgeben. Fast jeder dritte Euro geht für das Wohnen. In den letzten zehn Jahren sind Mieten und Energiekosten in Deutschland enorm gestiegen – Mieten um 11 Prozent, Energie um 17 Prozent. Verkehr und Verkehrsmittel (Auto, Bus, Bahn, Flugzeug) kommen an zweiter Stelle für die Deutschen. An dritter Stelle kommt das Essen – Nahrungsmittel (Supermärkte, Metzgereien, Obstmärkte, Bioläden und so weiter). Und an vierter Stelle kommt Unterhaltung in der Freizeit. Die Deutschen reisen gern und gehen gern ins Theater, ins Kino, zu Festivals und anderen kulturellen Veranstaltungen. Sie geben viel Geld für den Urlaub aus. Es gibt aber noch viel mehr, wofür die Deutschen ihr Geld ausgeben. Schauen Sie sich die Grafik an.

Lesen Sie nun, was Armin (29) und Sonja (41) über ihre Geldausgaben sagen.

Armin: „Für Miete bezahle ich ein Viertel meines Monatseinkommens. Ja, dann kommt das Auto – das kostet monatlich nämlich viel. Und essen muss man – das kommt an dritter Stelle. In meiner Freizeit gehe ich gern aus, reise gern, geh' ins Theater oder ins Konzert. Es bleibt aber nicht viel Geld übrig für sowas."

Sonja: „Also, wie ich mein Geld ausgebe? Ja, das meiste gebe ich für Miete aus. Benzin und Autoreparatur kosten sehr viel; ich muss nämlich jeden Tag zwei Stunden hin und zurück zur Arbeit fahren. Danach kommen Essen und Trinken. Ich mache auch sehr gern Urlaub – Kurzurlaub oder länger – dafür gebe ich viel Geld aus. Am liebsten fahre ich in die Karibik, und das ist teuer."

Noch eine interessante Statistik: wenn man allein lebt, gibt man mehr Geld für die Wohnung aus. Wenn man als Familie lebt oder als Single mit Kind, gibt man mehr Geld aus für Hobbys oder für extra Unterricht (Musik, Sport) für die Kinder.

Übrigens gibt die Jugend das meiste Geld für Ausgehen, Nachtleben und Kleidung aus.

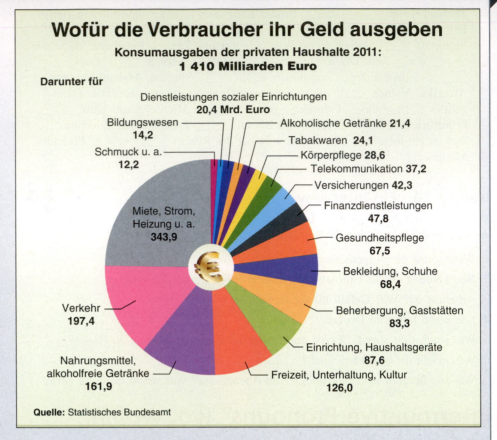

Wofür die Verbraucher ihr Geld ausgeben

Konsumausgaben der privaten Haushalte 2011:
1 410 Milliarden Euro

Darunter für

Dienstleistungen sozialer Einrichtungen **20,4 Mrd. Euro**
Bildungswesen **14,2**
Schmuck u. a. **12,2**
Alkoholische Getränke **21,4**
Tabakwaren **24,1**
Körperpflege **28,6**
Telekommunikation **37,2**
Versicherungen **42,3**
Finanzdienstleistungen **47,8**
Gesundheitspflege **67,5**
Bekleidung, Schuhe **68,4**
Beherbergung, Gaststätten **83,3**
Einrichtung, Haushaltsgeräte **87,6**
Freizeit, Unterhaltung, Kultur **126,0**
Miete, Strom, Heizung u. a. **343,9**
Verkehr **197,4**
Nahrungsmittel, alkoholfreie Getränke **161,9**

Quelle: Statistisches Bundesamt

Zur Diskussion

1. Wofür geben die Deutschen das meiste Geld aus? das wenigste?

2. Gibt es einen Unterschied, wie man sein Geld ausgibt, wenn man allein lebt oder in einer Familie?

3. Wie ist das in Ihrem Land? Wofür geben Familien in Ihrem Land das meiste Geld aus? das wenigste?

4. Und Sie? Wofür geben Sie das meiste Geld aus? das wenigste? Nennen Sie die vier Hauptbereiche, wo Sie Ihr Geld ausgeben.

Adapted from: „Wofür die Deutschen ihr Geld ausgeben", *Die Welt*, 8. Dezember 2010

▶ Videoclips

Sie sehen und hören Interviews mit mehreren Studenten über Essen und Kleidung. Hören Sie die Interviews zweimal an. Ergänzen Sie dann die Sätze mit der fehlenden Information.

Welche Kleidung trägst du gern?

A **Essen.** Was essen sie gern zum Frühstück und zum Mittagessen?

Bäcker	Kaffee	Sauerkraut	Tasse
Joghurt	Obst	Suppe	

TANJA: Frühstück: Süßes vom _____ und eine _____ Kaffee
Mittagessen: Salat oder eine _____

SUSAN: Frühstück: trinkt _____ oder isst ein _____
Mittagessen: Klöße (*dumplings*), Sauerbraten und _____

PASCAL: Frühstück: Ein Müsli mit Joghurt und _____
Mittagessen: was Warmes, er isst zu Hause

B Hören Sie die Interviews jetzt noch einmal. Was mögen Tanja, Susan und Pascal überhaupt *nicht*? Verbinden Sie Namen mit Speisen.

1. Tanja   **a.** rote Beete (*beets*) und Endiviensalat
2. Susan   **b.** Rindfleisch
3. Pascal   **c.** Rosenkohl und Spinat

C **Kleidung.** Welche Kleidung tragen Nicole, Michael und Felicitas gern und welche Farben? Setzen Sie den passenden Buchstaben in jede Lücke (M für Michael, N für Nicole oder F für Felicitas).

Kleidung	Farben
____ Kleider	____ weiß
____ Mini-Röcke	____ grün
____ Pullover	____ türkis
____ Jeans	____ blau
____ Jacken	____ schwarz
____ Sportsachen	____ lila
____ Hosen	____ gelb
____ Röcke	____ rot
____ Hemden	____ braun

Lesen

Zum Thema

A Wo gehen Sie manchmal einkaufen? Was kann man da kaufen?

   1. Auf dem Flohmarkt kann man _____ kaufen.

   2. Auf dem Markt kann man _____ kaufen.

   3. Im Supermarkt kann man _____ kaufen.

   4. In kleinen Geschäften kann man _____ kaufen.

   5. In einem Einkaufszentrum kann man _____ kaufen.

   6. Im Internet kann man _____ kaufen.

B Wie ist der Kontakt zu den Menschen dort?

persönlich, unpersönlich, freundlich, unfreundlich, höflich, unhöflich,
sehr menschlich

BEISPIEL: In einem Supermarkt ist der Kontakt gewöhnlich *unpersönlich*.

   1. auf dem Flohmarkt

   2. auf dem Markt

   3. in kleinen Geschäften

   4. in einem Einkaufszentrum

   5. im Internet

   6. im Supermarkt

Obst- und Gemüsestand auf dem Markt

Auf den ersten Blick

Lesen Sie die ersten Abschnitte von „Die Obstverkäuferin" bis zu Zeile 15, „Niemand hat Zeit". Was sieht der Erzähler als eine positive und was als eine negative Erfahrung (*experience*), wenn er einkaufen geht? Was tut er gern und was nicht gern?

	gern	nicht gern
1. Hosen, Schuhe, Sonnenbrillen kaufen	☐	☐
2. Brot, Käse, Obst und Wein einkaufen	☐	☐
3. in kleinen Geschäften einkaufen	☐	☐
4. im Supermarkt einkaufen	☐	☐
5. auf dem Markt einkaufen	☐	☐
6. mit Nachbarn (*neighbors*) im Geschäft plaudern	☐	☐
7. einkaufen, wo es nur Konsumenten und Kassierer gibt	☐	☐
8. einkaufen, wo „Sprechen verboten" ist?	☐	☐
9. einkaufen, wo niemand Zeit hat	☐	☐
10. einkaufen, wo man die Leute kennt	☐	☐

Die Obstverkäuferin

von Leonhard Thoma

Ich gehe gerne einkaufen. Nein, nicht shoppen. Ich meine nicht Hosen, Schuhe und Sonnenbrillen. Ich spreche von Brot und Käse, Obst und Wein.

Das kaufe ich sehr gerne. Aber nicht im Supermarkt. Ich gehe zu den kleinen Geschäften in meiner Straße und vor allem°: auf den Markt.

5 Ich weiß: Das ist nicht praktisch, nicht billig und dauert lange. Na und? Es macht Spaß. Ich kenne die Leute in den Läden, wir grüßen uns freundlich, wir plaudern° über Wetter, Familie, Fußball.

Smalltalk, kann sein, aber menschlich und zivilisiert. Wir sind Nachbarn° und im Laden bleiben wir Nachbarn. In anderen Geschäften ist es nicht ganz so: Da
10 wird man Kunde und es gibt Verkäufer. Aber auch dort redet man, höflich° von Mensch zu Mensch.

Im Supermarkt aber gibt es keine Menschen, nur Konsumenten und Kassierer. Sprechen verboten!

Niemand° hat Zeit. …

15 Wie gesagt, da gehe ich lieber auf den Markt. Ein Paradies aus Farben und Formen. Frische Luft°, frisches Leben! Menschen, laut, lebendig, lustig.

Einkaufen, Leute treffen und plaudern. … Die Straßenmusiker spielen munter ihre Melodien. Alles offen, bunt, natürlich. Ein Volksfest. …

Ich kenne die Verkäuferinnen. Leila und Fatima aus Marokko, Tata aus
20 Ekuador. Ihre Arbeit muss stressig sein, den ganzen Tag stehen, und manche Kunden sind leider nicht sehr angenehm°. Aber die drei sind immer fröhlich° und haben etwas zu lachen°. Und sie haben Humor.

Oft grüßen sie mit: „Hola joven!" oder „Hola, guapo!"

Jung, schön … nette Komplimente, denkt man zuerst. Aber dann kapiert°
25 man: Sie sagen das immer, auch zu dem alten zahnlosen Großväterchen hinter mir. Aber gut so. Vielleicht kein Kompliment, aber ein schönes Ritual.

Sie sind wirklich lieb° und geben mir nur die frischesten Sachen. Nichts Altes, nichts Kaputtes.

Margin glosses:
- vor … above all
- chat
- neighbors
- politely
- Nobody
- air
- pleasant / cheerful
- laugh
- understands
- nice

Sie sind richtige Komplizinnen, vor allem Tata: Ich will ein Kilo Mandarinen
30 kaufen, aber sie sagt: „Achtung. Besser nicht. Die sind nicht gut heute."

boss   Sie spricht leise, der Chef° ist auch da, der hört das nicht gerne.

„Danke für den Tipp", flüstere ich zurück, „was soll ich dann nehmen?"

„Die Pfirsiche oder die Bananen, die sind heute besonders gut."

Ich glaube, sie gibt diese Tipps nicht allen. Vor allem nicht den Touristen.

improve   35 Wir reden immer ein bisschen. Sie möchte ihr Deutsch verbessern°. Das ist
conversation   meistens unser Thema. Jedes Gespräch° eine kleine Lektion.

Heute sprechen wir aber nicht über Deutsch. Und heute ist sie auch nicht
fröhlich. Sie ist sehr, sehr traurig. Ein Brief aus Ekuador. Ihr Mann und ihre
Tochter können nicht nach Europa kommen und hier mit ihr leben. Keine
40 Papiere, definitiv. Die Bürokratie. Sie muss aber hier bleiben, sie brauchen
das Geld.

habe gesehen = have seen   „Keine Chance, ich habe meine Familie schon fast zwei Jahre nicht mehr
gesehen°", sagt sie und zeigt mir ein Foto.

„Aber kannst du sie nicht wenigstens besuchen?", frage ich.

45 Nein, antwortet sie traurig. Die Papiere …, es ist zu kompliziert. Und dann
loses / flight   verliert° sie vielleicht auch die Arbeit. Und vor allem ist der Flug° so teuer. Ein
Monatslohn für sie.

„Ekuador", flüstert sie, „das ist so furchtbar weit weg."

world / bridge   Eine andere Welt° und keine Brücke°.

50 Der Chef steht immer noch da, und die Leute warten.

tries   „Ich muss weitermachen", sagt sie schnell und versucht° wieder zu
smile   lächeln°.

Ich gehe nach Hause. Sie tut mir leid, eine so traurige Geschichte. So fern
von zu Hause und kein Weg.

55 In der Küche packe ich meine Einkäufe aus und lege das Obst auf den
label   Tisch. Das Etikett° auf den Bananen: ‚Frisch aus Ekuador'.

Zum Text

A Lesen Sie nun den ganzen Text einmal durch. Was erfährt (*finds out*) man über
die Obstverkäuferinnen?

	Tata	Leila	Fatima
1. … kommt aus Marokko.	☐	☐	☐
2. … kommt aus Ekuador.	☐	☐	☐
3. … ist immer fröhlich.	☐	☐	☐
4. … muss den ganzen Tag stehen.	☐	☐	☐
5. … hat Humor.	☐	☐	☐
6. … ist nett zu den Kunden.	☐	☐	☐
7. … möchte ihr Deutsch verbessern.	☐	☐	☐
8. … hat einen Mann und eine Tochter.	☐	☐	☐

B Der Erzähler erwähnt drei Obstverkäuferinnen, aber der Titel der Geschichte heißt „Die Obstverkäuferin". Welche der drei Obstverkäuferinnen meint er? Was erfahren wir über ihre Probleme?

	Das stimmt	Das stimmt nicht	Keine Information
1. Sie spricht kein Deutsch.	☐	☐	☐
2. Sie ist fröhlich, weil sie einen Brief aus Ekuador bekommen hat.	☐	☐	☐
3. Sie lebt illegal in Europa.	☐	☐	☐
4. Sie lebt in Europa, weil sie dort Arbeit hat.	☐	☐	☐
5. Ihr Mann und ihre Tochter leben in Ekuador.	☐	☐	☐
6. Ihr Mann und ihre Tochter bekommen keine Papiere für eine Einreise nach Europa.	☐	☐	☐
7. Tata kann sie nicht besuchen, weil sie dann eventuell (*perhaps*) ihre Arbeit verliert.	☐	☐	☐

C Nachdem der Erzähler mit Tata gesprochen hat, denkt er: „Eine andere Welt und keine Brücke." Was ist diese andere Welt? Warum gibt es keine Brücke zu der anderen Welt?

D Die Geschichte endet mit dem Satz: „Das Etikett auf den Bananen: ,Frisch aus Ekuador'." Welche Bedeutung hat dieser Satz für die Erzählung?

Zu guter Letzt

Eine Umfrage in der Klasse

Schritt 1: Gemeinsam mit einem Klassenmitglied (*classmate*) stellen Sie einander folgende Fragen und notieren Sie Ihre Antworten.

1. Gibt es bei euch einen Markt, wo man frisches Obst und Gemüse kaufen kann?

2. Woher kommt das Obst und Gemüse, das man bei euch kaufen kann?

3. Was für Obst und Gemüse wächst in eurer Gegend?

4. Gibt es in den Städten in eurer Gegend auch Gemüsegärten?

5. Hat deine Familie einen Garten mit Obst und Gemüse? Wenn ja, was habt ihr in eurem Garten?

Schritt 2: Berichten Sie der Klasse, was Sie erfahren haben.

BEISPIEL: Lucios Familie lebt in Kalifornien. In seiner Stadt gibt es jeden Freitag einen Markt. Da kann man frisches Obst und Gemüse kaufen. Seine Familie hat keinen Garten. In Kalifornien wächst viel Obst und Gemüse. Aber viel Obst im Supermarkt kommt auch aus Mexiko oder Chile.

Schritte 3: Was sind die Resultate?

1. Wie viele Familien von Klassenmitgliedern haben einen Garten mit Obst und Gemüse?

2. Wie viele Familien können Obst und Gemüse auf einem Wochenmarkt kaufen?

3. Das Obst und Gemüse kommt hauptsächlich aus _____.

Wortschatz

Lebensmittel	**Groceries, Food**
der **Apfel**, ⸚	apple
der **Aufschnitt**	cold cuts
die **Banane**, -n	banana
das **Bier**, -e	beer
der **Blumenkohl**	cauliflower
der **Brokkoli**	broccoli
das **Brot**, -e	(loaf of) bread
das **Brötchen**, -	roll
die **Butter**	butter
das **Ei**, -er	egg
das **Eis**	ice cream; ice
die **Erdbeere**, -n	strawberry
das **Fleisch**	meat
das **Gemüse**	vegetables
das **Getränk**, -e	drink
die **Gurke**, -n	cucumber
das **Hähnchen**	chicken
der/das **Joghurt**	yogurt
die **Karotte**, -n	carrot
die **Kartoffel**, -n	potato
der **Käse**	cheese
der **Keks**, -e	cookie
der **Kuchen**, -	cake
die **Milch**	milk
die **Möhre**, -n	carrot
das **Müsli**, -	granola; cereal
das **Obst**	fruit
der **Pfeffer**	pepper
das **Rindfleisch**	beef
der **Saft**, ⸚e	juice
das **Salz**	salt
der **Schinken**, -	ham
das **Schnitzel**, -	cutlet
das **Schweinefleisch**	pork
der **Tee**	tea
die **Tomate**, -n	tomato
die **Traube**, -n	grape
das **Wasser**	water
die **Wurst**, ⸚e	sausage
das **Würstchen**, -	small sausage
der **Zucker**	sugar

Geschäfte	**Stores, Shops**
die **Apotheke**, -n	pharmacy
die **Bäckerei**, -en	bakery
die **Drogerie**, -n	toiletries and sundries store
die **Konditorei**, -en	pastry shop
der **Laden**, ⸚	store
der **Bioladen**, ⸚	natural-foods store
der **Getränkeladen**, ⸚	beverage store
der **Markt**, ⸚e	(open-air) market, marketplace
die **Metzgerei**, -en	butcher shop

der **Obst- und Gemüsestand**, ⸚e	fruit and vegetable stand
der **Supermarkt**, ⸚e	supermarket

Kleidungsstücke	**Articles of Clothing**
der **Anzug**, ⸚e	suit
der **Badeanzug**, ⸚e	bathing suit
die **Bluse**, -n	blouse
der **Gürtel**, -	belt
das **Hemd**, -en	shirt
die **Hose**, -n	pants, trousers
die **Badehose**, -n	swim trunks
der **Hut**, ⸚e	hat
die **Jacke**, -n	jacket
die **Jeans** (*pl.*)	jeans
die **Klamotten** (*pl.*)	rags (*slang for clothing*)
das **Kleid**, -er	dress
die **Krawatte**, -n	necktie
der **Mantel**, ⸚	coat
die **Mütze**, -n	cap
der **Pullover**, -	pullover sweater
der **Rock**, ⸚e	skirt
der **Schal**, -s	scarf
der **Schlips**, -e	necktie
der **Schuh**, -e	shoe
der **Hausschuh**, -e	slipper
der **Tennisschuh**, -e	tennis shoe
die **Socke**, -n	sock
der **Stiefel**, -	boot
das **T-Shirt**, -s	T-shirt

Sonstige Substantive	**Other Nouns**
das **Abendessen**	evening meal
die **Brille**, -n	(pair of) eyeglasses
die **Farbe**, -n	color
das **Frühstück**	breakfast
die **Größe**, -n	size
die **Kasse**, -n	cash register; check-out, cashier
der **Koffer**, -	suitcase
der **Kunde** (-n masc.), -n /	customer
die **Kundin**, -nen	
das **Medikament**, -e	medicine
das **Mittagessen**	midday meal; lunch
der **Rucksack**, ⸚e	backpack
die **Tasche**, -n	handbag, purse
der **Verkäufer**, - /	salesperson
die **Verkäuferin**, -nen	
die **Zahnpasta**	toothpaste

Farben	**Colors**
beige, blau, braun,	beige, blue, brown,
gelb, grau, grün,	yellow, gray, green,
lila, orange, rot,	purple, orange, red,
schwarz, weiß	black, white

Verben	Verbs
an•probieren	to try on
danken (+ dat.)	to thank
empfehlen (empfiehlt)	to recommend
gefallen (gefällt) (+ dat.)	to be pleasing to
Wie gefällt Ihnen …?	How do you like . . . ?
gehören (+ dat.)	to belong to (a person)
glauben	to believe
helfen (hilft) (+ dat.)	to help
hoffen	to hope
mit•nehmen (nimmt mit)	to take along
nehmen (nimmt)	to take
passen (+ dat.)	to fit
schenken	to give (as a gift)
schmecken (+ dat.)	to taste (good)
stehen (+ dat.)	to look good (on a person)
Die Farbe steht mir.	The color looks good on me.
tragen (trägt)	to wear; to carry
um•tauschen	to exchange
zahlen	to pay
zeigen	to show

Adjektive und Adverbien	Adjectives and Adverbs
bunt	colorful
frisch	fresh(ly)
gestreift	striped
kariert	plaid
schick	stylish(ly)
sicher	sure(ly)
ziemlich	somewhat, rather, fairly

Dativpronomen	Dative Pronouns
mir	(to/for) me
dir	(to/for) you (informal sg.)
ihm	(to/for) him/it
ihr	(to/for) her/it
uns	(to/for) us
euch	(to/for) you (informal pl.)
ihnen	(to/for) them
Ihnen	(to/for) you (formal)

Dativpräpositionen	Dative Prepositions
aus	from; out of, (made) of
bei	at; near; with
mit	with; by means of
nach	after; to
seit	since; for (+ time)
von	of; from; by
zu	to; at; for

Sonstiges	Other
das macht . . .	that comes to . . .
egal: Das ist mir egal.	I don't care.
jeder	each, every
nach Hause	(to) home
selbstverständlich	of course, naturally
wem?	(to/for) whom?
wohin?	(to) where?
zu Hause	at home

Das kann ich nun!

1. Welche Kleidungsstücke tragen Sie jeden Tag? Nennen Sie drei!

2. Nennen Sie fünf Farben!

3. Sie reisen nach Hawaii. Was nehmen Sie im Koffer mit? Nennen Sie fünf Sachen!

4. Was essen und trinken Sie jeden Tag?

5. Welche Frage passt?
   a. _____? —Die Jacke gefällt mir gut.
   b. _____? —Ja, bitte, zeigen Sie mir Tennisschuhe, Größe 42.

6. Wo kauft man das?
   a. ein Sporthemd
   b. Obst und Gemüse
   c. Würstchen zum Grillen
   d. Brot und Brötchen

7. Ergänzen Sie: **wo, woher,** oder **wohin!**
   a. _____ fährst du zum Einkaufen?
   b. _____ kommen diese Orangen?
   c. _____ kauft man frisches Obst?

Ein Abend mit Freunden

Kapitel

6 Wir gehen aus

Wo isst du am liebsten?

www.connectgerman.com

In diesem Kapitel

▶ **Themen:** Talking about places to eat and drink, ordering in a restaurant

▶ **Grammatik:** Two-way prepositions; describing location and placement; expressing time with prepositions; the simple past tense of **sein, haben,** and modal verbs

▶ **Lesen:** „Die Soße" (Ekkehard Müller)

▶ **Landeskunde:** Regional food specialties, menus, sharing tables in restaurants, paying the bill, eating establishments

▶ **Zu guter Letzt:** Ihr Lieblingsrestaurant bewerten

Pizzeria AS

A A A A

Internationale Spezialitäten
Italienisch · Chinesisch · Mexikanisch

**Wir liefern Ihre Bestellung
frei Haus¹ ab 8,00 Euro**

0228
62 42 89
79 80 64

*Internationale Spezialitäten
Italienisch - Chinesisch - Mexikanisch*

TAGES-ANGEBOTE
unser Angebot außer Feiertag

Montag: Pizzatag
(außer Pizza-Pfannen)

5,00 Euro
(außer Pfannenpizzen und Calzoneria)

Dienstag: Gyrostag

5,00 Euro

Mittwoch: Nudeltag
(außer chin. Nudeln)

5,00 Euro

**Donnerstag: Risotto- &
Salattag**
(außer chinesisch)

5,00 Euro

Geburtstag und Partyservice

Öffnungszeiten:
Mo - Fr von 17.00 - 23.00 Uhr
Sa und Feiertage von 17.00 - 23.00 Uhr
So von 14.00 - 23.00 Uhr

Bei einer Bestellung ab 23,- Euro erhalten Sie
eine Flasche italienischen Wein oder 1 Liter
alkoholfreies Getränk !!

Bestellservice
ab 8,- Euro Mindestbestellung

**Von Weichs-Str. 18
53121 Bonn-Endenich**

¹frei … *free delivery*

A „Pizzeria AS" ist ein Restaurant in Bonn.

> Was bedeutet der Name „AS"?

> Pizzeria AS ist nicht nur ein Pizzarestaurant. Was für internationales Essen bekommt man da?

> An welchen Tagen gibt es Tagesangebote?

> Welches Tagesangebot interessiert Sie besonders?

> Wie viel Geld muss man mindestens ausgeben, wenn man etwas frei Haus bestellt?

> Was bekommt man für eine Bestellung ab 23 Euro?

B Doris hat die Uni gewechselt und studiert jetzt in Berlin. Sie ist beim Info-Büro des AStAs an der FU. Hören Sie jetzt ihr Gespräch mit der AStA-Referentin (*adviser*) und ordnen Sie die Charakterisierungen dem richtigen Restaurant zu.

Restaurant	Charakterisierung
1. _____ Brazil	a. gemütlich
2. _____ Kartoffelkeller	b. in der Oranienburger Straße
3. _____ Kellerrestaurant	c. macht viel Spaß
4. _____ Ristorante Italiano	d. nicht so teuer
	e. österreichische Küche
	f. rappelvoll (*coll., crowded*)
	g. Rezepte von Helene Weigel
	h. vegetarisch

Kulturspot

FU steht für „Freie Universität".
AStA steht für „Allgemeiner
Studierendenausschuss". Der AStA
hilft Studenten bei großen und
kleinen Problemen beim Studium
oder auch im Privatbereich. Er ist
auch verantwortlich für kulturelle
und sportliche Aktivitäten. Jeder
Studierende zahlt im Semester
etwa 5 Euro für diese Hilfe.

Thema 1: Lokale

A Wie heißt das Lokal? Was kann man dort essen und trinken?

¹continuously

a.

Maharani Indisches Restaurant
Prager Str. 39
04317 Leipzig-Reudnitz
Telefon: 0341-9904742

b.

Neue Wörter

das Lokal restaurant, pub, bar
vom Fass draft
täglich daily
geöffnet open
die Küche cuisine; kitchen
geschlossen closed
zum Mitnehmen food to go, takeout
der Ruhetag day that a business is closed
die Gaststätte full-service restaurant
das Wirtshaus pub
die Kneipe pub, bar
der Imbiss fast-food stand

Gasthof

»Zum alten Zoll«

Willkommen im Gasthof »Zum alten Zoll«!

Schöne, ruhige Lage¹ im Wald
• Große Gartenterrasse • Deutsche
und internationale Küche
• Gerichte vom Grill • Bier vom
Fass • Heimische Weine
Saal für Feiern und Festlichkeiten
(100 Personen)

Öffnungszeiten:
Dienstag bis Donnerstag 11.00 bis 21.00 Uhr
Freitag und Samstag 11.00 bis 23.00 Uhr
Sonntag 11.00 bis 21.00 Uhr
— Montag Ruhetag—

Speisekarte, Service und nähere Informationen erhalten Sie bei www.zumaltenzoll.de

c.

¹location

Kaiser von China
China Restaurant

• In der Kaiserpassage 18 / Eingang Wesselstraße
53113 Bonn · Telefon (02 28) 65 88 30
• **Restaurant Hong Kong**
Brassertufer 1 · 53111 Bonn · Tel. (02 28) 65 17 06
• **Restaurant Hongdi / Siegburg**
mit schönem Biergarten am Mühlenbach · Auf der Kälke 1-3,
beim Kreishaus · 53721 Siegburg · Tel. (0 22 41) 5 69 94

HONGDI

d.

Die Zwiebel

Die Wirtschaft¹ bei der Uni

Bei uns könnt ihr preiswert und gut essen.
Für unsere Gäste — WLAN kostenlos!
Wir freuen uns auf euch!

Küche:

deutsch und international, italienisch
Spezialität des Hauses: Spaghetti Bolognese

Öffnungszeiten:
Montag bis Samstag 19.00 bis 1.00 Uhr
Sonntag und Feiertage 17.00 bis 1.00 Uhr
• Auch Gerichte zum Mitnehmen

¹inn

e.

f.

Aktivität 1 Wo gibt es das?

Schauen Sie sich die Anzeigen und Fotos in **Thema 1** an. Wo kann man …

1. Pizza essen?
2. preiswert und gut deutsche und internationale Küche bekommen?
3. in einem Biergarten chinesisch essen?
4. im Wald auf der Gartenterrasse ruhig essen?
5. durchgehend den ganzen Tag Kaffee und Kuchen bekommen?
6. im Stehen etwas schnell essen?
7. ein Gericht zum Mitnehmen bestellen?
8. nie am Montag essen gehen? Warum?

Und Sie? In welches Lokal möchten Sie gehen? Wo möchten Sie essen? Warum?

Aktivität 2 Lass uns essen!

Sie haben Hunger. Der Magen knurrt (*is growling*) schon. In kleinen
Gruppen, besprechen Sie, wie Sie essen möchten. Wozu entscheiden Sie sich?

S1: Lass uns essen. Sag mir, wie?

S2: Lass uns vegetarisch essen.

S3: Nein, lass uns … essen.

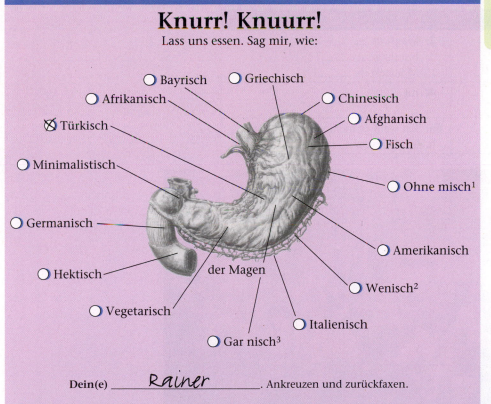

Knurr! Knuurr!

Lass uns essen. Sag mir, wie:

○ Bayrisch   ○ Griechisch
○ Afrikanisch   ○ Chinesisch
⊗ Türkisch   ○ Afghanisch
    ○ Fisch
○ Minimalistisch
    ○ Ohne misch[1]
○ Germanisch
    ○ Amerikanisch
○ Hektisch   der Magen
    ○ Wenisch[2]
○ Vegetarisch
    ○ Italienisch
    ○ Gar nisch[3]

Dein(e) _____*Rainer*_____. Ankreuzen und zurückfaxen.

[1]mich [2]wenig [3]nichts

Kulturspot

Gaststätten und **Gasthöfe** sind Lokale, wo man essen und trinken kann. **Wirtshäuser** und **Kneipen** sind kleinere Lokale, wo man hauptsächlich alkoholische Getränke bekommt. **Imbisse** findet man vor allem in Großstädten.

Sprach-Info

To suggest to a friend that you do something together, you can use the expression **Lass uns (doch)** … :

Lass uns doch ins Restaurant gehen! *Let's go to a restaurant!*

Lass uns türkisch essen! *Let's eat Turkish food!*

Aktivität 3   Umfrage

Beantworten Sie die Fragen.

1. Gehen Sie oft essen? Wie oft? Einmal die Woche, einmal im Monat?
2. Essen Sie gern griechisch, chinesisch, italienisch … ?
3. Wie heißt Ihr Lieblingsrestaurant? Welche Spezialitäten gibt es dort?
4. Wann hat Ihr Lieblingsrestaurant Ruhetag? Oder ist es an allen Tagen der Woche geöffnet?
5. Was trinken Sie normalerweise, wenn Sie ausgehen?
6. Gibt es Cafés in Ihrer Stadt? Was kann man dort essen und trinken?

Aktivität 4   Ich habe Hunger. Ich habe Durst.

Wo gibt es was zu essen und zu trinken in Ihrer Stadt?

Vorschläge (*recommendations*) für Essen und Trinken:

Pizza

Bier (vom Fass)

griechische Küche

indische Spezialitäten (z.B. Lamm)

vegetarische Gerichte

internationale Küche (z.B. deutsche, chinesische oder italienische Spezialitäten)

ein Eis

eine Tasse Kaffee und Kuchen

eine Salatbar

mexikanische Gerichte

S1	S2
1. Ich habe Hunger. Ich habe Durst. Ich habe Appetit auf …	**2.** Magst du _____? Isst du gern _____? Möchtest du _____?
3. Ja. Wo kann man das bekommen?	**4.** Im _____.
5. Wann ist es geöffnet? Ist es heute geöffnet?	**6a.** Ich weiß es nicht genau. **b.** Täglich von _____ bis _____.

Studenten beim Abendessen

Thema 2: Die Speisekarte, bitte!

Gasthaus zum Hirschen

Vorspeisen

• Tagessuppe	3,20 €
• frische Tomatencremesuppe mit Basilikum	4,50 €
• Kartoffelsuppe mit Kräutern	4,50 €
• kleiner gemischter Salat	3,20 €
• bunter Salatteller mit Tomaten, Gurken, Schinken, Käse und Ei	7,50 €

Hauptgerichte

• Hausgemachter Gulasch vom Rind oder Schwein, frische Paprika, Zwiebeln, Apfelrotkohl, Nudeln	12,80 €
• Grillteller mit Rinderfilet, frischen grünen Bohnen und Pommes	13,50 €
• Zwei Schweineschnitzel Wiener Art mit Salat und Kartoffelpüree	12,50 €
• Bauernteller[1] mit Bratkartoffeln, Speck, Zwiebeln und Gemüse (je nach Jahreszeit)	11,50 €
• Orginal Nürnberger Würstchen mit Senf, Sauerkraut und Kartoffelsalat	7,50 €
• Filet von norwegischem Lachs[2] mit delikater Soße[3], Salat und Bratkartoffeln	14,50 €
• Schweinebraten mit Knödel und Krautsalat	12,00 €

Vegetarische Gerichte

• Spaghetti mit Tomatensoße und Grillgemüse	6,80 €
• Bratkartoffeln mit Käse und Spiegelei, Tomaten mit Basilikum	5,50 €
• Gegrillte Auberginen mit türkischem Tomatensalat	5,25 €
• Kartoffelauflauf mit Brokkoli	6,15 €

Nachtisch

• Rote Grütze[4] mit Vanillesoße oder Sahne	4,50 €
• Eisbecher (Vanille, Schokolade, Erdbeer)	5,00 €
• Warmer Apfelstrudel	5,25 €
• Tiramisu	6,00 €
• Eiskaffee	4,20 €

Getränke

• Bier vom Fass (Pils, Hefeweizen)	3,10 €
• glutenfreies Bier (Flasche)	2,80 €
• Weine aus Baden (Fragen Sie nach unserer Weinliste)	
• Sprudel, Cola, Fanta	3,00 €
• Apfelsaft, Orangensaft	2,80 €
• Tasse Kaffee	2,10 €
• Türkischer Apfeltee	2,60 €

**Kleine Teller für unsere kleinen Gäste und Senioren.
Bitte fragen Sie bei der Bedienung.**

[1]*farmer's plate*   [2]*salmon*   [3]*sauce*   [4]*red berry compote*

A **Spaß mit der Speisekarte.** Schauen Sie sich die Speisekarte im **Thema 2** an. Was gibt es im Gasthaus zum Hirschen zu essen und trinken?

1. Sie möchten ein typisch deutsches Hauptgericht. Was finden Sie auf der Speisekarte?

2. Sie sind Vegetarier/Vegetarierin. Was gibt es für Sie?

3. Sie möchten nur einen Salat essen. Welchen?

4. Sie möchten ein typisches Wiener Essen. Was wollen Sie bestellen?

5. Sie mögen Fleisch und Fisch. Welches Gericht möchten Sie essen?

6. Sie suchen ein Getränk auf der Speisekarte. Was möchten Sie bestellen?

7. Sie brauchen unbedingt einen Nachtisch. Welchen möchten Sie gern einmal probieren?

B Suchen Sie die folgenden Wörter auf der Speisekarte im **Thema 2**. Können Sie vom Kontext erraten (*guess*), wie die Wörter auf Englisch heißen?

1. _____ die **Suppe**	**a.** mustard	
2. _____ die **Bohne**	**b.** French fries	
3. _____ der **Schweinebraten**	**c.** fried egg	
4. _____ der **Grill**	**d.** sauerkraut	
5. _____ die **Bratkartoffeln** (*pl.*)	**e.** bean	
6. _____ die **Sahne**	**f.** bacon	
7. _____ die **Paprika**	**g.** onion	
8. _____ der **Senf**	**h.** (whipped) cream	
9. _____ die **Pommes (frites)** (*pl.*)	**i.** fried potatoes	
10. _____ der **Auflauf**	**j.** plate	
11. _____ das **Sauerkraut**	**k.** grill, barbecue	
12. _____ der **Speck**	**l.** bell pepper	
13. _____ das **Spiegelei**	**m.** soup	
14. _____ der **Teller**	**n.** pork roast	
15. _____ die **Zwiebel**	**o.** casserole	

C Eine Mahlzeit (*meal*) besteht oft aus mehreren Gängen (*courses*): **Vorspeise, Hauptgericht, Beilage** und **Nachspeise** (**Nachtisch**). Dazu gibt es Getränke. Was gehört nicht in jede Kategorie? Warum?

1. Vorspeise: **Suppe, Schweinebraten, kleiner Salat**

2. Hauptgericht: **Auflauf, Würstchen, Brezeln, Weißwurst**

3. Beilage: **Nudeln, Apfelmus, Reis, Pfanne**

4. Nachtisch: **Apfelstrudel, Oliven, Eisbecher**

5. Getränke: **Sprudel, Wein, Mais, Orangensaft**

Neue Wörter

die Vorspeise appetizer

das Gericht dish (*a prepared item of food*)

das Hauptgericht main dish

die Beilage side dish

die Nachspeise dessert

der Nachtisch dessert

der Apfelmus applesauce

die Brezel pretzel

die Weißwurst white sausage

die Pfanne pan

der Eisbecher dish of ice cream

der Sprudel carbonated mineral water

der Mais corn

Aktivität 5   So viele Speisen!

Welche Speise oder welches Wort ist das? Alle Anfangsbuchstaben (*beginning letters*) sind schon richtig.

1. **B** e l a t f r a n k f o r t
2. **S** h a n e
3. **S** c k e p
4. **S** t u r e u k a r a
5. **N** e l d u n
6. **V** e p r e s o s i
7. **Z** e b w e i l
8. **B** h e n o
9. **P** s e p u
10. **H** i g e t u t p a c h r
11. **A** l u f u f a
12. **S** e e i g e p l i

Aktivität 6   Was bestellen° Sebastian und Nina?

are ordering

Hören Sie zu und ergänzen Sie die Tabelle.

	Sebastian	Nina
Vorspeise		Champignons
Hauptgericht		
Beilage	Reis	
Getränk		

Aktivität 7   Was sollen wir bestellen?

Schritt 1: Schauen Sie sich die Speisekarte auf Seite 177 an und besprechen Sie zu zweit oder zu dritt, was Sie bestellen möchten. Pro Person dürfen Sie nur 20 Euro ausgeben.

BEISPIEL: Ich nehme Kartoffelspieß als Vorspeise. Als Hauptgericht nehme ich Matjesfilet mit Hausfrauensauce. Und als Nachspeise nehme ich rote Grütze.

Schritt 2: Notieren Sie Ihre Bestellung:

BEISPIEL:
Vorspeise:	€ 3,10
Hauptgericht:	€ 9,70
Nachspeise:	€ 2,40
Summe:	€ 15,20

Vorspeise:
Hauptgericht:
Nachspeise:
Summe:

Kulturspot

Wenn man zu zweit oder zu dritt im Restaurant ist und bezahlen möchte, fragt die Bedienung (der Kellner oder die Kellnerin) oft: getrennt oder zusammen (*separate or together*)?

Aktivität 8   Im Restaurant

Bilden Sie kleine Gruppen. Eine Person spielt den Kellner (*server*) oder die Kellnerin und nimmt die Bestellungen der Gäste an.

S1	S2
Kellner/Kellnerin	**Gast**
1. Bitte schön. Was darf's sein?	**2.** Ich möchte gern _____.
3. Und zu trinken?	**4.** Bringen Sie mir bitte _____.
5. Sonst noch was? (*Anything else?*)	**6a.** Ja, _____. **b.** Nein, das ist alles.

Thema 3: Im Restaurant

a.

b.

c.

d.

e.

f.

A Welches Bild passt zu welchem Mini-Dialog?

1. _____ — Herr **Ober**, die **Speisekarte**, bitte!

2. _____ — Wir möchten **bestellen**.

   — Ja, bitte, **was bekommen Sie?**

   — Ich nehme das Hähnchen.

3. _____ — Also, das **war** viermal Schnitzel und viermal Rotwein …

   — Nein, ich **hatte** den Grillteller.

   — Ach, ja. Das macht zusammen 68,40 Euro.

   — 70,– Euro.

   — **Vielen Dank.**

4. _____ — **Entschuldigen Sie**, bitte! **Ist hier noch frei?**

   — Nein, **hier ist besetzt**, aber **da drüben** ist **Platz**.

5. _____ — Ich habe **Messer, Löffel** und **Serviette**, aber keine **Gabel**.

   — Und ich habe keine Serviette.

6. _____ — Hier ist es aber ziemlich **voll**.

   — **Hoffentlich** müssen wir nicht lange auf einen Platz **warten**.

Neue Wörter

der Kellner / die Kellnerin server
der Ober waiter
die Speisekarte menu
bestellen order
Was bekommen Sie? What will you have?
war (sein) was
hatte (haben) had
vielen Dank many thanks
Entschuldigen Sie. Excuse me.
Ist hier noch frei? Is this seat available?
Hier ist besetzt. This seat is taken.
da drüben over there
der Platz room, space
das Messer knife
der Löffel spoon
die Serviette napkin
die Gabel fork
voll full
hoffentlich I/we/let's hope
warten wait

Aktivität 9 Im Brauhaus Matz

Zwei Freunde, Jens und Stefanie, sind im Brauhaus Matz. Hören Sie zu, und ergänzen Sie den Text mit Informationen aus dem Dialog.

Stefanie und Jens suchen _____ _____[1] in einem Restaurant. Es ist ziemlich _____.[2] Jens sieht zwei Leute an einem _____.[3] Da ist noch _____[4] für zwei Leute. Er geht an den Tisch und fragt: „Ist _____ _____[5]?" Die Antwort am ersten Tisch ist: „_____.[6]" Die Antwort am zweiten Tisch ist: „_____.[7]"

Kulturspot

Sie gehen in ein Restaurant in Deutschland und es ist sehr voll dort. An einem Tisch sitzen zwei Leute, aber es sind noch ein oder zwei Plätze frei an dem Tisch. Es ist dann üblich, an den Tisch zu treten und zu fragen: „Ist hier noch frei?" Die Antwort kann sein: „Ja, hier ist noch frei" oder: „Nein, hier ist besetzt."

Aktivität 10 Ist hier noch frei?

Bilden Sie mehrere Gruppen. Einige Personen suchen Platz.

S1	S2
1. Entschuldigen Sie. Ist hier noch frei?	**2a.** Ja, hier ist noch _____. **b.** Nein, hier ist leider _____. Aber da drüben ist noch _____.
3a. Danke schön. **b.** (*geht zu einem anderen Tisch*)	

Aktivität 11 Wir möchten zahlen, bitte.

Was haben diese Leute bestellt? Wie viel kostet es?

	Getränke	Essen	Betrag
Dialog 1	☐ 2 Bier ☐ 3 Cola ☒ 3 Bier	☐ Knackwürste* ☐ Weißwürste ☐ Bockwürste† ☐ Sauerkraut ☐ Brot	☐ €10,00 ☐ €15,00 ☐ €18,50
Dialog 2	☐ 2 Tassen Tee ☐ 2 Tassen Kaffee ☐ 1 Tasse Kaffee	☐ 2 Stück Käsekuchen ☐ 1 Stück Käsekuchen ☐ 1 Stück Obsttorte	☐ €6,25 ☐ €4,25 ☐ €9,55
Dialog 3	☐ 2 Bier ☐ 5 Bier ☐ 3 Bier	☐ Leberknödelsuppe‡ ☐ Schweinskotelett ☐ Brezeln ☐ Weißwürste ☐ Sauerkraut	☐ €35,40 ☐ €39,40 ☐ €43,40

```
        Augustiner-
        Bräu München
        gegründet 1328
   Augustiner Braeustuben
   ABS Manfred Vollmer GmbH
     Landsberger Strasse 19
        80339 Muenchen
  Tel: 089/50 70 47  Fax: 089/502 25 69
  K-Nr    218 Tisch   63/1  # 16:23
  KELLNER Alen Brkic

   2 Vollbier Hell   2.65    5.30
   2 *Krustenbratl    9.20   18.40
   1 Pflaumenkuchen           0.85
   1 Kaffee Tasse             1.95
                          --------
        Zwischensumme        26.50

     ENDSUMME     26.50
  SteuerNr.143/804/28599 UID.:DE186877974
  %-Satz   Netto    MWSt.    Summe
  19.000   22.26     4.24    26.50

  Unser Nebenraum "Die Alte Schmiede"
  bietet sich bestens für Feiern und
  und Veranstaltungen an.
  Besuchen Sie uns in den Sommermonaten
  auf unserer beliebten Dachterrasse!!
   23/5/13 Pers.: 1 Nummer: 2498706
```

---

*a type of German frankfurter
†a type of German sausage similar to a hot dog in flavor and consistency
‡liver dumpling soup

Deutsche Küche

Deutsche Küche[1]: Was bedeutet das? Sauerkraut und Eisbein[2], Weißwurst und Bier? Vielleicht noch Brezen[3]? Dann überrascht es euch vielleicht zu erfahren: die deutsche Küche gibt es gar nicht! Es gibt nur regionale deutsche Küche, regionale Spezialitäten. Und die unterscheiden sich von Region zu Region. Die deutsche Küche ist so divers wie das Bier und die vielen Brotsorten. Deutsche lieben ihr gutes Brot. Es gibt 300 verschiedene Brotsorten in Deutschland und 5 000 verschiedene Arten von Bier!

Und was essen die Deutschen am liebsten? Spaghetti Bolognese und Pizza! Der beliebteste Imbiss ist der Döner, ein türkisch inspirierter Import aus mariniertem Grillfleisch mit Gemüse im Fladenbrot[4]. Er ist von einem Türken erfunden[5], der in Berlin aufgewachsen ist und den Döner im Jahre 1972 zum ersten Mal in Berlin anbot.

Die regionale Küche ist auch von Deutschlands geografischen Nachbarn beeinflusst[6]: Bayern steht unter dem Einfluss Österreichs, die Küche im Saarland steht unter dem Einfluss Frankreichs und in Schleswig-Holstein und Hamburg findet man den dänischen Einfluss.

So divers wie die regionale Küche ist auch die Restaurantszene. Berlin listet 190 italienische Restaurants, 64 französische, 37 indische, 30 spanische, 29 chinesische und 27 griechische. Ein Restaurant mit rein deutsch-regionaler Küche in Berlin muss man suchen. Die Berliner Küche ist eher rustikal: Sauerkraut mit Eisbein und Currywurst sind typisch.

Die Hamburger lieben ihren Fisch, unter anderem den Hering, in allen Variationen. Aus Westfalen kommt der beliebte Pumpernickel, das Rheinland bietet den Sauerbraten[7] mit Kartoffelknödeln[8], die Thüringer lieben ihre Bratwurst, und im Süden Deutschlands findet ihr Spätzle, auch Spätzli genannt, je näher man an der Schweiz ist. Die Schwarzwälder lieben ihren Schwarzwälder Schinken und die Bayern ihre Leberknödelsuppe und Kartoffelsalat mit Leberkäs, ein Fleischgericht. Ein beliebter Nachtisch in Bayern ist der Kaiserschmarrn, ein direkter Import aus Österreich, eine Art[9] süßer Crepe. Wiener Schnitzel findet ihr überall in Deutschland, ein Kalbsschnitzel[10] in Brotkrümeln gebraten. Das Ursprungsland ist natürlich Österreich, ebenso wie für die bekannten Wiener Würstchen. Und nicht zuletzt ein Import aus der Schweiz: Müsli für den guten Start in den Tag. Ein Schweizer Arzt hat dies zuerst für seine Patienten im Sanatorium entwickelt.

All das findet man in deutschen Restaurants wie auch im Privathaushalt. Und zu guter Letzt nicht zu vergessen: Man bestellt ein Glas Wasser im Restaurant. Die Kellnerin fragt: „mit oder ohne?" Sie meint natürlich Sprudel, Mineralwasser mit oder ohne Kohlensäure (Gas). Das Mineralwasser kommt dann, meistens 'mit', aber ohne Eiswürfel. Man serviert kein Wasser aus der Wasserleitung[11] und keine Eiswürfel, weder im Restaurant noch[12] in einem Privathaushalt.

Ein Döner schmeckt immer.

Matjeshering auf Gemüse

Adapted from: „Deutschland im Porträt", Institut der deutschen Wirtschaft, Köln

Zur Diskussion

Beantworten Sie die folgenden Fragen.

1. Welche deutschen Spezialitäten kennen Sie?

2. Was mögen Sie besonders gern? Was überhaupt nicht?

3. Welche regionalen Spezialitäten gibt es in Ihrem Heimatort?

---

[1]here: *cuisine*   [2]*pork leg*   [3]*Bavarian pretzels*   [4]*flat bread*   [5]*invented*   [6]*influenced*   [7]*marinated beef roast*   [8]*potato dumplings*   [9]*type*
[10]*veal cutlet*   [11]*tap*   [12]weder ... noch: *neither . . . nor*

Two-Way Prepositions°

Wechselpräpositionen

So far you have learned two kinds of prepositions: prepositions used with the accusative case and prepositions used with the dative case. In addition, a number of prepositions take either the dative or the accusative, depending on whether they describe a location or a direction. These are called two-way prepositions. The most common ones are:

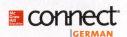

The *Guide to Grammar Terms* online in CONNECT provides more basic information about two-way prepositions.

an	at, near, on
auf	on, on top of, at
hinter	behind, in back of
in	in
neben	next to
über	above, over
unter	under, beneath, below; among
vor	in front of; before
zwischen	between

NOTE:

When answering the question **wo,** two-way prepositions take the dative case.

wo?	Stationary Location (Dative)
Wo kauft man Brot?	In **der** Bäckerei.
Wo zahlt der Kunde?	An **der** Kasse.
Wo kauft man frisches Gemüse?	Auf **dem** Bauernhof.
Wo soll ich warten?	Vor **dem** Geschäft.

When answering the question **wohin,** they take the accusative case.

wohin?	Direction (Accusative)
Wohin geht Frau Glättli?	In **die** Bäckerei.
Wohin geht der Kunde?	An **die** Kasse.
Wo gehst du hin?	Auf **den** Markt.
Wo geht Herr Sauer hin?	In **das** Geschäft.

The following contractions are common when using these prepositions:

an dem → **am**	Das Kaufhaus steht **am** Markt.
an das → **ans**	Geh doch **ans** Fenster!
in dem → **im**	Frau Kraus isst **im** Restaurant.
in das → **ins**	Nikola geht gleich **ins** Geschäft.

Auf dem Bauernhof kann man gut frisches Obst und Gemüse kaufen.

Übung 1 Analyse

Suchen Sie in den folgenden Anzeigen alle Präpositionen mit Dativ- oder Akkusativobjekten. Ordnen Sie sie ein.

wo? (Dativ)	wohin? (Akkusativ)
BEISPIEL: im alten Forsthaus	_____

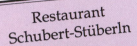

Restaurant
Schubert-Stüberln

Küchenchef
Franz Zimmer

hinter dem Burgtheater, vis-à-vis der Universität,
beim Dreimäderlhaus

Schreyvogelgasse 4, 1010 Wien
Telefon für Tischreservierung 63 71 87

Mach' Dir ein
paar schöne
Stunden...
geh' ins Kino

Parken! Problemlos!

3.000 kostenlose Parkplätze
direkt vor der Tür.

Fahren Sie
in unser großes Park-
haus an der Pelkoven-
straße.

PP

OLYMPIA
Einkaufszentrum

Hanauer Straße · Telefon 1 41 60 02

Kulinarische
Notizen

Ein Brevier für Genießer.

Biergartenromantik im alten Forsthaus

Forsthaus Telegraph

Troisdorf
Nähe Flughafen
Mauspfad 3

Telefon 0 22 41/7 66 49
Inhaber Pilger und Daas

Übung 2 Wo kauft Mark ein?

Mark muss heute einkaufen. Hier ist sein Einkaufszettel. Wo gibt es das? Benutzen Sie **in der, im, am** oder **auf dem**.

BEISPIEL: Käsekuchen →
Käsekuchen gibt es in der Konditorei.

die Bäckerei

die Buchhandlung

die Konditorei

der Markt

die Metzgerei

das Schuhgeschäft

der Supermarkt

Einkaufszettel
250 g Aufschnitt
Käsekuchen
150 g Emmentaler Käse
6 Brötchen
12 Würstchen zum Grillen
1 Pfund Kaffee
Schwarzbrot
2 Flaschen Sprudel
4 Tomaten
nicht vergessen:
Wörterbuch
Tennisschuhe

Übung 3 Am Feierabend°

After work

Was machst du gern/oft/manchmal/nie am Feierabend?

BEISPIEL: **S1:** Gehst du gern ins Café?

       S2: Ja, ich gehe gern ins Café.

   oder: Nein, ich gehe nicht gern ins Café.

der Biergarten	das Lokal
das Café	das Restaurant
die Disco	der Sportklub
das Fitnesszentrum	die Stadt
das Kino	der Supermarkt
die Kneipe	das Theater

Übung 4 Ein Einkaufszentrum

Wie kommt man dahin und was kann man dort machen? Schauen Sie sich die Werbung (unten) an und beantworten Sie die Fragen.

[1]*children's play corner*

BEISPIEL: Wie kommt man zum Einkaufszentrum Spahn? →
      Man kommt mit dem Bus dahin.

1. Mit welcher Buslinie kann man dahin fahren?
2. Wo gibt es etwas zu essen?
3. Wo kann man Lampen kaufen?
4. Wohin kann man seine Kinder bringen?
5. Wo gibt es Geschenke zu kaufen?
6. Wo kann man parken?

Nützliche Wörter

die Boutique
der Bus
die Buslinie
die Cafeteria
der Parkplatz
die Spielecke
das Studio

[1]*specialty store*

Übung 5 Wo kann man hier parken?

Wo und wann kann man hier parken?

Arbeiten Sie zu zweit. Sie sind mit einem Freund / einer Freundin mit dem Auto unterwegs und haben allerlei in der Stadt vor. Wo kann man da parken?

BEISPIEL: Sie müssen ins Kaufhaus Mertens. Sie brauchen unbedingt neue Jeans.

> **S1:** Ich muss ins Kaufhaus Mertens. Ich brauche unbedingt neue Jeans.
> **S2:** Hinter dem Kaufhaus ist ein Parkplatz. Lass uns da parken.

1. Sie möchten Karten für eine HipHop-Oper kaufen. Karten gibt es an der Theaterkasse im Stadttheater.
2. Sie wollen unbedingt ins Kaufhaus Mertens. Da gibt es ein Sonderangebot für Schuhe.
3. Auf dem Marktplatz gibt es heute einen Flohmarkt. Das finden Sie immer interessant.
4. Sie wollen auch noch zur Uni. Sie müssen ein Buch zur Bibliothek zurückbringen.
5. Nachmittags brauchen Sie unbedingt einen Kaffee oder einen Tee. Das Altstadt-Café ist Ihr Lieblingscafé.
6. Sie müssen auch noch schnell zum Supermarkt.
7. Im Museum gibt es eine neue Ausstellung afrikanischer Kunst. Haben Sie noch Zeit fürs Museum?

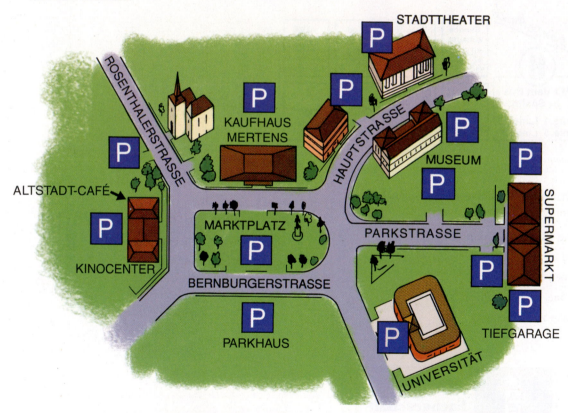

Describing Location

The verbs **hängen, liegen, sitzen, stecken**, and **stehen** indicate where someone or something is located.

hängen	to be (hanging)
liegen	to be (lying)
sitzen	to be (sitting)
stecken	to be (placed, often where it can't be seen)
stehen	to be (standing)

When a two-way preposition is used with one of these location verbs, the object of the preposition is in the dative case. Remember, the interrogative pronoun **wo** asks where someone or something is located.

Wo hängt das Bild?	*Where is the picture hanging?*
Es hängt **im** Wohnzimmer.	*It's hanging in the living room.*
Wo liegt die Rechnung?	*Where is the bill?*
Sie liegt **auf dem** Tisch.	*It's on the table.*
Wo sitzen die Studenten?	*Where are the students sitting?*
Sie sitzen **auf einer** Bank **im** Park.	*They're sitting on a bench in the park.*
Wo steckt der Schlüssel nur?	*Where is the key? (I can't find it.)*
Er steckt **in der** Tür.	*It's in the door.*
Wo steht das Motorrad?	*Where is the motorcycle?*
Es steht **auf dem** Parkplatz.	*It's in the parking lot.*

Übung 6 Idylle im Grünen

Claudia und Henning verbringen (*are spending*) einen Samstagnachmittag im Grünen. Beantworten Sie die Fragen zum Bild.

1. Wo liegt Henning?
2. Wo sitzt Claudia?
3. Wo hängt die Spinne?
4. Wo sitzt der Hund?
5. Wo sitzt der Vogel?
6. Wo steht der Picknickkorb?
7. Wo steckt die Weinflasche?
8. Wo liegt das Buch?

Übung 7 In einem Gartenlokal°

pub with a beer garden

Ergänzen Sie das passende Verb: **hängen, liegen, sitzen, stecken** oder **stehen.**

Andreas und Thomas _____[1] in einem Gartenlokal. Es _____[2] sehr schön im Grünen nicht weit von Bonn. Vor dem Lokal _____[3] viele Autos. Im Biergarten _____[4] Papierlaternen in den Bäumen. Auf dem Tisch vor Andreas und Thomas _____[5] zwei Gläser Bier. Unter dem Tisch direkt neben ihnen _____[6] ein Hund. Um den Tisch _____[7] vier Leute. Der Kellner _____[8] jetzt neben Andreas. Die Rechnung _____[9] schon auf dem Tisch. Andreas _____[10] die Rechnung in die Tasche. Er zahlt an der Kasse.

Describing Placement

The verbs **legen, setzen,** and **stellen,** as well as **hängen** and **stecken,** can indicate where someone or something is being put or placed.

hängen	to hang, to put/place
legen	to lay, to put/place
setzen	to set, to put/place
stecken	to put/place (where it can't be seen)
stellen	to stand, to put/place

When a two-way preposition is used with one of these placement verbs, the object of the preposition is in the accusative case. The interrogative **wohin** asks where someone or something is being put or placed.

Wohin hängt der Mann das Bild?	*Where is the man hanging the picture?*
Er hängt es **an die** Wand.	*He's hanging it on the wall.*
Wohin legt der Kellner die Rechnung?	*Where is the waiter putting the bill?*
Er legt sie **auf den** Tisch.	*He's laying it on the table.*
Wohin setzt die Frau das Kind?	*Where is the woman putting the child?*
Sie setzt es **auf den** Stuhl.	*She's putting him/her on the chair.*
Wo steckt die Kellnerin das Geld **hin?**	*Where is the waitress putting the money?*
Sie steckt es **in die** Tasche.	*She's putting it in the (her) purse.*
Wohin stellt die Kellnerin den Teller?	*Where is the waitress putting the plate?*
Sie stellt ihn **auf den** Tisch.	*She's placing it on the table.*

Die Kellnerin stellt den Teller auf den Tisch.

Übung 8   Im Lokal

Andreas trifft ein paar Freunde im „Nudelhaus". Ergänzen Sie die Sätze mit **hängen, legen, setzen, stecken** oder **stellen.**

1. Andreas und drei Studienfreunde _____ sich an einen Tisch beim Fenster.
2. Andreas _____ seinen Rucksack unter den Stuhl.
3. Michael _____ seinen Rucksack an seinen Stuhl.
4. Endlich kommt der Kellner und _____ die Speisekarte auf den Tisch.
5. Die vier bestellen zuerst etwas zu trinken. Der Kellner _____ vier Colas auf den Tisch.
6. Da kommt noch ein Freund, Phillip, an den Tisch zu ihnen. Andreas _____ noch einen Stuhl an den Tisch.
7. Phillip _____ sich neben Andreas.
8. Er _____ seine Bücher auf den Tisch.
9. Sein Handy _____ er in seinen Rucksack.

Sprach-Info

The verb **stehen** is used idiomatically to say that something has been stated (in print).

—Hier gibt es auch vegetarische Kost.	*They have vegetarian food here.*
—Wo **steht** das?	*Where does it say that?*

Sprach-Info

The verb **setzen** is frequently used with a personal pronoun that reflects the subject of the sentence. Used in this reflexive way, the verb means *to sit down.*

Ich setze **mich** an den Tisch.	*I sit down at the table.*
Wir setzen **uns.**	*We sit down.*

In the third-person singular and plural this reflexive pronoun is always **sich.**

Die Studenten setzen **sich** auf die Bank.	*The students sit down on the bench.*

Übung 9   Ein Abend im Kartoffelkeller!

Ergänzen Sie die Sätze mit einem passenden Verb: **liegen, sitzen, stehen, legen, setzen** oder **stellen**.

1. Im Zentrum von Berlin _liegt_ das Restaurant „Kartoffelkeller".

2. Im Restaurant ist es heute sehr voll. An allen Tischen _____ schon Leute und einige suchen noch Platz.

3. Ein paar Leute _____ draußen vor dem Lokal und warten, dass jemand geht.

4. Man _____ hier auch sehr gemütlich. Und die Preise sind nicht so hoch. Deshalb ist es unter Studenten populär.

5. Endlich kommt eine Kellnerin und _____ die Speisekarte auf den Tisch.

6. Auf der Speisekarte _____: „Die Spezialität unseres Hauses ist Kartoffelsuppe mit Brot."

7. Die Kellnerin _____ neben dem Tisch und wartet auf die Bestellung.

8. Am Nebentisch _____ einige Studenten und diskutieren laut.

9. Ein Student _____ sich an die Theke (*counter*) und bestellt ein Bier.

10. Der Kellner _____ das Bier vor ihn auf die Theke.

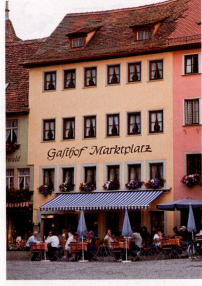

Im Gasthof kann man essen und übernachten.

Übung 10   Die verlorene Theaterkarte

Michael kann seine Theaterkarte nicht finden. Wo steckt sie wohl? Eine Person denkt sich aus, wo die Karte ist. Die anderen müssen raten (*guess*), wo die Karte ist.

BEISPIEL: **S1:** Steckt die Theaterkarte in seiner Hosentasche?
   S2: Nein.
   S3: Liegt die Theaterkarte auf dem Schreibtisch?
   S2: Nein. (usw.)

Expressing Time with Prepositions

The following two-way prepositions always take the dative case when expressing time or a period of time.

vor drei Tagen	*three days ago*
vor dem Theater	*before the play*
in einer Stunde	*in one hour*
zwischen 5 und 7 Uhr	*between 5 and 7 o'clock*

You have learned several other prepositions that express time. These also take the dative case.

nach dem Theater	*after the play*
seit einem Jahr	*for a year*
von 5 bis 7 Uhr	*from 5 to 7 o'clock*

But note: The prepositions **um** and **gegen** always take the accusative case.

bis (um) 5 Uhr	*until 5 o'clock*
(so) gegen 7 Uhr	*around 7 o'clock*

Note: In German, expressions of time always precede expressions of place.

	Time	Place
Wir kommen	**so gegen zehn Uhr**	nach Hause.
Ich gehe	**heute**	ins Kino.

Übung 11   Was machst du gewöhnlich um diese Zeit?

Arbeiten Sie zu zweit.

BEISPIEL: **S1:** Was machst du nach dem Deutschkurs?

        S2: Da gehe ich in die Bibliothek.

von _____ bis _____	arbeiten
zwischen _____ und _____	schlafen
so gegen _____	essen
um _____	ausgehen
vor _____	einkaufen gehen
nach _____	fernsehen
??	??

Expressing Events in the Past

Like English, German has several tenses to express events in the past. The most common are the simple past tense (**das Imperfekt**) and the present perfect tense (**das Perfekt**).

▶ The simple past tense is used primarily in writing. In speaking, it is mostly just used to narrate a series of events in the past. However, in the case of **haben, sein,** and the modals, the simple past is common in conversation. In this chapter you will learn the simple past tense of these verbs; the simple past tense of all other verbs will be introduced in **Kapitel 10.**

▶ The present perfect tense (introduced in **Kapitel 7**) is preferred in conversation.

The Simple Past Tense of *sein* and *haben*

	sein	haben
ich	war	hatte
du	warst	hattest
er, sie, es	war	hatte
wir	waren	hatten
ihr	wart	hattet
sie/Sie	waren	hatten

 The *Guide to Grammar Terms* online in CONNECT provides more basic information about the simple past tense.

Du warst in Paris? Hattest du denn keine Schwierigkeiten¹ mit deinem Französisch?

Ich nicht, aber die Franzosen!

¹*difficulties*

Excuses and explanations

Übung 12   Analyse

Lesen Sie den Cartoon.

1. In der Konversation sieht man zwei Verben - **warst** und _____.

2. Sagen die zwei Kinder **du** oder **Sie** zueinander?

3. Schreiben Sie die Konversation mit **Sie** um.

Übung 13   Ausreden und Erklärungen°

Ergänzen Sie **haben** oder **sein** im Imperfekt.

1. **A:** Warum _____ Sie gestern und vorgestern nicht im Deutschkurs, Herr Miller?

   B: Es tut mir leid, Herr Professor, aber meine Großmutter _____ krank (*sick*). Sie _____ Migräne.

2. **C:** _____ du gestern Abend noch in der Bibliothek?

   D: Nein, die _____ geschlossen. Außerdem _____ ich keine Lust zu arbeiten. Ich _____ aber im Kino!

3. **E:** Warum _____ Michael und Peter nicht auf der Party bei Sara?

   F: Sie _____ keine Zeit.

4. **G:** Ihr _____ doch gestern im Café Käuzchen, nicht?

   H: Nein, wir _____ im Café Kadenz. Im Käuzchen _____ es zu voll.

   G: Wie _____ es denn?

   H: Die Musik _____ gut, aber der Kaffee _____ schlecht.

Übung 14   Wo warst du denn?

Arbeiten Sie zu zweit und stellen Sie Fragen. Benutzen Sie die Ausdrücke unten.

BEISPIEL: S1: Wo warst du denn Freitagabend?

S2: Da war ich im Theater.

S1: Wie war's denn?

S2: Sehr langweilig.

Wann	Wo	Wie
Freitagabend	auf dem Sportplatz	interessant
heute Morgen	auf einer Party	langweilig
gestern Abend	bei Freunden	nicht besonders gut
Samstagmorgen	im Kino	schön
??	im Restaurant	??
	im Theater	
	zu Hause	
	??	

The Simple Past Tense of Modals

Here are the simple past tense forms of the modal verbs.

	dürfen	können	mögen	müssen	sollen	wollen
ich	durfte	konnte	mochte	musste	sollte	wollte
du	durftest	konntest	mochtest	musstest	solltest	wolltest
er, sie, es	durfte	konnte	mochte	musste	sollte	wollte
wir	durften	konnten	mochten	mussten	sollten	wollten
ihr	durftet	konntet	mochtet	musstet	solltet	wolltet
sie/Sie	durften	konnten	mochten	mussten	sollten	wollten

Peter **wollte** gestern in die Disco.	*Peter wanted to go clubbing yesterday.*
Ich **wollte** auch mit, ich **musste** aber zu Hause bleiben.	*I wanted to go along, too, but I had to stay home.*
Wir **konnten** keinen Parkplatz auf der Straße finden.	*We couldn't find a parking space on the street.*
Sie **mussten** ins Parkhaus fahren.	*They had to go into the parking garage.*

NOTE:

▶ As with **haben** and **sein,** the first- and third-person singular forms and first- and third-person plural forms of the simple past tense of each modal are identical.

▶ Modals have no umlaut in the simple past tense.

Übung 15 Ich wollte … aber ich musste …

Was wolltest du am Wochenende machen? Was musstest du machen?

A Ergänzen Sie **wollen** im Imperfekt.

1. Ich _____ zuerst mal lange schlafen.
2. Mein Freund _____ mit mir ins Café.
3. Bei gutem Wetter _____ wir Freunde im Park treffen.
4. Unsere Freunde _____ uns abholen.
5. _____ du am Wochenende nicht lange schlafen und dann ausgehen?

B Ergänzen Sie **müssen** im Imperfekt.

1. Ja, aber ich _____ früh aufstehen; ich _____ nämlich arbeiten.
2. Meine Freundin _____ auch arbeiten.
3. Am Nachmittag _____ wir einkaufen gehen.
4. Meine Freunde _____ ohne mich ausgehen.

Übung 16　Kleine Probleme

Ergänzen Sie die fehlenden Modalverben im Imperfekt.

Ist hier noch frei?

Im Café Kadenz war es zeimlich voll.

Gestern Abend waren wir im Theater. Wir _____^{1} (wollen) in der Nähe vom Theater parken. Da _____^{2} (dürfen) man aber nicht parken. Wir _____^{3} (können) keinen Parkplatz auf der Straße finden. Deshalb _____^{4} (müssen) wir ins Parkhaus fahren. Katrin _____^{5} (sollen) vor dem Theater auf uns warten. Sie _____^{6} (müssen) lange warten. Nach dem Theater _____^{7} (wollen) wir noch ins Café Kadenz. Da _____^{8} (können) wir keinen Platz bekommen. Wir _____^{9} (müssen) also nach Hause fahren.

Ein Café in Duisdorf/Bonn

Übung 17　Hin und her: Warum nicht?

Fragen Sie Ihren Partner / Ihre Partnerin, warum die folgenden Leute nicht da waren.

BEISPIEL: **S1:** Warum war Andreas gestern Vormittag nicht in der Vorlesung?

S2: Er hatte keine Lust.

Person	Wann	Wo	Warum
Andreas	gestern Vormittag	in der Vorlesung	keine Lust haben
Anke	Montag	zu Hause	
Frank			keine Zeit haben
Yeliz	heute Morgen	in der Vorlesung	
Mario			kein Geld haben
Ihr Partner / Ihre Partnerin			

Übung 18　Bei mir zu Hause

Wie war das bei Ihnen zu Hause? Erzählen Sie drei Dinge aus Ihrer Kindheit.

BEISPIEL: Als (*As a*) Kind musste ich abends schon früh ins Bett.

Als Kind	müssen	ich	(immer) früh aufstehen
	dürfen		abends (nie) lange aufbleiben
	wollen		nach der Schule (nie) fernsehen
	können		meiner Mutter / meinem Vater helfen
			(kein) Gemüse/Fleisch essen
			immer nur (Fußball/?) spielen
			immer nur am Computer spielen
			nur ab und zu ins Kino gehen
			??

Essen und Trinken

In der deutschen Sprache gibt es viele Wörter für Lokale, wo man etwas essen und trinken kann. Im **Café** bekommt man hauptsächlich Kaffee und Kuchen, eine beliebte Tradition. In einem **Restaurant, Lokal** oder einer **Gaststätte** gibt es gewöhnlich alles. Ein **Gasthof** oder **Gasthaus** ist ein kleines Restaurant. Manchmal findet man das Wort „Stube" oder „Stüberl" als Teil eines Gasthofnamens, z. B. „Altstadt-stüberl" oder „Mühlenstube". Ein **Wirtshaus** und eine **Kneipe** sind kleine Lokale, wo man hauptsächlich alkoholische Getränke aber auch kleine Gerichte bekommt. Studenten treffen sich gern in sogenannten Studentenkneipen.

Populär sind auch **Imbisse** und **Stehcafés.** Man findet sie hauptsächlich in den Innenstädten, besonders am Bahnhof. Und für Studierende nicht zu vergessen: die **Mensa.** Die gibt es an jeder Universität. Die Mensa-Speisepläne sind nicht so groß wie in einem Restaurant, aber sie bieten eine kleine Auswahl an gesunden Gerichten, unter anderem auch vegetarische Gerichte und Bio-Büffets zu besonders günstigen Preisen.

Zur Diskussion

1. Sie haben nur wenig Zeit. Wo finden Sie schnell etwas zu essen? Wo findet man sie oft in Deutschland?

2. Haben Sie ein Lieblingsrestaurant? Wie heißt es? Was essen Sie da gern?

Eine Kneipe in Berlin

Ein Imbiss im Park

In der Mensa

▶ ## Videoclips

A Sandra, Tanja, Jupp, Susan, Nicole und Pascal sprechen über das Essengehen. Hören Sie die Gespräche und ergänzen Sie die Sätze.

Wie oft gehst du essen?

beim Italiener	mit Meeresfrüchten *(seafood)*
in die Mensa	in der Mensa
Kasseler mit Sauerkraut und Klößen	zwei- bis dreimal

1. Tanja geht jeden Tag _____.
2. Bei Auerbachs Keller isst Tanja _____.
3. Susan geht _____ die Woche essen.
4. Am liebsten isst Susan _____.
5. Pascal isst am liebsten _____.
6. Dort isst Pascal gern eine Pizza _____.

B Wer macht das, Tanja, Susan oder Pascal?

1. _____ geht mit ihrem Freund am Wochenende ins Restaurant.
2. _____ geht zwei- bis dreimal die Woche essen.
3. _____ bestellt oft Nudeln.
4. _____ geht ein- bis zweimal die Woche essen.
5. _____ isst gern Italienisch.

C Und Sie? Wie oft gehen Sie essen?

1. Interviewen Sie drei Personen in der Klasse über ihre Essgewohnheiten. Wohin gehen sie essen? Wie oft? Was bestellen sie, wenn sie essen gehen?
2. Berichten Sie der Klasse über eine der Personen, die Sie interviewt haben.

Am liebsten esse ich in der Mensa.

Lesen

Zum Thema

A Beantworten Sie die folgenden Fragen, bevor Sie den Text lesen.

1. Können Sie gut kochen? Kochen Sie gern? Wenn nicht, kennen Sie jemand, der gerne kocht? Was kocht er oder sie besonders gut?

2. Was ist Ihr Lieblingsgericht? Ist es kompliziert oder einfach? Können Sie es kochen?

Auf den ersten Blick

A Schauen Sie sich diese Zeichnung an. Was passiert hier?

☐ **1.** Der Mann versucht etwas zu kochen, aber der Herd ist kaputt.

☐ **2.** Der Mann versucht etwas zu kochen, aber das Essen ist angebrannt.

B Lesen Sie jetzt den Titel und die ersten vier Zeilen des Textes und beantworten Sie die folgenden Fragen.

1. Mit wem spricht der Mann?
   - **a.** mit seiner Frau
   - **b.** mit jemandem am Telefon
   - **c.** mit sich selbst

2. Was macht der Mann?
   - **a.** Er isst.
   - **b.** Er kocht.
   - **c.** Er singt.

C Überfliegen Sie (*scan*) jetzt den Text. Welche Zutaten (*ingredients*) braucht der Koch in dieser Geschichte? Kreuzen Sie an!

☐ Essig   ☐ Pfeffer

☐ Karotten   ☐ Salz

☐ Kartoffeln   ☐ Tomaten

☐ Knoblauch   ☐ Wein

☐ Oliven   ☐ Wurst

☐ Paprika   ☐ Zwiebeln

Die Soße

von Ekkehard Müller

Selbstgespräch eines Mannes beim Kochen:

Hoffentlich ist die Soße richtig. Hoffentlich schmeckt sie gut.

is missing   Nein. Da fehlt° noch etwas.

Ich muss sie noch mehr salzen.

5   Oh weh! Das war zu viel.

Was mache ich jetzt?

dilute   Ich muss sie mit Wasser verdünnen°. Oh weh. Das war auch zu viel.

Jetzt schmeckt sie nach gar nichts.

Macht nichts. Das Wasser wird wieder verkochen.

10   Und das Salz???

Jetzt muss ich noch Zwiebeln schneiden.

should have   Ich hätte° sie schon vorher …

Au, das brennt in den Augen.

So. Die Zwiebeln sind auch schon drin. Wie schmeckt sie jetzt?

15   Besser. Viel besser.

Aber es fehlt noch etwas.

Ich muss noch Wein dazugeben.

Hm. Der schmeckt aber gut.

Und noch ein Glas.

20   Ausgezeichnet!

Oh weh! Jetzt habe ich keinen Wein mehr für die Soße.

Was mache ich?

Ich nehme Essig.

Brrrrrrrrr, zu sauer!

save   25   Wie rette° ich die Soße?

schadet … never hurts   Ich weiß es. Mit Tomatenketchup. Das schadet nie°.

Hier schon.

Jetzt muss noch Pfeffer rein. Endlich scharf!

garlic   Und Paprika. Und Knoblauch°.

30   Schade, dass Knoblauch wie der Teufel stinkt.

Und jetzt, jetzt kommen noch Oliven in die Soße.

Ich mag Oliven.

remind   Oliven erinnern° mich an Italien.

Und Italien erinnert mich an Sonne.

35   Und an das Meer.

Und an Fischer.

Ah, die Sonne!

Ah, das Meer!

Ah, die Fischer!

fragrance   40   Und der Duft° der Bäume im Frühling!

Herrlich!

Was raucht denn hier?

Ich gehe ins Gasthaus. Die Soße ist angebrannt.

Zum Text

A Welche Rolle spielen diese Zutaten? Lesen Sie den ganzen Text einmal durch und kombinieren Sie!

1. _____ Salz   a. macht die Soße sauer.
2. _____ Wasser   b. stinkt wie der Teufel.
3. _____ Zwiebeln   c. erinnern an Italien, an das Meer und an Fischer.
4. _____ Wein   d. verdünnt die Soße.
5. _____ Essig   e. macht die Soße salzig.
6. _____ Tomatenketchup   f. hat der Koch getrunken. Es ist nichts mehr für die Soße da.
7. _____ Knoblauch   g. brennen in den Augen.
8. _____ Oliven   h. schadet der Soße nicht.

B Beantworten Sie die folgenden Fragen.

1. In seinem Selbstgespräch verwendet der Sprecher typische Ausrufe (*exclamations*) wie:

▸ Oh weh!

▸ Au

▸ Hm

▸ Brrrrrr

▸ Ah

Suchen Sie diese Ausdrücke im Text. In welchem Kontext gebraucht der Sprecher sie?

    a. Oh weh!   i. freudiger Ausdruck der Bewunderung (*admiration*)
    b. Au   ii. Ausdruck des Ekels (*disgust*)
    c. Hm   iii. freudige Überraschung (*surprise*)
    d. Brrrrrr   iv. Etwas tut weh (*hurts*)
    e. Ah   v. unangenehme, negative Überraschung

2. Welcher Ausruf passt zu den folgenden Sätzen?
    a. Schrecklich; jetzt ist die Soße zu sauer.
    b. Die Zwiebeln brennen in den Augen!
    c. Italien! Die Sonne, das Meer, herrlich!
    d. Ich habe zu viel Wasser in die Soße getan.
    e. Dieser Wein schmeckt aber gut.

C Geben Sie Rat! Wie löst man diese Probleme beim Kochen? Arbeiten Sie zu zweit und wechseln Sie die Rollen nach jedem Satz.

BEISPIEL: **S1:** Die Soße hat zu viel Salz.
          S2: Du kannst sie mit Wasser verdünnen.

1. Das Essen ist zu scharf.
2. Die Zwiebeln brennen in den Augen.
3. Ich brauche Wein, aber ich haben keinen.
4. Soll ich Tomatenketchup nehmen?
5. Oliven soll man dazugeben.
6. Soll ich mit Knoblauch kochen?

D Was meinen Sie? Ist die Geschichte lustig, traurig, langweilig, tragisch? Suchen Sie Stellen (*passages*) im Text, die das zeigen.

E Ist Ihnen schon mal etwas Ähnliches (*something similar*) passiert? Was haben Sie gekocht? Erzählen Sie davon. Schreiben Sie einen kurzen Bericht.

Zu guter Letzt

Ihr Lieblingsrestaurant bewerten

Haben Sie ein Lieblingsrestaurant? Gemeinsam mit anderen Studenten/Studentinnen schreiben Sie jetzt ein Bewertungsformular (*evaluation form*) für ein Restaurant.

Schritt 1: Machen Sie eine Liste mit Fragen über Ihr Lieblingsrestaurant, zum Beispiel:

Warum essen Sie dort?

Wie ist die Qualität?

Wie ist die Atmosphäre?

Wie oft essen Sie dort?

Was trinken Sie dort?

Was essen Sie?

Wie ist die Bedienung?

Wie sind die Preise?

Weitere Fragen?

Schritt 2: Arbeiten Sie zu dritt. Stellen Sie das Bewertungsformular zusammen. Benutzen Sie die Informationen aus **Schritt 1.** Erstellen Sie etwa zehn Fragen und mehrere Antworten, z.B.

1. Wie oft essen Sie dort?

   ____-mal pro Woche

   ____-mal pro Monat

   ____-mal im Jahr

2. Wie ist die Atmosphäre?

   □ ruhig

   □ laut und lustig

   □ angenehm

3. …

Schritt 3: Machen Sie Fotokopien Ihres Formulars und tauschen Sie es mit einer anderen Gruppe aus. Jeder bekommt also ein Formular. Füllen Sie das Formular mit Bezug auf (*with reference to*) Ihr eigenes Lieblingsrestaurant aus.

Schritt 4: Berichten Sie nun über Ihr Lieblingsrestaurant. Beschreiben Sie verschiedene Aspekte des Restaurants. Die Klasse entscheidet dann, ist das Restaurant: …

□ empfehlenswert

□ nicht empfehlenswert

Was möchten Sie bestellen?

Wortschatz

Lokale

Eating and Drinking Establishments

der **Biergarten, ¨**	beer garden
das **Café, -s**	café
die **Gaststätte, -n**	full-service restaurant
der **Imbiss, -e**	fast-food stand
die **Kneipe, -n**	pub, bar
das **Lokal, -e**	restaurant, pub, bar
das **Restaurant, -s**	restaurant
das **Wirtshaus, ¨er**	pub

Im Restaurant

In the Restaurant

das **Apfelmus**	applesauce
der **Apfelstrudel**	apple strudel
der **Auflauf, ¨e**	casserole
die **Bedienung, -en**	service; server
die **Beilage, -n**	side dish
die **Bohne, -n**	bean
die **Bratkartoffeln** (*pl.*)	fried potatoes
die **Brezel, -n**	pretzel
der **Eisbecher, -**	dish of ice cream
die **Gabel, -n**	fork
das **Gericht, -e**	dish (*of prepared food*)
der **Grill**	grill, barbecue
das **Hauptgericht, -e**	main dish
der **Kellner, -** /	server
die **Kellnerin, -nen**	
die **Küche, -n**	food, cuisine; kitchen
der **Löffel, -**	spoon
der **Mais**	corn
das **Messer, -**	knife
die **Nachspeise, -n**	dessert
der **Nachtisch, -e**	dessert
die **Nudel, -n**	noodle
der **Ober, -**	waiter
die **Olive, -n**	olive
die **Paprika, -**	bell pepper
die **Pfanne, -n**	pan
der **Platz, ¨e**	place, seat
die **Pommes frites** (*pl.*)	French fries
die **Rechnung, -en**	bill
der **Reis**	rice
der **Ruhetag, -e**	*day that a business is closed*
die **Sahne**	cream; whipped cream
der **Salat, -e**	salad; lettuce
das **Sauerkraut**	sauerkraut
der **Schweinebraten, -**	pork roast
der **Senf**	mustard
die **Serviette, -n**	napkin
der **Speck**	bacon
die **Speise, -n**	dish (*of prepared food*)
die **Speisekarte, -n**	menu
das **Spiegelei, -er**	fried egg (sunny-side up)

der **Sprudel, -**	mineral water
die **Suppe, -n**	soup
der **Teller, -**	plate
die **Vorspeise, -n**	appetizer
der **Wein, -e**	wine
die **Weißwurst, ¨e**	white sausage
die **Zwiebel, -n**	onion

Verben

Verbs

bekommen	to get
Was bekommen Sie?	What will you have?
bestellen	to order
entschuldigen	to excuse
Entschuldigen Sie!	Excuse me!
hängen	to hang; to be hanging
lassen	to let
Lass uns (doch) …	Let's . . .
legen	to lay, put (*in a lying position*)
liegen	to lie; to be located
setzen	to set; to put (*in a sitting position*)
sitzen	to sit
stecken	to place, put (*inside*); to be (*inside*)
stehen	to stand; to be located
stellen	to stand up; place, put (*in an upright position*)
warten	to wait

Adjektive und Adverbien

Adjectives and Adverbs

alkoholfrei	nonalcoholic
besetzt	occupied, taken
Hier ist besetzt.	This place is taken.
da drüben	over there
geöffnet	open
geschlossen	closed
getrennt	separate(ly)
hoffentlich	I hope
täglich	daily
vegetarisch	vegetarian
voll	full; crowded

Wechselpräpositionen

Two-Way Prepositions

an	at, on, to, near
auf	on, on top of, at
hinter	behind, in back of
in	in; to (*a place*)
neben	next to, beside
über	over, above
unter	under, below, beneath; among
vor	before, in front of
zwischen	between

Präpositionen (Temporal)

bis (um): bis (um) fünf Uhr

(so) gegen: (so) gegen fünf Uhr

in (+ *dat.*): in zwei Tagen

nach: nach Dienstag

seit: seit zwei Jahren

von: von zwei bis drei Uhr

Prepositions (Temporal)

until: until five o'clock

around/about: around five o'clock

in: in two days

after: after Tuesday

since, for: for two years

from: from two to three o'clock

vor (+ *dat.*): vor zwei Tagen

zwischen: zwischen zwei und drei Uhr

ago: two days ago

between: between two and three o'clock

Sonstiges

Ist hier noch frei?

Vielen Dank!

vom Fass

zum Mitnehmen

Other

Is this seat available?

Many thanks!

on tap; draft

(food) to go; takeout

Das kann ich nun!

1. Nennen Sie drei andere Lokalitäten, wo man essen und trinken kann.

   a. das Restaurant
   b. _____
   c. _____
   d. _____

2. Was ist Ihr Lieblingsessen? Ihr Lieblingsgetränk? Ihre Lieblingsnachspeise?

3. „Wo" oder „wohin"?

   a. _____ wollen wir gehen?
   b. _____ ist noch ein Platz frei?

4. Setzen Sie passende Präpositionen und Artikel ein.

   a. _____ _____ Konzert gehen Uwe und Ute _____ Restaurant.
   b. Ihr Auto steht _____ _____ Restaurant.
   c. Uwe setzt sich _____ _____ Tisch.
   d. Am Nebentisch liegt ein Hund _____ _____ Tisch.

5. Wie sagen Sie das?

   a. Ask if this seat is taken.
   b. Ask a server to bring you the menu.
   c. Order some mineral water and a dish of ice cream.
   d. Let the server know that you would like to pay.

6. Ergänzen Sie **sein** oder **haben** im Imperfekt. Wo _____ du gestern? —Ich _____ an der Uni. Wir _____ eine Gastvorlesung von einem Professor aus den USA.

7. Setzen Sie ein passendes Modalverb im Imperfekt ein.

   a. Ich _____ nach der Vorlesung sofort in die Mensa.
   b. Wir _____ leider nicht mitkommen.
   c. Wir _____ nämlich zwei Stunden in der Vorlesung bleiben.

Drama beim Fußballspiel

Freizeit und Sport

Die Fußballmannschaft aus meiner Heimatstadt hat gewonnen.

www.connectgerman.com

In diesem Kapitel

▶ **Themen:** Talking about sports and leisure pastimes, places to visit, seasons, and weather

▶ **Grammatik:** Coordinating conjunctions, the present perfect tense, the comparative

▶ **Lesen:** „Vergnügungen" (Bertolt Brecht)

▶ **Landeskunde:** Sports, hobbies, clubs, temperature conversion, weather

▶ **Zu guter Letzt:** Ein Podcast über Ihre Universitätsstadt

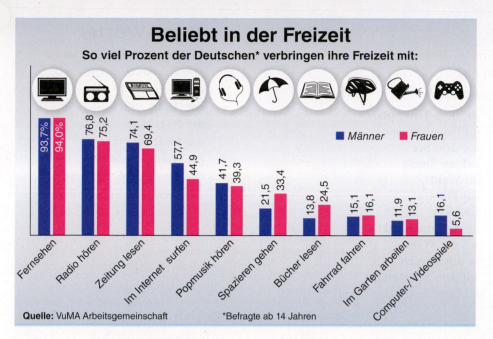

Beliebt in der Freizeit

So viel Prozent der Deutschen* verbringen ihre Freizeit mit:

■ *Männer* ■ *Frauen*

	Fernsehen	Radio hören	Zeitung lesen	Im Internet surfen	Popmusik hören	Spazieren gehen	Bücher lesen	Fahrrad fahren	Im Garten arbeiten	Computer-/ Videospiele
Männer	93,7%	76,8	74,1	57,7	41,7	21,5	13,8	15,1	11,9	16,1
Frauen	94,0%	75,2	69,4	44,9	39,3	33,4	24,5	16,1	13,1	5,6

Quelle: VuMA Arbeitsgemeinschaft   *Befragte ab 14 Jahren

A Schauen Sie sich die Grafik an und beantworten Sie die Fragen.

1. Was ist die beliebteste Freizeitaktivität der Deutschen?
2. Welche Freizeitaktivitäten haben mit Medien zu tun?
3. Welche Freizeitaktivitäten haben mit Sport zu tun?
4. Was lesen die Deutschen mehr: Bücher oder Zeitung?
5. Welche Freizeitaktivität ist bei Ihnen sehr beliebt? nicht so beliebt?

B Sie hören nun drei kurze Dialoge. Wie verbringen Ulrike, Wolfgang und Antje ihre Freizeit?

	ULRIKE	WOLFGANG	ANTJE
fernsehen	☐	☐	☐
lesen	☐	☐	☐
tanzen	☐	☐	☐
Fußball spielen	☐	☐	☐
auf Facebook sein	☐	☐	☐
ins Kino gehen	☐	☐	☐

Wörter im Kontext

Thema 1: Sport

A Wo macht man das? Kombinieren Sie!

BEISPIEL: Man wandert im Wald oder am Fluss.

wandern	auf dem **Tennisplatz**
Rad fahren	im Fitnesscenter
angeln	auf dem **See**
tauchen	auf der Straße
reiten	im **Wald**
segeln	am **Fluss**
Bodybuilding machen	im **Meer**
schwimmen	im **Schwimmbad**
Tennis spielen	auf der **Wiese**
Ski laufen	in den **Bergen**
Fußball spielen	auf dem **Sportplatz**
Schlittschuh laufen	im Eisstadion (*ice-skating rink*)
joggen	

1. Lisa und Jan laufen im Winter Ski.

2. Uwe und Erich machen dreimal die Woche Bodybuilding.

3. Kerstin fährt Rad.

4. Heinz angelt oft im Sommer.

5. Manfred segelt gern.

6. Renate taucht gern in der Karibik.

7. Eva reitet jeden Tag.

B In einem Sportpark finden Sie Bildsymbole für viele Aktivitäten. Schauen Sie sich die folgenden Bildsymbole an. Für welchen Sport steht jedes Symbol? Verbinden Sie jedes Bild mit der passenden Sportart (*type of sport*).

1. ____

2. ____

3. ____

4. ____

5. ____

6. ____

7. ____

8. ____

9. ____

10. ____

a. segeln

b. joggen

c. reiten

d. Tennis spielen

e. Fußball spielen

f. schwimmen

g. Golf spielen

h. angeln

i. Schlittschuh laufen

j. wandern

Aktivität 1 Was braucht man für diese Sportarten?

Bilden Sie Sätze mit Elementen aus beiden Spalten (*columns*).

BEISPIEL: Zum Wandern braucht man Wanderschuhe.

zum Angeln	ein Fahrrad
zum Reiten	ein Segelboot
zum Wandern	einen Ball
zum Tauchen	eine Angelrute (*fishing pole*)
zum Fußball spielen	ein Pferd (*horse*)
zum Rad fahren	Wanderschuhe
zum Segeln	Schwimmflossen (*fins*)

Was braucht man zum Wandern?

Aktivität 2 Ein Gespräch über Sport

Bilden Sie kleine Gruppen und diskutieren Sie. Welche Sportarten treiben Sie gern? Wie oft?

BEISPIEL: **S1:** Ich jogge gern und ich wandere auch gern.
S2: Wie oft machst du das?
S1: Ich gehe einmal im Monat wandern, aber ich jogge jeden Tag.

Sprach-Info

Wie oft macht man das? So sagt man es:

jeden Tag	every day
einmal/ zweimal die Woche	once/twice a week
dreimal im Monat	three times a month
einmal im Jahr	once a year

Thema 2: Freizeit und Vergnügungen°

pleasures

Sie gehen oft ins Museum.

Sie bloggt.

Sie malt.

Er arbeitet am Wagen.

Sie spielen Schach.

Er faulenzt lieber.

A Wie **verbringen** Sie Ihre **Freizeit?**

- ☐ **Sport treiben**
- ☐ Musik hören
- ☐ mit Freunden ausgehen
- ☐ Motorrad fahren
- ☐ ins Museum gehen
- ☐ **Karten** spielen
- ☐ Computerspiele spielen
- ☐ **Schach spielen**
- ☐ fernsehen
- ☐ **faulenzen**
- ☐ spazieren gehen
- ☐ **Briefmarken sammeln**

- ☐ **Spielkarten** sammeln
- ☐ **bloggen**
- ☐ **zeichnen** und **malen**
- ☐ fotografieren
- ☐ ein Musikinstrument spielen
- ☐ shoppen gehen
- ☐ am **Wagen** arbeiten
- ☐ im Garten arbeiten
- ☐ **Briefe** schreiben
- ☐ SMS schicken
- ☐ auf Facebook sein
- ☐ ??

Neue Wörter

Freizeit verbringen spend free time

Sport treiben play sports

Schach spielen play chess

faulenzen do nothing, be lazy

die Briefmarke (Briefmarken, *pl.***)** postage stamp

sammeln collect

die Spielkarte (Spielkarten, *pl.***)** playing card

zeichnen draw

malen paint (pictures)

der Brief (Briefe, *pl.***)** letter

beliebtesten most popular

B Machen Sie eine Umfrage im Kurs. Was sind die drei **beliebtesten** Freizeitbeschäftigungen Ihrer Kursmitglieder?

Aktivität 3   In der Freizeit

Sie hören drei junge Leute über ihre Freizeit sprechen. Was machen sie?

1. Nina …
- **a.** hört Musik. ☐
- **b.** geht mit Freunden aus. ☐
- **c.** spielt Computerspiele. ☐
- **d.** fotografiert. ☐
- **e.** zeichnet. ☐
- **f.** malt. ☐

2. Thomas …
- **a.** hat keine Freizeit. ☐
- **b.** träumt (*dreams*) vom Motorrad fahren. ☐
- **c.** fährt im Traum Ski. ☐
- **d.** arbeitet am Wagen. ☐
- **e.** bloggt. ☐

3. Annette …
- **a.** geht Windsurfen. ☐
- **b.** geht zum Flohmarkt. ☐
- **c.** spielt Karten. ☐
- **d.** sammelt Spielkarten. ☐
- **e.** sammelt Briefmarken. ☐
- **f.** benutzt das Internet. ☐

Aktivität 4 Wie hast du deine Freizeit verbracht?°

How did you spend your free time?

Fragen Sie einen Partner / eine Partnerin: Wie hast du in den letzten acht Tagen deine Freizeit verbracht? Nenne mindestens drei Aktivitäten.

BEISPIEL: Ich habe Musik gehört. Ich bin mit Freunden ausgegangen.
Ich habe jeden Tag ferngesehen.

Siehe *Expressing Events in the Past,* S. 213.

mit Freunden	bin … ausgegangen
mit einem Freund	bin … in die Disco / ins Kino gegangen
mit einer Freundin	habe … Musik gehört/gespielt
allein	habe … ferngesehen/gebloggt
???	bin … im Fitnesscenter / auf Facebook gewesen
	habe … gefaulenzt
	???

Aktivität 5 Möchtest du mitkommen?

Machen Sie eine Verabredung (*date*).

S1	S2

1. Ich gehe heute zum Bowling. Möchtest du mitkommen?
        ins Kino/Theater/Stadtbad/…
        in ein Rockkonzert / …
	2a. Ja, gern, um wie viel Uhr denn?
	b. Ich kann nicht.

3a. Um ＿＿ Uhr.
    Nach dem Abendessen um ＿＿.
    Nach der Vorlesung um ＿＿.
b. Warum denn nicht?
	4a. Wo wollen wir uns treffen (*meet*)?
	b. Ich muss arbeiten.
	    Ich habe kein Geld / keine Zeit / …

5a. Vor dem Kino. / Vor der Bibliothek. / Im Studentenwohnheim. / Bei mir zu Hause. / … **b.** Schade.	**6.** Gut. Ich treffe dich dann um ＿＿.

Aktivität 6 Pläne für einen Ausflug°

excursion

Verena und Antje machen Pläne fürs Wochenende. Sie wohnen beide in Düsseldorf. Hören Sie sich den Dialog an, und wählen Sie dann die richtigen Antworten.

	Das stimmt	Das stimmt nicht
1. Verena und Antje planen einen Ausflug.	☐	☐
2. Sie wollen im Neandertal wandern.	☐	☐
3. Es dauert nur eine Stunde bis zum Neandertal.	☐	☐
4. Der Weg führt durch den Wald.	☐	☐
5. Antje will ihren Freund Stefan einladen.	☐	☐

Kulturspot

Das Neandertal liegt in der Nähe von Düsseldorf im Bundesland Nordrhein-Westfalen. Dort hat man im Jahre 1856 die ersten Funde (*discoveries*) des Neandertalers (*Neanderthal man*) entdeckt.

Im Neandertal

Thema 3: Jahreszeiten und Wetter

Die Jahreszeiten

A Die **Jahreszeiten**: der **Frühling**, der **Sommer**, der **Herbst**, der **Winter**.
Welches Bild passt zu welcher Jahreszeit?

1. Der Berliner Wannsee im _____.

2. _____ in den Alpen.

3. Der Grundlsee in Österreich im _____.

4. Gimmeldingen in Rheinland-Pfalz im _____.

Das Wetter

Die Sonne

Die Sonne scheint.

Es ist sonnig.

**Es ist angenehm/
heiter/warm/heiß.**

Die Wolken

Es ist bewölkt.

Es ist kühl.

Der Regen

Es regnet.

Es ist regnerisch.

Es gibt einen Schauer.

Das Gewitter

Es gibt ein Gewitter.

Es blitzt und donnert.

Es ist schwül.

Der Schnee

Es gibt Schnee.

Es schneit.

Es ist kalt.

Neue Wörter

angenehm pleasant
heiter bright, clear
heiß hot
bewölkt overcast
das Gewitter (Gewitter, *pl.*) thunderstorm
es blitzt there's lightning
es donnert it's thundering
schwül humid
es schneit it's snowing

A Welche Jahreszeit ist das: Winter (W), Frühling (F), Sommer (S) oder Herbst (H)?

Siehe *Expressing Comparisons: The Comparative,* S. 221.

A Welche Jahreszeit ist das: Winter (W), Frühling (F), Sommer (S) oder Herbst (H)?

_____ **1.** Die Menschen, jung und alt, haben viel Spaß beim Schwimmen im **Freibad.** Der **Himmel** ist **wolkenlos** und die Sonne scheint.

_____ **2.** Die Tage werden **kürzer,** die **Blätter** färben sich bunt (*change colors*) und **fallen** von den Bäumen. Morgens ist es oft **neblig.**

_____ **3.** Die Tage werden wieder **länger,** aber man braucht immer noch warme Kleidung und einen **Regenschirm,** weil es oft regnerisch ist.

_____ **4.** Die Tage sind kurz; es ist schon um vier Uhr nachmittags dunkel. Für viele Menschen **dauert** diese Jahreszeit zu lang.

_____ **5.** Zu dieser Jahreszeit kann es sehr heiß werden, sogar schwül und unangenehm.

_____ **6.** Man sitzt lieber **drinnen** im warmen Haus und schaut nach **draußen,** wo es gerade schneit.

B Welcher **Wetterbericht** passt zu welchem Bild?

1. _____ Im Norden beginnt es zu regnen, und morgen regnet es den ganzen Tag. Am Abend **starker** Regen.

2. _____ Im Moment ist es stark bewölkt. Die **Temperatur** heute Nachmittag ist nur 7 **Grad,** und heute Abend wird es kalt und **windig.**

3. _____ In der Karibik ist es sonnig, heiter und warm. Wir haben den ganzen Tag angenehme Temperaturen. Morgen wird es wieder heiß.

4. _____ Im Süden gibt es starke Gewitter. Was **passiert?** Es blitzt und donnert.

5. _____ In den Bergen schneit es im Moment. Die Skifahrer sind begeistert über den frischen Schnee.

Neue Wörter

das Freibad outdoor swimming pool
der Himmel sky
wolkenlos cloudless
kürzer (kurz) shorter
das Blatt (Blätter, *pl.***)** leaf
neblig foggy
länger (lang) longer
der Regenschirm umbrella
dauert (dauern) lasts
drinnen inside
draußen outside
der Wetterbericht weather report
starker (stark) strong
der Grad (Grad, *pl.***)** degree
passiert (passieren) happens

a.

b.

c.

d.

e.

Aktivität 7   Ein Wetterbericht für Deutschland

Schauen Sie sich den Wetterbericht und die Wettersymbole an. Was stimmt?

Deutschland

Erklärung der Wettersymbole

Legende:

sonnig, heiter	wolkig	stark bewölkt
Gewitter	Regenschauer	Regen
Schneeschauer	Schneefall	Schneeregen
Nebel		

Deutschland heute: Heute bleibt es größtenteils[1] stark bewölkt. Etwas Schnee oder Regen fällt vor allem anfangs[2] noch im Norden und auch im Osten. Später lockert sich an den Küsten die Wolkendecke durch das Hoch GERD auf[3], und die Sonne kommt öfter zum Vorschein[4]. Der Wind weht schwach bis mäßig, an den Küsten und auf den Bergen unangenehm frisch und stark böig[5], aus Nordost.

[1]*largely*   [2]*early*   [3]lockert sich auf *breaks up*   [4]*view*   [5]*gusty*

1. Dieser Wetterbericht ist wahrscheinlich für einen Tag im ...
  a. Frühling.   **b.** Sommer.   **c.** Herbst.   **d.** Winter.

2. Wo ist es sonnig und heiter?
  a. im Norden   **b.** im Osten   **c.** im Westen   **d.** nirgendwo

3. Wo gibt es Regen?
  a. München   **b.** Hamburg   **c.** Stuttgart   **d.** Saarbrücken

4. Es ist stark bewölkt in ...
  a. Düsseldorf.   **b.** München.   **c.** Berlin.   **d.** Hamburg.

5. Die Tagestemperatur ist höher in Frankfurt als in
  a. Stuttgart.   **b.** München.   **c.** Dresden.   **d.** Hannover.

6. Es ist wolkig, aber mit ein wenig Sonne in ...
  a. Dresden.   **b.** Hamburg.   **c.** Erfurt.   **d.** Kiel.

7. Es schneit in ...
  a. München.   **b.** Nürnberg.   **c.** Hannover.   **d.** Dresden.

Aktivität 8   Wetterberichte im Radio

Sie hören Wetterberichte für vier Städte in Europa. Wie ist das Wetter dort? Notieren Sie auch die Temperaturen in Grad Celsius.

	Zürich	Wien	Berlin	Paris
sonnig	☐	☐	☐	☐
warm	☐	☐	☐	☐
bewölkt bis heiter	☐	☐	☐	☐
bewölkt	☐	☐	☐	☐
Schauer	☐	☐	☐	☐
Wind	☐	☐	☐	☐
Gewitter	☐	☐	☐	☐
Grad Celsius	____	____	____	____

Kulturspot

Fahrenheit, die Temperaturskala in den USA, ist nach dem deutschen Physiker Daniel Fahrenheit (1686–1736) benannt. Celsius ist die Temperaturskala überall sonst. Sie ist nach dem schwedischen Astronomen Anders Celsius (1701–1744) benannt.

Aktivität 9 So ist das Wetter in …

Woher kommen Sie? Wie ist das Wetter dort?

BEISPIEL: Ich komme aus San Francisco. Dort ist das Wetter im Sommer oft kühl und neblig. Im Frühling ist es meistens sonnig. Und im Winter regnet es.

Aktivität 10 Ihr Wetterbericht

Schauen Sie den Wetterbericht für die nächsten drei Tage für Ihre Gegend an. Dann berichten Sie Ihren Mitstudenten darüber. Beginnen Sie so:

BEISPIEL: Donnerstag wird es schwül und heiß. Temperaturen: 30–35 Grad Celsius. Das Wetter für Freitag: morgens neblig, dann sonnig, 30 Grad. Aber am Samstag …

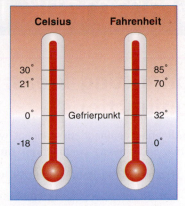

Fahrenheit − 32 ÷ 9 × 5 = Celsius

KULTURJOURNAL

Wie ist das Wetter?

Das Wetter ist ein Lieblingsthema in Deutschland und immer ein guter Anfang für ein Gespräch. Warum? Jeder hat dazu etwas zu sagen: Es ist zu kalt, zu heiß, zu regnerisch. Wo bleibt die Sonne? Wir brauchen Regen, es ist viel zu trocken. Das Wochenende war mal wieder verregnet!

Eine kleine Umfrage zum Thema „Reden Sie über das Wetter?" ergab folgende Resultate:

▶ Ab und zu[1], im Small Talk eben: 53%

▶ Ja, gerne, ich bin absolut wetterabhängig[2]: 35%

▶ Nein, langweilig; ich kann's ja doch nicht ändern[3]: 10%

(Quelle: Apotheken Umschau: www.Apotheken-umschau.de)

An einem regnerischen Tag fragte man Jugendliche: „Wie gefällt euch das Wetter heute?" Typisch für die Antworten: „Total unnötig!", „Es gefällt mir gar nicht, wenn es so dunkel und windig ist." Aber einer sah es etwas anders: „Find ich magisch!"

Auch in der Umgangssprache[4] spielt das Wetter eine Rolle. „Donnerwetter!" sagt man, wenn man etwas bewundert oder überrascht ist. Aber „Zum Donnerwetter!" sagt ein ärgerlicher[5] Vater zu seinem Kind, das etwas tun soll, was es nicht will.

Die Deutschen klagen[6] gern über das Wetter, vor allem im Sommer. Zu einem normalen Sommer in Deutschland gehört allerdings viel Regen. Deswegen ist es auch überall so schön grün, egal ob im Norden oder Süden. Regenstürme und Gewitter, und im Herbst dazu Hagel[7], sind keine Seltenheit[8]. Deswegen fahren die Deutschen im Sommer gern nach Italien oder Spanien. Da scheint dann die Sonne den ganzen Tag.

Deutschland gehört zu den gemäßigten[9] Klimazonen Mitteleuropas: es hat relativ milde Winter und nicht zu heiße Sommer. Wochenlang Sonne ist eine Ausnahme[10]. Man macht heutzutage den Klimawandel[11] dafür verantwortlich.

Und wann es regnet und wann die Sonne scheint und für wie lange, wer kann das schon vorhersagen[12]? Das macht dann die Wettervorhersage, eines der wichtigsten Tagesthemen im deutschen Fernsehen und Radio. Das Wetter ist in Deutschland unbeständig[13]. Der Regenschirm gehört dort einfach zum Leben.

Auch bei Regen kann man Spaß haben.

Zur Diskussion

1. Warum ist das Wetter in Deutschland ein so wichtiges Gesprächsthema?

2. Wie ist das Wetter bei Ihnen, wo Sie leben? Ist es ein beliebtes oder wichtiges Thema?

[1]now and then [2]weather dependent [3]change [4]colloquial speech [5]angry [6]complain [7]hail [8]rarity [9]moderate [10]exception [11]climate change [12]predict [13]changeable

Grammatik im Kontext

Connecting Ideas: Coordinating Conjunctions°

koordinierende Konjunktionen

Coordinating conjunctions connect words, phrases, or sentences. You already know the two coordinating conjunctions **und** and **oder.**

> The *Guide to Grammar Terms* online in CONNECT provides more basic information about conjunctions.

Herr **und** Frau Baumann sitzen vor dem Fernseher.

War der Film langweilig **oder** amüsant?

Other coordinating conjunctions are:

aber	but, however
sondern	but, rather, on the contrary
denn	because, for

Erst muss ich heute arbeiten,	**und**	dann gehe ich Tennis spielen.
Ich möchte gern Tennis spielen,	**aber**	ich muss leider arbeiten.
Willst du mit zum Sportplatz,	**oder**	willst du zu Hause bleiben?
Ich möchte zum Sportplatz,	**denn**	da gibt es ein Fußballspiel.
Ich bleibe nicht zu Hause,	**sondern**	ich gehe zum Sportplatz.

NOTE:

> When connecting sentences, coordinating conjunctions do not affect word order. Each sentence can be stated independently of the other.

Expressing a Contrast: *aber vs. sondern*

The conjunction **aber** is normally used for English *but* to express the juxtaposition of ideas. The adverb **zwar** is often added to the first contrasted element to accentuate the juxtaposition.

Das Spiel war kurz, **aber** spannend.	*The game was short but exciting.*
Ich spiele **zwar** gern Tennis, **aber** nicht bei dem Wetter.	*I do like playing tennis, but not in this weather.*
Ich kann nicht schwimmen, **aber** ich möchte es lernen.	*I don't know how to swim, but I would like to learn.*

If a negative such as **nicht** or **kein** is part of the first contrasted element *and* two mutually exclusive ideas are juxtaposed, **sondern** must be used.

Es ist **nicht** warm, **sondern** kalt draußen.	*It isn't warm but rather cold outside.*
Das ist **kein** Regen, **sondern** Schnee!	*That's not rain but snow!*

Warm and **kalt,** as well as **Regen** and **Schnee,** in the above sentences, are mutually exclusive. Therefore **sondern** must be used.

Wer läuft mit?

Übung 1 Freizeitpläne

Ergänzen Sie: **und, aber, oder, denn, sondern.**

Jörg _____¹ seine Freundin Karin planen einen Ausflug _____² ein Picknick. Die Frage ist: wohin _____³ wann? Heute geht es leider nicht, _____⁴ es regnet, _____⁵ morgen haben beide keine Zeit. Also müssen sie bis zum Wochenende warten. Sie wollen diesmal nicht mit dem Auto ins Grüne fahren, _____⁶ mit ihren Fahrrädern. Das dauert zwar länger, _____⁷ es macht bestimmt mehr Spaß. Sie wollen an einen See, _____⁸ da können sie schwimmen gehen. Danach wollen sie ein Picknick im Wald _____⁹ am See machen. Karin ist nicht für die öffentlichen (*public*) Picknickplätze, _____¹⁰ da sind meistens zu viele Leute, Kinder _____¹¹ Hunde, Onkel _____¹² Tanten. Jörg lädt seinen Freund Andreas ein, _____¹³ der kann leider nicht mit.

Übung 2 Wie ist das Wetter?

Aber oder **sondern**? Ergänzen Sie die Sätze.

1. Gestern war es zwar kalt, _____ sonnig.

2. Bei uns gibt es im Winter keinen Schnee, _____ nur viel Regen.

3. Im Frühling wird es hier nie heiß, _____ im Sommer wird es manchmal sehr heiß.

4. Die Sonne scheint zwar, _____ ich glaube, es gibt heute ein Gewitter.

5. Es gibt heute keinen Regen, _____ Schnee.

6. Heute ist das Wetter angenehm, _____ morgen wird es heiß.

7. Es regnet zwar nicht, _____ ich nehme doch lieber einen Regenschirm mit.

Expressing Events in the Past: The Present Perfect Tense°

das Perfekt

 The *Guide to Grammar Terms* online in CONNECT provides more basic information about the present perfect tense, auxiliary verbs, and past participles.

In German, the present perfect tense is generally used to talk about past events, although a number of common verbs (**sein, haben,** and the modals) typically use the simple past tense (**Imperfekt**) in conversation. There is essentially no difference in meaning between the two tenses.

Wo **warst** du gestern?	*Where were you yesterday?*
Gestern **habe** ich Fußball **gespielt.**	*I played soccer yesterday.*
Wer **hat** denn **gewonnen**?	*Who won?*
Wir **haben** fünf zu null **verloren.** Dann **sind** wir in die Kneipe **gegangen.**	*We lost five to zero. Then we went to the pub.*

NOTE:

▶ The present perfect tense in German, as well as English, is a compound tense. It consists of two parts: the present tense of the verb **haben** or **sein** plus a past participle (**Partizip Perfekt**). (**Haben** and **sein** are called auxiliary verbs. You will learn about these verbs on page 217.)

▶ The auxiliary verb (**haben** or **sein**) and the past participle form a sentence bracket (**Satzklammer**).

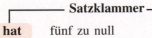

Unsere Mannschaft **hat** fünf zu null **verloren.**

German, like English, distinguishes between two types of verbs: weak verbs (**schwache Verben**) and strong verbs (**starke Verben**). They form their past participles differently.

Übung 3 Analyse

Uwe und Klaus reden über ihr Lieblingsthema: Fußball.

Fußball: in Deutschland sehr beliebt

Uwe: Hast du schon gehört? Bayern München hat gestern gegen FC [Fußballclub] Köln verloren. Null zu zwei!

Klaus: Unglaublich! Hast du das in der Zeitung gelesen?

Uwe: Ich habe es im Fernsehen gesehen.

Klaus: Wie lange hat das Spiel gedauert?

Uwe: Etwas über zwei Stunden. FC Köln hat sehr gut gespielt. Letzte Woche haben sie auch gegen Bremen gewonnen; eins zu null.

Klaus: Ja, aber gegen den FC Nürnberg haben sie drei zu null verloren.

1. Suchen Sie im Dialog die Hilfsverben (*auxiliary verbs*) und die Partizipien.

2. Was für Endungen haben die Partizipien?

3. Mit welchem Präfix beginnen viele Partizipien?

4. Wie heißen die Infinitive dieser Verben?

Weak Verbs

Ich habe **gehört,** Dynamo Dresden hat sehr gut **gespielt.**	*I heard that Dynamo Dresden played very well.*
Wer hat das **gesagt?**	*Who said that?*
Wir haben lange **gewartet.**	*We waited for a long time.*

▶ The *Guide to Grammar Terms* online in CONNECT provides more basic information about strong, weak, and mixed verbs.

NOTE:

▶ Weak verbs form the past participle by combining the verb stem with the prefix **ge-** and the ending **-t.** The ending **-et** is used instead when the verb stem ends in **-t, -d,** or a consonant cluster such as in **regnen** or **öffnen.**

Infinitive	Prefix	Stem	Ending	Past Participle
hören	**ge-**	hör	**-t**	gehört
sagen	**ge-**	sag	**-t**	gesagt
warten	**ge-**	wart	**-et**	gewartet
regnen	**ge-**	regn	**-et**	geregnet

▶ Weak verbs ending in **-ieren** form the past participle without adding a prefix, but they do add a final **-t.**

Infinitive	Past Participle
diskutieren	diskutiert
fotografieren	fotografiert

[1]*starting at*

Übung 4   In meiner Kindheit

Drei Leute erzählen über ihre Hobbys als Kinder. Was hat ihnen Spaß gemacht? Was stimmt, und was wissen wir nicht?

	Das stimmt	Keine Information
1. Herr Harter hat gern …		
Trompete gespielt.	☐	☐
Briefmarken gesammelt.	☐	☐
viel Fernsehen geschaut.	☐	☐
2. Frau Beitz hat gern …		
mit ihrem Hund gespielt.	☐	☐
gemalt.	☐	☐
Comic-Hefte gesammelt.	☐	☐
3. Herr Huppert hat gern …		
Bücher von Karl May gesammelt.	☐	☐
im Schulorchester gespielt.	☐	☐
Fußball gespielt.	☐	☐

> ## Kulturspot
>
> Generationen von jungen Deutschen haben die dramatischen Abenteuer-Romane (*adventure novels*) von Karl May gelesen. Die populärsten Geschichten spielen im „romantischen Wilden Westen" Amerikas.

Übung 5   Im Nudelhaus

Was haben Inge und Claudia am Abend gemacht? Setzen Sie das Partizip Perfekt ein.

Inge und Claudia haben ein gemütliches Restaurant in der Stadt _____ ^{1} (suchen). Draußen hat es _____ ^{2} (blitzen) und _____ ^{3} (donnern), ein Gewitter! Im Nudelhaus war es sehr voll. Der Kellner hat sie _____ ^{4} (fragen): „Haben Sie einen Tisch _____ ^{5} (reservieren)?" Sie haben ziemlich lange auf einen Platz _____ ^{6} (warten). Der Kellner hat die Speisekarte auf den Tisch _____ ^{7} (legen). Am Nebentisch haben einige Leute Karten _____ ^{8} (spielen). Sie haben laut _____ ^{9} (lachen [*to laugh*]). Das Essen hat sehr gut _____ ^{10} (schmecken). Es hat nur 15 Euro _____ ^{11} (kosten). Auf dem Weg nach Hause hat es immer noch _____ ^{12} (regnen).

Übung 6   Ein Interview: Was und wie oft?

Was haben Sie schon einmal (*ever*) gemacht? Was noch nie (*never yet*)?

Schritt 1: Geben Sie Ihre Antworten zuerst unten an.

	Schon einmal	Schon oft	Noch nie
1. den ganzen Tag faulenzen	☐	☐	☐
2. etwas sammeln (z.B. Briefmarken, ?)	☐	☐	☐
3. im Internet surfen/bloggen	☐	☐	☐
4. etwas spielen (z.B. Schach, Trompete, ?)	☐	☐	☐
5. eine Radtour machen	☐	☐	☐
6. mit Freunden über Politik diskutieren	☐	☐	☐
7. eine SMS schicken	☐	☐	☐

Schritt 2: Arbeiten Sie dann zu zweit und stellen Sie einander abwechselnd Fragen.

BEISPIEL: **S1:** Hast du schon einmal Tango getanzt?

S2: Ja, das habe ich schon einmal gemacht. Hast du schon einmal Trompete gespielt?

S1: Nein, noch nie.

oder: Ja, ich habe schon oft …

Strong Verbs

Strong verbs form the past participle by placing the prefix **ge-** before the stem of the verb and adding the ending **-en.** Many show vowel and consonant changes in the past participle.

Infinitive	Prefix	Stem	Ending	Past Participle
gehen	**ge-**	gang	**-en**	gegangen
nehmen	**ge-**	nomm	**-en**	genommen
sitzen	**ge-**	sess	**-en**	gesessen
trinken	**ge-**	trunk	**-en**	getrunken

Heute habe ich Zeitung **gelesen.** — *Today I read the newspaper.*
Hast du schon Kaffee **getrunken?** — *Have you already drunk coffee?*
Dann sind wir zur Arbeit **gegangen.** — *Then we went to work.*

Following are several familiar strong verbs and their past participles. A more complete list of strong and irregular verbs is in the appendix.

Infinitive	Past Participle
essen	gegessen
finden	gefunden
geben	gegeben
helfen	geholfen
lesen	gelesen
schlafen	geschlafen
schreiben	geschrieben
sehen	gesehen
sprechen	gesprochen
stehen	gestanden

Übung 7   Kleine Probleme

Ergänzen Sie die fehlenden Partizipien.

BEISPIEL: Heute trinke ich Tee, aber gestern habe ich nur Wasser *getrunken* _____.

1. Heute geht es mir wieder gut, aber gestern ist es mir schlecht _____.

2. Isst du gern Sushi? —Das habe ich noch nie _____.

3. Mit wem sprichst du da? —Ich habe gerade mit meiner Mutter _____.

4. Ich hoffe, ich finde mein Handy wieder. Bis jetzt habe ich es immer noch nicht _____.

5. Ich sehe dich bald. Wir haben uns lange nicht _____.

6. Ich helfe dir gern. Du hast mir auch immer _____.

7. Wir stehen an der Bushaltestelle and warten. Gestern haben wir zwei Stunden im Regen _____ und auf den Bus _____.

Übung 8   Wie war's im Restaurant Nudelhaus?

Setzen Sie passende Partizipien der Verben im Kasten ein.

finden   helfen   geben

sitzen   stehen   trinken

sprechen   essen

1. Viele Leute haben vor dem Restaurant _____ und auf einen Platz gewartet.
2. Wir konnten zuerst keinen Platz finden. Dann haben wir endlich einen Platz _____.
3. Ich habe grüne Schinkennudeln _____, und wir haben Hefeweizenbier _____.
4. Am Tisch neben uns haben Touristen aus Brasilien _____.
5. Sie haben Portugiesisch _____.
6. Sie konnten kein Deutsch. Wir haben ihnen mit der Speisekarte _____.
7. Sie haben mir ihre Visitenkarte (*business card*) mit E-Mail-Adresse _____. Ich soll sie in Brasilien besuchen!

The Use of *haben* or *sein* as an Auxiliary

Most verbs use **haben** as the auxiliary verb in the present perfect tense.

Unsere Mannschaft **hat** das Fußballspiel **gewonnen.**	*Our team won the soccer game.*
Die Fans **haben** auf den Straßen **getanzt.**	*The fans danced in the streets.*

Sein is used with verbs that indicate movement from one place to another (e.g., **gehen** and **fahren**).

Wohin **ist** Rudi **gegangen?**	*Where did Rudi go?*
Er **ist** zum Fußballplatz **gegangen.**	*He went to the soccer field.*
Nach dem Spiel **ist** er nach Hause **gefahren.**	*After the game he went home.*

Other verbs that show motion from one place to another include **kommen (ist gekommen), laufen (ist gelaufen), fliegen (ist geflogen)** and **reiten (ist geritten).** Other important verbs using **sein** in the present perfect tense are **sein, bleiben, passieren,** and **werden.**

Wo **ist** Rudi gestern **gewesen?**	*Where was Rudi yesterday?*
Wir **sind** zu Hause **geblieben.**	*We stayed home.*
Unsere Mannschaft hat verloren? Wie **ist** das **passiert?**	*Our team lost? How did that happen?*
Nach dem Regen **ist** das Wetter wieder schön **geworden.**	*After the rain, the weather turned nice again.*

NOTE:

▷ Verbs conjugated with **sein** in the present perfect tense will be listed in the vocabulary sections as follows: **kommen, ist gekommen.**

Übung 9 Was hast du in deiner Freizeit gemacht?

Ergänzen Sie die Sätze mit der passenden Form von **sein** oder **haben.**

1. Ich _____ nichts gemacht. Es _____ die ganze Woche geregnet.
2. Ich _____ mit Freunden ins Kino gegangen.
3. Wir _____ einen alten Film mit Charlie Chaplin im Rialto gesehen.
4. Wir _____ zu Hause geblieben und _____ Karten gespielt.
5. Meine Eltern _____ zu Besuch gekommen. Ich hatte nämlich Geburtstag.
6. Ich _____ 21 geworden. Meine Freunde _____ für mich eine große Party gegeben.
7. Mein Freund und ich _____ zum Wochenende nach London geflogen.
8. Wir _____ in die Berge gefahren und _____ eine Wandertour gemacht.

Übung 10 Hin und her: Wochenende und Freizeit

Wer hat was gemacht? Arbeiten Sie zu zweit.

BEISPIEL: **S1:** Was hat Dagmar gemacht?
          S2: Sie ist zum Kegelklub gegangen.

wer	was
Dagmar	
Thomas	Fußball spielen
Jürgen	
Stefanie	einen Detektivroman lesen
Susanne	
Felix und Sabine	eine Radtour machen
die Kinder	

Beim Töpfern in der Freizeit

Mixed Verbs

A few commonly used verbs have features of both weak and strong verbs in the past participle. They are called mixed verbs. Like weak verbs, their participles end in **-t;** like most strong verbs, their verb stem undergoes a change.

Infinitive	Past Participle	Infinitive	Past Participle
bringen	gebracht	kennen	gekannt
denken	gedacht	wissen	gewusst

 The *Guide to Grammar Terms* online in CONNECT provides more basic information about verb prefixes.

Past Participles of Verbs with Prefixes

Many German verbs consist of a base verb, such as **rufen** or **stellen,** and a prefix, such as **an-** or **be-,** to form verbs such as **anrufen** (*to call*) and **bestellen** (*to order*). The verb **anrufen**, as you learned in **Kapitel 4**, belongs to the group of verbs that have separable prefixes.

     Ich **rufe** meinen Bruder **an.**   *I am calling my brother.*

Separable-prefix verbs form the past participle by inserting the **ge-** prefix between the separable prefix and the verb base. These verbs may be strong, weak, or mixed.

     Ich habe meinen Bruder **angerufen.**   *I called my brother.*
     Ich bin heute spät **aufgewacht.**   *I woke up late this morning.*
     Wo hast du ihn **kennengelernt?**   *Where did you meet him?*

Other examples of separable-prefix verbs and their past participles include:

Infinitive	Past Participle
aufstehen	(ist) aufgestanden
ausgeben	ausgegeben
ausgehen	(ist) ausgegangen
einkaufen	eingekauft
einladen	eingeladen
zurückkommen	(ist) zurückgekommen

Other verbs, such as **bestellen, gewinnen,** and **verbringen,** begin with prefixes that are not separable from the base, such as **be-, emp-, ent-, er-, ge-,** and **ver-.** A verb with an inseparable prefix forms the past participle without an additional **ge-** prefix. These verbs may be either strong, weak, or mixed.

Wir haben das Spiel **gewonnen.**	*We won the game.*
Er hat den ganzen Tag auf dem Fußballplatz **verbracht.**	*He spent the entire day on the soccer field.*
Der Gast hat eine Pizza **bestellt.**	*The guest ordered a pizza.*

Other examples of inseparable-prefix verbs and their past participles include:

Infinitive	Past Participle
bezahlen	bezahlt
erzählen	erzählt
gefallen	gefallen
verlieren	verloren

Übung 11 Verbformen

Schritt 1: Ergänzen Sie die fehlenden Verbformen.

Infinitiv	Hilfsverb	Partizip Perfekt
1. aufstehen	*ist*	aufgestanden
2. bestellen	_____	_____
3. einladen	hat	_____
4. _____	ist	eingeschlafen
5. gefallen	_____	gefallen
6. _____	_____	mitgekommen
7. _____	hat	verloren

Übung 12 Wie war das gestern?

Bilden Sie Sätze nach dem Beispiel.

BEISPIEL: Heute kaufe ich nicht ein.
　　　　　Aber gestern *habe ich eingekauft* .

1. Ich stehe gewöhnlich früh auf.
   Aber gestern _____.
2. Unser Fußballverein gewinnt nie.
   Aber gestern _____.
3. Eigentlich gefällt mir Kegeln im Verein nicht.
   Aber gestern _____.
4. Dirk kommt nie zum Fußballspiel mit.
   Aber gestern _____.
5. Ich verliere nie beim Tennisspiel.
   Aber gestern _____.

Übung 13 Kleine Situationen

Ergänzen Sie das Partizip Perfekt.

1. Aus der Zeitung: Großer, graugetigerter Kater, rotes Halsband mit Glöckchen _____ (verlieren). Wer hat ihn _____ (sehen) oder _____ (finden)? Er hört auf den Namen Charly.

2. In den letzten Tagen ist es recht kalt _____ (werden).

3. Wir haben gestern Abend noch lange über unsere Probleme _____ (diskutieren). Ich bin erst um drei Uhr nachts _____ (einschlafen). Und dann bin ich um sechs Uhr _____ (aufstehen).

4. Wir haben für acht Uhr einen Tisch im Nudelhaus _____ (reservieren). Wir haben alle eine Pizza _____ (bestellen).

5. **A:** Wo hast du deinen Freund _____ (kennenlernen)?

   B: Jemand hat ihn zu einer Party _____ (einladen). Gleich am nächsten Tag hat er mich _____ (anrufen).

6. **C:** Wie hat es euch im Nudelhaus _____ (gefallen)?

   D: Sehr gut. Warum bist du nicht _____ (mitkommen)?

   C: Ich habe nicht _____ (wissen), wo ihr wart.

Übung 14 Wie war dein Wochenende?

Schritt 1: Sprechen Sie zu zweit über Ihr Wochenende. Nennen Sie drei Aktivitäten. Folgen Sie dem Beispiel.

BEISPIEL: **S1:** Was hast du letztes Wochenende gemacht?

  S2: Zuerst habe ich meine Freundin angerufen.

  S1: Und dann?

Hier sind einige mögliche Aktivitäten:

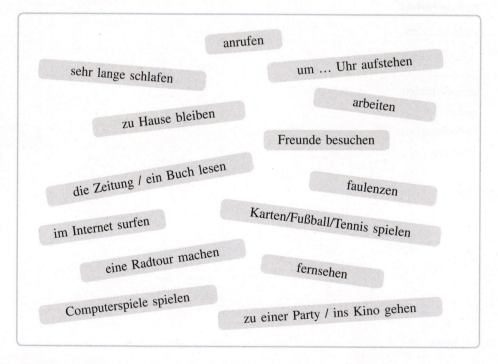

anrufen

sehr lange schlafen

um … Uhr aufstehen

zu Hause bleiben

arbeiten

Freunde besuchen

die Zeitung / ein Buch lesen

faulenzen

im Internet surfen

Karten/Fußball/Tennis spielen

eine Radtour machen

fernsehen

Computerspiele spielen

zu einer Party / ins Kino gehen

Schritt 2: Berichten Sie dann im Kurs.

Expressing Comparisons: The Comparative°

der Komparativ

> The *Guide to Grammar Terms* online in CONNECT provides more basic information about the comparative.

Adjectives and adverbs have three forms: the basic form (**die Grundform**), the comparative (**der Komparativ**), and the superlative (**der Superlativ**). In this chapter you will learn about the comparative.

Der Winter kommt. Es wird **kühler**.	*Winter is coming. It is getting cooler.*
Es regnet **öfter**.	*It rains more often.*
Die Tage werden **kürzer**.	*The days are getting shorter.*

In German, the comparative is formed by adding **-er** to the basic form of the adjective or adverb. (Remember that in German, adverbs are identical to adjectives.) German has only one way to form the comparative, whereas English has two:

cool → coo**ler**   often → **more** often

NOTE:

▶ Most adjectives of one syllable with the vowel **a, o,** or **u** add an umlaut.

groß	→ größer	oft	→ öfter
kurz	→ kürzer	warm	→ wärmer

▶ Some adjectives that end in **-er** or **-el** drop an **e** when adding the **-er.**

teuer	→ teurer	dunkel	→ dunkler

A small number of adjectives and adverbs have irregular forms in the comparative. Here are some common ones.

gern	→ lieber	hoch	→ höher
gut	→ besser	viel	→ mehr

Ich reite **gern,** aber ich wandere **lieber.**	*I like to ride, but I prefer hiking.*
Im Sommer regnet es hier nicht **viel**; im Winter regnet es **mehr.**	*It doesn't rain much here in the summer; in winter it rains more.*

The adverb **immer** is used with a comparative form to express "more and more."

Das Wetter wird **immer besser**.	*The weather is getting better and better.*

When comparing two things, German often uses **als** (*than*):

Das Wetter ist besser im Süden **als** im Norden.	*The weather is better in the South than in the North.*

Übung 15   Analyse

Suchen Sie alle Komparativformen in den Wetterberichten.

Freundlicher, bis 23 Grad
Es wird wieder sommerlicher. Der Himmel ist wechselnd bewölkt mit sonnigen Abschnitten. Die Temperatur steigt auf 23 Grad.

WETTER
23/10 Der Himmel ist heute meist nur leicht bewölkt, und nach Angaben der Meteorologen soll es auch trocken bleiben. Mittwoch und Donnerstag wird es noch wärmer.

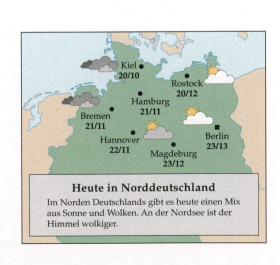

Heute in Norddeutschland
Im Norden Deutschlands gibt es heute einen Mix aus Sonne und Wolken. An der Nordsee ist der Himmel wolkiger.

Übung 16 Wie war das Wetter?

Ergänzen Sie die Sätze mit dem Adjektiv im Komparativ.

BEISPIEL: In Hamburg war es warm, aber in Berlin war es noch ___wärmer___.

1. Im Westen war es bewölkt, aber im Norden war es noch _____.
2. Heute ist es kalt und windig, aber gestern war es noch _____ und _____.
3. Am Meer war es sonnig, aber in den Bergen war es noch _____.
4. Am Nachmittag war es angenehm, aber am Abend war es noch _____.
5. Zu Weihnachten hat es viel geschneit, aber an Neujahr hat es noch _____ geschneit.
6. Das Wetter in Österreich hat mir gut gefallen, aber in Italien hat mir das Wetter noch _____ gefallen.
7. Auf dem Land gibt es oft Gewitter im Sommer, aber in den Bergen gibt es noch _____ Gewitter.

Übung 17 Vergleiche

Bilden Sie Sätze nach dem Muster.

BEISPIEL: in Berlin = 35 Grad Celsius / in Frankfurt = 25 Grad C (heiß) →
In Berlin ist es heißer als in Frankfurt.

1. in Österreich = 25 Grad C / in der Schweiz = 20 Grad C (warm)
2. in den Bergen = −2 Grad C / in der Stadt = 10 Grad C (kalt)
3. die Tage im Winter / die Tage im Sommer (kurz)
4. die Tage im Sommer / die Tage im Winter (angenehm)
5. das Wetter im Frühling / das Wetter im Herbst (regnerisch)
6. das Wetter heute / das Wetter gestern (gut)
7. die Temperatur gestern / die Temperatur heute (hoch)
8. in London / in Kairo (es regnet viel)

Expressing Equality

Use **so ... wie** (*as . . . as*) to express equality. Use **nicht so ... wie** to express inequality.

Das Wetter im Norden ist **so** schlecht **wie** im Süden.	*The weather in the North is as bad as in the South.*
Im Süden regnet es **nicht so** viel **wie** im Norden.	*It doesn't rain as much in the South as in the North.*

Übung 18 Vergleiche: Was ist Ihre Meinung?

Bilden Sie Sätze nach dem Beispiel.

BEISPIEL: Wandern gefällt mir / gut / Schwimmen →
Wandern gefällt mir besser als Schwimmen.
oder: Schwimmen gefällt mir nicht so gut wie Wandern.
oder: Wandern gefällt mir so/genauso gut wie Schwimmen.

1. Aerobic gefällt mir   gut   Bodybuilding
2. Ein Volkswagen kostet   viel   ein BMW
3. Ein BMW fährt   schnell   ein Volkswagen
4. Ich finde Kegeln   interessant Golf spielen
5. Ich höre klassische Musik   gern   Popmusik
6. Am Wochenende schlafe ich   lang   in der Woche
7. Wanderschuhe sind   bequem   Sandalen

The particle **noch** (*even*) intensifies a comparative.

Morgen wird es **noch** wärmer.
Tomorrow it's getting even warmer.

Sprach-Info

The adverb **genauso** (*just/exactly as*) can replace **so** to emphasize the point being made.

Österreich ist **genauso** schön **wie** die Schweiz.
Austria is just as beautiful as Switzerland.

Übung 19 Was meinst du?

Arbeiten Sie zu zweit und wechseln Sie einander ab (*take turns*). Folgen Sie dem Beispiel.

BEISPIEL: Ich gehe lieber _____ als _____. (ins Kino, in die Disco, ins Theater, …)

    S1: Ich gehe lieber ins Kino als ins Theater. Und du?

    S2: Ich gehe genauso gern ins Theater wie ins Kino.

    oder: Ich gehe nicht so gern ins Kino wie ins Theater.

    oder: Ich gehe auch lieber ins Kino als ins Theater.

1. Ich mag _____ lieber als _____. (Musik hören, Bloggen, Fernsehen, …)
2. Ich finde _____ schöner als _____. (klassische Musik, Rapmusik, Heavymetal, …)
3. Ich trage _____ lieber als _____. (Sandalen, Stiefel, Turnschuhe, …)
4. _____ gefällt mir besser als _____. (Rad fahren, Schlittschuh laufen, Inlineskaten, …)
5. Ich finde _____ interessanter als _____. (Wien, Berlin, Zürich, …)
6. _____ schlafe ich länger als _____. (an Wochentagen, am Wochenende, montags, …)
7. _____ gefällt mir besser als _____. (Camping, Wandern, Segeln, …)

Segeln macht mehr Spaß als Wandern.

KULTURJOURNAL

Sport in Deutschland

In ihrer Freizeit treiben viele Deutsche gern Sport; besonders beliebt sind Fußball, Rad fahren, Schwimmen und Wandern. In vielen Städten oder auch in kleinen Ortschaften gibt es Vereine[1] für Schützen[2] und Kegler[3], sowie fast 30.000 Sportvereine und Fußballclubs. In der Bundesliga[4] sind 18 professionelle Fußballmannschaften. In Deutschland sowohl wie in Österreich und der Schweiz steht auch Ski laufen ganz oben auf der Liste.

Als Aktivsport steht aber für die Deutschen das Radfahren an erster Stelle. In einer Umfrage mit 35.000 Personen stellte man fest, dass 27 Prozent der Befragten wenigstens einmal die Woche Rad fahren.

Es stimmt, dass Fußball Sport Nummer eins für die Deutschen ist. Aber spielen die Deutschen wirklich so viel Fußball? Statistiken zeigen, dass viele gern am Passiv-Sport teilnehmen. Das sind Sportarten im Fernsehen wie Boxen, Autorennen, Wintersportarten wie das Skirennen und natürlich auch Fußball.

Bergwandern im Kleinwalsertal im Allgäu

Zur Diskussion

1. Haben Sie eine Lieblingssportart? Wenn ja, welche?
2. Welche Sportarten sind Ihrer Meinung nach am gefährlichsten?
3. Welche Sportart ist in Ihrem Land am populärsten?

---

[1] *clubs*   [2] *marksmen*   [3] *bowlers*   [4] *Federal League* [= *National League*]

▶ Videoclips

A Tanja und Sandra treffen sich in der Stadt. Sandra möchte wissen, wie Tanja ihr Wochenende verbracht hat. Sehen Sie zunächst einmal das Video. Beantworten Sie beim zweiten Sehen die folgenden Fragen.

Wie hast du das letzte Wochenende verbracht?

1. Wo hat Tanja das letzte Wochenende verbracht?
   a. in Leipzig   **b.** in Jena   **c.** in Berlin

2. Warum ist Tanja in diese Stadt gefahren?
   a. Ihre Familie wohnt dort.
   b. Eine Freundin wohnt da.
   c. Ihr Freund wohnt dort.

3. Was hat sie dort gekauft?
   a. einen neuen Laptop   **b.** ein Tablet   **c.** eine neue Kamera

4. Was hat sie vor einigen Wochen in ihrer Heimatstadt in einem neuen Stadion gemacht?
   a. Sie hat ein Fußballspiel gesehen.
   b. Sie hat Fußball gespielt.
   c. Sie hat die deutsche Nationalmannschaft beim Fußballspiel gesehen.

5. Wann hat Tanja Geburtstag?
   a. im Dezember   **b.** im März   **c.** im Oktober

6. Was hat sie abends mit ihren Freunden an ihrem letzten Geburtstag gemacht?
   a. Sie sind tanzen gegangen.
   b. Sie haben eine Party gemacht.
   c. Sie haben in einem Restaurant Sushi gegessen.

B Sie sehen nun ein zweites Video zwischen zwei Freundinnen, Simone und Felicitas. Wie hat Felicitas ihr Wochenende verbracht? Wann hat sie Geburtstag gefeiert? Wie hat sie diesen Tag gefeiert? Ergänzen Sie die Lücken.

Arbeitskolleginnen	ins Kino
bei ihrer Familie	mit ihren Kindern
Eltern und Freunden	mit Bauchschmerz
in den Zoo	am zweiten März

1. Am Wochenende war sie _____ und mit Freunden zusammen.

2. Sie ist mit den Kindern ihrer Schwester am Wochenende _____ gegangen.

3. Ihren Geburtstag hat sie _____ gefeiert.

4. Sie hat diesen Tag mit _____ gefeiert.

C Wie haben Sie das letzte Wochenende verbracht? Haben Sie zum Beispiel Sport getrieben oder ein Spiel (z. B. Fußball oder Tennis) angeschaut? Schreiben Sie mindestens fünf Sätze.

Lesen

Zum Thema

Arbeitsstunden pro Woche in der EU	
Großbritannien	42,2
Österreich	**41,8**
Portugal	41,1
Zypern	41,1
Rumänien	41,0
Slowenien	41,0
Tschechien	41,0
Bulgarien	40,9
Polen	40,9
Slowakei	40,8
Deutschland	40,7
Malta	40,7
Estland	40,6
Griechenland	40,4
Ungarn	40,4
Lettland	40,3
Spanien	40,3
Schweden	39,9
Luxemburg	39,8
Litauen	39,6
Frankreich	39,5
Belgien	39,2
Finnland	39,1
Niederlande	39,0
Italien	38,8
Irland	38,4
Dänemark	37,7

Quelle: Eurostat, Mercer

Vom Dienstgeber bezahlte[1] Urlaubs- und Feiertage

- gesetzlicher Urlaubsanspruch in Tagen
- offizielle Feiertage

*Urlaubsanspruch nicht gesetzlich, aber üblich

[1]Vom Dienstgeber bezahlte *paid by the employer*

A Wie viel Freizeit hat man in verschiedenen Ländern? Wie viele Feiertage hat man? Und wie viele Stunden arbeitet man pro Woche? Schauen Sie sich die Tabelle an und beantworten Sie die folgenden Fragen.

1. Wie viele Urlaubstage haben die Österreicher im Jahr? die Deutschen? die Schweizer?

2. Welches Land hat mehr offizielle Feiertage, Österreich oder Deutschland? Wie viele hat jedes Land?

3. Welches Land hat die meisten offiziellen Feiertage?

4. Welches Land hat die meisten Urlaubstage?

5. Welches Land hat die meisten Arbeitsstunden pro Woche? die wenigsten?

6. Wie viele Urlaubstage und wie viele Arbeitsstunden pro Woche haben Arbeiter in Ihrem Land?

B Was machen die Deutschen in ihrer Freizeit? Schauen Sie sich die Grafik auf Seite 203 an. Vergleichen Sie Ihre Freizeitbeschäftigungen mit denen der Deutschen.

▶ Was machen Sie gern in Ihrer Freizeit?

▶ Stehen Ihre Freizeitaktivitäten auf der Liste?

C Machen Sie eine Liste der sechs beliebtesten Freizeitaktivitäten in Ihrer Klasse. Vergleichen Sie Ihre Klasse mit den Deutschen.

1. Was ist die beliebteste Freizeitbeschäftigung in Ihrer Klasse?

2. Was steht an zweiter Stelle (*place*) für die Klasse?

3. Steht diese Aktivität auf der Liste der Deutschen?

4. Welche Unterschiede (*differences*) und Ähnlichkeiten (*similarities*) gibt es?

Auf den ersten Blick

A Assoziationen: Woran denken Sie, wenn Sie _____ hören?

BEISPIEL: Schnee →

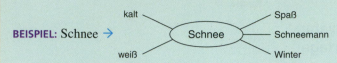

kalt — Spaß
Schnee
weiß — Schneemann
— Winter

1. Reisen
2. Schwimmen
3. freundlich sein
4. bequeme Schuhe

5. Hund
6. Buch
7. neue Musik
8. Singen

B Lesen Sie den Titel und überfliegen (*scan*) Sie den Text.

1. Was für ein Text ist das?
   a. ein Artikel aus einer Zeitung
   b. ein Gedicht (*poem*)
   c. ein Brief
2. Wie heißt der Autor?
3. Kennen Sie andere Werke (*works*) von ihm? Wenn ja, welche?

Vergnügungen

Bertolt Brecht 1898–1956

von Bertolt Brecht

Der erste Blick[1] aus dem Fenster am Morgen
Das wiedergefundene alte Buch
Begeisterte Gesichter[2]
Schnee, der Wechsel der Jahreszeiten
5 Die Zeitung
Der Hund
Die Dialektik
Duschen, Schwimmen
Alte Musik
10 Bequeme Schuhe
Begreifen[3]
Neue Musik
Schreiben, Pflanzen
Reisen
15 Singen
Freundlich sein.

———
[1]*glance* [2]Begeisterte ... *Enthusiastic faces* [3]*Understanding*

Zum Text

A Die Wörter **Duschen, Pflanzen, Reisen** können die Pluralformen sein von: **Dusche** (*shower*), **Pflanze** (*plant*), **Reise** (*trip*); oder sie können auch Verbformen sein: **Duschen** = *taking a shower;* **Pflanzen** = *planting;* **Reisen** = *traveling.* Wie versteht Brecht diese Wörter wahrscheinlich? Als Dinge (Objekte) oder als Aktivitäten? Warum ist das wichtig?

B Sind Brechts Vergnügungen ungewöhnlich oder ganz normal? Welche finden Sie ungewöhnlich? Warum?

C Schreiben Sie ein Gedicht mit dem Titel „Vergnügungen". Arbeiten Sie dann zu zweit und tauschen Sie Ihre Gedichte aus. Lesen Sie das Gedicht Ihres Partners / Ihrer Partnerin vor.

Zu guter Letzt

Ein Podcast über Ihre Universitätsstadt

Machen Sie einen Podcast über Ihre Stadt für deutschsprachige Touristen.

Schritt 1: In Gruppen zu viert, schauen Sie sich Thema 1 und 2 an und notieren Sie mindestens fünf Freizeitaktivitäten, die man in Ihrer Universitätsstadt machen kann, z.B. wandern, segeln, Rad fahren.

Schritt 2: Mit einer Digitalkamera gehen Sie an die Orte, wo man diese Aktivitäten macht, und filmen Sie die Freizeitaktivitäten. Sie sollen nicht mehr als drei Minuten pro Aktivität filmen.

Schritt 3: Mit der Gruppe schauen Sie sich die Aktivitäten in dem Film an und wählen Sie für jede Aktivität drei Szenen. Benutzen Sie nun diese Aktivitäten für Ihr Projekt.

Schritt 4: Schreiben Sie zu jeder Aktivität einen kurzen Text.

BEISPIEL: „Nicht weit von der Uni gibt es einen Wald mit einem See. Dort wandern und segeln viele Leute."

Schritt 5: Schneiden Sie Film und Text zusammen. Der Film soll nicht länger als vier Minuten sein.

Schritt 6: Zeigen Sie den Film Ihrer Klasse. Nach dem Film sollen die anderen Studenten sagen, was für andere Freizeitaktivitäten man an diesen Orten machen kann.

BEISPIEL: „Nicht weit von der Uni gibt es einen Wald. Er heißt Huesten Woods. Dort wandern und segeln viele Leute. Viele Studenten fahren dort auch Rad."

Wortschatz

Sport und Vergnügen — Sports and Leisure

angeln	to fish
bloggen	to blog
Bodybuilding machen	to do bodybuilding, weight training
der Brief, -e	letter
die Briefmarke, -n	postage stamp
faulenzen	to be lazy, lie around
die Freizeit	free time
der Fußball, ⸚e	soccer; soccer ball
Fußball spielen	to play soccer
joggen	to jog
die Karte, -n	card
malen	to paint
Rad fahren (fährt Rad), ist Rad gefahren	to bicycle, ride a bike
reiten, ist geritten	to ride (horseback)
sammeln	to collect
Schach spielen	to play chess
Schlittschuh laufen (läuft), ist gelaufen	to ice-skate
segeln	to sail
Ski fahren (fährt Ski), ist Ski gefahren	to ski
die Spielkarte, -n	playing card
der Sport, pl. Sportarten	sports, sport
Sport treiben, getrieben	to play sports
tauchen	to dive
Tennis spielen	to play tennis
(Zeit) verbringen, verbracht	to spend (time)
der Verein, -e	club, association
der Wagen, -	car
zeichnen	to draw

Orte — Locations

der Berg, -e	mountain
der Fluss, ⸚e	river
das Freibad, ⸚er	outdoor swimming pool
das Meer, -e	sea, ocean
das Schwimmbad, ⸚er	swimming pool
der See, -n	lake
der Sportplatz, ⸚e	athletic field
der Tennisplatz, ⸚e	tennis court
der Wald, ⸚er	forest
die Wiese, -n	meadow

Die Jahreszeiten — Seasons

das Frühjahr	spring
der Frühling	spring
der Herbst	autumn, fall
der Sommer	summer
der Winter	winter

Das Wetter — Weather

das Blatt (⸚er)	leaf
das Gewitter, -	thunderstorm
der Grad	degree(s)
35 Grad	35 degrees
der Himmel	sky
der Regen	rain
der Regenschauer, -	rain shower
der Regenschirm, -e	umbrella
der Schnee	snow
die Sonne	sun
Die Sonne scheint.	The sun is shining.
der Sonnenschein	sunshine
die Temperatur, -en	temperature
der Wetterbericht, -e	weather report
der Wind, -e	wind
die Wolke, -n	cloud

blitzen	to flash
Es blitzt.	There's lightning.
donnern	to thunder
Es donnert.	It's thundering.
regnen	to rain
Es regnet.	It's raining.
schneien	to snow
Es schneit.	It's snowing.

angenehm	pleasant
bewölkt	overcast, cloudy
heiß	hot
heiter	fair, bright
kalt; kälter	cold; colder
kühl	cool
kurz; kürzer	short; shorter
lang; länger	long; longer
neblig	foggy
regnerisch	rainy
schwül	muggy, humid
sonnig	sunny
stark; stärker	strong; stronger
warm; wärmer	warm; warmer
windig	windy
wolkenlos	cloudless

Andere Verben — Other Verbs

bringen, gebracht	to bring
dauern	to last; to take
fallen (fällt), ist gefallen	to fall
fliegen, ist geflogen	to fly
passieren, ist passiert	to happen
reservieren	to reserve
verlieren, verloren	to lose

Sonstiges	Other
als	than
beliebt	popular
denn	because, for
draußen	outside
dreimal	three times
drinnen	inside
einmal	once
einmal die Woche	once a week
einmal im Monat	once a month
einmal im Jahr	once a year

früher	earlier, once, used to (do, be, etc.)
genauso	just/exactly as
gestern	yesterday
jeden Tag	every day
oder	or
so … wie	as . . . as
sondern	but, rather
zweimal	twice

Das kann ich nun!

1. Nennen Sie drei Sportarten. Wie oft treiben Sie Sport?

2. Was braucht man?

   a. Zum Wandern braucht man _____.

   b. Zum Fußball spielen braucht man _____.

   c. Zum Radfahren braucht man _____.

3. Nennen Sie drei Freizeitaktivitäten. Was machen Sie gern in Ihrer Freizeit?

4. Wie gut können Sie das? Verwenden Sie **besser als** oder **(nicht) so gut wie** in Ihren Antworten.

   a. Schach spielen vs. Karten spielen

   b. Fahrrad fahren vs. Schlittschuh laufen

   c. singen vs. tanzen

5. Setzen Sie eine passende Konjunktion ein.

   a. Ist es kalt _____ warm draußen?

   b. Ich bin nicht zum Sportplatz gegangen, _____ ich bin zu Hause geblieben.

   c. Mein Freund segelt gern, _____ ich reite lieber.

6. Wie heißen die vier Jahreszeiten? Beschreiben Sie sie.

7. Setzen Sie die richtige Form von **haben** oder **sein** ein.

   a. Wann _____ das passiert?

   b. Wo _____ der Mann gestanden?

   c. Wann _____ seine Frau gekommen?

   d. Wann _____ sie ihn nach Hause gebracht?

   e. Wir _____ die ganze Zeit bei ihm geblieben.

8. Wie sagt man das im Perfekt?

   a. Wir gehen aus.

   b. Er spielt Fußball.

   c. Ich weiß das leider nicht.

   d. Er bestellt eine Pizza im Restaurant.

   e. Das Wetter wird besser.

Yoga im Fitnesscenter

Kapitel

8

Wie man fit und gesund bleibt

VIDEOCLIPS

Wann warst du das letzte Mal krank?

www.connectgerman.com

A Schauen Sie sich die Anzeige für Baden-Baden an, einen Kurort (*spa*) in Deutschland. Was kann man in Baden-Baden unternehmen (*do*)? Machen Sie eine Liste mit diesen Kategorien.

BEISPIEL:

Sport	Unterhaltung	Gesundheit
schwimmen	ins Theater gehen	in die Sauna gehen

B Was machen diese Leute in Baden-Baden?

	Herr/Frau Lohmann	Herr Kranzler	Frau Dietmold
Golf	☐	☐	☐
Karten spielen	☐	☐	☐
Massage	☐	☐	☐
Mini-Golf	☐	☐	☐
Sauna	☐	☐	☐
Schwimmen	☐	☐	☐
Spazierengehen	☐	☐	☐
Tanzen	☐	☐	☐
Theater	☐	☐	☐
Thermalbad	☐	☐	☐
Tischtennis	☐	☐	☐
Trinkkur	☐	☐	☐
Wandern	☐	☐	☐

Thema 1: **Fit und gesund**

A Was machen diese Leute, um **fit** zu bleiben?

NADINE: Für meine **Gesundheit tue** ich viel. Jeden Morgen gehe ich joggen. Ich esse vegetarisch. Zur **Arbeit** gehe ich **meistens zu Fuß.** Ich trinke viel **Kräutertee** und nur **ab und zu** ein Glas Wein zum Essen. Abends **entspanne** ich **mich** mit Tai-Chi.

PHILIPP: **Fitness** ist mir sehr wichtig. **Deshalb rauche** ich nicht und esse **gesund, d.h. wenig** Fleisch und viel Gemüse. Ich treibe **regelmäßig** Sport, **besonders** an der frischen **Luft,** zum Beispiel Inlineskating. Ich möchte **mich fit halten.** So, und jetzt muss ich **mich beeilen.** Ich muss ins Fitnesscenter.

JOHANNA: **Mindestens** zweimal im Jahr **mache** ich **Urlaub,** denn meine Arbeit ist sehr **anstrengend.** Ich bin nämlich **Krankenschwester.** Ich **achte auf** meine Gesundheit und esse nur **Biolebensmittel, entweder** direkt vom Bauernhof **oder** aus dem Bioladen. Ich mache jede Woche Yoga. So **erhole** ich **mich** vom **Stress.**

B Was tun Nadine, Philipp und Johanna für Gesundheit und Fitness? Ergänzen Sie die fehlenden Satzteile.

1. Nadine …
   a. geht jeden Morgen _____.
   b. isst _____.
   c. geht _____ zur Arbeit.
   d. _____ sich abends mit Tai-Chi.

2. Philipp …
   a. _____ sich fit mit Sport.
   b. _____ nicht.
   c. treibt regelmäßig Sport an der frischen _____.

3. Johanna …
   a. macht zweimal im Jahr _____.
   b. isst nur _____.
   c. _____ sich vom Stress mit Yoga.

Neue Wörter

die Gesundheit health
tue (tun) do
die Arbeit work
meistens mostly
zu Fuß on foot
der Kräutertee herbal tea
ab und zu now and then
entspanne mich relax
deshalb for that reason
rauche (rauchen) smoke
gesund healthily
d.h. = das heißt that is
wenig little
regelmäßig regularly
besonders especially
die Luft air
mich fit halten (sich fit halten) keep fit
mich beeilen (sich beeilen) hurry up
mindestens at least
mache Urlaub (Urlaub machen) go on vacation
anstrengend strenuous
die Krankenschwester nurse
achte auf (achten auf) pay attention to
die Biolebensmittel (*pl.*) organic foods
entweder … oder either . . . or
erhole mich recuperate

C Nadine, Philipp und Johanna leben gesund. Wählen Sie die richtige Antwort.

1. Wie kommt Nadine zur Arbeit?

    a. zu Fuß   **b.** mit dem Rad   **c.** mit dem Auto

2. Wie oft trinkt Nadine ein Glas Wein?

    a. nie   **b.** ab und zu   **c.** einmal in der Woche

3. Wie viel Fleisch isst Philipp?

    a. viel   **b.** wenig   **c.** keins

4. Wie oft treibt Philipp Sport?

    a. einmal im Monat   **b.** regelmäßig   **c.** nie

5. Was für Lebenmittel isst Johanna?

    a. Biolebensmittel   **b.** Lebensmittel aus dem Supermarkt

6. Wie oft macht Johanna Urlaub?

    a. mindestens zweimal   **b.** einmal im Jahr   **c.** nicht mehr als
       im Jahr   alle zwei Jahre

7. Wie erholt sich Johanna vom Stress?

    a. Sie joggt.   **b.** Sie läuft   **c.** Sie macht Yoga.
                                 Schlittschuh.

Aktivität 1   Meine Fitnessroutine

Schritt 1: Wie bleiben Sie fit und gesund?

Siehe Reflexive Pronouns and Verbs, S. 243.

1. ☐ joggen
2. ☐ ins Fitnesscenter gehen
3. ☐ vegetarisch essen
4. ☐ meditieren
5. ☐ Urlaub machen
6. ☐ wenig Alkohol trinken
7. ☐ Sport treiben (welchen?)
8. ☐ nicht rauchen
9. ☐ mich mit Yoga entspannen
10. ☐ viel an die frische Luft gehen
11. ☐ viel zu Fuß gehen
12. ☐ viel Wasser trinken
13. ☐ ??

Schritt 2: Sagen Sie nun, wie oft Sie das tun.

BEISPIEL: Ich trinke jeden Tag viel Wasser.

nie	jeden Tag
selten	mindestens/meistens einmal/zweimal die Woche
ab und zu	einmal/zweimal/dreimal im Jahr
regelmäßig	??

Schritt 3: Sagen Sie nun, warum Sie das tun oder nicht tun.

BEISPIELE: Ich jogge nicht. Das ist mir zu langweilig.
                Ich esse vegetarisch. Das ist gut für die Gesundheit.

macht mir (keinen) Spaß

ist gut/schlecht für die Gesundheit

macht krank

kostet zu viel Geld

habe keine Zeit/Lust dazu (*for that*)

ist zu anstrengend

ist (un)gesund

ist mir zu langweilig

??

Aktivität 2   Beim Fitnessberater°

fitness adviser

Spielen Sie ein Gespräch zwischen einem Fitnessberater und einer Klientin. Was darf man tun? Was soll man nicht tun?

Sie haben ein Problem? Was empfiehlt der Fitnessberater? Arbeiten Sie zu zweit.

BEISPIEL: S1: Ich bin immer müde. Was soll ich tun?
S2: Sie müssen mehr schlafen.
S1: Wie lange? …

Probleme	Empfehlungen
habe zu viel Arbeit	sich mit Yoga / Tai Chi entspannen
habe zu viel Stress	viel Kräutertee/Wasser trinken
rauche zu viel	keinen Kaffee trinken
kann nicht schlafen	mehr Sport treiben
bin immer müde	(öfter) Urlaub machen
bin so nervös	Vitamintabletten einnehmen
??	mindestens _____ Stunden pro Nacht / mehr schlafen
	??

Thema 2: Der menschliche Körper°

body

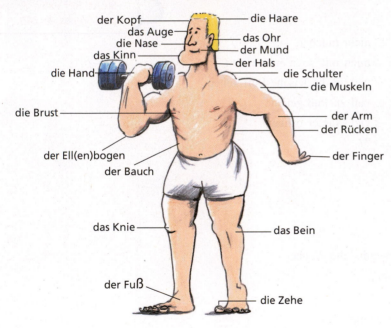

A Assoziationen: Was gehört dazu?

1. der Fuß	**a.** die Haare
2. der Ellenbogen	**b.** das Bein
3. der Kopf	**c.** der Arm
4. der Finger	**d.** die Zehe
5. das Knie	**e.** die Hand

B Welches Wort passt hier nicht?

1. das Bein	die Ohren	der Mund	die Augen
2. das Knie	der Bauch	der Fuß	das Bein
3. der Arm	der Finger	der Rücken	der Ellenbogen

Ein Telefongespräch

Christoph: Ja?

Stefanie: Hallo, Christoph? Hier ist Stefanie.

Christoph: Ja, grüß dich, Stefanie.

Stefanie: Nanu! Was ist denn los? Du **klingst** ja so **deprimiert**.

Christoph: Ich liege im Bett. Ich **fühle mich hundsmiserabel**.

Stefanie: **Was fehlt dir** denn?

Christoph: Ich habe eine **Erkältung**, vielleicht **sogar** die **Grippe**. Der Hals **tut** mir **weh**, ich kann **kaum schlucken** oder sprechen.

Stefanie: Das **tut mir** wirklich **leid**.

Christoph: Und morgen soll ich eine Seminararbeit (*paper*) bei Professor Höhn **abgeben**.

Stefanie: **So ein Pech.** Na, das muss warten. Warst du schon beim **Arzt**?

Christoph: Nein. Ich liege doch im Bett! Ich habe **Fieber** und **Husten** und bin total **müde** und **schlapp**.

Stefanie: Wie lange bist du denn schon **krank**?

Christoph: Seit **fast** zwei Wochen schon.

Stefanie: Du bist **verrückt**! Geh doch **gleich** zum Arzt. Er kann dir sicher was* **verschreiben**.

Christoph: Aber ich habe keinen **Termin**.

Stefanie: **Das macht nichts.** Geh einfach in die **Sprechstunde**.

Christoph: Na gut. Ich danke dir für den **Rat**.

Stefanie: **Nichts zu danken** … Ich wünsche dir **gute Besserung**!

> Ich fühle mich hundsmiserabel.

Neue Wörter

klingst (klingen) sound
deprimiert depressed
fühle mich (sich fühlen) feel
hundsmiserabel really lousy
Was fehlt dir? What's wrong with you?
die Erkältung cold
sogar even
die Grippe flu
tut weh (wehtun) hurts
kaum scarcely
schlucken swallow
tut mir leid (leidtun) I am sorry
abgeben drop off, give to
so ein Pech what bad luck
der Arzt doctor
das Fieber fever
der Husten cough
müde tired
schlapp worn-out
krank sick
fast almost
verrückt crazy
gleich right away
verschreiben prescribe
der Termin appointment
Das macht nichts. That doesn't matter.
die Sprechstunde office hours
der Rat advice
nichts zu danken don't mention it
gute Besserung get well soon

A Stimmt das oder stimmt das nicht?

	Das stimmt	Das stimmt nicht
1. Stefanie spricht mit Christoph am Telefon.	☐	☐
2. Christoph fühlt sich heute viel besser.	☐	☐
3. Er war gestern beim Arzt.	☐	☐
4. Stefanie ist deprimiert.	☐	☐
5. Stefanie gibt Christoph Rat.	☐	☐
6. Sie bringt Christoph zum Arzt.	☐	☐

B Was ist los mit Christoph? Ergänzen Sie!

1. Christoph klingt _____.

2. Er fühlt sich _____.

3. Er hat eine _____.

4. Der Hals _____ ihm _____.

5. Er kann kaum _____ oder _____.

6. Christoph ist seit zwei Wochen _____.

7. Er soll beim Arzt in die _____ gehen.

8. Stefanie wünscht ihm _____ _____.

---

*Was**, as used here, is a shortened form of **etwas.** It occurs often in colloquial German.

Aktivität 3 Christophs Geschichte

Erzählen Sie Christophs Geschichte. Benutzen Sie die Bilder.

1.

2.

3.

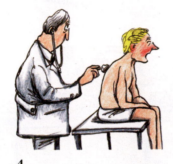

4.

5.

Aktivität 4 Im Aerobic-Kurs

Sie hören eine Aerobic-Lehrerin beim Training im Aerobic-Kurs. Nummerieren Sie alle Körperteile in der Reihenfolge von 1–10, so wie Sie sie hören. Einige Wörter auf der Liste kommen nicht im Hörtext vor.

_____ Arme	_____ Füße	_____ Knie	_____ Muskeln
_____ Bauch	_____ Hals	_____ Kopf	_____ Rücken
_____ Beine	_____ Hände	_____ Ohren	_____ Schultern
_____ Finger			

Sprach-Info

Use the following phrase to talk about how you feel:

Ich **fühle mich** nicht wohl.   *I don't feel well.*

The person with the symptoms refers to himself or herself with a pronoun in the dative case.

Mir ist schlecht.   *I feel sick to my stomach.*

The verb **fehlen** with the dative case is frequently used to ask "What is the matter?"

Was fehlt dir/ihm denn?   *What's the matter with you/him?*

Use the verb **wehtun** with the dative case to say that something hurts.

Die Füße **tun mir/ihm/ihr weh.**   *My/His/Her feet hurt.*

The noun **Schmerzen** (*pains*) can be combined with some body parts to describe where it hurts:

Ich habe **Kopfschmerzen** und **Halsschmerzen.**   *I have a headache and a sore throat.*

Kulturspot

Die Deutschen, so heißt es, sind die Meister[1] beim Arztbesuchen. Niemand in Europa geht so oft und so gern zum Arzt wie die Deutschen. Achtzehnmal pro Jahr gehen sie zum Arzt. Montag ist der beliebteste Tag für Arztbesuche.

_____
[1]*champions*

Aktivität 5 Beschwerden°

Complaints

Was fehlt diesen Leuten? Was sollten sie dagegen tun? Mehrere
Antworten sind möglich.

Dialog 1

| Leni hat: | Rückenschmerzen | eine Erkältung | Kopfschmerzen |
| Doris empfiehlt: | Geh zum Arzt. | Leg dich ins Bett. | Nimm Aspirin. |

Dialog 2

| Doris hat: | Kopfschmerzen | Bauchschmerzen | Fieber |
| Leni empfiehlt: | Geh zum Arzt. | Trink Kamillentee. | Leg dich ins Bett. |

Dialog 3

| Patient hat: | keine Energie | Halsschmerzen | kann nicht schlafen |
| Arzt empfiehlt: | mehr Schlaf | Kur im Schwarzwald | Tabletten gegen Stress |

Aktivität 6 Was fehlt dir denn?

Arbeiten Sie zu zweit und fragen Sie einander: „Was fehlt dir denn?"
Antworten Sie mit einem guten Rat.

BEISPIEL: **S1:** Ich fühle mich so schlapp.
         S2: Geh nach Hause und leg dich ins Bett.

Beschwerden	Ratschläge
Ich fühle mich so schlapp.	Nimm ein paar Aspirin.
Der Hals tut mir weh.	Geh …
Ich habe …	in die Sauna.
Kopfschmerzen.	nach Hause.
Rückenschmerzen.	zum Arzt.
Husten.	Leg dich ins Bett.
eine Erkältung.	Nimm mal Vitamin C.
Fieber.	Trink heißen Tee mit Rum.
Ich kann nicht schlafen.	??
Mir ist schlecht.	
Ich kann kaum schlucken.	

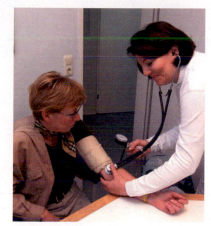

Was fehlt Ihnen?

NEHMEN SIE
MORGEN, MITTAGS
UND ABENDS JEWEILS[1]
125 STÜCK…

[1]*each time*

Thema 3: Morgenroutine

a.

b.

c.

d.

e.

f.

g.

h.

A Was bedeuten die Wörter und Ausdrücke? Kombinieren Sie!

1. sich duschen
2. sich setzen
3. sich kämmen
4. sich strecken
5. sich das Gesicht waschen
6. sich rasieren
7. sich anziehen
8. sich die Zähne putzen

to shave
to stretch
to brush one's teeth
to shower
to sit down
to comb one's hair
to wash one's face
to get dressed

B Was machen Herr und Frau Lustig morgens? Was passt zu welchem Bild?

1. _____ Er **rasiert sich.**
2. _____ Sie **streckt sich.**
3. _____ Sie **kämmt sich.**
4. _____ Sie **putzt sich die Zähne.**
5. _____ Er **duscht sich.**
6. _____ Er **setzt sich** an den Tisch.
7. _____ Sie **wäscht sich** das **Gesicht.**
8. _____ Er **zieht sich an.**

Aktivität 7   Meine Routine am Morgen

Was machen Sie jeden Morgen? Hier sind einige Dinge, die man morgens oft macht. In welcher Reihenfolge machen Sie alles jeden Morgen? Nummerieren Sie die Aktivitäten von 1 bis 8.

____ Ich ziehe mich an.

____ Ich dusche mich.

____ Ich wasche mir das Gesicht.

____ Ich kämme mich.

____ Ich strecke mich.

____ Ich rasiere mich.

____ Ich setze mich an den Frühstückstisch.

____ Ich putze mir die Zähne.

Aktivität 8 Hin und her: Was macht man morgens?

Was machen diese Leute und in welcher Reihenfolge? Machen Sie es auch so?

BEISPIEL: **S1:** Was macht Alexander morgens?
S2: Zuerst rasiert er sich und putzt sich die Zähne. Dann kämmt er sich.
Danach setzt er sich an den Tisch und frühstückt.

Wer	Was er/sie morgens macht		
Alexander	zuerst / sich rasieren / sich die Zähne putzen dann / sich kämmen danach / sich an den Tisch setzen / frühstücken		
Elke			
Tilo	zuerst / sich duschen / sich rasieren dann / sich an den Tisch setzen / frühstücken danach / sich die Zähne putzen		
Sie	zuerst / ??	dann / ??	danach / ??
Ihr(e) Partner(in)	zuerst / ??	dann / ??	danach / ??

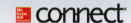

KULTURJOURNAL

Kur für jung und alt

Was ist eine Kur? Ganz einfach gesagt: eine Kur ist ein Urlaub für die Gesundheit. Menschen jeden Alters können eine Kur machen, sogar Kinder. Offiziell ist eine Kur eine Rehabilitation für die Gesundheit. Man geht „zur Reha" (kurz für Rehabilitation), wenn man eine Kur genehmigt[1] bekommt. Und wer bezahlt dafür? Die Krankenkasse[2], wenn der Arzt sie für seine Patienten empfohlen hat und die Krankenkasse sie genehmigt. Kein Wunder, dass dies bei Deutschen sehr beliebt ist. Es gibt in Deutschland 350 Heilbäder[3] und Kurorte[4].

Und wie lange dauert eine „Kur"? Sie dauert normalerweise drei bis vier Wochen. Nicht nur Krankenkassenpatienten gehen zur Kur. Ein Wellnessurlaub in einem der vielen landschaftlich schönen Kurorte und Heilbäder ist erholsam[5]. Man entspannt sich vom Stress des Alltagslebens, ob am Meer, an einem See, in den Bergen oder Wäldern.

Freizeitaktivitäten, von Yoga bis zu kulturellen Angeboten, sorgen dafür, dass ein Urlaub für die Gesundheit nie langweilig ist. Kunst und Kultur gehören zu jedem Kurort. Die vielen Restaurants in Kurorten machen gesundes Essen zu ihrer Spezialität.

Noch aus der Römerzeit stammt die Tradition der Trinkkur, einer Therapieform mit natürlichem Heilwasser[6]. Man trinkt in regelmäßigen Abständen[7] ein Glas mineralhaltiges Heilwasser aus besonderen Quellen[8], für die ein Kurort oder Heilbad bekannt ist.

Im Kurbad

Zur Diskussion

1. Suchen Sie online den Namen eines Kurortes in Deutschland. Was hat dieser Ort zu bieten?

2. Was für Möglichkeiten gibt es in Ihrem eigenen Land, etwas wie einen Kuraufenthalt für die Gesundheit zu tun?

[1]*approved* [2]*health insurance* [3]*therapeutic baths* [4]*health spas* [5]*restful* [6]*restorative water* [7]*intervals* [8]*springs, wells*

Connecting Sentences

Subordinating Conjunctions°

unterordnende Konjunktionen

Subordinating conjunctions are used to connect a main clause and a dependent clause. Four frequently used subordinating conjunctions are **dass** (*that*), **ob** (*whether, if*), **weil** (*because*), and **wenn** (*whenever, if*).

The *Guide to Grammar Terms* online in CONNECT provides more basic information about subordinating conjunctions.

Main Clause	Dependent Clause
Er bleibt zu Hause,	**weil** er eine Erkältung **hat.**
Ich weiß nicht,	**ob** er schon zum Arzt gegangen **ist.**
Er hat gesagt,	**dass** er zu Hause bleiben **muss.**
Ich bin sicher,	**dass** er **mitkommt.**

If the dependent clause precedes the main clause, the main clause begins with the conjugated verb, followed by the subject.

Dependent Clause	Main Clause
Weil Mark krank war,	**musste** er zu Hause bleiben.
Wenn wir Zeit haben,	**gehen** wir am Wochenende ins Fitnesscenter.
Ob Hans Zeit hat,	**weiß** ich nicht.

NOTE:

- A comma always separates the main clause from the dependent clause.
- In dependent clauses the conjugated verb is placed at the end.
- In the case of a separable-prefix verb, the prefix is joined with the rest of the verb.

Indirect Questions

An indirect question is made up of an introductory clause and a question. Interrogative pronouns function like subordinating conjunctions° in indirect questions. The conjugated verb is placed at the end.

Direct Question	Indirect Question
Warum kauft Herr Stierli so viel Vitamin B?	Ich weiß nicht, **warum** Herr Stierli so viel Vitamin B **kauft.**
Was hat er vor?	Ich möchte wissen, **was** er **vorhat.**

A yes/no indirect question is introduced by the conjunction **ob.**

Geht er zu einer Party?	Ich möchte wissen, **ob** er zu einer Party **geht.**

Für den Hals - jedenfalls: EMSER PASTILLEN

EMS

EMSER PASTILLEN [1]
Naturkraft gegen Erkältung

[1]*lozenges*

Übung 1 Es geht ihm hundsmiserabel.

Was passt zusammen? Mehrere Antworten sind manchmal möglich.

1. Christoph liegt im Bett, _____
2. Stefanie möchte wissen, _____
3. Stefanie hofft, _____
4. Er sagt ihr, _____
5. Sie fragt ihn, _____
6. Sie besucht ihn, _____

a. dass er schon seit fast zwei Wochen krank ist.
b. wie es ihm geht.
c. weil er die Grippe hat.
d. wenn er wieder gesund ist.
e. dass er endlich zum Arzt geht.
f. ob er schon beim Arzt war.

Übung 2 Ein großer Erfolg°

success

Schauen Sie sich den Cartoon „Herr Stierli" an. Beantworten Sie die Fragen, indem Sie die Konjunktion **weil** benutzen (*use*).

1. Warum ist Herr Stierli zur Apotheke gegangen? (Er wollte Vitamin B kaufen.)
2. Warum hat er fünf Packungen Vitamin B gekauft? (Er braucht mehr Energie.)
3. Warum war Herr Stierli so stolz (*proud*)? (Er war sehr populär bei den Gästen auf der Party.)
4. Warum hat er so großen Erfolg? (Er hat viel Vitamin B eingenommen.)

Übung 3 Was meinen Sie?°

What's your opinion?

BEISPIEL: S1: Obst ist die beste Nahrung (*food*).

S2: Ich bezweifle (*doubt*), dass Obst die beste Nahrung ist.

Redemittel

Ich bezweifle, dass …
Ich glaube auch, dass … / Ich bin sicher, dass …

1. Vitamin C ist gut gegen Erkältungen.
2. Klassische Musik ist gut gegen Stress.
3. Rauchen ist ungesund.
4. Yoga reduziert Stress.
5. Gesund ist, was gut schmeckt.
6. Bier macht dick.
7. Vegetarisches Essen ist ideal.
8. Zucker macht aggressiv.
9. Knoblauch (*garlic*) hilft gegen Vampire.

Übung 4 Wie gesundheitsbewusst° *health-conscious* sind Sie?

Fragen Sie einen Partner / eine Partnerin, was er/sie für Fitness und die Gesundheit tut und warum.

BEISPIEL: **S1:** Gehst du regelmäßig ins Fitnesscenter?

S2: Nein.

S1: Warum nicht?

S2: Weil ich das langweilig finde.

S1: Fragen	S2: Antworten
vegetarisch essen	finde das langweilig
Vitamintabletten einnehmen	kostet zu viel
oft zu Fuß gehen	mag ich (nicht)
Kräutertee / Kaffee / viel Wasser trinken	reduziert Stress
rauchen	macht mir (viel/keinen) Spaß
Yoga machen	habe keine Zeit dazu
regelmäßig ins Fitnesscenter gehen	ist sehr gesund/ungesund
Biolebensmittel kaufen	gefährdet die Gesundheit
Kalorien zählen	

Medikamente gibt es in der Apotheke.

Schwabentor Apotheke

Übung 5 Das mache ich, wenn …

Sagen Sie, wann Sie das machen.

BEISPIEL: Ich gehe zum Arzt, wenn ich krank bin.

Ich gehe zum Arzt, …	Ich brauche Zahnpasta.
zum Zahnarzt (*dentist*), …	Ich habe zu viel gegessen.
in die Sauna, …	Ich brauche Aspirin.
in die Drogerie, …	Ich fühle mich hundsmiserabel.
in die Apotheke, …	Ich habe die Grippe.
Ich bleibe im Bett, …	Ich fühle mich schlapp.
Ich nehme viel Vitamin C ein, …	Ich habe eine Erkältung.
	Ich bin krank.
Ich esse Hühnersuppe (*chicken soup*), …	Ich habe Zahnschmerzen.
Ich trinke Kräutertee, …	??

LÖWEN APOTHEKE

Übung 6 Was tun Sie gewöhnlich?

Sagen Sie, was Sie in diesen Situationen machen.

BEISPIEL: Wenn ich eine Erkältung habe, trinke ich viel Kräutertee.

Wenn ich eine Erkältung habe,	im Bett bleiben
Wenn ich nicht einschlafen kann,	Kräutertee trinken
Wenn ich gestresst bin,	im Internet surfen
Wenn ich mich hundsmiserabel	Rotwein mit Rum trinken
fühle,	viel Vitamin C einnehmen
	Hühnersuppe essen
	ein Buch lesen
	meditieren
	Musik hören
	??

Übung 7 Ich muss es mir überlegen°.

think it over

Kirsten möchte Drachenfliegen (*hang gliding*) lernen. Ihr Freund Stefan ist sehr skeptisch. Was will er genau wissen?

BEISPIEL: Wo kann man das lernen? →
Er will wissen, wo man das lernen kann.

Er will wissen, ...

1. Wie gefährlich (*dangerous*) ist das eigentlich?
2. Warum muss es ausgerechnet Drachenfliegen sein?
3. Was braucht man an Ausrüstung (*equipment*)?
4. Muss man nicht zuerst einen Führerschein (*driver's license*) machen?
5. Was kostet ein Kurs?
6. Willst du nicht lieber wandern gehen?

Übung 8 Gute Vorsätze°

intentions

Sie wollen fit werden oder fit bleiben. Sie beginnen ein Fitnessprogramm im Fitness-center. Für dieses Programm müssen Sie eine Liste Ihrer Vorsätze schreiben.

Schritt 1: Schreiben Sie fünf fünf bis acht Vorsätze, die Sie in Ihrem Programm haben wollen.

BEISPIEL: Ich möchte lernen, wie <u>*man Yoga macht*</u>.
Ich möchte wissen, wie <u>*man gesünder essen kann*</u>.

Schritt 2: Tauschen Sie Ihre Liste mit der eines Partners / einer Partnerin. Wie viele Vorsätze haben Sie gemeinsam?

Reflexive Pronouns and Verbs°

Reflexivpronomen und reflexive Verben

When the subject and pronoun object of a sentence refer to the same person, the object is called a reflexive pronoun.

Ich wasche **mich**.	*I wash myself.*
Die Studenten informieren **sich** über die Kosten.	*The students are informing themselves about the costs.*

▶ The *Guide to Grammar Terms* online in CONNECT provides more basic information about reflexive pronouns and verbs.

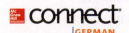

Reflexive pronouns are identical to personal pronouns except for the third-person forms and the formal **Sie**-forms, all of which are **sich.**

Reflexive Pronouns			
	Acc.	**Dat.**	
(ich)	mich	mir	*myself*
(du)	dich	dir	*yourself*
(Sie)	sich	sich	*yourself (formal)*
(er/sie)	sich	sich	*himself/herself*
(wir)	uns	uns	*ourselves*
(ihr)	euch	euch	*yourselves*
(Sie)	sich	sich	*yourselves (formal)*
(sie)	sich	sich	*themselves*

Wander-Vögel

informieren sich
jeden Samstag im
REISE-JOURNAL
der Rheinischen Post

Verbs with Accusative Reflexive Pronouns

German uses reflexive pronouns much more extensively than does English. Some verbs are always used with an accusative reflexive pronoun. The English equivalent of many such verbs has no reflexive pronoun at all.

Er hat **sich erkältet.**	*He caught a cold.*
Wir müssen **uns beeilen.**	*We have to hurry.*
Bitte, **setzen** Sie **sich.**	*Please sit down.*

The infinitives of these verbs are **sich erkälten, sich beeilen,** and **sich setzen.**

Infinitive: **sich setzen** (*to sit down*)			
ich setze	**mich**	wir setzen	**uns**
du setzt	**dich**	ihr setzt	**euch**
er sie es } setzt	**sich**	sie setzen	**sich**
Sie setzen **sich**			

NOTE:

▶ The reflexive pronoun comes after the conjugated verb.

▶ It follows pronoun subjects in questions and the formal imperative.

Verbs that *always* use an accusative reflexive pronoun include:

sich ausruhen	to rest
sich beeilen	to hurry
sich entspannen	to relax
sich erholen	to recuperate
sich erkälten	to catch cold

Verbs that *typically* use an accusative reflexive pronoun include:

sich (hin)legen	to lie down
sich (hin)setzen	to sit down
sich informieren (über)	to inform oneself (about)
sich (wohl) fühlen	to feel (well)

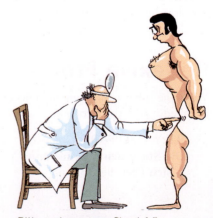

„Bitte entspannen Sie sich!"

Übung 9 Analyse

Schauen Sie sich den Cartoon an.

1. Lesen Sie, was Wurzel denkt, und identifizieren Sie die Sätze mit reflexiven Verben.

2. Wie fühlt sich Wurzel heute?

3. Fühlt er sich gewöhnlich so gut? Wie oft hat er sich schon so gefühlt?

4. Warum fühlt er sich am Ende ganz deprimiert?

¹unusual ²sign

Übung 10 Beim Arzt

Sie hören eine Besprechung zwischen Herrn Schneider und seinem Arzt. Markieren Sie die richtigen Antworten auf die Fragen.

1. Warum hat Herr Schneider einen Termin beim Arzt?
   a. Er hat einen chronischen Schluckauf (*hiccups*).
   b. Er hat sich beim Fitnesstraining verletzt.
   c. Er fühlt sich so schlapp.

2. Was ist die Ursache (*cause*) seines Problems?
   a. Seine Arbeit bringt viel Stress mit sich.
   b. Er sitzt den ganzen Tag am Schreibtisch.
   c. Seine Arbeit ist so langweilig.

3. Was empfiehlt ihm der Arzt?
   a. Er soll sich eine andere Arbeit suchen.
   b. Er soll sich im Schwarzwald vom Stress erholen.
   c. Er soll Sport treiben.

4. Wie reagiert Herr Schneider auf diese Vorschläge?
   a. Er ist sehr enthusiastisch.
   b. Er hat keine Zeit für eine Kur im Schwarzwald.
   c. Er interessiert sich nicht für Sport.

5. Was verschreibt ihm der Arzt?
   a. einen täglichen Spaziergang
   b. regelmäßig meditieren
   c. Vitamintabletten

6. Warum meint der Arzt, dass Herr Schneider mit seinen Nerven am Ende ist?
   a. Er hat einen Schluckauf und weiß es nicht.
   b. Er entspannt sich oft.
   c. Er redet zu viel und zu schnell.

Verbs with Reflexive Pronouns in the Accusative or Dative

A number of German verbs may be used with a reflexive pronoun in either the accusative or the dative case. They include:

sich anziehen	*to get dressed*
sich kämmen	*to comb one's hair*
sich verletzen	*to injure oneself*
sich waschen	*to wash oneself*

Reflexive Pronoun in the Accusative	**Reflexive Pronoun in the Dative**
Ich ziehe **mich** an.	Ich ziehe **mir** die Jacke an.
I get dressed.	*I put my jacket on.*
Ich wasche **mich.**	Ich wasche **mir** die Hände.
I wash myself.	*I wash my hands.*
Du hast **dich** verletzt.	Du hast **dir** den Fuß verletzt.
You've injured yourself.	*You've injured your foot.*
Ich kämme **mich.**	Ich kämme **mir** die Haare.
I'm combing my hair.	*I'm combing my hair.*
—	Ich putze **mir** die Zähne.
	I brush my teeth.

NOTE:

◗ The reflexive pronoun is in the dative case if the sentence also has a direct object in the accusative.

◗ The expression **sich die Zähne putzen** is used only with the dative reflexive pronoun.

Übung 11 Morgenroutine

Morgens geht es bei der Familie Kunze immer recht hektisch zu. Ergänzen Sie die fehlenden Reflexivpronomen.

Herr Kunze duscht _____[1] zuerst. Dann rasiert er _____.[2] Seine Frau ruft: „Bitte, beeil _____,[3] ich muss _____[4] auch noch duschen."

Cornelia, die siebzehnjährige Tochter, erklärt: „Ich glaube, ich habe _____[5] erkältet. Ich fühle _____[6] so schlapp. Ich lege _____[7] wieder hin." Frau Kunze zu Cornelia: „Zieh _____[8] bitte sofort an! Du fühlst _____[9] so schlapp, weil du so spät ins Bett gegangen bist." Cornelia: „Ja, ja, ich ziehe _____[10] ja schon an."

Frau Kunze zu Thomas, dem siebenjährigen Sohn: „Es ist schon halb acht, und du musst _____[11] noch kämmen. Hast du _____[12] überhaupt schon gewaschen? Und hast du _____[13] auch die Zähne geputzt?"

Sabine, die zwölfjährige Tochter, duscht _____[14] schon seit fünfzehn Minuten.

Herr und Frau Kunze setzen _____[15] endlich an den Frühstückstisch. Herr Kunze zu seiner Frau: „Wir müssen _____[16] beeilen. Wo sind denn die Kinder?" Er ruft ungeduldig: „Könnt ihr _____[17] nicht ein bisschen beeilen? Es ist schon acht Uhr."

So ist es jeden Morgen: Alle müssen _____[18] beeilen.

Übung 12 Ratschläge°

Advice

Was kann man Ihnen in diesen Situationen raten?

BEISPIEL: **S1:** Ich fühle mich hundsmiserabel.

S2: Leg dich ins Bett.

oder Du musst dich ins Bett legen.

1. Es ist sehr kalt draußen.
2. Sie haben sich erkältet.
3. Sie fühlen sich hundsmiserabel.
4. Sie haben den ganzen Tag mit Arbeit verbracht.
5. Sie müssen in einer Minute an der Bushaltestelle sein.
6. Sie haben sich den Fuß verletzt.

sich beeilen
sich ins Bett legen
sich entspannen
sich (ins Café) setzen
sich warm anziehen
sich ausruhen
??

Was macht er da? Er erkältet sich bestimmt.

Übung 13 Wie oft machen Sie das?

Fragen Sie jemanden, wie oft er/sie die folgenden Dinge macht.

BEISPIEL: sich die Zähne putzen →

S1: Putzt du dir jeden Tag die Zähne?

S2: Natürlich putze ich mir jeden Tag die Zähne.

sich die Zähne putzen   nie
sich die Haare kämmen   ab und zu
sich rasieren   oft
sich die Haare waschen   jeden Tag/Morgen/Abend
sich duschen   einmal/zweimal die Woche

Expressing Reciprocity

A reflexive pronoun is also used to express reciprocity.

Leonie und Lars **lieben sich.**	*Leonie and Lars love each other.*
Sie **treffen sich** im Café.	*They meet (each other) in the café.*
Sie **haben sich** vor zwei Wochen **kennengelernt.**	*They met each other two weeks ago.*
Sie **rufen sich** oft **an.**	*They call each other frequently.*

Übung 14 Der neue Freund

Leonie erzählt ihrer Freundin Katrin über ihren neuen Freund Lars. Benutzen Sie die Verben unten für einen kleinen Bericht.

Hier ist der Anfang:

Wir haben uns vor zwei Wochen kennengelernt.

1. sich kennenlernen (wo)
2. sich anrufen (wie oft)
3. sich treffen (wo, wie oft)
4. sich sehr gut verstehen
5. sich lieben

KULTURJOURNAL

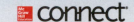

Wo lebt man gesund?

Kann man wirklich feststellen, wo man in einem Land am gesündesten lebt? Genau das hat eine Studie von 81 deutschen Städten getan. Die Studie hat festgestellt, dass Ulm die gesündeste Stadt Deutschlands ist.

Was hat man gemessen, um zu diesem Ergebnis zu kommen? Für die Studie hat man Statistiken über Lebenserwartung, Umweltverschmutzung[1] und Krankenhausbetten sowohl wie die Zahl von Krippenplätzen[2] und Straftaten[3] analysiert. Man hat sogar die Zahl der Theaterbesuche angeschaut. Grünflächen und die Möglichkeit sich zu erholen spielten in der Studie auch eine große Rolle. Also, wo lebt man am gesündesten und warum? Bei allen Kriterien steht Ulm an der Spitze, aber man lebt auch in anderen Städten gesund, wie z.B. in Heidelberg (medizinische Versorgung), Kiel (saubere Luft), Magdeburg (Erholungsflächen) und München (Sport).

Und wer liegt auf den Plätzen zwei und drei in der Studie? Erlangen und Heidelberg. Wo liegen Berlin und Hamburg? Auf Platz 72 und 23.

—Quelle: *Frankfurter Allgemeine Zeitung*, 22.08.2007

In Ulm lebt man gesund.

Zur Diskussion

1. Nennen Sie drei Kategorien, die man in dieser Studie untersucht hat.

2. Warum hat man für die Studie die Zahl der Theaterbesuche analysiert?

3. Warum spielen Grünflächen in der Studie eine Rolle?

4. Wo lebt man am gesündesten in Ihrem Land? Suchen Sie Statistiken über drei Kategorien aus dieser Studie und berichten Sie der Klasse darüber.

[1]environmental pollution   [2]day-care slots   [3]crimes

▶ Videoclips

A **Stimmt das oder stimmt das nicht?** Juliane, Albrecht, Judith, Michael und Sandra sprechen über Krankheit. Schauen Sie sich die Videos an und sagen Sie, ob die Informationen stimmen.

Vor zwei Wochen war ich krank.

	das stimmt	das stimmt nicht
1. Albrecht hatte im Winter eine Grippe.	☐	☐
2. Michael hatte vor zwei Wochen Magenprobleme[1].	☐	☐
3. Sandra hatte sich das Bein gebrochen.	☐	☐
4. Wenn Michael erkältet ist, liegt er im Bett und trinkt Tee.	☐	☐
5. Wenn Sandra erkältet ist, geht sie unter die warme Dusche.	☐	☐
6. Wenn Albrecht erkältet ist, nimmt er keine Medikamente am Anfang.	☐	☐

B **Ein Unfall.** Albrecht, Michael und Sandra haben alle mal einen Unfall gehabt. Wer war das?

	Albrecht	Michael	Sandra
1. Er/sie ist mit dem Fahrrad gefahren.	☐	☐	☐
2. Sie waren im Auto.	☐	☐	☐
3. Sie sind in ein Auto gefahren.	☐	☐	☐
4. Die Straßenbahnschienen waren glatt.	☐	☐	☐
5. Er/sie ist ausgerutscht.	☐	☐	☐
6. Er/sie bekam nur ein paar blaue Flecken.	☐	☐	☐
7. Das Bein hat geblutet.	☐	☐	☐
8. Er/sie hat auch eine Narbe davon.	☐	☐	☐

C Erzählen Sie, was Albrecht, Michael und Sandra beim Unfall passiert ist. Benutzen Sie die Wörter und Ausdrücke unten. Fügen Sie (*add*) andere hinzu, wenn nötig (*necessary*).

1. Albrecht / im Wettrennen / mit / Fahrrad / fahren // und / stürzen

2. Michael / mit / Mutter / im Auto / sitzen // Auto / stehen bleiben // in das Auto / vor ihnen / fahren

3. Sandra / im Winter / auf Straßenbahnschienen / ausrutschen // aber / nicht sehr verletzt

D **Und Sie?**

1. Was machen Sie, wenn Sie erkältet sind? Nehmen Sie Medikamente? Trinken Sie Tee? Nehmen Sie ein heißes Bad?

2. Haben Sie mal einen Unfall gehabt? Beschreiben Sie den Unfall.

---
[1]*stomach problems*

Nützliche Wörter

der Unfall accident
das Wettrennen race
ausgerutscht skidded
die Straßenbahnschienen *(pl.)* streetcar tracks

Lesen

Zum Thema

A Wie gesund essen Sie? Was betrifft Sie?

Essen Sie gesund?

Wie oft essen bzw. trinken Sie …	täglich	mehrmals pro Woche	selten	nie
Getreideprodukte (Vollkornbrot, Weißbrot, Cerealien, Reis, Pasta usw.)	☐	☐	☐	☐
frisches Obst und Gemüse, Fruchtsaft ohne Zucker	☐	☐	☐	☐
Milchprodukte (Vollmilch, Magermilch, Quark, Joghurt, Käse usw.)	☐	☐	☐	☐
Wurst, Schinken, Speck, Aufschnitt	☐	☐	☐	☐
Fleisch (Rindfleisch, Schweinefleisch usw.)	☐	☐	☐	☐
Geflügel	☐	☐	☐	☐
Fisch, Meeresfrüchte	☐	☐	☐	☐
Butter	☐	☐	☐	☐
Süßigkeiten	☐	☐	☐	☐
Cola, Limonade	☐	☐	☐	☐
Bier, Wein, Alkohol	☐	☐	☐	☐
Kaffee, Tee	☐	☐	☐	☐

B Was gehört zu Ihrer wöchentlichen Fitnessroutine? Kreuzen Sie die Aktivitäten an!

☐ joggen   ☐ Bodybuilding machen

☐ Rad fahren   ☐ schwimmen

☐ Tennis spielen   ☐ Golf spielen

☐ reiten   ☐ Gewichte heben

☐ tauchen   ☐ Schlittschuh laufen

☐ wandern   ☐ Fußball spielen

☐ Gymnastik

Machen Sie wöchentlich mehr als eine der obigen (*above*) Sportarten? Welche?

C Vergleichen Sie Ihre Ess- und Fitnessgewohnheiten untereinander in kleinen Gruppen. Was haben Sie erfahren? Berichten Sie dann im Kurs darüber.

BEISPIEL: Stephanie isst viel Obst und Gemüse, aber Robert isst gesünder als sie. Er isst nie Fast Food und wenig Fleisch.

Stephanie macht dreimal die Woche Bodybuilding. Robert geht jeden Morgen joggen.

Auf den ersten Blick

A Schauen Sie sich den Titel und den Text kurz an.

1. Was ist das Thema von diesem Lesestück?

   a. Gymnastik

   b. Gesundheit und Fitness

   c. Rezepte für gutes Essen

2. Was für ein Artikel ist es?

   a. ein Interview

   b. ein Finanzbericht

   c. eine Filmrezension (*film review*)

B Lesen Sie den ersten Absatz und beantworten Sie diese Fragen.

1. Was steht im Text? Kreuzen Sie alles an, was im Text steht.

   ☐ Slatco Sterzenbach nennt man den "Ironman" unter den Fitnessexperten.

   ☐ Er hat Bücher über Fitnesstraining geschrieben.

   ☐ Er hat eine Silbermedaille bei der Olympiade gewonnen.

   ☐ Er ist Diplom-Sportwissenschaftler.

2. Im Artikel stellt man Slatco Sterzenbach Fragen über Fitness. Spekulieren Sie: Was sind möglicherweise zwei Fragen, die man ihm stellen wird?

Von der Work-LifeBalance bis zur Burn-out Prävention

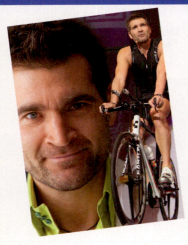

Slatco Sterzenbach

Slatco Sterzenbach ist der "Ironman" unter den Fitnessexperten, und das buchstäblich[1]. Der Sport-Guru und Autor mehrerer Bestseller ist nicht nur Diplom-Sportwissenschaftler[2], sondern Triathlon-Profi und fünfzehnfacher Ironman-Finisher. Wer das schafft[3], muss wissen wie Fitness funktioniert. Wir
5 haben dem gefragtesten Motivationstrainer Deutschlands diese Fragen gestellt.

„Zu welcher Tageszeit sind wir am leistungsfähigsten?"
Das kommt immer darauf an, was man erreichen will. Kurz: wenn Sie abnehmen wollen, ist ein Training vor dem Frühstück sinnvoll[4]. Zwischen 15 und 18 Uhr haben wir die meisten Wachstumshormone[5] – da ist Krafttraining
10 für einen Muskelaufbau besonders effektiv. Die Hochzeit des Herzens liegt hingegen zwischen 18 und 20 Uhr – da ist intensives Ausdauertraining am effizientesten, vorausgesetzt[6], Sie können danach gut einschlafen.

„Was, wenn meine Trainingsempfehlungen nicht in meinen Tagesablauf passen?"
15 Bleiben Sie entspannt[7]. Wichtiger als optimales Training ist es, überhaupt zu trainieren. Sport muss in Ihr Leben passen. Es nützt nichts, wenn Sie früh

Training im Fitnessstudio

[1]*literally* [2]*certified sports scientist* [3]*accomplishes* [4]*sensible* [5]*growth hormones* [6]*provided* [7]*relaxed*

251

morgens um 7 Uhr extra viel Fett beim Joggen verbrennen, wenn Sie genau
dann Ihre Kinder für die Schule fertig machen wollen. Vielleicht passt es
Ihnen abends um 19 Uhr besser – jede Laufminute zählt, egal, wann Sie diese
20 absolvieren[8].

„Wie überwinde ich das Mittagstief?"

Mit leichter Kost[9]! Das heißt, keine oder kaum Kohlenhydrate[10] (z.B. Nudeln,
Brot, Reis), dafür umso mehr Eiweiß[11] und Ballaststoffe[12] (z.B. ein Salat mit Fisch
oder Fleisch oder ein Omelett mit viel Gemüse). Auch ein kleiner Mittagsschlaf
25 ist eine echte Power-Quelle. Wichtig ist allerdings, dass er nicht länger als 10
Minuten dauert – sonst kommen Sie in die Tiefschlaf-Phase und das macht erst
richtig müde. Ein Spaziergang an der frischen Luft wirkt ebenfalls Wunder.

„Gibt es eine bestimmte Jahreszeit, in der man am besten mit einer neuen Sportart beginnt?"

30 Egal, ob Sommer oder Winter – es gibt nur einen perfekten Zeitpunkt: Jetzt!
Schieben Sie Ihr Ziel nicht länger vor sich her[13]. Heute ist der beste Tag, um mehr
Bewegung in Ihr Leben zu bringen. Planen Sie Sport wie eine Verabredung[14].
Bereiten Sie sich am Abend zuvor darauf vor – dann kommt Ihnen auch
keine plötzliche Ausrede[15] dazwischen. Tipp für Berufstätige[16]: Legen Sie Ihre
35 Sporttasche gleich ins Auto und fahren Sie direkt nach Feierabend[17] zum Training.

_____

[8]accomplish, complete [9]food, fare [10]carbohydrates [11]protein [12]fiber
[13]Schieben ... vor sich her put off, postpone [14]date, appointment [15]excuse [16]working people
[17]after work

Zum Text

A Was stimmt und was stimmt nicht nach Herrn Sterzenbach?

	Das stimmt	Das stimmt nicht
1. Krafttraining für Muskelaufbau ist zwischen 15 und 18 Uhr besonders effektiv.	☐	☐
2. Zwischen 18 und 20 Uhr ist Ausdauertraining für das Herz am effektivsten.	☐	☐
3. Egal welche Tageszeit — es ist wichtig zu trainieren.	☐	☐
4. Man soll nie ein Power-Schläfchen machen.	☐	☐

B Kombinieren Sie!

1. Wenn man abnehmen will, _____
2. Mit leichter Kost ohne Kohlenhydrate _____
3. Slatco Sterzenbach ist bekannt als _____
4. Zwischen 15 und 18 Uhr _____
5. Man kann eine neue Sportart _____

a. der "Ironman" unter den Fitnessexperten.
b. ist Krafttraining für Muskelaufbau sehr effektiv.
c. zu jeder Zeit beginnen.
d. ist Training vor dem Frühstück am besten.
e. kann man das Mittagstief überwinden.

C Ergänzen Sie die Sätze.

1. Slatco Sterzenbach hat mehrere Bücher über _____ geschrieben.

2. Intensives Ausdauertraining macht man am besten _____.

3. Krafttraining für Muskelaufbau ist sinnvoll zwischen _____ und _____ Uhr.

4. Man muss Sport machen, wenn er _____ passt.

D **Meinungen zum Text.** Beantworten Sie die folgenden Fragen.

1. Stimmen Sie mit allen Vorschlägen von Herrn Sterzenbach überein? Wenn nicht, nennen Sie einen Vorschlag, mit dem Sie nicht übereinstimmen und sagen Sie, warum.

2. Gibt es bekannte Sport- und Fitnessexperten in Ihrem Land? Nennen Sie ein paar.

3. Welche Fragen haben Sie für Herrn Sterzenbach? Stellen Sie ihm eine oder zwei Fragen über Fitness und Gesundheit.

E **Fragen und Antworten.** Die Hälfte der Klasse schreibt Fragen über Fitness und Gesundheit, die andere Hälfte Antworten zu diesem Thema. Dann kommen alle Studenten zusammen und versuchen, logische Frage-Antwort-Kombinationen zu finden. Nicht alle Fragen und Antworten passen zusammen – es kann lustig werden!

Zu guter Letzt

Ein idealer Fitnessplan

Machen Sie einen idealen Fitnessplan für sich.

Schritt 1: Schreiben Sie eine Liste mit Fitnessaktivitäten, die Sie während der letzten Woche gemacht haben. Analysieren Sie die Liste:

- Sind Sie viel zu Fuß gegangen?
- Haben Sie Sport getrieben?
- Haben Sie sich zu wenig entspannt?
- Was sehen Sie als positiv, was als negativ?

Schreiben Sie nun eine Liste mit allem, was Sie während der letzten Woche gegessen haben. Analysieren Sie die Liste:

- Haben Sie gesund gegessen?
- Haben Sie zu viel Fast Food gegessen?

Schritt 2: Möchten Sie mehr für Ihre Gesundheit tun? Was ist der ideale Fitnessplan für Sie? Machen Sie nun mithilfe der Informationen, die Sie in **Schritt 1** gesammelt haben, einen idealen Fitnessplan für sich.

BEISPIEL: **Mein idealer Fitnessplan**

Sport treiben	Essen und trinken	Sonstiges
dreimal die Woche joggen	mehr Gemüse essen	weniger Fernsehen
_____	_____	_____
_____	_____	_____
_____	_____	_____

Schritt 3: Tauschen Sie Ihre Listen und Ihren Fitnessplan mit einem Partner / einer Partnerin aus. Lesen Sie die Fitnesspläne und machen Sie einander dann einige Vorschläge (*suggestions*). Sie können sie entweder annehmen (*accept*) oder ablehnen (*reject*).

BEISPIEL: Enstpanne dich öfter und geh zu Fuß zur Uni.

Schritt 4: Revidieren (*revise*) Sie nun Ihren Fitnessplan und machen Sie eventuell Korrekturen oder Änderungen (*changes*).

Wortschatz

Körperteile / Parts of the Body

der Arm, -e	arm
das Auge, -n	eye
der Bauch, -̈e	stomach, belly
das Bein, -e	leg
die Brust, -̈e	chest; breast
der Ell(en)bogen, -	elbow
der Finger, -	finger
der Fuß, -̈e	foot
das Gesicht, -er	face
das Haar, -e	hair
der Hals, -̈e	throat, neck
die Hand, -̈e	hand
das Kinn, -e	chin
das Knie, -	knee
der Kopf, -̈e	head
der Mund, -̈er	mouth
der Muskel, -n	muscle
die Nase, -n	nose
das Ohr, -en	ear
der Rücken, -	back
die Schulter, -n	shoulder
die Zehe, -n	toe

Gesundheit und Fitness / Health and Fitness

der Alkohol	alcohol
die Arbeit, -en	work; assignment; paper
der Arzt, -̈e / die Ärztin, -nen	physician, doctor
die Biolebensmittel (pl.)	organic foods
die Erkältung, -en	cold
das Fieber	fever
die Fitness	fitness
die Gesundheit	health
die Grippe, -n	flu
der Husten	coughing, cough
der Krankenpfleger, / die Krankenschwester, -n	nurse
der Kräutertee	herbal tea
die Luft, -̈e	air
der Rat	advice
die Schmerzen (pl.)	pains
die Halsschmerzen	sore throat
die Kopfschmerzen	headache
die Sprechstunde, -n	office hours
der Stress	stress
der Termin, -e	appointment

Verben / Verbs

ab•geben (gibt ab), abgegeben	to drop off, give to
achten auf (+ acc.)	to pay attention to
sich an•ziehen, angezogen	to get dressed
sich aus•ziehen, ausgezogen	to get undressed
sich beeilen	to hurry up

sich duschen	to shower
sich entspannen	to relax
sich erholen	to get well, recover
sich erkälten	to catch a cold
sich fit halten (hält), gehalten	to keep fit, in shape
sich (wohl) fühlen	to feel (well)
sich (hin•)legen	to lie down
sich (hin•)setzen	to sit down
sich informieren (über)	to inform oneself (about)
sich kämmen	to comb (one's hair)
leid•tun, leidgetan (+ dat.)	to be sorry
sich rasieren	to shave
rauchen	to smoke
schlucken	to swallow
sich strecken	to stretch
tun, getan	to do
sich verletzen	to injure oneself
verschreiben, verschrieben	to prescribe
sich waschen (wäscht), gewaschen	to wash oneself
weh•tun, wehgetan (+ dat.)	to hurt
Das tut mir weh.	That hurts.
sich die Zähne putzen	to brush one's teeth

Adjektive und Adverbien / Adjectives and Adverbs

ab und zu	now and then, occasionally
anstrengend	tiring, strenuous
besonders	especially
deprimiert	depressed
deshalb	therefore
entweder ... oder	either . . . or
fast	almost
fit	fit, in shape
gesund	healthy, healthful, well
gleich	immediately
hundsmiserabel (coll.)	lousy, sick as a dog
kaum	hardly, scarcely
krank	sick, ill
manchmal	sometimes
meistens	mostly
mindestens	at least
müde	tired
regelmäßig	regular(ly)
schlapp	weak, worn-out
sogar	even
verrückt	crazy
wenig	little, few

Unterordnende Konjunktionen / Subordinating Conjunctions

dass	that
ob	whether
weil	because
wenn	if, when

Sonstiges	Other
d.h. (= das heißt)	that is, i.e.
Das macht nichts.	That doesn't matter.
Gute Besserung!	Get well soon!
klingen	to sound
Du klingst so deprimiert.	You sound so depressed.
Mir ist schlecht.	I'm sick to my stomach.

Nichts zu danken.	No thanks necessary; Don't mention it.
So ein Pech!	What a shame! (What bad luck!)
Urlaub machen	to go on vacation
Was fehlt Ihnen/dir?	What's the matter?
zu Fuß gehen	to go on foot, to walk

Das kann ich nun!

1. Nennen Sie sechs Körperteile mit Artikel und Plural.

2. Beschreiben Sie Ihre Morgenroutine. Bilden Sie mindestens drei Sätze mit reflexiven Verben.

3. Sie telefonieren mit einem Freund. Er klingt krank, kann kaum sprechen und hustet. Was fragen Sie ihn? Was empfehlen Sie ihm? Was wünschen Sie ihm?

4. Was machen Sie, wenn Sie eine Erkältung haben?

   Wenn ich eine Erkältung habe, …

5. Sie gehen zum Arzt, weil Sie sich hundsmiserabel fühlen. Der Arzt fragt: „Was fehlt Ihnen denn?" Was sagen Sie?

6. Was tun Sie für Fitness und Gesundheit? (Nennen Sie drei Dinge.)

7. Sie haben sich erkältet, aber Sie müssen unbedingt zur Arbeit. Sie sollen aber zu Hause bleiben. Sie reden mit einem Freund / einer Freundin über diese Situation. Was sagen Sie zu ihm/ihr?

   a. Ich weiß nicht, ob …

   b. Ich kann heute nicht zu Hause bleiben, weil …

   c. Ich glaube nicht, dass …

Auf dem Münsterplatz mit Beethovendenkmal in Bonn

Kapitel

9

In der Stadt

VIDEOCLIPS

Piercings? Das finde ich furchtbar!

In diesem Kapitel

▶ **Themen:** Talking about hotel and lodging, places in the city, asking for and giving directions

▶ **Grammatik:** The genitive case, attributive adjectives

▶ **Lesen:** „Die Gitarre des Herrn Hatunoglu" (Heinrich Hannover)

▶ **Landeskunde:** Dresden, services of tourist information offices, Wittenberg history, Martin Luther, the German city through history

▶ **Zu guter Letzt:** Eine Webseite für Touristen

McGraw Hill Education

connect plus+

GERMAN

www.connectgerman.com

A Dresden liegt im Bundesland Sachsen südöstlich von Berlin an der Elbe. Es gibt viele Sehenswürdigkeiten in und um die Stadt. Für junge Leute gibt es in Dresden besonders viel zu erleben.

Dresden für junge Menschen: Freizeit und Unterhaltung

Dresden bietet viele weltberühmte Sehenswürdigkeiten, kulturelle Angebote wie Oper, Konzert und Museen, und dazu ein buntes Angebot für Freizeit und Unterhaltung. Man muss den Abend aber nicht unbedingt in Oper, Konzert oder Theater verbringen. Ein Kneipenbummel[1] in der Dresdner Neustadt ist ein Erlebnis. Man findet dort auch Restaurants jeder Art: internationale Spezialitätenrestaurants und regionale, sächsische[2] Küche und dazu sächsische Gemütlichkeit. Günstig übernachten können junge Menschen in Dresdens Jugendherbergen[3] und Hostels.

Ein Tag in Dresden

Zwinger

Der Zwinger, so heißt Dresdens schönstes barockes Bauwerk[4] im Zentrum der Altstadt. Heute beherbergt der Zwinger mehrere Museen mit kostbaren Sammlungen von Gemälden[5] und Porzellan.

Semperoper

Die Semperoper, benannt nach dem Architekten Gottfried Semper, ist berühmt für Opern und Symphoniekonzerte. Dresdens Operntradition reicht bis in die Zeit der Renaissance zurück.

[1]*pub crawl* [2]*Saxon* [3]*youth hostels* [4]*structure* [5]*paintings*

Suchen Sie die fehlenden Informationen im Text oben.

1. Die _____ Dresdens sind weltberühmt.

2. Das Opernhaus in Dresden heißt _____.

3. Der _____ ist ein barockes Bauwerk im Zentrum der Altstadt.

4. Ein _____ in der Dresdner Neustadt ist ein Erlebnis.

5. Dort findet man Restaurants mit internationaler und _____ Küche.

6. Günstig übernachten können junge Leute in _____ und _____.

B Sie machen eine Stadtführung durch Dresden. Der Fremdenführer erzählt einige Tatsachen über die Stadt. Was stimmt und was stimmt nicht?

	Das stimmt	Das stimmt nicht
1. Heute leben etwa 500 000 Einwohner in Dresden.	☐	☐
2. Die erste deutsche Lokomotive kommt aus Dresden.	☐	☐
3. Bierdeckel, Kaffeefilter und Shampoo hat man in Dresden erfunden.	☐	☐
4. In Dresden hat Richard Wagner die erste deutsche Oper geschrieben.	☐	☐
5. Die Stadt bietet viel Kultur an: Musik, Museen und Theater.	☐	☐
6. Dresden ist die europäische Hauptstadt des Films.	☐	☐

Thema 1: Unterkunft online buchen

BERLIN Fhain[1] **Bei uns schlafen Sie zum Frühstückspreis!**

Alle Preise pro Person und Nacht inkl. MwSt.

Möchten Sie die aktuellen Preise für ein bestimmtes Datum wissen? Sehen Sie im Bereich BUCHEN nach.

Einzelzimmer*	ab	30,00 €
Zweibettzimmer*	ab	17,00 €
Kleines Mehrbettzimmer (4-6 Betten) mit Dusche und WC	ab	13,00 €
Kleines Mehrbettzimmer (4-6 Betten)	ab	10,50 €
Großes Mehrbettzimmer (8-10 Betten) mit Dusche und WC	ab	10,50 €
Großes Mehrbettzimmer (8-10 Betten)	ab	10,00 €

*inklusive Frühstück und Bettwäsche

Ergänzungen

Bettwäsche	3,00 € / einmalig
Handtuch	1,00 € / einmalig
Frühstücksbuffet	5,00 € / Tag
Fahrradverleih	10,00 € / Tag
Parkplatz	3,00 € / Tag (max. 6,00 €)
Internetzugang	1,00 € / 20 Minuten

Nur 4,5 km zum Stadtzentrum

[1] Fhain = Friedrichshain

Neue Wörter

die Unterkunft lodging
buchen booking
die Bettwäsche linens
das Handtuch towel
der Parkplatz parking space
der Internetzugang Internet access
bieten offer
günstig reasonable; convenient
entfernt away

Herzlich Willkommen

Wir bieten Ihnen günstige Übernachtungsmöglichkeiten im Herzen von Berlins Mitte, umgeben von zahlreichen Cafés und Shops. Wir bieten komfortable Einzel- und Doppelbettzimmer, sowie Dorms für bis zu 8 Personen.

Service:
- saubere, freundliche Zimmer
- Nichtraucherzimmer
- ruhige Gegend
- heiße Duschen 24h
- kinderfreundlich
- U- und S-Bahn zwei Gehminuten vom Hostel entfernt

Übernachtungen ab 12 EUR

Preise

Einzelzimmer	35 Euro
Doppelzimmer	25 Euro
2-er Dorm	17 Euro
6-er Dorm	15 Euro
für Gruppenreisende	ab 12 Euro

Preise pro Person und Nacht, inkl. Bettwäsche und Endreinigung

Handtuchverleih	1,50 Euro pro Person
Duschhandtuch	2,50 Euro

Gastronomieleistungen

Frühstück:	4,90 Euro, inkl. Tasse Kaffee
Halbpension:	13,50 Euro

Lunchpakete auf Anfrage

A Schauen Sie sich die Informationen zu den beiden Hostels in Berlin an. Was bieten sie ihren **Gästen?**

BEISPIEL: Wie ist die **Lage** des Hostels?

A&O Hostel: Man braucht 4,5 km zum Stadtzentrum.

Hostel 24: Es liegt direkt in Berlin Mitte.

1. Was für Zimmer bieten die beiden Hostels?
2. Was zahlt man für ein Einzelzimmer? Für ein Mehrbettzimmer? Wo ist es günstiger? (Denken Sie auch an die Nebenkosten, z. B. Bettwäsche, Handtuch, Frühstück.)
3. Gibt es Nichtraucherzimmer?
4. Was bieten die Hostels an Mahlzeiten?
5. Sind Bettwäsche und Handtuch inklusive im Zimmerpreis?

B Was ist Ihnen wichtig, wenn Sie in einem **Hotel,** einer **Pension** oder einer **Jugendherberge / einem Hostel übernachten?** Die Unterkunft sollte …

- ☐ Bad/Dusche/WC im Zimmer haben.
- ☐ Bettwäsche und Handtücher **im Preis enthalten.**
- ☐ Frühstück im Preis enthalten.
- ☐ **günstig liegen** (z.B. in der **Fußgängerzone**).
- ☐ Haustiere, z.B. Hunde **erlauben.**
- ☐ in der **Innenstadt** (im **Zentrum**) liegen.
- ☐ **in der Nähe** des **Bahnhofs** liegen.
- ☐ in ruhiger Lage sein.
- ☐ Internetzugang oder WLAN (*Wi-Fi*) haben.
- ☐ Kabelfernsehen oder Radio haben.
- ☐ einen **Kühlschrank** im Zimmer haben.
- ☐ Nichtraucherzimmer haben.
- ☐ einen Parkplatz in der Nähe haben.
- ☐ preiswert/günstig sein.
- ☐ ein Restaurant im Haus haben.

C **Daniel in Berlin.** Setzen Sie die fehlenden Wörter ein:

| Badezimmer | Einzelzimmer | entfernt | gebucht | günstig |
| Handtuch | inklusive | Lage | Preis | Unterkunft | Zentrum |

Daniel hat in den Semesterferien im August drei Tage in Berlin verbracht. Er brauchte eine günstige _____ für diese Zeit. Er hat deshalb ein Zimmer im Hostel 24 _____. Die Übernachtung in einem _____ hat nur 35 Euro gekostet. Allerdings hatte das Zimmer kein _____. Das lag auf dem Flur; etwas unpraktisch. Frühstück war auch nicht im _____ enthalten. Es kostete 4,90 Euro _____ einer Tasse Kaffee. Eine große Überraschung: Er musste 1,50 Euro für ein _____ zahlen. Aber sonst war alles perfekt. Die _____ des Hotels war sehr _____: direkt im _____ von Berlin. Die U-Bahn war nur zwei Gehminuten vom Hostel _____. Daniel hat später erzählt: „Viele Leute aus der ganzen Welt waren dort, sogar Familien mit Kindern."

Sprach-Info

Bei Hotelinformationen findet man oft folgende Bezeichnungen:

Vollpension = drei Mahlzeiten (*meals*)

Halbpension = Frühstück plus Mittag- oder Abendessen

Die folgenden Abkürzungen sind auch typisch:

EZ = das Einzelzimmer, Zimmer mit einem Bett

DZ = das Doppelzimmer, Zimmer mit zwei Betten

DU = die Dusche

WC = die Toilette

inkl. Mwst. = inklusive Mehrwertsteuer (*value-added tax included*)

Neue Wörter

die Lage location
die Pension bed and breakfast
die Jugendherberge youth hostel
übernachten stay overnight
im Preis enthalten included in the price
die Fußgängerzone pedestrian zone
erlauben allow
das Zentrum town center
in der Nähe near
der Bahnhof train station
der Kühlschrank refrigerator

Aktivität 1 Zwei telefonische Zimmerbestellungen

Was stimmt?

Erstes Telefongespräch

1. Der Gast braucht ein …
   a. Einzelzimmer.
   b. Doppelzimmer.
2. Er braucht das Zimmer für …
   a. eine Nacht.
   b. mehrere (*several*) Nächte.
3. Das Hotel hat ein Zimmer frei …
   a. ohne Bad.
   b. mit Bad.
4. Frühstück ist im Preis …
   a. nicht enthalten.
   b. enthalten.
5. Der Gast …
   a. muss ein anderes Hotel finden.
   b. nimmt das Zimmer.

Zweites Telefongespräch

1. Das Jugendgästehaus hat …
   a. nur Doppelzimmer.
   b. nur Mehrbettzimmer.
2. Das Haus ist …
   a. ganz neu.
   b. sehr alt.
3. Die Übernachtung kostet …
   a. mehr als 20 Euro.
   b. weniger als 20 Euro.
4. Jedes Zimmer hat …
   a. WC and Dusche.
   b. fünf Betten.
5. Das Gästehaus liegt …
   a. auf dem Lande.
   b. in der Nähe der Innenstadt.

Kulturspot

„Tourist i" ist für viele Besucher in deutschen Städten der erste Stopp. Meist liegt das „I" am Hauptbahnhof oder an einem anderen zentralen Ort. Hier können Touristen viel Wissenswertes über die neue Stadt erfahren. Sie können zum Beispiel Empfehlungen für Restaurants bekommen, eine Stadtrundfahrt buchen und Prospekte (*brochures*) von der Stadt erhalten. Hier gibt es auch eine Zimmervermittlung. Da kann der Besucher ein Zimmer in einem Hotel oder einer Pension finden.

Aktivität 2 Unterkunft in Berlin

Sie reisen mit zwei Freunden und suchen eine Unterkunft in Berlin. Schauen Sie sich die Webseiten für die zwei Hostels im **Thema 1** genau an und überlegen Sie sich, wo Sie übernachten wollen. Gebrauchen Sie die folgenden Ausdrücke.

BEISPIEL: Ich schlage vor, wir übernachten in einem Mehrbettzimmer. Das ist sehr günstig. Es kostet nur …

Ich schlage vor, …

Mir gefällt … besser.

Wir brauchen …

Ich möchte lieber …

Was mir nicht gefällt, …

Thema 2: Im Hotel

Teil A: *Herr Thompson **kommt** im Hotel „Mecklenheide" **an**. **Zuerst** muss er **sich anmelden.***

Rezeption:	Guten Abend.
Gast:	Guten Abend. Ich habe ein Zimmer für zwei Nächte bestellt.
Rezeption:	**Auf welchen Namen,** bitte?
Gast:	Thompson.
Rezeption:	Ah, ja. Herr Thompson. Ein Einzelzimmer mit Bad. **Würden Sie** bitte das **Anmeldeformular ausfüllen**?
Gast:	Möchten Sie auch meinen **Reisepass** sehen?
Rezeption:	Nein, das ist nicht nötig. Ihr Zimmer liegt im ersten **Stock,** Zimmer 21. Hier ist der **Schlüssel.** Der **Aufzug** ist hier **rechts.**
Gast:	Danke.
Rezeption:	Wir bringen Ihr **Gepäck** aufs Zimmer. Haben Sie nur den einen Koffer?
Gast:	Ja … **Übrigens,** wann gibt es morgens Frühstück?
Rezeption:	Zwischen 7 und 10 Uhr im **Frühstücksraum** hier gleich **links** im **Erdgeschoss.**
Gast:	Danke sehr.
Rezeption:	Bitte sehr. Ich wünsche Ihnen einen **angenehmen Aufenthalt.**

Neue Wörter

kommt … an (ankommen) arrives
zuerst first
sich anmelden register, check in
die Rezeption reception desk
würden Sie … ausfüllen would you fill out . . .
das Anmeldeformular registration form
der Reisepass passport
der Stock floor
der Schlüssel key
der Aufzug elevator
rechts to the right
das Gepäck luggage
übrigens by the way
links to the left
angenehm pleasant
der Aufenthalt stay

← der dritte Stock
← der zweite Stock
← der erste Stock
← das Erdgeschoss

Teil B: *Herr Thompson ruft die Rezeption an und **beschwert sich,** weil der Fernseher nicht **funktioniert.***

Rezeption:	Rezeption.
Thompson:	Guten Abend. Der Fernseher in meinem Zimmer ist **kaputt.** Es gibt kein Bild, keinen Ton, nichts.
Rezeption:	Das tut mir leid, Herr Thompson. Ich schicke **sofort** jemand auf Ihr Zimmer. Wenn er den **Apparat** nicht gleich **reparieren** kann, bringen wir Ihnen einen anderen.
Thompson:	Vielen Dank. **Auf Wiederhören.**
Rezeption:	Auf Wiederhören.

Neue Wörter

beschwert sich (sich beschweren) complains
kaputt broken
sofort immediately
der Apparat TV set
reparieren repair
auf Wiederhören good-bye (*on the phone*)

A Bilden Sie Sätze!

1. _*b*_ Ich habe ein Einzelzimmer …
2. ____ Würden Sie bitte das Anmeldeformular …
3. ____ Ihr Zimmer liegt …
4. ____ Wir bringen Ihr Gepäck …
5. ____ Ich wünsche Ihnen einen …
6. ____ Der Fernseher im Zimmer …

a. ist kaputt.
b. bestellt.
c. angenehmen Aufenthalt.
d. ausfüllen?
e. aufs Zimmer.
f. im ersten Stock.

Aktivität 3   Im Hotel Mecklenheide

Was passiert? Ergänzen Sie!

1. Herr Thompson bekommt ein _____ mit Bad im ersten _____.

2. Er muss das Anmeldeformular _____.

3. Seinen _____ muss er aber nicht vorzeigen.

4. Er bekommt den _____ zum Zimmer und nimmt den _____ in den ersten Stock.

5. Jemand vom Hotelpersonal bringt sein _____ aufs Zimmer.

6. Er kann zwischen 7 und 10 Uhr im Frühstücksraum im _____ frühstücken.

7. Herr Thompson _____ sich, weil der Fernseher in seinem Zimmer _____ ist.

8. Jemand vom Hotelpersonal soll den Fernseher _____.

Aktivität 4   Die Geschichte von Herrn Thompson

Sehen Sie sich die Bilder von Herrn Thompson im Hotel an. Schreiben Sie für jedes Bild einen Satz und erzählen Sie die Geschichte von Herrn Thompson.

1.

2.

3.

4.

5.

6.

Thema 3: **Ringsum° die Stadt**
Lutherstadt Wittenberg

 All around

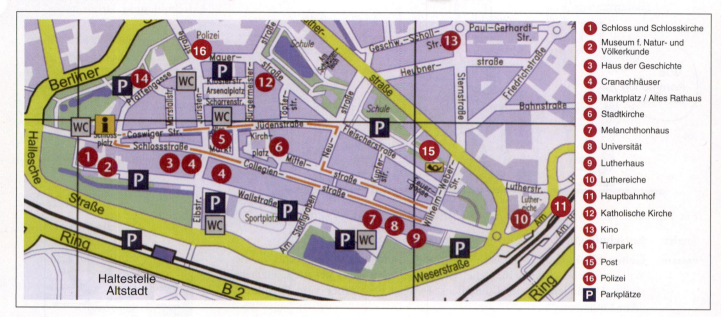

1	Schloss und Schlosskirche
2	Museum f. Natur- und Völkerkunde
3	Haus der Geschichte
4	Cranachhäuser
5	Marktplatz / Altes Rathaus
6	Stadtkirche
7	Melanchthonhaus
8	Universität
9	Lutherhaus
10	Luthereiche
11	Hauptbahnhof
12	Katholische Kirche
13	Kino
14	Tierpark
15	Post
16	Polizei
P	Parkplätze

A Sie sind bei der Information der Stadt Wittenberg und stellen Fragen. Welche Sehenswürdigkeiten bietet die Stadt? Schauen Sie sich den Stadtplan von Wittenberg an. Fragen Sie nach mindestens zehn Sehenswürdigkeiten. Arbeiten Sie zu zweit und wechseln Sie sich ab.

BEISPIEL: S1: Was ist Nummer 1?

S2: Das ist das Schloss und die Schlosskirche.

Kulturspot

Die Stadt Wittenberg liegt zwischen Berlin und Leipzig an der Elbe im Bundesland Sachsen-Anhalt.

Neue Wörter

das Schloss palace
die Kirche church
das Rathaus city hall
der Hauptbahnhof main train station
das Kino cinema, movie theater
der Tierpark zoo
die Polizei police
die Haltestelle stop/station (*bus, train, etc.*)

Der Marktplatz in Wittenberg

Nach dem Weg fragen

Neue Wörter

nach dem Weg fragen to ask for directions

Entschuldigung excuse me

gehen Sie … entlang (entlanggehen) go along

biegen Sie … ein (einbiegen) turn

immer geradeaus straight ahead

bis zur as far as the, up to the

gegenüber vom across from the

weit far

ungefähr about, approximately

*Ein **Tourist** steht in Wittenberg vor der Stadtkirche und fragt nach dem Weg.*

Tourist: **Entschuldigung,** wie komme ich am besten zum Lutherhaus?

Passant: **Gehen Sie** hier die Mittelstraße **entlang.** Dann **biegen Sie** rechts in die Wilhelm-Weber Straße **ein.** Gehen Sie **immer geradeaus bis zur** Collegien-straße. Da finden Sie das Lutherhaus. Es liegt **gegenüber vom** Restaurant „Am Lutherhaus".

Tourist: Ist es **weit** von hier?

Passant: Nein. **Ungefähr** 15 Minuten zu Fuß.

A Sie stehen am alten Markt am Rathaus und kennen Wittenberg jetzt sehr gut. Einige Touristen fragen Sie nach dem Weg.

Tourist 1: Wie kommen wir am besten zum Haus der Geschichte?

Sie: _____ _____ *(go along)* die Elbstraße _____. Dann _____ _____ *(turn)* rechts _____ auf die Wallstraße. Das „Haus der Geschichte" steht auf der linken Seite.

Tourist 2: Sind das Schloss und die Schlosskirche _____ *(far)* von hier?

Sie: Nein, _____ *(about)* zehn Minuten zu Fuß. Gehen Sie die Schlossstraße _____ _____ *(straight ahead)*. Dann sehen Sie das Schloss und die Schlosskirche am Ende der Straße.

Aktivität 5 Drei Touristen

Drei Leute fragen nach dem Weg. Wohin wollen sie? Wie kommen sie dahin?

	Dialog 1	Dialog 2	Dialog 3
Wohin man gehen will			
Wie man dahin kommt			

Aktivität 6 Hin und her: In einer fremden° Stadt

 unfamiliar

Sie sind in einer fremden Stadt. Fragen Sie nach dem Weg. Benutzen Sie die Tabelle.

BEISPIEL: S1: Ist das Landesmuseum weit von hier?

S2: Es ist sechs Kilometer von hier, bei der Universität.

S1: Wie komme ich am besten dahin?

S2: Nehmen Sie die Buslinie 7, am Rathaus.

Wohin?	Wie weit?	Wo?	Wie?
Landesmuseum	6 km	bei der Universität	Buslinie 7, am Rathaus
Bahnhof	15 Minuten	im Zentrum	mit dem Taxi
Post			
Schloss	15 km	außerhalb der Stadt	mit dem Auto
Opernhaus			

Aktivität 7 In Wittenberg

Schauen Sie sich den Stadtplan von Wittenberg im **Thema 3** an und fragen Sie jemand im Kurs, wie Sie an einen bestimmten Ort kommen.

BEISPIEL: Sie stehen am Haus der Geschichte (Nr. 3 im Stadtplan). →

S1: Entschuldigung, wie komme ich zum Markt?

S2: Geh geradeaus bis zur Elbstraße. Bieg dann links ein. Der Markt ist auf der rechten Seite gleich an der Ecke der Collegienstraße.

Sie stehen ...	Sie wollen ...
am Haus der Geschichte (Nr. 3)	ins Kino (Nr. 13)
am Schloss (Nr. 1)	zum Schloss (Nr. 1)
am Tierpark (Nr. 14)	zum alten Rathaus (Nr. 5)
vor der Stadtkirche (Nr. 6)	zur Stadtkirche (Nr. 6)
vor dem Kino (Nr. 13)	zum Hauptbahnhof (Nr. 11)
am Hauptbahnhof (Nr. 11)	in den Tierpark (Nr. 14)
vor dem alten Rathaus (Nr. 5)	zur Universität (Nr. 8)

 Siehe *Attributive Adjectives*, S. 271.

Redemittel

Entschuldigung, wie komme ich am besten zum/zur _____?

Wie weit ist es bis zum/zur _____?

immer geradeaus bis zur Kreuzung/Ampel

Geh die _____-straße entlang.

Bieg links/rechts in die _____-straße ein.

gleich an der Ecke / um die Ecke

auf der rechten/linken Seite

Es ist zehn Minuten zu Fuß.

Aktivität 8 Wie kommt man dahin?

Fragen Sie nach dem Weg in Ihrer Stadt oder auf Ihrem Campus.
Wählen Sie passende Fragen und Antworten aus jeder Spalte (*column*).

BEISPIEL: **S1:** Entschuldigung, wo ist hier die Post?

S2: Da nehmen Sie am besten den Bus.

S1: Wo ist die Haltestelle?

S2: Gleich da drüben an der Kreuzung.

Fragen	Antworten
Wie kommt man hier zum Supermarkt / zur Bibliothek / zum Sportplatz?	immer geradeaus
	bis zur Ampel
	nächste Kreuzung rechts/links
Wie weit ist es bis ins Zentrum?	Da nehmen Sie am besten _____ (den Bus, z.B. Linie 8).
Entschuldigung, wo ist hier die Post (Bank, Mensa)?	gleich da drüben / gleich an der Ecke
Wo ist die Haltestelle?	fünf Minuten zu Fuß
??	??

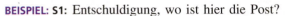

KULTURJOURNAL

Lutherstadt Wittenberg: Ein Blick in die Geschichte

1180	erste urkundliche Erwähnung von Wittenberg
1502	Gründung der Wittenberger Universität
1508	Martin Luther kommt nach Wittenberg. Er wird Theologieprofessor.
1517	Luther veröffentlicht seine 95 Thesen an der Tür der Schlosskirche. Die Reformation beginnt.
1537	Lucas Cranach, ein berühmter Maler der Reformation, wird Bürgermeister der Stadt.
1618–48	der dreißigjährige Krieg: Wittenberg erleidet (*suffers*) Schäden.
1814	Schließung der Wittenberger Universität durch Napoleon Bonaparte

1883	Eröffnung des Reformationsmuseums „Lutherhaus"
1938	Wittenberg erhält offiziell den Beinamen „Lutherstadt".
1994	Die Universität wird wieder eröffnet.
1996	Das Lutherhaus, das Melanchthonhaus und die Stadt- und Schlosskirche werden Teil des Weltkulturerbes (*world cultural heritage*) der UNESCO.
2017	Die Lutherstadt Wittenberg feiert das 500-jährige Reformationsjubiläum.

Das Lutherhaus in der Collegienstraße

Zur Diskussion

1. Was sind zwei wichtige Daten in der Geschichte Ihrer Stadt oder Ihrer Universität? Was ist da passiert?

2. Schreiben Sie eine kurze Geschichte Ihrer Stadt in tabellarischer Form (so wie links) und berichten Sie der Klasse über die Geschichte.

Quelle: www.wittenberg.de (adaptiert)

Grammatik im Kontext

The Genitive Case°

Der Genitiv

The genitive case typically indicates ownership or a relationship between two nouns.

Der Wagen **meines Vaters** steht auf dem Parkplatz.	*My father's car is in the parking lot.*
Die Lage **des Hotels** ist günstig.	*The location of the hotel is convenient.*
Das Hotel liegt im Zentrum **der Stadt.**	*The hotel is located in the center of town.*

The *Guide to Grammar Terms* online in CONNECT provides more basic information about genitive case.

Singular						Plural	
Masculine		*Neuter*		*Feminine*		*All Genders*	
des	Vaters / Gastes	des	Hotels	der	Stadt	der	Gäste
eines	*but:*	eines		einer			
unseres	Studenten	unseres		unserer		unserer	
dieses		dieses		dieser		dieser	

NOTE:

▷ Most masculine and neuter nouns add **-s** in the singular genitive case.

in der Nähe des Bahnhof**s**	*in the vicinity of the train station*
die Lage dieses Hotel**s**	*the location of this hotel*

▷ Masculine and neuter nouns of one syllable often add **-es.**

die Unterschrift des Gast**es**	*the guest's signature*
in der Nähe des Schloss**es**	*in the vicinity of the castle*

▷ Masculine nouns that add **-n** or **-en** in the dative and the accusative also add **-n** or **-en** in the genitive case.

das Gepäck des Student**en**	*the student's luggage*

▷ A noun in the genitive follows the noun it modifies.

In spoken German, the genitive case is often replaced by the preposition **von** and the dative case.

in der Nähe **vom Bahnhof**	*in the vicinity of the railroad station*
das Auto **von meiner Tante**	*my aunt's car*

To ask about the owner of something, use the interrogative pronoun **wessen** (*whose*).

Wessen Koffer ist das?	*Whose suitcase is that?*
Wessen Unterschrift ist das?	*Whose signature is that?*

Proper Names in the Genitive

A proper name in the genitive normally precedes the noun it modifies. Proper names in the genitive add **-s** regardless of the person's gender, but without an apostrophe in contrast to English. The name of a country or a region in the genitive case may precede or follow the noun it modifies.

Martinas Koffer — *Martina's suitcase*

Herrn Kramers Reisepass — *Mr. Kramer's passport*

Hessen: das Herz **Deutschlands** — *Hesse: the heart of Germany*

Übung 1   Analyse

1. Wo sehen Sie den Genitiv in den Illustrationen?
2. Zu welchen Nomen (*nouns*) gehören diese Genitive?

Übung 2   Was für eine Stadt ist Wien°?

Vienna

Sie sind gerade in Wien. Beschreiben Sie die Stadt.

BEISPIEL: Wien ist eine Stadt der Tradition.

Wien ist eine Stadt …

die Kaffeehäuser	die Architektur	das Theater
die Museen	die Kirchen	die Musik
die Schlösser	der Walzer (*waltz*)	

Übung 3   Wo liegt Ihr Hotel?

Beschreiben Sie die Lage Ihres Hotels in Wien.

BEISPIEL: Unser Hotel liegt in der Nähe eines Cafés.

Unser Hotel liegt in der Nähe …

die Donau (*Danube*)	der Dom (*cathedral*)	ein Park
die Universität	das Rathaus	ein Schloss
der Bahnhof	das Opernhaus	eine Bank
die Ringstraße	das Zentrum	die Post

Übung 4 Spiel mit Wörtern

In der deutschen Sprache gibt es viele zusammengesetzte (*compound*) Wörter. Oft kann man sie auseinander (*apart*) nehmen und mit einem Genitivobjekt ausdrücken.

Schritt 1: Nehmen Sie zuerst die zusammengesetzten Wörter in Spalte A auseinander.

BEISPIEL: die Hotellage →
        die Lage des Hotels

Schritt 2: Bilden Sie dann Sätze mit den Satzteilen in Spalte B.

BEISPIEL: Die Lage des Hotels ist sehr günstig im Zentrum.

	A		B
1.	die Hotellage	a.	ist nicht weit von hier entfernt.
2.	der Übernachtungspreis	b.	liegt auf dem Tisch im Hotelzimmer.
3.	der Hotelmanager	c.	ist am Wochenende geschlossen.
4.	der Autoschlüssel	d.	ist in der Tiefgarage des Hotels.
5.	das Stadtzentrum	e.	beträgt 130 Euro pro Person.
6.	die Universitätsbibliothek	f.	heißt Johannes Tiefenbach.
7.	der Hotelparkplatz	g.	ist sehr günstig im Zentrum.

Übung 5 Wem gehört das?

Wessen Sachen sind das? Arbeiten Sie zu zweit.

BEISPIEL: S1: Wessen Gepäck ist das?

        S2: Das ist das Gepäck des Gastes.

1. das Gepäck	meine Schwester
2. der Rucksack	der Student
3. der Reisepass	der Herr auf Zimmer 33
4. die Unterschrift (*signature*)	der Gast
5. der Koffer	die Touristen
6. der Schlüssel	unsere Freunde
7. die Kreditkarte	der Tourist
8. die Kamera	die Passantin

Prepositions with the Genitive

A number of prepositions are used with the genitive case. Here are several common ones:

außerhalb	*outside of*	außerhalb der Stadt
innerhalb	*inside of, within*	innerhalb einer Stunde
trotz	*in spite of*	trotz des Regens
während	*during*	während des Sommers
wegen	*because of*	wegen der hohen Kosten

In colloquial German, **trotz, während,** and **wegen** may also be used with the dative case.

Übung 6 Notizen von einer Reise nach Wien

Wählen Sie die passenden Genitivpräpositionen.

1. _____ unserer Reise nach Wien haben wir viel gesehen. (Trotz / Während)

2. _____ der hohen Hotelpreise haben wir in einer kleinen Pension übernachtet.
   (Wegen / Trotz)

3. Die Pension hat _____ der Stadt gelegen. (während / außerhalb)

4. _____ der vielen Touristen war es in Wien schön. (Trotz / Wegen)

5. _____ der vielen Besucher mussten wir lange vor der Spanischen Reitschule
   warten. (Innerhalb / Wegen)

Übung 7 Erkundigungen°

 inquiries

Arbeiten Sie zu zweit. Sie sind bei der Information einer Stadt und fragen
nach dem Weg. Benutzen Sie den Stadtplan.

BEISPIEL: **S1:** Bitte schön, wie komme ich zum Rathaus?

S2: Das Rathaus liegt gleich hier in der Nähe des Marktplatzes. Gehen Sie
rechts die Hauptstraße entlang.

Wie komme ich ...	Er/sie/es liegt ...
das Rathaus	auf der anderen Seite
das Hotel Zentral	außerhalb
ein Parkplatz	direkt gegenüber von
der Naturpark	gleich hier
das Kunstmuseum	in der Nähe
die Post	in der Mitte
die Universität	neben
eine Bank	Gehen Sie die _____-straße entlang.

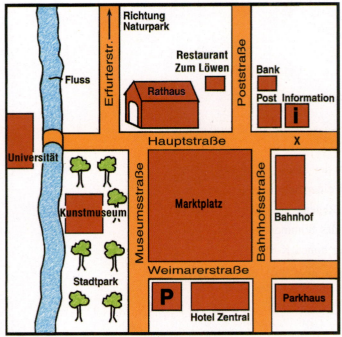

Stadtplan

Attributive Adjectives°

Attributive Adjektive

You are already familiar with predicate adjectives. Predicate adjectives do not take endings.

> Der Bahnhof ist **alt.**
>
> Das Hotel ist **preiswert.**
>
> Die Bedienung ist **freundlich.**

The *Guide to Grammar Terms* online in CONNECT provides more basic information about predicate and attributive adjectives.

When adjectives precede the nouns they modify, they are called attributive. Attributive adjectives take endings.

> Der **alte** Bahnhof liegt in der Nähe des Hotels.
>
> Das **preiswerte** Hotel liegt außerhalb der Stadt.
>
> Die **freundliche** Bedienung hat mir gefallen.

Adjectives after a Definite Article

Whenever an adjective follows a definite article or other **der**-word, such as **dieser** or **jeder,** it takes the ending **-e** or **-en** (depending on the case and gender).*

	Singular			Plural
	Masculine	*Neuter*	*Feminine*	*All Genders*
Nom.	der groß**e** Park	das schön**e** Wetter	die lang**e** Straße	die alt**en** Häuser
Acc.	den groß**en** Park	das schön**e** Wetter	die lang**e** Straße	die alt**en** Häuser
Dat.	dem groß**en** Park	dem schön**en** Wetter	der lang**en** Straße	den alt**en** Häusern
Gen.	des groß**en** Parks	des schön**en** Wetters	der lang**en** Straße	der alt**en** Häuser

NOTE:

Some adjectives have irregular forms when used attributively. Here are some examples.

▶ The adjective **hoch** changes to **hoh-: der hohe Berg**

▶ Adjectives ending in the suffix **-el** or **-er** drop the internal **e,** for example: **dunkel →** **dunkl-** and **teuer → teur-: die dunkle Nacht, die teure Bluse**

▶ Some color adjectives borrowed from other languages do not add endings, such as **lila, rosa,** and **pink: Kaufst du das lila Kleid oder das rosa Kleid?** Some speakers add endings to the adjective **beige: Er hat den beigen Anzug gekauft.**

Übung 8   Notizen von einem Besuch

Ergänzen Sie die Endungen.

1. Diese historisch_____ Stadt hat viele Sehenswürdigkeiten.

2. Das alt_____ Rathaus liegt direkt am Marktplatz.

3. Neben dem alt_____ Rathaus steht das neu_____ Opernhaus.

4. In der Nähe des alt_____ Rathauses liegt die berühmt_____ Kirche.

5. Von der Stadtmitte sieht man den hoh_____ Fernsehturm (*m.*).

6. Trotz des kalt_____ Wetters haben wir einen Spaziergang gemacht.

7. Der Groß_____ Garten ist der Name eines Parks in Dresden.

8. Heute besuchen wir den Groß_____ Garten.

9. Unser Hotel liegt am Groß_____ Garten.

10. Die viel_____ Touristen in Dresden kommen aus der ganzen Welt.

Obst aus dem Alten Land

_____
*This type of adjective ending is traditionally referred to as a *weak* adjective ending.

Sprach-Info

When two or more adjectives modify a noun, they have the same ending.

Das **kleine historische** Hotel liegt in der Altstadt.

Übung 9   Wie war es in der Stadt?

Bilden Sie Sätze mit Adjektiven. Folgen Sie dem Beispiel.

BEISPIEL: Der Marktplatz war klein. →
   Der kleine Marktplatz hat mir gefallen.
   oder Der kleine Marktplatz hat mir nicht gefallen.

1. Die Häuser waren sehr alt.
2. Das Hotel war klein und gemütlich.
3. Das Frühstück im Hotel war ausgezeichnet.
4. Die Straßen waren sauber.
5. Das Bier war ausgezeichnet.
6. Die Geschäfte waren teuer.
7. Die Bedienung im Restaurant war leider unfreundlich.
8. Aber der Bürgermeister war sehr freundlich.
9. Das Museum war sehr familienfreundlich.
10. Die Lage des Hotels war günstig.

STIFTUNG Kunststätte **JOHANN und JUTTA BOSSARD**

Das familienfreundliche Museum.
Eintritt frei für Kinder bis 16 Jahre.

Übung 10   In der Stadt

Setzen Sie passende Adjektive aus der Liste in die Lücken.

klein	neu	historisch
groß	modern	lila
alt	bequem	

1. Das _____ Rathaus liegt neben der _____ Post.
2. Neben dem _____ Rathaus ist ein Park.
3. In dem _____ Park gibt es einen kleinen See.
4. Vor der _____ Kirche steht eine Statue.
5. In den _____ Hotels übernachten viele Touristen.
6. Auf dem _____ Marktplatz kann man täglich Obst und Gemüse kaufen.
7. In dieser _____ Stadt kann man gut leben.
8. Diese _____ Stadt hat mir sehr gefallen.
9. Ich habe mir ein _____ T-Shirt gekauft.

Ein warmer Sommertag am Elbufer in Dresden

Adjectives after an Indefinite Article

Adjectives preceded by indefinite articles, possessives, or other **ein**-words have the same endings as adjectives preceded by **der**-words, except in three instances: the masculine nominative and the neuter nominative and accusative.

Heute war **ein** schön**er** Tag.	*Today was a nice day.*
Das ist **mein** neu**es** Haus.	*This is my new house.*
Ich suche **ein** klein**es** Hotel.	*I'm looking for a small hotel.*
Wo ist **Ihr** neu**er** Wagen?	*Where is your new car?*

	Singular			Plural
	Masculine	*Neuter*	*Feminine*	*All Genders*
Nom.	ein groß**er** Park	ein schön**es** Haus	eine lang**e** Straße	keine neu**en** Geschäfte
Acc.	einen groß**en** Park	ein schön**es** Haus	eine lang**e** Straße	keine neu**en** Geschäfte
Dat.	einem groß**en** Park	einem schön**en** Haus	einer lang**en** Straße	keinen neu**en** Geschäften
Gen.	eines groß**en** Parks	eines schön**en** Hauses	einer lang**en** Straße	keiner neu**en** Geschäfte

Übung 11 Sehenswürdigkeiten in einer Stadt

Ergänzen Sie die Adjektive.

Hier ist …

1. ein deutsch_____ Restaurant.
2. eine bekannt_____ Universität.
3. ein alt_____ Rathaus.
4. eine modern_____ Fußgängerzone.
5. eine historisch_____ Altstadt.

6. ein groß_____ Flughafen.
7. ein berühmt_____ Kunstmuseum.
8. ein gemütlich_____ Biergarten.
9. ein groß_____, modern_____ Bahnhof.

Übung 12 Was gibt es in Ihrem Heimatort°?

hometown

Stellen Sie Fragen über den Heimatort eines Partners / einer Partnerin in Ihrer Klasse. Benutzen Sie die Sehenswürdigkeiten in **Übung 11** für Ihre Fragen. Berichten Sie dann im Plenum.

BEISPIEL: **S1:** Gibt es in deinem Heimatort ein deutsches Restaurant?

S2: Nein, es gibt da kein deutsches Restaurant.

oder Ja, es gibt ein deutsches Restaurant. Es heißt Suppenküche.

Adjectives without a Preceding Article

An attributive adjective that is not preceded by a **der**- or an **ein**-word takes an ending that signals the case, gender, and number of the noun that follows. With the exception of the genitive singular masculine and neuter, these endings are identical to those of the **der**-words.

das Obst → Wo bekommt man hier frisch**es** Obst?	*Where can you get fresh fruit?*
die Brötchen → Hier gibt es jeden Tag frisch**e** Brötchen.	*You can get fresh rolls here every day.*
bei de**m** Wetter → Bei schlecht**em** Wetter bleibe ich zu Hause.	*In bad weather I stay home.*

A table showing the endings is on the following page.

Singular			Plural
Masculine	*Neuter*	*Feminine*	*All Genders*
Nom. schön**er** Park	gut**es** Wetter	zentral**e** Lage	alt**e** Häuser
Acc. schön**en** Park	gut**es** Wetter	zentral**e** Lage	alt**e** Häuser
Dat. schön**em** Park	gut**em** Wetter	zentral**er** Lage	alt**en** Häusern
Gen. schön**en** Parks	gut**en** Wetters	zentral**er** Lage	alt**er** Häuser

NOTE:

▶ An adjective in the genitive singular masculine or neuter always takes the **-en** ending.

Übung 13 Analyse

Circle all attributive adjectives in the illustrations. Then determine:

▶ the gender, case, and number of the noun.

▶ why a particular adjective ending is used.

Fischers Fritz fischt frische Fische

HOTEL
JOHANNESHOF

Sie suchen:

- das Hotel im Herzen der Stadt

- maximalen Komfort, moderne Einrichtung[1]

- die gehobene[2] Mittelklasse

- ein Tagungshotel

- **gastfreundlich**

Wir bieten:

- **zentrale Lage,** unmittelbar in der Nähe der Fußgängerzone

- 147 **gastfreundliche Zimmer** mit Dusche, WC, Telefon, Kabel-TV u. Radio

- **preiswerte Übernachtung** mit reichhaltigem[3] Frühstücksbuffet, **Restaurant** mit internationaler Küche

- 3 Konferenzräume für 10—150 Personen

- eigene **Tiefgarage**

- **preiswert**

- **zentral**

[1] *furnishings* [2] *upper* [3] *lavish*

Kartoffelhaus № 1®
Das total unmögliche Wirtshaus
Quedlinburg
Breite Straße 37 – Ecke Klink
Tel. 0 39 46 / 70 83 34

Öffnungszeiten:
täglich von 11.00–24.00 Uhr
warme Küche 11.00–24.00 Uhr
täglich preiswerter Mittagstisch
Biergarten mit 60 Sitzplätzen

Im Sommer frische Buttermilch
0,5 Liter 2,50 €

Übung 14 Informationen

Ergänzen Sie die Sätze mithilfe der Informationen in **Übung 13.**

1. Das Kartoffelhaus nennt sich ein total _____ Wirtshaus.

2. Es bietet _____ Küche und einen _____ Mittagstisch.

3. Das Hotel Arcade bietet _____ Lage, _____ Komfort, _____ Zimmer und eine _____ Tiefgarage.

4. Im Hotel gibt es ein Restaurant mit _____ Küche.

5. Fischers Fritz fängt nur _____ Fische.

Übung 15 Hin und her: Was gibt es hier?

Fragen Sie einen Partner / eine Partnerin nach den fehlenden Informationen.

BEISPIEL: **S1:** Was gibt es beim Gasthof zum Bären?

 S2: Warme Küche.

 S1: Was gibt es sonst noch?

 S2: Bayerische Spezialitäten.

Wo?	Was?	Was sonst noch?
Gasthof zum Bären		
Gasthof Adlersberg	ein Biergarten / gemütlich	liegt in Lage / idyllisch
Gasthaus Schneiderwirt		
Hotel Luitpold	liegt in Lage / idyllisch	Zimmer / rustikal
Restaurant Ökogarten		

Übung 16 Bei uns in der Stadt

Sie hören zwei kurze Texte. Ergänzen Sie die fehlenden Adjektive, die Sie hören.

Text 1

A: Willkommen im _____ Theater unserer Stadt. Wir machen Theater für _____ Menschen zwischen 5 und 10 Jahren. Im _____ Haus präsentieren wir ein _____ Musical für die _____ Familie.

B: Unser Programm finden Sie auch auf unserer _____ Homepage. Besuchen Sie uns bald mit der _____ Familie, jung und alt.

Text 2

A: Entschuldigung, wo geht es hier zum Rathaus?

B: Meinen Sie das _____ oder das _____ Rathaus?

A: Oh, es gibt zwei? Ein _____ und ein _____? Ich meine das Rathaus mit dem _____ Glockenspiel.

B: Also, das ist das _____ Rathaus. Gehen Sie geradeaus, dann die _____ Straße links. Das Rathaus liegt auf der _____ Seite.

A: _____ Dank.

Das Rathaus in München am Marienplatz

Adjectives Referring to Cities and Regions

Das Hotel liegt in der **Frankfurter** Innenstadt.

Wo trägt man **Tiroler** Hüte?

Wo isst man **Wiener** Schnitzel?

A city or regional name can be used attributively by adding **-er** to the name of the city or region. This is one of the rare instances where an adjective is capitalized in German. No further changes are made. One country name can also be used in this way: **die Schweiz.**

Essen Sie gern **Schweizer** Käse?

Übung 17   Berichte

Sie sind gerade von einer Reise nach Hause gekommen. Nun müssen Sie berichten. Was haben Sie da gesehen oder gemacht?

BEISPIEL: S1: Was hast du in Köln gemacht?
S2: Da habe ich den Kölner Dom besichtigt.

1. in Hamburg / den Hafen (*harbor*) besichtigt
2. in Bremen / die Stadtmusikanten gesehen
3. in Düsseldorf / die berühmte Altstadt besucht
4. in Dortmund / Bier getrunken
5. in Berlin / eine Weiße mit Schuss getrunken [ein Spezialgetränk aus Bier und Saft]
6. in München / Weißwurst gegessen
7. in der Schweiz / Käse gekauft
8. in Wien / Walzer getanzt

Die Bremer Stadtmusikanten

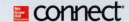

KULTURJOURNAL

Die Stadt damals und heute

Im Laufe der Zeit hat sich das Bild der Stadt sehr verändert[1]. Viele Städte in Deutschland, wie auch anderswo in Europa, haben aber zum Teil ihren ursprünglichen[2] Charakter aus der mittelalterlichen Zeit erhalten[3]. Sie sind stolz auf ihre Vergangenheit, die oft bis ins Mittelalter und manchmal bis in die Römerzeit zurückreicht. Die Stadt Köln wurde zum Beispiel im Jahre 50 gegründet, Erfurt im 9. Jahrhundert. Die Geschichte Goslars reicht in das 10. Jahrhundert zurück. Gelegentlich sind sogar noch Überreste alter Bauten und Denkmäler[4] aus frühen Zeiten zu sehen.

Die Stadt Nürnberg wurde erstmals im Jahr 1050 urkundlich erwähnt. Obwohl die Stadt während des Zweiten Weltkriegs fast völlig zerstört[5] wurde, sind noch einige Bauten und Denkmäler aus dem Mittelalter und der Renaissance erhalten. Hier ist der Stadtplan von Nürnberg. Wie viele der folgenden Bauten und Denkmäler können Sie auf dem Stadtplan finden?

▶ St. Sebaldus Kirche (14. Jahrhundert)
▶ das Rathaus (14. Jahrhundert)
▶ die Stadtmauer (14.–15. Jahrhundert)
▶ die Burg (11.–12. Jahrhundert)

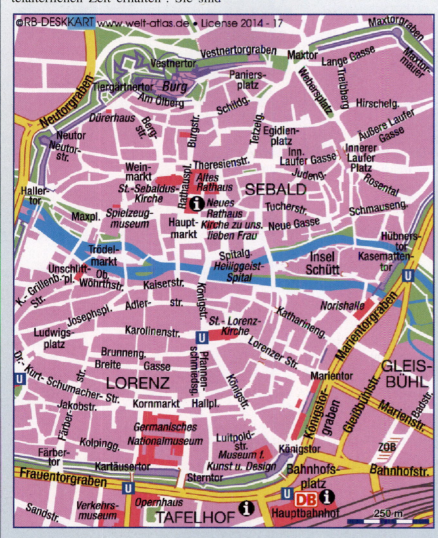

Zur Diskussion

Wählen Sie eine Stadt in Ihrem Land aus. Es kann auch Ihre Heimatstadt oder Universitätsstadt sein. Beantworten Sie die folgenden Fragen.

1. Wie alt ist die Stadt? Was gehörte damals zum Stadtbild?

2. Beschreiben Sie Ihre Heimatstadt oder Ihre Universitätsstadt heute. Wie sieht sie aus? Wofür ist sie bekannt? Was gefällt Ihnen (nicht) an der Stadt?

[1]changed [2]original [3]retained [4]monuments [5]destroyed

▶ Videoclips (Wiederholung)

Gesundes Essen

A Was sagen diese Leute darüber?

1. Sandra kauft Lebensmittel nur vom _____.
2. Für Simone ist gesundes Essen wenig _____.
3. Für Martin bedeutet gesundes Essen, wenn wenig Fett und _____ darin ist.
4. Nadezda glaubt, gesundes Essen ist viel Gemüse und Obst und keine _____.
5. Pascal meint, gesundes Essen ist _____ Essen.

Wohnungssuche

B Wie hast du deine Wohnung gefunden? Diese Personen sprechen darüber, wie sie ihre Wohnungen gefunden haben. Welche der folgenden Methoden erwähnen (*mention*) sie *nicht*?

1. ☐ über das Studentenwerk (*student association*)
2. ☐ über das Internet
3. ☐ am Schwarzen Brett (*bulletin board*) der Uni
4. ☐ über Facebook Kontakte
5. ☐ Information von einer Kollegin
6. ☐ über eine Zeitungsannonce (*newspaper ad*)

Gestern Abend

C Was hast du gestern Abend gemacht? Auf diese Frage haben acht Personen geantwortet. Rekonstruieren Sie ihre Antworten in der Vergangenheit.

1. Sandra: gestern / Abend / ein Buch / lesen
2. Hend: mit meinen Freundinnen / gestern / ein ägyptisches Essen / machen
3. Martin: mit meiner Band / Probe / gestern / haben / Abend
4. Simone: in einer Kneipe / sein / gestern / Abend / noch // und / etwas / trinken
5. Sophie: gestern / mit einer Freundin / sich treffen // und / zusammen / kochen / etwas Schönes
6. Jenny: gestern Abend / sich ausleihen / eine DVD // und / diesen Film / zu Hause / gucken
7. Pascal: einen Film / gestern Abend / sick angucken // und / sich holen / beim Chinesen / was zum Essen
8. Tina: mit einer Freundin / gestern / sich treffen / Abend // und / trinken / Wein / zusammen

Tattoos und Piercings

D Hören Sie die Meinungen darüber und ergänzen Sie die Sätze.

1. Michael und Nadezda finden Tattoos und Piercings _____.
2. Judith und Tina finden Tattoos _____.
3. Tina mag Tattoos, hat aber keine, weil _____.
4. Sophie mag keine Tattoos, weil _____.
5. Martin meint, Tattoos und Piercings gehören zum _____. Irgendwann werden sie aus der _____ kommen.

furchtbar/hässlich   Mode

schön/gut   Zeitgeschmack

man natürlich aussehen sollte

sie Angst hat

Lesen

Zum Thema

A Machen Sie eine Liste von den Vorteilen (*advantages*) und Nachteilen (*disadvantages*) des Stadtlebens.

B **Was würden Sie machen?**
1. Sie müssen für eine Prüfung lernen, und Ihr Mitbewohner / Ihre Mitbewohnerin spielt sehr laute Musik.
2. Sie studieren Musik (Trompete) und müssen jeden Tag üben. Ihre Nachbarn im Haus beschweren sich immer, wenn Sie spielen.

Auf den ersten Blick

A In dem folgenden Text stehen die Verben im Imperfekt (*simple past*). Suchen Sie den Infinitiv in der zweiten Spalte.

1. _____ spielte		**a.**	schlagen (*to hit*)
2. _____ gab		**b.**	sprechen
3. _____ stieß		**c.**	grüßen
4. _____ losging		**d.**	ausziehen (*to move out*)
5. _____ blies		**e.**	einziehen (*to move in*)
6. _____ schlug		**f.**	losgehen (*to start, begin*)
7. _____ traf		**g.**	anfangen
8. _____ grüßte		**h.**	stören (*to disturb*)
9. _____ einzog		**i.**	stoßen (*to pound*)
10. _____ auszog		**j.**	spielen
11. _____ sprach		**k.**	blasen (*to blow*)
12. _____ anfing		**l.**	treffen
13. _____ störte		**m.**	geben

B Lesen Sie bis Zeile (*line*) 9. Wo spielt die Geschichte?

Die Gitarre des Herrn Hatunoglu

von Heinrich Hannover

Frau Amanda Klimpermunter spielte oft und gern Klavier. Aber sie wohnte in einem großen Mietshaus. Und da gab es manchmal Ärger° mit den Mietern der Nachbarwohnungen. Denn die Wände und Decken des Hauses waren dünn°.
In der Wohnung unter Frau Klimpermunter wohnte Herr Maibaum.
5 Wenn oben Klavier gespielt wurde, fühlte sich Herr Maibaum in seiner Ruhe gestört° und schimpfte°. Dann stieß er ein paarmal mit einem Besenstiel an die Decke. Aber Frau Klimpermunter spielte weiter. Und so schaffte sich Herr Maibaum eines Tages eine Trompete an. Und immer, wenn Frau Klimpermunters Klaviermusik losging, trompetete er kräftig° dagegen.
10 Das störte nun den Nachbarn des Herrn Maibaum, der sich schon über das Klavier genug geärgert hatte. Und jetzt auch noch die Trompete, das war zu viel. Ein paarmal klopfte° er mit einem Holzpantoffel gegen die Wand. Aber Herr Maibaum trompetete weiter. Und so schaffte sich der Nachbar, er hieß Fromme-Weise, eine Posaune an. Und immer, wenn das Klavier und die
15 Trompete im Haus ertönten, blies er laut wie ein Elefant auf der Posaune.

trouble
thin

disturbed/yelled, swore

powerfully, vigorously

knocked

Aber das störte nun Frau Morgenschön, die Wand an Wand mit Herrn Fromme-Weise wohnte. Ein paarmal schlug sie mit dem Kochlöffel gegen die Wand, aber das kümmerte ihren Nachbarn nicht. Und so kaufte sie sich eine Flöte und düdelte° dazwischen, wenn die anderen Musikanten im Haus

20 loslegten.

noodled

Das störte Herrn Bollermann, der unter Frau Morgenschön wohnte. Er kaufte sich ein Schlagzeug und haute, wenn die anderen herumtönten, kräftig auf die Pauke. Das gab nun alle Tage einen Höllenlärm im Haus, ein fürchterliches Durcheinander – tüdelüdelüt-bumsbums-trärä-trara-bumspeng …

25 Wenn man sich auf der Treppe traf, grüßte keiner den anderen, man knallte° mit den Türen, es gab immer Krach° im Haus, auch wenn keiner Musik machte.

slammed
noise

Aber dann zog Herr Hatunoglu ins Haus ein, ein Ausländer, wie man schon am Namen merkt. Er brachte eine Gitarre mit und freute sich, daß im Haus musiziert wurde. „Da kann ich ja auch ein bißchen Gitarre spielen", sagte er.

30 Aber obwohl man die Gitarre bei dem Lärm, den die anderen Hausbewohner mit ihren Instrumenten machten, gar nicht hören konnte, waren sich plötzlich alle einig: „Die Gitarre ist zu laut." Plötzlich sprachen sie wieder miteinander.

„Finden Sie nicht auch, daß der Herr Hatunoglu mit seiner Gitarre einen unerträglichen Lärm macht?"

35 "Ja, Sie haben recht, der Mann muß raus."

hörten ... stopped
difficult

Sie grüßten sich wieder auf der Treppe und hörten auf,° sich gegenseitig zu nerven. Dem Herrn Hatunoglu aber machten sie das Leben schwer°. Wenn er anfing, auf der Gitarre zu spielen, klopften sie von oben und von unten und von allen Seiten mit Besenstielen, Kochlöffeln und Holzpantoffeln an Wände

40 und Decken und riefen: „Aufhören! Ruhe im Haus!"

„Was haben die Leute bloß gegen meine Gitarre?" fragte Herr Hatunoglu. Und eines Tages zog er aus.

Kaum war Herr Hatunoglu ausgezogen, ging der Krach im Haus wieder los. Sobald Frau Klimpermunter den ersten Ton auf dem Klavier gespielt hat, packen

45 die anderen Hausbewohner ihre Instrumente aus und legen los: Tüdelüdelüt-bumsbums-trärä-trara-bumspeng … Sie sprechen auch nicht mehr miteinander und grüßen sich nicht mehr auf der Treppe. Und sie knallen wieder mit den Türen. Aber abends, wenn sie völlig entnervt ins Bett gehen, flüstern sie vor sich hin: „Was war das doch für eine schöne, ruhige Zeit, als noch der Herr

50 Hatunoglu mit seiner Gitarre im Haus wohnte."

Zum Text

A Wer wohnt wo? Setzen Sie die Namen der Bewohner in das erste Bild ein. Sehen Sie sich nun auch die anderen Bilder an. Welches Instrument gehört zu welcher Person? Welches „Schlagzeug" gehört zu welcher Person?

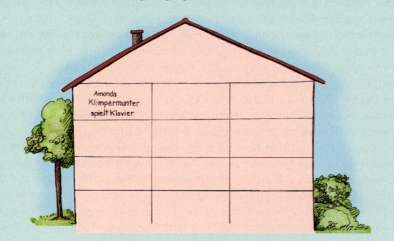

die Posaune

das Klavier

die Geige

das Cello

die Trompete

das Schlagzeug

die Gitarre

die Flöte

die Pauke

der Kochlöffel

der Schlegel

der Holzhammer

der Holzpantoffel

der Besen, der Besenstiel

B Stimmt das? Stimmt das nicht?

	Das stimmt	Das stimmt nicht
1. Nachdem Herr Hatunoglu einzieht, sprechen die Nachbarn wieder miteinander.	☐	☐
2. Er spielt Gitarre und ist sehr froh, dass die anderen Bewohner so viel Musik machen.	☐	☐
3. Die anderen Bewohner sagen, sie mögen Herrn Hatunoglu nicht, weil er so laut ist.	☐	☐
4. Sobald Herr Hatunoglu auszieht, werden die anderen Bewohner miteinander viel freundlicher.	☐	☐

C Interviewen Sie Herrn Hatunoglu und eine weitere Person im Haus. Schreiben Sie mindestens drei Fragen für jede Person auf. Arbeiten Sie in Gruppen zu viert. Zwei Studenten/Studentinnen übernehmen die Rollen. Die anderen interviewen die beiden.

Zu guter Letzt

Eine Webseite für Touristen

Entwerfen Sie eine Webseite über Ihre Stadt für Touristen.

Schritt 1: Suchen Sie im Internet einen Stadtplan von Ihrer Heimatstadt oder Universitätsstadt. Identifizieren Sie die wichtigsten Sehenswürdigkeiten, z.B. Denkmäler (*monuments*), Gebäude (*buildings*), Plätze und Parks.

Schritt 2: Schreiben Sie einen kurzen Text über fünf bis sieben Sehenswürdigkeiten der Stadt. Suchen Sie auch passende Fotos dazu.

Schritt 3: Stellen Sie nun alles zusammen und machen Sie die Webseite. Benutzen Sie die Website der Stadt Wittenberg als Modell (www.wittenberg.de).

Schritt 4: Tauschen Sie Ihre Webseite mit einem Partner / einer Partnerin aus. Jeder muss dann drei Fragen über die Webseite vorbereiten.

Schritt 5: Stellen Sie Ihrem Partner / Ihrer Partnerin die Fragen und notieren Sie die Antworten. Berichten Sie dann der Klasse, was Sie über die Stadt gelernt haben.

Wortschatz

In der Stadt — In the City

die **Ampel**, -n	traffic light
der **Bahnhof**, ⸚e	train station
die **Bank**, -en	bank
die **Fußgängerzone**, -n	pedestrian zone
das **Hotel**, -s	hotel
die **Innenstadt**, ⸚e	downtown
die **Jugendherberge**, -n	youth hostel
die **Kirche**, -n	church
die **Kreuzung**, -en	intersection
die **Lage**, -n	location
das **Museum**, *pl.* **Museen**	museum
der **Passant** (-en *masc.*), -en / die **Passantin**, -nen	passerby
die **Pension**, -en	bed and breakfast, small family-run hotel
die **Polizei**	police, police station
die **Post**, *pl.* **Postämter**	post office
das **Rathaus**, ⸚er	city hall
das **Schloss**, ⸚er	castle, palace
der **Tierpark**, -s	zoo
der **Tourist** (-en *masc.*), -en / die **Touristin**, -nen	tourist
der **Weg**, -e	way, path; road
das **Zentrum**, *pl.* **Zentren**	center (of town)

Im Hotel — At the Hotel

das **Anmeldeformular**, -e	registration form
der **Apparat**, -e	set, appliance (*such as TV, telephone, camera*)
der **Aufenthalt**, -e	stay; layover
der **Aufzug**, ⸚e	elevator
die **Bettwäsche**	linens
das **Doppelzimmer**, -	room with two beds, double room
die **Dusche**, -n	shower
das **Einzelzimmer**, -	room with one bed, single room
das **Erdgeschoss**, -e	ground floor
der **Frühstücksraum**, ⸚e	breakfast room
der **Gast**, ⸚e	guest
das **Gepäck**	luggage
das **Handtuch**, ⸚er	towel
der **Internetzugang**	Internet access
die **Kreditkarte**, -n	credit card
der **Kühlschrank**, ⸚e	refrigerator
der **Parkplatz**, ⸚e	parking space; parking lot
der **Preis**, -e	price; cost
im Preis enthalten	included in the price
der **Reisepass**, ⸚e	passport
die **Rezeption**	reception desk
der **Schlüssel**, -	key
der **Stock**, *pl.* **Stockwerke**	floor, story
die **Übernachtung**, -en	overnight stay
die **Unterkunft**, ⸚e	accommodation
das **WC**, -s	bathroom, toilet

Nach dem Weg fragen — Asking Directions

bis: bis zum/zur	to, as far as
entfernt (von) (+ *dative*)	away (from)
gegenüber von (+ *dative*)	across from
geradeaus	straight ahead
immer geradeaus	(keep on going) straight ahead
links	left
nach links	to the left
rechts	right
nach rechts	to the right
weit	far
die **Ecke**, -n	corner
an der Ecke	at the corner
die **Haltestelle**, -n	stop, station (*bus, train, etc.*)
die **Mitte**	middle, center
in der Mitte (der Stadt)	in the center (of the city)
die **Nähe**	vicinity
in der Nähe (des Bahnhofs)	near (the train station)

Verben — Verbs

ab•reisen, ist abgereist	to depart
an•kommen, ist angekommen	to arrive
sich an•melden	to check in, register
aus•füllen	to fill out
sich beschweren über (+ *acc.*)	to complain about
bieten, hat geboten	to offer
buchen	to book
ein•biegen, ist eingebogen	to turn, make a turn
entlang•gehen, ist entlanggegangen	to walk along
erlauben	to allow, permit
funktionieren	to work, function
reparieren	to repair
übernachten	to stay overnight

Adjektive und Adverbien — Adjectives and Adverbs

günstig	favorable, convenient(ly)
kaputt	broken
sofort	immediately
übrigens	by the way
ungefähr	about, approximately
zuerst	first, at first

Genitivpräpositionen	Genitive Prepositions	Sonstige Ausdrücke	Other Expressions
außerhalb	outside of	Auf welchen Namen?	Under what name?
innerhalb	inside of, within	Auf Wiederhören!	Good-bye! (*on telephone*)
trotz	in spite of	Entschuldigung	excuse me
während	during, while	jemand nach dem Weg fragen	to ask someone for directions
wegen	because of, on account of	Wie komme ich am besten dahin?	What's the best way to get there?
		Würden Sie (bitte) …?	Would you (please) . . .?

Das kann ich nun!

1. Sie sind beim Informationszentrum einer deutschen Stadt und suchen ein Zimmer. Nennen Sie 3–4 Dinge, die Ihnen wichtig sind.

2. Sie sind an der Rezeption eines Hotels. Sie haben eine Reservierung. Was sagen Sie?

3. Sie sind in einer fremden Stadt und suchen das Rathaus. Fragen Sie jemand auf der Straße nach dem Weg.

4. Sie sind in einem Hotel in einer deutschen Stadt und berichten einem Freund per E-Mail etwas über das Hotel. Wie sagen Sie dies auf Deutsch?

   a. *My room is on the first floor.*
   b. *The hotel is located in the center of town near the railroad station.*
   c. *Behind the hotel is a big, beautiful park.*
   d. *In the park there is a small lake.*

5. Wie sagt man auf Deutsch:

   a. *street crossing?*
   b. *traffic light?*
   c. *straight ahead?*

6. Sie schreiben eine Postkarte aus Wien. Ergänzen Sie die Adjektivendungen.

   Wien ist eine sehr schön_____ Stadt mit viel_____ interessanten Museen und historisch_____ Kirchen. Neben meinem Hotel liegt ein alt_____ Schloss. Hinter dem alt_____ Schloss liegt ein wunderschön_____ Park. Gestern habe ich im Restaurant ein Wien_____ Schnitzel gegessen. Zum Glück haben wir gut_____ Wetter.

7. Was fischt Fischers Fritz?

Einsteigen, bitte!

In diesem Kapitel

▶ **Themen:** Talking about travel, vacations, modes of transportation, items to take on vacation

▶ **Grammatik:** The superlative, attributive adjectives in the comparative and superlative, adjectival nouns, the simple past tense, the conjunction **als,** the past perfect tense

▶ **Lesen:** „The American Dream" (Bernd Maresch)

▶ **Landeskunde:** German vacations, geography of German-speaking countries, dealing with a travel agency, buying a train ticket, **Sächsische Schweiz**

▶ **Zu guter Letzt:** Ein Reisebericht

A Was planen Sie für Ihren nächsten Urlaub? Was interessiert Sie? Lesen Sie die folgenden Anzeigen.

1. Auf welcher Reise kann man eine Fremdsprache lernen?

2. Welche Reisen sind für sportliche Leute geeignet? Welche Sportarten kann man auf diesen Reisen ausüben?

3. Welche Reise verbindet Sport und Kultur?

4. Was macht Ihnen im Urlaub Spaß: eine Fremdsprache lernen? Tennisspielen lernen? Mountainbiking? einen Marathon laufen? eine Radtour oder Wandertour machen? Klettersteigen (*mountain climbing*)?

Tennis, Biken, Wassersport, Marathon und vieles mehr
AKTIV URLAUB

SportScheck Reisen

Sun and Fun Sportreisen GmbH
Franz-Joseph-Str 43
D-80801 München

b.

SportScheck Wir machen Sport.

Klettersteigkurs Einsteiger Alpspitze (1 Tag)
Dieser Klettersteigkurs ist ideal für alle Outdoor-Interessierten zum Reinschnuppern und Kennenlernen. Sie haben die Chance in kleinen Gruppen erste Erfahrungen am Fels zu sammeln und Grundkenntnisse im Klettersteigen zu erwerben.

a.

SPANISCH in LATEINAMERIKA

z.B. Bolivien
2 Wo Einzelunterricht [1] 25 Std/Wo
Wochenend-Tourenprogramm
Unterkunft m. VP bei Gastfamilie
Kleinkinderbetreuung [2]

schon ab **€ 700,–**

ALR Wolfgang Retz Postfach 390 153/D
Conradstr. 16/4 Berlin 13509
Tel: (030) 805 49 30 Fax: (030) 805 15 52

c.

[1] one-on-one instruction
[2] child care

TENNIS & KULTUR IN PRAG

€ 200,–

1 Wo inkl.: 5x2(4) Std. **Tennistraining**
+ HP + Kulturprogramm · Info + Buchung:
Tel. (089) 53 94 34 od. 53 64 35 · Fax 532 84 70
Tamar-Reisen · Häberlstraße 13 · München 80337

d.

B Sie hören drei Gespräche über den Urlaub. Wo haben die Urlauber ihre Zeit verbracht? Was haben sie unternommen?

wo	was
1. **a.** an der Nordsee	**a.** segeln
b. an der Ostsee	**b.** Camping
2. **a.** Mexiko	**a.** Spanisch lernen
b. Bolivien	**b.** tauchen
3. **a.** in den Dolomiten	**a.** Bergsteigen
b. im Schwarzwald	**b.** wandern

Wörter im Kontext

Thema 1: **Ich möchte verreisen**

A Wie reisen Sie am liebsten?

BEISPIEL: Ich reise am liebsten mit dem Bus.

mit dem Wagen

mit dem **Flugzeug**

mit dem Fahrrad

mit dem **Zug** /
mit der **Bahn**

mit dem **Taxi**

mit dem Motorrad

mit dem **Schiff**

per Autostopp

mit dem **Bus**

B Was finden Sie …

am interessantesten?	am langweiligsten?	am praktischsten?
am **sicher**sten?	am **gefährlich**sten?	am anstrengendsten?
am **schnell**sten?	am **langsam**sten?	am bequemsten?

BEISPIEL: Mit dem Bus reisen ist am interessantesten.

C Fragen Sie jemand, wie er oder sie **verreisen** möchte und warum.

BEISPIEL: S1: Also Sven, du möchtest verreisen? Wohin?

S2: Nach Marokko.

S1: Wie kommst du dahin?

S2: Mit dem Schiff.

S1: Und warum?

S2: Das ist am interessantesten.

Aktivität 1   Haben Sie etwas vergessen?

Schauen Sie sich die Reise-Checkliste an und nennen Sie drei Dinge von der Liste, die Sie mitnehmen würden.

BEISPIEL: Ich möchte eine Mountainbike-Tour machen. Ich nehme
Sonnenschutzmittel, eine Sonnenbrille und mein Smartphone mit.

eine Wanderreise durch Europa

eine Reise nach Hawaii

eine Safari in Afrika

eine Reise nach _____

Siehe *Expressing Comparisons: The Superlative*, S. 295.

Neue Wörter

sicher safe
schnell fast
gefährlich dangerous
langsam slow
verreisen go on a trip
die Reise trip
vergessen forgotten
der Handschuh (Handschuhe, *pl.*) glove
der Reiseführer travel guide
der Strand beach
das Sonnenschutzmittel suntan lotion, sunscreen
das Handgepäck carry-on luggage
das Bargeld cash
der Reisescheck (Reisechecks, *pl.*) travelers' check
der Personalausweis ID card
die Fahrkarte (Fahrkarten, *pl.*) ticket
die Platzkarte (Platzkarten, *pl.*) seat-reservation cards
der Fahrplan schedule
das Navi (Navigations-system) GPS system

Ihre Checkliste vor der Reise – haben Sie nichts vergessen?

In den Koffer packen ...

Bekleidung
☐ Unterwäsche   ☐ Jogginganzug
☐ Regenmantel   ☐ Schlafanzug
☐ **Handschuhe**   ☐ Schal
                         ☐ Sportbekleidung

Schuhwerk
☐ Hausschuhe
☐ Turnschuhe

Toilettensachen
☐ Hautcreme   ☐ Haarshampoo
☐ Zahnpasta   ☐ Zahnbürste

Für Ihre Aktivitäten im Urlaub
☐ Kamera, Filme   ☐ Stadtpläne
☐ **Reiseführer**   ☐ Landkarten

Für den Strand
☐ **Sonnenschutzmittel**
☐ Badehose/Badeanzug
☐ Sonnenbrille

Für die Berge
☐ Wanderstock
☐ Wanderschuhe
☐ Rucksack

Das sollte im Handgepäck nicht fehlen ...
☐ Reiseapotheke
☐ Reiselektüre

Auch das muss mit - aber nicht im Koffer!
☐ **Bargeld**
☐ **Reiseschecks,** Kreditkarte
☐ Reisepass, **Personalausweis**
☐ **Fahrkarten**
☐ **Platzkarten**
☐ **Fahrplan**
☐ Kofferschlüssel
☐ Wohnungsschlüssel
☐ Handy, Smartphone
☐ **Navi**

Aktivität 2   Alles für die Reise

Diese Wörter haben alle mit Reisen zu tun. Welches Wort in jeder Gruppe passt nicht?

1. Stadtplan, Landkarte, Reiseführer, Zahnbürste
2. Badeanzug, Sportbekleidung, Stadtplan, Regenmantel
3. Bargeld, Turnschuhe, Reiseschecks, Reisepass
4. Wanderschuhe, Wanderstock, Kofferschlüssel, Rucksack

Aktivität 3   Hin und her: Was nehmen sie mit?

Wohin fahren diese Leute im Urlaub? Und warum? Was nehmen sie mit?

BEISPIEL: **S1:** Wohin fährt Angelika Meier in Urlaub?

S2: Sie fährt in die Türkei.

S1: Warum fährt sie dahin?

S2: Weil …

S1: Was nimmt sie mit?

S2: Sie nimmt …

Personen	Wohin?	Warum?	Was nimmt er/sie mit?
Angelika Meier	in die Türkei	sich am Strand erholen	Buch, Sonnenbrille, Badesachen
Peter Bayer			
Roland Metz	nach Thüringen	wandern, Weimar besichtigen	Stadtpläne, Reiseführer, Wanderschuhe
Sabine Graf			

Aktivität 4   Vorteile und Nachteile°

Advantages and disadvantages

Alles hat seine Vorteile und Nachteile. Was meinen Sie?

BEISPIELE: Mit dem Fahrrad sieht man viel, aber es ist anstrengend.
Mit dem Auto geht es schneller, aber es ist _____.

mit dem/der _____	geht es	nicht	bequem / anstrengend
Bahn (Zug)	ist es	sehr	billig / teuer
Bus	kostet es	zu	mehr / weniger
Fahrrad	sieht man		praktisch / unpraktisch
Flugzeug			romantisch / langweilig
Wagen (Auto)			schneller / langsamer
per Autostopp			sicher / gefährlich
zu Fuß			viel / wenig
??			

Mit der Straßenbahn (*streetcar*) kostet es nicht viel.

Thema 2: Im Reisebüro

*Gespräch im **Reisebüro** zwischen einer Kundin (Claudia) und einem Angestellten, Herrn Meier.*

Claudia: Mein Freund und ich möchten dieses Jahr mal einen Aktivurlaub machen. Können Sie etwas **vorschlagen**?

Herr M.: Ja, gern. Wofür interessieren Sie sich denn? Sind Sie sportlich **aktiv**?

Claudia: Wir fahren oft Rad. Und wir wandern gern.

Herr M.: Wie wäre es (*How about*) dann mit einer Radreise durchs Elsass? Da kann man viel **erleben** und **unternehmen**. Oder ein Segelkurs an der Ostsee?

Claudia: Ach, ein Segelkurs ist nichts für mich. Ich kann nicht so gut schwimmen.

Herr M.: Und eine Wandertour? Hier habe ich einen **Reiseprospekt** mit **Wanderwegen** durch Deutschland. Es gibt so viele **Möglichkeiten**. Hier ist zum Beispiel ein **Angebot** für eine siebentägige Wandertour auf dem Malerweg im Nationalpark Sächsische Schweiz.

Claudia: Davon habe ich schon gehört. Es soll sehr schön dort sein.

Herr M.: Bestimmt. Man wandert durch eine wildromantische **Landschaft** mit Bergen und Wäldern. Viele Maler haben da gemalt. Daher (*For this reason*) der Name Malerweg.

Claudia: Klingt interessant. Und was kostet das?

Herr M.: Also, sieben Übernachtungen in kleinen Landhotels, mit Frühstück, Gepäcktransport und **Verpflegung** unterwegs insgesamt 395 Euro **pro Person**. Das kann ich jederzeit für Sie buchen.

Claudia: Das klingt gut. Mein Freund liebt die **Natur**, solange er nicht im **Zelt** übernachten muss. Wir werden es **uns überlegen**. Zwei Freunde von uns wollen eventuell auch mitkommen. **Zu viert** macht es noch mehr Spaß!

A Ergänzen Sie:

1. Im Reisebüro kann man eine _____ buchen.

2. Das Reisebüro hat ein _____ für eine Wandertour.

3. Über die Reise kann man sich im _____ informieren.

4. Auf einer Radreise oder Wandertour kann man viel _____ und unternehmen.

5. Der Reisebüroangestellte _____ eine Wandertour _____.

6. Auf dem Malerweg im Nationalpark Sächsische Schweiz wandert man durch eine wildromantische _____.

7. Der Preis für die Wandertour ist _____.

8. Claudias Freund übernachtet nicht gern im _____.

9. Claudia und ihr Freund wollen die Reise _____ mit zwei anderen Freunden machen.

Neue Wörter

das Reisebüro travel agency
vorschlagen suggest
erleben experience
unternehmen do, undertake
der Reiseprospekt travel brochure
der Wanderweg hiking trail
die Möglichkeit possibility
das Angebot offer
die Landschaft landscape
die Verpflegung meals
insgesamt altogether
das Zelt tent
uns überlegen (sich überlegen) think over
zu viert as a foursome

Sprach-Info

Eine Wandertour von vier Tagen ist eine **viertägige** Wandertour. Eine Reise von einer Woche ist eine **einwöchige** Reise. Ein Aufenthalt von fünf Monaten ist ein **fünfmonatiger** Aufenthalt. So macht man es:

$$
\left.
\begin{array}{l}
\text{ein-} \\
\text{zwei-} \\
\text{drei-} \\
\text{...}
\end{array}
\right\} +
\left.
\begin{array}{l}
\text{-stündig} \\
\text{-tägig} \\
\text{-wöchig} \\
\text{-monatig}
\end{array}
\right\} + \text{Adjektivendung}
$$

Ein Blick auf die Elbe

Kulturspot

Die Sächsische Schweiz ist eine wildromantische Landschaft, bekannt für ihre Wälder und bizarren Felsengebilde (im Elbsandsteingebirge), entlang der Elbe, im Osten Deutschlands. Der Malerweg, der durch diesen Naturpark führt, gehört zu den schönsten und beliebtesten Wanderwegen Deutschlands.

Aktivität 5 Eine Wandertour – tolle Idee!

Claudia Siemens trifft sich mit ihren Freunden Philipp und Monika im Café und berichtet über die Wandertour. Ergänzen Sie die Sätze mit Informationen aus dem Gespräch im **Thema 2.**

Claudia: Sascha und ich wollen eine _____[1] in der Sächsischen Schweiz machen. Habt ihr Lust mitzukommen?

Monika: Wie lange dauert diese Tour denn?

Claudia: _____.[2]

Monika: Und wo übernachtet man?

Claudia: _____.[3]

Philipp: Was soll das denn kosten?

Claudia: _____.[4]

Philipp: Wie steht es mit Gepäck und Essen?

Claudia: _____.[5]

Monika: Was meinst du, Philipp? Sollen wir das machen?

Philipp: Also, gut, das ist mal was anderes.

Aktivität 6 Pläne für einen interessanten Urlaub

Sie hören vier Gespräche im Reisebüro. Wie, wohin und warum wollen die Leute in Urlaub fahren? Wie lange wollen sie dort bleiben?

Personen	Wie?	Wohin?	Warum?	Wie lange?
1. Nicola Dinsing				
2. Marianne Koch und Astrid Preuß				
3. Herbert und Sabine Lucht				
4. Sebastian Thiel				

Aktivität 7 Überredungskünste°

Art of persuasion

Überreden Sie (*persuade*) einen Partner / eine Partnerin zu einem gemeinsamen Urlaub. Die Anzeigen (*ads*) in **Alles klar?** bieten mögliche Reisen.

S1	S2
1. Ich möchte dieses Jahr nach/in _____. Willst du mit?	2. Was kann man denn da unternehmen?
3. Man kann da zum Beispiel _____.	4. Was sonst noch?
5. Man kann auch _____.	6. Wo übernachtet man denn?
7. _____.	8. Wie viel soll das kosten?
9. _____.	10. Wie kommt man dahin?
11. _____.	12a. Ich will es mir überlegen. b. Ich weiß nicht, das ist mir zu _____ (teuer, langweilig usw.). c. Klingt gut. Ich komme mit.

Wanderwege in den Alpen

Thema 3: Eine Fahrkarte, bitte!

Fahrkartenschalter

Auskunft

Fahrplan

Bahnsteig

Gleis

A Wo ist das?

1. Am _____ kauft man Fahrkarten für den Zug.
2. Der Zug fährt von _____ 2 ab.
3. Man bekommt Informationen über Züge bei der _____.
4. Auf dem _____ kann man lesen, wann ein Zug ankommt oder abfährt.
5. Die Leute stehen auf dem _____ und warten auf den Zug.

Am Fahrkartenschalter im Bahnhof

Michael:	Eine Fahrkarte nach Hamburg, bitte.
Angestellter:	**Hin und zurück?**
Michael:	Nein, **einfach, zweiter Klasse,** bitte.
Angestellter:	Das macht €42. Das ist übrigens der Sparpreis für Jugendliche. Haben Sie Ihren Ausweis dabei?
Michael:	Ja, natürlich. Wann fährt denn der nächste Zug?
Angestellter:	In dreißig Minuten. In Hannover müssen Sie dann **umsteigen.**
Michael:	Habe ich da gleich **Anschluss?**
Angestellter:	Sie haben achtzehn Minuten Aufenthalt. Dann können Sie mit dem ICE weiter nach Hamburg fahren. Für den ICE sollten Sie allerdings noch einen Platz reservieren. Möchten Sie im Großraumwagen (*open coach*) sitzen oder lieber in einem **Abteil?**
Michael:	Lieber in einem Abteil. Wann komme ich in Hamburg an?
Angestellter:	Um 13.56 Uhr.
Michael:	Danke schön.
Angestellter:	Bitte sehr.

Neue Wörter

hin und zurück round-trip
einfach one-way
zweiter Klasse second class
umsteigen change trains
der Anschluss connection
das Abteil compartment

Reiseverbindungen

Deutsche Bahn **DB**

```
VON     Bad  Harzburg                      Gültig¹ am Montag, dem 09.08.
NACH    Hamburg  Hbf
ÜBER

BAHNHOF                    UHR    ZUG      BEMERKUNGEN²

Bad Harzburg           ab  10:46  E     3622
  Hannover Hbf         an  12:25
                       ab  12:43  ICE³   794   Zugrestaurant
Hamburg Hbf            an  13:56
```

¹valid   ²notes   ³Intercity Express

A **Michaels Pläne.** Ergänzen Sie den Text mit Informationen aus dem Dialog.

Michael fährt mit dem _____¹ nach Hamburg. Er kauft seine
Fahrkarte am Schalter im _____.² Er fährt zweiter _____.³
Der nächste Zug nach Hannover fährt in _____⁴ ab. Michael muss
in Hannover _____.⁵ Dort hat er gleich _____⁶ an den ICE
nach Hamburg. Für den ICE soll er einen _____⁷ reservieren.

Aktivität 8 Am Fahrkartenschalter

Sie hören drei kurze Dialoge am Fahrkartenschalter. Setzen Sie die
richtigen Informationen in die Tabelle ein.

Information	Dialog 1	Dialog 2	Dialog 3
Fahrkarte nach			
1. oder 2. Klasse			
einfach oder hin und zurück			
für wie viele Personen			
Platzkarten?			

„Geben Sie doch endlich zu, dass
Sie sich verfahren haben!!!"

Die Deutschen und Urlaub

Deutsche Arbeitnehmer bekommen im Jahr durchschnittlich[1] sechs Wochen bezahlten Urlaub. Das erklärt, warum der Urlaub ein so wichtiges Thema ist. Wie kann man sechs Wochen freie Zeit sinnvoll[2] planen? Die meisten, vor allem Familien, nehmen den größten Teil des Urlaubs im Sommer, wenn die Kinder Ferien[3] haben. Viele Deutsche machen auch im Winter Urlaub: Sie fahren in den Bergen Ski oder suchen ein wärmeres Klima im Süden.

Und wohin verreisen die Deutschen gern? Auf Platz Nummer eins liegt die eigene Heimat. Mehr als 54% der deutschen Urlauber bleiben in Deutschland. Für Familien mit Kindern ist Deutschland das beliebteste Urlaubsziel. Man findet sie vor allem im Norden am Meer oder in Bayern in den Bergen.

Beliebte Urlaubsziele im Ausland sind Spanien, Österreich, Italien und die Türkei, wo man sicher sein kann, dass es warm ist und die Sonne scheint. Viele Deutsche reisen aber auch in ferne Länder, um mehr über Land und Leute zu erfahren. Die USA sind ein beliebtes Ziel für viele Deutsche. Neuerdings zieht es mehr Deutsche auch nach Asien.

Und wie gelangt man an das Urlaubsziel? Das beliebteste Transportmittel ist das Auto, dann das Flugzeug, gefolgt von Bahn und Bus. Um in den Sommerferien der Kinder große, kilometerlange Staus auf den Autobahnen zu vermeiden, gibt es in allen Bundesländern einen Ferienkalender. Das heißt, die sogenannten großen Ferien, gewöhnlich sechs Wochen lang, fangen zu verschiedenen Zeiten in den Bundesländern an. Danach richtet sich[4] dann, wann eine Familie im Sommer Urlaub macht. Allerdings dauert die Reise mit der Familie gewöhnlich nicht sechs Wochen sondern etwa zwei bis drei Wochen.

Wo finden wir hier eine Unterkunft?

Zur Diskussion

1. Wie viel Urlaub bekommt man durchschnittlich in Ihrem Land? Ist das genug?

2. Was sind beliebte Reiseziele in Ihrem Land?

3. Wohin fahren Sie gerne im Urlaub?

[1]*on average*   [2]*meaningfully*   [3]*school holidays*   [4]Danach ...: *That determines*

Wandern mit der ganzen Familie

Courtesy of Monica Clyde

Expressing Comparisons: The Superlative°   *Der Superlativ*

You already know how to express comparisons using the comparative.

Gestern war das Wetter **schön.**
Heute ist es noch **schöner.**

Yesterday the weather was nice.
Today it is even nicer.

Ich reise gern **bequem.** Mit dem
Zug reist man **bequemer** als mit
dem Wagen.

I like traveling comfortably.
By train, you travel more
comfortably than by car.

▶ The *Guide to Grammar Terms* online in CONNECT provides more basic information about the superlative and predicate adjectives.

connect
GERMAN

In this chapter you will learn about the superlative form of adjectives and adverbs. The superlative expresses the highest degree of a quality or quantity.

Mit dem Zug fährt man
am bequemsten.

Traveling by train is
the most comfortable.

Zu Fuß ist es **am schönsten.**

Walking is the nicest.

Mit dem Heißluftballon sieht man
am meisten.

By hot air balloon you
see the most.

Zu Fuß ist es am schönsten.

Mit dem Heißluftballon
sieht man am meisten.

NOTE:

▶ The superlative form of adverbs—as well as adjectives after the verb **sein**—is
am _____-sten.

▶ German has only one form of the superlative, in contrast to English
(*most* and *-(e)st*).

bequem	**am bequemsten**	*the most comfortable*
freundlich	**am freundlichsten**	*the most friendly/the friendliest*
schnell	**am schnellsten**	*the fastest*

▶ Most adjectives of one syllable with the vowel **a, o,** or **u** in the stem add an umlaut in the superlative.

hoch	**am höchsten**	*highest*
lang	**am längsten**	*longest*

▶ Adjectives ending in **-s, -ß, -z,** or **-t** add **-esten** to the basic form.

heiß	**am heißesten**	*hottest*
kurz	**am kürzesten**	*shortest*

▶ Some common irregular forms are:

gern	**am liebsten**	*most preferred*
groß	**am größten**	*biggest, largest*
gut	**am besten**	*best*
viel	**am meisten**	*most*

Übung 1 Zur Wiederholung: kurz und bündig

Ergänzen Sie die Tabelle mit den fehlenden Komparativ- und Superlativformen.

Grundform	Komparativ	Superlativ
1. bequem	bequemer	am bequemsten
2. _____	jünger	_____
3. hoch	_____	_____
4. _____	mehr	_____
5. _____	lieber	_____
6. _____	besser	_____
7. _____	_____	am kürzesten

Übung 2 Wo mag das sein?

Schritt 1: Ergänzen Sie zuerst die Fragen mit dem Superlativ des Adjektivs oder Adverbs in Klammern.

BEISPIEL: Wo regnet es _am meisten_? (viel)

1. Wo sind die Berge _____? (hoch)

2. Wo schmeckt das Bier _____? (gut)

3. Wo sind die Bierkrüge (*beer mugs*) _____? (groß)

4. Wo verbringen die Deutschen einen warmen Sommerabend _____? (gern)

5. Wo feiert man _____? (viel)

6. Wo fahren die Autos _____? (schnell)

7. Wo übernachtet man _____? (günstig)

Schritt 2: Arbeiten Sie nun zu zweit und beantworten Sie abwechselnd (*taking turns*) die Fragen in **Schritt 1.** Im Kasten unten sind mögliche Antworten.

BEISPIEL: S1: Wo regnet es am meisten?

S2: Ich glaube, am meisten regnet es in Norddeutschland.

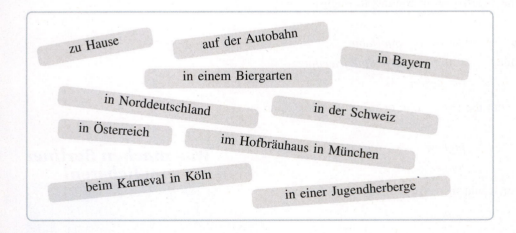

zu Hause   auf der Autobahn   in Bayern   in einem Biergarten   in Norddeutschland   in der Schweiz   in Österreich   im Hofbräuhaus in München   beim Karneval in Köln   in einer Jugendherberge

Übung 3   Hin und her: Wie war der Urlaub?

Herr Ignaz Huber aus München war drei Wochen im Urlaub in Norddeutschland. Er war zwei Tage in Hamburg, eine Woche in Cuxhaven und nicht ganz zwei Wochen auf der Insel Sylt. Stellen Sie Ihrem Partner / Ihrer Partnerin Fragen über Herrn Hubers Urlaub. Benutzen Sie den Superlativ.

BEISPIEL: **S1**: Wo war es am wärmsten?

S2: Am wärmsten war es in Cuxhaven.

	In Hamburg	In Cuxhaven	Auf der Insel Sylt
1. *Wo war es (kalt/warm)?*			
2. *Wo waren die Hotels (günstig/teuer)?*	150 Euro	90 Euro mit Halbpension	200 Euro
3. *Wo hat es (viel) geregnet?*			
4. *Wo war das Hotelpersonal (freundlich)?*	freundlich	sehr freundlich	unfreundlich
5. *Wo war der Strand (schön)?*			
6. *Wo hat das Essen (gut) geschmeckt?*	ziemlich gut	nicht besonders	ausgezeichnet

Attributive Adjectives in the Comparative

When adjectives in the comparative are used before a noun (i.e., attributively), they take adjective endings. The comparative of the adjective is formed first, and then the appropriate ending is added.

Ich brauche einen größer**en** Koffer.	*I need a larger suitcase.*
Wir suchen ein günstiger**es** Hotel.	*We are looking for a more reasonably priced hotel.*
Günstiger**e** Hotels findet man in kleiner**en** Städten.	*You'll find more reasonably priced hotels in smaller towns.*
Wo finde ich ein besser**es** Restaurant?	*Where do I find a better restaurant?*

NOTE:

▶ **Mehr** and **weniger** (the comparatives of **viel** and **wenig**) do not take adjective endings.

Ich brauche **mehr** Geld für die Reise.	*I need more money for the trip.*
Ich habe jetzt **weniger** Zeit zum Reisen.	*I now have less time for traveling.*

Übung 4   Werners Reisevorbereitungen

Werner erzählt von seinen Reisevorbereitungen. Hören Sie zu und markieren Sie die passende Antwort.

1. Werner braucht …

   a. mehr Geld.   **b.** mehr Zeit.   **c.** mehr Arbeit.

2. Er braucht auch …

   a. einen kleineren Koffer.   **b.** einen größeren Koffer.   **c.** zwei kleinere Koffer.

3. Er nimmt _____ mit.

   a. die kleinere Kamera   **b.** die neuere Kamera   **c.** die größere Kamera

4. Dies ist Werners …

   a. längster Urlaub.   **b.** teuerster Urlaub.   **c.** kürzester Urlaub.

Übung 5 Probleme im Urlaub

Herr Ignaz Huber aus München fährt in den Urlaub. Aber überall gibt es Probleme. Benutzen Sie Adjektive aus dem Kasten in Ihren Antworten.

BEISPIEL: Das Hotel ist zu teuer. →
  Er wünscht sich ein preiswerteres Hotel.

> lang   neu   gut   höflich
>
> groß   gemütlich
>
> kühl   preiswert   bequem

1. Sein Mietwagen ist zu klein. Er wünscht sich einen _____ Mietwagen.
2. Das Hotelzimmer ist ungemütlich. Er wünscht sich ein _____ Hotelzimmer.
3. Das Bett ist zu kurz. Er wünscht sich ein _____ Bett.
4. Das Bad ist zu klein. Er wünscht sich ein _____ Bad.
5. Der Fernseher ist schon sehr alt. Er wünscht sich einen _____ Fernseher.
6. Die Bedienung ist unhöflich. Er wünscht sich eine _____ Bedienung.
7. Das Essen ist schlecht. Er wünscht sich _____ Essen.
8. Seine Wanderschuhe sind unbequem. Er wünscht sich _____ Wanderschuhe.
9. Das Wetter ist oft zu heiß. Er wünscht sich _____ Wetter.
10. Der Urlaub ist viel zu kurz. Er wünscht sich einen _____ Urlaub.

Attributive Adjectives in the Superlative

Attributive adjectives in the superlative work the same way as those in the comparative. First, form the superlative; then, add appropriate endings.

Arnstadt ist die **älteste** Stadt Thüringens.

Arnstadt is the oldest city in Thuringia.

In Thüringen gibt es die **schönsten** Rathäuser.

The most beautiful city halls are in Thuringia.

Das **beste** Bier gibt es in München.

You'll find the best beer in Munich.

Die **meisten** Deutschen leben in der Stadt.

Most Germans live in a city.

NOTE:
▶ A definite article usually precedes the adjective in the superlative.

Die schönsten
Rathäuser
in
Thüringen

Hessen-
Thüringen   ADAC
Freizeitservice

Burg Katz am Rhein

Übung 6 Satzpuzzle: Wissenswertes über Deutschland

Was passt zusammen?

1. Zwei Drittel allen Weins …
2. Mecklenburg-Vorpommern hat …
3. Nordrhein-Westfalen hat mehr Industrie …
4. Die meisten Touristen und Besucher landen …
5. Berlin hat über drei …
6. Meißen produziert das …
7. Der Rhein ist 865 …
8. Die Zugspitze ist ein 2.962 …
9. Die Universität Heidelberg existiert …

a. 1.700 Seen.
b. als die anderen Bundesländer.
c. auf dem Frankfurter Flughafen.
d. berühmteste Porzellan.
e. Kilometer lang.
f. kommt aus Rheinland-Pfalz.
g. Meter hoher Berg in Bayern.
h. Millionen Einwohner.
i. seit 1386.

Übung 7 Tatsachen° über Deutschland

Facts

Bilden Sie Sätze mit Superlativ. (Sie finden in **Übung 6** die meisten Informationen, die Sie brauchen.)

BEISPIEL: Berlin ist die größte Stadt Deutschlands.

Bayern	ist	das nördlichste Bundesland
Berlin	hat	die meiste Industrie
Bremen	produziert	die höchsten Berge
Frankfurt		die älteste Universität
Heidelberg		das berühmteste Porzellan
Mecklenburg-Vorpommern		das kleinste Bundesland
Meißen		den größten Flughafen
Nordrhein-Westfalen		die größte Stadt
der Rhein		den meisten Wein
Rheinland-Pfalz		die meisten Seen
Schleswig-Holstein		der längste Fluss
??		??

Übung 8 Eine Reise nach Österreich

Freunde waren in Österreich und sind gerade zurückgekommen. Sie haben viele Fragen an sie.

1. Wie heißt die _____ (schön) Stadt Österreichs?
2. Wo findet man die _____ (preiswert) Hotels?
3. Wo liegen die _____ (interessant) Sehenswürdigkeiten?
4. Welches ist das _____ (alt) Schloss in Wien?
5. Wo gibt es die _____ (viel) Cafés?
6. In welchem Café gibt es den _____ (gut) Kaffee?
7. Wo gibt es die _____ (freundlich) Leute?
8. Wie heißt der _____ (groß) Vergnügungspark in Österreich?

Adjectival Nouns°

Adjectives can be used as nouns. As nouns, they are capitalized.

Deutsche reisen gern ins Ausland.	*Germans like to travel abroad.*
Die meisten **Deutschen** reisen in den Süden Europas.	*Most Germans travel to the south of Europe.*

The *Guide to Grammar Terms* online in CONNECT provides more basic information about adjectival nouns.

NOTE:

- An adjectival noun takes the same endings as an attributive adjective.

Ein **deutscher** Tourist hat mich nach dem Weg gefragt.	*A German tourist asked me for directions.*
Ein **Deutscher** hat mich nach dem Weg gefragt.	*A German asked me for directions.*

- The gender and number of an adjectival noun are determined by what it designates: people are masculine or feminine.

ein Deutsch**er** = a German (*man*)	**der** Deutsch**e** = the German (*man*)
eine Deutsch**e** = a German (*woman*)	**die** Deutsch**e** = the German (*woman*)
[zwei] Deutsch**e** = [two] Germans	**die** Deutsch**en** = the Germans

- The case of the adjectival noun depends on its function within the sentence.

Ich habe **der Deutschen** den Weg gezeigt.	*I showed the German (woman) the way.*

- Abstract concepts are neuter. They are frequently preceded by words such as **etwas, nichts,** or **viel.**

Steht in der Zeitung **etwas Neues?**	*Is there anything new in the paper?*

Übung 9 Die Urlauber sind alle aus Deutschland

Ergänzen Sie die Sätze mit dem Wort **deutsch** als Nomen. Vergessen Sie die Endung nicht.

BEISPIEL: Die ___*Deutschen*___ reisen gern.

1. Für die _____ sind Sonne und Meer sehr wichtig.
2. Das Traumziel (*dream destination*) der _____ ist Spanien.
3. In den Hotels auf Mallorca findet man viele _____.
4. Herr Keller ist aus Deutschland. Er ist _____.
5. Frau Keller ist auch _____.
6. Die _____ liegen den ganzen Tag am Strand in der Sonne.
7. Abends gehen sie mit anderen _____ in die Restaurants.
8. Am Ende des Urlaubs fliegen die _____ von der Sonne gebräunt nach Deutschland zurück.

Übung 10 Was erwarten diese Leute vom Urlaub?

BEISPIEL: Ich möchte im Urlaub etwas ___*Schönes*___ (schön) erleben.

1. Herr Lüders aus Berlin will nichts _____ (anstrengend). Er braucht nur gutes Wetter, Sonne und Meer.

2. Das Reisebüro Fröhlich bietet eine Reise zum Mars zum Sparpreis von nur 50 000 Euro. Das ist wirklich etwas _____ (toll)! Ich buche das sofort.

3. Ingrid und ihr Freund Horst möchten mit dem Rad durch Portugal fahren. Da sieht man viel _____ (interessant).

4. Herr und Frau Lindemann wollen nichts _____ (neu) sehen. Wie jedes Jahr fahren sie in die Alpen.

5. Marion sucht etwas _____ (ungewöhnlich). Sie bucht einen Kochkurs in der Toskana.

Narrating Events in the Past: The Simple Past Tense°

das Imperfekt

You recall that in conversation about events in the past, the present perfect tense is preferred except for the verbs **haben, sein,** and modal verbs. These verbs are commonly used in the simple past tense in conversation as well as in written or formal language.

The simple past tense of other verbs is generally used in German to narrate past events in writing or in formal speech.

Weak Verbs°

Schwache Verben

Weak verbs form the simple past tense by adding the marker **-te** or **-ete** to the stem.

Wir **packten** unsere Sachen in einen Rucksack.	*We packed our things in a backpack.*
Wir **warteten** auf den Bus.	*We waited for the bus.*
Die Fahrt **dauerte** drei Stunden.	*The trip took three hours.*

Here are the forms of the simple past tense for weak verbs.

▶ The *Guide to Grammar Terms* online in CONNECT provides more basic information about the simple past tense.

reisen			
ich	reis**te**	wir	reis**ten**
du	reis**test**	ihr	reis**tet**
er sie es	reis**te**	sie	reis**ten**
Sie reis**ten**			

warten			
ich	wart**ete**	wir	wart**eten**
du	wart**etest**	ihr	wart**etet**
er sie es	wart**ete**	sie	wart**eten**
Sie wart**eten**			

NOTE:

▶ The first- and third-person singular are identical, as are the first- and third-person plural.

▶ Verbs with stems ending in **-t** or **-d,** as well as some verbs with a consonant + **-n** in the stem (e.g., **regnen, öffnen**), add **-ete** to the stem.

▶ Weak verbs with separable and inseparable prefixes have the same past tense stem as the base verb.

In Wien **besuchten** sie die Spanische Reitschule.	*In Vienna they visited the Spanish Riding School.*
Die Familie **reiste** letzten Donnerstag **ab**.	*The family departed last Thursday.*

Übung 11 Eine Reise nach Spanien

Rainer, zehn Jahre alt, hat in der Schule über seine Sommerferien geschrieben. Setzen Sie Rainers Sätze ins Imperfekt.

BEISPIEL: Wir haben eine Reise nach Spanien gemacht. →
       Wir machten eine Reise nach Spanien.

1. Schon drei Wochen vor der Reise habe ich meinen Koffer gepackt.

2. Die Reise nach Spanien hat zwei Tage gedauert.

3. Wir haben auf einem Campingplatz übernachtet.

4. Am Urlaubsort hat es jeden Tag geregnet. So ein Pech!

5. Wir haben in einer kleinen Stadt gewohnt.

6. Wir haben alle Museen da besucht.

7. Die Reise hat nicht viel Spaß gemacht.

8. Das Schlimmste (*worst*): In Deutschland ist ein Traumsommer gewesen.

Übung 12 Kleine Erlebnisse° im Urlaub

experiences

Ergänzen Sie die Sätze mit passenden Modalverben im Imperfekt: **dürfen, können, müssen, wollen.**

BEISPIEL: Wir *wollten* per Autostopp nach Spanien fahren.

1. Niemand _____ uns mitnehmen.

2. Wir _____ zwei Stunden an der Autobahn warten.

3. Ein Fahrer _____ uns bis nach Freiburg mitnehmen.

4. Wir _____ in der Jugendherberge übernachten, aber dort war kein Platz mehr.

5. Deshalb _____ wir im Park übernachten.

6. Im Park _____ man aber nicht übernachten. Es war verboten.

7. Wir _____ aber noch eine Übernachtung auf einem Bauernhof bekommen.

Eine kleine Pause auf Reisen

Strong Verbs°

Strong verbs change their stem vowel in the simple past tense. Many verbs that are strong in English are also strong in German. You will find a list of strong verbs in the Appendix. Here are the forms of several strong verbs.

	fahren	stehen	anfangen	verlieren
ich	fuhr	stand	fing an	verlor
du	fuhr**st**	stand**est**	fing**st** an	verlor**st**
er sie es	fuhr	stand	fing an	verlor
wir	fuhr**en**	stand**en**	fing**en** an	verlor**en**
ihr	fuhr**t**	stand**et**	fing**t** an	verlor**t**
sie/Sie	fuhr**en**	stand**en**	fing**en** an	verlor**en**

Im Stau auf der Autobahn

Familie Stieber **fuhr** im Urlaub nach Spanien.

The Stieber family drove to Spain on their vacation.

Sie **standen** lange im Stau auf der Autobahn.

They were in a traffic jam on the Autobahn for a long time.

Der Urlaub **fing** nicht gut **an.**

The vacation did not start out well.

NOTE:

- ○ The first- and third-person singular are identical; they have no personal endings.

- ○ A past tense stem ending in a **-d, -t,** -or **-s** adds **-est** to the **du**-form and **-et** to the **ihr**-form.

- ○ Like weak verbs, strong verbs with separable and inseparable prefixes have the same past tense stem as the base verb.

Mixed Verbs°

Several verbs combine aspects of strong and weak verbs in the simple past. They add **-te** to the stem and change their vowel or stem itself. Several of these are:

bringen → brachte	kennen → kannte	verbringen → verbrachte
denken → dachte	nennen → nannte	wissen → wusste

The simple past tense of **werden** (*to become*) is **wurde.**

Sprach-Info

The conjunction **als** has several important functions in German. You have learned to use it in the comparison of adjectives and adverbs.

Mit dem Zug fährt man bequemer **als** mit dem Bus.

Additionally, **als** can be used as a subordinating conjunction meaning *when*, referring to a one-time event in the past. Sentences with the conjunction **als** are often in the simple past tense, even in conversation.

Als meine Reise nach Russland begann, war es schon Winter.

When my trip to Russia began, it was already winter.

Als ich am Morgen aufwachte, fand ich mich mitten im Dorf.

When I woke up in the morning, I found myself in the middle of the village.

Übung 13 Analyse: Eine sonderbare° Reise

strange

Der Baron von Münchhausen lebte im 18. Jahrhundert und hatte einige merkwürdige Abenteuer. Man nannte ihn auch den „Lügenbaron" (*"lying baron"*), weil man ihm seine Geschichten nicht glaubte.

1. Lesen Sie die Geschichte und finden Sie das Imperfekt von diesen Verben:

aufwachen	landen	schauen	steigen
beginnen	legen	schießen	verstehen
binden	nehmen	schlafen	
finden	reisen	sehen	
frieren	reiten	sein	

2. Welche Verben sind stark? Welche sind schwach? (Sie finden die starken Verben im Anhang [*Appendix*].)

> ### Münchhausens Reise nach Russland
>
> Meine Reise nach Russland begann im Winter. Ich reiste zu Pferde°, weil das am bequemsten war. Leider trug ich nur leichte Kleidung, und ich fror° sehr. Da sah ich einen alten Mann im Schnee. Ich gab ihm meinen Reisemantel und ritt weiter. Ich konnte leider kein Dorf° finden. Ich war müde und stieg vom Pferd ab°. Dann band° ich das Pferd an einen Baumast° im Schnee und legte mich hin. Ich schlief tief und lange. Als ich am anderen Morgen aufwachte, fand ich mich mitten in einem Dorf auf dem Kirchhof°. Mein Pferd war nicht da, aber ich konnte es über mir hören. Ich schaute in die Höhe° und sah mein Pferd am Wetterhahn des Kirchturms° hängen. Ich verstand sofort, was passiert war. Das Dorf war in der Nacht zugeschneit° gewesen. In der Sonne war der Schnee geschmolzen°. Der Baumast, an den ich mein Pferd gebunden hatte°, war in Wirklichkeit die Spitze des Kirchturms gewesen. Nun nahm ich meine Pistole und schoss° nach dem Halfter°. Mein Pferd landete ohne Schaden° neben mir. Dann reiste ich weiter.

zu ... *on horseback*

froze

village / stieg ... *got off the horse*

tied / *branch of a tree*

churchyard (cemetery)

in ... *up*

am ... *on the weather vane on top of the church tower* / *snowed under*

melted

gebunden ... *had tied*

shot / *halter*

damage

Übung 14   Aus Münchhausens Tagebuch° 　　　　　　　　　　　*diary*

Ergänzen Sie die Verben im Imperfekt.

Ich _____¹ (beginnen) meine Reise nach Russland im Winter. Ich _____²
(reisen) zu Pferde, weil das am bequemsten _____.³ (sein) Leider _____⁴
(frieren) ich sehr, weil ich nur leichte Kleidung _____.⁵ (tragen) Plötzlich
_____⁶ (sehen) ich einen alten Mann im Schnee. Ich _____⁷ (geben) ihm
meinen Mantel und _____⁸ (reiten) weiter. Bald _____⁹ (sein) ich müde
und _____¹⁰ vom Pferd _____.¹¹ (ab•steigen) Ich _____¹² (binden)
das Pferd an einen Baumast im Schnee. Dann _____¹³ ich mich _____¹⁴
(hin•legen) und _____ _____.¹⁵ (ein•schlafen) Als ich am anderen
Morgen _____¹⁶ (auf•wachen), _____¹⁷ (finden) ich mich mitten in
einem Dorf. Ich _____¹⁸ (wissen) zuerst nicht, wo mein Pferd war. Ich
_____¹⁹ (kennen) keinen Menschen in diesem Dorf.

Übung 15   Münchhausens Reise

Sie hören die Geschichte von Münchhausens Reise nach
Russland mit sechs Veränderungen (*changes*). Können Sie sie identifizieren?

Übung 16   Wann war das?

Sie müssen einen Fragebogen (*questionnaire*) für eine Umfrage ausfüllen. Können
Sie sich erinnern?

BEISPIEL: Wann haben Sie den Führerschein gemacht?   →
　　　　　Ich war 17, als ich den Führerschein machte.

1. Wann sind Sie in den Kindergarten gekommen?
2. Wann haben Sie das erste Geld verdient?
3. Wann haben Sie sich zum ersten Mal verliebt (*fell in love*)?
4. Wann haben Sie den Führerschein gemacht?
5. Wann haben Sie Ihre beste Freundin oder Ihren besten Freund kennengelernt?
6. Wann haben Sie Ihre erste Reise ins Ausland gemacht? Wohin?
7. Wann haben Sie schwimmen gelernt? (oder einen anderen Sport)

The Past Perfect Tense°

The past perfect tense describes an event that precedes another event in the past. To
form the past perfect, combine the simple past of **haben** (*hatte*) or **sein** (*war*) with
the past participle of the main verb. Verbs using **sein** in the present perfect tense also
use **sein** in the past perfect.

Das Plusquamperfekt

 The *Guide to Grammar Terms*
online in CONNECT provides
more basic information about
the past perfect tense.

Present Perfect	Past Perfect
Ich **bin** gegangen.	Ich **war** gegangen. (*I had gone.*)
Wir **haben** bezahlt.	Wir **hatten** bezahlt. (*We had paid.*)

Bevor and **nachdem** are used to indicate one event occurred before or after another.
Use **nachdem** and the past perfect tense with the action that occurred first.

Nachdem wir auf Mallorca
　angekommen waren, gingen wir
　sofort an den Strand.

*After we **had arrived** in*
　Mallorca, we immediately
　went to the beach.

Use **bevor** and the simple past tense with the action that occurred second.

Bevor wir in Urlaub fuhren, **hatten** wir
　alle Rechnungen **bezahlt.**

Before we went on vacation
　*we **had paid** all the bills.*

Übung 17 Die Fahrt hatte kaum begonnen

Ergänzen Sie die Sätze durch Verben im Plusquamperfekt.

1. Ich _____ schon früh aus dem Haus _____ (gehen), denn mein Flugzeug nach Frankfurt flog um 8 Uhr ab.

2. Ich _____ am Tag zuvor ein Taxi _____ (bestellen).

3. Am Flughafen fiel mir ein (*I remembered*), dass ich die Schlüssel in der Haustür _____ _____ (vergessen).

4. Kein Wunder, denn letzte Nacht _____ ich kaum _____ (schlafen).

5. Sobald ich am Flughafen _____ _____ (ankommen), rief ich eine Nachbarin (*neighbor*) an.

6. Der Flug nach Frankfurt war verspätet (*late*). Nachdem wir drei Stunden _____ _____ (warten), konnten wir endlich abfliegen.

KULTURJOURNAL

connect

Geografie: Deutschland, Österreich, die Schweiz

Was wissen Sie über die Geografie Deutschlands, Österreichs und der Schweiz? Wo liegt Berlin genau? Wie nennt man die Länder in der Schweiz? Kennen Sie eine Stadt in Österreich?

In Deutschland und Österreich nennt man die Staaten Bundesländer, aber in der Schweiz nennt man sie Kantone. Die offiziellen Abkürzungen für diese drei Länder sind A für Österreich, CH (Confoederatio Helvetica) für die Schweiz und D für Deutschland. Deutschland hat 16 Bundesländer, Österreich 9. Die Schweiz hat 23 Kantone.

Berlin, dessen Symbol der Bär ist, ist die Hauptstadt von Deutschland. 1961 wurde die Mauer hier gebaut und 1989 mit der Wende wieder abgerissen. Wien ist nicht nur die Hauptstadt von Österreich, sondern auch gleichzeitig einer der vier offiziellen Sitze der Vereinten Nationen (UNO). Das Symbol dieser Stadt ist der Stephansdom. Auch der berühmte Vergnügungspark der „Prater" befindet sich hier. Bern, die Hauptstadt der Schweiz, war früher eine römische Siedlung und trug den Namen „Brenodurum". Bern hat wie Berlin den Bären als Symbol.

Deutschland hat ungefähr 80 Millionen Einwohner, Österreich fast 8,5 Millionen und die Schweiz fast 8 Millionen. Berlin in Deutschland, Wien in Österreich, und Zürich in der Schweiz sind die drei größten Städte dieser Länder.

Ein Forschungsprojekt: Wählen Sie eine Stadt, ein Bundesland oder einen Kanton aus und schreiben Sie die Geschichte davon in tabellarischer Form. Die Geschichte sollte wenigstens zwölf wichtige Ereignisse nennen, von der Gründung bis zum heutigen Tag.

Zur Diskussion

1. Was wissen Sie jetzt über die Geografie Deutschlands, Österreichs und der Schweiz? Nennen Sie drei Tatsachen.

2. Forschen Sie genauer nach. Wo liegen die Hauptstädte Berlin, Bern und Wien genau?

3. Hat Ihre Stadt oder Ihr Land ein Symbol? Wissen Sie, wie das Symbol entstand?

Das Riesenrad im Wiener Prater

Bern in der Schweiz

Sprache im Kontext

▶ Videoclips

Sie hören zwei Interviews: eins zwischen Jenny und Tina und ein zweites zwischen Sandra und Tabea über Urlaub und Reisen.

Wohin fährst du gern in Urlaub?

A Tina. Was stimmt?

1. Wohin fährt Tina am liebsten?
   a. in ein fremdes Land
   b. in eine große Stadt
   c. ans Meer

2. Was hat sie in Spanien gemacht?
   a. Freunde besucht
   b. gearbeitet
   c. Urlaub gemacht

3. Während eines Urlaubs gab es ein Problem. Was ist Tina passiert?
   a. Sie hat ihre Tasche im Zug verloren.
   b. Man hat ihre Tasche gestohlen.
   c. Sie hat ihren Personalausweis und ihr Geld verloren.

B Tabea.

1. Wohin fährt Tabea besonders gern in Urlaub?
   a. in die Berge
   b. nach Österreich
   c. ans Meer

2. Wo hat sie mit Freunden übernachtet?
   a. in einem kleinen Hotel
   b. im Zelt (gecampt)
   c. bei Freunden

3. Was hat ihr besonders gefallen?
   a. die Gemeinschaft mit ihren Freunden
   b. der Sonnenaufgang
   c. die gebratenen Flusskrebse

C Ein Interview. Fragen Sie eine Person in Ihrer Klasse und berichten Sie im Plenum.

1. Wohin fährst du gern im Urlaub? Und mit wem?
2. Hattest du schon einmal ein Problem unterwegs?
3. Was war die schönste Reise, an die du dich erinnerst?

Nützliche Wörter

etwas geht schief something goes wrong

etwas klauen to steal something

das Portemonnaie wallet

Flusskrebse braten to fry crayfish

der Sonnenaufgang sunrise

die Gemeinschaft companionship

gucken to see, look

Lesen

Zum Thema

A **Ihr letzter Urlaub.** Beantworten Sie die folgenden Fragen und vergleichen Sie Ihre Antworten untereinander.

1. Wann haben Sie zum letzten Mal Urlaub gemacht?
2. Wohin sind Sie gefahren?
3. Sind Sie allein oder mit Freunden gefahren?
4. Was haben Sie dort gemacht?
5. Wie war das Wetter dort?
6. Wie lange waren Sie dort?
7. Was hat Ihnen dort (nicht) gefallen?

Auf den ersten Blick

A Überfliegen Sie das Lesestück. Kreuzen Sie an. Der Text berichtet über:

☐ die Arbeitserfahrung eines deutschen Studenten in den USA

☐ eine Reise für Studenten in die USA

☐ eine Beschreibung von Städten und Regionen in den USA

B Präziser bitte! Suchen Sie diese Informationen im Text!

1. Wie lange war Bernd insgesamt in den USA?
2. Was hat er in den USA gemacht?
3. In welchen Bundesstaaten hat er gearbeitet?

The American Dream

von Bernd Maresch

Jobben in den USA

Just another summer of my life?! „… aber es wird noch ein bisschen dauern, es ist gerade rush-hour in New York City", säuselt° mir die freundliche amerikanische Stimme ins Ohr. Vor ein paar Minuten sind wir im JFK-Airport gelandet. Nun bin ich im Land der unbegrenzten Möglichkeiten, die
5 Vordiplomprüfungen sind vorbei, die Semesterferien liegen vor mir, und warum sollte ich diese nicht jobbenderweise° in den USA verbringen, um die Mythen dieses Landes kennenzulernen?

murmurs

while working

New York, Times Square: Im Land der unbegrenzten Möglichkeiten

Was folgte, waren drei aufregende Monate, die ich als „American Dream"
bezeichne: In Manhattan arbeitete ich zusammen mit 20 jungen Leuten aus
sinking feeling　10　zwölf Nationen im „New York Student Center". Mit einem Drücken° im Magen
starte ich zu meinem ersten Auftrag: Ich sollte eine Gruppe von 35 Briten am
JFK in Empfang nehmen° und sie über die „dos & don'ts" dieser Stadt aufklären.
in ... receive　　Es war ein seltsames Gefühl, allein in einer fremden Stadt vor einer Gruppe
englischsprechender Menschen zu stehen und ihnen in ihrer Muttersprache mit
15　meinem deutsch-akzentuierten Englisch das Programm zu erklären.

Bruce Willis im Central Park

cosmopolitan　New York zeigte sich von seiner weltstädtischen° Seite. Zu acht wohnten wir in
spacious　einem großzügigen° Appartement, das wir in der Nähe von SoHo anmieteten.
Die Seiten meines Tagebuchs der folgenden Wochen lesen sich wie ein Star-
20　Report aus der Yellow-Press: Wir trafen Bruce Willis beim Rollerbladen im
Central Park. Bon Jovi gab ein Spontan-Konzert am Times Square vor dem
Auftritt bei David Letterman.
　　Nach sechs Wochen wechselte ich den Schauplatz. Arbeiten mit Rangern
intense / stark　in einem von Utahs Nationalparks. Die pralle° Natur stand freilich im krassen°
25　Gegensatz zum New Yorker Großstadtleben. Unsere Crew lebte selbstversorgend
in „bunk houses" inmitten des Uinta National Forest. Arbeitslohn erhielten wir
Unterkunft ... room and board　in Form von Unterkunft und Verpflegung°.

Jeep, Motorboot und Pferde

knuckle down / Holzzäune ...　Wir mussten hart zupacken:° Holzzäune errichten°, Pipelines für Tränken° der
build wooden fences / watering　30　Waldtiere in den Boden graben und Wanderwege anlegen. Dabei standen uns
ein Jeep, ein Motorboot und Pferde zur Verfügung. Ein Demolition-Derby, ein
echtes Rodeo, Indianerkultur in Form von alten Felsmalereien° und historische
rock paintings　Ausgrabungen an einem alten Schlachtfeld spiegelten die Höhepunkte im Leben
einer amerikanischen Kleinstadt wider.

Der berühmte Arches Naturpark im Bundesstaat Utah

35　Nach vier Wochen in Utah führte mich der Weg nach California, wo ich den
Rest meines Aufenthaltes verbrachte. Noch in Deutschland hatte ich Amerikaner
kennengelernt, die ich nun besuchte. Und so flog ich nach San Francisco. Die
Gastfreundschaft ging so weit, dass ich das Auto benutzen konnte, was mir so
manchen Ausflug auf den Highway No. 1 und nach Napa Valley möglich machte.
(coll.) side benefit　40　Als Clou° für mein Studium konnte ich in den Bibliotheken von Berkeley
find　und Stanford University so manches Schnäppchen° für meine anstehende
uncover　Hausarbeit erstöbern°, wenngleich es mich nach einem Besuch an einer
amerikanischen Uni gar nicht mehr zum Studium nach Hause zog.
seat belts　　„… erreichen wir in Kürze Frankfurt am Main. Wir bitten Sie, die Gurte°
45　anzulegen und hoffen, Sie hatten einen guten Flug und einen angenehmen
Aufenthalt." Die Stimme der Stewardess weckt mich, und erst nach Beginn des
wurde ... I truly realized　Semesters an einer deutschen Hochschule wurde mir so richtig bewusst°, dass
mein „American Dream" wahr gewesen ist.

—Quelle: Bernd Maresch; adaptiert aus: "The American Dream," *UNICUM,* April 2006

Zum Text

A Lesen Sie nun den Text etwas genauer. Was stimmt und was stimmt nicht?

	Das stimmt	Das stimmt nicht
1. Bernd wollte seine Semesterferien in den USA verbringen, um die Mythen des Landes kennenzulernen.	☐	☐
2. Sein erster Auftrag war in New York, wo er eine Gruppe von 25 Deutschen im Empire State Gebäude empfangen sollte.	☐	☐
3. In Manhattan traf er Brad Pitt auf seinem Motorrad.	☐	☐
4. Nach New York arbeitete Bernd in einem Nationalpark in Utah.	☐	☐
5. Dort hat Bernd ein Demolition-Derby und ein echtes Rodeo erlebt.	☐	☐
6. Die dritte Station seines Aufenthaltes in den USA war Kalifornien.	☐	☐
7. Dort hat Bernd einen alten deutschen Freund besucht, den er aus seiner Heimatstadt kannte.	☐	☐

B **Drei Schauplätze**. Was hat Bernd dort gesehen und erlebt? Machen Sie sich Notizen zu jedem Schauplatz und erzählen Sie, was Bernd dort gemacht hat.

New York	Utah	Kalifornien

C Bernd hat viele Höhepunkte seines Aufenthaltes in Amerika beschrieben, aber nur wenige Details gegeben. Was möchten Sie zusätzlich noch gern wissen? Formulieren Sie drei Fragen für Bernd, wo Sie ihn nach mehr Details fragen.

D Bernd benutzt drei Arten von „Englisch" in seinem Reisebericht: (1) eingedeutschte (*Germanized*) Wörter, (2) Namen auf Englisch für Sehenswürdigkeiten in Amerika und (3) andere englische Wörter.

1. Suchen Sie diese Wörter und sortieren Sie sie in drei Kategorien.

(1) Eingedeutschte Wörter	(2) Namen auf Englisch	(3) Andere englische Wörter
jobben	*Napa Valley*	*American Dream*

2. Suchen Sie deutsche Wörter oder Äquivalente für die Wörter, die Sie in Kategorie 3 gefunden haben.

3. Warum benutzt Bernd wohl diese drei Kategorien von Wörtern?

E **Bernds Reisebericht kurz und bündig** (*in a nutshell*). Erzählen Sie Bernds Reisebericht mithilfe des folgenden Rasters (*template*) nach.

> 1. Bernds Aufenthalt begann _____.
>
> 2. Dort arbeitete er _____.
>
> 3. Für seinen ersten Auftrag musste er _____.
>
> 4. In New York erlebte er _____.
>
> 5. Nach seinem Aufenthalt in New York _____.
>
> 6. Dort musste er schwere Arbeit machen, z. B. _____.
>
> 7. Danach _____.
>
> 8. Dort _____.
>
> 9. Für Bernd war die Reise nach Amerika _____.

F **Diskutieren Sie.** Wie lernt man ein fremdes Land am besten kennen? Zum Beispiel: Würden Sie auch jobben wie Bernd, oder lieber als Tourist im Reisebus durch ein Land fahren? Welche anderen Möglichkeiten kennen Sie? Was sind die Vor- und Nachteile?

Zu guter Letzt

Ein Reisebericht

Haben Sie je eine interessante Reise gemacht? Allein? Mit Freunden oder mit Familie? Schreiben Sie einen Bericht darüber – so kreativ wie möglich. Wenn Sie wollen, können Sie einen fiktiven Reisebericht oder einen Text im Stil von Bernd Maresch schreiben.

Schritt 1: Beginnen Sie mit einem Zitat (*quote*), das den Ton und die Stimmung Ihres Berichts angibt, z. B. aus einem Roman, einer Geschichte oder einem Lied. Das Zitat kann auf Englisch oder auf Deutsch sein. Erklären Sie dann, warum Sie die Reise gemacht haben.

▶ Freunde oder Familie besuchen?

▶ etwas Exotisches erleben?

▶ ein neues Land oder eine neue Stadt kennenlernen?

▶ einen Ferienjob finden?

▶ ??

Schritt 2: Schreiben Sie über zwei oder drei spezifische, interessante Erlebnisse auf der Reise. Geben Sie möglichst viele Details an. Haben Sie interessante Leute kennengelernt oder ungewöhnliche Dinge gesehen oder erlebt? (Benutzen Sie bitte drei Adjektive in der Komparativform und drei in der Superlativform. Gebrauchen Sie auch mindestens zehn Verben im Imperfekt.)

Schritt 3: Beenden Sie Ihren Reisebericht mit einer Überraschung (*surprise*) oder einer interessanten Bemerkung (*comment*) für den Hörer oder den Leser. Seien Sie hier so kreativ wie möglich.

Schritt 4: In kleinen Gruppen zu viert lesen Sie Ihre Reiseberichte Ihren Mitstudenten und Mitstudentinnen vor. Sie sollen Ihnen Fragen über den Reisebericht stellen und raten, ob Ihre Geschichte wahr ist oder nicht.

Wortschatz

Beginning with this chapter, the vocabulary section at the end of each chapter will list strong or irregular verbs with their principal parts as follows: **bringen, brachte, gebracht** or **fahren (fährt), fuhr, ist gefahren.**

Verkehrsmittel / Means of Transportation

die **Bahn**, -en	railway; train
der **Bus**, *pl.* **Busse**	bus
das **Flugzeug**, -e	airplane
das **Schiff**, -e	ship
das **Taxi**, -s	taxicab
der **Zug**, ̈-e	train

Im Reisebüro / At the Travel Agency

das **Angebot**, -e	(special) offer; selection
die **Fahrkarte**, -n	ticket
die **Reise**, -n	trip
das **Reisebüro**, -s	travel agency
der **Reiseprospekt**, -e	travel brochure

Unterwegs / En Route

die **Abfahrt**, -en	departure
die **Ankunft**, ̈-e	arrival
der **Anschluss**, ̈-e	connection
die **Auskunft**, ̈-e	information
der **Bahnsteig**, -e	(train) platform
der **Fahrkarten-schalter**, -	ticket window
der **Fahrplan**, ̈-e	schedule
das **Gleis**, -e	track
die **Landschaft**, -en	landscape
die **Möglichkeit**, -en	possibility, opportunity
die **Natur**	nature
das **Navi**, -s (das Navigationssystem)	GPS
die **Platzkarte**, -n	seat reservation card
der **Reiseführer**, -	travel guide (book)
der **Strand**, ̈-e	beach
die **Verpflegung**	meals
der **Wanderweg**, -e	hiking trail

Zum Mitnehmen auf Reisen / Things to Take Along on a Trip

das **Bargeld**	cash
das **Handgepäck**	carry-on luggage
der **Handschuh**, -e	glove
die **Kamera**, -s	camera
der **Personalausweis**, -e	ID card
der **Reisescheck**, -s	traveler's check
das **Sonnenschutzmittel**	suntan lotion, sunscreen
das **Zelt**, -e	tent

Verben / Verbs

ab•fahren (fährt ab), fuhr ab, ist abgefahren	to depart, leave
ein•steigen, stieg ein, ist eingestiegen	to board, get into (*a vehicle*)
erleben	to experience
packen	to pack
sich überlegen, überlegt	to think over
um•steigen, stieg um, ist umgestiegen	to transfer, change (*trains*)
unternehmen (unternimmt), unternahm, unternommen	to undertake, to do
vergessen (vergisst), vergaß, vergessen	to forget
verreisen, ist verreist	to go on a trip
vor•schlagen (schlägt vor), schlug vor, vorgeschlagen	to suggest, propose

Adjektive und Adverbien / Adjectives and Adverbs

aktiv	active(ly)
gefährlich	dangerous(ly)
insgesamt	altogether, total
jung	young
langsam	slow(ly)
schnell	quick(ly), fast
sicher	safe(ly)

Sonstiges / Other

alles	everything
als (*subord. conj.*)	when
bevor (*subord. conj.*)	before
einfach	one-way (ticket); simple
erster/zweiter Klasse fahren	to travel first/second class
hin und zurück	round-trip
nachdem (*subord. conj.*)	after
per Autostopp reisen	to hitchhike
pro Person	per person
sportlich aktiv	active in sports
zu zweit, zu dritt, zu viert, …	as a twosome, threesome, foursome, …

Das kann ich nun!

1. Sagen Sie, wie Sie am liebsten reisen.

2. Sagen Sie, was Sie am liebsten im Urlaub machen.

3. Sie sind mit Freunden unterwegs in Deutschland und gehen in ein Reisebüro. Sie suchen Information über Wandertouren in den Alpen. Sagen Sie etwas darüber:

   a. was Sie möchten

   b. wie lange, wie viele Leute (kleine/ große Gruppe)

   c. was alles kostet

4. Sie stehen am Fahrkartenschalter im Kölner Hauptbahnhof. Sie wollen eine Tagesreise von Köln nach Düsseldorf machen. Was sagen Sie?

5. Sie packen Ihren Koffer für eine Reise in die Schweiz im August. Sagen Sie, was Sie mitnehmen.

6. Sie kommen von der Reise zurück und berichten in Ihrem Deutschkurs auf Deutsch:

   a. *The food tasted best in smaller restaurants.*

   b. *Staying overnight in a youth hostel was the the best deal* (**günstig**).

   c. *The most beautiful and best-known mountain is called* **das Matterhorn**.

7. Sie berichten über eine Reise. Schreiben Sie mithilfe der folgenden Notizen einen Bericht im Imperfekt.

   Reise in Frankfurt beginnen / in einem kleinen Hotel günstig übernachten / am nächsten Morgen mit dem Zug von Frankfurt nach Berlin fahren / am späten Nachmittag in Berlin ankommen / sehr lange auf ein Taxi warten / in einem gemütlichen Restaurant im Hotel essen

Bei der Arbeit im Labor

11

Der Start in die Zukunft

Job und Beruf

GERMAN

www.connectgerman.com

In diesem Kapitel

- ▶ **Themen:** Talking about career expectations, the world of work, professions, and job applications

- ▶ **Grammatik:** Future tense, relative clauses, **was für (ein),** negating sentences with **nicht** and **kein**

- ▶ **Lesen:** „Ein Jahr im Freiwilligendienst"

- ▶ **Landeskunde:** Help-wanted ads, applying for a job, the German school system, civilian service

- ▶ **Zu guter Letzt:** Berufswünsche

Alles klar?

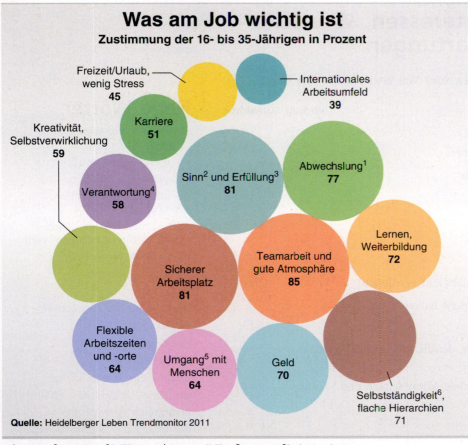

Was am Job wichtig ist
Zustimmung der 16- bis 35-Jährigen in Prozent

- Freizeit/Urlaub, wenig Stress **45**
- Internationales Arbeitsumfeld **39**
- Kreativität, Selbstverwirklichung **59**
- Karriere **51**
- Abwechslung[1] **77**
- Sinn[2] und Erfüllung[3] **81**
- Verantwortung[4] **58**
- Lernen, Weiterbildung **72**
- Sicherer Arbeitsplatz **81**
- Teamarbeit und gute Atmosphäre **85**
- Flexible Arbeitszeiten und -orte **64**
- Umgang[5] mit Menschen **64**
- Geld **70**
- Selbstständigkeit[6], flache Hierarchien **71**

Quelle: Heidelberger Leben Trendmonitor 2011

[1]*variety* [2]*meaning* [3]*fulfillment* [4]*responsibility* [5]*contact* [6]*independence*

A Was erwarten junge Deutsche von ihrem Beruf? Was ist ihnen wichtig?

1. Das wichtigste am Job ist _____.
2. Sinn und Erfüllung sind so wichtig wie _____.
3. Geld ist wichtig, aber nicht so wichtig wie _____.
4. Freizeit und Urlaub sind wichtiger als _____.
5. Kreativität und Selbstverwirklichung sind wichtiger als _____.
6. Was ist wichtiger, ein sicherer Arbeitsplatz oder flexible Arbeitszeiten?
7. Geld ist für junge Deutsche nicht so wichtig wie _____ aber wichtiger als _____.
8. Ungefähr gleich wichtig sind _____ und _____.

B Sie hören Gabriele Sommer über ihre Berufspläne sprechen.

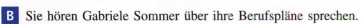

- Wie ist sie auf ihre Berufswahl gekommen?
- Wo studiert sie?
- Was studiert sie?
- Was hat sie in ihrem späteren Berufsleben vor?

Wörter im Kontext

Thema 1: Meine Interessen, Wünsche° und Erwartungen°

° wishes

° expectations

A Wie **stellen** Sie **sich** Ihr **Berufsleben vor?** Was erwarten Sie vom Beruf?

Ich möchte gern:	Wichtig	Unwichtig
▶ **selbstständig** arbeiten	☐	☐
▶ einen sicheren **Arbeitsplatz** haben	☐	☐
▶ **mich** mit **Technik beschäftigen**	☐	☐
▶ **im Freien arbeiten**	☐	☐
▶ im **Büro** arbeiten	☐	☐
▶ **Gelegenheit** zum Reisen haben	☐	☐
▶ **im Ausland** arbeiten	☐	☐
▶ ein gutes **Gehalt** bekommen (viel Geld **verdienen**)	☐	☐
▶ eine **abwechslungsreiche Tätigkeit** haben	☐	☐
▶ **erfolgreich** sein	☐	☐
▶ einen **Chef** / eine **Chefin** haben, der/die meine Arbeit anerkennt (*appreciates*)	☐	☐
▶ bei einer **Firma** mit sympathischen **Mitarbeitern** und **Mitarbeiterinnen** arbeiten	☐	☐
▶ **Umgang** mit Menschen haben	☐	☐
▶ in einem Team arbeiten	☐	☐
▶ eine praktische **Ausbildung**	☐	☐
▶ Prestige/**Ansehen** haben	☐	☐
▶ eine **verantwortliche** Position	☐	☐
▶ einen Beruf haben, der mich **herausfordert**	☐	☐
▶ flexible Arbeitszeiten haben	☐	☐

Neue Wörter

stellen sich vor (sich vorstellen) imagine

das Berufsleben professional life

selbstständig independent(ly)

der Arbeitsplatz position, workplace

mich … beschäftigen (sich beschäftigen) occupy myself

die Technik technology

im Freien outdoors

das Büro office

die Gelegenheit opportunity

im Ausland abroad

das Gehalt salary

verdienen earn

abwechslungsreich varied

die Tätigkeit position; activity

erfolgreich successful

der Chef / die Chefin manager, boss

die Firma firm, company

der Mitarbeiter (Mitarbeiter, *pl.*) / die Mitarbeiterin (Mitarbeiterinnen, *pl.*) co-worker, employee

der Umgang contact

die Ausbildung training

das Ansehen prestige

verantwortlich responsible

herausfordert (herausfordern) challenges

B Vergleichen Sie Ihre Antworten untereinander. Suchen Sie jemand im Kurs, mit dem Sie mehr als fünf Antworten gemeinsam haben.

Aktivität 1   Drei junge Leute

Sie hören drei junge Leute über ihre Interessen, Wünsche und Erwartungen 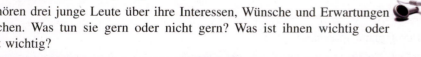 sprechen. Was tun sie gern oder nicht gern? Was ist ihnen wichtig oder nicht wichtig?

Person	Was er/sie (nicht) gern tut	Was ihm/ihr (nicht) wichtig ist
Tina		
Markus		
Andrea		

Aktivität 2 Das Ansehen der Berufe

Schauen Sie sich die Grafik an und beantworten Sie die Fragen.

Das Ansehen der Berufe

Von je 100 Befragten haben am meisten Achtung vor[1]

76 — Arzt/Ärztin
63 — Krankenpfleger/Krankenschwester
49 — Polizist/Polizistin
41 — Lehrer/Lehrerin
38 — Handwerker/Handwerkerin
29 — Pfarrer/Pfarrerin, Geistliche/r
26 — Hochschulprofessor/Hochschulprofessorin
26 — Ingenieur/Ingenieurin
24 — Rechtsanwalt/Rechtsanwältin
22 — Apotheker/Apothekerin
21 — Unternehmer/Unternehmerin
13 — Journalist/Journalistin
12 — Spitzensportler/Spitzensportlerin
9 — Offizier/Offizierin
7 — Buchhändler/Buchhändlerin
6 — Politiker/Politikerin
3 — Fernsehmoderator/Fernsehmoderatorin
3 — Banker/Bankerin

Umfrage mit Liste von ausgewählten Berufen
Quelle: IfD Allensbach   Mehrfachnennungen

[1]esteem for

Schritt 1: Wie heißt das auf Englisch?

1. Arzt/Ärztin
2. Krankenpfleger/Krankenschwester
3. Handwerker(in)
4. Pfarrer(in), Geistliche(r)
5. Rechtsanwalt/Rechtsanwältin
6. Apotheker(in)
7. Unternehmer(in)
8. Offizier(in)
9. Buchhändler(in)

a. attorney, lawyer
b. (military) officer
c. craftsman, manual laborer
d. pharmacist
e. physician
f. pastor, clergy
g. book dealer
h. nurse
i. business owner, entrepreneur

Schritt 2: Beantworten Sie die Fragen. Mehrere Antworten sind möglich.

1. Welcher Beruf hat das größte Ansehen? Warum?
2. Welcher Beruf steht an letzter Stelle? Was mag der Grund dafür sein?
3. Welcher Beruf hat mehr Ansehen: ein Politiker oder ein Polizist?
4. Wer hat weniger Ansehen, ein Spitzensportler oder eine Krankenschwester?
5. In welchem Beruf oder Berufen ist Umgang mit Menschen besonders wichtig?
6. In welchem Beruf verdient man mehr Geld, als Lehrer oder als Banker?
7. In welchem Beruf arbeitet man meistens mit den Händen oder oft im Freien?
8. Ist einer dieser Berufe Ihr Traumberuf? Warum?

Aktivität 3   Hin und her: Wer macht was, und warum?

Ergänzen Sie die Informationen.

BEISPIEL: S1: Was macht Corinna Eichhorn?
S2: Sie ist Sozialarbeiterin.
S1: Warum macht sie das?
S2: Weil …

Name	Beruf	Warum?
Corinna Eichhorn	Sozialarbeiterin	Menschen helfen
Karsten Becker		
Erika Lentz	Filmschauspielerin	Umgang mit Menschen haben
Alex Böhmer		

Aktivität 4   Berufswünsche

Fragen Sie einen Partner / eine Partnerin: „Was erwartest du von deinem
Beruf? Was ist dir nicht so wichtig?" Verwenden Sie einige der folgenden Redemittel.

BEISPIEL: S1: Mir ist ein sicherer Arbeitsplatz wichtig.
S2: Ein sicherer Arbeitsplatz ist mir nicht so wichtig, aber ich möchte
Gelegenheit zum Reisen haben.

Redemittel

Mir ist _____ (nicht) wichtig.

Ich erwarte, dass _____.

Ich möchte gern _____.

An erster Stelle kommt

_____.

_____ interessiert mich
(nicht).

Erwartungen

viel Geld verdienen
viel Umgang mit Menschen (haben)
Menschen helfen
Spaß an der Arbeit (haben)
mit netten Mitarbeitern/Mitarbeiterinnen arbeiten
Gelegenheit zum Reisen (haben)
selbstständig arbeiten
im Freien arbeiten
im Ausland arbeiten
großes Ansehen (haben)
einen sicheren Arbeitsplatz (haben)
kreativ arbeiten
flexible Arbeitszeit (haben)
??

Thema 2: Berufe

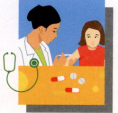

Gesundheit
Arzt/Ärztin
Krankenpfleger/Krankenschwester
Psychologe/Psychologin
Sozialarbeiter/Sozialarbeiterin
Tierarzt/Tierärztin
Zahnarzt/Zahnärztin

Verwaltung
Rechtsanwalt/Rechtsanwältin
Diplomat/Diplomatin
Personalchef/Personalchefin

Technik
Ingenieur/Ingenieurin
Mechaniker/Mechanikerin
Elektrotechniker/Elektrotechnikerin
Elektroniker/Elektronikerin
Programmierer/Programmiererin
Softwareentwickler/Softwareentwicklerin

Naturwissenschaften
Biotechnologe/Biotechnologin
Chemiker/Chemikerin
Laborant/Laborantin
Meteorologe/Meteorologin
Physiker/Physikerin

Wirtschaft und Handel

Geschäftsmann/Geschäftsfrau
Informatiker/Informatikerin
Kaufmann/Kauffrau
Sekretär/Sekretärin
Banker/Bankerin

Verkehr und Transport

Flugbegleiter/Flugbegleiterin
Pilot/Pilotin
Reisebüroleiter/Reisebüroleiterin

Kommunikation

Bibliothekar/Bibliothekarin
Dolmetscher/Dolmetscherin
Journalist/Journalistin
Nachrichtensprecher/Nachrichtensprecherin
Social Media Koordinator / Social Media Koordinatorin

Kreativer Bereich

Architekt/Architektin
Designer/Designerin
Fotograf/Fotografin
Künstler/Künstlerin
Musiker/Musikerin
Schauspieler/Schauspielerin
Zeichner/Zeichnerin

A Welcher Beruf passt zu welcher Beschreibung?

BEISPIEL: Eine Architektin entwirft Häuser.

1. _____ spielt im Film oder auf der Bühne (*stage*).
2. _____ spielt in einem Orchester.
3. _____ **untersucht** Patienten.
4. _____ **entwirft** Gebäude, Häuser und Wohnungen.
5. _____ verkauft Produkte einer Firma.
6. _____ hat mit Computern zu tun.
7. _____ malt Bilder.
8. _____ arbeitet in einer Bibliothek.
9. _____ **übersetzt** mündlich eine Sprache in eine andere.
10. _____ repariert Autos.

a. Arzt/Ärztin
b. Informatiker/Informatikerin
c. Schauspieler/Schauspielerin
d. Bibliothekar/Bibliothekarin
e. Automechaniker/Automechanikerin
f. Musiker/Musikerin
g. Architekt/Architektin
h. Kaufmann/Kauffrau
i. Dolmetscher/Dolmetscherin
j. Künstler/Künstlerin

Neue Wörter

der Zahnarzt / die Zahnärztin dentist

der Rechtsanwalt / die Rechtsanwältin lawyer, attorney

der Handel sales, trade

der Geschäftsmann / die Geschäftsfrau businessman/businesswoman

der Informatiker / die Informatikerin computer scientist

der Kaufmann / die Kauffrau salesman/saleswoman

der Bibliothekar / die Bibliothekarin librarian

der Dolmetscher / die Dolmetscherin interpreter

der Künstler / die Künstlerin artist

der Schauspieler / die Schauspielerin actor

der Zeichner / die Zeichnerin graphic artist

untersucht (untersuchen) examines

entwirft (entwerfen) designs

übersetzt (übersetzen) translates

Ein Schornsteinfeger (*chimney sweep*) arbeitet meistens im Freien.

Kulturspot

Schornsteinfeger bringen Glück, so heißt es volkstümlich (*popularly*), wenn man ihnen im Alltag, vor allem am Geburtstag oder am Hochzeitstag, auf der Straße begegnet. Dieser Volksglaube (*popular belief*) geht auf das Mittelalter (*Middle Ages*) zurück, als Schornsteinfeger durch die wichtige Reinigung (*cleaning*) von Kaminen (*chimneys*) Feuer in Häusern verhinderten. Sie brachten damit das Glück ins Haus.

Aktivität 5 Was meinen Sie?

Suchen Sie Ihre Antworten auf die folgenden Fragen in der Liste von Berufen im **Thema 2.**

1. Wer hat die gefährlichste Arbeit?

2. Welcher Beruf hat das meiste Ansehen?

3. Wer beschäftigt sich mit Tieren?

4. Wer arbeitet meistens in einem Büro?

5. Wer verdient das meiste Geld?

6. Für welche Berufe muss man studieren?

7. Welche Arbeit bringt den meisten Stress mit sich?

8. Wer hat die längsten Arbeitsstunden?

9. Wer hat die langweiligste Arbeit?

Aktivität 6 Hin und her: Berühmte° Personen

famous

Diese berühmten Menschen, die alle einen Beruf ausübten, hatten auch andere Interessen. Ergänzen Sie die Informationen.

 Siehe *The Interrogative Pronoun was für (ein)*, S. 331.

BEISPIEL: S1: Was war Martin Luther von Beruf?

  S2: Er war Theologieprofessor.

  S1: Was für andere Interessen hatte er?

  S2: Er interessierte sich für Literatur, Musik und die deutsche Sprache.

Name	Beruf	Interessen
Martin Luther (1483–1546)		
Käthe Kollwitz (1867–1945)	Künstlerin	Politik
Bertha von Suttner (1843–1914)		
Rainer Werner Fassbinder (1945–82)	Filmregisseur	Literatur, Theater
Marlene Dietrich (1901–92)		
Willy Brandt (1913–92)	Politiker	Ski fahren, Lesen

Die Schauspielerin Marlene Dietrich

Aktivität 7 Welcher Beruf ist der richtige?

Machen Sie eine Liste mit Kriterien, die Ihnen im Beruf wichtig sind. Benutzen Sie die Vokabeln aus **Thema 1.** Fragen Sie dann jemand im Kurs, was für einen Beruf er/sie Ihnen empfehlen würde.

BEISPIEL: S1: Ich möchte eine abwechslungsreiche Tätigkeit haben, vielleicht im Büro arbeiten und viel Umgang mit Menschen haben. Was empfiehlst du mir?

  S2: Ich empfehle dir, Kaufmann/Kauffrau zu werden.

Thema 3: Stellenangebote und Bewerbungen

Ein Stellenangebot

Für alle, die Leistung zeigen wollen.
Julia Enders, Auszubildende, Allianz Gruppe

Kauffrau/-mann für Versicherungen und Finanzen. Haben Sie einen
guten Schulabschluss, Mittlere Reife/Abitur? Sind Sie kontaktfreudig,
kommunikativ, selbstbewusst? Dann werden Sie Profi in Kundenbetreuung, -beratung und Verkauf zu Versicherung und Finanzdienstleistung. Jetzt bewerben!
www.ausbildung.allianz.de

Hoffentlich Allianz.

Allianz ⦿

Allianz Deutschland AG, Personal Berufsausbildung, Anja Großmann
Postfach 1130, 85765 Unterföhring, Tel. 089.92529-25221, anj.grossmann@allianz.de

A Sehen Sie sich das Stellenangebot an und beantworten Sie die Fragen.

1. Wie heißt die Firma, die Mitarbeiter sucht?
2. Für welchen Beruf sucht diese Firma Azubis (Auszubildende)?
3. Welchen Schulabschluss muss man für diesen Beruf haben?
4. Welche Qualifikationen und Eigenschaften sind der Firma wichtig?
5. In welchem Bereich (*area*) der Firma soll der Bewerber / die Bewerberin
   arbeiten?

Eine Bewerbung

A Wie **bewirbt** man **sich um** eine **Stelle?** Bringen Sie folgende Schritte in eine logische Reihenfolge.

_____ einen tabellarischen **Lebenslauf** schreiben

_____ ein **Bewerbungsformular** ausfüllen

__1__ Interessen, Wünsche und Erwartungen mit Familie und Freunden besprechen

_____ **Unterlagen** (Abiturzeugnis oder anderen Abschluss und **Zeugnisse** von früheren **Arbeitgebern**) sammeln

_____ **sich auf** das **Vorstellungsgespräch vorbereiten**

_____ Stellenangebote in der Zeitung und den Stellenmarkt online durchlesen

_____ Informationen über verschiedene Karrieren und Berufe sammeln

_____ zum **Arbeitsamt** an der Uni gehen und mit **Berufsberatern** sprechen

Neue Wörter

bewirbt sich (sich bewerben) um applies for

die Stelle position, job

der Lebenslauf résumé

das Bewerbungsformular application form

die Unterlagen (*pl.*) documentation

das Zeugnis (Zeugnisse, *pl.***)** recommendation; report card

der Arbeitgeber employer

sich vorbereiten auf to prepare for

das Vorstellungsgespräch job interview

das Arbeitsamt employment office

der Berufsberater employment counselor

Aktivität 8   Ein Stellenangebot

Schauen Sie sich noch einmal das Angebot der Firma auf Seite 321 an und setzen Sie passende Wörter aus dem Kasten in die Lücken ein.

Abitur   Kauffrau   Kaufmann   Ausbildung   kontaktfreudig   Kundenbetreuung   Abschluss   mittlere Reife   Verkauf   selbstbewusst

1. Die Firma Allianz sucht junge Leute, die _____ oder _____ werden wollen.

2. Die Firma bietet eine _____ in _____ und _____.

3. Die Bewerber/Innen müssen einen guten _____ haben.

4. Dies kann entweder _____ oder _____ sein.

5. Die Bewerber/Innen sollen _____, kommunikativ und _____ sein.

Aktivität 9   Ein Gespräch unter Freunden

Was stimmt? Was stimmt nicht? Korrigieren Sie die falschen Aussagen.

	Das stimmt	Das stimmt nicht
1. Petra sucht einen Ausbildungsplatz.	☐	☐
2. Petra ist noch nicht zum Arbeitsamt gegangen.	☐	☐
3. Petra hat ein interessantes Stellenangebot in der Zeitung gefunden.	☐	☐
4. Petra hat sich um eine Ausbildungsstelle beworben.	☐	☐
5. Petra hat die Firma sofort angerufen.	☐	☐
6. Petra ist sehr enthusiastisch, weil sie die Firma gut kennt.	☐	☐
7. Die Firma verlangt, dass Bewerber Biologie studiert haben.	☐	☐

Aktivität 10 Ein Gespräch über eine Stellensuche

Führen Sie mit einem Partner / einer Partnerin ein Gespräch über eine Stellensuche. Sie können die Anzeige in diesem Kapitel oder Anzeigen aus einer Zeitung oder dem Internet zur Information benutzen.

S1	S2
1. Was wirst du _____ machen? ▶ nach dem Studium ▶ in den Semesterferien ▶ ??	**2.** Ich werde eine Stelle _____ suchen. ▶ in einem Büro ▶ bei einer Firma ▶ in einer Fabrik ▶ ??
3. Wie findet man _____?	**4.** Man muss mindestens _____ (2/3/4/5/?) Dinge machen: _____. ▶ Informationen über verschiedene Berufe sammeln ▶ Stellenangebote in der Zeitung / im Internet durcharbeiten ▶ zur Arbeitsvermittlung an der Uni gehen ▶ Freunde/Familie/Bekannte fragen ▶ zum Arbeitsamt / zur Berufsberatung gehen ▶ ??
5. Was braucht man für eine Bewerbung?	**6.** Man muss gewöhnlich _____.
7. Wie lange dauert es, bis _____?	**8.** ▶ _____ geht schnell. ▶ Manchmal dauert es _____. ▶ Meistens dauert es _____ Monate.
9. Na, dann viel Glück!	**10.** Vielen Dank!

Aktivität 11 Ein Lebenslauf

Hier sehen Sie einen typischen tabellarischen Lebenslauf.

Schritt 1: Beantworten Sie die Fragen:

1. Welche Schulen hat Birgit in Bonn besucht?

2. Welche Ausbildung hat sie gemacht?

3. Was ist ihr jetziger Beruf?

4. Welche anderen Interessen hat Birgit?

5. Welche Sprachen kann sie?

Schritt 2: Nun erzählen Sie Birgits Lebenslauf in vollständigen Sätzen. Benutzen Sie folgendes Format.

BEISPIEL: Birgit ist am 22. Dezember 1996 in Bonn geboren.
Von _____ bis _____ …
Seit …
Danach …

Grundschule besucht
Realschule besucht
Ausbildung als Bürokauffrau gemacht
als Reisebürokauffrau in Bonn gearbeitet

Lebenslauf

Name	Birgit Hermsen
Geburtsdatum	22. Dezember 1994
Geburtsort	Bonn
Ausbildung	
2000-2004	Grundschule, Bonn
2004-2011	Realschule, Bonn
2009-2010	Austauschschülerin in den USA (Experiment in International Living) Redwood City, Kalifornien
2011	Realschulabschluss: Mittlere Reife
2011-2013	Ausbildung als Bürokauffrau, Bonn Reisebüro Wilmers
Seit 2013	Reisebürokauffrau, Bonn Reisebüro am Markt
Sprachen	Deutsch, Englisch, Spanisch
Familienstand	ledig
Interessen	Reisen (USA, Nepal, Australien und Neuseeland) Sport (Tennis, Reiten) Lesen und Musik

Das deutsche Schulsystem

Mit sechs Jahren beginnt für Kinder in Deutschland die Schule. Alle Kinder gehen zuerst vier Jahre lang gemeinsam auf die **Grundschule.** Danach trennen sich die Wege.

Ein Teil der Schüler und Schülerinnen geht dann auf die **Hauptschule,** die nach dem neunten oder zehnten Schuljahr mit dem Hauptschulabschluss endet. Danach suchen sich die meisten Schulabgänger eine Ausbildungsstelle für einen praktischen Beruf. Zweimal die Woche müssen die „Azubis" (Auszubildende oder Lehrlinge) auf die **Berufsschule** gehen. Dort lernen sie vor

Das Schulsystem in Deutschland

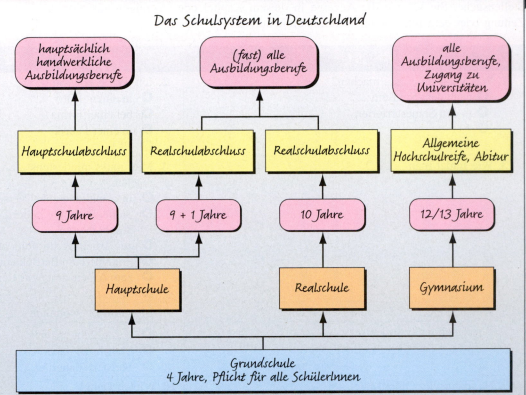

hauptsächlich handwerkliche Ausbildungsberufe	(fast) alle Ausbildungsberufe		alle Ausbildungsberufe, Zugang zu Universitäten
Hauptschulabschluss	Realschulabschluss	Realschulabschluss	Allgemeine Hochschulreife, Abitur
9 Jahre	9 + 1 Jahre	10 Jahre	12/13 Jahre
Hauptschule		Realschule	Gymnasium

Grundschule
4 Jahre, Pflicht für alle SchülerInnen

Der erste Schultag: Der Ernst des Lebens beginnt.

allem praktische Fächer für den künftigen Beruf.

Ein anderer Teil der Schüler und Schülerinnen geht von der Grundschule auf die **Realschule.** Sie endet nach dem zehnten Schuljahr mit dem **Abschluss** der **mittleren Reife.** Danach geht man auf eine **Fachschule** oder auch auf eine **Berufsschule.**

Als dritte Möglichkeit gibt es das **Gymnasium,** das auf ein Universitätsstudium vorbereitet. Das Gymnasium umfasst acht oder neun

Klassen. Am Ende des Gymnasiums machen Schüler das **Abitur.** Ohne Abitur (**Hochschulreife**) kann man nicht studieren.

Zur Diskussion

1. In welchem Alter beginnt für Kinder die Schule in Ihrem Land?

2. Muss man in Ihrem Land einen bestimmten Schulabschluss haben, um studieren zu können?

3. Was halten Sie von einem Schulsystem mit drei verschiedenen Schularten?

Future Tense°

Das Futur

You recall that in German the present tense can also refer to future action, particularly when an adverb of time is present.

Nächstes Jahr macht Sabine ein Praktikum in den USA.

Next year Sabine is going to do an internship in the USA.

Morgen schickt sie mehrere Bewerbungen **ab.**

Tomorrow she will send off several applications.

The *Guide to Grammar Terms* online in CONNECT provides more basic information about the future tense.

The future tense is formed with the auxiliary verb **werden** and the infinitive of the main verb. The auxiliary **werden** and the infinitive at the end of the sentence form a sentence bracket (**Satzklammer**).

Eines Tages **werden** Millionen meine Bücher **kaufen.**

Here are the forms of the future tense.

kaufen			
ich	werde kaufen	wir	werden kaufen
du	wirst kaufen	ihr	werdet kaufen
er sie es	wird kaufen	sie	werden kaufen
Sie werden kaufen			

In German, the future tense is used most frequently to express future time when the context provides no other explicit reference to the future.

Eines Tages **werde** ich Erfolg **haben.**

Someday I will be successful.

Millionen **werden** meine Bücher **kaufen.**

Millions will buy my books.

Wir **werden** mal **sehen.**

We shall see (if that's the case).

Was wirst du werden, wenn du groß bist?

Übung 1 Analyse

Lesen Sie den Cartoon „Poesie" (*Poetry*).

1. Identifizieren Sie zuerst alle Verben im Futur.

2. Wie drückt der Dichter seine Hoffnung (*hope*) für die Zukunft aus?

3. Was ist die Realität seines Lebens?

BEISPIEL: Er hat jetzt mit seinen Gedichten keinen Erfolg.

¹*poems* ²*Erfolg … be successful* ³*in den … praise me to the skies* ⁴*famous* ⁵*afterward* ⁶*mache … continue* ⁷*wie … as before*
⁸*ausgewählte … select readership*

Übung 2 Wunschträume

Schritt 1: Benutzen Sie diese Ausdrücke und sagen Sie: Was ist Ihr Wunschtraum?
Was werden Sie eines Tages sein? Wo werden Sie wohnen?

BEISPIEL: Ich werde Millionär sein.
Ich werde in einem Schloss wohnen.

Was?	Wo?
Akrobat/Akrobatin beim Zirkus	auf dem Mars
Präsident/Präsidentin von …	in einem Schloss
Astronaut/Astronautin	in einer Grashütte auf Tahiti
Fußballspieler/Fußballspielerin	in einer netten kleinen Villa
Milliardär/Milliardärin	in einem Wohnwagen
berühmte/r Schauspieler/ Schauspielerin	im Weißen Haus
	in einer Kommune
berühmte/r Sänger/Sängerin	in einer großen Villa
???	???

Schritt 2: Sagen Sie nun in Ihren Worten, was Ihr eigener, wirklicher Wunschtraum ist.

Expressing Probability

The future tense is also used in German to express probability, often with the adverb **wohl** or **wahrscheinlich** (*probably*). Consider the following question and answer concerning the poet of the cartoon "*Poesie.*"

Wird Anselmus Himmelblau Erfolg **haben** oder nicht?	*Will Anselmus Himmelblau be successful, or not?*
Ja, er **wird wohl** endlich Erfolg **haben**.	*Yes, he will probably end up being successful.*

Übung 3 Wahrscheinlich

Reden Sie mit mindestens zwei Leuten. Jemand hat gerade eine Million Dollar in der Lotterie gewonnen. Was wird er/sie wohl mit dem Geld machen?

BEISPIEL: S1: Meine Mutter hat eine Million Dollar gewonnen.

S2: Was wird sie mit dem Geld machen?

S1: Sie wird sich wohl einen tollen Ferrari kaufen.

Wer?	Was?
Mutter	das Geld auf die Bank bringen
Vater	nach Florida ziehen
Eltern	(sich) ein Schloss in Frankreich kaufen
Freundin	vielen Leuten helfen
Freund	(sich) ein tolles Motorrad kaufen
ich	auf eine Insel in der Karibik ziehen
??	eine Weltreise machen
	einen Extrem- oder Abenteuerurlaub machen
	??

Describing People or Things: Relative Pronouns° and Relative Clauses°

Relativpronomen / Relativsätze

A relative clause provides additional information about a person or an object named in the main clause. It elaborates on the topic.

XYZ Company is looking for bright and energetic trainees *who are interested in a career in communications technology.*

XYZ Company is looking for trainees *whose background includes a degree in computer science.*

XYZ Company is looking for trainees *for whom the sky is the limit.*

Here are the forms of the relative pronouns. They are identical to the definite articles, except in the genitive singular and the genitive and dative plural.

▶ The *Guide to Grammar Terms* online in CONNECT provides more basic information about relative clauses and relative pronouns.

	Singular			Plural
	Masculine	*Neuter*	*Feminine*	*All Genders*
Nominative	der	das	die	die
Accusative	den	das	die	die
Dative	dem	dem	der	**denen**
Genitive	**dessen**	**dessen**	**deren**	**deren**

In German, a relative pronoun always introduces a relative clause.

Nominative Subject

Ich wünsche mir einen Job,
   der Spaß macht.

*I want a job **that** is fun.*

Accusative Object

Wie heißt der junge Mann, **den**
   du gestern kennengelernt hast?

*What is the name of the young
   man (**whom**) you met yesterday?*

Dative Object

Sind Sie einer von den Menschen,
   denen ein sicherer Arbeitsplatz
   wichtig ist?

*Are you one of those people
   to whom a secure position is
   important?*

Genitive Object

Wir sind eine Firma, **deren** Produkte
   weltbekannt sind.

*We are a company **whose** products
   are known worldwide.*

Prepositional Object

Informatikerin ist ein Beruf, **für den**
   ich mich interessiere.

*Computer scientist is an occupation
   in which I am interested.*

▶ The *Guide to Grammar Terms* online in CONNECT provides more basic information about antecedents.

NOTE:

▶ The relative pronoun cannot be omitted as it sometimes can in English.

Der Personalchef, **den**
   ich kürzlich kennenlernte, …

*The personnel director I met
   recently . . . (The personnel
   director whom I met recently . . .)*

Die Berufsberaterin, **mit der**
   ich sprach, …

*The career adviser I spoke
   with . . . (The career adviser
   with whom I spoke . . .)*

▶ Relative pronouns correspond in gender and number to their antecedent—that is, to the noun to which they refer.

▶ The case of the relative pronoun is determined by its function within the relative clause. It can be the subject, an object, or a prepositional object.

▶ The conjugated verb is placed at the end of the relative clause.

ein Beruf, für den ich mich interessiere.

▶ A relative clause in German is always set off from the rest of the sentence by a comma.

Übung 4   Analyse

1. Suchen Sie die Relativpronomen in den Werbungen.
2. Was oder wen beschreibt der Relativsatz in jeder Werbung?
3. Wo ist das Verb in jedem Relativsatz?

Übung 5 Beschreibungen

Ergänzen Sie die Relativpronomen. Wie heißen die Sätze auf Englisch?

A Nominativ

1. Gabriele ist eine Frau, _____ selbstständig arbeiten möchte.
2. Nicholas ist ein Mann, _____ selbstständig arbeiten möchte.
3. Das sind junge Leute, _____ selbstständig arbeiten möchten.
4. Dies ist eine Firma, _____ junge Leute mit Verkaufstalent sucht.
5. ABC ist ein Unternehmen, _____ Azubis sucht.

B Akkusativ

1. Wie heißt der Arzt, _____ du gestern kennengelernt hast?
2. Wie heißt die Ärztin, _____ du gestern kennengelernt hast?
3. Wie heißt der Schauspieler, _____ du gern kennenlernen möchtest?
4. Wie heißen die Musiker, _____ du gern hören möchtest?
5. Wie heißt das Buch, _____ du zum Geburtstag bekommen hast?

C Dativ

1. Wir suchen eine Studentin, _____ Reisen Spaß macht.
2. Wir suchen einen Studenten, _____ Auto fahren Spaß macht.
3. Wir suchen Leute, _____ Technik Spaß macht.
4. Er ist ein Mensch, _____ Prestige sehr wichtig ist.
5. Plus ist eine Firma, _____ motivierte Manager wichtig sind.

D Genitiv

1. Dies ist eine Firma, _____ Produkte überall bekannt sind.
2. Dies ist ein Unternehmen, _____ Produkte überall bekannt sind.
3. Das sind Schulen, _____ Schüler eine gute Ausbildung bekommen.

Übung 6 Qualifikationen

Die folgenden Sätze sind aus Stellenangeboten in deutschen Zeitungen. Setzen Sie die passenden Relativpronomen ein.

1. Unsere Firma sucht Abiturienten, _____ Kreativität und Flexibilität besitzen.

2. Wenn Sie eine junge Dame sind, _____ sich für technische Berufe interessiert, schicken Sie uns Ihre Bewerbung.

3. Wir suchen einen Auszubildenden (Azubi), _____ das Bäckerhandwerk lernen möchte.

4. Elektroniker ist ein Beruf, für _____ sich viele junge Leute interessieren.

5. Wir sind eine Firma, mit _____ Sie über Ihre Zukunft reden sollten.

6. Ist Ihnen die Umwelt, in _____ Sie leben, wichtig? Dann werden Sie doch Umwelt-Techniker, ein Beruf für engagierte Menschen, _____ unsere Umwelt wichtig ist.

7. Wir suchen junge Leute, _____ ein gesundes Selbstbewusstsein (*self-confidence*) haben.

8. Wir suchen junge Leute, _____ einen sicheren Arbeitsplatz suchen und _____ bei der Post Karriere machen wollen.

Übung 7 So bin ich.

Schritt 1: Markieren Sie drei Dinge, die auf Sie zutreffen (*apply*).

Ich bin ein Mensch, … der Gruppenarbeit nicht mag. ☐

der gut zuhören kann. ☐

dem man vertrauen (*trust*) kann. ☐

dem Lernen Spaß macht. ☐

den alle Leute mögen. ☐

dem kreative Arbeit gefällt. ☐

der gut organisieren kann. ☐

der sich gut allein beschäftigen kann. ☐

Schritt 2: Arbeiten Sie nun zu viert und machen Sie eine Liste mit den Qualitäten, die in Ihrer Gruppe vorkommen (*are found*).

BEISPIELE: Es gibt drei Leute, die Gruppenarbeit nicht mögen.

Es gibt einen Studenten, dem kreative Arbeit gefällt.

Es gibt eine Studentin, die gut organisieren kann.

Übung 8 Ein gefährlicher Beruf

Herr Grimmig, Briefträger von Beruf, hat – wie Sie sehen – mal wieder einen schlechten Tag. Schauen Sie sich zuerst die zwei Bilder an.

Schritt 1: Was sind hier die Tatsachen (*facts*)? Kombinieren Sie.

1. Der kleine Junge   **a.** hat die Polizei geholt.
2. Nikos Hund, Fritz,   **b.** heißt Niko.
3. Der Hund hat den Briefträger   **c.** hat alles gesehen.
4. Nikos Vater, Herr Sauer,   **d.** schreibt alles genau auf.
5. Frau Kluge, die Nachbarin,   **e.** ins Bein gebissen.
6. Der Briefträger, Herr Grimmig,   **f.** ist sehr böse auf den Hund.
7. Der Polizist, Herr Gründlich,   **g.** hasst Briefträger.

Schritt 2: Sagen Sie nun mithilfe der Tatsachen etwas über diese Situation.

BEISPIEL: Fritz ist der Hund. Er hasst Briefträger. →
           Fritz ist der Hund, der Briefträger hasst.

1. Fritz ist der Hund, …
2. Niko ist …,
3. Herr Grimmig ist …,
4. Frau Kluge ist …,
5. Herr Sauer ist …,
6. Herr Gründlich ist …,

Nützliche Wörter

hassen to hate
beißen, gebissen to bite
böse angry
holen to fetch, get
auf•schreiben, aufgeschrieben
  to write down

The Interrogative Pronoun° *was für (ein)*   Das Interrogativpronomen

The interrogative pronoun **was für (ein)** means "what kind of."

Nominative

> **Was für ein** Beruf ist das?   *What kind of a profession is that?*
> **Was für eine** Firma ist das?   *What kind of a firm is that?*

Accusative

> **Was für einen** Chef hast du?   *What kind of a boss do you have?*
> **Was für eine** Chefin hast du?   *What kind of a boss do you have?*
> **Was für** Arbeit machst du dort?   *What kind of work do you do there?*

Dative

> In **was für einer** Firma   *What kind of a firm do you*
>   arbeitest du?   *work for?*
> Mit **was für einem** Kollegen   *What kind of a colleague do you*
>   arbeitest du?   *work with?*
> Mit **was für** Kollegen   *What kind of colleagues do you*
>   arbeitest du?   *work with?*

NOTE:

▶ The interrogative pronoun **was für (ein)** is always followed by a noun.

▶ The case of the noun that follows **was für (ein)** depends on its function in the sentence. In this context, **für** does not function as a preposition and, therefore, does not determine the case of the noun.

▶ The expression is always **was für** (without **ein**) when the noun is plural.

Übung 9   Ein unkonventioneller Klub

Hören Sie zu und wählen Sie die richtigen Antworten. Mehrere Antworten können stimmen. Die Sprecher sind Sven und Anja, zwei gute Freunde.

1. Anja …

    a. liest ein Buch.   **b.** sieht fern.   **c.** schreibt ein Buch.

2. *Das literarische Oktett* ist …

    a. ein Gedicht.   **b.** der Titel eines Buches.   **c.** der Name eines Klubs.

3. Die Autoren sind …

    a. Schüler.   **b.** Studenten.   **c.** Hausfrauen.

4. Im Buch stehen …

    a. Geschichten.   **b.** Gedichte.   **c.** Geschichten und Bilder.

5. Die Themen, über die die Autoren schreiben, beziehen sich auf …

    a. Politik.   **b.** Sex.   **c.** Liebe.   **d.** Studentenalltag.

6. Anja findet das Buch …

    a. langweilig.   **b.** originell.   **c.** dumm.   **d.** provozierend.

Übung 10   Ein Interview

Schritt 1: Ergänzen Sie die Sätze mit der passenden Form von **was für (ein)**.

BEISPIEL: S1: *Was für* Filme siehst du am liebsten?

      S2: Am liebsten sehe ich Dokumentarfilme.

1. _____ Bücher liest du gern? (z.B. Biografien, Krimis, Science Fiction)

2. _____ Wagen fährst du?

3. _____ Musik hörst du gern?

4. _____ Kleidung trägst du am liebsten?

5. _____ Getränke trinkst du am liebsten?

6. _____ Job hast du? (z.B. interessant, langweilig, …)

7. _____ Beruf findest du wirklich interessant?

8. In _____ Stadt lebst du oder möchtest du leben? (z.B. Kleinstadt, Großstadt, in überhaupt keiner Stadt, …)

Schritt 2: Arbeiten Sie zu zweit und stellen Sie einander abwechselnd die Fragen und beantworten Sie sie.

In was für Restaurants gehen Sie am liebsten?

Negating Sentences

Summary: The Position of *nicht*

 The *Guide to Grammar Terms* online in CONNECT provides more basic information about negation.

The position of **nicht** varies according to the structure of the sentence. When **nicht** negates a specific sentence element, it precedes that sentence element.

> Ich komme **nicht heute,** sondern morgen.
>
> Wir haben **nicht viel Geld.**

When **nicht** negates an entire statement, it generally stands at the end of the sentence.

> Jasmin kommt morgen leider **nicht.**
>
> Sie gibt mir das Buch **nicht.**

However, **nicht** precedes:

- ▸ *predicate adjectives* — Jasmins Bewerbungsbrief ist **nicht lang.**
- ▸ *predicate nouns* — Das ist **nicht Jasmins Brief.**
- ▸ *verbal complements at the end of the sentence*
  - a. *separable prefixes* — Sie schickt den Brief **nicht ab.**
  - b. *past participles* — Sie hat sich **nicht beworben.**
  - c. *infinitives* — Sie will sich **nicht bewerben.**
- ▸ *prepositional phrases* — Sie hat sich **nicht um die Stelle** beworben.

Übung 11   Schwierige° Zeiten

difficult

Beantworten Sie alle Fragen negativ mit **nicht.**

BEISPIEL: Hat Alexander die Prüfung bestanden (*passed*)? →
   Nein, er hat die Prüfung nicht bestanden.

1. Hat er sich um die Stelle bei der Zeitung beworben?
2. Kennt er den Personalchef der Zeitung?
3. Hat er seinen Lebenslauf geschrieben?
4. Hat er das Bewerbungsformular ausgefüllt?
5. Hat er seine Bewerbung zur Post gebracht?
6. Hat er mit vielen Berufsberatern gesprochen?
7. Hat der Personalchef ihn gestern angerufen?
8. Hat der Personalchef ihn zum Gespräch eingeladen?
9. Hat er sich auf das Vorstellungsgespräch vorbereitet?
10. War der Personalchef sehr beeindruckt?
11. Hat Alexander die Stelle bekommen?
12. War er traurig?
13. Wird er sich noch einmal bewerben?

Leider hat er die Prüfung nicht bestanden.

Negation: *noch nicht / noch kein(e);* *nicht mehr / kein(e) ... mehr*

To respond negatively to a question that includes the adverb **schon** (*already, yet*), use either **noch nicht** (*not yet*), **noch kein** (*no . . . yet*), or **noch nie** (*never yet*) in your answer.

Geht Lara **schon** zur Schule?
—Nein, sie geht **noch nicht** zur Schule.

Hat Philipp **schon** eine Stelle?
—Nein, er hat **noch keine** Stelle.

To respond negatively to a question that includes the adverb **noch** or **immer noch** (*still*), use either **nicht mehr** or **kein ... mehr** (*no longer*) in your answer.

Ist Sabine **immer noch** arbeitslos?
—Nein, sie ist **nicht mehr** arbeitslos.

Hat Philipp **noch** Arbeit?
—Nein, er hat **keine** Arbeit **mehr.**

Übung 12   Leider, noch nicht

Arbeiten Sie zu zweit und stellen Sie einander Fragen.

BEISPIEL: S1: Weißt du schon, was du nach dem Studium machen willst?

S2: Nein, das weiß ich noch nicht.

1. Weißt du schon, wo du arbeiten möchtest?
2. Hast du schon eine Stelle für den Sommer?
3. Hast du heute schon die Zeitung gelesen?
4. Hast du dich schon um eine Stelle beworben?
5. Hast du den Personalchef der Firma schon angerufen?
6. Hast du schon ein Angebot von der Firma bekommen?

Übung 13   Nein, nicht mehr

Beantworten Sie die Fragen mit **ja** und dann mit **nein**. Arbeiten Sie zu dritt und wechseln Sie sich ab.

BEISPIEL: S1: Studiert Barbara noch?

S2: Ja, sie studiert immer noch.

S3: Nein, ich glaube, sie studiert nicht mehr.

1. Wohnt Barbara noch in Heidelberg?
2. Arbeitet Andreas immer noch als Reiseführer?
3. Hat Anna noch Arbeit?
4. Hat Klaus noch ein Motorrad?
5. Macht Astrid die Arbeit als Journalistin noch Spaß?
6. Spricht sie immer noch so enthusiastisch über ihre Arbeit?
7. Ist Maximilian immer noch unzufrieden?

Hilf mit! Freiwilligendienst in Deutschland

Seit 2011 gibt es in Deutschland keine Wehrpflicht[1] für junge Männer mehr. Wehrdienst ist nur noch freiwillig. Als Alternative zum Wehrdienst konnte man Zivildienst leisten. Als "Zivi" arbeiteten junge Männer in Krankenhäusern, Altenheimen oder anderen sozialen Bereichen für das öffentliche Wohl[2]. Oft halfen Zivis alten Menschen oder Behinderten in ihren Wohnungen, beim Einkaufen, Waschen, Kochen und anderen täglichen Arbei-

ten. Das war ein sehr wichtiger sozialer Dienst innerhalb Deutschlands. Als die Wehrpflicht endete, endete auch der Zivildienst. Aber man brauchte diese Zivis. So kam es zu dem neuen Bundesfreiwilligendienst[3].

Als Bundesfreiwillige – auch „Bufdis" genannt – arbeiten Männer und Frauen 12 Monate lang in verschiedenen Institutionen und sozialen Bereichen. Schulen, Heime für Jugendliche, Altenheime, Heime für Behinderte, Krankenhäuser, Sportinstitute und Umweltschutzorganisationen bieten Stellen für diese freiwilligen

Helfer. Die meisten Bewerber sind junge Leute zwischen 18 und 26 Jahren, aber auch Rentner[4] bewerben sich. Die Arbeit als Bufdi gibt jungen Leuten die Möglichkeit, ein Probejahr[5] in einem Bereich zu absolvieren, der sie beruflich interessiert.

Der Staat zahlt den freiwilligen Helfern ein monatliches Taschengeld und Krankenversicherung. Die Einsatzstellen, d. h. wo die Helfer arbeiten, zahlen für Unterkunft[6], Verpflegung[7] und Arbeitskleidung.

So populär ist dieser neue Freiwilligendienst, dass es gar nicht genug Stellen für alle Bewerber gibt. Allein 2012 haben innerhalb eines halben Jahres fast 27 000 Menschen in Deutschland einen Freiwilligendienst angetreten[8].

Quelle: Bundesamt für Familie und zivilgesellschaftliche Aufgaben (adaptiert)

Freiwilligendienstler helfen Kindern mit besonderem Förderbedarf (*special needs*).

Zur Diskussion

1. Gibt es bei Ihnen so etwas wie einen Bundesfreiwilligendienst?

2. Halten Sie dies für eine gute Idee? Was spricht dafür oder dagegen? Suchen Sie mindestens drei Gründe dafür und drei dagegen.

[1]*compulsory military service*   [2]*well-being*   [3]*federal volunteer service*   [4]*retirees*   [5]*trial year*   [6]Wohnung/Zimmer   [7]Essen   [8]*begun*

▶ Videoclips

A **Tabea.** In dem ersten Gespräch stellt Juliane Fragen an Tabea über das Studium. Ergänzen Sie den Text mit Informationen aus dem Dialog.

Was studierst du?

arbeitet	Forschung	Krankheiten
Bio	Japan	Mathematik
Chemie	verdient	Noten
Fließband (*assembly line*)	Medizin	

Tabea studiert _____, _____ und _____. Sie wollte eigentlich _____ studieren, aber ihre _____ waren nicht gut genug. Sie möchte medizinische _____ machen und Medikamente gegen _____ entwickeln. Neben dem Studium _____ sie am _____. Sie _____ € 8,50 die Stunde. Sie spart Geld für eine Reise nach _____.

B **Tina.** In dem zweiten Gespräch stellt Jenny Fragen an Tina. Was stimmt, was stimmt nicht?

	das stimmt	das stimmt nicht
1. Tina studiert Kulturwissenschaften (*cultural studies*).	☐	☐
2. Sie möchte in einer Bank arbeiten.	☐	☐
3. Sie arbeitet als Babysitter.	☐	☐
4. Sie verdient 10 Euro die Stunde.	☐	☐
5. Sie spart auf ein neues Auto.	☐	☐

C **Ein Fragebogen.** Arbeiten Sie mit einem Partner / einer Partnerin. Benutzen Sie die zwei Konversationen, um einen Fragebogen mit acht Fragen zu erstellen. Interviewen Sie dann zu zweit zwei andere Studenten/Studentinnen in der Klasse. Schreiben Sie ein kurzes Profil von ihnen.

D **Forschungsprojekt.** Suchen Sie im Internet Informationen zu folgenden Themen und berichten Sie in der Klasse.

1. beliebteste Studienfächer in Deutschland

2. Zukunftspläne deutscher Studenten

3. in Deutschland neben dem Studium jobben

Lesen

Zum Thema

Arbeiten Sie in kleinen Gruppen.

Schritt 1: Wer von Ihnen hat schon einmal freiwillig bei einer wichtigen Arbeit mitgeholfen, ohne Geld dabei zu verdienen? Machen Sie eine Liste und notieren Sie, was dies war und wie lange Sie das gemacht haben. Wie nützlich oder befriedigend (*satisfying*) war diese Erfahrung (*experience*)?

Schritt 2: Berichten Sie im Plenum. Gibt es einige typische Beispiele für Freiwilligenarbeit? Hat jemand etwas Ungewöhnliches (*unusual*) gemacht? Was waren die Gründe, freiwillig und ohne Bezahlung mitzuhelfen?

Auf den ersten Blick

Überfliegen Sie die ersten fünf Zeilen des Textes „Ein Jahr im Freiwilligendienst" und suchen Sie Informationen über die Hauptperson, Nils Bergert.

1. Wie alt ist Nils Bergert?
   a. 17
   b. 20
2. Welchen Schulabschluss hat er vor kurzem gemacht?
   a. Realschule
   b. Abitur
3. Wo hat er ein Praktikum absolviert?
   a. in Argentinien
   b. in Köln
4. Was will er studieren?
   a. Sportmedizin
   b. Sportmanagement
5. Warum will er mit dem Studium warten?
   a. Er ist zu jung.
   b. Er hat nicht genug Geld.

Lesen Sie nun den Text ganz durch.

Ein Jahr im Freiwilligendienst

Nils Bergert weiß schon genau, wo es hingehen soll[1]: Er möchte Sportmanagement an der Kölner Sporthochschule studieren. Mit seinen 17 Jahren wollte der Abiturient aber noch nicht studieren, er fühlte sich zu jung. Nach einem vierwöchigen Praktikum im Bereich Marketing
5 in Argentinien entschied er sich für den Bundesfreiwilligendienst. „Ich wollte kein Jahr verschenken[2] und mir ist es wichtig, etwas zu machen, das mich persönlich weiterbringt und gleichzeitig anderen Menschen hilft", erklärt er. Über die Zentralstelle der Deutschen Sportjugend kam er zum Deutschen Tischtennis-Bund[3] in Frankfurt. Hier unterstützt[4] er
10 seit Mitte September in seinem einjährigen Einsatz[5] die Mitarbeiter und Mitarbeiterinnen der Abteilung Sportentwicklung.
„Ich habe mich immer sehr für Sport interessiert", sagt der junge Mann aus Bad Homburg. Privat spielt er Tennis und Fußball, mit Tischtennis

hatte er noch nicht viel zu tun und findet es spannend, eine neue Sportart
15 kennenzulernen. Zu seinen Aufgaben zählt vor allem die Mithilfe bei der
Organisation und Durchführung[6] von Veranstaltungen[7] und Seminaren, bei
denen Interessierte in den Tischtennis hineinschnuppern[8] können. Außerdem
hilft er bei dem Projekt „Tischtennis: Spiel mit!", das sich an Vereine und
Schulen richtet und Schülerinnen und Schülern einen Einstieg[9] in den Sport mit
20 dem kleinen weißen Ball ermöglichen soll. Dabei hilft er bei dem Versand[10] von
Tischtennis-Sets und wird sich in Zukunft auch am Aufbau und an der Pflege
einer Website zum Projekt beteiligen. „Ich freue mich schon besonders auf
den World Team Cup in Magdeburg Anfang November", erzählt Nils Bergert.
Er hofft, wertvolle Erfahrungen für seine berufliche Zukunft beim Deutschen
25 Tischtennis-Bund sammeln zu können.

———————

[1]es …: *he wants to go* [2]*give away* [3]*federation* [4]*supports* [5]*stint, assignment* [6]*administration*
[7]*events* [8]*sniff around, sample, try [something] out* [9]*entry* [10]*shipping*

Zum Text

A Beantworten Sie die folgenden Fragen

1. Warum ist der Bundesfreiwilligendienst wichtig für Nils Berger? Was sieht
er als die Vorteile?

2. In diesem Text werden vier Orte in Deutschland erwähnt. Wie heißen die
vier?

3. Welche Rolle spielen die vier Städte/Orte?

4. Welche Rolle hat Sport bisher in seinem Leben gespielt? Welchen Sport hat
er privat gespielt? Welcher Sport ist neu für ihn?

5. Welche Aufgaben erfüllt Nils beim Deutschen Tischtennis Bund? Nennen
Sie zwei.

6. Was erhofft sich Nils von seinem Jahr beim Bundesfreiwilligendient?

B Machen Sie eine Liste mit den Vorteilen, die diese Freiwilligenarbeit bietet und
die Sie wichtig finden. (Mindestens drei!)

BEISPIEL: abwechslungsreiche Arbeit

C Wenn Sie Nils nach seinem Freiwilligendienst interviewen würden, welche
Fragen würden Sie ihm stellen?

D Und Sie? Wenn Sie im Freiwilligendienst arbeiten würden, welchen Bereich
würden Sie wählen? Warum?

Zu guter Letzt

Berufswünsche

Was sind Ihre Berufswünsche? Wie sehen Sie Ihren zukünftigen Beruf? Machen Sie eine Umfrage in der Klasse und analysieren Sie die Ergebnisse.

Schritt 1: Was würden (*would*) Sie über Ihre eigenen Berufswünsche sagen? Schreiben Sie drei Möglichkeiten für jede der vier Kategorien auf.

BEISPIEL: Das würde mir gefallen. →
- im Labor experimentieren
- alten Leuten helfen
- Baupläne entwerfen

1. Das würde mir gefallen.

2. Dort würde ich gern arbeiten.

3. Das würde ich gern machen.

4. Für eine gute Stelle würde ich …

Schritt 2: Machen Sie aus jeder der vier Kategorien eine Frage.

BEISPIEL: Was würde dir an diesem Beruf gefallen?

Schritt 3: Interviewen Sie fünf Studenten/Studentinnen in der Klasse. Stellen Sie ihnen die vier Fragen und schreiben Sie die Antworten auf.

Schritt 4: Arbeiten Sie in Gruppen und stellen Sie eine Liste von allen Antworten auf die vier Fragen zusammen.

Schritt 5: Analysieren Sie die Antworten. Gibt es Ähnlichkeiten in den Antworten der Studenten/Studentinnen?

Das Luther-Melanchthon Gymnasium in Wittenberg, auch bekannt als die „Hundertwasserschule" nach dem Architekten Friedensreich Hundertwasser

Wortschatz

Arbeitswelt — World of Work

das **Ansehen**	prestige
der **Arbeitsplatz**, ⁻e	workplace; position
die **Ausbildung**	(career) training
das **Ausland** (no pl.)	foreign countries
im Ausland	abroad
das **Berufsleben**	professional life
das **Büro**, -s	office
der **Chef**, -s /	manager, boss, head
die **Chefin**, -nen	
das **Einkommen**	income
die **Entwicklung**, -en	development
der **Erfolg**, -e	success
Erfolg haben	to be successful
die **Firma**, pl. **Firmen**	firm, company
das **Gehalt**, ⁻er	salary
die **Gelegenheit**, -en	opportunity
das **Leben** (no pl.)	life
die **Leistung**, -en	performance
der **Mitarbeiter**, - /	employee; co-worker
die **Mitarbeiterin**, -nen	
die **Tätigkeit**, -en	activity; position
die **Technik**, -en	technique; technology
der **Umgang**	contact

Berufe — Professions

der **Bibliothekar**, -e /	librarian
die **Bibliothekarin**, -nen	
der **Dolmetscher**, - /	interpreter
die **Dolmetscherin**, -nen	
der **Geschäftsmann**,	businessman/businesswoman
pl. **Geschäftsleute** /	
die **Geschäftsfrau**, -en	
der **Handel**	sales, trade
der **Informatiker**, - /	computer scientist
die **Informatikerin**, -nen	
der **Kaufmann**,	salesman/saleswoman
pl. **Kaufleute** /	
die **Kauffrau**, -en	
die **Kundenbetreuung**	customer service
der **Künstler**, - /	artist
die **Künstlerin**, -nen	
der **Mechaniker**, - /	mechanic
die **Mechanikerin**, -nen	
der **Psychologe** (-n masc.), -n/	psychologist
die **Psychologin**, -nen	
der **Rechtsanwalt**, ⁻e /	lawyer, attorney
die **Rechtsanwältin**, -nen	
der **Schauspieler**, - /	actor
die **Schauspielerin**, -nen	
der **Zahnarzt**, ⁻e /	dentist
die **Zahnärztin**, -nen	
der **Zeichner**, - /	graphic artist
die **Zeichnerin**, -nen	

Stellensuche — Job Search

das **Abitur**, -e	examination at the end of Gymnasium
der **Abschluss**, ⁻e	completion; degree
der **Arbeitgeber**, - /	employer
die **Arbeitgeberin**, -nen	
das **Arbeitsamt**, ⁻er	employment office
der **Berufsberater**, - /	employment counselor
die **Berufsberaterin**, -nen	
die **Bewerbung**, -en	application
das **Bewerbungs-formular**, -e	application form
die **Eigenschaft**, -en	characteristic
die **Grundschule**, -n	primary school
das **Gymnasium**, pl. **Gymnasien**	secondary school
der **Kontakt**, -e	contact
der **Lebenslauf**	résumé
die **Stelle**, -n	position, job
das **Stellenangebot**, -e	job offer; help-wanted ad
die **Unterlagen** (pl.)	documentation, papers
der **Verkauf**	sales
die **Versicherung**, -en	insurance
das **Vorstellungs-gespräch**, -e	job interview
die **Website**, -s	website
das **Zeugnis**, -se	report card; transcript; recommendation (from a former employer)
die **Zukunft**	future

Verben — Verbs

sich **beschäftigen** (mit)	to occupy oneself (with)
besitzen, besaß, besessen	to own, possess
sich **bewerben** (um) (bewirbt), bewarb, beworben	to apply (for)
entwerfen (entwirft), entwarf, entworfen	to design
heraus•fordern	to challenge
her•stellen	to produce, manufacture
sich **interessieren** für (+ acc.)	to be interested in
nach•denken (über + acc.), dachte nach, nachgedacht	to think (about)
übersetzen, übersetzt	to translate
untersuchen, untersucht	to examine
verdienen	to earn; to deserve
sich **vor•bereiten** (auf + acc.)	to prepare (for)
sich (dat.) **vor•stellen**	to imagine
sich (acc.) **vor•stellen**	to introduce oneself

Adjektive und Adverbien	Adjectives and Adverbs	Sonstiges	Other
abwechslungsreich	varied, diverse	**im Freien**	outdoors
kontaktfreudig	outgoing	**was für (ein)**	what kind of (a)
erfolgreich	successful(ly)		
selbstbewusst	self-assured(ly)		
selbstständig	independent(ly)		
verantwortlich	responsible		
wahrscheinlich	probably		
wohl	probably		

Das kann ich nun!

1. Beschreiben Sie in drei Sätzen, was Ihnen für Ihren zukünftigen Beruf wichtig ist.

2. Welche Berufe sind gemeint?
   a. Man arbeitet auf der Bühne.
   b. Man untersucht Patienten.
   c. Man repariert Autos.
   d. Man entwirft Gebäude und Häuser.
   e. Man verkauft Produkte einer Firma.

3. Wenn man sich um eine Stelle bewirbt, muss man oft einen tabellarischen _____ schreiben. Sehr wichtig für eine erfolgreiche Bewerbung sind die _____ von früheren Arbeitgebern.

4. In Deutschland gibt es mehrere Schultypen. Nennen Sie drei.

5. Wenn man in Deutschland studieren will, muss man am Ende des Gymnasiums das _____ machen.

6. Wie sagt man das auf Deutsch? Benutzen Sie **werden**.
   a. *Someday I will be rich and famous.*
   b. *My brother is going to be a pilot.*
   c. *Niels is probably at home now.*

7. Ergänzen Sie die Sätze mit Relativpronomen.
   a. Ich bin ein Mensch, _____ weiß, was er will.
   b. Meine Mutter ist eine Frau, _____ man vertrauen kann.
   c. Niko ist der Junge, _____ Hund den Briefträger gebissen hat.

8. Wie heißen die Fragen? Wie heißen die Antworten?
   a. _____? —Das ist ein BMW Sportkabriolett.
   b. _____? —Ich habe sehr nette Kollegen.
   c. _____? —Er hat noch nicht von der Firma gehört.
   d. Hast du noch Arbeit? —Nein, _____.
   e. Studierst du immer noch? —Nein, _____.

Unser Heim im Grünen

Kapitel

12

Haus und Haushalt

In diesem Kapitel

▶ **Themen:** Talking about budgets and money matters, housing, the home and renting

▶ **Grammatik:** Verbs with fixed prepositions, **da-** and **wo-**compounds, subjunctive II, **würde**

▶ **Lesen:** „Die drei Geldtypen"

▶ **Landeskunde:** BAföG, paying for university study, quality of life

▶ **Zu guter Letzt:** Ein Podcast über Geldtypen

Geld für Essen, Wohnen und die Freizeit

Konsumausgaben* der privaten Haushalte in Deutschland in Milliarden Euro

1992	**910 Mrd. Euro**
1997	**1 057**
2002	**1 173**
2007	**1 287**
2012	**1 442**

Darunter 2012 für:

352 Mrd. €
Wohnung, Wasser,
Heizung, Strom

241
Verkehr[1], Tele-
kommunikation

215
Essen, Trinken,
Tabakwaren

128
Freizeit, Unter-
haltung, Kultur

89
Möbel,
Hausrat[2]

87
Hotels,
Gaststätten

70
Bekleidung,
Schuhe

Quelle: Statistisches Bundesamt   *im Inland

[1]transportation   [2]household goods

A Wofür geben private Haushalte in Deutschland ihr Geld aus?

1. Das meiste Geld für …
2. Das wenigste Geld für …
3. An dritter Stelle (*place*) kommt …
4. Ausgaben (*expenditures*) für Freizeit, Unterhaltung, Kultur kommen vor …

a. Essen, Trinken, Tabakwaren
b. Möbel und Hausrat
c. Wohnung, Wasser, Heizung, Strom
d. Bekleidung, Schuhe

B In welche Kategorie gehören diese Ausgaben?

BEISPIEL: Miete → Wohnung, Wasser, Heizung, Strom

1. Tisch/Stuhl
2. Handy
3. Mineralwasser
4. Wintermantel

5. Essen im Restaurant
6. Fahrkarte für den Zug
7. Kinokarte
8. Fahrrad/Auto

C Was bedeutet euch Geld? Hören Sie die Antworten von Jens, Lucia und Elke. Auf wen trifft das zu?

	Jens	Lucia	Elke
1. Kindern in der dritten Welt helfen	☐	☐	☐
2. Geld für Klimaforschung spenden	☐	☐	☐
3. Wohnungen für arme Familien bauen	☐	☐	☐
4. Geld gut investieren	☐	☐	☐
5. tollen Wagen und eine Villa in Spanien kaufen	☐	☐	☐
6. Geld bedeutet Freiheit.	☐	☐	☐
7. Geld bedeutet Sicherheit und Leben ohne Stress.	☐	☐	☐

Thema 1: **Finanzen der Studenten**

A Wofür **geben** Studenten in Deutschland ihr Geld **aus**? Schauen Sie sich das Schaubild an.

- ▸ Wie viel Geld brauchen Studenten **durchschnittlich** pro Monat?
- ▸ Wofür geben sie das meiste Geld aus? das wenigste Geld?
- ▸ Wie finanzieren sie ihr Studium?
- ▸ Das Budget ist nur für Studenten, die nicht bei den Eltern wohnen. Wofür würden Studenten, die bei den Eltern wohnen, wahrscheinlich weniger Geld ausgeben?

Neue Wörter

geben … aus (ausgeben) spend
durchschnittlich on average
die Ausgabe (Ausgaben, *pl.***)** expense

 Siehe *Asking Questions: wo-Compounds*, S. 356.

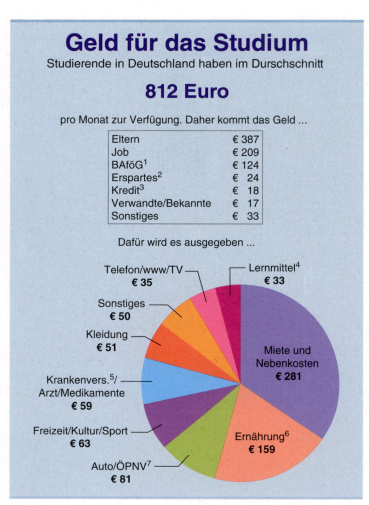

Geld für das Studium

Studierende in Deutschland haben im Durschnitt

812 Euro

pro Monat zur Verfügung. Daher kommt das Geld ...

Eltern	€ 387
Job	€ 209
BAföG[1]	€ 124
Erspartes[2]	€ 24
Kredit[3]	€ 18
Verwandte/Bekannte	€ 17
Sonstiges	€ 33

Dafür wird es ausgegeben ...

Telefon/www/TV € 35
Lernmittel[4] € 33
Sonstiges € 50
Kleidung € 51
Krankenvers.[5]/ Arzt/Medikamente € 59
Freizeit/Kultur/Sport € 63
Auto/ÖPNV[7] € 81
Miete und Nebenkosten € 281
Ernährung[6] € 159

[1]*government stipend* [2]*savings* [3]*loans* [4]*school supplies* [5]*Krankenversicherung health insurance* [6]*food* [7]öffentlicher Personennahverkehr *public transportation*

B Schauen Sie genauer! Wie leben deutsche Studenten? Antworten Sie mit Informationen aus der Grafik.

- ▶ Wie viel Geld brauchen deutsche Studenten **monatlich** für Lebensmittel? für Kleidung? für die Gesundheit?
- ▶ Was gehört alles in die Rubrik „Freizeit"?
- ▶ Was gehört alles in die Rubrik „Lernmittel"?

C Ihr monatliches Budget:

- ▶ Wofür geben Sie monatlich Geld aus und durchschnittlich ungefähr wie viel?
- ▶ Wofür geben Sie das meiste Geld aus? das wenigste?
- ▶ Wofür geben Sie nur ab und zu oder gar kein Geld aus?

D Ihre monatlichen Ausgaben:

_____ Miete

_____ **Nebenkosten** im **Haushalt** (**Strom, Heizung,** eigenes Telefon, Handy, Wasser)

_____ Auto (**Benzin, Reparaturen**)

_____ Fahrtkosten (öffentliche Verkehrsmittel, z.B. Bus, Flugzeug, Fahrten nach Hause)

_____ **Ernährung** (Essen, Trinken, Mensa, Restaurants)

_____ **Studiengebühren** (pro Semester, pro Quartal)

_____ Lernmittel (Bücher, **Hefte, Bleistifte, Kugelschreiber, Papier,** Sonstiges)

_____ Freizeit (Kino, Theater, Partys, Hobbys)

_____ **sparen** (**Sparkonto**)

_____ **Versicherungen** (Auto- und Krankenversicherung)

_____ insgesamt (*total*)

1. Haben Sie genügend (*enough*) **Einnahmen**? Haben Sie am Ende des Monats etwas Geld **übrig,** oder sind Sie **pleite**?
2. Müssen Sie **sich** manchmal Geld von Freunden oder Ihrer Familie **leihen? Unterstützen** Ihre Eltern Sie finanziell?
3. Müssen Sie **nebenbei jobben?**
4. **Vergleichen** Sie Ihre monatlichen Ausgaben mit denen eines Mitstudenten / einer Mitstudentin. Wer hat höhere monatliche Ausgaben?

Neue Wörter

Nebenkosten (*pl.*) utilities

der Strom electricity

die Heizung heat

das Benzin gasoline

die Ernährung food

Studiengebühren (*pl.*) tuition

das Heft (**Hefte,** *pl.*) notebook

der Bleistift (**Bleistifte,** *pl.*) pencil

der Kugelschreiber (**Kugelschreiber,** *pl.*) ballpoint pen

sparen to save

das Sparkonto savings account

die Versicherung insurance

Einnahmen (*pl.*) income

übrig left over

pleite broke

sich leihen borrow

unterstützen support

nebenbei on the side

jobben work (at a temporary job)

vergleichen compare

Aktivität 1 Pleite oder nicht?

Siehe *The Subjunctive*, S. 357.

Schauen Sie sich Ihr monatliches Budget im **Thema 1** an. Vergleichen Sie jetzt Ihre Ausgaben mit den Ausgaben eines Partners / einer Partnerin und berichten Sie darüber. Gebrauchen Sie folgende Redemittel.

Ich gebe das meiste Geld für _____ aus.

Das wenigste Geld gebe ich für _____ aus.

Ich gebe nur ab und zu oder gar kein Geld für _____ aus.

Für _____ und _____ gebe ich mehr/weniger Geld aus als mein
   Partner / meine Partnerin.

Aktivität 2 Andreas Dilemma

Lesen Sie den Dialog und ergänzen Sie die Sätze unten.

Andrea: Sag mal, könntest du mir einen Gefallen (*favor*) tun?

Stefan: Was denn?

Andrea: Würdest du mir bis Ende der Woche 50 Euro leihen? Ich bin total pleite.

Stefan: Fünfzig Euro? Das ist viel Geld.

Andrea: Ich musste 100 Euro für Bücher ausgeben. Und jetzt habe ich keinen Cent mehr übrig. Ich warte auf Geld von meinen Eltern.

Stefan: Hm, ich würde es dir gern leihen. Aber 50 Euro habe ich selber nicht mehr. Ich kann dir höchstens 20 Euro leihen.

Andrea: Ich zahle es dir bis Ende des Monats bestimmt zurück.

Stefan: Eben hast du gesagt, bis Ende der Woche.

Andrea: Ja, ja. Das Geld von meinen Eltern kann jeden Tag kommen.

Stefan: Na gut. Hier ist ein Zwanziger.

Andrea: Vielen Dank.

Andrea hat kein _____[1] mehr; sie ist total _____.[2] Sie möchte sich von Stefan _____.[3] Sie hat nämlich ihr ganzes Geld für _____[4] ausgegeben. Deshalb hat sie jetzt nichts mehr für Essen und Trinken _____.[5] Stefan kann ihr aber _____[6] leihen. Andrea hofft, dass sie Stefan das Geld bis _____[7] zurückzahlen kann. Sie wartet auf _____.[8]

Am Ende des Monats bin ich immer
pleite.

Aktivität 3   Drei Studentenbudgets

Vergleichen Sie die Ausgaben der drei Studenten in der Tabelle und beantworten Sie die Fragen.

1. Wie viel Geld geben Marion, Andreas und Claudia insgesamt monatlich aus?

2. Wofür geben sie das meiste Geld aus?

3. Wer bezahlt die höchste Miete? Wo ist die Miete billiger?

4. Wer hat die höchsten Ausgaben für Internet und Smartphone/Handy?

5. Wer hat die höchsten Kosten für Bücher und Lernmittel?

6. Was ist – außer Miete – günstig, wenn man im Studentenwohnheim wohnt?

7. Wer unterstützt die drei Studenten finanziell?

8. Warum hat Marion keine Ausgaben für Verkehrsmittel?

	Marion	Andreas	Claudia
Studienfach	Informatik	Medizin	Romanistik/Politik
Unterhalt (support)	Eltern, jobben	BAföG, Studentenkredit	Eltern, jobben
Miete und Nebenkosten	240 Euro (1 Zi, Studenten- wohnheim)	350 Euro, Wohnung (1 Zi, Küche, Bad außerhalb)	275 Euro in WG (1 Zi, Küche, Bad)
Verkehrsmittel/Fahrtkosten	keine (alles mit dem Fahrrad erreichbar)	60 Euro	50 Euro
Lebensmittel und Mensa	200 Euro	180 Euro	160 Euro
Bücher und Lernmittel	30 Euro	70 Euro	40 Euro
Handy/Smartphone, Rundfunkbeitrag	35 Euro	41 Euro	26 Euro
Freizeit/Sport	70 Euro	80 Euro	65 Euro
Sonstiges	40 Euro	35 Euro	40 Euro

Aktivität 4   Einnahmen und Ausgaben

Vier Studenten sprechen über ihre monatlichen Einnahmen und Ausgaben.
Auf wen trifft das zu? Notieren Sie unter „Ausgaben", wie viel die Studenten für ihre Miete ausgeben.

	Stefanie	Gert	Susanne	Martin
1. Einnahmen:				
a. Job während des Semesters	☐	☐	☐	☐
b. Job während der Semesterferien	☐	☐	☐	☐
c. Eltern	☐	☐	☐	☐
d. Stipendium/BAföG	☐	☐	☐	☐
2. Ausgaben für:				
a. Zimmer (privat)	_____	_____	_____	_____
b. Studentenwohnheim	_____	_____	_____	_____
c. eigene Wohnung	_____	_____	_____	_____
d. Wohngemeinschaft	_____	_____	_____	_____

Thema 2: Unsere eigenen vier Wände°

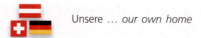

Unsere ... *our own home*

DACHGESCHOSS

KIND 1 — BAD — KIND 2 — ELTERN — BALKON

ERDGESCHOSS

GAST — GARD — ESSEN — EINGANG — DIELE — WOHNEN — KÜCHE — FRÜHSTÜCKSNISCHE

Von: GittiChrist@e-mail.de
Datum: 24. Juni 2015
An: Moeller-Clan@e-mail.de
Betreff: Umgezogen!
Angefügt: Foto1.jpg; Grundriss.jpg

Hallo Martina und Jürgen!

Wir wohnen jetzt endlich in unseren eigenen vier Wänden. Vor einem Monat sind wir in unser neues Haus eingezogen. Wir schicken euch ein Bild vom Haus und eine Zeichnung des Grundrisses[1] mit. Wir sind sehr glücklich. Kommt uns bald besuchen!

Viele Grüße,
Gitti und Christoph

[1]des ... *of the floorplan*

A   Schauen Sie sich die **Zeichnung** von Gittis und Christophs neuem Haus an. Ergänzen Sie dann die folgenden Sätze durch ein passendes Wort aus der Liste:

Bad	Esszimmer	Schlafzimmer
Dachgeschoss	**Frühstücksnische**	Terrasse
Diele	**Gästezimmer**	**Treppe**
Erdgeschoss	Küche	Wohnzimmer

1. Das Haus hat zwei Stockwerke: ein _____ und ein _____.
2. Vom **Eingang** kommt man zuerst in die _____.
3. Links neben der Diele ist eine **Garderobe** und ein _____.
4. Von der Diele geht man rechts in die _____ und eine kleine _____.
5. **Unten** liegen noch zwei Zimmer: ein _____ und ein _____.
6. Das Wohnzimmer führt auf die _____ und in den Garten.
7. In der Diele führt eine _____ nach **oben** ins Dachgeschoss.
8. Im Dachgeschoss sind drei _____ und ein _____.

Neue Wörter

eigen own

eingezogen (einziehen) moved in

die Zeichnung drawing

bald soon

das Dachgeschoss attic, top floor

der Eingang entrance

die Treppe staircase

die Garderobe closet

die Diele entry, foyer

unten below, downstairs

oben above; upstairs

Aktivität 5 Die ideale Wohnung

Drei Leute (Frau Heine, Herr Zumwald und Thomas) berichten, was
für eine Wohnung sie suchen, und was ihnen in der Wohnung wichtig
oder unwichtig ist. Stellen Sie zuerst fest, wer welchen Wohnungstyp
sucht. Dann notieren Sie in der Tabelle, was jedem wichtig (w) oder
unwichtig (u) ist.

Wer sucht:

ein älteres Haus außerhalb der Stadt? _____

eine Neubauwohnung in der Innenstadt? _____

eine gemütliche Altbauwohnung in der Stadt? _____

wichtig/unwichtig	Frau Heine	Herr Zumwald	Thomas
Lage			
Zentralheizung			
Balkon			
Garage			
Garten			

Aktivität 6 Hin und her: Eine neue Wohnung

Diese Leute haben entweder eine neue Wohnung oder ein neues Haus gekauft.
Wer hat was gekauft? Wie viele Stockwerke gibt es? Wie groß ist das Wohnzimmer?
Wie viele WCs oder Badezimmer gibt es?

BEISPIEL: **S1:** Was für eine Wohnung hat Bettina Neuendorf gekauft?

S2: Eine Eigentumswohnung.

S1: Wie viele Stockwerke hat die Wohnung?

S2: Eins.

S1: Und wie viele Schlafzimmer? …

Person	Typ	Stockwerke	Schlafzimmer	Wohnzimmer	WC/Bad
Bettina Neuendorf	Eigentums-wohnung	eins	eins, aber auch ein kleines Gästezimmer	mit Esszimmer kombiniert 30 Quadratmeter	eins
Uwe und Marion Baumgärtner					
Sven Kersten	Eigentums-wohnung	zwei	zwei, eins als Gästezimmer benutzt	mit Esszimmer zusammen 35 Quadratmeter, Balkon vom Wohnzimmer	zwei, ein WC und ein Bad
Carola Schubärth					

Aktivität 7 Der Grundriss

Siehe *Prepositional Objects: da-Compounds,* S. 354.

Schritt 1: Sie sehen rechts einen Grundriss. Identifizieren Sie, wo das Wohnzimmer, das Esszimmer, die Küche, das Schlafzimmer und andere Räume sind. Beschreiben Sie dann, wo die Zimmer liegen.

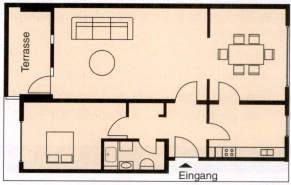

> Zuerst kommt man in ____. Rechts von ____ ist ____. Von der ____ führt eine Tür ins ____. Links neben der Diele ist ein ____ und daneben ein ____. Vom Wohnzimmer geht man auf ____.

Schritt 2: Zeichnen Sie nun den Grundriss Ihrer Wohnung oder einer Fantasiewohnung. Geben Sie jemandem die Zeichnung und beschreiben Sie ihm/ihr, wo die Zimmer liegen. Ihr Partner / Ihre Partnerin setzt die Zimmernamen in den Grundriss. Schauen Sie sich dann die Zeichnung an, um zu sehen, ob alles richtig identifiziert ist.

> Beginnen Sie so: Zuerst kommt man in _____.

Thema 3: Unser Zuhause
Mieten und Vermieten

Neue Wörter

mieten to rent (from someone)
vermieten to rent out (to someone)
die Umgebung vicinity

[1]auf … *in the country*   [2]Gö = Göttingen *university town in north central Germany*   [3]*community*   [4]*since*   [5]*lead*

A Lesen Sie das Mietgesuch (*rental flyer*) oben (*above*). Wer sucht was und wo?

1.

Land-WG sucht Mitbewohner(in)!

Wir, Bruno (26) und Britta (21), Hund und Katze, vermieten eine ganze obere Etage in einem älteren Bauernhaus 1 1/2 Zimmer, ca 38 qm[1]. Benutzbar[2] sind Küche, Bad, großer Garten. Die Miete beträgt monatlich €300,– plus €30,– Nebenkosten. 20 km von Göttingen. Ab 1. Juni.

2.

Mieter gesucht für große, helle 3 Zimmer in Neubau, ab 1. August, ca. 70 qm. Balkon, eingerichtete Küche (Spülmaschine, Kühlschrank, Mikrowellenherd), Waschraum mit Waschmaschine, Zentralheizung, Teppichboden, Bad und WC, Garage. Zu Fuß ca. 15 Minuten von der Universität, 5 vom Bahnhof, 10 Minuten vom Zentrum. Tiere nicht erwünscht. Miete €400,– Nebenkosten €60,–.

[1]qm = Quadratmeter *square meters*

[2]*Available for use*

Neue Wörter

die Katze cat

die Etage floor

das Bauernhaus farmhouse

ab 1. Juni = ab erstem Juni as of June 1st

der Neubau modern building

die Spülmaschine dishwasher

die Waschmaschine washing machine

der Teppichboden wall-to- wall carpeting

das Tier (Tiere, *pl.*) animal

schmutzig dirty

B Lesen Sie nun die zwei Mietangebote (*rental ads*). Welches Angebot empfehlen Sie Brigitte und Matthias?

1. Ich finde Angebot Nummer _____ ideal für Brigitte und Matthias, denn es gibt dort _____.

2. Ich empfehle Brigitte und Matthias Angebot Nummer _____, denn _____. Es gibt jedoch ein Problem: _____

C Was passt zusammen?

1. _____ Damit wäscht man die Wäsche.
2. _____ Damit kann man Essen schnell kochen.
3. _____ Damit spült man **schmutziges** Geschirr.
4. _____ So heißt ein Haus auf dem Land.
5. _____ Er hält Lebensmittel und Getränke kalt.
6. _____ Er bedeckt den Boden in einer Wohnung.
7. _____ So nennt man ein modernes Haus.

a. das Bauernhaus
b. der Kühlschrank
c. der Teppichboden
d. die Waschmaschine
e. der Neubau
f. der Mikrowellenherd
g. die Spülmaschine

Aktivität 8   Ist die Wohnung noch frei?

Frau Krenz hat eine große, helle Dreizimmerwohnung zu vermieten. Die Anzeige stand in der Zeitung. Herr Brunner hat auf die Anzeige hin angerufen. Er weiß, wie groß die Wohnung ist und wie hoch die Miete ist. Was möchte er noch von der Vermieterin wissen? Und was möchte sie von ihm wissen?

1. Herr Brunner möchte wissen,
   ☐ ob die Heizung in den Nebenkosten einbegriffen ist.
   ☐ ob die Küche einen Mikrowellenherd hat.
   ☐ wie er vom Haus in die Innenstadt kommt.
   ☐ wo die Wohnung liegt.
   ☐ ob es eine Waschmaschine im Haus gibt.
   ☐ wo man parken kann.
   ☐ ob Hund und Katze willkommen sind.

2. Frau Krenz möchte von Herrn Brunner wissen,
   ☐ wie viele Kinder er hat.
   ☐ ob er verheiratet ist.
   ☐ ob er Arbeit hat.
   ☐ wann er vorbeikommen kann.
   ☐ wann er einziehen möchte.

Aktivität 9　Ein interessantes Angebot

Sie interessieren sich für ein Mietangebot, das Sie in der Zeitung gesehen haben und rufen deshalb den Vermieter / die Vermieterin an.

S1 Vermieter/Vermieterin	S2 Anrufer/Anruferin
1. State your last name.	2. Greet the person, state your last name, and ask whether the apartment is still available.
3. Say it is still available.	4. Ask how much the rent is.
5. State a price.	6. Ask whether this price includes utilities.
7. State that everything is included (**inklusive**) except the heat.	8. Tell the landlord/landlady that you have a cat or dog.
9. Say that it's all right.	10. Find out where the apartment is located.
11. Give the address and location. Suggest to the caller a time when he/she can come to see it.	12. Say that the time is suitable.
13. Say good-bye.	14. Say good-bye.

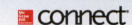

KULTURJOURNAL

Wie finanziert man das Studium in Deutschland?

Nach dem Gesetz[1] müssen Eltern für die Ausbildung ihrer Kinder zahlen, und zwar bis zum Abschluss einer Berufsausbildung, oder für Abiturient/innen bis zum Abschluss eines Studiums. Wenn Eltern finanziell nicht in der Lage sind, ein Studium zu finanzieren oder nur wenig beitragen können, gibt es mehrere andere Möglichkeiten. Das BAföG (= *B*undes*a*usbildungs*för*derungsgesetz) ist ein deutsches Gesetz, das die staatliche Unterstützung von Schüler/innen und Student/innen regelt. Das BAföG besteht aus Darlehen[2], Stipendien und Zuschüssen[3]. Studierende können auch während des Studiums nebenbei jobben.

Lena, eine Studentin in Berlin, erzählt, wie sie ihr Studium finanziert: „Wir haben hier wirklich Glück, dass die Gebühren[4] nicht sehr hoch sind. In Berlin bezahlen wir gerade mal 280 Euro im Semester und damit bekommt man auch ein Ticket für alle öffentlichen Verkehrsmittel in Berlin und in Teilen von Brandenburg! Im Moment sieht es bei mir so aus: Ich bekomme Kindergeld[5] von meinen Eltern, Zuschüsse von Oma und habe auch BAföG und einen Studentenkredit. BAföG bekommt in Deutschland ja nicht jeder und die Summe ist ganz unterschiedlich. Da meine beiden Eltern arbeiten, ist es bei mir nicht allzu viel. Man muss zum Glück auch nur die Hälfte zurück bezahlen. Den Studentenkredit muss man komplett zurück bezahlen. Ich habe ja anfangs[6] auch als Kellnerin gearbeitet, aber in den letzten zwei Semestern habe ich das neben der Uni einfach nicht geschafft[7]. Nun habe ich aber am Montag wieder ein Vorstellungsgespräch in einem Hotel. Ich träume ja davon, nach dem Bachelor ein Jahr in die USA reisen zu können und dafür möchte ich mir etwas sparen."

Wo soll das Geld fürs Studium herkommen?

Zur Diskussion

1. Wie finanziert man das Studium in Ihrem Land?
2. Was für Gebühren muss man in Ihrem Land an der Uni zahlen?

[1]*law* [2]*loans* [3]*grants* [4]*fees* [5]lit. *children money* (government subsidies for parent(s) with children) [6]*in the beginning* [7]*managed, accomplished*

Grammatik im Kontext

Verbs with Fixed Prepositions

Many German verbs require the use of fixed prepositions; here are some of the more common ones with examples of how they are used.

Angst haben vor (+ *dat.*)	*to be afraid of*
sich ärgern über (+ *acc.*)	*to be annoyed about*
sich beschäftigen mit	*to occupy oneself with*
sich bewerben um	*to apply for*
denken an (+ *acc.*)	*to think of*
sich freuen auf (+ *acc.*)	*to look forward to*
sich freuen über (+ *acc.*)	*to be happy about*
sich interessieren für	*to be interested in*
verzichten auf (+ *acc.*)	*to do without*
sich vor•bereiten auf (+ *acc.*)	*to prepare for*
warten auf (+ *acc.*)	*to wait for*

Ich interessiere mich **für** schnelle Autos.

*I'm interested **in** fast cars.*

Wir warten **auf** den Bus.

*We are waiting **for** the bus.*

Die Studenten ärgern sich **über** die hohen Studiengebühren.

*The students are annoyed **about** the high cost of tuition.*

Übung 1   So ist es im Leben

Was passt zusammen? Suchen Sie nach Kombinationen im Kasten oder erfinden Sie Ihre eigenen.

1. Ich warte schon lange auf …
2. Ich ärgere mich über …
3. Ich möchte mich um … bewerben.
4. Ich freue mich auf …
5. Ich interessiere mich für …
6. Ich kann nicht auf … verzichten.
7. Ich beschäftige mich gern mit …
8. Ich freue mich über …
9. Ich denke oft an …

Technologie

eine Tasse Kaffee

das Semesterende

Musik

Urlaub auf Hawaii

die hohen Preise für …

einen Anruf von Freunden

Hausarbeit

eine Arbeit im Ausland

mein Handy

ein Praktikum bei …

die Party am Wochenende

kleine Geschenke

Probleme mit dem Computer

Prepositional Objects: *da*-Compounds°

In German, a personal pronoun following a preposition generally refers to a person.

Jan wartet auf **die Chefin.**	*Jan is waiting for the boss.*
Er wartet schon lange **auf sie.**	*He has been waiting for her for a long time.*

But when the object of a preposition refers to a thing or an idea, this is represented by a **da**-compound consisting of the adverb **da** and a preposition.

Wer ist **für eine Erhöhung der Studiengebühren?**	*Who is for a tuition increase?*
Nicht viele Leute sind **dafür.**	*Not many people are for it.*
Die Studenten sind **dagegen.**	*The students are against it.*

> The *Guide to Grammar Terms* online in CONNECT provides more basic information about **da**-compounds.

NOTE:

▶ **Da-** becomes **dar-** when the preposition begins with a vowel.

Kim wartet auf Geld von ihrem Vater. Sie wartet schon eine Woche **darauf.**	*Kim is waiting for money from her father. She has been waiting for it for a week.*

▶ **Da-/Dar-** can combine with most accusative, dative, and two-way prepositions.

The adverbs **dahin** ([*going*] *there*) and **daher** ([*coming*] *from there*) are commonly used with verbs of motion.

Fliegt Kim **nach Spanien?**	—Ja, sie fliegt morgen **dahin.**
Wann gehst du **zur Bank?**	—Ich komme gerade **daher.**

Dahin is often abbreviated to **hin.**

Jan muss noch zur Bank.	Er geht später **hin.**

Da may be placed at the beginning of a sentence and **hin** at the end.

Gehst du oft ins Museum?	—**Da** gehe ich nur selten **hin.**

Übung 2   Analyse

1. Suchen Sie alle **da**-Wörter im folgenden Text.
2. Auf welches Nomen bezieht sich (*refers to*) **da**?
3. Geben Sie alle **da**-Wörter als Präposition + Nomen wieder.

BEISPIEL: dafür → Sabines Zimmer → für ihr Zimmer

Sabines Zimmer im Studentenwohnheim

Sie zahlt nur 150 Euro im Monat dafür. Links an der Wand ist ein Waschbecken. Darüber hängt ein Spiegel. Daneben hängt ein Haken mit einem Handtuch. Rechts an der Wand steht ein Schreibtisch. Darauf liegen viele Bücher und Papiere. Hinten an der Wand steht ein Bett. Darunter stehen Sabines Schuhe und rechts daneben steht ein kleines Bücherregal. Dahinter ist ein Fenster. Davor steht ein Vogelkäfig. Sabines Kanarienvogel, Caruso, wohnt darin und singt pausenlos.

der Spiegel

der Vogelkäfig

das Waschbecken

Übung 3 Gemeinsames und Kontraste

Sabine und Jürgen haben einiges, aber nicht alles, gemein (*in common*).

BEISPIEL: Sie interessiert sich für klassische Musik.
Er interessiert sich nicht _dafür_.

1. Jürgen gibt viel Geld für das Auto aus. Sabine gibt nichts _____ aus.

2. Er spricht nicht gern über Finanzen. Sie spricht oft _____.

3. Er hat nur wenig Geld für die Freizeit übrig. Sie hat auch nur wenig _____ übrig.

4. Sie freut sich immer über kleine Geschenke. Er freut sich auch _____.

5. Sie kann gut auf Fernsehen verzichten. Er kann nicht _____ verzichten.

6. Sie denkt immer an alle Geburtstage. Er denkt nie _____.

7. Er geht immer pünktlich zur Vorlesung. Sie geht nie pünktlich _____.

8. Er ärgert sich über die laute Musik im Wohnheim. Sie ärgert sich überhaupt nicht _____.

9. Sie freut sich auf das Ende des Studiums. Er freut sich auch _____.

Übung 4 Beschreibungen und Situationen

Setzen Sie passende Pronominaladverbien in die Lücken ein.

1. In meinem Zimmer steht ein Sofa. _Davor_ steht ein kleiner Tisch. _____ liegen tausend Dinge.

2. —Wir wollen heute ins Kino. —Wann geht ihr _____?

3. Im Sommer ziehe ich in eine neue Wohnung um. Ich freue mich schon _____.

4. Letztes Jahr hat Robert in Göttingen studiert und viel Spaß gehabt. Er denkt noch oft _____.

5. Gestern kam endlich ein Scheck von Melanies Familie. Sie hat sich sehr _____ gefreut. Sie hat lange _____ gewartet.

6. Morgen hat Thomas eine Klausur (*test*). Er hat keine Angst _____. Er hat sich gut _____ vorbereitet. Aber er muss schon um acht Uhr an der Uni sein. Er ärgert sich _____, weil er sich nämlich so früh noch nicht gut konzentrieren kann.

NA MEIN KIND, GEHST DU GERNE ZUR SCHULE?
JA

ICH GEHE AUCH GERNE NACH HAUSE

ABER DIE ZEIT DAZWISCHEN IST WIRKLICH NERVIG
www.BILDERGESCHICHTEN.EU

Übung 5   Eine Umfrage im Deutschkurs

Machen Sie eine Umfrage. Zählen Sie am Ende die Antworten auf jede Frage.

BEISPIEL: Wie viele Leute haben Angst vor Prüfungen?
        Sechs Leute haben Angst davor.

1. Wie viele Leute interessieren sich für Politik? für Sport? für Yoga?

2. Wer hat Angst vor Prüfungen?

3. Wer denkt (oft, nie, manchmal) an das Leben nach dem Studium?

4. Wie viele Leute sind für oder gegen eine allgemeine Krankenversicherung? Wer soll dafür zahlen: Arbeitgeber? Arbeitnehmer? der Staat?

5. Wer freut sich auf das Ende des Studiums? auf eine Reise im Sommer?

6. Wer ärgert sich über die hohen Preise für Bücher? die hohen Studiengebühren?

Asking Questions: *wo*-Compounds°

Pronominaladverbien mit **wo**

When asking a question about persons that involves a preposition, use **wen** or **wem** depending on the case required.

▶ The *Guide to Grammar Terms* online in CONNECT provides more basic information about wo-compounds.

Auf wen wartest du?	*Who are you waiting for? (For whom …)*
Mit wem fährst du in Urlaub?	*Who are you going on vacation with? (With whom …)*
Über wen redet ihr?	*Who are you talking about? (About whom …)*

But when asking questions with prepositions involving things or ideas, German normally uses a **wo**-compound.

Wofür interessiert er sich?	*What is he interested in?*
Woran denkst du?	*What are you thinking of?*
Worauf warten Sie?	*What are you waiting for?*

NOTE:

▶ **Wo-** becomes **wor-** when the preposition begins with a vowel, as for example **woran, worauf, worüber**.

▶ It is possible to start a prepositional question with **für was, an was,** or **auf was** instead of using a **wo**-compound; however, **wo**-compounds are preferred in standard German.

Übung 6   Das tägliche Leben

Schritt 1: Beantworten Sie diese Fragen schriftlich.

1. Wofür interessieren Sie sich?

2. Worauf freuen Sie sich am meisten?

3. Worüber ärgern Sie sich oft?

4. Worauf bereiten Sie sich diese Woche vor?

5. Woran denken Sie täglich?

Schritt 2. Vergleichen Sie Ihre Antworten untereinander in der Klasse, bis Sie jemanden finden, der drei gleiche Antworten hat wie Sie.

BEISPIEL: **S1:** Wofür interessierst du dich?
        S2: Ich interessiere mich für Fußball.

The Subjunctive°

Der Konjunktiv

The subjunctive mood is used to express polite requests and to convey wishful thinking, guesses, and conditions that are contrary to fact. You are already familiar with one frequently used subjunctive form: **möchte** (*would like*), commonly used to express a polite request.

> The *Guide to Grammar Terms* online in CONNECT provides more basic information about the subjunctive II and mood.

Expressing Requests Politely

Ich **möchte** gern bezahlen.	*I would like to pay.*
Ich **hätte** gern eine Tasse Kaffee.	*I would like a cup of coffee.*
Könntest du mir einen Gefallen tun?	*Could you do me a favor?*
Würdest du mir 50 Euro leihen?	*Would you lend me 50 Euros?*

The forms **möchte, hätte, könntest,** and **würdest** are subjunctive forms of the verbs **mögen, haben, können,** and **werden.** They are frequently used in polite requests.

The Present Subjunctive II°: *haben, werden, können, mögen*

Konjunktiv II Präsens

	haben	werden	können	mögen
ich	hätte	würde	könnte	möchte
du	hättest	würdest	könntest	möchtest
er sie es	hätte	würde	könnte	möchte
wir	hätten	würden	könnten	möchten
ihr	hättet	würdet	könntet	möchtet
sie	hätten	würden	könnten	möchten
Sie	hätten	würden	könnten	möchten

The present subjunctive II is based on the simple past forms.

NOTE:

- Irregular weak verbs and strong verbs with an **a, o,** or **u** in the simple past add an umlaut to the vowel.

Infinitive	Simple Past	Present Subjunctive
haben →	hatte →	**hätte**
werden →	wurde →	**würde**

- Modals with an umlaut in the infinitive retain this umlaut in the subjunctive.

können →	konnte →	**könnte**
mögen →	mochte →	**möchte**

- Modals with no umlaut remain unchanged.

wollen →	wollte →	**wollte**

Könnten Sie mir vielleicht drei Euro geben? Ich möchte ein Eis.

Übung 7 Im Café: Was hätten Sie gern?

BEISPIEL: Ich _hätte gern_ ein Stück Käsekuchen.

1. Was _____ Sie _____?
2. Wir _____ einen Tisch am Fenster.
3. Ich _____ einen Espresso.
4. Kerstin _____ einen Eiskaffee.
5. Herr und Frau Haese _____ einen Platz draußen.
6. Wir _____ zwei Eisbecher mit Vanilleeis und Sahne.
7. _____ du _____ ein Stück Kuchen?

Übung 8 Wünsche im Restaurant

Formulieren Sie die Wünsche und Fragen sehr höflich.

BEISPIEL: Ich will ein Bier. →
  Ich hätte gern ein Bier.
  oder Ich möchte gern ein Bier.

1. Wir wollen die Speisekarte.
2. Ich will eine Tasse Kaffee.
3. Mein Freund will ein Bier.
4. Und was wollen Sie?
5. Willst du ein Stück Kuchen?
6. Wollen Sie sonst noch etwas?
7. Wir wollen die Rechnung.

Übung 9 Etwas höflicher, bitte!

Drücken Sie die folgenden Wünsche höflicher aus.

BEISPIEL: Leih mir bitte 50 Euro. →
  Könntest du mir bitte 50 Euro leihen?
  oder Würdest du mir bitte 50 Euro leihen?

1. Tu mir bitte einen Gefallen.
2. Tut mir bitte einen Gefallen.
3. Leih mir bitte 100 Euro.
4. Wechseln Sie mir 200 Euro.
5. Geben Sie mir etwas Kleingeld.
6. Hilf mir bitte!
7. Helft mir bitte!
8. Unterschreiben Sie bitte.

ICH WÜRD' JA GERN, ABER ICH MUSS MEINEM VATER NOCH BEI MEINEN HAUSAUFGABEN HELFEN

www.BILDERGESCHICHTEN.eu

The Use of *würde* with an Infinitive

In spoken German, one of the most commonly used forms of the subjunctive is **würde** plus infinitive. Like English *would,* the **würde** form can be used with almost any infinitive to express polite requests or wishes, or to give advice.

Würdest du mir **helfen?**	*Would you help me?*
Ich **würde** gerne **mitkommen.**	*I would like to come along.*

NOTE:

○ Verbs that are generally used less frequently with **würde** include **sein, haben, wissen,** and the modals.

Übung 10 Wie würden Sie darauf reagieren?

BEISPIEL: Sie haben eine Reise nach Österreich gewonnen. →
Ich würde mich darüber freuen.

> Ich hätte Angst davor.
> Ich würde das nicht glauben.
> Ich würde mich darüber freuen.
> Ich würde das (nicht) machen.
> Ich würde mich darüber ärgern.
> ?

1. Sie sollen mit Freunden Bungee- Jumping gehen.
2. Sie hören, eine Freundin hat eine Million Dollar gewonnen.
3. Sie haben ein Praktikum bei einer deutschen Firma bekommen.
4. Sie sind im Supermarkt und haben Geld und Kreditkarte zu Hause gelassen.
5. Sie haben Ihre Autoschlüssel verloren.
6. Ihre Freunde planen eine Reise in die Karibik.

Expressing Wishes and Hypothetical Situations

Ich **wünschte,** ich **wäre** mit der
Arbeit fertig.

Dann **würde** ich ins Kino mitkommen.

Ich **käme** gerne mit.

Wenn Benzin doch nicht so teuer **wäre.**

Wenn ich nur **wüsste,** wo meine
Schlüssel sind.

I wish I were finished with work.

*Then I would come along to
the movies.*

I would like to come along.

If only gasoline weren't so expensive.

If I only knew where my keys were.

Wenn sie doch nur wüsste ...

The Present Subjunctive II: Strong and Weak Verbs

Here are the forms of the present subjunctive II. The verb **wünschen** shows the pattern for all weak verbs. The conjugation of strong verbs is explained below.

	kommen	sein	wissen	wünschen
ich	käme	wäre	wüsste	wünschte
du	käm(e)st	wär(e)st	wüsstest	wünschtest
er sie es	käme	wäre	wüsste	wünschte
wir	kämen	wären	wüssten	wünschten
ihr	kämet	wär(e)t	wüsstet	wünschtet
sie	kämen	wären	wüssten	wünschten
Sie	kämen	wären	wüssten	wünschten

NOTE:

▶ Strong verbs with **a, o,** or **u** in the simple past tense add an umlaut in the subjunctive II. All strong verbs also add the ending **-e** in the first and third person singular. The **-e-** in the second person is optional.

Infinitive	Simple Past	Present Subjunctive
kommen	→ kam	→ käme
sein	→ war	→ wäre
fahren	→ fuhr	→ führe
bleiben	→ blieb	→ bliebe
gehen	→ ging	→ ginge

▶ While the subjunctive II forms of strong verbs are increasingly replaced with **würde** plus infinitive, they are still used with a few common verbs like **gehen, kommen, fahren,** and **bleiben.** You will encounter such subjunctive II forms mostly in writing.

Die Gäste **kämen** pünktlich, wenn es nicht regnen würde.

The guests would come on time if it weren't raining.

Ich **bliebe** länger, wenn ich nicht so früh aufstehen müsste.

I would stay longer if I didn't have to get up so early.

▶ The present subjunctive II of weak verbs is identical to the simple past tense.

wünschen → wünschte → wünschte

However, normally **würde** plus infinitive is used with weak verbs.

▶ Irregular weak verbs, as already pointed out on p. 357, add an umlaut to **a, o,** or **u** in the subjunctive II.

wissen → wusste → wüsste

▶ For emphasis, **doch** and **nur** are often added to wishes introduced with **wenn.**

¹*dig up*

Übung 11   Was sind die Tatsachen hier?

Folgen Sie dem Beispiel.

BEISPIEL: Wenn ich nur wüsste, wo meine Autoschlüssel sind. →
Ich weiß aber nicht, wo sie sind.

1. Ich wünschte, ich hätte keine Kreditkarte. Dann hätte ich keine Schulden.
2. Ich wünschte, die Kosten für das Studium wären nicht so hoch.
3. Ich wünschte, ich könnte genug Geld für eine Weltreise sparen.
4. Klaus wünschte, er würde nicht so viel Geld für SMS ausgeben.
5. Wenn ich nur wüsste, wo wir eine preiswerte Wohnung in München finden können.
6. Wenn ich nur mehr Zeit für Sport hätte.
7. Mein Freund würde sich gern einen BMW kaufen.
8. Ich wünschte, das Semester wäre zu Ende.
9. Die Studenten wünschten, sie müssten nicht so schwer arbeiten.

Übung 12 Nichts ist perfekt. Was wünschten diese Leute?

BEISPIEL: Peter hat nie Zeit für mich.
Ich wünschte, *er hätte mehr Zeit für mich*.

1. Ich habe wenig Zeit für meine Freunde.

   Ich wünschte, …

2. Herr Schmidt fährt viel zu schnell auf der Autobahn.

   Seine Frau wünschte, …

3. Christine kommt nie pünktlich zum Unterricht.

   Ich wünschte, …

4. Es gibt kein interessantes Programm im Fernsehen.

   Wir wünschten, …

5. Max ist fast immer total pleite.

   Er wünschte, …

6. Unsere Gäste gehen gar nicht nach Hause. (Es ist schon nach Mitternacht.)

   Wir wünschten, …

7. Ich weiß nicht, wo mein Handy ist.

   Ich wünschte, …

8. Klaus muss sehr viel Geld für Reparaturen an seinem Wagen ausgeben.

   Er wünschte, …

Sprach-Info

The expression **an deiner Stelle** (*if I were you / in your place*) is always used with a verb in the subjunctive. The possessive adjective changes depending on the person in question.

An deiner Stelle würde ich alles bar bezahlen.	*If I were you, I would pay cash for everything.*
An seiner Stelle würde ich nicht warten.	*If I were in his place, I would not wait.*

Übung 13 Heikle Situationen

Was würden Sie an seiner oder ihrer Stelle tun?

BEISPIEL: Felix wartet und wartet auf seine Freundin. An seiner Stelle würde ich allein ins Kino gehen.

1. Lukas   2. Marie

3. Tina   4. Herr Hansen

5. Felix

Talking about Contrary-to-Fact Conditions

Compare the following sentences:

Wenn ich Geld **brauche, gehe** ich
zur Bank.

*When I need money, I go to
the bank.*

Wenn ich Geld **hätte, würde** ich mir
einen neuen Wagen **kaufen.**

*If I had money, I would buy
a new car.*

The first example states a condition of fact. The second example states a condition that is contrary to fact. In the second one, the implication is that the speaker does not have enough money to buy a new car. In such cases, the subjunctive II is used.

Übung 14   Analyse

Die Schnecke (*snail*) in diesem Cartoon singt ein bekanntes deutsches Volkslied (*folk song*).

1. Suchen Sie die Verben, die die Wünsche der Schnecke ausdrücken (*express*). Die Verbformen enden nicht mit **-e.** Warum?

2. Die Schnecke möchte ein Vöglein sein. Und sie möchte _____ und _____.

   Der Suffix **-lein** ist eine Verkleinerungsform (*diminutive*).

   der Vogel (*bird*) → das Vöglein (*little bird*)

   der Flügel (*wing*) → das Flüglein (*little wing*)

3. Was sind aber die Tatsachen im Leben der Schnecke?

   BEISPIEL: Eine Schnecke ist kein Vöglein; sie hat _____ und _____.

4. Interessiert sich die zweite Schnecke für die erste? Was würden Sie als Beweise (*evidence*) dafür anführen?

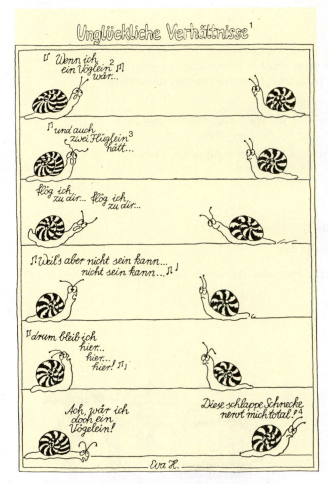

[1]Unglückliche … *Unhappy conditions*
[2]*little bird*   [3]*little wings*   [4]*Diese …
This lame snail is getting on my nerves.*

Übung 15   Was würden Sie machen, wenn ... ?

Sagen Sie, was Sie machen würden, wenn alles anders wäre.

BEISPIEL: Wenn ich Talent hätte, würde ich Opernsängerin werden.

Wenn ich Zeit hätte,   ein berühmter / eine berühmte ___??___
        Geld   (z.B. Sänger/Sängerin) werden.
        Talent   interessante Leute kennenlernen.
        ??   öfter ins Kino gehen.
                        meine Familie öfter anrufen.
                        einen tollen neuen Wagen kaufen.
                        ??

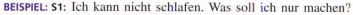

Übung 16   Rat geben

Stellen Sie sich vor, ein Freund / eine Freundin hat ein Problem. Was raten Sie?

BEISPIEL: S1: Ich kann nicht schlafen. Was soll ich nur machen?

         S2: Wenn ich nicht schlafen könnte, würde ich etwas fernsehen.
       oder Du solltest etwas fernsehen.

Problem	Rat
habe Zahnschmerzen	Arbeit suchen
kann nicht schlafen	Geld von jemand leihen
bin immer müde und schlapp	sofort zum Zahnarzt gehen
habe kein Geld	mehr Sport treiben
??	nicht so spät schlafen gehen
	aufstehen und Computerspiele spielen
	??

Übung 17   Probleme, Probleme!

Schritt 1: Beschreiben Sie einem Partner / einer Partnerin drei Probleme, die Sie haben. Der Partner / die Partnerin soll eine Lösung (*solution*) vorschlagen.

BEISPIEL S1 (Problem): Ich habe nicht genug Zeit, um meine Arbeit zu machen.
        S2 (Lösung): Wenn ich nicht genug Zeit hätte, um meine Arbeit zu machen, würde ich meine Zeit besser organisieren.

Schritt 2: Vergleichen Sie diese Probleme mit denen der anderen Studenten. Was sind die drei größten Probleme in der Klasse?

The Past Subjunctive II°

The past subjunctive II is used to express wishes and conjectures concerning events in the past.

Wenn ich in der Lotterie   *If I had won the lottery, I would*
gewonnen hätte, wäre ich   *have been ecstatic.*
überglücklich **gewesen.**

The conjecture (*If I had ...*) speculates about an event in the past; the speaker did not win the lottery. Both English and German require the past subjunctive in this case.

     The past subjunctive II forms are derived from the past perfect tense. Use the subjunctive II form **hätte** or **wäre** plus the past participle of the main verb.

Der Konjunktiv II der Vergangenheit

Infinitive	Past Perfect	Past Subjunctive II
kaufen	ich hatte gekauft	ich hätte gekauft
sein	ich war gewesen	ich wäre gewesen

Ich wünschte, ich **hätte** den neuen Porsche nicht **gekauft.**	*I wish I had not bought the new Porsche.*
Ein gebrauchter Wagen **wäre** billiger **gewesen.**	*A used car would have been cheaper.*

NOTE:

▶ Use **hätte** or **wäre** according to the same rules that determine the use of **haben** or **sein** in the perfect tense (see **Kapitel 7**).

Ich **habe** die Miete **bezahlt.**	Lars **hätte** die Miete nicht **bezahlt.**
Er **ist** in die Stadt **gefahren.**	Ich **wäre** nicht in die Stadt **gefahren.**

A clause stating a hypothetical situation usually begins with the conjunction **wenn.** As in English, the conjunction can be omitted, in which case the conjugated verb is placed at the beginning.

Wenn wir das nur gewusst hätten!	*If we had only known that!*
Hätten wir das nur gewusst!	*Had we only known that!*

Übung 18   Andreas ist total pleite

Sie sehen hier Andreas' Ausgaben für eine Woche.

Schritt 1: Wofür hat er Ihrer Meinung nach *(in your opinion)* zu viel Geld ausgegeben? Arbeiten Sie zu zweit und nennen Sie drei Kategorien.

	Ausgaben
Geburtstagsgeschenk, Buch und Blumen für Freundin	€ 65,00
drei Sporthemden	120,00
neuer Drucker für seinen Computer	80,00
zweimal im Kino	22,00
zwei CDs auf dem Flohmarkt	6,50
zweimal mit Freunden in der Kneipe	25,00
Bücher für Biologie und Informatik	125,00
Benzin fürs Auto	90,00
Lebensmittel	48,00
dreimal zum Essen ausgegangen	59,00
Spende für Amnesty International	25,00
Handy	20,00

Schritt 2: Vergleichen Sie Ihre Resultate untereinander in der Klasse. Welche Ausgabe kommt am häufigsten vor?

Schritt 3: Benutzen Sie die Redemittel, um drei Aussagen über Andreas' Ausgaben zu machen.

Redemittel
An seiner Stelle hätte ich nicht so viel für … ausgegeben.
Das wäre wirklich nicht nötig gewesen.
Braucht er wirklich … ? Ich hätte …
Zweimal … ? Einmal wäre genug *(enough)* gewesen.

Übung 19   Wenn es nur anders gewesen wäre!

Sie waren im Urlaub und es ist nicht alles gut gegangen. Was hätten Sie gewünscht? Schreiben Sie fünf Wünsche und benutzen Sie den Konjunktiv der Vergangenheit.

BEISPIEL: Ich wünschte, ich hätte mehr Geld gehabt.
Wenn das Wetter nur besser gewesen wäre!

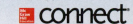

KULTURJOURNAL

connect

Wo sind die Deutschen am glücklichsten?

Eine Studie der deutschen Bundespost (Glücksatlas 2013) hat gezeigt, wo die glücklichsten Menschen in Deutschland leben. Das Ergebnis: am glücklichsten sind die Menschen im Norden, in Schleswig-Holstein, in Hamburg und in Niedersachsen. Wenn das so ist, wo sind dann die Menschen in Deutschland am unglücklichsten? Die Studie zeigte: in den Bundesländern im Osten.

In dieser Studie wurden neunzehn Regionen in Deutschland untersucht[1]. Wie erklärt man, dass Schleswig-Holstein an der Spitze steht – denn Schleswig-Holstein ist eines der ärmsten Bundesländer? Forscher können das einfach nicht erklären, z.B. weder Gesundheitsversorgung noch das Kulturangebot in Schleswig-Holstein sind so gut wie in Hamburg. In den fünf Bundesländern im Osten sind die Menschen am unglücklichsten – Sachsen-Anhalt, Thüringen, Sachsen und Mecklenburg-Vorpommern sind an der Spitze[2]. Obwohl die herkömmlichen[3]

Unterschiede zwischen Ost und West sich in den letzten acht Jahren insgesamt verbessert[4] hatten, sind sie im letzten Jahr wieder größer geworden.

Aber alles in allem scheint Deutschland ein relativ glückliches Land zu sein. Der Fernsehsender ARD hat eine eigene Studie zum Glück der Deutschen durchgeführt[5]. Da waren die Ergebnisse[6]

Ich mag mein Leben, so wie es ist.

zum Teil anders. Die ARD-Studie zeigte, die glücklichsten Deutschen leben in Bayern, Baden-Württemberg, Hessen und Nordrhein-Westfalen. Die unglücklichsten Deutschen leben in den östlichen Ländern.

Welcher Studie soll man nun glauben?

Zur Diskussion

1. Wie viele Regionen in Deutschland hat man für die Studie der Post untersucht?

2. Wo leben die glücklichsten Deutschen laut der ARD-Studie?

3. Wo leben die glücklichsten Menschen in Ihrem Land? Machen Sie eine kleine Studie. Erforschen Sie drei bis fünf Kategorien wie Gesundheitsversorgung, Zahl und Ruf (*reputation*) der Universitäten, Kulturangebot und so weiter. Berichten Sie der Klasse darüber.

[1]*studied*   [2]*top*   [3]*usual*   [4]*sich ... verbessert improved*   [5]*carried out*   [6]*results*

▶ Videoclips

A Drei junge Leute erzählen, wie sie ihre Geldgeschäfte erledigen (*take care of*). Wie bezahlen sie ihre monatlichen Rechnungen? Wofür geben sie ihr Geld aus?

	Jenny	Nadezda	Inna
1. bezahlt mit Kreditkarte	☐	☐	☐
2. bezahlt bar (*cash*)	☐	☐	☐
3. macht Online-Banking im Internet	☐	☐	☐
4. bekommt Geld durch BAföG	☐	☐	☐
5. hat einen Kredit für Studium aufgenommen (*took out*)	☐	☐	☐
6. gibt 250 Euro für Miete aus	☐	☐	☐
7. bezahlt 160 Euro Miete im Studentenwohnheim	☐	☐	☐

Wie erledigst du deine Geldgeschäfte?

B Wofür geben die drei das meiste Geld aus?

☐ Studiengebühren

☐ Krankenversicherung

☐ Miete

C Beantworten Sie diese Fragen.

1. Wer hat keinen Kredit aufgenommen?

2. Was mussten die zwei Studentinnen tun, um einen Kredit aufzunehmen?

3. Jenny bekommt 643 Euro pro Monat. Was bezahlt sie damit?

4. Inna hat 500 Euro pro Monat. Wie gibt sie dieses Geld aus?

5. Nadezda sagt nicht, wie viel Geld sie im Monat bekommt. Wie gibt sie ihr Geld aus?

D Machen Sie eine Umfrage in Ihrer Klasse.

1. Wie erledigst du deine Geldgeschäfte: zahlst du bar? mit Kreditkarte? stellst du Schecks aus? benutzt du Online-Banking?

2. Was ist die populärste Art (*way*), Geldgeschäfte zu erledigen? Was benutzt man nur selten?

Lesen

Zum Thema

Ein Interview. Interviewen Sie drei Studenten in der Klasse über das Thema Geld. Benutzen Sie die folgenden Fragen. Schreiben Sie die Antworten auf.

1. Hast du als Kind Taschengeld bekommen? Wie viel und wie oft?
2. Sollen Kinder Taschengeld bekommen? Warum / warum nicht?
3. Was war dein erster bezahlter Job? Was für Arbeit hast du gemacht? Wie hast du dein Geld ausgegeben?

Auf den ersten Blick

A Lesen Sie den Titel des Lesestücks auf Seite 368 und beantworten Sie die Frage im Untertitel. Spekulieren Sie!

    1. Was könnten die drei Geldtypen sein?

        ☐ drei verschiedene Währungen (*currencies*)

        ☐ drei Beschreibungen von Menschen und wie sie ihr Geld ausgeben

    2. Ergänzen Sie die folgenden Sätze.

        ▶ Wenn man klotzt, zeigt man, dass man viel _____ hat.

        ▶ Wenn man knausert, gibt man _____.

        ▶ Wenn man gut haushalten kann, dann _____.

B Der Text „Die drei Geldtypen" ist eine Meinungsumfrage. Sie müssen auf fünf Fragen oder Aussagen reagieren. Wählen Sie zwei davon und beantworten Sie die Fragen für sich.

BEISPIEL: Kaufen oder nicht? →

        Ich kaufe nicht viel. Ich gehe nicht gern einkaufen.

C Was für ein Geldtyp sind Sie?

    ☐ Ich lebe auf Pump (*credit*).

    ☐ Ich spare Geld.

    ☐ Ich leihe meinen Freunden immer Geld.

    ☐ Ich kaufe keine CDs. Ich lade Musik aus dem Internet runter.

    ☐ Ich hebe den Kassenzettel immer auf, wenn ich etwas kaufe.

    ☐ Ich kaufe nur das, was ich wirklich brauche.

    ☐ Ich gehe mit Geld vernünftig um.

    ☐ Ich bin knauserig (*stingy*).

    ☐ Ich schreibe alles immer genau auf.

    ☐ Am Endes des Monats bin ich immer pleite.

    ☐ Wenn mir etwas wichtig ist, will ich es mir kaufen.

Die drei Geldtypen

to skimp / to show off / to budget

Knausern°, klotzen° oder haushalten° – oder wie gehst du mit dem lieben Geld um?

Kaufen oder nicht?

A Man lebt nur einmal. Deshalb sollte man sich ruhig auch mal
5   was gönnen°.

sich gönnen grant or indulge (oneself)

B Sparen geht bei mir vor Ausgeben. Schließlich soll es später
    kein böses Erwachen geben und die meisten Dinge brauche
    ich eigentlich gar nicht.

C Wenn mir was wirklich wichtig ist, will ich es mir auch kaufen.
10   Dafür würde ich dann auch bei anderen Dingen kürzer treten.

So bringst du Musik in dein Leben ...

A Mit CDs ist es wie mit Büchern. Es ist einfach schön, sie selber zu
    besitzen°.

own

B Musik höre ich für mein Leben gerne, aber jede CD muss ich mir deshalb
15   noch lange nicht kaufen. Das meiste läuft ja sowieso im Radio oder ich
    kann es bei meiner Freundin anhören.

C Mit meinen Freunden tausche ich oft CDs aus°. Meine absoluten
    Hits will ich aber schon selber haben.

tausche aus share, exchange

Was machst du mit dem Kassenzettel?

20 **A** Bezahlt ist bezahlt, wozu° da noch die Quittung° aufheben?

why / receipt

B In Punkto Geld ausgeben bin ich sehr penibel° und schreibe
    alles immer genau auf.

fussy

C Rechnungen hebe ich nur von größeren Dingen auf, auf die ich
    auch Garantie habe.

25 ## Hast du etwas zu verleihen?

A Ich leihe gerne anderen mal was aus. Und guten Freunden erst recht.

B Ich laufe anderen nicht gerne hinterher. Deswegen leihe ich anderen
    auch nicht gerne was aus – weder Geld noch Sachen.

C Ausleihen ist für mich kein Problem, wenn ich genau weiß,
30   dass ich die Dinge dann auch wieder kriege.

Was machst du am Wochenende?

A Kino, Billard spielen oder Disco. Zusammen mit meinen
    Freunden fällt mir eigentlich immer was ein.

B Wir sind eine richtig gute Clique. Am Wochenende leihen wir
35   uns oft Videos aus oder kochen was zusammen.

C Ich bin gerne unterwegs. Am Monatsende bin ich dann aber
    wegen leerer Kassen öfters mal mit Freunden zu Hause.

Ergebnis

Dreimal A und mehr. Du genießt das Leben und Langeweile ist für dich ein
40 Fremdwort. Allerdings musst du aufpassen, dass du dabei nicht über deine
Verhältnisse lebst und etwas mehr Ordnung und Überblick über deine Finanzen
könnte auch nicht schaden. Von Käufen oder Vergnügungen auf Pump solltest
du eher die Finger lassen.

Dreimal B und mehr. Du bist zufrieden mit deinem Alltag, auch wenn die
45 großen Überraschungen und spontanen Entscheidungen eher nicht dein Ding
sind. Aber du findest dich ziemlich kompliziert und beneidest Leute, die die

enjoy — Sachen cool angehen und einfach nur genießen° können. Ordnung ist dir

preconditions — wichtig und du denkst oft an morgen. Das sind gute Voraussetzungen°, um
den Überblick über deine Finanzen zu halten. Dann kannst du sicher auch

in a more relaxed fashion — 50 entspannter° an das Thema Geld rangehen.

Dreimal C und mehr. Du weißt was Spaß macht, doch von offenen
Rechnungen hältst du nichts. Das hört sich nach einer gesunden Mischung an.
Deshalb sind Finanzen meist kein Thema für dich. Falls du doch mal über die
Stränge geschlagen hast, trittst du bei anderen Ausgaben etwas kürzer, so dass

alles ...: everything is in balance again — 55 alles wieder im Lot ist°. Meistens zumindest!

Zum Text

A Lesen Sie die Selbst-Test noch einmal durch und wählen Sie bei
jedem Punkt A, B oder C.

1. Was ist das Resultat? Wo sind Sie gelandet? Schauen Sie die Ergebnisse an:
Dreimal A und mehr? Dreimal B und mehr? Dreimal C und mehr?

2. Stimmt das mit Ihrer Antwort auf Aktivität C in **Auf den ersten Blick** überein?

3. Reden Sie zu dritt über Ihre Ergebnisse. Sind diese ähnlich? ganz verschieden?

B **Rat geben.** Was raten Sie jemandem, der in Kategorie A oder B fällt?
Benutzen Sie die Vokabeln und Ausdrücke aus diesen Kategorien.

BEISPIEL: Ich würde dir raten: Kauf nichts auf Pump. Du musst Ordnung in deine
Finanzen bringen. Lass die Finger von Käufen, die du nicht brauchst.

Sie: _____

_____

Zu guter Letzt

Ein Podcast über Geldtypen

Arbeiten Sie in Gruppen zu dritt und stellen Sie einen der drei Geldtypen in einem
Podcast dar.

Schritt 1: Wählen Sie zuerst den Geldtyp aus:

- jemand, der knausert
- jemand, der klotzt
- jemand, der gut haushaltet

Schritt 2: Entwickeln Sie einen Sketch! Ihre Szene sollte zwei oder drei Charakteristiken
des Geldtyps darstellen. Für Knausern könnten Sie, z.B., eine geizige (*stingy*) Person
darstellen, die im Restaurant so wenig Geld wie möglich ausgeben will, bestellt nur
ein Glas Wasser zu trinken und sehr wenig zu essen. Und wie ist das mit Trinkgeld?
Die Kurzszene sollte wenigstens 15 Zeilen lang sein, und jede Person in Ihrem Team
hat eine Rolle.

Schritt 3: Filmen Sie Ihren Sketch!

Schritt 4: Schreiben Sie eine kurze Einleitung zu Ihrem Sketch: Was ist der Zweck
von diesem Podcast? Was finden Sie daran interessant?

Schritt 5: Präsentieren Sie Ihren Podcast der Klasse.

Wortschatz

Geldangelegen-
heiten   **Money Matters**

die **Ausgabe, -n**   expense
das **Benzin**   gasoline
der **Bleistift, -e**   pencil
die **Einnahmen** (*pl.*)   income
die **Ernährung**   food, nutrition
der **Haushalt, -e**   household
das **Heft, -e**   notebook
die **Heizung**   heat, heating system
der **Kugelschreiber, -**   ballpoint pen
der **Müll**   trash, garbage
die **Nebenkosten**   utilities; extra costs
das **Papier, -e**   paper
die **Reparatur, -en**   repair
das **Sparkonto,**   savings account
     pl. **Sparkonten**

der **Strom**   electricity
die **Studiengebühren** (*pl.*)   tuition, fees

Das Haus   **The House**

das **Bauernhaus, ̈er**   farmhouse
das **Dach, ̈er**   roof
das **Dachgeschoss, -e**   top floor, attic
die **Diele, -n**   front hall
der **Eingang, ̈e**   entrance
die **Etage, -n**   floor, story
der **Flur, -e**   hallway
die **Frühstücksnische, -n**   breakfast nook
die **Garderobe, -n**   wardrobe; closet
das **Gästezimmer, -**   guest room
der **Mikrowellenherd, -e**   microwave oven
der **Neubau, -ten**   modern building
die **Spülmaschine, -n**   dishwasher
der **Teppichboden, ̈**   wall-to-wall carpeting
die **Treppe, -n**   staircase
die **Umgebung, -en**   area, neighborhood, vicinity
die **Waschmaschine, -n**   washing machine

Verben   **Verbs**

sich **ärgern über** (+ *acc.*)   to be annoyed about
aus•geben (gibt aus),   to spend (*money*)
     gab aus, ausgegeben

bauen   to build
bitten um, bat, gebeten   to ask for, request
denken an (+ *acc.*),   to think about, of
     dachte, gedacht

ein•richten   to furnish, equip

ein•ziehen in (+ *acc.*),   to move in
     zog ein, ist eingezogen

sich **freuen auf** (+ *acc.*)   to look forward to
sich **freuen über** (+ *acc.*)   to be glad about
jobben   to work (*at a temporary job*)
leihen, lieh, geliehen   to lend; to borrow
mieten   to rent (*from someone*)
sparen   to save
unterstützen, unterstützt   to support
vergleichen, verglich,   to compare
     verglichen

vermieten   to rent out (*to someone*)
verzichten auf (+ *acc.*)   to do without

Adjektive und   **Adjectives and**
Adverbien   **Adverbs**

ab   from, as of
   ab 1. Juni (ab erstem   as of June 1st
     Juni)

bald   soon
deswegen   because of that
durchschnittlich   on average
eigen   own
ganz   complete(ly), total(ly), entire(ly)
monatlich   monthly
nebenbei   on the side
oben   above; upstairs
   nach oben   above; upstairs (*directional*)
pleite   broke, out of money
schmutzig   dirty
spätestens   at the latest
übrig   left over
unten   below; downstairs
   nach unten   below; downstairs
                                                   (*directional*)

Sonstiges   **Other**

an deiner Stelle   if I were you, (if I were)
                                                   in your place

die **Angst, ̈e**   fear
   Angst haben vor   to be afraid of
     (+ *dat.*)

der **Gruß, ̈e**   greeting
   viele Grüße   best wishes
die **Katze, -n**   cat
das **Tier, -e**   animal
die **Zeichnung, -en**   drawing

Das kann ich nun!

1. Machen Sie eine Liste mit den fünf größten Ausgaben, die Sie monatlich haben.

2. Beschreiben Sie das Haus, in dem Sie wohnen, das Haus Ihrer Eltern oder das Haus von Freunden. Wie viele Zimmer gibt es? Was für Zimmer? Wo liegen sie? Was für Geräte gibt es?

3. Beschreiben Sie Ihr Zimmer oder Ihr Klassenzimmer. Benutzen Sie dabei Wörter wie: **daneben, dazwischen, darauf, darunter,** usw.

4. Formulieren Sie passende Fragen zu folgenden Antworten. (Use a **wo**-compound.)

   a. _____? —Das Kind hat Angst vor Gewitter.

   b. _____? —Die Studenten beschäftigen sich mit Politik.

   c. _____? —Wir warten auf die Post.

5. Wie sagt man dies sehr höflich auf Deutsch?

   a. *You are at a restaurant and would like a table by the window. (two ways)*

   b. *You would like to see the menu.*

   c. *You would like to pay by credit card.*

6. Sie haben viele Wünsche. Wie drückt man sie auf Deutsch aus?

   a. *You wish you had more time and money.*

   b. *You wish you could stay home today.*

   c. *You are asking someone, very politely, to help you.*

7. Schreiben Sie die Sätze zu Ende.

   a. Wenn ich das Geld für eine Reise hätte, _____.

   b. Wenn ich gewusst hätte, dass es ein Gewitter gibt, _____.

   c. Du hast eine Erkältung? An deiner Stelle _____.

Ein Selfie zu zweit!

Kapitel

13

Medien und Technik

Ich chatte über Skype.

VIDEOCLIPS

In diesem Kapitel

▶ **Themen:** Talking about television, newspapers, and other media; technology, computers

▶ **Grammatik:** Infinitive clauses with **zu,** verbs **brauchen** and **scheinen,** infinitive clauses with **um ... zu,** indirect discourse

▶ **Lesen:** „Jugendliche und das Internet"

▶ **Landeskunde:** Radio and television, inventions

▶ **Zu guter Letzt:** Podcast: Eine neue Erfindung

connect plus+

GERMAN

www.connectgerman.com

A Hier sehen Sie verschiedene deutschsprachige Zeitungen.

▶ Finden Sie drei Zeitungen, die deutsche Städtenamen tragen.

▶ Welche Zeitung ist für das Rheinland?

▶ Welche Zeitung erscheint in Süddeutschland?

▶ Welche Zeitungen sind überregional, d.h. sie erscheinen in ganz Deutschland mit Nachrichten aus der ganzen Welt?

B Sie hören vier kurze Berichte aus dem Radio. Welche Schlagzeile passt zu welchem Bericht? Schreiben Sie die passende Zahl (1–4) vor die Schlagzeile.

_____ Kluges (*smart*) Köpfchen vorm Mittagessen

_____ Falsch Parken wird teurer

_____ UFO, Flugzeug oder Komet?

_____ Autodieb (*car thief*) auf Surfbrett gefangen

Wörter im Kontext

Thema 1: **Fernsehen**

Was gibt's im Fernsehen?

Thomas: Was gibt's denn heute Abend im Fernsehen?

Barbara: Nach den **Nachrichten** und dem Wetterbericht kommt im zweiten **Programm** um 19.25 Uhr ein Krimi, „Die Rosenheim Cops".

Thomas: Ein Krimi, nein danke! Das ist nichts für mich. **Das ist mir zu blöd.** Was gibt's denn bei RTL?

Barbara: Eine Seifenoper, „Gute Zeiten, schlechte Zeiten" oder die Serie „Alarm für Cobra 11".

Thomas: Auch **nichts Gescheites.**

Barbara: Was für eine **Sendung** möchtest du denn sehen?

Thomas: Na, vielleicht Sport … oder einen **Dokumentarfilm.** Ich kann **mich** noch nicht **entschließen.**

> ### Neue **Wörter**
>
> **die Nachrichten** (*pl.*) news
>
> **das Programm** channel, program
>
> **Das ist mir zu blöd.** I think that's really stupid.
>
> **nichts Gescheites** nothing decent
>
> **die Sendung** TV program
>
> **mich … entschließen** (sich entschließen) decide

ZDF

5.30	Morgenmagazin	NT	55-480-365
9.00	heute		76-346
9.05	Volle Kanne –		3-039-278
	Service täglich	HD	
10.30	Notruf Hafenkante		2-287-891
	(5/6) Polizeiserie,	☎ VT HD	
	Dtl. 2010. Grabräuber (Wh.)		
11.15	SOKO 5113 (33/3)	HD	8-402-278
	Krimiserie, Dtl. 2004		
	Am Abgrund (Wh.)		
12.00	heute		94-758
12.10	drehscheibe		8-731-636
13.00	Mittagsmagazin	UT	73-013

MAGAZIN

14.00	heute –		54-520
	in Deutschland		
14.15	Die Küchenschlacht		34-568
	Reihe. Mit Johann Lafer		
15.00	heute	UT	10-162
15.05	Topfgeldjäger	VT	4-172-839
	Kochquiz		
	Mit Alexander Herrmann		
16.00	heute – in Europe	UT	95-839
16.10	SOKO Wien (1/6)	☎	7-626-181
	Krimiserie, Dtl. /Österr. 2005		
	Gesicht des Bösen (Wh.)		
17.00	heute	VT	31-617
17.10	hallo deutschland	UT	758-926
17.45	Leute heute	VT	8-467-094

18.05	SOKO Köln (10/16)	UT HD	
	Dtl. 2014. Ausweglos		6-865-075

Ein Hausbesitzer, der sich gegen Einbrecher zur Wehr setzte, wird erschossen aufgefunden. Eine Zeugin identifiziert eine Studentin als Mörderin. Deren Komplizen entführen die Schwester von Kommissar Jonas Fischer und verlangen Ungeheuerliches... Mit Sissy Höfferer, Jennifer Breitrück

19.00	heute	UT	57-487
19.20	Wetter	VT	9-458-297
19.25	Die Rosenheim-Cops (13/18)		
	(13/18) Dtl. 2014	☎ VT	2-013-159
	Ein Fall für Marie Hofer	HD	

KRIMISERIE

Wilhelm Huber flieht aus der Villa, in der seine Ehefrau Judith getötet aufgefunden wird. Und ausgerechnet bei Marie Hofer sucht er Hilfe. Er ist überzeugt, dass seine Frau einen Liebhaber hatte. Wo ist ihr Tagebuch? Könnte Judith Hubers Mitarbeiter Markus Feininger der Gesuchte sein?

RTL

18.45	Aktuell / Wetter `HD`	269-896	**20.15**	**Alarm für Cobra 11 –** 875-877
19.05	Alles was zählt `HD`	530-457		**Die Autobahnpolizei** `HD`

(1866) Serie, Dtl. 2014 – Der Versuch, wieder Spaß in ihr Liebesleben zu bringen, endet ausgerechnet für Bea in einer äußerst peinlichen Situation. Simone rettet mit todesmutigem Einsatz Letizia vor Axels perfider Intrige.

19.40 Gute Zeiten, schlechte Zeiten `HD` 2–724–542

(5428) Dtl. 2014

SERIE

Alexander bereut seinen Fehler, Maren nicht die Wahrheit über Metropolitan Trends gesagt zu haben und entschuldigt sich. Doch der Frieden währt nicht lange.

ACTIONSERIE

(16/13) Dtl. 2011. Die Nervensäge–Geduldsprobe für Ben und Semir: Die beiden Autobahncops müssen die verwöhnte Luxus-göre Sarah Kaufmann vor einer geplanten Entführung schützen. Gar nicht so einfach. Denn Gangster Mario, Spezialist für Kidnapping, wurde auf das It-Girl angesetzt. Allerdings scheint jemand aus Sarahs persönlichem Umfeld mit Mario gemeinsame Sache zu machen.

WEITERE SPIELFILME

21.45 BR Bella Martha
LIEBESKOMÖDIE Martha kann gut kochen, aber vom Genießen versteht sie nichts. Ein temperamentvoller Italiener und ein kleines Mädchen tauen das Herz der verschlossenen Köchin auf… Garniert mit feinem Humor. SV 7-202-744
Dtl./Ital. 2001 D Martina Gedeck, Sergio Castellitto B+R Sandra Nettelbeck 100 Min. →23.25

22.05 MDR Tatort: Das Phantom
TV-KRIMI Schenk erkennt, daß er vor Jahren einen Unschuldigen hinter Gitter gebracht hat. Bevor er den Fehler wieder gutmachen kann, bricht der junge Mann aus und tötet einen Polizisten… Melancholische Story. SV 3-728-812
Dtl. 2003 D Klaus J. Behrendt, Dietmar Bär, Roman Knizka R Kaspar Heidelbach 90 Min. →23.35

23.20 SWR Virus im Paradies (1)
TV-THRILLER Der Tod eines bretonischen Hühnerzüchters alarmiert Ärzte und Politiker. Die Hühner werden getötet, es beginnt die Jagd auf das Virus. 2. Teil: am Mi. SV 9-844-687
Frkr./Schw./Island/Belg. 2003 D Richard Bohringer R Oliver Langlois 90 Min. →0.50

0.45 DAS VIERTE Cocktail für eine Leiche `SW`
THRILLER Um ihrem Professor zu beweisen, daß ein perfekter Mord möglich ist, töten zwei Studenten einen Kommilitonen und geben am Tatort eine Party… Von nur einem Kamerastandpunkt aus gedrehter Klassiker. SV 41-952-850
USA 1948 D James Stewart, Farley Granger, John Dall R Alfred Hitchcock FSK 12 90/76 Min. →2.15

SYMBOLE: ⟳ Großartig ⟳ Gelungen ⟳ Annehmbar ⟳ Schwach

Barbara: Um 20.15 Uhr gibt es ein Fußballspiel … und später um 22.40 Uhr kommt ein **Bericht** über die Arbeitslage in Deutschland. Aber keine Dokumentarfilme. Ich möchte **mir** mal einen guten **Spielfilm ansehen.**

Thomas: Du hast ja das Programm für heute Abend. **Such dir was aus!**

Barbara: **Wie wäre es mit** „Cocktail für eine Leiche" von Hitchcock?

Thomas: So ein alter Schinken (*old hat*).

Barbara: **Na und?** Das ist **auf jeden Fall** ein guter, alter Klassiker. Ach, nein, Moment, der kommt erst um 0.45 Uhr.

Thomas: Lass mal sehen … Um 22.05 Uhr läuft im MDR „Tatort: Das Phantom."

Barbara: Das ist mir auch zu spät.

Thomas: Wie wäre es mit einer Liebeskomödie, „Bella Martha" um 21.45 Uhr?

Barbara: Klingt gut. **Wovon handelt** sie denn?

A Ergänzen Sie die folgenden Sätze. Die Informationen finden Sie im Gespräch zwischen Barbara und Thomas.

1. Barbara **versucht,** eine gute _____ zu finden.

2. „Die Rosenheim Cops" läuft im zweiten _____.

3. Vor dem Krimi im zweiten Programm kommen _____.

4. Thomas möchte vielleicht Sport oder einen _____ sehen.

5. Thomas kann sich nicht _____, was er sehen möchte.

6. Barbara möchte sich gern einen Spielfilm _____.

7. Thomas meint, Serien wie „Gute Zeiten, schlechte Zeiten" sind nichts _____.

8. Um 22.40 kommt ein _____ über die Arbeitslage in Deutschland.

9. Barbara fragt Thomas, wovon der Film „Bella Martha" _____.

Neue Wörter

der Bericht report

der Spielfilm movie, feature film

sich etwas ansehen watch something

Such dir was aus! (sich etwas aussuchen) Choose something!

Wie wäre es mit … ? How about… ?

Na und? So what?

auf jeden Fall in any case

Wovon handelt sie? (handeln von) What's it about?

versucht (versuchen) is trying

Aktivität 1 Das Fernsehprogramm

Suchen Sie im Fernsehprogramm eine Sendung, die zu jeder der folgenden Kategorien passt.

BEISPIEL: Spielfilm →

Um 23.10 Uhr kommt der Spielfilm „Der Name der Rose".

1. Nachrichten   **4.** Reportage (*f.*)   **7.** Spielfilm

2. Wetterbericht   **5.** Dokumentarfilm

3. Krimi (*m.*)   **6.** Sportsendung

Aktivität 2 Das sehe ich gern!

Was mögen Sie im Fernsehen? Warum? Was finden Sie im Fernsehen nicht besonders gut? Geben Sie Beispiele.

BEISPIEL: Ich mag Serien, zum Beispiel „Tatort". Die finde ich spannend. Aber Quizsendungen finde ich schrecklich langweilig.

Krimis	gewöhnlich	aktuell
Nachrichten	immer	interessant
Dokumentarfilme	meistens	komisch
Quizsendungen	schrecklich	langweilig
Talkshows	sehr	schlecht
Daily Soaps		spannend
Sport		unterhaltsam

Die Simpsons

The Good German – In den Ruinen von Berlin

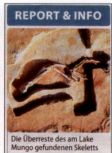

Die Überreste des am Lake Mungo gefundenen Skeletts

The Big Bang Theory

mieten, kaufen, wohnen

Bundesliga

Aktivität 3   Eine Sendung auswählen

Besprechen Sie mit einem Partner / einer Partnerin, was Sie heute Abend sehen möchten. Wählen Sie eine Sendung aus dem Fernsehprogramm in **Aktivität 1** aus.

S1	S2
1. Was gibt es heute Abend im Fernsehen?	**2.** Wie wäre es mit _____? Das kommt um _____ Uhr.
3. Was ist denn das?	**4a.** Das ist eine Sendung über _____. **b.** Keine Ahnung, klingt aber interessant.
5. Ich möchte mir lieber _____ ansehen.	**6.** Hier steht _____.
7. Wie lange dauert das?	**8a.** _____ Stunden/Minuten **b.** Das steht hier nicht.
9a. Was gibt es sonst noch? **b.** Ich kann mich nicht entschließen.	**10a.** Magst du _____? **b.** Wie wäre es mit _____?
11a. Wovon handelt das? **b.** Ich lese heute Abend lieber.	**12a.** Weiß ich auch nicht. **b.** Na gut.

Thema 2: Zeitung
Was steht in der Zeitung?

A Finden Sie eine passende Rubrik für jede **Schlagzeile**. Für einige Schlagzeilen ist mehr als eine Rubrik möglich.

Rubriken (*sections*) **aus der Zeitung**

Aktuelles	Kultur	Sport
Arbeit und Karriere	Leserbriefe	Wetter
Ausland	**Mode**	**Wirtschaft** und **Börse**
Horoskop	**Politik**	**Wissenschaft** und
Inland	Reisen	**Forschen**

Neue Wörter

die **Schlagzeile** headline
Aktuelles current events
das **Inland** homeland
die **Mode** fashion
die **Wirtschaft** economy
die **Börse** stock market
die **Wissenschaft** science
das **Forschen** research

Outsourcing: Die Arbeit wandert aus

Zehn Fragen zu Afghanistan

Niedersachsens Justizminister kritisiert Kanzlerin

USA gehen gegen Cyberkriminalität vor

DELFINE[1] ERKENNEN SICH AM NAMEN
[1]dolphins

Atomstreit mit Iran

MACHT IHR BERUF NOCH SPASS

Mallorca: Ab in den Urlaub!

WIRD DER RHEIN SAUBERER?

Bayreuther Festspiele am 25. Juli eröffnet

Fußball-Weltmeisterschaft: 12 Städte, 32 Mannschaften, 64 Spiele

Klima in Kopenhagen wird immer schlechter

BÖRSE REAGIERT MIT ABSTURZ

WAS SAGEN UNS DIE STERNE?

Firmen sollen Twitter für Kundenservice nutzen

Aktivität 4 Lesegewohnheiten

Schritt 1: Lesen Sie Zeitung? Lesen Sie Zeitung gedruckt (*in print*), online oder auf einem E-Reader/Tablet? Was lesen Sie? Wie oft?

Ich lese ...	regelmäßig	selten	nie
Lokales	☐	☐	☐
Politik	☐	☐	☐
Sport	☐	☐	☐
Kultur	☐	☐	☐
Mode	☐	☐	☐
Wirtschaft/Börse	☐	☐	☐
Wetter	☐	☐	☐
Wissenschaft/Forschen	☐	☐	☐
Leserbriefe	☐	☐	☐
Leitartikel (*lead articles*)	☐	☐	☐
Anzeigen (für Kino/Konzert usw.)	☐	☐	☐
???	☐	☐	☐

"Na, Schatz, steht was interessantes in der Zeitung?"

Schritt 2: Eine Umfrage in Ihrer Klasse. Stellen Sie folgende Fragen.

1. Wofür interessieren sich die meisten, wenn sie Zeitung lesen?
2. Wofür interessieren sich nur wenige? Wofür überhaupt keiner?
3. Lesen sie lieber gedruckt oder elektronisch?

Aktivität 5 Hin und her: Wie informieren sie sich?

Wie informieren sich diese Personen? Stellen Sie Fragen an Ihren Partner / Ihre Partnerin.

BEISPIEL: S1: Was sieht Martin oft im Fernsehen? Was liest er oft?

      S2: Er _____.

Person	Fernsehen	Zeitungen
Martin	Dokumentarfilme	Sport (besonders Fußball)
Stephanie		
Patrick	Krimis wie „Tatort", die Nachrichten	Innenpolitik und Lokales
Kristin		
Mein Partner / Meine Partnerin		

Thema 3: Leben mit Technik

Neue Wörter

tragb. = tragbar portable

die Spielkonsole (video) game console

fest fixed, not portable

erfunden (erfinden) invented

die Erfindung (Erfindungen, *pl.***)** invention

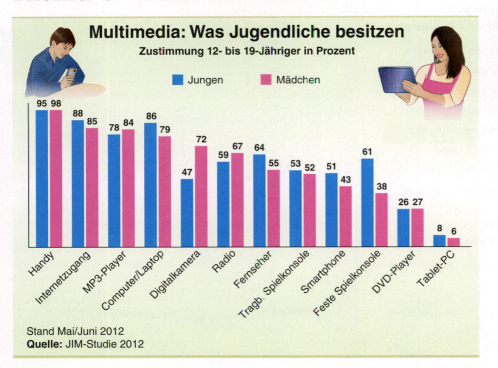

Multimedia: Was Jugendliche besitzen
Zustimmung 12- bis 19-Jähriger in Prozent

Jungen Mädchen

	Jungen	Mädchen
Handy	95	98
Internetzugang	88	85
MP3-Player	78	84
Computer/Laptop	86	79
Digitalkamera	47	72
Radio	59	67
Fernseher	64	55
Tragb. Spielkonsole	53	52
Smartphone	51	43
Feste Spielkonsole	61	38
DVD-Player	26	27
Tablet-PC	8	6

Stand Mai/Juni 2012
Quelle: JIM-Studie 2012

A Schauen Sie sich das Schaubild an und beantworten Sie die Fragen.

- ▶ Was besitzen fast alle Jugendlichen?
- ▶ Wie viel Prozent der Jungen besitzen ein Smartphone? Wie viel Prozent der Mädchen?
- ▶ Wer besitzt mehr Digitalkameras: Mädchen oder Jungen?
- ▶ Was besitzen 64% aller Jungen? 67% aller Mädchen?
- ▶ Wie viel Prozent der jungen Leute besitzen eine tragbare oder eine feste Spielkonsole?
- ▶ Welche Geräte im Schaubild hat man seit dem Jahr 2000 **erfunden?** Welche sind **Erfindungen** des 20. Jahrhunderts?

B Welche von diesen Multimedia-**Geräten** besitzen Sie? Womit beschäftigen Sie sich regelmäßig?

C Wozu benutzt man folgende Geräte oder Fähigkeiten (*capabilities*)? Verbinden Sie die passenden Satzteile. Für einige Begriffe sind mehrere Antworten möglich.

BEISPIEL: Man benutzt eine Digitalkamera, um Fotos zu machen.

1. eine Digitalkamera
2. einen Computer/Laptop
3. Internetzugang
4. Spielkonsole
5. einen MP3-Player
6. ein Handy
7. einen Fernseher
8. ein Radio
9. einen **Drucker**
10. ein Smartphone

a. um Bilder und **Dokumente** zu **drucken**
b. um zu telefonieren
c. um mein Lieblingsprogramm / Filme zu sehen
d. um Musik und/oder Nachrichten zu hören
e. um **E-Mails** zu lesen
f. um ins Internet zu kommen
g. um Computerspiele zu spielen
h. um Musik/Videos/Dokumente zu **speichern** und zu hören
i. um Fotos und Videos **aufzunehmen**
j. um Bücher/Zeitungen/Zeitschriften zu lesen

Neue Wörter

das Gerät device

der Drucker printer

drucken to print

speichern to save (*on a computer*)

aufnehmen to take (*a picture*), to record (*video or audio*)

vorspulen to fast forward

ausschneiden to cut out

löschen to delete

 Siehe *Infinitive Clauses with* **um ... zu** S. 385.

Aktivität 6 Am Computer

Die moderne Computertechnologie verwendet viele Symbole. Verbinden Sie die Symbole mit ihren üblichen (*conventional*) Bedeutungen.

1. _____ ✉   **a.** Audio/Video **vorspulen**
2. _____ 💾   **b.** das Dokument drucken
3. _____ 🗑   **c.** das Dokument speichern
4. _____ ☞   **d.** den Text **ausschneiden**
5. _____ 🔊   **e.** das Dokument **löschen**
6. _____ ▶▶   **f.** eine E-Mail lesen
7. _____ ✂   **g.** Hier kann man etwas hören.
8. _____ 🖨   **h.** Hier kann man **klicken.**

Aktivität 7 Da kann man …

Was passt zusammen? (Manchmal ist mehr als eine Antwort richtig.)

BEISPIEL: Am Computer kann man E-Mails lesen.

Am Computer kann man …

1. E-Mails _____.
2. Softwareprogramme _____.
3. ein Thema oder ein Wort _____.
4. eine Zeitung im Internet _____.
5. über viele Themen _____.
6. Dokumente _____.

> bloggen   lesen   herunterladen/downloaden
> googeln   kaufen   twittern
> speichern   schicken
> bekommen   schreiben

Aktivität 8 Die Geschichte einer Erfindung

Lesen Sie den Text und beantworten Sie die Fragen.

Korkenzieher aus alten Zeiten

Der Korkenzieher

Man weiß nicht genau, wer den Korkenzieher erfunden hat. Ein Prototyp stammt aus England. Und wer ist auf die Idee gekommen: eine Flasche mit einer Art Korkenzieher zu öffnen? Soldaten wahrscheinlich. Im 17. Jahrhundert haben Soldaten verklemmte Kugeln aus ihren Gewehren gebohrt[1]. Das war das Prinzip für den ersten „Korkenzieher". Samuel Henshall, ein Pfarrer aus Oxford in England, hat im Jahr 1795 das erste Patent für einen Korkenzieher angemeldet. Seinen einfachen Stangenkorkenzieher benutzt man auch heute noch.

Aber wer brauchte damals einen Korkenzieher? Soldaten vielleicht, aber vor allem reiche Aristokraten, denn nur sie konnten sich gute Weine aus Frankreich leisten. Im Laufe der Zeit wurde es Mode, die Weinflasche bei Tisch zu entkorken. Ein Korkenzieher musste leicht zu bedienen sein; aber er sollte auch ästhetisch schön sein. Die Geschichte des Korkenziehers zeigt, wie dieses Werkzeug praktisch angefangen hat, sich aber im Laufe der Zeit zu einem eleganten Instrument entwickelt hat.

[1]**verklemmte … :** *drilled jammed bullets out of their muskets*

1. Wer kam zuerst auf die Idee, Flaschen mit einer Art Korkenzieher zu öffnen?
2. Wie kamen sie auf diese Idee?
3. Wer hat das erste Patent für einen Korkenzieher angemeldet?
4. Warum hatten Aristokraten Korkenzieher nötig?
5. Warum sollten Korkenzieher nicht nur praktisch, sondern auch ästhetisch schön sein?

Aktivität 9　Ein findiger° Kopf

Wie erfinderisch oder phantasievoll sind Sie? Beschreiben Sie eine nützliche (*useful*) Erfindung!

BEISPIEL: Medizin →
ein Hustenbonbon, das wie Schokolade schmeckt

Bereiche

1. Medizin
2. Technik/Multimedia
3. Verkehr/Transport
4. Haushalt

5. Tiere
6. Stadtplanung
7. Umwelt
8. Häuser

Aktivität 10　Hin und her: Erfindungen

Sie möchten wissen, wer was wann erfunden hat. Arbeiten Sie zu zweit.

BEISPIEL:　S1: Wer hat _____ erfunden?

S2: _____.

S1: Wann hat er/sie es erfunden?

S2: (Im Jahre) _____.

oder S1: Was hat _____ erfunden?

S2: Er/Sie hat _____ erfunden.

S1: In welchem Jahr?

S2: (Im Jahre) _____.

Erfinder	Erfindung	Jahr
	der Buchdruck mit beweglichen Lettern (*movable type*)	
	das Alkoholthermometer	
Karl von Drais	das Fahrrad (Draisine)	1817
Herta Heuwer		
Gottlieb Daimler	das Motorrad	1885
Rudolf Diesel	der Dieselmotor	1893
Wilhelm Conrad Röntgen		
Melitta Bentz	der Kaffeefilter	1908

Currywurst-Museum in Berlin

Kulturspot

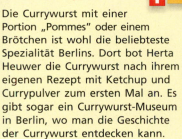

Die Currywurst mit einer Portion „Pommes" oder einem Brötchen ist wohl die beliebteste Spezialität Berlins. Dort bot Herta Heuwer die Currywurst nach ihrem eigenen Rezept mit Ketchup und Currypulver zum ersten Mal an. Es gibt sogar ein Currywurst-Museum in Berlin, wo man die Geschichte der Currywurst entdecken kann.

°clever

Fernsehen: Wer zahlt dafür?

Fernsehen zählt zu den beliebtesten Freizeitbeschäftigungen bei Jung und Alt in Deutschland. Laut einer Studie verbringen junge Leute zwischen 18 und 34 Jahren mindestens drei Stunden am Tag vor dem Fernseher.

Und was ist die beliebteste Sendung im Fernsehen? Die Krimiserie „Tatort" („Crime Scene") ist nicht nur die beliebteste, sondern auch die älteste Krimireihe. Sie läuft auch in Österreich und in der Schweiz im Fernsehen. Jeden Sonntag um 20.15 Uhr schauen etwa 10 Millionen diese Sendung. „Tatort" wurde 1970 zum ersten Mal gesendet.

Lange Zeit gab es in Deutschland nur drei Programme im Fernsehen: die ARD (Arbeitsgemeinschaft der Rundfunkanstalten Deutschlands), auch „Das Erste" genannt; das ZDF (Zweites deutsches Fernsehen); und die „dritten Programme", die aus regionalen Sendern aus ganz Deutschland bestehen[1]. Der Staat unterstützt[2] diese

Sender finanziell. Dafür muss jeder Haushalt in Deutschland einen Rundfunkbeitrag[3] (momentan 17,98 Euro pro Monat) zahlen, selbst wenn[4] man keine Medien besitzt. Die Qualität ist hoch und die Sender sind politisch und wirtschaftlich unabhängig. Werbung[5] gibt es zwar auch, aber sie unterbricht[6] eine Sendung nicht, sondern sie kommt gewöhnlich immer nur zu einem bestimmten Zeitpunkt.

Heutzutage gibt es in Deutschland auch viele private Programme, Kabelfernsehen und Satellitenprogramme, so z.B. RTL (sehr beliebt bei jungen Leuten) und Pro7. Sie zeigen viele Sendungen im amerikanischen Stil. Ausländische Filme sind synchronisiert, das heißt man hört sie in der deutschen Sprache und muss keine Untertitel lesen. Privatsender

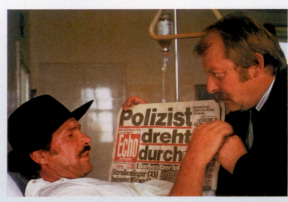

Die Krimiserie „Tatort"

finanzieren sich durch Werbung und für einige Sender (sogenannte Pay TV Sender) muss man extra zahlen.

Zur Diskussion

1. Was sind Vorteile und was sind Nachteile eines Fernsehsystems wie in Deutschland?

2. Für welche Programme muss man bei Ihnen bezahlen? Gibt es bei Ihnen Programme ohne Werbung?

---

[1]aus … bestehen *consist of* [2]*supports* [3]*television fee* [4]selbst … *even if* [5]*commercial advertising* [6]*interrupts*

Grammatik im Kontext

Infinitive Clauses with *zu*°

Der Infinitivsatz

Infinitive clauses may be used with verbs, nouns, or adjectives. When used this way, the infinitive is always preceded by **zu.**

> ▶ The *Guide to Grammar Terms* online in CONNECT provides more basic information about infinitive clauses.

Familie Baier **hat vor,** einen neuen Computer **zu kaufen.**	*The Baier family is planning to buy a new computer.*
Es macht mir **Spaß,** E-Mail aus der ganzen Welt **zu bekommen.**	*I enjoy receiving e-mail from all over the world.*
Es ist **leicht,** mit Freunden auf Facebook in Kontakt **zu bleiben.**	*It is easy to stay in contact with friends through Facebook.*

NOTE:

▶ The infinitive with **zu** is always the last element of the sentence.

▶ With separable-prefix verbs, **zu** is placed between the prefix and the main verb.

Ich habe versucht, dich gestern **anzurufen.**	*I tried to call you yesterday.*
Du hast versprochen **vorbeizukommen.**	*You promised to come by.*

▶ A comma generally sets off an infinitive clause that includes more than just the infinitive with **zu.** No comma is used otherwise.

Übung 1   Felix

Felix studiert Medien an der Hochschule für Technik in Dresden. Er ist ein Erstsemester und es gibt viel Neues für ihn. Bilden Sie Sätze.

BEISPIEL: Er hat sich entschlossen, einen neuen Laptop zu kaufen.

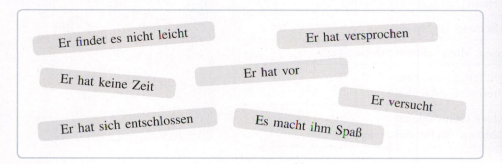

Er findet es nicht leicht   Er hat versprochen
Er hat keine Zeit   Er hat vor
Er versucht
Er hat sich entschlossen   Es macht ihm Spaß

1. ein Zimmer in einer WG finden
2. seine Familie regelmäßig anrufen
3. jeden Mittwoch zum Kickboxen gehen
4. jeden Abend ausgehen
5. etwas Geld mit Jobben verdienen
6. im Inter-Treff Klub Studenten kennenlernen
7. einen neuen Laptop kaufen
8. jeden Tag die Zeitung lesen

Übung 2 Meiner Meinung nach ...

Drücken Sie Ihre Meinung aus.

BEISPIEL: Es macht mir Spaß, Seifenopern anzusehen.

Ich habe keine Zeit	stundenlang am Computer sitzen
Es macht mir (keinen) Spaß	online sein
Ich finde es langweilig	Computerspiele/Videospiele spielen
wichtig	Kriegsfilme/Sportsendungen im Fernsehen ansehen
schwierig	eine Fremdsprache lernen
interessant	über Politik diskutieren
spannend	per E-Mail korrespondieren
schwer	mein Horoskop in der Zeitung lesen
	jeden Tag die Zeitung lesen
	Nachrichten im Fernsehen ansehen
	Radio hören
	einen guten Job finden
	studieren und nebenbei jobben

Übung 3 Aus dem Kalender

Schauen Sie sich Cornelias Kalender an. Was hat sie vor? Was darf sie nicht vergessen?

BEISPIEL: Sie hat vor, Sonntag mit Klaus ins Kino zu gehen.
Sie darf nicht vergessen, Montag ...

Sonntag	19.30 mit Klaus ins Kino gehen
Montag	nicht vergessen: DVD-Spieler zur Reparatur bringen Reise nach Spanien buchen
Dienstag	nicht vergessen: Radio und Fernsehen anmelden 14.30 Prof. Hauser: Seminararbeit besprechen
Mittwoch	Job für den Sommer suchen
Donnerstag	nicht vergessen: Mutter anrufen, Geburtstag!
Freitag	Seminararbeit fertig schreiben 20.00 Vera treffen: Café Kadenz
Samstag	14.00 mit Klaus Tennis spielen 20.15 „Casablanca" im Fernsehen ansehen

Übung 4 Gute Vorsätze° für die Zukunft

resolutions

Schritt 1: Sie haben vor, in Zukunft alles besser zu machen. Was haben Sie sich versprochen? Was haben Sie vor? Überlegen Sie sich zwei gute Vorsätze.

BEISPIELE: Ich habe vor, weniger Geld für Computerspiele auszugeben.
Ich habe mir versprochen, nicht so viel online zu chatten.

Schritt 2: Vergleichen Sie Ihre Vorsätze mit den Vorsätzen von drei anderen Personen in der Klasse. Haben Sie gemeinsame Vorsätze? Wenn ja, welche? Was sind die häufigsten guten Vorsätze Ihrer Kursmitglieder?

Übung 5 Nichts scheint zu funktionieren

Was scheint hier los zu sein? Folgen Sie dem Beispiel.

BEISPIEL: Das Telefon klingelt nicht. Warum nicht? (Es ist kaputt.) →
Es scheint kaputt zu sein.

1. Der Computer funktioniert mal wieder nicht. (Er ist kaputt.)
2. Hast du meine Nachricht nicht bekommen? Ich habe eine Nachricht auf Band gesprochen. (Es funktioniert nicht.)
3. Meine Kamera funktioniert nicht. (Sie braucht eine neue Batterie.)
4. Bei Firma Bär meldet sich niemand am Apparat. (Niemand ist im Büro.)
5. Drei von meinen Kollegen sind heute nicht zur Arbeit gekommen. (Sie sind alle krank.)

Übung 6 Nein, heute nicht

Arbeiten Sie zu zweit und stellen Sie Fragen. Was musst du heute noch machen?

BEISPIEL: S1: Musst du heute arbeiten?

S2: Nein, heute brauche ich nicht zu arbeiten. Musst du heute … ?

1. im Labor arbeiten
2. Hausaufgaben machen
3. in die Vorlesung gehen
4. den Computer benutzen
5. Rechnungen bezahlen
6. eine deutsche Zeitung im Internet lesen
7. mit Freunden im Ausland skypen/facetimen
8. einen Bericht über Fernsehen in Deutschland schreiben

Infinitive Clauses with *um … zu*

German has many different ways to explain the reasons for an action. Here are some that you have learned. Compare the following sentences. Warum spart Stefan?

1. Stefan spart **für einen neuen Computer.** ← Prepositional phrase
2. Stefan will einen neuen Computer kaufen. **Deswegen** muss er sparen. ← Adverb: **deswegen** = *therefore*
3. Stefan spart. Er will **nämlich** einen Computer kaufen. ← Adverb: **nämlich** = *the reason being*
4. Stefan spart, **denn** er will einen Computer kaufen. ← Coordinating conjunction: **denn** = *because*
5. Stefan spart, **weil** er einen Computer kaufen möchte. ← Subordinating conjunction: **weil** = *because*

Another way to explain one's reasons is with an infinitive clause with **um … zu.**

Stefan spart, **um** einen neuen Computer **zu kaufen.**	*Stefan is saving money in order to buy a new computer.*
Manche Leute leben, **um zu arbeiten.**	*Some people live in order to work.*
Ich arbeite hart, **um** mich auf das Examen **vorzubereiten.**	*I am working hard to prepare for the exam.*

Sprach-Info

The verbs **brauchen** (*to need*) and **scheinen** (*to seem*) are often used with a dependent infinitive preceded by **zu. Brauchen** is used instead of the modal **müssen** when the sentence includes a negative.

Ich **brauche keinen** neuen Computer **zu kaufen,** der alte ist noch gut genug.

I don't have to buy a new computer; the old one is still good enough.

Das Faxgerät **scheint** kaputt **zu sein.**

The fax machine seems to be broken.

Sie müssen kein Fisch sein, um Meerwasser[1] trinken zu können.

[1]*seawater*

Bessere Dinge für ein besseres Leben

Übung 7   Was sind die Gründe° dafür?

reasons

Geben Sie die Gründe an. Benutzen Sie dabei **um … zu, weil, nämlich, denn** oder **deswegen.**

BEISPIEL: Ich muss sparen. Ich möchte mir einen HD-Fernseher kaufen. →
Ich muss sparen, um mir einen HD-Fernseher zu kaufen.
oder Ich will mir einen HD-Fernseher kaufen. Deswegen muss ich sparen.

1. Barbara macht den Fernseher an. Sie will die Nachrichten sehen.
2. Thomas setzt sich in den Sessel. Er will die Tageszeitung lesen.
3. Barbara schaut sich das Filmprogramm an. Sie sucht sich einen Spielfilm aus.
4. Thomas programmiert den Fernseher. Er möchte die Fußballweltmeisterschaft aufnehmen.
5. Stephanie füllt ein Formular aus. Sie meldet ihr Radio und ihren Fernseher an.
6. Oliver überfliegt nur die Schlagzeilen in der Zeitung. Er will Zeit sparen.
7. Andreas hört sich die Tagesschau an. Er informiert sich über Politik.

Indirect Discourse°

Die indirekte Rede

When you report what another person has said, you can quote that person word for word, using direct discourse. In writing, this is indicated by the use of quotation marks. Note that in German, opening quotation marks are placed just below the line.

▶ The *Guide to Grammar Terms* online in CONNECT provides more basic information about indirect discourse and subjunctive I.

Direct Discourse

Der Autofahrer behauptete: „Ich habe den Radfahrer nicht gesehen."	*The automobile driver claimed, "I did not see the bicyclist."*

Another way of reporting what someone said uses indirect discourse—a style commonly found in newspapers. In this case, German often uses subjunctive verb forms, especially the indirect discourse subjunctive, also called subjunctive I.

Indirect Discourse

Der Autofahrer behauptete, er **habe** den Radfahrer nicht **gesehen.**	*The driver claimed he did not see the bicyclist.*

NOTE:

▶ In using the indirect discourse subjunctive, a speaker or writer signals that the information reported does not necessarily reflect the speaker's own knowledge or views.

Subjunctive I: Present Tense°

The present tense of the indirect discourse subjunctive, called subjunctive I, is derived from the stem of the infinitive verb form (as an example, the stem of **erzählen** is **erzähl**). The subjunctive I is formed by adding the following endings to the stem of the verb.

ich	**-e**	wir	**-en**
du	**-est**	ihr	**-et**
er/sie/es	**-e**	sie/Sie	**-en**

Here are some examples of verbs in the indirect discourse subjunctive.

	erzählen	**haben**	**wissen**	**abfahren**	**können**	**sein**
ich	erzähle	habe	wisse	fahre …ab	könne	sei
du	erzählest	habest	wissest	fahrest …ab	könnest	sei(e)st
er/sie/es	erzähle	habe	wisse	fahre ….ab	könne	sei
wir	erzählen	haben	wissen	fahren …ab	können	seien
ihr	erzählet	habet	wisset	fahret …ab	könnet	sei(e)t
sie/Sie	erzählen	haben	wissen	fahren ….ab	können	seien

NOTE:

▷ It is mostly the third person singular that is used in subjunctive I.

▷ The verb **sein** has irregular forms.

If indirect discourse requires the use of any other verb forms, then subjunctive II is used.

NOTE:

▷ It is quite common to use exclusively subjunctive II or **würde** + infinitive for all indirect discourse. The following examples demonstrate the possibilities.

Der Student sagte, er **sei (wäre)** krank und **habe (hätte)** keine Zeit.

The student said he is sick and has no time.

Es **tue (täte)** ihm leid, dass er nicht zur Vorlesung kommen **könne (könnte).**

He is sorry that he cannot come to the lecture.

Er **gebe (gäbe)** seine Hausarbeit morgen **ab. (würde … abgeben)**

He will turn in his homework tomorrow.

Die Wähler meinten, sie **wüssten** nicht, wem man glauben **könne (könnte).**

The voters said they don't know whom to believe (lit. Whom one can believe).

Politiker behaupten, sie **würden** immer die Wahrheit **sagen.**

Politicians claim they always tell the truth.

[1]*close down*

Übung 8 Was man über Fernsehen gesagt hat

Ergänzen Sie die Sätze mit dem Konjunktiv I von **sein**.

1. Herr Schwarz hat gesagt, ohne Fernsehen _____ sein Leben schöner.

2. Frau Schwarz meinte, für Kinder _____ Programme wie „Die Sendung mit der Maus" etwas Besonderes.

3. Man hat mir gesagt, ohne Fernsehen _____ ich nicht gut informiert.

4. Die Frau von der Marktforschung fragte, warum wir nicht am Fernsehen interessiert _____.

5. Man hat mir berichtet, dass du jetzt ganz ohne Fernseher _____.

6. Frau Schmidt meinte, ohne ihre tägliche Telenovela _____ sie nicht glücklich.

7. Familie Schulte hat gesagt, die Sportprogramme _____ immer ausgezeichnet.

Übung 9 Analyse

Lesen Sie die folgenden Texte und identifizieren Sie alle Verben in indirekter Rede. Was sind die Infinitive der Verben? Wie würden Sie diese Sätze auf Englisch ausdrücken?

Im Fernsehen hat man berichtet, das Land sei in einer großen Krise. Niemand wisse, wie es enden soll. Niemand habe eine Lösung.[1]

Technikstress: Telefonieren, Fernsehen, Internet surfen; der moderne Mensch sei zwar immer bestens informiert, aber manchmal ziemlich gestresst von zu viel Technik.

Ein Kriminologe und Jugendforscher schreibt, der durchschnittliche männliche Schüler bringe es auf 5 Stunden Medienkonsum am Tage. Das sei ein krankes Leben. Je mehr Zeit Kinder am Fernseher und Computer verbrächten, desto schlechter[2] seien sie in der Schule. In einigen Computerspielen könne man eine Erklärung für die erhöhte Gewaltbereitschaft[3] finden.

[1]*solution* [2]je mehr … desto schlechter *the more … the worse* [3]erhöhte … *increased willingness to use violence*

Übung 10 Das stand in der Zeitung

Berichten Sie in indirekter Rede, was in der Zeitung stand.

BEISPIEL: Der Mensch denkt am schnellsten vor dem Mittagessen. →
            Der Mensch denke am schnellsten vor dem Mittagessen.

1. Man soll also schwierige Probleme zwischen 11 and 12 Uhr lösen.

2. Die Sinne (*senses*) funktionieren dagegen besser abends.

3. Das Abendessen schmeckt deshalb besser als das Frühstück.

4. Wir sind deshalb abends für die Liebe am empfänglichsten (*most receptive*).

5. Für den Sport ist der Spätnachmittag ideal.

6. Man wird spätnachmittags nicht so schnell müde.

Übung 11 Immer diese Ausreden°

excuses

Sie hören drei Dialoge. Machen Sie sich zuerst Notizen. Erzählen Sie dann mithilfe Ihrer Notizen, was das Problem ist und was für Ausreden die Personen haben.

BEISPIEL: Peter hat gesagt, er könne nicht mit ins Kino …

Sprecher/in	Problem	Ausrede
1. Peter		
2. Jens		
3. Anna		

Subjunctive I: Past Tense

To express the past tense in indirect discourse, use the subjunctive I of the auxiliary verb **sein** or **haben** and the past participle of the main verb.

Die Zeitung berichtet, der Motorradfahrer sei bei Rot gefahren.

Die Autofahrerin behauptete, der Motorradfahrer **sei** bei Rot **gefahren.**	*The driver claimed the motorcyclist had run a red light.*
Sie **habe** ihn nicht rechtzeitig **gesehen.**	*She did not see him in time.*

NOTE:

▶ Whether to use **sein** or **haben** depends on the main verb. The choice is identical to which auxiliary the verb would use in the perfect tenses.

Er **ist** gefahren.	→	Er **sei** gefahren.
Sie **hat** gesehen.	→	Sie **habe** gesehen.

▶ With **haben,** only the third-person singular subjunctive I, **habe,** is used; subjunctive II is used for the remaining forms.

Der Motorradfahrer berichtete, seine Bremsen **hätten** nicht funktioniert.	*The motorcyclist reported that his brakes weren't functioning.*

▶ Subjunctive II is increasingly used for all forms in past-tense indirect discourse. There is no **würde** form in this case.

Übung 12 Ungewöhnliches° aus den Nachrichten

Unusual happenings

Schreiben Sie die folgenden Sätze in indirekte Rede der Vergangenheit um. Benutzen Sie dabei Konjunktiv I oder Konjunktiv II. Heute habe ich im Radio gehört:

1. Im Südwesten des Irans hat man ein unbekanntes Dorf entdeckt.

2. Ein Mann im Gorillakostüm hat in den Straßen von Dallas 50-Dollar-Scheine an Fußgänger verteilt (*distributed*).

3. Im Jahre 1875 haben die Leute noch 65 Stunden pro Woche gearbeitet. Heutzutage arbeiten die meisten nur noch 38 Stunden pro Woche im Durchschnitt.

4. Bei einer Verkehrskontrolle in Cocoa Beach ist ein Autodieb ins Meer gesprungen. Er ist immer weiter raus geschwommen. Ein Polizist in voller Uniform hat sich auf ein Surfbrett geschwungen und hat den Dieb nach zehn Minuten eingeholt.

Übung 13 Sensationelles aus der Presse

Lesen Sie zuerst die zwei kurzen Berichte aus einer Zeitung und identifizieren Sie die Verben in indirekter Rede. Erzählen Sie dann den Bericht in direkter Rede. Hier ist der Anfang: „Gestern Abend ist bei einer Geburtstagsfeier in einem Restaurant ein Geburtstagskuchen explodiert. ..."

1. In der Zeitung stand, gestern Abend sei bei einer Geburtstagsfeier in einem Restaurant ein Geburtstagskuchen explodiert. Der Kellner habe zu viel Cognac über den Kuchen gegossen. Die Gäste und der Kellner seien, Gott sei Dank, unverletzt gewesen.

2. In einem Kölner Kiosk habe ein Mann seine Zigaretten mit einem 600-Euro-Schein bezahlt. Der Verkäufer habe geglaubt, es handele sich um einen neuen, noch nicht bekannten Schein. Er habe dem „Kunden" über 500 Euro Wechselgeld zurückgegeben. Erst ein Bekannter des Verkäufers habe die blaue Banknote als Fälschung erkannt und habe die Polizei gerufen. Der Mann mit den Zigaretten sei spurlos verschwunden°.

sei ... disappeared without a trace

Übung 14 Fernsehnachrichten

Schauen Sie sich eine Nachrichtensendung an. Wählen Sie einen Bericht und erzählen Sie der Klasse in indirekter Rede darüber.

BEISPIEL: „Schwerer Autounfall auf der Autobahn in der Nähe von Kansas City. Drei Menschen schwer verletzt. Verkehr zum Stillstand gekommen...." →

Ich habe in den Nachrichten gesehen, dass es einen schweren Autounfall auf der Autobahn gegeben habe. Drei Menschen seien schwer verletzt. Der Verkehr sei zum Stillstand gekommen....

KULTURJOURNAL

Das Fernsehpublikum in Deutschland

Wie sieht das Fernsehpublikum in Deutschland aus? Wie alt sind die Zuschauer im Durchschnitt[1]? Welche Sender oder Sendungen sind bei welchen Altersgruppen populär? Diese Fragen werden jedes Jahr von Medienforschern[2] gestellt.

Die ARD (Arbeitsgemeinschaft der Rundfunkanstalten Deutschlands) hat eine Studie durchgeführt und festgestellt[3], dass das durchschnittliche Alter der Deutschen 44 ist, aber die Deutschen, die vor dem Fernseher sitzen, im Durchschnitt 51 sind. Das ist aber nicht überall in Deutschland so: in Bayern liegt das Durchschnittsalter für Bayrisches Fernsehen bei 64, also bedeutend[4] höher.

Privatsender in Deutschland haben das jüngste Publikum und die traditionellen Sender, die öffentlich-rechtlichen, das älteste. Die Zuschauer beider Programme ARD und ZDF haben ein Durchschnittsalter von 60. Sat. 1 ist der populärste Privatsender für ältere (51 Jahre alt im Durchschnitt), während die jüngere Generation RTL vorzieht[5].

Fast alle Deutschen informieren sich über Politik, Wirtschaft, Weltereignisse und andere Themen im Fernsehen. Obwohl Jugendliche auch über das Fernsehen Informationen bekommen, ziehen sie es vor, sich über das Internet zu informieren.

Interessant ist die Tatsache, dass höher gebildete[6] Menschen weniger fernsehen als diejenigen mit weniger Bildung. Allerdings unterscheiden sich[7] die Programme, die diese beiden Gruppen sehen, doch nicht so sehr.

„Die Sendung mit der Maus" ist beliebt bei Jung und Alt.

Zur Diskussion

1. Wie sieht die Fernsehlandschaft in Ihrem Land aus? Gibt es Privatsender? Gibt es öffentlich-rechtliche Sender? Beschreiben Sie die Situation.

2. Welche Sender schauen Sie meistens? Was sind Ihre Lieblingssendungen?

[1]im ... *on average* [2]*media analysts* [3]*determined* [4]*significantly* [5]*prefers* [6]*educated* [7]unterscheiden ... *differ*

▶ Videoclips

A Maria und Simone reden über elektronische Geräte, die sie besitzen und wie sie sie benutzen. Schauen Sie die beiden Interviews an und sagen Sie, ob die folgenden Aussagen stimmen oder nicht stimmen.

Twitterst du?

1. Maria pflegt (*maintains*) Kontakte durch Facebook.

2. Sie hat einen Laptop und ein I-Pad.

3. Maria chattet über Skype.

4. Simone twittert und ist auch bei Facebook.

5. Simone hat ein Notebook, einen I-Pod und ein Handy.

6. Simone hat Kontakt mit ihren ausländischen Freunden über Facebook.

B Ergänzen Sie die Sätze mit Wörtern und Ausdrücken aus der Liste

chattet	E-Mails	Kontakte
Laptop	mehr	Stereoanlange

1. Simone schreibt nur _____.

2. Maria _____ über Skype.

3. Simone und Maria pflegen _____ über Facebook.

4. Maria hat einen _____ und eine _____.

5. Simone hat _____ elektronische Geräte als Maria.

C Was sagen Maria und Simone über diese Dinge?

1. Was sagt Maria über Facebook?

2. Was sagt Simone über Facebook? Und über E-Mails?

D Und Sie? Wie sieht es bei Ihnen aus?

1. Sind Sie bei einem sozialen Netzwerk? Wenn ja, bei welchem/welchen?

2. Wie benutzen Sie Facebook oder Twitter?

3. Wie finden Sie Facebook oder Twitter?

4. Wann benutzen Sie E-Mail?

Lesen

Zum Thema

A Wie wichtig sind die folgenden Sachen in Ihrem Leben? Markieren Sie zuerst, was sehr wichtig und was nicht so wichtig ist. Geben Sie an, wie viele Stunden pro Woche Sie damit verbringen. Ordnen Sie die Sachen dann in eine Reihenfolge (1–9) ein: 1 = das Wichtigste.

	sehr wichtig	nicht so wichtig	Stunden pro Woche	Reihenfolge
Fernsehen	☐	☐	_____	_____
Radio hören	☐	☐	_____	_____
Zeitung lesen	☐	☐	_____	_____
am Computer arbeiten	☐	☐	_____	_____
Facebook benutzen	☐	☐	_____	_____
Bücher lesen	☐	☐	_____	_____
Videos, Filme sehen	☐	☐	_____	_____
Musik hören	☐	☐	_____	_____
Smartphone benutzen	☐	☐	_____	_____

B Was liegt an erster Stelle unter Ihren Klassenmitgliedern? Wie viel Zeit verbringen sie damit?

C Womit beschäftigen Sie sich, wenn Sie am Computer sitzen?

☐ bloggen

☐ chatten

☐ auf Facebook gehen

☐ Filme/Fotos herunterladen

☐ forschen, Information für Kurse und Referate sammeln

☐ Fotos bearbeiten

☐ Hausaufgaben machen

☐ Instant-Messaging betreiben

☐ mailen

☐ Musik hören und herunterladen

☐ Nachrichten lesen

☐ Sonstiges: _____

Berichten Sie kurz über die drei wichtigsten Dinge, die Sie am Computer machen.

Auf den ersten Blick

A Lesen Sie die vier folgenden Aussagen (*statements*). Was stimmt und was stimmt nicht? Wenn etwas nicht stimmt, was ist richtig? Manchmal gibt es keine Information dazu im Text.

1. In Deutschland besitzen 50 Prozent aller Jugendlichen ein Smartphone.

2. Die meisten Jugendlichen gehen einmal täglich ins Internet.

3. Schüler und Studenten machen Hausaufgaben mithilfe des Internets.

4. Der Artikel handelt von einer Umfrage über die Rolle des Internet im Leben von jungen Deutschen.

B Überfliegen Sie die fünf Aussagen von jungen Deutschen. Suchen Sie Wörter oder Ausdrücke im Text, die mit dem Internet zu tun haben. Machen Sie eine Liste.

BEISPIEL: Lena: Handy, SMS, Facebook, poste

Ach, das muss ich auf Facebook posten!

Jugendliche und das Internet

Fast jeder Jugendliche in Deutschland geht mehrmals täglich ins Internet, um E-Mails zu checken, Kommentare und Bilder auf der Facebook-Seite zu sehen, um sich über Nachrichten zu informieren, und für Schüler und Studenten, um Themen für Hausaufgaben zu recherchieren und auch, um Hausaufgaben zu
5 machen. Das Internet gehört einfach zum Alltag. Eine deutsche Zeitung hat einige junge Leute gefragt: „Welche Rolle spielt das Internet in deinem Alltag?" Hier einige Auszüge aus ihren Antworten:

Lena, 17: Es spielt eine große Rolle, allein schon wegen der Verständigung[1] untereinander. Ich schreibe mit meinem Handy SMS und telefoniere, aber viele
10 meiner Freunde antworten nicht per SMS, weil die kostenpflichtig[2] sind. Also kommunizieren wir viel über Facebook. Was ich so poste? Manchmal Fotos, oder was Witziges. Aber ich teile nicht mit[3], ob ich gerade Kaffee trinke. Nur wenn ich einen Abend mit Freunden verbracht habe, markiere ich die und schreibe: Das war ein schöner Abend. Wie nutze ich das Internet sonst noch?
15 Ich recherchiere viel, mittlerweile braucht man das Internet für 50 Prozent der Hausaufgaben. Ich gucke gern Videos auf YouTube. Viele stellen da auch selbstgemachte Videos ein. Hab' ich auch schon gemacht, zum Geburtstag für eine Freundin, aus Fotos, die ganz schnell hintereinander ablaufen, dazu Musik und Schrift[4]. Was mir an mir selber aufgefallen ist[5]: Ich bin nie nur im Internet.
20 Entweder sehe ich dabei fern. Oder ich esse.

Paul, 16: Ich habe mein Smartphone ziemlich neu. Davor hatte ich ein altes Handy, damit konnte man nur telefonieren und SMS schreiben. Die große Revolution aber ist für mich WhatsApp. Da kann man sich Videos und Fotos schicken und Gruppenchats organisieren, alles umsonst[6]. Ich habe noch keinen
25 eigenen Laptop, ich benutze den von meiner Mutter mit. Also gehe ich meistens erst abends ins Internet, wenn sie fertig ist mit der Arbeit. Und viel von meiner Online-Zeit verbringe ich dann auf YouTube. Facebook ist mir gar nicht so wichtig. Wenn jemand geschrieben hat, antworte ich, gehe dann aber meistens

---
[1]communication [2]subject to a charge [3]teile mit announce [4]words [5]Was … What I've noticed about myself [6]at no cost

wieder raus; mittlerweile wird ja fast erwartet, dass man auf Facebook ist. Selbst
30 unsere Lehrer posten, dass wir bitte das und das Buch mitbringen sollen.

Andrea, 18: Früher gab es ziemlich strenge Regeln[7], was meinen
Medienkonsum betraf[8]. ... Jetzt bin ich 18 und habe Abitur und mehr
Freiheiten. Ich nutze alles, Facebook, YouTube, WhatsApp. Im Moment bin
ich allerdings nur mit dem Handy online, und auch nur da, wo WLAN ist, ich
35 habe keine Flatrate. Und meinen Computer kann ich nicht benutzen gerade,
er hat ein Virus. Für die Schule habe ich viel im Internet recherchiert. Es gibt
schon sinnvolle Apps. Ich liebe die Wetter-App. Wenn wir mit Freunden über
irgendwas reden und nach einem Namen suchen, einem Filmtitel, einem Begriff[9]
oder auch was im Kino läuft, googlen wir schnell. Und wenn wir den Weg nicht
40 wissen, gucken wir auf Google Maps nach.

Carla, 17: In meiner Clique haben wir früh mit Twitter angefangen. Das war
unser Spezialding, weil alle anderen auf Facebook waren. Außerdem sind wir
musikinteressiert und wollten wissen, was es Neues gibt von den Bands, die wir
gut finden. Auf Twitter erfährt man nicht nur, wann die nächste Tour beginnt,
45 sondern Persönliches. Das Internet ist immer da, wenn man mal fünf Minuten
nichts zu tun hat. .... Ich bewege mich auch viel im amerikanischen und
englischen Netz, gucke die Philip-DeFranco-Show und erfahre wichtige Dinge
über Politik und Popkultur.

Louis, 17: Ich wollte ... noch nie einen Facebook-Account. Facebook kommt
50 mir vor wie eine andere Welt. Die anderen sind ständig mit ihren Handys da
drinnen, wenn sie zusammensitzen. Das geht für mich nicht. Viele sammeln
möglichst viele Freunde, hat man das Gefühl. Oder posten Fotos und
kontrollieren dann, wer wie darauf reagiert. Dabei zeigen diese Fotos oft gar
nicht die Seite der Leute, wie ich sie kenne. Anfangs haben viele versucht, mich
55 mitzuziehen[10]. Aber in meiner Familie ist Facebook auch nicht angesagt[11]. Jetzt
finden die anderen es schon wieder cool, dass ich nicht dabei bin. Ich twittere
nicht. ... Aber natürlich nutze ich das Internet ganz normal. Ich schaue Sachen
nach, die ich nicht weiß, lade mir Musik über iTunes runter, höre auch viel
Musik, gucke Videos und Serien. Ich habe ein Smartphone, das hat mir mein
60 Vater vererbt[12]. Damit nutze ich WhatsApp, das nutzen jetzt viele. Mein Handy
brauche ich natürlich, damit verabrede ich mich ja. Aber ich würde auch mit
einem alten Handy leben können.

Aus: *Süddeutsche Zeitung*, „Was Jugendliche vom Internet halten", 12. August 2012

---

[7]*rules* [8]*concerned* [9]*concept* [10]mich ... *to pull me along* [11](slang) *called for*
[12]hat vererbt [*here:*] *gave* (lit. *bequeathed*)

Zum Text

A Lesen Sie nun jeden Abschnitt und suchen Sie Informationen darüber, wie jede
Person das Internet benutzt. Markieren Sie, was sie benutzen.

	Lena	Paul	Andrea	Carla	Louis
Handy/Smartphone	☐	☐	☐	☐	☐
Computer/Laptop	☐	☐	☐	☐	☐
YouTube	☐	☐	☐	☐	☐
Facebook	☐	☐	☐	☐	☐
Apps	☐	☐	☐	☐	☐
Twitter	☐	☐	☐	☐	☐
Sonstiges	☐	☐	☐	☐	☐

B Welche Rolle spielen diese Dinge in ihrem Leben?

1. Welche Rolle spielt Facebook für Lena? für Paul? für Louis?

2. Welche Rolle spielt YouTube für Lena?

3. Paul sagt, dass eine spezifische App für ihn eine Revolution bedeutete. Wie heißt sie und warum ist sie so wichtig für ihn? Einige andere der Befragten erwähnen die selbe App auch.

4. Welche Bedeutung hat das Internet für die Schule und Hausaufgaben? (Siehe Lena, Paul, Andrea.)

5. Louis ist eher eine Ausnahme (*exception*). Wie benutzt er das Internet?

C Was erfahren wir allgemein über die Rolle des Internets im Leben dieser jungen Menschen? Was ist positiv? Was eventuell negativ? Ist das anders im Leben junger Menschen in Ihrem Land?

Zu guter Letzt

Podcast: Eine neue Erfindung

Sind Sie kreativ und erfinderisch? Benutzen Sie Ihr Talent, um eine neue Erfindung auf den Markt zu bringen. Machen Sie einen Podcast, wo Sie die Erfindung vorstellen.

Schritt 1: In Gruppen zu dritt überlegen Sie sich eine Kategorie für die Erfindung, z.B. Kommunikation, Auto/Transport, Computertechnologie oder Haushalt. Was ist der Zweck (*purpose*) der Erfindung? Wie soll die Erfindung das Leben leichter oder interessanter machen?

Schritt 2: Jede Gruppe arbeitet nun die Einzelheiten (*details*) ihrer Erfindung aus. Wie sieht sie aus? Wie funktioniert sie? Welche Materialien braucht man für die Erfindung?

Schritt 3: Zeichnen Sie die Erfindung als Poster. Dann konstruieren Sie sie!

Schritt 4: Machen Sie einen Film über die Geschichte Ihrer Erfindung. Eine Person erzählt die Geschichte der Erfindung, eine Person zeigt die Erfindung und beschreibt den Zweck und eine Person nimmt alles mit Digitalkamera auf. Schneiden Sie den Film zusammen.

Schritt 5: Präsentieren Sie der Klasse den Film und beantworten Sie Fragen über Ihre Erfindung.

Wortschatz

Im Fernsehen — **On Television**

der **Bericht**, -e — report
der **Dokumentarfilm**, -e — documentary (film)
das **Programm**, -e — station, TV channel; program
die **Sendung**, -en — TV or radio program
der **Spielfilm**, -e — feature film, movie
die **Unterhaltung** — entertainment
   zur Unterhaltung — for entertainment

Die Presse — **The Press**

das **Abo(nnement)**, -s — subscription
die **Börse**, -n — stock market
das **Horoskop**, -e — horoscope
das **Inland** — homeland
   im Inland und Ausland — at home and abroad
die **Mode** — fashion
die **Nachrichten** (*pl.*) — news
   die Lokalnachrichten — local news
die **Politik** — politics
die **Schlagzeile**, -n — headline
die **Wirtschaft** — economy
die **Wissenschaft**, -en — science

Technik — **Technology**

die **Digitalkamera**, -s — digital camera
das **Dokument**, -e — document
der **Drucker**, - — printer
die **E-Mail**, -s — e-mail
die **Erfindung**, -en — invention
das **Gerät**, -e — device
das **Internet** — Internet
das **Notebook**, -s — notebook computer
die **Spielkonsole**, -n — (video) game console
die **Videokamera**, -s — video camera

Verben — **Verbs**

abonnieren — to subscribe
sich (*dat.*) etwas an•schauen — to watch, look at
sich (*dat.*) etwas an•sehen (sieht an), sah an, angesehen — to look at, watch
auf•nehmen (nimmt auf), nahm auf, aufgenommen — to record (e.g., on video)

aus•schneiden, schnitt aus, ausgeschnitten — to cut out, extract
sich etwas aus•suchen — to select, find, choose something
behaupten — to claim, assert
berichten — to report, narrate
drucken — to print
sich entschließen, entschloss, entschlossen — to decide
erfinden, erfand, erfunden — to invent
forschen — to do research
handeln (von) — to deal with, be about
   Wovon handelt es? — What's it about?
klicken — to click
löschen — to delete
sich melden — to answer (phone)
   Niemand meldet sich. — No one is answering.
scheinen, schien, geschienen — to seem, appear
speichern — to save, store
überfliegen, überflog, überflogen — to skim (a text), read quickly
sich unterhalten (unterhält), unterhielt, unterhalten — to entertain oneself; to converse
versuchen — to try
vor•spulen — to fast forward

Adjektive und Adverbien — **Adjectives and Adverbs**

aktuell — current, topical
   Aktuelles — current events
blöd (*colloquial*) — stupid
fest — fixed (not portable)
gescheit — intelligent, bright; sensible, decent
   nichts Gescheites — nothing decent
tragbar — portable
unterhaltsam — entertaining

Ausdrücke — **Expressions**

auf jeden Fall — in any case
Das ist mir zu blöd. — I think that's really stupid.
Na und? — So what?
Wie wäre es mit … ? — How about … ?

Das kann ich nun!

1. Sie reden mit Freunden über Fernsehen und Zeitung. Füllen Sie die Lücken mit einem passenden Ausdruck aus dem Kasten.

> wäre es   ansehen
>
>   aus   gibt es
>
> Dokumentarfilm
>
>   handelt
>
> Schlagzeilen   such
>
>   Fernsehen   Nachrichten

   a. Na, was _____ denn heute Abend im _____?

   b. Um 20.00 Uhr kommen die _____.

   c. Wie _____ mit einem _____ über die Sahara?

   d. Ich möchte mir lieber einen guten Spielfilm _____.

   e. Na gut, _____ dir was _____.

   f. Wovon _____ der Film übrigens?

   g. Die _____ in der *Bild* Zeitung zeigen immer nur Sensationelles.

2. Was sehen Sie gerne im Fernsehen? Wofür interessieren Sie sich nicht?

3. Nennen Sie zwei deutschsprachige Zeitungen. Was lesen Sie gewöhnlich in der Zeitung? Was nie?

4. Nennen Sie drei technologische Geräte und erklären Sie, wozu sie nützlich sind.

5. Schreiben Sie die folgenden Sätze zu Ende.

   a. Ich habe heute vor, _____. (*to go to the movies*)

   b. Kai hat versucht, _____. (*to call me yesterday*)

   c. Er hat während des Semesters gejobbt, _____. (*in order to pay his rent*)

6. Berichten Sie folgende Information in indirekter Rede.

   a. Der Junge sagte: „Ich habe das Comic-Heft nicht genommen."

   b. Er sagte: „Das Geld dafür ist in meiner Tasche."

   c. Inge behauptet: „Ich sehe nicht gern Seifenopern im Fernsehen."

   d. Der Reporter fragte: „Worum handelt es sich?"

   e. In der Zeitung steht: „Immer mehr Berliner wandern aus. Sie suchen bessere Arbeit und wärmeres Klima."

   f. Der Reporter berichtet: „Der Autofahrer ist bei Rot gefahren und hat den Radfahrer nicht gesehen."

Eine Demo für
alternative Energie

Die öffentliche Meinung

Ich informiere mich über
das Internet.

In diesem Kapitel

▶ **Themen:** Talking about global problems, public opinion, the environment, and using discussion strategies

▶ **Grammatik:** Passive voice, the present participle

▶ **Lesen:** „Was in der Zeitung steht" (Reinhard Mey)

▶ **Landeskunde:** The environment, speed limits in Europe, recycling, political systems in Germany, Austria, and Switzerland

▶ **Zu guter Letzt:** Globale und lokale Probleme

www.connectgerman.com

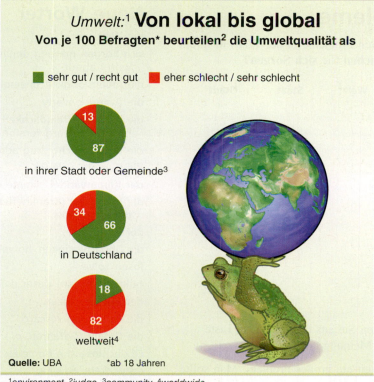

Umwelt:[1] **Von lokal bis global**

Von je 100 Befragten* beurteilen[2] die Umweltqualität als

🟩 sehr gut / recht gut   🟥 eher schlecht / sehr schlecht

13 / 87

in ihrer Stadt oder Gemeinde[3]

34 / 66

in Deutschland

18 / 82

weltweit[4]

Quelle: UBA   *ab 18 Jahren

[1]environment   [2]judge   [3]community   [4]worldwide

A   Wie beurteilen Deutsche die Qualität ihrer Umwelt? Ist die Qualität der Umwelt sehr gut, recht gut, eher schlecht oder sehr schlecht?

1. Wie beurteilen die befragten (*surveyed*) Deutschen die Umwelt in ihrer eigenen Stadt oder Gemeinde?

2. Wie beurteilen dieselben Leute die Qualität der Umwelt weltweit?

3. Was ist die Meinung der Befragten über die Qualität der Umwelt in ganz Deutschland im Vergleich (*comparison*) zu ihrer eigenen Stadt oder Gemeinde?

4. Haben Sie persönlich eine Meinung zur Umweltqualität in der Stadt oder Gemeinde, wo Sie zurzeit (*at present*) leben? Fragen Sie andere in der Klasse.

B   Aktive Bürger organisieren in Städten und Gemeinden Bürgerinitiativen (*citizens' initiatives*), um für ein besseres Leben oder gegen Probleme in ihrer Umwelt zu demonstrieren. Sie hören jetzt vier kurze Beschreibungen von Bürgerinitiativen. Schreiben Sie die entsprechende Nummer zum passenden Thema. Welches ist Nr. 1, 2, 3 oder 4?

_____ Demokratie 3000: für die Reformierung der Demokratie

_____ Erhalt (*Maintenance*) der Wohnqualität unserer Stadt im Grünen

_____ Aktionsgemeinschaft gegen den Bau einer Autobahn

_____ Bürgerinitiative Pro-Lärmschutz (*noise protection*)

Wörter im Kontext

Thema 1: **Globale Probleme**

A Was sind Ihrer Meinung nach die drei größten Probleme in der **Welt,** in Ihrem Staat und in Ihrer Heimatstadt? **Worum machen** Sie **sich Sorgen?**

	Welt	Staat	Stadt
Arbeitslosigkeit	☐	☐	☐
Armut und **Hunger**	☐	☐	☐
Ausländerfeindlichkeit	☐	☐	☐
Drogensucht	☐	☐	☐
Gewalt und **Terrorismus**	☐	☐	☐
Klimawandel und Umweltzerstörung (*environmental destruction*)	☐	☐	☐
Krankheiten	☐	☐	☐
Krieg	☐	☐	☐
Obdachlosigkeit	☐	☐	☐
Rassismus	☐	☐	☐

B Wie kann man diese Probleme **lösen?** Suchen Sie aus der folgenden Liste passende Ausdrücke (*expressions*), um Ihre Meinung auszudrücken.

BEISPIEL: In meiner Heimatstadt ist Obdachlosigkeit ein großes Problem. Man sollte mehr Sozialbauwohnungen bauen.

- ▶ **an Demonstrationen** gegen _____ **teilnehmen**
- ▶ an **Bürgerinitiativen** teilnehmen
- ▶ mehr Geld für **Forschung** ausgeben
- ▶ Kinder und Jugendliche besser über die **Gefahren** von Alkohol und **Drogen** informieren
- ▶ mehr Sozialbauwohnungen (*low-income housing*) für **Obdachlose** und Arme (*the poor*) bauen
- ▶ mehr Alternativenergie wie Solar- und Windenergie **entwickeln**
- ▶ neue Arbeitsplätze **schaffen**
- ▶ Arbeitslose **umschulen**
- ▶ **verantwortliche Politiker** und **Politikerinnen wählen**
- ▶ **öffentliche Verkehrsmittel fördern**
- ▶ Giftstoffe (*toxic substances*) **vermindern** oder **verbieten**
- ▶ **sich** politisch **engagieren**
- ▶ die **Umwelt schützen**, z.B. **Lärm** und **Luftverschmutzung** reduzieren
- ▶ neue Gesetze (*laws*) **einführen**
- ▶ Ausländer besser integrieren
- ▶ mehr Toleranz fördern
- ▶ _____

Neue Wörter

die Welt world

sich Sorgen machen um to worry about

die Arbeitslosigkeit unemployment

die Armut poverty

die Ausländerfeindlichkeit hostility toward foreigners

die Drogensucht drug addiction

die Gewalt violence

der Klimawandel climate change

die Krankheit (Krankheiten, *pl.***)** disease, illness

der Krieg war

die Obdachlosigkeit homelessness

lösen solve

teilnehmen (an) participate (in)

der Bürger citizen

die Forschung research

die Gefahr (Gefahren, *pl.***)** danger

Obdachlose the homeless

entwickeln develop

schaffen create

umschulen retrain

verantwortlich responsible

wählen elect

öffentlich public

das Verkehrsmittel (Verkehrsmittel, *pl.***)** means of transportation

fördern promote

vermindern reduce

verbieten forbid

sich engagieren get involved

die Umwelt environment

schützen protect

der Lärm noise

die Luftverschmutzung air pollution

einführen introduce

Klima schützen! Ich bin dabei.

Die Kunst der Diskussion

Fünf Studenten sollen in Teamarbeit einen Vortrag (presentation) über ein globales oder lokales Problem für ihr Hauptseminar in Soziologie vorbereiten. Sie sitzen im Uni-Café und diskutieren.

Christian: Also, was **meint** ihr? Sollen wir ein globales Thema wie Terrorismus **behandeln**?

Cornelia: Aktuell ist es schon, aber ich würde lieber ein Problem behandeln, das uns hier in Deutschland täglich **betrifft,** z.B. Arbeitslosigkeit oder **Umweltverschmutzung.**

Erman: … oder auch Ausländerfeindlichkeit.

Niels: **Im Grunde genommen** sind ja all diese Probleme global.

Alexandra: **Ich bin der Meinung, Umweltschutz** ist besonders wichtig, gerade jetzt, wo wir mehr alternative Energie produzieren müssen.

Niels: Ja, Solarenergie und Windenergie. Könnt ihr euch das vorstellen: hinter jedem Haus ein **Windrad** im Garten?

Cornelia: **So ein Unsinn!** Ich **halte** das **für übertrieben.**

Erman: Das ist deine Meinung, nicht unbedingt meine.

Cornelia: Also, ich **stimme** Alexandra **zu,** Umweltschutz und Klimawandel sind relevant und enorm wichtig. Es betrifft uns alle. Und **außerdem** gibt es viel darüber zu sagen.

Christian: **Stimmen** wir **ab:** Wer ist **dafür** und wer **dagegen?**

Alle: Dafür.

Christian: Nun gut. Ich mache auch mit. Wie sollen wir das Thema behandeln?

Erman: Jeder soll sich einen Aspekt des Themas aussuchen. Ich würde z.B. gern mehr über alternative Energie erfahren.

Cornelia: Und ich möchte mich mit Bürgerinitiativen zum Klimawandel beschäftigen.

Christian: Ich hab' mal von einer Bürgerinitiative gehört, die gegen Handys in Bussen und Bahn war, und jetzt gibt es Ruhezonen bei der Bahn. **Meiner Meinung nach** ist das auch Umweltschutz.

Alexandra: Also, ich schlage vor, wir machen jetzt gleich einen konkreten Plan, wer welchen Aspekt des Themas behandelt.

Niels: Tut mir leid, dass ich **unterbrechen** muss. Ich muss jetzt leider weg. Ich habe eine Vorlesung. Wann treffen wir uns wieder?

Alexandra: Ich schicke dir eine Mail mit allen Informationen.

Alle: Tschüss.

A Ergänzen Sie die folgenden Sätze mit Ausdrücken und Informationen aus dem Dialog oben.

1. Cornelia möchte ein Thema _____, das sie in Deutschland täglich _____.
2. Alexandra ist der _____, dass _____ besonders wichtig ist.
3. Niels und Cornelia _____ Alexandra zu.
4. Cornelia hält ein Windrad in jedem Garten für _____.
5. Christian will _____, wer dafür oder dagegen ist.
6. Christian erwähnt eine _____, die früher gegen Handys in Bussen und Bahn demonstriert hat.
7. Niels muss _____, denn er hat eine Vorlesung.

Neue Wörter

meint (meinen) think

behandeln deal with

betrifft (betreffen) affects

die Umweltverschmutzung environmental pollution

im Grunde genommen basically

ich bin der Meinung I am of the opinion

der Umweltschutz environmental protection

das Windrad wind power generator

So ein Unsinn! Nonsense!

ich halte … für … I think … is/ are …

übertrieben exaggerated

ich stimme (dir/Alexandra) zu I agree (with you/Alexandra)

außerdem besides

stimmen ab (abstimmen) take a vote

(ich bin) dafür (I am) for that

(ich bin) dagegen (I am) against that

meiner Meinung nach in my opinion

unterbrechen interrupt

Ein Windrad in einem privaten Garten

Aktivität 1   Hin und her: Probleme und Lösungen°

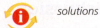 *solutions*

Stellen Sie Ihrem Partner / Ihrer Partnerin Fragen zu den folgenden Problemen, um herauszufinden, welche möglichen Lösungen es gibt.

BEISPIEL: **S1:** Was kann man gegen Krieg tun?

S2: Man kann an Demonstrationen gegen Krieg teilnehmen.

Probleme	Mögliche Lösungen
Krieg	an Demonstrationen gegen Krieg teilnehmen
Ausländerfeindlichkeit	
Drogensucht	Menschen über die Gefahren von Drogen informieren
Krankheiten	
Klimawandel	Solar- und Windenergie entwickeln
Arbeitslosigkeit	
Obdachlosigkeit	Armut vermindern

Aktivität 2   Probleme in der Stadt

Vier Leute sprechen über Probleme in ihrer Stadt und wie man sie lösen könnte. Setzen Sie die passende Nummer (1–4) vor das Problem, über das der Sprecher / die Sprecherin redet, und markieren Sie auch die Lösung (oder Lösungen), die er/sie erwähnt oder vorschlägt.

Sprecher	Problem	Lösung
_____	Energiekosten	**a.** öffentliche Verkehrsmittel fördern
		b. mehr Geld für alternative Energie ausgeben
		c. Atomenergie fördern
_____	Giftstoffe in Nahrungsmitteln	**a.** staatliche Kontrollen einführen
		b. weniger Gemüse essen
		c. vegetarisch essen
_____	Verkehr	**a.** Tempolimit einführen
		b. Wagen am Stadtrand parken
		c. öffentliche Verkehrsmittel nehmen
_____	Lärm	**a.** weniger Flugzeuge fliegen lassen
		b. Autos in der Innenstadt verbieten
		c. Flughäfen weit von Städten und Gemeinden bauen

Aktivität 3   Nehmen Sie Stellung!°

Express your opinion!

Arbeiten Sie zu viert. Äußern Sie sich zu einigen lokalen und globalen Problemen. Benutzen Sie dabei die Redemittel unter „Die Kunst der Diskussion" im Thema 1. Jemand nennt das Gesprächsthema; die anderen sagen ihre Meinung.

BEISPIEL: **S1:** Zu viel Verkehr in der Stadt.

S2: Ich bin der Meinung, man sollte Autos in der Innenstadt verbieten.

S3: Meiner Meinung nach sollte man mehr Fußgängerzonen schaffen.

S4: Ich stimme dir zu, wir sollten alle öfter zu Fuß gehen.

Thema 2: Umwelt

Was kann man für die Umwelt tun?

A Was tun Sie persönlich für die Umwelt? Markieren Sie, was Sie immer, manchmal oder nie tun.

	immer	manchmal	nie
▶ alte **Arzneimittel** in der Apotheke abgeben	☐	☐	☐
▶ alte Batterien bei den **Sammelstellen** abgeben	☐	☐	☐
▶ alte Kleider **in die Sammlung geben**	☐	☐	☐
▶ Altpapier in die Sammlung geben	☐	☐	☐
▶ beim Einkauf keine **Plastiktüten verwenden**	☐	☐	☐
▶ energiesparende Haushaltsgeräte **anschaffen**	☐	☐	☐
▶ Glas zum Container bringen	☐	☐	☐
▶ keine **Wegwerfflaschen** oder **Getränkedosen** kaufen	☐	☐	☐
▶ öffentliche Verkehrsmittel dem Auto **vorziehen**	☐	☐	☐
▶ organische **Abfälle** kompostieren	☐	☐	☐
▶ weniger Strom **verbrauchen**	☐	☐	☐
▶ **umweltfreundliche** Produkte kaufen	☐	☐	☐

B Eine Umfrage in der Klasse

1. Was tun die Meisten immer? was nur manchmal? was nie?
2. Wie viele Klassenmitglieder tun persönlich nichts davon?
3. Was kann man bei Ihnen nicht machen? Gibt es Alternativen?

C Wie kann man beim Energieverbrauch sparen? Welche von den Tipps im Schaubild befolgen Sie, um der Umwelt zu helfen?

BEISPIEL: Wenn ich aus dem Zimmer gehe, schalte ich das Licht aus.

1. kochen
2. Kühlschrank
3. warmes Wasser
4. Licht
5. heizen
6. Computer
7. ?

¹lids ²turn off ³cover ⁴turn off
⁵power strip ⁶leaving, going out

Neue Wörter

das Arzneimittel (Arzneimittel, *pl.*) medication
die Sammelstelle (Sammelstellen, *pl.*) recycling center
in die Sammlung geben give/take to recycling
die Plastiktüte (Plastiktüten, *pl.*) plastic bag
verwenden use
anschaffen buy, acquire
die Wegwerfflasche (Wegwerfflaschen, *pl.*) disposable bottle
die Getränkedose (Getränkedosen, *pl.*) beverage can
vorziehen (+ dat.) give preference to ... (over ...)
der Abfall (Abfälle, *pl.*) waste
verbrauchen consume
umweltfreundlich environmentally friendly

Kulturspot

In Deutschland gibt es Mülltonnen (*garbage containers*) in verschiedenen Farben: Altpapier kommt in die blaue Tonne, Plastik in die gelbe, Biomüll in eine braune oder grüne Tonne und Restmüll in eine schwarze oder graue Tonne. Altglas wird nach Farben sortiert.

So kann man zu Hause Strom sparen

KOCHEN
Deckel¹ auf Töpfen und Pfannen lassen.

WARMES WASSER
Wasserhahn gleich wieder abdrehen². Geschirrspüler immer ganz voll machen.

HEIZEN
Räume nicht über 21°C heizen, Fenster zu. Heizungen nicht mit Sachen verdecken³.

COMPUTER & CO
Alle Geräte komplett ausschalten⁴.
Auch im Standby-Modus verbrauchen Geräte Strom, deshalb: Mehrfachsteckdose⁵ mit Ein-Aus-Schalter benutzen.

KÜHLSCHRANK
schnell wieder schließen.

LICHT
beim Rausgehen⁶ aus dem Zimmer ausschalten. Energiesparlampen verwenden.

Wenn alle in der Familie mithelfen, können bis zu 1000 Euro Stromkosten im Jahr gespart werden.

Aktivität 4 Um welche Probleme geht es hier?

Buttons und Aufkleber (*stickers*) sind beliebte Formen, die Meinung zu äußern (*express*).

Schritt 1: Schauen Sie sich die Buttons und Aufkleber an und stellen Sie fest, wofür oder wogegen sie sind. Schreiben Sie dann die passenden Buchstaben in die Liste.

1. _____ dafür, dass man weniger Strom verbraucht

2. _____ gegen zu schnelles Fahren

3. _____ gegen Atomenergie

4. _____ gegen Pestizide in Nahrungsmitteln

5. _____ gegen Rauchen

6. _____ für den Schutz von Tieren im Ozean

7. _____ ohne Auto leben

8. _____ für höhere Löhne (*wages*)

a. b. c. d.

e. f. g. h.

Schritt 2: Wählen Sie ein Problem aus **Thema 1** oder **Thema 2** und entwerfen Sie dazu einen Button, einen Aufkleber (*sticker*) oder ein Poster.

Aktivität 5 Langsamer, bitte!

Sie hören ein Gespräch zwischen Andreas, einem deutschen Autofahrer, und Jennifer, seinem Gast aus den USA. Hören Sie zuerst den Dialog, und lesen Sie die Sätze unten. Bringen Sie dann die Sätze in die richtige Reihenfolge.

_____ Bei uns ist die Höchstgeschwindigkeit (*speed limit*) 110 km pro Stunde.

_____ Wahrscheinlich eine Baustelle (*construction zone*) in der Nähe.

_____ Also doch ein Tempolimit. Gott sei Dank. Bei 100 km pro Stunde fühle ich mich direkt wie zu Hause.

_____ Keine Angst. Der Wagen schafft das spielend.

_____ Dann kann man gleich zu Fuß gehen.

_____ Schau mal. Dort ist ein Schild. Höchstgeschwindigkeit 100 km pro Stunde.

__1__ Fliegen wir eigentlich oder fahren wir?

Tempolimits

In allen Ländern Europas außer in Deutschland gibt es eine Höchstgeschwindigkeit auf der Autobahn. In Deutschland gibt es nur eine Richtgeschwindigkeit[1] (130 km/h). Es gibt auch streckenweise[2] Geschwindigkeitsbegrenzungen auf der Autobahn, zum Beispiel an Baustellen[3]. Über der Autobahn sind manchmal Kameras angebracht, die einen Wagen filmen, der zu schnell fährt. Das heißt: Man wird „geblitzt"[4]. Man bekommt einen Strafzettel[5] mit dem Bild des Fahrers im Wagen und des Nummernschilds ins Haus geschickt. Niemand kann dann sagen: Das war jemand anders.

Natürlich gibt es Geschwindigkeitsbegrenzungen in Ortschaften[6] und auf Landstraßen[7]. In der Nähe von Fußgängerzonen und in Wohngebieten gibt es die 30er Zone: Man darf also höchstens 30 km pro Stunde fahren. Auf Landstraßen ist die Höchstgeschwindigkeit 100 km pro Stunde.

Man sagt von Deutschen, dass das Auto ihr Lieblingsspielzeug ist. Der Automobilclub (ADAC) ist der größte Club in ganz Deutschland. Autofahren bedeutet Freiheit[8] und Individualität.

Viele Autos erzeugen viele Schadstoffe[9] und belasten[10] dadurch die Umwelt. Es gibt viele Bürgerinitiativen, die ein Tempolimit auf Autobahnen und weniger Autoverkehr in den Städten verlangen, um die Umwelt zu schützen.

Hier sind die Argumente der Deutschen für ein Tempolimit auf der Autobahn:

Tempolimits auf der Autobahn

Deutschland	130*+
Polen	140
Dänemark	130
Frankreich	130
Italien	130
Luxemburg	130
Österreich	130
Slowakei	130
Slowenien	130
Tschechien	130
Ungarn	130
Niederlande	120–130
Belgien	120
Schweiz	120

*Richtgeschwindigkeit 130
Quelle: ADAC, Alle Angaben km/h

▶ Ein Tempolimit bedeutet mehr Klimaschutz; es senkt den Benzinverbrauch.

▶ Ein Tempolimit bedeutet mehr Sicherheit; es gibt weniger Unfälle.

▶ Ein Tempolimit vermeidet Staus.

Und Argumente gegen ein Tempolimit auf der Autobahn:

▶ Die Autobahnen sind die sichersten Straßen in Deutschland.

▶ Klimaschutz durch Tempolimit ist nicht bewiesen[11].

▶ Fahrspaß wird genommen. (Kein Fahrvergnügen mehr!)

▶ Freiheit wird beschränkt[12].

Zur Diskussion

1. Lesen Sie die Argumente für und gegen ein Tempolimit auf Autobahnen in Deutschland. Was ist Ihre Meinung zu diesen Argumenten?

2. Gibt es Geschwindigkeitsbegrenzungen auf den Autobahnen bei Ihnen? Finden Sie das richtig?

3. Finden Sie es richtig, dass ein Autofahrer „geblitzt wird", wenn er oder sie zu schnell fährt?

---

[1]suggested speed   [2]for certain stretches   [3]construction zones   [4]flashed   [5]ticket   [6]small towns or villages   [7]rural roads   [8]freedom   [9]harmful substances   [10]strain, pollute   [11]proven   [12]limited

Grammatik im Kontext

The Passive Voice°

Das Passiv

So far you have learned to state sentences in German in the active voice. In the active voice, the subject of a sentence performs the action. In the passive voice, the subject is acted on by an agent, the person or thing performing the action. This agent is not always named, because it is either understood, unimportant, or unknown. Here are some examples of active and passive voice sentences.

▶ The *Guide to Grammar Terms* online in CONNECT provides more basic information about passive voice.

Active Voice

Viele Leute lesen täglich eine Zeitung.	*Many people read a newspaper daily.*
Welche Zeitung lesen die Deutschen am meisten?	*Which paper do Germans read the most?*

Passive Voice

In Deutschland werden viele Zeitungen verkauft.	*Many newspapers are sold in Germany.*
Welche Zeitung wird am meisten gelesen?	*Which newspaper is read the most?*

NOTE:

▶ The active voice emphasizes the subject that carries out an activity; in the passive voice the emphasis shifts to the activity itself. For this reason, the passive voice tends to be more impersonal. It is commonly used in newspapers, scientific writing, and descriptions of procedures and activities.

Formation of the Passive Voice

Here are the forms of the passive.

Present

Die Zeitung **wird verkauft.**	*The newspaper is (being) sold.*

Simple Past

Die Zeitung **wurde verkauft.**	*The newspaper was (being) sold.*

Present Perfect

Die Zeitung **ist verkauft worden.**	*The newspaper has been sold.*

Past Perfect

Die Zeitung **war verkauft worden.**	*The newspaper had been sold.*

The passive voice is formed with the auxiliary verb **werden** and the past participle of the main verb. (English uses *to be* and the past participle.) Although it can be used in all personal forms, the passive occurs most frequently in the third-person singular or plural.

NOTE:

▶ In the perfect tenses of the passive, the past participle **geworden** is shortened to **worden.**

▶ The presence of **worden** in any sentence is a clear signal that the sentence is in the passive voice.

Hier werden Zeitungen verkauft.

Übung 1 Analyse

Lesen Sie die Schlagzeilen und den Text zu jedem Bild und beantworten Sie diese Fragen.

1. Wie wird das Verb **werden** benutzt: als einfaches Verb, mit Futur oder mit Passiv?
2. Wo ist das Partizip Perfekt im Passiv im Hauptsatz? im Nebensatz?

Expressing the Agent

As already noted, the agent causing the action in a passive voice sentence is often not stated. However, when it is stated, the agent is expressed with the preposition **von** (+ *dat.*).

Wie viel Geld wird **vom Staat** für Umweltschutz ausgegeben?   *How much money is spent for environmental protection **by the government**?*

When the action is caused by an impersonal force, the preposition **durch** (+ *acc.*) is used.

Die Ozonschicht wird **durch Luftverschmutzung** zerstört.   *The ozone layer is being destroyed **by air pollution**.*

Übung 2 In der Schweiz

Ergänzen Sie die folgenden Sätze mit Verben im Passiv Präsens.

1. In der Schweiz _____ vier Sprachen _____: Deutsch, Französisch, Italienisch und Rätoromanisch. (sprechen)
2. Jährlich _____ rund drei Milliarden Franken für Umweltschutz _____. (ausgeben)
3. 237 Liter Wasser _____ pro Person pro Tag _____. (verbrauchen)
4. Im Durchschnitt _____ mehr Kaffee von den Schweizern als von den Deutschen _____. (trinken)
5. Die Bahn _____ zweimal so oft von den Schweizern _____ wie von den Deutschen. (benutzen)

Übung 3   Achtung, Uhren umstellen!

Lesen Sie folgende Nachricht über die Sommerzeit (*daylight saving time*).

1. Identifizieren Sie alle Sätze im Passiv.

2. Was sind die Tatsachen?

    a. Die Uhren …   **c.** Die Sommerzeit …

    b. Die Nacht …   **d.** Das Ziel (*goal*) …

Achtung, Uhren umstellen: Die Sommerzeit beginnt

BM/dpa Hamburg, 26. März

Der Osterhase[1] bringt in diesem Jahr auch die Sommerzeit: In der Nacht zum Sonntag um 2 Uhr werden die Uhren auf 3 Uhr vorgestellt; die Nacht wird um eine Stunde verkürzt. Die Sommerzeit endet am letzten Sonntag im Oktober – traditionsgemäß wieder eine Sonntag-Nacht.

    Die Sommerzeit war in der Bundesrepublik Deutschland – nach 30 Jahren Unterbrechung[2] – erstmals 1980 wieder eingeführt worden. Das eigentliche[3] Ziel, Energie einzusparen, wurde jedoch nicht erreicht. Dafür genießen[4] viele ihre Freizeit an den langen hellen Abenden.

In der Nacht zum Sonntag...

... Uhr 1 Stunde vorstellen

[1]*Easter Bunny*   [2]*interruption*   [3]*actual*   [4]*enjoy*

Nützliche Wörter

die Uhr umstellen to change the clock

die Uhr vorstellen to set the clock ahead

verkürzen to shorten

erreichen to reach

Übung 4   Wissen über Deutschland

Bilden Sie Sätze im Passiv Präsens.

1. in Deutschland / innovative Energietechnologien vom Staat / fördern

2. immer mehr Passivhäuser / bauen

3. ein Passivhaus / mit Erdwärme / heizen

4. Strom für ein Passivhaus / durch Solaranlagen / gewinnen

5. erneuerbare Energie / durch Wind, Wasser und Sonne / produzieren

6. durch Wind, Wasser und Sonne / keine klimaschädlichen Emissionen / erzeugen

7. der Verbrauch an Wasser in Haushalt und Industrie / langsam / reduzieren

8. viele Solarzellen und Windräder / aus Deutschland / in die ganze Welt / exportieren

Übung 5   Wer handelt hier?

Ergänzen Sie die folgenden Sätze im Passiv mit **von** oder **durch.**

1. In den 80er-Jahren ist das Ozonloch ＿＿＿ Wissenschaftlern entdeckt worden.

2. Die Umwelt wird ＿＿＿ Luftverschmutzung zerstört.

3. Die Aktion „Saubere Luft" wird ＿＿＿ vielen Bürgern unterstützt.

4. Bei der Initiative „Gegen Atomkraft" sind einige Studenten ＿＿＿ der Polizei verhaftet (*arrested*) worden.

5. Die Bürgerinitiative „Kein Handy in Bus und Bahn" ist ＿＿＿ Zeitung und Fernsehen verbreitet (*spread*) worden.

6. Strom für ein Passivhaus wird ＿＿＿ Solaranlagen gewonnen.

Ein Passivhaus mit Solaranlage

Expressing a General Activity

Sometimes a sentence in the passive voice expresses a general activity without stating a subject at all. In such cases, the "impersonal" **es** is generally understood to be the subject, and therefore the conjugated verb always appears in the third-person singular. This grammatical feature has no equivalent in English.

Hier wird gerudert.	*People are rowing here.*
Im Fernsehen wird viel über Terrorismus gesprochen.	*There's a lot of talk about terrorism on television.*
Hier wird Deutsch gesprochen.	*German (is) spoken here.*

Eins – und eins – und eins…

Hier wird mächtig gerudert! **Jochen** sitzt zwischen **Peter** und **Stefan**, **Armin** sitzt zwischen **Martin** und **Thomas**. Vorn in einem Boot sitzt **Peter**, während **Martin** hinten sitzt. **Kalli** und **Stefan** rudern nicht in demselben Boot. Wer ist wer?

Lösung: 1. Stefan, 2. Jochen, 3. Peter, 4. Martin, 5. Armin, 6. Thomas, 7. Kalli

Übung 6 Was ist hier los?

Beschreiben Sie, was die Leute machen. Gebrauchen Sie die folgenden Verben: debattieren, demonstrieren, diskutieren, essen, feiern, lachen, Musik machen, reden, singen, tanzen, trinken.

BEISPIEL: Da wird gefeiert und …

1.

2.

3.

Übung 7 Hin und her: Zwei umweltbewusste° Städte   *environmentally aware*

In zwei Städten, Altstadt und Neustadt, wird für eine bessere Umwelt gesorgt.

BEISPIEL: S1: Was ist in Altstadt zuerst gemacht worden?

S2: Zuerst sind die Bürger über Umweltschutz informiert worden. Und in Neustadt?

S1: Zuerst sind … Und dann …

	Altstadt	Neustadt
zuerst		Tipps für umweltbewusstes Leben an alle Bürger verteilen
dann		Bürger zum Energiesparen motivieren
danach		in öffentlichen Gebäuden Energiesparlampen anschaffen
schließlich		auf Pestizide in Parks verzichten
zuletzt		Fahrradfahren im täglichen Leben fördern

The Passive with Modal Verbs

Modal verbs used with a passive infinitive convey something that should, must, or can be done. Only the present tense, the simple past tense, and the present subjunctive of modals are commonly used in the passive.

Die Umwelt **muss geschützt werden.**
The environment must be protected.

Die Natur **darf** nicht **zerstört werden.**
Nature must not be destroyed.

Recyclingprogramme **sollten gefördert werden.**
Recycling programs ought to be promoted.

Alte Medikamente **können** in die Apotheke **zurückgebracht werden.**
Old medications can be returned to the pharmacy.

NOTE:

▶ The passive infinitive consists of the past participle of the main verb and **werden:**

Active Infinitive	Passive Infinitive
schützen *to protect*	geschützt werden *to be protected*
zerstören *to destroy*	zerstört werden *to be destroyed*
vermeiden *to avoid*	vermieden werden *to be avoided*
fördern *to promote*	gefördert werden *to be promoted*
zurückbringen *to return*	zurückgebracht werden *to be returned*

Schützt Flüsse und Auen[1]

Diese Lebensräume vieler wildlebender Tier- und Pflanzenarten dürfen nicht weiter zerstört werden!

Spendenkonto: 1703-203, Postgiroamt Hamburg, oder werden Sie Mitglied im Bund der aktiven Naturschützer.

[1]*meadows*

Übung 8   Aus Liebe zur Umwelt

Was kann und muss gemacht werden? Folgen Sie dem Beispiel.

BEISPIEL: die Umwelt schonen / müssen →
Die Umwelt muss geschont werden.

1. alle Menschen über Umweltschutz informieren / müssen
2. mehr Energie sparen / sollen
3. Recyclingprogramme fördern / sollen
4. Altglas sammeln / können
5. Wälder und Flüsse schützen / müssen
6. Alternativenergie entwickeln / müssen
7. Luftverschmutzung vermindern / müssen
8. Klimawandel verhindern / können
9. Abfälle (wie Plastiktüten und Einwegflaschen) vermeiden / müssen
10. Altbatterien nicht in den Müll werfen / dürfen
11. Wegwerfprodukte (wie Einmal-Rasierer, Einmal-Fotoapparate) nicht kaufen / sollen

Übung 9 Was ist das Problem?

Was soll, kann oder darf damit (nicht) gemacht werden?

BEISPIEL: Digitaluhren können nicht repariert werden.

1. Billiguhren (Digitaluhren)
2. Einmal-Fotoapparate
3. alte Batterien
4. Einwegflaschen
5. alte Medikamente
6. Giftstoffe

a. vom Umweltbus abholen
b. in die Apotheke zurückbringen
c. nur für einen Film gebrauchen
d. nicht in den Müll werfen
e. nicht wieder füllen
f. nicht reparieren

Use of *man* as an Alternative to the Passive

Generally, the passive voice is used whenever the agent of an action is unknown. One alternative to the passive is to use the pronoun **man** in the active voice.

Passive Voice	Active-Voice Alternative
Die Gefahr ist nicht erkannt worden.	**Man hat** die Gefahr nicht **erkannt.**
The danger was not recognized.	*People (One) did not recognize the danger.*
Die Zerstörung der Altstadt muss verhindert werden.	**Man muss** die Zerstörung der Altstadt **verhindern.**
The destruction of the old city must be prevented.	*People (One) must prevent the destruction of the old city.*

Übung 10 Was kann man für die Umwelt tun?

Bilden Sie neue Sätze mit **man.**

BEISPIEL: Wegwerfprodukte sollen vermieden werden. →
        Man soll Wegwerfprodukte vermeiden.

1. Die Umwelt darf nicht weiter zerstört werden.
2. Altpapier und Glas sollten zum Recycling gebracht werden.
3. In Göttingen ist Geld für den Umweltschutz gesammelt worden.
4. Mehr Recycling-Container sind aufgestellt worden.
5. Chemikalien im Haushalt sollen vermieden werden.
6. Batterien sollen nicht in den Hausmüll geworfen werden.
7. Der Wald muss besonders geschützt werden.

Übung 11 Lebensqualität

Was kann man tun, um die Lebensqualität zu verbessern? Bilden Sie zwei Sätze je mit **man** und Passiv.

BEISPIEL: alte Zeitungen →
        Man kann alte Zeitungen zum Recycling bringen.
        Alte Zeitungen können zum Recycling gebracht werden.

1. alte Zeitungen
2. Plastiktüten
3. Windenergie
4. Kinderspielplätze
5. Altpapier

6. öffentliche Verkehrsmittel
7. Wälder
8. organische Abfälle
9. Altglas
10. mehr Fußgängerzonen

> bauen
> fördern
> vermeiden
> sammeln
> schützen
> benutzen
> zum Recycling bringen
> kompostieren

Übung 12 Ökoplan für eine WG

Schritt 1: Arbeiten Sie in Gruppen zu viert und entwickeln Sie einen Ökoplan für eine WG. Benutzen Sie folgende Beispiele und fügen (*add*) Sie noch fünf weitere Vorschläge (*suggestions*) dazu. (Sie finden mehr Vorschläge in Thema 2.)

BEISPIELE: Altpapier sammeln
           kompostieren
           alte Batterien zur Sammelstelle bringen

Schritt 2: Stellen Sie den Plan zusammen. Beginnen Sie mit einer Einleitung, die erklärt, warum der Plan nötig ist. Machen Sie dann eine Liste von den Vorschlägen, die Sie in der WG einführen wollen. Benutzen Sie das Passiv wo möglich (*where possible*).

BEISPIEL: In der WG soll Altpapier gesammelt werden.

Schritt 3: Vergleichen Sie Ihre Pläne untereinander in der Klasse. Holen Sie von jeder Gruppe zwei weitere Vorschläge, wie man den Plan verbessern könnte. Stellen Sie dann Ihren endgültigen (*final*) Plan zusammen.

Schritt 4: Berichten Sie der Klasse darüber. Stellen Sie durch Applaus fest, welche Gruppe den besten Plan hat, nachdem alle Pläne vorgestellt wurden.

The Present Participle°

Das Partizip Präsens

The present participle (ending in *-ing* in English) is used in a more limited way in German than it is in English. In German it functions primarily as an adjective or an adverb. As an attributive adjective (preceding a noun), the participle takes appropriate adjective endings. The present participle of a German verb is formed by adding **-d** to the infinitive.

> ▶ The *Guide to Grammar Terms* online in CONNECT provides more basic information about present participles.

Infinitive	Present Participle
kommen	kommend (*coming*)
steigen	steigend (*climbing, increasing*)

Present Participle as Attributive Adjective

im **kommenden** Sommer	*in the coming (next) summer*
die **steigende** Arbeitslosigkeit	*increasing unemployment*

Present Participle as Adverb

Jennifer spricht **fließend** Deutsch.	*Jennifer speaks German fluently.*

Übung 13 In der Zeitung

Worüber liest man fast täglich? Ergänzen Sie die Sätze mit einem Partizip Präsens.

Man liest oft über …

1. *wachsende* Obdachlosigkeit. (wachsen)
2. die _____ Preise. (steigen)
3. _____ Studenten. (demonstrieren)
4. _____ Arbeitslosigkeit. (wachsen)
5. die _____ Luftverschmutzung. (steigen)
6. die _____ Arbeiter. (streiken)
7. die _____ Menschen. (hungern)

KULTURJOURNAL

Politische Systeme in Deutschland, der Schweiz und Österreich

In diesen drei deutschsprachigen Ländern gibt es verschiedene politische Systeme. Wie sehen sie aus? Woraus bestehen sie?

Die Bundesrepublik Deutschland ist laut ihrem Grundgesetz[1] ein demokratisch sozialer Bundesstaat, eine parlamentarische Demokratie. Das Parlament der Bundesregierung[2] heißt Bundestag. Der Bundestag besteht aus Abgeordneten[3], die alle vier Jahre von den Bürgern gewählt werden. Es gibt zurzeit[4] (2014) fünf Parteien, die im deutschen Bundestag vertreten sind. Die wichtigste Rolle in der Regierung spielt der Bundeskanzler / die Bundeskanzlerin.

Die Schweiz ist ein moderner Bundesstaat mit einem System der direkten Demokratie. Das bedeutet, dass Schweizer Bürger jährlich an Volksabstimmungen[5] teilnehmen.

Jedes Jahr werden ein neuer Bundespräsident und ein neuer Bundeskanzler gewählt. Die Regierung der Schweiz besteht aus einem Multiparteiensystem. Die vier größten Parteien bilden eine Koalition.

Österreich ist eine parlamentarische Demokratie mit Kanzler und Präsident. Es gibt über 700 registrierte Parteien. Aber meist sind es nur vier Parteien, die genug Wahlstimmen[6] bekommen, um im Parlament vertreten zu sein.

Obwohl nur fünf Parteien momentan im deutschen Bundestag vertreten sind, gibt es andere Parteien in Deutschland. Der Name der Partei verrät oft, wofür die Partei steht. Zum Beispiel interessieren sich die Grünen, wie man sich denken kann, für ökologische Probleme. Sie wollen Strom- und Wasserverbrauch reduzieren und alternative Energien wie Solar- und Windenergie entwickeln. Das wollen inzwischen aber auch andere Parteien.

Angela Merkel hält eine Rede im Bundestag.

Zur Diskussion

1. Hier sehen Sie die Logos von sechs deutschen Parteien. Versuchen Sie mithilfe der Wörter unten die vollen Namen der Parteien CDU, CSU, FDP und SPD zusammenzusetzen.

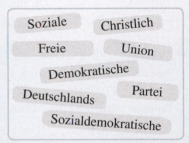

Soziale   Christlich   Freie   Union   Demokratische   Deutschlands   Partei   Sozialdemokratische

2. Schauen Sie die Themen und Probleme im **Thema 1** an. Erforschen Sie im Internet, wie zwei der deutschen Parteien zu einem dieser Probleme stehen. Wie sehen die Parteien dieses Problem? Wie wollen sie es lösen?

3. Wie sieht das politische System in Ihrem Land aus? Gibt es ein Parteiensystem? Wie viele Parteien gibt es? Welche Parteien sind konservativ, welche liberal? Gibt es einen Kanzler / eine Kanzlerin oder einen Präsidenten / eine Präsidentin?

4. Wofür stehen die Parteien in Ihrem Land? Wogegen sind sie?

---

[1] basic law, constitution   [2] federal government   [3] representatives   [4] at present   [5] elections, national referenda   [6] votes

▶ Videoclips (Wiederholung)

Die Umwelt

A Schauen Sie sich den Clip an. Diese Frage wurde gestellt: Lebst du umweltbewusst? Wer macht was? Manche Personen nennen zwei Dinge, die sie tun.

Ich informiere mich über das Internet.

1. Pascal _____
2. Felicitas _____
3. Nadezda _____
4. Simone _____
5. Michael _____
6. Hend _____
7. Sophie _____
8. Albrecht _____

a. fährt Fahrrad.
b. trennt Müll.
c. achtet darauf, woher Produkte kommen.
d. verbraucht sehr viel Wasser
e. findet Wasser kostbar und verbraucht wenig.
f. hat kein Auto.
g. ist beim Zähneputzen sparsam mit dem Wasser.
h. macht Recycling.
i. kauft im Bioladen ein.

B Hören Sie die Aussagen noch einmal und ergänzen Sie die Lücken.

Pascal: Umweltbewusstes Leben heißt für mich darauf achten, wo die Produkte _____.

Felicitas: Ich lasse zum Beispiel nicht das Wasser während des Zähneputzens _____.

Nadezda: Ich beschäftige mich regelmäßig mit der _____.

Simone: Ich habe kein Auto und _____ den Müll.

Michael: Ich lebe nicht besonders umweltbewusst. Ich _____ sehr viel Wasser.

Hend: Ich _____, obwohl es in Kairo noch nicht _____ ist.

Sophie: Ich finde Wasser sehr _____.

Albrecht: Ich fahre viel _____ und gehe im _____ einkaufen.

Medien

C Schauen Sie sich den Clip an. Wie informieren sie sich? Wie halten sie sich auf dem Laufenden?

	Internet	Fernsehen	Radio	Zeitung
Shaimaa	☐	☐	☐	☐
Martin	☐	☐	☐	☐
Michael	☐	☐	☐	☐
Felicitas	☐	☐	☐	☐
Sandra	☐	☐	☐	☐
Pascal	☐	☐	☐	☐
Tina	☐	☐	☐	☐
Sophie	☐	☐	☐	☐

Nützliche Wörter

den Müll trennen to separate garbage

achten auf to pay attention to

verbrauchen to use (up)

kostbar precious

sparsam thrifty

sich auf dem Laufenden halten to keep current, informed

erreichbar reachable

D Was erfahren wir sonst noch über diese Personen? Beantworten Sie die Fragen.

1. Wie halten sich die meisten der befragten Personen auf dem Laufenden?
2. Was lesen, hören oder schauen sich die meisten täglich an?
3. Wer hat keinen Fernseher?

Elektronische Geräte

E Schauen Sie sich den Clip an. Welche elektronischen Geräte sind für diese Personen am wichtigsten?

1. Judith   **a.** MP3-Player
2. Sandra   **b.** Gitarrenverstärker (*guitar amp*)
3. Tina   **c.** Laptop
4. Susan   **d.** Handy
5. Pascal   **e.** Radio
6. Martin   **f.** Telefon
7. Felicitas
8. Albrecht

F Warum sind diesen Personen ihre elektronischen Geräte so wichtig?

BEISPIEL: Für Judith ist ihr Laptop am wichtigsten. Sie braucht ihn für verschiedene Unisachen.

1. Judith
2. Sandra
3. Tina
4. Susan
5. Pascal
6. Martin
7. Felicitas
8. Albrecht

braucht ihn für verschiedene Unisachen

ist damit immer erreichbar

hört damit gerne Musik

ruft damit Freunde und Familie an

schreibt damit ihre/seine Dissertation

macht damit Musik

trägt es immer mit sich herum

schaut sich damit Filme an

Finanzen

G Schauen Sie sich den Clip an. Wie finanzieren diese Personen ihr Studium?

	Kredit	Stipendium	Eltern	BAföG	eigene Finanzierung / Nebenjob
Judith	☐	☐	☐	☐	☐
Susan	☐	☐	☐	☐	☐
Shaimaa	☐	☐	☐	☐	☐
Martin	☐	☐	☐	☐	☐
Tina	☐	☐	☐	☐	☐
Inna	☐	☐	☐	☐	☐
Nadezda	☐	☐	☐	☐	☐
Sophie	☐	☐	☐	☐	☐

H Beantworten Sie die Fragen.

1. Wer von diesen Studierenden verdient Geld mit zwei Nebenjobs?
2. Eine Person bekommt ein Stipendium vom Deutschen Akademischen Austauschdienst, kurz „DAAD" genannt. Suchen Sie im Internet Informationen über den DAAD. Was ist der DAAD? Was macht er?

Lesen

Zum Thema

Die Skandalpresse. In den meisten Ländern gibt es Zeitschriften (*magazines*), die von den jüngsten Sensationen und Skandalen berichten. Auch im Fernsehen wird oft von sensationellen und skandalösen Ereignissen (*events*) berichtet, die aber oft erfunden sind.

Interviewen Sie zwei Kursmitglieder. Schreiben Sie die Antworten auf und berichten Sie darüber.

1. Wie heißen die Zeitungen und Zeitschriften bei Ihnen, die skandalöse Nachrichten bringen?
2. Wer liest sie regelmäßig? Was interessiert die Leser? Warum?

Auf den ersten Blick

A „Was in der Zeitung steht" ist eine Ballade von Reinhard Mey, einem bekannten deutschen Liedermacher. Lesen Sie die Ballade kurz durch und markieren Sie alles, was stimmt.

1. Was sind die Orte, an denen die Ballade spielt?

   ☐ zu Hause   ☐ im Büro   ☐ in der U-Bahnstation

2. Die Hauptfigur ist

   ☐ ein Mann, der für eine Zeitung arbeitet.
   ☐ ein Mann, der alles glaubt, was in der Zeitung steht.
   ☐ ein Mann, dessen Name nicht genannt wird.
   ☐ ein Mann, dessen Bild mit der Schlagzeile „Finanzskandal" in der Zeitung erscheint.

3. Außer der Hauptfigur gibt es noch andere Menschen, die in der Ballade eine aktive Rolle spielen. Wer sind Sie?

   ☐ die Kollegen
   ☐ ein Zeitungsverkäufer
   ☐ der Chef
   ☐ der Redakteur der Zeitung, der für den Artikel verantwortlich war
   ☐ die Frau des Mannes
   ☐ die Kinder des Mannes
   ☐ der Chef vom Dienst der Zeitung, in der sein Bild gestanden hat

B Welcher Satz wird oft wiederholt?

Was in der Zeitung steht

von Reinhard Mey

Wie jeden Morgen war er pünktlich dran, seine
Kollegen sahen ihn fragend an, „Sag' mal,
hast du noch nicht gesehen, was in der
Zeitung steht?"
5 Er schloß die Türe hinter sich,
neatly hängte Hut und Mantel in den Schrank fein säuberlich°,
setzte sich, „da wollen wir erst mal sehen,
was in der Zeitung steht."

Und da stand es fett auf Seite zwei
10 „Finanzskandal", sein Bild dabei
und die Schlagzeile „Wie lang das wohl so weitergeht?"

	Er las den Text,
	und ihm war sofort klar,
mistake, mix-up	eine Verwechslung°, nein, da war kein Wort von wahr,
fabricated	15 aber wie kann etwas erlogen° sein,
	was in der Zeitung steht?
paper	Er starrte auf das Blatt°,
	das vor ihm lag,
malicious / blow	es traf ihn wie ein heimtückischer° Schlag°,
	20 wie ist das möglich, daß so etwas in der Zeitung steht?
sich ... to turn	Das Zimmer ringsherum begann sich zu drehen°,
as blurred	die Zeilen konnte er nur noch verschwommen° sehen.
wehrt ... does one defend oneself	Wie wehrt man sich° nur gegen das,
	was in der Zeitung steht?
stell ... be stolid	25 Die Kollegen sagten, „stell dich einfach stur"°,
staggered	er taumelte° zu seinem Chef über den Flur,
	„aber selbstverständlich,
	daß jeder hier zu Ihnen steht,
	ich glaube, das Beste ist, Sie spannen erst mal aus,
	30 ein paar Tage Urlaub, bleiben Sie zu Haus,
	Sie wissen ja, die Leute glauben gleich alles,
	nur weil es in der Zeitung steht."
swayed	Er holte Hut und Mantel, wankte° aus dem Raum,
	nein, das war Wirklichkeit, das war kein böser Traum,
	35 wer denkt sich sowas aus, wie das,
	was in der Zeitung steht?
elevator	Er rief den Fahrstuhl°, stieg ein und gleich wieder aus,
stairwell	nein, er ging doch wohl besser durch das Treppenhaus°.
	Da würde ihn keiner sehen, der wüßte,
	40 was in der Zeitung steht.
	Er würde durch die Tiefgarage gehen, er war zu Fuß.
custodian	Der Pförtner° würde ihn nicht sehen,
	der wußte immer ganz genau,
	was in der Zeitung steht.
stumbled / driveway	45 Er stolperte° die Wagenauffahrt° rauf,
	sah den Rücken des Pförtners,
	das Tor war auf,
klebt wie ... sticks like tar	das klebt wie Pech° an dir,
wirst ... you will never get rid of	das wirst du nie mehr los°,
	50 was in der Zeitung steht,
	was in der Zeitung steht,
	was in der Zeitung steht,
	was in der Zeitung steht.
hurried	55 Er eilte° zur U-Bahnstation,
	jetzt wüßten es die Nachbarn schon,
	jetzt war es im ganzen Ort herum,
	was in der Zeitung steht.
	Solange die Kinder in der Schule waren,
find out	60 solange würden sie es vielleicht nicht erfahren°,
	aber irgendwer hat ihnen längst erzählt,
	was in der Zeitung steht.
wich ... aus avoided	Er wich den Leuten auf dem Bahnsteig aus°,
	ihm schien, die Blicke, alle richteten sich nur auf ihn,
	der Mann im Kiosk da, der wußte Wort für Wort,
	65 was in der Zeitung steht.
wave / crashed down	Wie eine Welle° war es, die über ihm zusammenschlug°,

deliverance / suburban train	wie die Erlösung° kam der Vorortszug°,
	du wirst nie mehr ganz frei, das hängt dir ewig an,
	was in der Zeitung steht.
editor	70 „Was wollen Sie eigentlich?" fragte der Redakteur°,
responsibility	„Verantwortung°, Mann, wenn ich das schon hör',
	die Leute müssen halt nicht gleich alles glauben,
	nur weil es in der Zeitung steht."
	„Na, schön, so eine Verwechslung kann schon mal passieren,
carefully / research	75 da kannst du noch so sorgfältig° recherchieren°.
nonsense	Mann, was glauben Sie, was Tag für Tag für ein Unfug°
	in der Zeitung steht?"
	„Ja", sagte der Chef vom Dienst, „das ist wirklich zu dumm,
honestly / bringt... doesn't	aber ehrlich°, man bringt sich doch nicht gleich um°,
go and kill oneself	80 nur weil mal aus Versehen°
°aus ... by mistake	was in der Zeitung steht."
retraction, corrected version	Die Gegendarstellung° erschien am Abend schon,
regret	fünf Zeilen mit dem Bedauern° der Redaktion,
	aber Hand aufs Herz, wer liest, was so klein
	85 in der Zeitung steht?

Zum Text

Lesen Sie die Ballade nun genauer durch und machen Sie die folgenden Aufgaben.

A Was sind die Tatsachen? Bringen Sie die folgenden Sätze in die richtige Reihenfolge.

_____ Der Mann eilt zur U-Bahnstation, wo er sich vor den Zug wirft.

_____ In der Zeitung sieht er sein Bild neben der Schlagzeile „Finanzskandal".

_____ Später liest man ganz klein in der Zeitung, dass der Bericht über den Mann ein Irrtum war.

_____ Ein Mann kommt wie immer pünktlich ins Büro zur Arbeit und liest die Zeitung.

_____ Sein Chef gibt ihm ein paar Tage Urlaub und schickt ihn nach Hause.

_____ Kein Wort ist wahr, was über ihn in der Zeitung steht.

B Was macht den Text „Was in der Zeitung steht" zu einer Ballade? Welche der folgenden Punkte treffen auf diese Ballade zu? Geben Sie Beispiele aus dem Text. Eine Ballade …

☐ ist ein Lied mit mehreren Strophen.

☐ erzählt eine Geschichte.

☐ berichtet oft ein tragisches Geschehen.

☐ behandelt Themen aus der Geschichte oder dem Alltag einfacher Menschen.

☐ ist meistens gereimt.

☐ zeigt oft Rede und Gegenrede (Konflikte zwischen Menschen).

C Wie reagieren die folgenden Personen in der Ballade auf die falsche Information in der Zeitung?

1. der Mann, über den Falsches in der Zeitung steht

2. die Kollegen

3. der Chef des Mannes

4. der Redakteur der Zeitung, in der der skandalöse Bericht mit Bild steht

5. der Chef vom Dienst der Zeitung

D **Vom Lied zum Zeitungsartikel.** Verwandeln Sie das Lied in einen Zeitungsartikel.

Schritt 1: Machen Sie sich Notizen zu dem Vorfall (*incident*) im Lied. Wer? Wo? Was? Wann? Wie? Warum?

Schritt 2: Bringen Sie Ihre Notizen in die richtige Reihenfolge. Wenn Sie wollen, können Sie mehr Details hinzufügen (*add*).

Schritt 3: Benutzen Sie Ihre Notizen, um den Zeitungsartikel zu schreiben.

Zu guter Letzt

Globale und lokale Probleme

Diskutieren Sie im Plenum einen Vorschlag zur Lösung eines globalen oder lokalen Problems.

Schritt 1: Das Thema. Wählen Sie ein Thema oder Problem aus den Listen von lokalen und globalen Problemen aus **Thema 1** und **Thema 2** oder ein aktuelles Thema an Ihrer Universität oder in Ihrer Stadt.

BEISPIELE: Armut   Ausländerfeindlichkeit
Verkehr in der Innenstadt   Klimawandel
Umweltverschmutzung   Rassismus
Arbeitslosigkeit   Krieg

Schritt 2: Die Lösung. Formulieren Sie eine mögliche Lösung des Problems. Sie brauchen nicht unbedingt alle mit dieser Lösung einverstanden (*in agreement*) zu sein.

BEISPIEL: Umweltverschmutzung →
Die Benzinsteuern sollen drastisch erhöht werden.

Schritt 3: Dafür oder dagegen? Entscheiden Sie sich, ob Sie dafür oder dagegen sind. Schreiben Sie drei Argumente, um Ihre Meinung auszudrücken.

Schritt 4: Redemittel. Wie führen Sie Ihre Argumente ein? Wählen Sie mindestens drei Redemittel aus der Liste auf S. 401, um Ihre Argumente einzuleiten.

BEISPIELE: ich bin der Meinung   ich bin dafür
meiner Meinung nach   ich bin dagegen
ich halte … für …

Schritt 5: Die Klasse wählt eine/n Diskussionsmoderator/in, um die Diskussion zu leiten. Zwei Klassenmitglieder führen Protokoll (*take notes*).

Schritt 6: Diskutieren Sie über die vorgeschlagene Lösung im Plenum. Hier sind einige Redemittel, die dem/der Moderator/in behilflich sein können.

Wir sind hier, um das Thema   *We are here to discuss the topic*
_____ zu besprechen.   *_____.*

Wer möchte etwas dazu sagen?   *Who would like to say something*
                                                                  about that?

Einer nach dem anderen bitte!   *Please take turns!*

Wir müssen die Diskussion jetzt   *We have to bring the discussion to a*
beenden.   *close now.*

Schritt 7: Jeder bekommt eine Kopie des Protokolls, um damit eine Zusammenfassung der Diskussion zu schreiben.

Wortschatz

Weltweite Probleme	World Problems
die **Arbeitslosigkeit**	unemployment
die **Armut**	poverty
die **Ausländerfeindlichkeit**	xenophobia, hatred directed toward foreigners
die **Drogensucht**	drug addiction
die **Gewalt**	violence
der **Hunger**	hunger, famine
die **Krankheit, -en**	illness, disease, ailment
der **Krieg, -e**	war
der/die **Obdachlose** (*decl. adj.*)	homeless (person)
die **Obdachlosigkeit**	homelessness
der **Rassismus**	racism
der **Terrorismus**	terrorism
die **Umweltverschmutzung**	environmental pollution
die **Welt**	world, earth

Umwelt	Environment
der **Abfall, ⸚e**	waste, garbage, trash, litter
die **Dose, -n**	(tin or aluminum) can; jar
die **Flasche, -n**	bottle
die **Wegwerfflasche, -n**	disposable bottle
die **Getränkedose, -n**	beverage can
der **Klimawandel**	climate change
der **Lärm**	noise
die **Luftverschmutzung**	air pollution
die **Plastiktüte, -n**	plastic bag
die **Sammelstelle, -n**	recycling center
die **Umwelt**	environment
der **Umweltschutz**	environmental protection
das **Verkehrsmittel, -**	vehicle, means of transportation
das **Windrad, ⸚er**	wind power generator

Sonstige Substantive	Other Nouns
das **Arzneimittel, -**	medication
der **Ausländer, -** / die **Ausländerin, -nen**	foreigner
der **Bürger, -** / die **Bürgerin, -nen**	citizen
die **Demonstration, -en**	demonstration
die **Droge, -n**	drug
die **Forschung, -en**	research
die **Gefahr, -en**	danger
die **Lösung, -en**	solution
die **Meinung, -en**	opinion
ich bin der Meinung …	I'm of the opinion …
meiner Meinung nach …	in my opinion …
der **Politiker, -** / die **Politikerin, -nen**	politician
die **Steuer, -n**	tax

Verben	Verbs
ab•stimmen	to take a vote
sich etwas **an•schaffen**	to purchase or acquire something
behandeln	to deal with
betreffen (betrifft), betraf, betroffen	to affect
ein•führen	to introduce
sich **engagieren**	to get involved
entwickeln	to develop
fördern	to promote
halten für (hält), hielt, gehalten	to consider, think
lösen	to solve
meinen	to think, be of the opinion
schaffen, schuf, geschaffen	to create
schützen	to protect
sich **Sorgen machen um (etwas)**	to worry about (something)
teil•nehmen an (+ *dat.*) **(nimmt teil), nahm teil, teilgenommen**	to participate (in)
(sich) **trennen**	to separate
um•schulen	to retrain
unterbrechen (unterbricht), unterbrach, unterbrochen	to interrupt
verbieten, verbot, verboten	to prohibit, forbid
verbrauchen	to consume
vermeiden, vermied, vermieden	to avoid
vermindern	to decrease, lessen
verwenden	to use, apply
vor•ziehen, zog vor, vorgezogen	to prefer
wählen	to vote, elect; to choose

Adjektive und Adverbien	Adjectives and Adverbs
global	global
öffentlich	public
sauber	clean
übertrieben	exaggerated
umweltfreundlich	environmentally friendly
vertraut	familiar

Andere Ausdrücke	Other Expressions
außerdem	besides, in addition
Ich bin dafür.	I'm in favor of it.
Ich bin dagegen.	I'm against it.
im Grunde genommen	basically
in die Sammlung geben	to give/take to recycling
So ein Unsinn!	Nonsense!

Das kann ich nun!

1. Nennen Sie fünf globale Probleme.

2. Welche Substantive assoziieren Sie mit den Verben? (Mehrere Antworten sind möglich.)

   a. an Demonstrationen   _____ entwickeln
   b. die Umwelt   _____ einführen
   c. Plastiktüten   _____ schützen
   d. Obdachlosigkeit   _____ fördern
   e. Fußgängerzonen   _____ vermindern
   f. Recylingprogramme   _____ verbieten
   g. Umweltschutz   _____ teilnehmen
   h. Alternativenergie   _____ einrichten

3. Nennen Sie zwei oder drei Sachen, die man in Ihrer Stadt tut oder die Sie persönlich machen, um die Umwelt zu schützen.

4. Sie diskutieren mit einem Bekannten über Klimawandel. Wie sagt man folgende Ausdrücke auf Deutsch?

   a. *In my opinion . . .*
   b. *I think it is exaggerated . . .*
   c. *I agree with you that . . .*
   d. *I am against that.*

5. Bilden Sie nun vier Sätze, in denen Sie etwas über Klimawandel aussagen.

6. Drücken Sie die folgenden Sätze im Passiv aus.

   a. Man muss die Umwelt schützen.
   b. Kann man Klimawandel verhindern?
   c. Man darf Altbatterien nicht in den Abfall werfen.

7. Ergänzen Sie die folgenden Sätze im Passiv.

   a. In Deutschland _____ viele Zeitungen gelesen.
   b. Letztes Jahr _____ Millionen Digitalkameras gekauft _____.
   c. In der Schweiz _____ in 17 Kantonen Deutsch gesprochen.
   d. Handytelefonieren in Bus and Bahn soll verboten _____.
   e. Mozart _____ in Salzburg geboren.

8. Ergänzen Sie die fehlenden Endungen.

   a. Im kommen_____ Sommer mache ich ein Praktikum im Umweltschutz.
   b. Der Klimawandel ist ein steigen_____ Problem.
   c. Die Studenten demonstrierten wegen wachsen_____ Arbeitslosigkeit nach dem Studium.

Hin und her, Part 2

Einführung

Aktivität 16 Hin und her°: Was ist die Postleitzahl?

Back and forth

This is the first of many activities in which you will exchange information with a partner. Take turns asking each other for the postal codes of the persons living in the cities below.

BEISPIEL: S1: Was ist Saskias Postleitzahl in Hamburg?

S2: D-22041. Was ist Peters Postleitzahl in Salzburg?

Saskia	D-22041	Hamburg
Peter		Salzburg
Mathias	CH-8046	Zürich
Kathrin		Dresden

Susanne	A-1010	Wien
Felix		Berlin
Marion	FL-9490	Vaduz
Michael		Eisenach

Kapitel 2

Aktivität 9 Hin und her: Machen sie das gern?

Find out what the following people like to do or don't like to do by asking your partner.

BEISPIEL: S1: Was macht Jakob gern?

S2: Jakob kocht gern. Was macht Jakob nicht gern?

S1: Er fährt nicht gern Auto.

	gern	nicht gern
Jakob	kochen	
Antonia		Wohnung putzen
Philipp	SMS schicken	
Leonie		Möbel kaufen
Sie		
Ihr Partner / Ihre Partnerin		

Kapitel 3

Aktivität 7 Hin und her: Verwandtschaften°

relationships

Ask a partner questions about Bernd's family.

BEISPIEL: **S1:** Wie ist Gisela mit Bernd verwandt?

S2: Gisela ist Bernds Tante.

S1: Wie alt ist sie denn?

S2: Sie ist 53.

S1: Wann hat sie Geburtstag?

S2: Im Februar.

Person	Verwandtschaft	Alter	Geburtstag
Gisela	Tante	53	Februar
Alexandra			
Christoph	Schwager	36	Dezember
Andreas			
Sabine	Kusine	19	August

Kapitel 4

Aktivität 6 Hin und her: Zwei Stundenpläne

Milan und Frank sind 18 Jahre alt und gehen aufs Gymnasium (*secondary school*). Vergleichen Sie ihre Stundenpläne. Welche Fächer haben sie gemeinsam (*together*)?

BEISPIEL: **S1:** Welchen Kurs hat Milan montags um acht?

S2: Montags um acht hat Milan Physik. Welchen Kurs hat Frank um acht?

Zeit	Montag	Dienstag	Mittwoch	Donnerstag	Freitag
8.00–8.45	Physik	Musik	Deutsch	Erdkunde	Mathe
8.50–9.35	Physik	Mathe	Deutsch	Musik	
Pause					
9.50–10.35	Bio-Chemie	Sport	Englisch	Französisch	ivFö
10.40–11.25	Deutsch	Sport	Chemie	Religion	Bio-Chemie
11.45–12.30	Englisch	ivFö	Erdkunde	Englisch	Religion
12.35–13.20	Mathe		Musik	Englisch	
13.20–14.30	Mittagspause				
14.35–15.20	Chemie	Französisch	Bio-Chemie	Handball	Französisch
15.25–16.10	Französisch		Bio-Chemie		

Milans Stundenplan

Kapitel 6

Übung 17 Hin und her: Warum nicht?

Fragen Sie Ihren Partner / Ihre Partnerin, warum die folgenden Leute nicht da waren.

BEISPIEL: S1: Warum war Andreas gestern Vormittag nicht in der Vorlesung?

S2: Er hatte keine Lust.

Person	Wann	Wo	Warum
Andreas	gestern Vormittag	in der Vorlesung	keine Lust haben
Anke			arbeiten müssen
Frank	gestern Abend	auf der Party	
Yeliz			schlafen wollen
Mario	Samstag	im Café	
Ihr Partner / Ihre Partnerin			

Kapitel 7

Übung 10 Hin und her: Wochenende und Freizeit

Wer hat was gemacht? Arbeiten Sie zu zweit.

BEISPIEL: S1: Was hat Dagmar gemacht?

S2: Sie ist zum Kegelclub gegangen.

Wer	Was
Dagmar	zum Kegelclub gehen
Thomas	
Jürgen	zu Hause bleiben und nur faulenzen
Stefanie	
Susanne	mit Freunden in die Stadt fahren
Felix und Sabine	
die Kinder	schwimmen gehen

Kapitel 8

Aktivität 8 Hin und her: Was macht man morgens?

Jeder hat eine andere Routine. Was machen diese Leute und in welcher Reihenfolge?
Machen Sie es auch so?

BEISPIEL: S1: Was macht Alexander morgens?

S2: Zuerst rasiert er sich und putzt sich die Zähne. Dann
kämmt er sich. Danach setzt er sich an den Tisch und frühstückt.

Wer	Was er/sie morgens macht
Alexander	zuerst / sich rasieren / sich die Zähne putzen dann / sich kämmen danach / sich an den Tisch setzen / frühstücken
Elke	zuerst / sich anziehen dann / sich die Zähne putzen danach / sich kämmen
Tilo	
Sie	zuerst / ?? dann / ?? danach / ??
Ihr(e) Partner(in)	zuerst / ?? dann / ?? danach / ??

Kapitel 9

Aktivität 6 Hin und her: In einer fremden° Stadt   *unfamiliar*

Sie sind in einer fremden Stadt. Fragen Sie nach dem Weg. Benutzen Sie die Tabelle.

BEISPIEL: S1: Ist das Landesmuseum weit von hier?

S2: Es ist sechs Kilometer von hier, bei der Universität.

S1: Wie komme ich am besten dahin?

S2: Nehmen Sie die Buslinie 7, am Rathaus.

Wohin?	Wie weit?	Wo?	Wie?
Landesmuseum	6 km	bei der Universität	Buslinie 7, am Rathaus
Bahnhof			
Post	nicht weit	in der Nähe vom Bahnhof	zu Fuß
Schloss			
Opernhaus	ganz in der Nähe	rechts um die Ecke	zu Fuß, die Poststraße entlang

Übung 15 Hin und her: Was gibt es hier?

Fragen Sie einen Partner / eine Partnerin nach den fehlenden Informationen.

BEISPIEL: S1: Was gibt es beim Gasthof zum Bären?

S2: Warme Küche.

S1: Was gibt es sonst noch?

S2: Bayerische Spezialitäten.

Wo?	Was?	Was sonst noch?
Gasthof zum Bären	Küche / warm	Spezialitäten / bayerisch
Gasthof Adlersberg		
Gasthaus Schneiderwirt	Hausmusik / originell	Gästezimmer / rustikal
Hotel Luitpold		
Restaurant Ökogarten	Gerichte / vegetarisch	Bier / alkoholfrei

Kapitel 10

Aktivität 3 Hin und her: Was nehmen sie mit?

Wohin fahren diese Leute im Urlaub? Und warum? Was nehmen sie mit?

BEISPIEL: S1: Wohin fährt Angelika Meier in Urlaub?

S2: Sie fährt in die Türkei.

S1: Warum fährt sie dahin?

S2: Weil …

S1: Was nimmt sie mit?

S2: Sie nimmt …

Personen	Wohin?	Warum?	Was nimmt er/sie mit?
Angelika Meier	in die Türkei	sich am Strand erholen	Buch, Sonnenbrille, Badesachen
Peter Bayer	auf die Insel Rügen	Windsurfen gehen	Sonnenschutzmittel, Badehose
Roland Metz			
Sabine Graf	nach Griechenland	eine Studienreise machen	Reiseführer, Wörterbuch, Kamera

Übung 3 Hin und her: Wie war der Urlaub?

Herr Ignaz Huber aus München war drei Wochen im Urlaub in Norddeutschland. Er war zwei Tage in Hamburg, eine Woche in Cuxhaven und nicht ganz zwei Wochen auf der Insel Sylt. Stellen Sie Ihrem Partner / Ihrer Partnerin Fragen über Herrn Hubers Urlaub. Benutzen Sie den Superlativ.

BEISPIEL: S1: Wo war es am wärmsten?

S2: Am wärmsten war es in Cuxhaven.

	In Hamburg	In Cuxhaven	Auf der Insel Sylt
1. *Wo war es (kalt/warm)?*	20°C	25°C	15°C
2. *Wo waren die Hotelpreise (günstig/teuer)?*			
3. *Wo hat es (viel) geregnet?*	zwei Tage	einen Tag	fünf Tage
4. *Wo war das Hotelpersonal (freundlich)?*			
5. *Wo war der Strand (schön)?*	nicht am Strand	sehr sauber, angenehm	zu windig
6. *Wo hat das Essen (gut) geschmeckt?*			

Kapitel 11

Aktivität 3 Hin und her: Wer macht was, und warum?

Ergänzen Sie die Informationen.

BEISPIEL: S1: Was macht Corinna Eichhorn?

S2: Sie ist Sozialarbeiterin.

S1: Warum macht sie das?

S2: Weil …

Name	Beruf	Warum?
Corinna Eichhorn	Sozialarbeiterin	Menschen helfen
Karsten Becker	Bibliothekar	sich für Bücher interessieren
Erika Lentz		
Alex Böhmer	Informatiker	mit Computern arbeiten

Aktivität 6 Hin und her: Berühmte° Personen

famous

Diese berühmten Menschen, die alle einen Beruf ausübten, hatten auch andere Interessen. Ergänzen Sie die Informationen.

BEISPIEL: S1: Was war Martin Luther von Beruf?

S2: Er war Theologieprofessor.

S1: Was für andere Interessen hatte er?

S2: Er interessierte sich für Literatur, Musik und die deutsche Sprache.

Name	Beruf	Interessen
Martin Luther (1483–1546)	Theologieprofessor	Literatur, Musik, die deutsche Sprache
Käthe Kollwitz (1867–1945)		
Bertha von Suttner (1843–1914)	Schriftstellerin	die europäische Friedensbewegung (*peace movement*)
Rainer Werner Fassbinder (1945–82)		
Marlene Dietrich (1901–92)	Schauspielerin	Ski fahren
Willy Brandt (1913-92)		

Kapitel 12

Aktivität 6 Hin und her: Eine neue Wohnung

Diese Leute haben entweder eine neue Wohnung oder ein neues Haus gekauft. Wer hat was gekauft? Wie viele Stockwerke gibt es? Wie groß ist das Wohnzimmer? Wie viele WCs oder Badezimmer gibt es?

BEISPIEL: S1: Was für eine Wohnung hat Bettina Neuendorf gekauft?

S2: Eine Eigentumswohnung.

S1: Wie viele Stockwerke hat die Wohnung?

S2: Eins.

S1: Und wie viele Schlafzimmer? …

Person	Typ	Stockwerke	Schlafzimmer	Wohnzimmer	WC/BAD
Bettina Neuendorf	Eigentums-wohnung	eins	eins, aber auch ein kleines Gästezimmer	mit Esszimmer kombiniert 30 Quadratmeter	eins
Uwe und Marion Baumgärtner	Haus	zwei	drei: Elternschlaf-zimmer, Kinder-schlafzimmer, Gästezimmer	sehr groß mit Balkon 37 Quadratmeter	zwei Badezim-mer: eins im Dachgeschoss und eins im Erdgeschoss
Sven Kersten					
Carola Schubärth	Haus	eins	zwei: eins ist Arbeitszimmer	klein 25 Quadratmeter	ein Bad

Kapitel 13

Aktivität 5 Hin und her: Wie informieren sie sich?

Wie informieren sich diese Personen? Stellen Sie Fragen an Ihren Partner / Ihre Partnerin.

BEISPIEL: S1: Was sieht Martin oft im Fernsehen? Was liest er oft?

S2: Er _____.

Person	Fernsehen	Zeitungen
Martin	Dokumentarfilme	Sport (besonders Fußball)
Stephanie	klassische Spielfilme und Komödien	Lokales und Kultur
Patrick		
Kristin	Sportsendungen, Krimi-Serien wie „Die Rosenheim-Cops"	Wissenschaft, Leitartikel, Mode
Mein Partner / Meine Partnerin		

Aktivität 10 Hin und her: Erfindungen

Sie möchten wissen, wer was wann erfunden hat. Arbeiten Sie zu zweit.

BEISPIELE: S1: Wer hat _____ erfunden?

S2: _____.

S1: Wann hat er/sie es erfunden?

S2: (Im Jahre) _____.

ODER: S1: Was hat _____ erfunden?

S2: Er/Sie hat _____ erfunden.

S1: In welchem Jahr?

S2: (Im Jahre) _____.

Person	Erfindung	Datum
Johannes Gutenberg	der Buchdruck mit beweglichen Lettern (*movable type*)	um 1450
Daniel Gabriel Fahrenheit	das Alkoholthermometer	1709
	das Fahrrad (Draisine)	
Herta Heuwer	Currywurst	1949
Gottlieb Daimler		
	der Dieselmotor	
Wilhelm Conrad Röntgen	Röntgenstrahlen (*X-rays*)	1895
Melitta Bentz		1908

Kapitel 14

Aktivität 1 Hin und her: Probleme und Lösungen

Stellen Sie Ihrem Partner / Ihrer Partnerin Fragen zu den folgenden Problemen, um herauszufinden, welche möglichen Lösungen es gibt.

BEISPIEL: S1: Was kann man gegen Krieg tun?

S2: Man kann an Demonstrationen gegen Krieg teilnehmen.

Probleme	Mögliche Lösungen
Krieg	an Demonstrationen gegen Krieg teilnehmen
Ausländerfeindlichkeit	Ausländer besser integrieren
Drogensucht	
Krankheiten	mehr Geld für Forschung ausgeben
Klimawandel	
Arbeitslosigkeit	Arbeiter umschulen und neue Arbeitsplätze schaffen
Obdachlosigkeit	

Übung 7 Hin und her: Zwei umweltbewusste Städte

In zwei Städten, Altstadt und Neustadt, wird für eine bessere Umwelt gesorgt.

BEISPIEL: S1: Was ist in Altstadt zuerst gemacht worden?

S2: Zuerst sind die Bürger über Umweltschutz informiert worden. Und in Neustadt?

S1: Zuerst sind … Und dann …

	Altstadt	Neustadt
zuerst	Bürger über Umweltschutz informieren	
dann	neue Passivhäuser am Stadtrand bauen	
danach	Autos aus der Innenstadt verbannen	
schließlich	energiesparende Busse kaufen	
zuletzt	ein großes Umweltfest in der Innenstadt feiern	

APPENDIX B
Grammar Tables

1. Personal Pronouns

	Singular					Plural		
Nominative	ich	du / Sie	er	sie	es	wir	ihr / Sie	sie
Accusative	mich	dich / Sie	ihn	sie	es	uns	euch / Sie	sie
Dative	mir	dir / Ihnen	ihm	ihr	ihm	uns	euch / Ihnen	ihnen

2. Definite Articles

	Singular			Plural
	Masculine	*Neuter*	*Feminine*	*All genders*
Nominative	der	das	die	die
Accusative	den	das	die	die
Dative	dem	dem	der	den
Genitive	des	des	der	der

Words declined like the definite article: **jeder, dieser, welcher**

3. Indefinite Articles and *kein*

	Singular			Plural
	Masculine	*Neuter*	*Feminine*	*All genders*
Nominative	(k)ein	(k)ein	(k)eine	keine
Accusative	(k)einen	(k)ein	(k)eine	keine
Dative	(k)einem	(k)einem	(k)einer	keinen
Genitive	(k)eines	(k)eines	(k)einer	keiner

Words declined like the indefinite article: all possessive adjectives (**mein, dein, sein, ihr, unser, euer, Ihr**)

4. Relative and Demonstrative Pronouns

	Singular			Plural
	Masculine	*Neuter*	*Feminine*	*All genders*
Nominative	der	das	die	die
Accusative	den	das	die	die
Dative	dem	dem	der	denen
Genitive	dessen	dessen	deren	deren

5. Summary of Adjective Endings

Adjectives After a Definite Article

	Singular			Plural
	Masculine	*Neuter*	*Feminine*	*All Genders*
Nom.	-e	-e	-e	-en
Acc.	-en	-e	-e	-en
Dat.	-en	-en	-en	-en
Gen.	-en	-en	-en	-en

Adjectives After an Indefinite Article

	Singular			Plural
	Masculine	*Neuter*	*Feminine*	*All Genders*
Nom.	-er	-es	-e	-en
Acc.	-en	-es	-e	-en
Dat.	-en	-en	-en	-en
Gen.	-en	-en	-en	-en

Adjectives without a Preceding Article

	Singular			Plural
	Masculine	*Neuter*	*Feminine*	*All Genders*
Nom.	-er	-es	-e	-e
Acc.	-en	-es	-e	-e
Dat.	-em	-em	-er	-en
Gen.	-en	-en	-er	-er

6. Conjugation of Verbs

In the charts that follow, the pronoun **Sie** (*you*) is listed with the third-person plural **sie** (*they*).

Present Tense

	Auxiliary Verbs			Regular		Vowel Change		Irregular
	sein	**haben**	**werden**	**fragen**	**finden**	**geben**	**fahren**	**wissen**
ich	bin	habe	werde	frage	finde	gebe	fahre	weiß
du	bist	hast	wirst	fragst	findest	gibst	fährst	weißt
er/sie/es	ist	hat	wird	fragt	findet	gibt	fährt	weiß
wir	sind	haben	werden	fragen	finden	geben	fahren	wissen
ihr	seid	habt	werdet	fragt	findet	gebt	fahrt	wisst
sie/Sie	sind	haben	werden	fragen	finden	geben	fahren	wissen

Simple Past Tense

	Auxiliary Verbs			Weak	Strong		Mixed
	sein	**haben**	**werden**	**fragen**	**geben**	**fahren**	**wissen**
ich	war	hatte	wurde	fragte	gab	fuhr	wusste
du	warst	hattest	wurdest	fragtest	gabst	fuhrst	wusstest
er/sie/es	war	hatte	wurde	fragte	gab	fuhr	wusste
wir	waren	hatten	wurden	fragten	gaben	fuhren	wussten
ihr	wart	hattet	wurdet	fragtet	gabt	fuhrt	wusstet
sie/Sie	waren	hatten	wurden	fragten	gaben	fuhren	wussten

Present Perfect Tense

	sein		haben		geben		fahren	
ich	bin		habe		habe		bin	
du	bist		hast		hast		bist	
er/sie/es	ist		hat		hat		ist	
wir	sind	gewesen	haben	gehabt	haben	gegeben	sind	gefahren
ihr	seid		habt		habt		seid	
sie/Sie	sind		haben		haben		sind	

Past Perfect Tense

	sein		haben		geben		fahren	
ich	war		hatte		hatte		war	
du	warst		hattest		hattest		warst	
er/sie/es	war		hatte		hatte		war	
wir	waren	gewesen	hatten	gehabt	hatten	gegeben	waren	gefahren
ihr	wart		hattet		hattet		wart	
sie/Sie	waren		hatten		hatten		waren	

Future Tense

	geben	
ich	werde	
du	wirst	
er/sie/es	wird	
wir	werden	geben
ihr	werdet	
sie/Sie	werden	

Subjunctive

Present Tense: Subjunctive I (Indirect Discourse Subjunctive)

	sein	haben	werden	fahren	wissen
ich	sei	—	—	—	wisse
du	sei(e)st	habest	—	—	—
er/sie/es	sei	habe	werde	fahre	wisse
wir	seien	—	—	—	—
ihr	sei(e)t	habet	—	—	—
sie/Sie	seien	—	—	—	—

For those forms left blank in the chart above, as well as in the "Past Tense: Subjunctive I" chart at the bottom of this page, the subjunctive II forms are preferred in indirect discourse.

Present Tense: Subjunctive II

	fragen	sein	haben	werden	fahren	wissen
ich	fragte	wäre	hätte	würde	führe	wüsste
du	fragtest	wär(e)st	hättest	würdest	führ(e)st	wüsstest
er/sie/es	fragte	wäre	hätte	würde	führe	wüsste
wir	fragten	wären	hätten	würden	führen	wüssten
ihr	fragtet	wär(e)t	hättet	würdet	führ(e)t	wüsstet
sie/Sie	fragten	wären	hätten	würden	führen	wüssten

Past Tense: Subjunctive I (Indirect Discourse)

	fahren		wissen	
ich	sei		—	
du	sei(e)st		habest	
er/sie/es	sei	gefahren	habe	gewusst
wir	seien		—	
ihr	sei(e)t		habet	
sie/Sie	sei(e)n		—	

Past Tense: Subjunctive II

	sein		geben		fahren	
ich	wäre		hätte		wäre	
du	wär(e)st		hättest		wär(e)st	
er/sie/es	wäre	} gewesen	hätte	} gegeben	wäre	} gefahren
wir	wären		hätten		wären	
ihr	wär(e)t		hättet		wär(e)t	
sie/Sie	wären		hätten		wären	

Passive Voice

	einladen					
	Present		*Simple Past*		*Present Perfect*	
ich	werde		wurde		bin	
du	wirst		wurdest		bist	
er/sie/es	wird	} eingeladen	wurde	} eingeladen	ist	} eingeladen worden
wir	werden		wurden		sind	
ihr	werdet		wurdet		seid	
sie/Sie	werden		wurden		sind	

Imperative

	sein	geben	fahren	arbeiten
Familiar Singular	sei	gib	fahr	arbeite
Familiar Plural	seid	gebt	fahrt	arbeitet
Formal	seien Sie	geben Sie	fahren Sie	arbeiten Sie

7. Principal Parts of Strong and Mixed Verbs

The following is a list of the most important strong and mixed verbs that are used in this book. Included in this list are the modal auxiliaries. Since the principal parts of compound verbs follow the forms of the base verb, compound verbs are generally not included, except for a few high-frequency compound verbs whose base verb is not commonly used. Thus you will find **anfangen** and **einladen** listed, but not **zurückkommen** or **ausgehen**.

Infinitive	(3rd Pers. Sg. Present)	Simple Past	Past Participle	Meaning
anbieten		bot an	angeboten	*to offer*
anfangen	(fängt an)	fing an	angefangen	*to begin*
backen		backte	gebacken	*to bake*
beginnen		begann	begonnen	*to begin*
begreifen		begriff	begriffen	*to comprehend*
beißen		biss	gebissen	*to bite*
bitten		bat	gebeten	*to ask, beg*
bleiben		blieb	(ist) geblieben	*to stay*
bringen		brachte	gebracht	*to bring*
denken		dachte	gedacht	*to think*
dürfen	(darf)	durfte	gedurft	*to be allowed to*
einladen	(lädt ein)	lud ein	eingeladen	*to invite*
empfehlen	(empfiehlt)	empfahl	empfohlen	*to recommend*
entscheiden		entschied	entschieden	*to decide*
essen	(isst)	aß	gegessen	*to eat*
fahren	(fährt)	fuhr	(ist) gefahren	*to drive*
fallen	(fällt)	fiel	(ist) gefallen	*to fall*
finden		fand	gefunden	*to find*
fliegen		flog	(ist) geflogen	*to fly*
geben	(gibt)	gab	gegeben	*to give*
gefallen	(gefällt)	gefiel	gefallen	*to like; to please*
gehen		ging	(ist) gegangen	*to go*
genießen		genoss	genossen	*to enjoy*
geschehen	(geschieht)	geschah	(ist) geschehen	*to happen*
gewinnen		gewann	gewonnen	*to win*
haben	(hat)	hatte	gehabt	*to have*
halten	(hält)	hielt	gehalten	*to hold; to stop*
hängen		hing	gehangen	*to hang*
heißen		hieß	geheißen	*to be called*
helfen	(hilft)	half	geholfen	*to help*
kennen		kannte	gekannt	*to know*
kommen		kam	(ist) gekommen	*to come*
können	(kann)	konnte	gekonnt	*can; to be able to*
lassen	(lässt)	ließ	gelassen	*to let; to allow (to)*
laufen	(läuft)	lief	(ist) gelaufen	*to run*
leihen		lieh	geliehen	*to lend; to borrow*
lesen	(liest)	las	gelesen	*to read*
liegen		lag	gelegen	*to lie*
mögen	(mag)	mochte	gemocht	*to like (to)*
müssen	(muss)	musste	gemusst	*must; to have to*
nehmen	(nimmt)	nahm	genommen	*to take*
nennen		nannte	genannt	*to name*
raten	(rät)	riet	geraten	*to advise*

Infinitive	(3rd Pers. Sg. Present)	Simple Past	Past Participle	Meaning
reiten		ritt	(ist) geritten	*to ride*
scheinen		schien	geschienen	*to seem; to shine*
schlafen	(schläft)	schlief	geschlafen	*to sleep*
schließen		schloss	geschlossen	*to close*
schreiben		schrieb	geschrieben	*to write*
schwimmen		schwamm	(ist) geschwommen	*to swim*
sehen	(sieht)	sah	gesehen	*to see*
sein	(ist)	war	(ist) gewesen	*to be*
singen		sang	gesungen	*to sing*
sitzen		saß	gesessen	*to sit*
sollen	(soll)	sollte	gesollt	*should, ought to;*
				to be supposed to
sprechen	(spricht)	sprach	gesprochen	*to speak*
stehen		stand	gestanden	*to stand*
steigen		stieg	(ist) gestiegen	*to rise; to climb*
sterben	(stirbt)	starb	(ist) gestorben	*to die*
tragen	(trägt)	trug	getragen	*to carry; to wear*
treffen	(trifft)	traf	getroffen	*to meet*
trinken		trank	getrunken	*to drink*
tun		tat	getan	*to do*
umsteigen		stieg um	(ist) umgestiegen	*to change;*
				to transfer
vergessen	(vergisst)	vergaß	vergessen	*to forget*
vergleichen		verglich	verglichen	*to compare*
verlieren		verlor	verloren	*to lose*
wachsen	(wächst)	wuchs	(ist) gewachsen	*to grow*
waschen	(wäscht)	wusch	gewaschen	*to wash*
werden	(wird)	wurde	(ist) geworden	*to become*
wissen	(weiß)	wusste	gewusst	*to know*
wollen	(will)	wollte	gewollt	*to want (to)*
ziehen		zog	(ist/hat) gezogen	*to move; to pull*

VOCABULARY
German–English

This vocabulary contains the German words as used in various contexts in this text, with the following exceptions: (1) compound words whose meaning can be easily guessed from their component parts; (2) most identical or very close cognates that are not part of the active vocabulary. (Frequently used cognates are, however, included so that students can verify their gender.)

Active vocabulary in the end-of-chapter **Wortschatz** lists is indicated by the number of the chapter in which it first appears. The letter E refers to the introductory chapter, **Einführung.**

The following abbreviations are used:

acc. accusative
adj. adjective
adv. adverb
coll. colloquial
coord. conj. coordinating conjunction
dat. dative

decl. adj. declined adjective
form. formal
gen. genitive
indef. pron. indefinite pronoun
inform. informal

-(e)n *masc.* masculine noun ending in **-n** or **-en** in all cases but the nominative singular
pl. plural
sg. singular
subord. conj. subordinating conjunction

A

ab (+ *dat.*) from; as of (12); **ab 1. Juni (ab erstem Juni)** as of June 1st (12)
ab und zu now and then, occasionally (8)
abdrehen (dreht ab) to turn off
der Abend (-e) evening (4); **am Abend** in the evening, at night; **gestern Abend** last night; **guten Abend** good evening (E); **der Heilige Abend** Christmas Eve (3); **heute Abend** this evening (1); **morgen Abend** tomorrow evening (4)
das Abendbrot evening meal; dinner, supper
das Abendessen (-) evening meal (5); dinner, supper; **zum Abendessen** for dinner/supper
abends in the evening, evenings (4)
das Abenteuer (-) adventure
aber (*coord. conj.*) but (1); however
abfahren (fährt ab), fuhr ab, ist abgefahren to depart, leave (10)
die Abfahrt (-en) departure (10)
der Abfall (¨e) waste, garbage, trash, litter (14)
abfliegen (fliegt ab), flog ab, ist abgeflogen to depart, leave (by plane)
abgeben (gibt ab), gab ab, abgegeben to drop off, turn in (8)
der/die Abgeordnete (*decl. adj.*) member of parliament
abhängen (hängt ab), hing ab, abgehangen (*slang*) to hang out
abholen (holt ab) to pick up (*from a place*) (4)
das Abitur (-e) *examination at the end of Gymnasium* (11)
der Abiturient (-en *masc.***) (-en) / die Abiturientin (-nen)** *graduate of the Gymnasium, person who has passed the Abitur*
die Abkürzung (-en) abbreviation
ablaufen (läuft ab), lief ab, ist abgelaufen to proceed
ablehnen (lehnt ab) to decline
abnehmen (nimmt ab), nahm ab, abgenommen to lose weight

das Abo(nnement) (-s) subscription (13)
abonnieren to subscribe (13)
abreisen (reist ab), ist abgereist to depart, leave (on a trip) (9)
abreißen (reißt ab), riss ab, abgerissen to tear down, demolish
der Absatz (¨e) paragraph
abschalten (schaltet ab) to shut down, turn off
abschicken (schickt ab) to send off, mail
der Abschied (-e) farewell
der Abschluss (¨e) completion; degree (11)
der Abschnitt (-e) section; phase
der Absender (-) sender
absolut absolute(ly)
absolvieren to complete
abspielen (spielt ab) to play
der Abstand (¨e) interval
absteigen (steigt ab), stieg ab, ist abgestiegen to dismount, get off
abstimmen (stimmt ab) to take a vote (14)
der Absturz (¨e) fall; crash
das Abteil (-e) compartment
die Abteilung (-en) department
das Abwasser sewage
(sich) abwechseln (wechselt ab) to alternate, take turns
abwechselnd alternately
abwechslungsreich varied, diverse (11)
ach oh; **Ach so!** I see!
acht eight (E)
achte eighth (3)
achten auf (+ *acc.*) to pay attention to, watch (8)
die Achtung attention; esteem
achtzehn eighteen (E)
achtzehnte eighteenth
achtzig eighty (E)
adaptieren to adapt
der Adel nobility
das Adjektiv (-e) adjective

die Adresse (-n) address (E)
das Adverb (-ien) adverb
afghanisch Afghan
(das) Afghanistan Afghanistan
(das) Afrika Africa
afrikanisch African
aggressiv aggressive
(das) Ägypten Egypt
ägyptisch Egyptian
ah ah; **Ah so!** I see! I get it!
ähnlich similar(ly)
die Ähnlichkeit (-en) similarity
die Ahnung: Keine Ahnung! (I have) no idea!
akademisch academic(ally)
der Akkusativ accusative case
der Akrobat (-en *masc.***) (-en) / die Akrobatin (-nen)** acrobat
die Aktie (-n) stock
die Aktion (-en) (political) action
aktiv active(ly) (10); **sportlich aktiv** active in sports (10)
die Aktivität (-en) activity
aktuell current, topical (13); **Aktuelles** current events (13)
akzentuieren to accentuate; **deutsch-akzentuiert** German-accented
akzeptabel acceptable, acceptably
akzeptieren to accept
der Alarm (-e) alarm
der Alkohol alcohol (8)
alkoholfrei nonalcoholic (6)
alkoholisch alcoholic
das Alkoholthermometer (-) alcohol thermometer
all all; **vor allem** above all
alle (*pl.*) all (2); every **alle zwei Jahre** every two years; **aller** of all
allein(e) alone
allerdings however; to be sure

allerlei all kinds of (things)

alles everything (10); **Alles Gute!** All the best! (3); **alles in allem** all in all; **Alles klar.** I get it., Everything is clear. (E)

allgemein general(ly); **imAllgemeinen** in general

der Alltag everyday routine; workday

alltäglich everyday, ordinary

allzu all too

die Alpen (*pl.*) the Alps

die Alpspitze *mountain in Bavaria*

alphabetisch alphabetical(ly)

als (*subord. conj.*) as; when (10); than (7);

also thus, therefore; so; well

alt (**älter, ältest-**) old (1); **Alt-** used (*in compounds*)

der Altbau (Altbauten) old building

das Altenheim (-e) home for seniors, nursing home

das Alter (-) age

alternativ alternative(ly)

die Alternative (-n) alternative

die Altstadt (¨e) old part of town

am = an dem; am ersten Mai on May first (3); **am Montag** on Monday (3); **möchte am liebsten** would like (to do) most (4)

(das) Amerika America

der Amerikaner (-) / die Amerikanerin (-nen) American (*person*) (1)

amerikanisch American

die Amischen (*pl.*) Amish (*people*)

die Ampel (-n) traffic light (9)

das Amt (¨er) bureau, agency

amüsant amusing, entertaining

an (**+ acc./dat.**) at; near; on; onto; to (6); **an deiner Stelle** if I were you, (if I were) in your place (12); **an der Ecke** at the corner (9)

die Analyse (-n) analysis

analysieren to analyze

der Anbau cultivation

anbieten (bietet an), bot an, angeboten to offer

anbringen (bringt an), brachte an, angebracht to put up, install

ander- different, other; **am anderen Morgen** the next morning; **der/die/das andere** (*decl. adj.*) the other one, different one; **(et)was anderes** something else; **unter anderem** among other things

andererseits on the other hand

(sich) ändern to change

anders different(ly), in another way; **jemand anders** somebody else

anderswo elsewhere, somewhere/anywhere else

die Änderung (-en) change

anerkennen (erkennt an), erkannte an, anerkannt to recognize, acknowledge

die Anerkennung (-en) recognition

der Anfang (¨e) beginning, start

anfangen (fängt an), fing an, angefangen to begin, start (4)

anfangs at first

anfordern (fordert an) to request, order

die Anfrage (-n) inquiry, request

anfügen (fügt an) to add

anführen (führt an) to lead; to give, quote

die Angabe (-n) statement, information; **persönliche Angaben** personal information

angeben (gibt an), gab an, angegeben to state, declare, give

angeblich alleged(ly)

das Angebot (-e) (special) offer; selection (10)

angehen (geht an), ging an, angegangen to tackle, take on

die Angelegenheit (-en) matter, issue, affair

angeln to fish (7)

die Angelrute (-n) fishing rod

angenehm pleasant(ly) (7)

angesagt (*coll.*) fashionable, trendy

der/die Angestellte (*decl. adj.*) employee

angewandt applied

die Anglistik (study of) English language and literature

die Angst (¨e) fear (12); **Angst haben (vor + dat.)** to be afraid (of) (12)

ängstlich anxious(ly)

angucken (guckt an) (*coll.*) to look at; **sich** (*dat.*) **etwas angucken** (*coll.*) to look at something

der Anhang (¨e) appendix; attachment

(sich) anhören (hört an) to listen to

der Ankauf purchase; **An- und Verkauf** buying and selling

ankommen (kommt an), kam an, ist angekommen to arrive (9); **es kommt darauf an** it depends

ankreuzen (kreuzt an) to mark; to check off

die Ankunft (¨e) arrival (10)

anlegen (legt an) to put on; to put down, lay out

anmachen (macht an) to turn on; to light (a fire)

das Anmeldeformular (-e) registration form (9)

(sich) anmelden (meldet an) to check in, register (9)

anmieten (mietet an) to rent

annehmen (nimmt an), nahm an, angenommen to accept, take

anprobieren (probiert an), anprobiert to try on (5)

die Anreise (-n) journey to a place; arrival

der Anruf (-e) (telephone) call

anrufen (ruft an), rief an, angerufen to call up (on the phone) (4); **sich anrufen** to call one another

ans = an das

die Ansage (-n) announcement

der Ansager (-) / die Ansagerin (-nen) announcer

(sich) etwas anschaffen (schafft an) to purchase something, acquire something (14)

anschalten (schaltet an) to turn on

anschauen (schaut an) to look at; **sich** (*dat.*) **etwas anschauen** to look at, watch (13)

der Anschlagzettel (-) notice, bulletin

anschließend afterward

der Anschluss (¨e) connection (10)

ansehen (sieht an), sah an, angesehen to watch; **sich** (*dat.*) **etwas ansehen** to watch, look at (13)

das Ansehen prestige (11)

ansetzen (setzt an) to put on, set on

die Ansicht (-en) view

anspannen (spannt an) to hitch (up)

anstehend upcoming, waiting to be done

anstrengend tiring, strenuous (8)

die Anthropologie anthropology

das Antiquariat secondhand bookshop; **modernes Antiquariat** *shop or department selling remaindered books*

antreten (tritt an), trat an, angetreten to start, take up (*a job*)

die Antwort (-en) answer

antworten (auf + acc.) to answer (to)

die Anzeige (-n) (newspaper) advertisement

anziehen (zieht an), zog an, angezogen to put on; **sich anziehen** to get dressed (8)

der Anzug (¨e) suit (5)

der Apfel (¨) apple (5)

das Apfelmus applesauce (6)

der Apfelrotkohl *dish containing apples and red cabbage*

der Apfelstrudel (-) apple strudel, apple pastry (6)

die Apotheke (-n) pharmacy (5)

der Apotheker (-) / die Apothekerin (-nen) pharmacist

die App (-s) app, application software

der Apparat (-e) set, appliance (*such as TV or telephone*) (9); **sich am Apparat melden** to answer the telephone

das Appartement (-s) one-room apartment

der Appetit (-e) appetite; **Guten Appetit!** Enjoy your meal!

der Applaus (-e) applause

(der) April April (3)

das Aquarium (Aquarien) aquarium

das Äquivalent (-e) equivalent

(das) Arabien Arabia

arabisch (*adj.*) Arab(ian), Arabic

die Arbeit (-en) work; job; assignment; paper (8)

arbeiten to work (1)

der Arbeiter (-) / die Arbeiterin (-nen) worker, laborer

der Arbeitgeber (-) / die Arbeitgeberin (-nen) employer (11)

der Arbeitnehmer (-) / die Arbeitnehmerin (-nen) employee

das Arbeitsamt (¨er) employment office (11)

arbeitsfrei off from work

die Arbeitslage (-n) employment situation

der Arbeitslohn (¨e) wage(s)

arbeitslos unemployed

der/die Arbeitslose (*decl. adj.*) unemployed person

die Arbeitslosigkeit unemployment (14)

das Arbeitsmittel (-) material(s); tool

der Arbeitsplatz (¨e) workplace; position (11)

die Arbeitsvermittlung (-en) employment agency

das Arbeitszimmer (-) workroom, study (2)

der Architekt (-en *masc.*) **(-en) / die Architektin (-nen)** architect

die Architektur (-en) architecture

(das) Argentinien Argentina

ärgerlich annoyed, angry; annoying, vexing

ärgern to annoy; **sich ärgern (über + acc.)** to be annoyed (about) (12)

das Argument (-e) argument

arm (ärmer, ärmst-) poor

der Arm (-e) arm (8)

der/die Arme (*decl. adj.*) poor person

die Armut poverty (14)

arrangieren to arrange

die Art (-en) kind, type; manner

artgerecht appropriate(ly) for the species

der Artikel (-) article; item

das Arzneimittel (-) medication (14)

der Arzt (¨-e) / die Ärztin (-nen) physician, doctor (8)

(das) Asien Asia

der Aspekt (-e) aspect

die Assoziation (-en) association

assoziieren to associate

der Astronaut (-en *masc.***) (-en) / die Astronautin (-nen)** astronaut

der Atlas (Atlanten) atlas

die Atmosphäre (-n) atmosphere

die Atomenergie nuclear energy

die Atomkraft nuclear power

der Atomstreit nuclear conflict

au ouch

die Aubergine (-n) eggplant

auch also, too (E)

die Aue (-n) meadow

auf (+ *acc./dat.*) on, upon; on top of; at (6); onto; to; **auf Deutsch** in German (E); **auf jeden Fall** in any case (13); **auf welchen Namen?** under what name? (9); **auf Wiederhören** good-bye (*on the phone*) (9); **auf Wiedersehen** good-bye (E)

der Aufbau construction; building

aufbauen (baut auf) to set up

aufbleiben (bleibt auf), blieb auf, ist aufgeblieben to stay up

der Aufenthalt (-e) stay; layover (9)

auffallen (fällt auf), fiel auf, ist aufgefallen to stand out, be conspicuous

die Aufforderung (-en) request

die Aufführung (-en) performance

die Aufgabe (-n) task; exercise

aufheben (hebt auf), hob auf, aufgehoben to pick up; to keep

aufhören (mit + *dat.***) (hört auf)** to end, quit, stop (doing something)

aufklären (über + *acc.***) (klärt auf)** to inform (about)

der Aufkleber (-) sticker

der Auflauf (¨-e) casserole (6)

aufmachen (macht auf) to open

aufnehmen (nimmt auf), nahm auf, aufgenommen to record (*on tape, video, etc.*) (13); to receive

aufpassen (passt auf) to pay attention

aufräumen (räumt auf) to clean up, straighten up (*a room*) (4)

aufregend exciting

aufs = **auf das**

der Aufsatz (¨-e) essay

der Aufschnitt cold cuts (5)

aufschreiben (schreibt auf), schrieb auf, aufgeschrieben to write down

der Aufstand (¨-e) rebellion, uprising

aufstehen (steht auf), stand auf, ist aufgestanden to get up; to stand up (4)

aufstellen (stellt auf) to set up

der Auftrag (¨-e) task, assignment

der Auftritt (-e) appearance (*on stage*)

aufwachen (wacht auf), ist aufgewacht to wake up (4)

aufwachsen (wächst auf), wuchs auf, ist aufgewachsen to grow up

der Aufzug (¨-e) elevator (9)

das Auge (-n) eye (8)

(der) August August (3)

aus (+ *dat.*) from; out of; (made) of (5); **Ich komme aus …** I'm from . . . (E)

die Ausbildung (-en) (career) training (11)

der Ausbildungsberuf (-e) career requiring an apprenticeship

das Ausdauertraining endurance training

sich (*dat.*) **etwas ausdenken (denkt aus), dachte aus, ausgedacht** to think something up

der Ausdruck (¨-e) expression

ausdrucken (druckt aus) to print out

ausdrücken (drückt aus) to express

auseinander apart

der Ausflug (¨-e) excursion

ausfüllen (füllt aus) to fill out (9)

die Ausgabe (-n) expense (12)

ausgeben (gibt aus), gab aus, ausgegeben to spend (*money*) (12)

ausgehen (geht aus), ging aus, ist ausgegangen to go out (4)

ausgerechnet of all things

ausgezeichnet excellent (E)

die Ausgrabung (-en) excavation

aushalten (hält aus), hielt aus, ausgehalten to endure

auskommen (kommt aus), kam aus, ist ausgekommen to make ends meet, get by with (*money*)

die Auskunft (¨-e) information (10)

das Ausland (*sg. only*) foreign countries (11); **im Ausland** abroad (11)

der Ausländer (-) / die Ausländerin (-nen) foreigner (14)

die Ausländerfeindlichkeit xenophobia, hatred toward foreigners (14)

ausländisch foreign

ausleihen (leiht aus), lieh aus, ausgeliehen to borrow; to lend

die Ausnahme (-n) exception

auspacken (packt aus) to unpack

die Ausrede (-n) excuse

ausrufen (ruft aus), rief aus, ausgerufen to call out

sich ausruhen (ruht aus) to rest

die Ausrüstung (-en) equipment

ausrutschen (rutscht aus), ist ausgerutscht to slip

die Aussage (-n) statement

aussagen (sagt aus) to say, express

ausschalten (schaltet aus) to turn off

ausschneiden (schneidet aus), schnitt aus, ausgeschnitten to cut out, extract (13)

aussehen (sieht aus), sah aus, ausgesehen to look, appear

außer (+ *dat.*) except for, besides

außerdem besides, in addition (14)

außerhalb (+ *gen.*) outside of (9)

(sich) äußern to express (oneself)

äußerst extremely

ausspannen (spannt aus) to rest, relax, take a break

die Aussprache (-n) pronunciation; discussion, talk

ausstellen (stellt aus) to display; to write out (*a check*)

die Ausstellung (-en) exhibition

sich (*dat.*) **(et)was aussuchen (sucht aus)** to select, find, choose something (13)

austauschen (tauscht aus) to trade, exchange

der Austauschdienst (-e) exchange service

der Austauschschüler (-) / die Austauschschülerin (-nen) exchange student (*high school*)

(das) Australien Australia

ausüben (übt aus) to practice, exercise, do

die Auswahl (-en) selection

auswählen (wählt aus) to choose, select

der Ausweis (-e) ID card

ausziehen (zieht aus), zog aus, ist ausgezogen to move out; **sich** (*acc.*) **ausziehen** to get undressed (8); **sich** (*dat.*) **etwas ausziehen** to take something off (*clothing etc.*)

der/die Auszubildende (*decl. adj.*) trainee, apprentice

der Auszug (¨-e) extract

das Auto (-s) car, auto (2); **Auto fahren** to drive a car

die Autobahn (-en) highway

der Autofahrer (-) / die Autofahrerin (-nen) (automobile) driver

das Automobil (-e) automobile, car

der Autor (-en) / die Autorin (-nen) author

Autostopp: per Autostopp reisen to hitchhike (10)

der/die Azubi (-s) (*coll.*) = **der/die Auszubildende**

B

backen (bäckt), backte, gebacken to bake

der Bäcker (-) / die Bäckerin (-nen) baker

die Bäckerei (-en) bakery (5)

das Bäckerhandwerk bakery trade

das Bad (¨-er) bath; bathroom (2); spa

der Badeanzug (¨-e) bathing suit (5)

die Badehose (-n) swim trunks (5)

die Bademoden (*pl.*) beachwear

baden to bathe

(das) Baden-Württemberg one of the German states

die Badesachen (*pl.*) beach accessories

das Badezimmer (-) bathroom (2)

das BAföG = **Bundesausbildungsförderungsgesetz** government financial aid for students

die Bahn (-en) train; railway (10)

der Bahnhof (¨-e) train station (9)

der Bahnsteig (-e) (train) platform (10)

bald soon (12); **möglichst bald** as soon as possible

der Balkon (-e) balcony (2)

der Ball (¨-e) ball

die Ballade (-n) ballad

die Ballaststoffe (*pl.*) roughage

das Ballett (-e) ballet (4)

die Banane (-n) banana (5)

die Band (-s) band, musical group

die Bande (-n) gang, mob

die Bank (¨e) bench

die Bank (-en) bank (*financial institution*) (9)

der Banker (-) / die Bankerin (-nen) (*coll.*) banker

bar in cash

die Bar (-s) bar

der Bär (-en *masc.***) (-en)** bear

das Bargeld cash (10)

barock baroque

der Baron (-e) / die Baronin (-nen) baron / baroness

(das) Basel Basle

das Basilikum basil

basteln to tinker, make things by hand

die Batterie (-n) battery

der Bau (Bauten) building; construction

der Bauch (¨e) belly, abdomen, stomach (8)

der Bauchschmerz (-en) bellyache, stomachache

bauen to build (12)

der Bauer (-n *masc.***) (-n) / die Bäuerin (-nen)** farmer

das Bauernhaus (¨er) farmhouse (12)

der Bauernhof (¨e) farm

der Baum (¨e) tree

der Baumast (¨e) tree branch, bough

die Baumwolle cotton

bayerisch (*adj.*) Bavarian

(das) Bayern Bavaria

bayrisch (*adj.*) Bavarian

der Beamte (*decl. adj.*) **/ die Beamtin (-nen)** agent; government employee

beantworten to answer

bearbeiten to work on, deal with

der Becher (-) glass, cup

das Bedauern regret

bedecken to cover

bedeuten to mean, signify; **Was bedeutet … ?** What does . . . mean? (E)

bedeutend significant(ly)

die Bedeutung (-en) meaning, significance

bedienen to serve

die Bedienung service (6)

sich beeilen to hurry (up) (8)

beeindrucken to impress

beeinflussen to influence

beenden to complete, finish, end

die Beete (-n) beet

der Befehl (-e) order, command

das Befinden health, well-being

sich befinden, befand, befunden to be

befolgen to follow, obey

befragen to question, survey

befriedigend satisfactory, satisfactorily

die Begegnung (-en) meeting, encounter

begeistert enthusiastic(ally)

der Beginn start, beginning

beginnen, begann, begonnen to begin, start

begreifen, begriff, begriffen to understand, comprehend

der Begriff (-e) concept

begründen to give reasons for

der Begründer (-) / die Begründerin (-nen) founder

begrüßen to greet

die Begrüßung (-en) greeting

behandeln to treat, deal with (14)

behaupten to claim, assert (13)

beherbergen to accommodate, contain

behilflich helpful

der/die Behinderte (*decl. adj.*) handicapped person

bei (+ *dat.*) at; near; with (5); at the place of

beide (*pl.*) both

beifügen (fügt bei) to add; to enclose

beige beige (5)

die Beilage (-n) side dish (6)

beim = bei dem

das Bein (-e) leg (8)

der Beiname (*gen.* -ns, *acc./dat.* -n) (-n) epithet

das Beispiel (-e) example; **zum Beispiel** for example

beißen, biss, gebissen to bite

der Beitrag (¨e) contribution; subscription

beitragen (trägt bei), trug bei, beigetragen to contribute

bekannt acquainted, known; well-known; **bekannt werden** to get acquainted

der/die Bekannte (*decl. adj.*) acquaintance

die Bekleidung clothing, attire

bekommen, bekam, bekommen to receive, get (6); **Was bekommen Sie?** What will you have? (6)

belasten to burden

belegen to take (*a course*)

(das) Belgien Belgium (E)

beliebt popular (7)

die Bemerkung (-en) remark, comment

beneiden to envy

benennen, benannte, benant to name

benutzbar usable

benutzen to use

das Benzin gasoline (12)

bequem comfortable, comfortably (2)

die Beratung (-en) advising; consultation

der Bereich (-e) area, field

bereits already

bereuen to regret

der Berg (-e) mountain (7)

das Bergsteigen mountain climbing

der Bericht (-e) report (13)

berichten to report, narrate (13)

Berliner (*adj.*) of/from Berlin

der Berliner (-) / die Berlinerin (-nen) person from Berlin

der Beruf (-e) profession, occupation (1); **Was sind Sie von Beruf?** What do you do for a living? (1)

beruflich professional(ly), on business

der Berufsberater (-) / die Berufsberaterin (-nen) employment counselor (11)

das Berufsleben professional life, working life (11)

der/die Berufstätige (*decl. adj.*) working person

die Berufswahl (-en) career choice

berühmt famous

sich beschäftigen mit (+ *dat.*) to occupy oneself with (11)

die Beschäftigung (-en) activity, occupation

beschränken to restrict, limit

beschreiben, beschrieb, beschrieben to describe

die Beschreibung (-en) description

die Beschwerde (-n) complaint

sich beschweren (über + *acc.*) to complain (about) (9)

der Besen (-) broom

der Besenstiel (-e) broomstick

besetzen to occupy; **besetzt** occupied, taken (6); **Hier ist besetzt.** This place is taken. (6)

besichtigen to view, see

besitzen, besaß, besessen to own, possess (11)

der Besitzer (-) / die Besitzerin (-nen) owner

besonder- special, particular; **etwas/nichts Besonderes** something/nothing special

besonders especially, particularly (8); **nicht besonders gut** not especially well (E)

besprechen (bespricht), besprach, besprochen to discuss, talk about

die Besprechung (-en) discussion; conference

besser better

die Besserung: Gute Besserung! Get well soon! (8)

best- best; **am besten** (the) best; **Wie komme ich am besten dahin?** What's the best way to get there? (9)

bestehen, bestand, bestanden to pass (an exam); **bestehen aus** (+ *dat.*) to consist of

bestellen to order (6); to reserve

die Bestellung (-en) order; reservation

bestens excellently, to the highest level

bestimmen to determine, decide

bestimmt (*adj.*) particular, certain; (*adv.*) no doubt; definitely (1)

der Besuch (-e) visit; visitors; **zu Besuch kommen** to come for a visit

besuchen to visit (1)

der Besucher (-) / die Besucherin (-nen) visitor, guest

sich beteiligen (an + *dat.*) to participate (in)

der Betrag (¨e) sum, amount

betragen (beträgt), betrug, betragen to amount to, come to; **die Miete beträgt …** the rent comes to . . .

der Betreff (-e) subject

betreffen (betrifft), betraf, betroffen to concern; to affect (14)

betreiben, betrieb, betrieben to drive; to run (*a business, etc.*)

betreten (betritt), betrat, betreten to enter

die Betriebswirtschaft business management

das Bett (-en) bed (2)

die Bettwäsche linens (9)

beurteilen to judge, assess

bevor (*subord. conj.*) before (10)

(sich) bewegen to move, move about

beweglich movable

die Bewegung (-en) movement; exercise

der Beweis (-e) proof, evidence

beweisen, bewies, bewiesen to prove

sich bewerben (um + *acc.*) **(bewirbt), bewarb, beworben** to apply (for) (11) der Bewerber (-) / die Bewerberin (-nen) applicant

die Bewerbung (-en) application (11)

das Bewerbungsformular (-e) application form (11)

bewerten to evaluate

die Bewertung (-en) evaluation, assessment

der Bewohner (-) / die Bewohnerin (-nen) resident, tenant

bewölkt cloudy, overcast (7)

bewundern to admire

bewusst conscious, aware

bezahlen to pay

die Bezahlung (-en) payment

bezeichnen als to call, describe as

die Bezeichnung (-en) label, term

sich beziehen auf (+ acc.), bezog, bezogen to refer to

der Bezug: mit Bezug auf (+ acc.) with reference to

bezweifeln to doubt

die Bibliothek (-en) library (4)

der Bibliothekar (-e) / die Bibliothekarin (-nen) librarian (11)

das Bier (-e) beer (5)

der Bierdeckel (-) beer coaster

der Biergarten (¨) beer garden (restaurant) (6)

der Bierkeller (-) type of restaurant where beer is served

der Bierkrug (¨e) beer stein, beer mug

bieten, bot, geboten to offer (9)

das Bild (-er) picture

bilden to form; to educate

die Bildung (-en) education

das Billard (-e) billiards

billig inexpensive(ly), cheap(ly) (2)

die Billiguhr (-en) cheap watch

bin am; Ich bin … I am . . . (E)

binden, band, gebunden to tie (up)

Bio- organic, natural

die Biochemie biochemistry

die Biografie (-n) biography

der Bioladen (¨) natural-foods store (5)

das Biolebensmittel (-) organic food (8)

die Biologie biology

der Biotechnologe (-n masc.) (-n) / die Biotechnologin (-nen) biotechnician

bis (+ acc.) until (6); to, up to; bis (um) fünf Uhr until five o'clock (6); bis zum/zur (+ dat.) to, as far as (9); von zwei bis drei Uhr from two to three o'clock (6)

bisher so far, up to now

ein bisschen a little (bit); somewhat

bist are (2nd person inform. sg.); du bist you are

bitte please; you're welcome (E); bitte schön you're welcome; please; bitte sehr you're welcome; please; Wie bitte? Excuse me? What did you say? (E); Würden Sie bitte … ? Would you please . . . ? (9)

bitten, bat, gebeten to ask; bitten um (+ acc.) to ask for, request (12)

bizarr bizarre

blasen (bläst), blies, geblasen to blow

das Blatt (¨er) leaf (7); sheet (of paper)

blau blue (5)

blauweiß blue and white

bleiben, blieb, ist geblieben to stay, remain (1)

der Bleistift (-e) pencil (12)

der Blick (-e) look, glance; view

blitzen to flash (7); Es blitzt. There's lightning. (7)

blöd stupid (13); Das ist mir zu blöd. I think that's really stupid. (13)

bloggen to blog, keep an online journal (7)

blond blond(e)

bloß merely; only

die Blume (-n) flower

der Blumenkohl cauliflower (5)

die Bluse (-n) blouse (5)

die Bockwurst (¨e) type of German sausage

der Boden (¨) floor of a room; ground

der Bodensee Lake Constance

das Bodybuilding bodybuilding; Bodybuilding machen to do bodybuilding, do weight training (7)

das Bogenschießen archery

die Bohne (-n) bean (6); grüne Bohne green bean, string bean

böig gusty; squally

(das) Bolivien Bolivia

das Boot (-e) boat

die Börse (-n) stock exchange (13)

böse angry, mad; angrily; mean; bad

(das) Bosnien Bosnia

die Boutique (-n) boutique, trendy shop

(das) Brandenburg Brandenburg (German state)

brasilianisch (adj.) Brazilian

(das) Brasilien Brazil

braten (brät), briet, gebraten to fry; to roast

der Braten (-) roast (meat)

die Bratkartoffeln (pl.) fried potatoes (6)

die Bratwurst (¨e) type of German sausage

das Bräu (-e) brew, beer

brauchen to need (2)

das Brauhaus (¨er) brewery

braun brown (5)

bräunen to tan

brechen (bricht), brach, gebrochen to break

breit wide, broad

die Bremse (-n) brake

das Brett (-er) board; das Schwarze Brett bulletin board

die Brezel (-n) pretzel (6)

die Brezen (-n) pretzel (southern Germany and Austria)

der Brief (-e) letter (7)

der Brieffreund (-e) / die Brieffreundin (-nen) pen pal

die Briefmarke (-n) postage stamp (7)

der Briefträger (-) / die Briefträgerin (-nen) mail carrier

die Brille (-n) (pair of) eyeglasses (5)

bringen, brachte, gebracht to bring (7)

der Brite (-n masc.) (-n) / die Britin (-nen) Briton, British person

britisch (adj.) British

der Brokkoli broccoli (5)

das Brot (-e) (loaf of) bread (5)

das Brötchen (-) bread roll (5)

der Brotkrümel (-) bread crumb

die Brücke (-n) bridge

der Bruder (¨) brother (3)

der Brunch (-[e]s) brunch

brunchen to brunch

die Brust (¨e) breast; chest (8)

das Buch (¨er) book (1)

der Buchdruck letterpress printing

buchen to book (9)

das Bücherregal (-e) bookcase, bookshelf (2)

die Büchertasche (-n) bookbag

der Buchhändler (-) / die Buchhändlerin (-nen) bookseller

die Buchhandlung (-en) bookshop

der Buchstabe (-n masc.) (-n) letter (of the alphabet)

buchstabieren to spell

buchstäblich literal(ly)

die Buchung (-en) booking, reservation

der Bufdi (-s) (coll.) person serving in the Federal Volunteer Service

das Büffet (-s) buffet

die Bühne (-n) stage

der Bund (¨e) league; confederation

Bundes - federal

das Bundesausbildungsförderungsgesetz (BAföG) government financial aid for students

der Bundesfreiwilligendienst (BFD) (German) Federal Volunteer Service

der Bundeskanzler (-) / die Bundeskanzlerin (-nen) (German or Austrian) chancellor

das Bundesland (¨er) German state

die Bundesrepublik federal republic; die Bundesrepublik Deutschland (BRD) Federal Republic of Germany

der Bundesstaat (-en) federal state; state (of the USA)

der Bundestag federal German parliament

bündig concise, succinct

bunt colorful(ly) (5)

die Burg (-en) fortress, castle

der Bürger (-) / die Bürgerin (-nen) citizen (14)

die Bürgerinitiative (-n) citizens' group; grassroots movement

der Bürgermeister (-) / die Bürgermeisterin (-nen) mayor

das Büro (-s) office (11)

die Bürokauffrau (-en) (female) office administrator

der Bürokaufmann (¨er) (male) office administrator

die Bürokratie (-n) bureaucracy

der Bus (-se) bus (10)

die Butter butter (5)

bzw. = beziehungsweise respectively; or

C

ca. = circa, zirka approximately, about

das Cabrio (-s) convertible

das Café (-s) café (6)

die Cafeteria (Cafeterien) cafeteria

campen to camp

der Campingplatz (¨e) campground

der Campus (-) (school) campus

die CD (-s) CD, compact disc

der CD-Spieler (-) CD player (2)

Celsius centigrade

der Cent (-[s]) cent

die Cerealien (*pl.*) cereal

CH (= Confoederatio Helvetica) *official name of Switzerland*

der Champignon (-s) mushroom

die Chance (-n) chance; opportunity

chaotisch chaotic

der Charakter (-e) character, personality

die Charakteristik (-en) characteristic

der Chat (-s) (online) chat

chatten to chat (online)

checken to check

die Checkliste (-n) checklist

der Chef (-s) / die Chefin (-nen) manager, boss, head (11)

die Chemie chemistry

die Chemikalie (-n) chemical

der Chemiker (-) / die Chemikerin (-nen) chemist

CHF = der Schweizer Franken Swiss Franc

(das) China China

chinesisch (*adj.*) Chinese

der Choreograf (-en *masc.***) (-en) / die Choreografin (-nen)** choreographer

christlich (*adj.*) Christian

(der) Christus Christ

chronisch chronic(ally)

circa = zirka approximately, about

die Clique (-n) clique

der Clou (-s) (*coll.*) main point, highlight

der Club = der Klub club

der Computer (-) computer (2)

der Computeranschluss (¨e) computer connection (2)

das Computerspiel (-e) computer game; **Computerspiele spielen** to play computer games (1)

der Container (-) recycling bin

der Couchtisch (-e) coffee table (2)

der Cousin (-s) male cousin

die Cousine (-n) = Kusine female cousin (3)

die Creme (-s) cream

die Currywurst (¨e) *sausage served with curry powder and ketchup*

die Cyberkriminalität cybercrime

D

da there (2); here; (*subord. conj.*) since; **da drüben** over there (6)

dabei with that; in that context; **dabei sein** to be present, take part

dabeihaben (hat dabei) to have with one

das Dach (¨er) roof (12)

das Dachgeschoss (-e) top floor, attic (12)

die Dachwohnung (-en) attic apartment

dadurch through that; by means of that

dafür for that; **Ich bin dafür.** I'm in favor of it. (14)

dagegen against that; on the other hand; **Ich bin dagegen.** I'm against it. (14)

daher from there; for that reason, therefore

dahin there (to that place); **Wie komme ich am besten dahin?** What's the best way to get there? (9)

dahinter behind that

damals formerly; at that time, (back) then

die Dame (-n) lady; **meine Damen und Herren** ladies and gentlemen

die Damenkonfektion (-en) ladies' wear

damit with that; (*subord. conj.*) so that

danach after that; afterward

daneben next to that

(das) Dänemark Denmark (E)

dänisch (*adj.*) Danish

der Dank thanks; **Gott sei Dank** thank God; **Vielen Dank!** Many thanks! (6)

danke thanks (E); **danke, gut** fine, thanks (E); **danke schön** thank you very much (E); **danke sehr** thanks a lot (1); **nein danke** no, thank you

danken (+ *dat.*) to thank (5); **Nichts zu danken.** No thanks necessary; Don't mention it. (8)

dann then

daran on that; at that; to that; **es liegt daran, dass …** it is because . . .

darauf on that; for that; to that; **es kommt darauf an** it depends

darin in that; in there

das Darlehen (-) loan

darstellen (stellt dar) to portray, depict

darüber above that; about that

darunter under that; among them

das that, this; the; **Das ist …** This is . . . (E)

dass (*subord. conj.*) that (8)

dasselbe the same

der Dativ dative case

das Datum (Daten) date; **Welches Datum ist heute/morgen?** What is today's/tomorrow's date? (3)

dauern to last; to take (*time*) (7)

davon of that; about that; of them

davor before that; in front of that

dazu to that; for that; in addition to that

dazugehören (gehört dazu) to belong to that/them

dazwischen between them; during that

debattieren to debate

die Decke (-n) ceiling; blanket, cover

decken to cover; **den Tisch decken** to set the table

definitiv definitive(ly)

dein your (*inform. sg.*) (3)

die Delikatesse (-n) delicacy

die Demokratie (-n) democracy

demokratisch democratic(ally)

die Demonstration (-en) demonstration, rally (14)

demonstrieren to demonstrate

denken, dachte, gedacht to think; **denken an (+ *acc.*)** to think about/of (12); **sich denken** to think, imagine

das Denkmal (¨er) monument

denn (*coord. conj.*) for, because (7); then; (*particle used in questions to express interest*); **Was ist denn los?** What's the matter? (2)

deprimiert depressed (8)

der, die, das the; that one; who, which

derjenige, diejenige, dasjenige the one, that one

derselbe, dieselbe, dasselbe the same

deshalb therefore, for that reason (8)

der Designer (-) / die Designerin (-nen) designer

desto: je … desto … the . . . the . . .

deswegen because of that (12)

der Detektivroman (-e) detective novel

deutsch (*adj.*) German

(das) Deutsch German (language) (1); **auf Deutsch** in German (E)

der/die Deutsche (*decl. adj.*) German (person)

(das) Deutschland Germany (E); **die Bundesrepublik Deutschland (BRD)** Federal Republic of Germany (FRG)

deutschsprachig German-speaking

(der) Dezember December (3)

d.h. = das heißt that is, i.e. (8)

der Dialekt (-e) dialect

die Dialektik dialectics

der Dialog (-e) dialogue

dich you (*inform. sg. acc.*) (3); **grüß dich** hello, hi (*among friends and family*) (E)

der Dichter (-) / die Dichterin (-nen) poet

dichtmachen (macht dicht) (*coll.*) to close, shut (down)

dick fat; **dick machen** to be fattening

die the

der Dieb (-e) / die Diebin (-nen) thief

die Diele (-n) front hall (12)

dienen to serve

der Dienst (-e) service; duty

(der) Dienstag Tuesday (3)

dienstags Tuesdays, on Tuesday(s) (4)

dieselbe the same

der Dieselmotor (-en) diesel engine

dieser, diese, dies(es) this (2)

diesmal this time

die Digitalkamera (-s) digital camera (13)

das Ding (-e) thing, object

das Diplom (-e) degree; diploma

der Diplomat (-en *masc.***) (-en) / die Diplomatin (-nen)** diplomat

dir (to/for) you (*inform. sg. dat.*) (5); **Was fehlt dir?** What's the matter? (8); **Wie geht's dir?** How are you? (*inform.*) (E)

direkt direct(ly); (*coll.*) really

die Disco (-s) disco, dance club (4); **in die Disco gehen** to go clubbing (4)

die Diskussion (-en) discussion

diskutieren über (+ *acc.*) to discuss (1); to debate

die Dissertation (-en) dissertation

divers various, diverse

doch still, nevertheless; (*intensifying particle used with imperatives*) (4)

das Dokument (-e) document (13)

der Dokumentarfilm (-e) documentary film (13)

der Dollar (-[s]) dollar

der Dolmetscher (-) / die Dolmetscherin (-nen) interpreter (11)

die Dolomiten (*pl.*) the Dolomites

der Dom (-e) cathedral

die Donau Danube (*river*)

der Döner (-) döner kebab (*Turkish rotisserie-roasted meat*)

donnern to thunder (7); **Es donnert.** It's thundering. (7)

(der) Donnerstag Thursday (3)

donnerstags Thursdays, on Thursday(s) (4)

das Donnerwetter: (zum) Donnerwetter! (*exclamation of anger or annoyance*)

Doppel- double

das Doppelzimmer (-) double room, room with two beds (9)

das Dorf (¨er) village

dort there

die Dose (-n) (tin or aluminum) can; jar (14); box

downloaden (downloadet), downgeloadet to download

der Dozent (-en *masc.*) (-en) / die Dozentin (-nen) lecturer

das Drachenfliegen kite flying

die Draisine (-n) dandy-horse (*predecessor of the bicycle*)

das Drama (Dramen) drama

dran = daran; dran sein to have (one's) turn

drastisch drastic(ally)

draußen outside (7)

(sich) drehen to turn, spin

drei three (E)

dreieinhalb three and a half

dreihundert three hundred (E)

dreimal three times (7)

dreißig thirty (E)

dreißigjährig: der Dreißigjährige Krieg the Thirty Years' War

dreitausend three thousand (E)

dreizehn thirteen (E)

dreizehnte thirteenth (3)

Dresdner (*adj.*) of/from Dresden (*city in eastern Germany*)

drin = darin (*coll.*) inside

dringend urgent(ly) (2)

drinnen inside (7)

dritt: zu dritt as a threesome (10)

dritte third (3)

ein Drittel a third

die Droge (-n) drug (14)

die Drogensucht drug addiction (14)

die Drogerie (-n) drugstore (*toiletries and sundries*) (5)

drüben, da drüben over there (6); on the other side

der Druck (-e) printing; **im Druck** in print

drucken to print (13)

das Drücken pressure

der Drucker (-) printer (13)

drum = darum (*coll.*) therefore

du you (*inform. sg.*) (1)

dudeln to toot

dumm dumb, stupid

dunkel dark (2)

dünn thin; slender, skinny

durch (+ *acc.*) through (3); by, by means of

durcharbeiten (arbeitet durch) to work through

durchaus absolutely

das Durcheinander confusion; commotion

dürchführen (führt durch) to carry out, implement

die Durchführung carrying out, implementation

durchhören (hört durch) to hear through

durchlesen (liest durch), las durch, durchgelesen to read through

durchs = durch das

der Durchschnitt (-e) average; **im Durchschnitt** on average

durchschnittlich on average (12)

durchstreichen (streicht durch), strich durch, durchgestrichen to cross out, strike through

dürfen (darf), durfte, gedurft to be permitted to; may (4); **Hier darf man nicht parken.** You may not park here. (4); **Was darf's sein?** What will you have?

der Durst thirst; **Durst haben** to be thirsty (2)

die Dusche (-n) shower, shower bath (9)

(sich) duschen to take a shower (8)

das Duschhandtuch (¨er) shower towel

duzen to address with **du** (*informally*)

die DVD (-s) DVD

der DVD-Spieler (-) DVD player (2)

dynamisch dynamic(ally)

E

eben just; simply

ebenfalls likewise

ebenso just as (much); in the same way

echt genuine(ly); (*coll.*) really (1)

die EC-Karte (-n) Eurocheque card (*debit card*)

die Ecke (-n) corner (9); **an der Ecke** at the corner (9)

effektiv effective(ly)

effizient efficient(ly)

egal: Das ist mir egal. I don't care. (5)

eher rather, sooner

die Ehre (-n) honor

ehrlich honest

das Ei (-er) egg (5)

der Eierlikör egg liqueur

eigen (*adj.*) own (12)

die Eigenschaft (-en) characteristic (11); trait

eigentlich actual(ly), real(ly)

die Eigentumswohnung (-en) condominium

eilen to hurry

eilig hurried(ly); **es eilig haben** to be in a hurry

ein, eine a(n); one; **Es ist eins. / Es ist ein Uhr.** It's one o'clock. (4); **was für ein ...** what kind of a ... (11)

einander one another, each other

einbegriffen included

einbiegen (biegt ein), bog ein, ist eingebogen to turn, make a turn (9)

einbringen (bringt ein), brachte ein, eingebracht to bring in, yield

einer, eine, eines one (of several)

einfach simple, simply; one-way (*ticket*) (10)

einfallen (fällt ein), fiel ein, ist eingefallen: etwas fällt mir ein something occurs to me

der Einfluss (¨e) influence

einführen (führt ein) to introduce (14)

die Einführung (-en) introduction

der Eingang (¨e) entrance, entryway (12)

eingedeutscht Germanized

die Einheit (-en) unity; unit

einholen (holt ein) to catch up with

einhundert one hundred (E)

einig united; in agreement

einige (*pl.*) several, some

einiges several things

der Einkauf (¨e) purchase

einkaufen (kauft ein) to shop (4); **einkaufen gehen** to go shopping (4)

das Einkaufszentrum (Einkaufszentren) shopping center

der Einkaufszettel (-) shopping list

das Einkommen income (11)

einladen (lädt ein), lud ein, eingeladen to invite (4)

die Einladung (-en) invitation

sich einlassen auf (+ *acc.*) **(lässt ein), ließ ein, eingelassen** to get involved with

einleiten (leitet ein) to introduce

die Einleitung (-en) introduction

einmal once (7); **einmal die Woche** once a week (7); **einmal im Monat / Jahr** once a month/year (7)

der Einmal-Fotoapparat (-e) disposable camera

einmalig unique

der Einmal-Rasierer (-) disposable razor

die Einnahmen (*pl.*) income (12)

einnehmen (nimmt ein), nahm ein, eingenommen to take (*medicine*)

einordnen (ordnet ein) to put in order; to classify, categorize

die Einreise (-n) entry (*into a country*)

einrichten (richtet ein) to furnish, equip (12)

die Einrichtung (-en) furnishings

eins (*numeral*) one (E); **Es ist eins.** It's one (o'clock). (4)

der Einsatz (¨e) use; deployment; commitment

einschlafen (schläft ein), schlief ein, ist eingeschlafen to fall asleep (4)

einsenden (sendet ein), sandte ein, eingesandt to send in

einsetzen (setzt ein) to insert

einsparen (spart ein) to save, conserve

einsteigen (steigt ein), stieg ein, ist eingestiegen to board, get into (*a vehicle*) (10)

der Einsteiger (-) beginner, novice

einstellen (stellt ein) to set, adjust; to put in

der Einstieg (-e) entrance, entry

eintausend one thousand (E)

der Eintritt (-e) entrance; admission

einverstanden sein (mit + *dat.*) to agree (with), be in agreement (with)

der Einwanderer (-) / die Einwanderin (-nen) immigrant

die Einwegflasche (-n) nonreturnable bottle

der Einwohner (-) / die Einwohnerin (-nen) resident, inhabitant

das Einwohnermeldeamt (¨er) government office for registration of residents

Einzel- single

die Einzelheit (-en) detail, particular

einzeln individual; scattered

das Einzelzimmer (-) single room, room with one bed (9)

einziehen in (+ *acc.*) **(zieht ein), zog ein, ist eingezogen** to move in(to) (12)

das Eis ice cream; ice (5)

der Eisbecher (-) dish of ice cream (6)

das Eisbein (-e) pickled ham hock

der Eiskaffee (-s) iced coffee (mixed with ice cream and topped with whipped cream)

das Eisstadion (Eisstadien) ice-skating rink

der Eiswürfel (-) ice cube

das Eiweiß (-e) egg white; protein

die Elbe Elbe (*river*)

das Elbufer (-) bank of the Elbe

der Elefant (-en *masc.***) (-en)** elephant

elegant elegant(ly)

das Elektrogerät (-e) electrical appliance

der Elektroinstallateur (-e) / die Elektroinstallateurin (-nen) electrician

der Elektroniker (-) / die Elektronikerin (-nen) electronics engineer

elektronisch electronic(ally)

das Element (-e) element

elf eleven (E)

elfmal eleven times

elfte eleventh (3)

der Ell(en)bogen (-) elbow (8)

(das) Elsass Alsace

die Eltern (*pl.*) parents (3)

die E-Mail (-s) e-mail (13)

die Emission (-en) emission

der Emmentaler Käse Emmental cheese

der Empfang (¨e) reception

empfangen (empfängt), empfing, empfangen to receive

der Empfänger (-) / die Empfängerin (-nen) recipient

empfänglich receptive, susceptible

empfehlen (empfiehlt), empfahl, empfohlen to recommend (5)

die Empfehlung (-en) recommendation

Emser (*adj.*) of/from Bad Ems (*town in western Germany*)

das Ende (-n) end; **am Ende** at the end, in the end; **Ende April** at the end of April; **zu Ende** to completion

enden to end

endgültig final(ly)

die Endivie (-n) endive

endlich finally, at last

die Endreinigung final cleaning

die Endung (-en) ending

die Energie (-n) energy

energiesparend energy-saving

eng narrow, tight

sich engagieren (für + *acc.***)** to get involved (with), become committed (to) (14)

engagiert committed

(das) England England

englisch (*adj.*) English

(das) Englisch English (language); **auf Englisch** in English

englischsprechend English-speaking

der Enkel (-) grandson (3)

die Enkelin (-nen) granddaughter (3)

das Enkelkind (-er) grandchild

enorm enormous(ly)

entdecken to discover

entfernt (von) (+ *dat.*) away (from) (9)

die Entführung (-en) kidnapping

enthalten (enthält), enthielt, enthalten to contain, include; **im Preis enthalten** included in the price (9)

enthusiastisch enthusiastic(ally)

entlanggehen (geht entlang), ging entlang, ist entlanggegangen to go along, walk along (9)

entnervt unnerved

(sich) entscheiden, entschied, entschieden to decide

die Entscheidung (-en) decision

sich entschließen, entschloss, entschlossen to decide (13)

entschuldigen to excuse (6); **Entschuldigen Sie!** Excuse me! (6)

die Entschuldigung (-en) apology, excuse; **Entschuldigung.** Excuse me. (9)

entsorgen to dispose of

sich entspannen to relax, take a rest (8)

entsprechend corresponding

entstehen, entstand, ist entstanden to originate

entweder … oder either . . . or (8)

entwerfen (entwirft), entwarf, entworfen to design, draw up (11)

entwickeln to develop (14)

die Entwicklung (-en) development (11)

er he; it (1)

die Erdbeere (-n) strawberry (5)

das Erdgeschoss (-e) ground floor (9)

die Erdkunde geography

die Erdwärme geothermal energy

das Ereignis (-se) event

erfahren (erfährt), erfuhr, erfahren to find out, learn; to experience

die Erfahrung (-en) experience

erfinden, erfand, erfunden to invent (13)

der Erfinder (-) / die Erfinderin (-nen) inventor

erfinderisch inventive

die Erfindung (-en) invention (13)

der Erfolg (-e) success (11); **Erfolg haben** to be successful (11)

erfolgreich successful(ly) (11)

erforschen to research

erfragen to inquire, ask for; to ascertain

erfüllen to fulfill

die Erfüllung fulfillment

ergänzen to complete; to add to

die Ergänzung (-en) completion; addition

das Ergebnis (-se) result

der Erhalt receipt

erhalten (erhält), erhielt, erhalten to get, receive

sich erhoffen to expect

erhöhen to raise, increase

die Erhöhung (-en) raising, increase

sich erholen to get well, recover (8)

erholsam restful

erinnern an (+ *acc.*) to remind of; **sich erinnern an** (+ *acc.*) to remember

sich erkälten to catch a cold (8)

die Erkältung (-en) cold (8)

erkennen, erkannte, erkannt to recognize

erklären to explain

die Erklärung (-en) explanation

sich erkundigen to seek information, inquire

erlauben to allow, permit (9)

erleben to experience (10)

das Erlebnis (-se) experience, event

erledigen to deal with, finish

erleiden, erlitt, erlitten to suffer

die Erlösung (-en) redemption, salvation

ermöglichen to make possible

die Ernährung food; nutrition (12)

erneuerbar renewable

ernst serious(ly) (1)

der Ernst seriousness

eröffnen to open

die Eröffnung (-en) opening

erraten (errät), erriet, erraten to guess

erreichbar reachable

erreichen to reach

errichten to build, put up

erscheinen, erschien, ist erschienen to appear

erst only, not until; **erst mal** for now

erste first (3); **ab erstem Juni** as of June 1st (12); **am ersten Mai** on May first (3); **der erste Mai** May first (3); **der erste Stock** second floor; **erster Klasse fahren** to travel first class (10); **zum ersten Mal** for the first time

erstellen to build; to draw up

erstmals (*adv.*) for the first time

erstöbern to browse

das Erstsemester (-) first-semester student; freshman

ertönen, ist ertönt to sound, ring out

das Erwachen awakening

erwachsen (*adj.*) grown-up

erwähnen to mention

die Erwähnung (-en) mention

erwarten to expect; to wait for

die Erwartung (-en) expectation

der Erwerb acquisition, purchase

erwünscht desired; desirable

erzählen to tell, narrate

der Erzähler (-) / die Erzählerin (-nen) narrator

die Erzählung (-en) story; narration

erzeugen to produce, generate

es it (1, 3); **es gibt …** (+ *acc.*) there is/are . . . (3); **Es ist eins. / Es ist ein Uhr.** It's one o'clock. (4); **Es regnet.** It's raining. (7) **Es tut mir leid.** I'm sorry; **Wie geht es dir? / Wie geht's dir?** How are you? (*inform.*) (E); **Wie geht es Ihnen?** How are you? (*form.*) (E); **Wie wäre es mit … ?** How about . . . ? (13)

essen (isst), aß, gegessen to eat (1)

das Essen (-) food; meal; eating (1); **zum Essen** for dinner

die Essgewohnheit (-en) eating habit

der Esstisch (-e) dining room table

das Esszimmer (-) dining room (2)

(das) Estland Estonia

die Etage (-n) floor, story (12)

das Etikett (-en) label

etwa approximately, about

etwas something; (*adv.*) somewhat, a little (2); **etwas anderes** something different; **etwas Neues** something new; **Hast du etwas Geld?** Do you have some money?

euch you (*inform. pl. acc.*) (3); (to/for) you (*inform. pl. dat.*) (5)

euer, eure your (*inform. pl.*) (3)

der Euro (-[s]) euro (*monetary unit*) (2)

(das) Europa Europe

europäisch (*adj.*) European; **die Europäische Union (EU)** European Union

eventuell possible; possibly, perhaps

ewig eternal(ly); constant(ly)

das Examen (-) examination

existieren to exist

exotisch exotic(ally)

experimentieren to experiment

der Experte (-n *masc.*) **(-n) / die Expertin (-nen)** expert

explodieren to explode

exportieren to export

exzentrisch eccentric(ally) (1)

F

die Fabrik (-en) factory

das Fach (¨er) subject, field of study

das Fachgeschäft (-e) specialty store

die Fachhochschule (-n) technical college

die Fachschule (-n) technical school

die Fähigkeit (-en) ability, skill

fahren (fährt), fuhr, ist gefahren to drive, ride; **Auto fahren** to drive a car; **erster/zweiter Klasse fahren** to travel first/second class (10); **Fahrrad/Rad fahren** to ride a bicycle (1, 7); **Ski fahren** to ski (7)

der Fahrer (-) / die Fahrerin (-nen) driver

die Fahrkarte (-n) ticket (*for train or bus*) (10)

der Fahrkartenschalter (-) ticket window (10)

der Fahrplan (¨e) (train or bus) schedule (10)

das Fahrrad (¨er) bicycle (1); **Fahrrad fahren** to ride a bicycle (1)

der Fahrstuhl (¨e) elevator

die Fahrt (-en) trip; ride

fair fair(ly)

der Fall (¨e) case; fall; **auf jeden Fall** in any case (13)

fallen (fällt), fiel, ist gefallen to fall (7)

falls (*subord. conj.*) if; in case

falsch false(ly), wrong(ly), incorrect(ly)

die Familie (-n) family (3)

das Familienfest (-e) family celebration (3)

das Familienmitglied (-er) family member

der Familienstand marital status

der Fan (-s) fan, enthusiast

fangen (fängt), fing, gefangen to catch

die Fantasie (-n) fantasy

fantastisch fantastic(ally) (1)

die Farbe (-n) color (5)

sich färben to change color

(der) Fasching Mardi Gras (*southern Germany and Austria*) (3)

das Fass (¨er) barrel, vat; **vom Fass** on tap, draft (6)

fast almost (8)

faszinierend fascinating

faul lazy, lazily (1)

faulenzen to be lazy, lie around (7)

(der) Februar February (3)

fehlen to be missing; to lack; to need; **Was fehlt Ihnen/dir?** What's the matter? (8)

fehlend missing

der Fehler (-) mistake, error

der Feierabend (-e) end of the workday; **am Feierabend** after work

feiern to celebrate (3)

der Feiertag (-e) holiday

fein fine, delicate; all right; **fein säuberlich** nice(ly) and neat(ly)

der Fels (-en) rock

der Felsen (-) rock, cliff

das Felsengebilde (-) rock shape

das Felsenriff (-e) rocky reef

die Felsmalerei (-en) rock painting

das Fenster (-) window (2)

die Fensterbank (¨e) windowsill

die Ferien (*pl.*) vacation

fern far

fernsehen (sieht fern), sah fern, ferngesehen to watch television (4)

das Fernsehen television (4); **im Fernsehen** on television

der Fernseher (-) TV set (2)

das Fernsehprogramm (-e) TV program, TV schedule

die Fernuniversität (-en) distance teaching university

fertig finished, done; ready

das Fest (-e) festival; party, feast

das Festspiel (-e) festival production

feststellen (stellt fest) to establish

die Fete (-n) (*coll.*) party

fett fat; greasy

das Fett (-e) fat

das Feuer (-) fire

die Feuerwehr (-en) fire department

das Feuerwerk (-e) fireworks

das Fieber fever (8)

fiktiv fictitious

der Film (-e) film, movie (4)

filmen to film

der Filter (-) filter

der Finanzbeamte (*decl. adj.*) / die Finanzbeamtin (-nen) tax official

die Finanzdienstleistung (-en) financial service

die Finanzen (*pl.*) finance(s)

finanziell financial(ly)

finanzieren to finance

die Finanzierung (-en) financing

finden, fand, gefunden to find; to think (1); **Ich finde ...** I think ... ; **Wie findest du ... ?** How do you like ... ? What do you think of ... ? (1)

der Finderlohn (¨e) finder's reward

findig resourceful

der Finger (-) finger (8)

(das) Finnland Finland

die Firma (Firmen) firm, company (11)

der Fisch (-e) fish

fischen to fish (for)

der Fischer (-) / die Fischerin (-nen) fisherman/ fisherwoman

fit fit, in shape (8); **sich fit halten (hält), hielt, gehalten** to keep fit, stay in shape (8)

die Fitness fitness (8)

der Fitnessberater (-) / die Fitnessberaterin (-nen) fitness consultant, personal trainer

das Fitnesscenter (-) fitness center; gym (4)

die Fläche (-n) area

das Fladenbrot (-e) flatbread

die Flasche (-n) bottle (14)

das Fleisch meat (5)

fleißig industrious(ly), diligent(ly), hardworking (1)

flexibel flexible, flexibly

die Flexibilität flexibility

fliegen, flog, ist geflogen to fly (7)

fliehen, floh, ist geflohen to flee

das Fließband (¨er) conveyor belt

fließen, floss, ist geflossen to flow

fließend fluent(ly)

der Flohmarkt (¨e) flea market

die Flöte (-n) flute

der Flug (¨e) flight

der Flugbegleiter (-) / die Flugbegleiterin (-nen) flight attendant

der Flügel (-) wing

der Flughafen (¨) airport

das Flüglein (-) little wing

das Flugzeug (-e) airplane (10)

der Flur (-e) hallway (12); **für den ganzen Flur** for the whole floor

der Fluss (¨e) river (7)

der Flusskrebs (-e) crayfish

flüstern to whisper

folgen (+ *dat.*), ist gefolgt to follow; **folgend** following

fördern to promote (14)

die Form (-en) form, shape

formell formal(ly)

das Formular (-e) form (*paper to be filled out*)

formulieren to formulate

forschen to do research (13)

der Forscher (-) / die Forscherin (-nen) researcher

die Forschung (-en) research (14)

das Forsthaus (¨er) forester's house

das Foto (-s) photograph (2)

der Fotograf (-en *masc.*) **(-en) / die Fotografin (-nen)** photographer

fotografieren to photograph

die Frage (-n) question; **eine Frage stellen** to ask a question; **Ich habe eine Frage.** I have a question. (E)

der Fragebogen (-) questionnaire

fragen to ask (2); **fragen nach (+ *dat.*)** to ask about; **nach dem Weg fragen** to ask for directions (9)

fragend questioning(ly)

der (Schweizer) Franken (-) (Swiss) franc

Frankfurter (*adj.*) of/from Frankfurt

(das) Frankreich France (E)

der Franzose (-n *masc.***) (-n) / die Französin (-nen)** French person

französisch (*adj.*) French

(das) Französisch French (language)

(die) Frau (-en) Mrs., Ms.; woman (E); wife (3)

frei free(ly) (2); vacant, available, unoccupied; **Ist hier noch frei?** Is this seat available? (6); **unter freiem Himmel** in the open air

das Freibad (-er) outdoor swimming pool (7)

Freiburger (*adj.*) of/from Freiburg

Freien: im Freien outdoors (11)

die Freiheit (-en) freedom

der Freiheitskämpfer (-) / die Freiheitskämpferin (-nen) freedom fighter

freilich admittedly; of course

(der) Freitag Friday (3)

freitags Fridays, on Friday(s) (4)

freiwillig voluntary, voluntarily

der/die Freiwillige (*decl. adj.*) volunteer

die Freizeit free time (7)

fremd strange; unknown; foreign

der Fremdenführer (-) / die Fremdenführerin (-nen) tour guide

die Fremdsprache (-n) foreign language

freuen to please; **sich freuen auf** (+ *acc.*) to look forward to (12); **sich freuen über** (+ *acc.*) to be glad about (12); **Freut mich.** Pleased to meet you. (E)

der Freund (-e) / die Freundin (-nen) friend (1); boyfriend/girlfriend

freundlich friendly (1)

der Friede (-n *masc.***)** (*also* **der Frieden**) peace

die Friedensbewegung (-en) peace movement

frieren, fror, gefroren to freeze

frisch fresh(ly) (5)

der Friseursalon (-s) beauty salon; barber shop

frittieren to deep-fry

froh glad, happy

fröhlich cheerful(ly)

der Frosch (-e) frog

die Frucht (-e) fruit

früh early (4); **morgen früh** tomorrow morning (4)

früher earlier; once; used to (*do, be, etc.*) (7)

das Frühjahr (-e) spring (*season*) (7)

der Frühling (-e) spring (*season*) (7)

frühmorgens early in the morning

das Frühstück (-e) breakfast (5); **zum Frühstück** for breakfast

frühstücken to eat breakfast (4)

die Frühstücksnische (-n) breakfast nook (12)

der Frühstücksraum (-e) breakfast room (9)

fügen zu (+ *dat.*) to add to

(sich) fühlen to feel (8); **sich wohl fühlen** to feel well (8)

führen to lead, guide, conduct; to carry (*merchandise*); **ein Gespräch führen** to have a conversation; **Protokoll führen** to make a transcript, keep the minutes

der Führerschein (-e) driver's license

die Führung (-en) management; guide, lead; tour

füllen to fill; to fill in

fünf five (E)

fünfte fifth (3)

fünfzehn fifteen (E)

fünfzehnfach (*adj.*) fifteen times

fünfzig fifty (E)

funktionieren to work, function (9)

für (+ *acc.*) for (3); **was für (ein)** what kind of (a) (11)

furchtbar terrible, terribly

fürchterlich horrible, horribly

fürs = für das

der Fürst (-en *masc.***) (-en) / die Fürstin (-nen)** prince/princess

der Fuß (-e) foot (8); **zu Fuß gehen, ging, ist gegangen** to walk, go on foot (8)

der Fußball (-e) soccer; soccer ball (7); **Fußball spielen** to play soccer (7)

der Fußballplatz (-e) soccer field

der Fußballtrainer (-) / die Fußballtrainerin (-nen) soccer coach

die Fußballweltmeisterschaft (-en) world soccer championship, World Cup

der Fußgänger (-) / die Fußgängerin (-nen) pedestrian

die Fußgängerzone (-n) pedestrian zone (9)

G

die Gabel (-n) fork (6)

der Gang (-e) course (*of a meal*)

ganz complete(ly), total(ly), entire(ly) (12); quite, very, really (1); **ganz gut** pretty good/well (E); **ganz toll** really great

gar even; **gar kein(e)** not any; **gar nicht** not at all; **gar nichts** nothing at all

die Garage (-n) garage (2)

die Garantie (-n) guarantee

garantieren to guarantee

die Garderobe (-n) wardrobe; closet (12)

der Garten (-) garden; yard (2)

der Gärtner (-) / die Gärtnerin (-nen) gardener

das Gas (-e) gas

der Gast (-e) guest (9)

das Gästehaus (-er) guesthouse

das Gästezimmer (-) guest room (12)

gastfreundlich hospitable

die Gastfreundschaft hospitality

das Gasthaus (-er) restaurant; inn

der Gasthof (-e) hotel; restaurant; inn

die Gastronomie gastronomy

die Gaststätte (-n) full-service restaurant (6)

geb. = geboren born, né(e)

das Gebäude (-) building

geben (gibt), gab, gegeben to give (3); to put; **es gibt** there is/are (3); **eine Party geben** to have a party, throw a party; **in die Sammlung geben** to give/take to recycling (14); **Rat geben** to advise

geboren born; **geboren werden** to be born; **ich bin geboren** I was born (1)

gebrauchen to use

die Gebühr (-en) fee

der Geburtsort (-e) birthplace (1)

der Geburtstag (-e) birthday, date of birth (1); **Herzlichen Glückwunsch zum Geburtstag!** Happy birthday! (3); **Wann hast du Geburtstag?** When is your birthday? (3)

die Geburtstagsfeier (-n) birthday celebration

der Gedanke (-n *masc.***) (-n)** thought; **sich über etwas** (*acc.*) **Gedanken machen** to think about something, to ponder something

das Gedicht (-e) poem

die Geduldsprobe (-n) trial of one's patience

geeignet suitable, appropriate

die Gefahr (-en) danger (14)

gefährden to endanger

gefährlich dangerous(ly) (10)

gefallen (+ *dat.*) **(gefällt), gefiel, gefallen** to be pleasing (5); **Wie gefällt Ihnen … ?** How do you like . . . ? (5)

der Gefallen (-) favor; **einen Gefallen tun** to do a favor

das Geflügel poultry

das Gefühl (-e) feeling; emotion

gegen (+ *acc.*) against; around, about (+ *time*) (3, 6); **(so) gegen fünf Uhr** around five o'clock (6)

die Gegend (-en) area, region

die Gegendarstellung (-en) opposing view

der Gegensatz (-e) contrast

gegenseitig mutual(ly); reciprocal(ly)

das Gegenteil (-e) opposite

gegenüber von (+ *dat.*) across from (9)

das Gehalt (-er) salary (11)

gehen, ging, ist gegangen to go (1); **einkaufen gehen** to go shopping (4); **Geht's gut?** Are you doing well? (E); **Na, wie geht's?** How are you? (*casual*) (E); **spazieren gehen** to go for a walk (4); **Wie geht es Ihnen?** How are you? (*form.*) (E); **Wie geht's (dir)?** How are you? (*inform.*) (E); **zu Fuß gehen** to walk, go on foot (8)

die Gehminute (-n) minute on foot

gehoben upper; elevated

gehören (+ *dat.*) to belong to (*a person*) (5); **gehören zu** (+ *dat.*) to be a part of

die Geige (-n) violin

der/die Geistliche (*decl. adj.*) member of the clergy, minister, priest

gelangen (in/an + *acc.*), **ist gelangt** to come into/ to, get into/to

gelb yellow (5)

das Geld money (2)

gelegen situated, located; **zentral gelegen** centrally located (2)

die Gelegenheit (-en) opportunity (11); occasion

gelegentlich occasional(ly)

gelten (+ *dat.*) **(gilt), galt, gegolten** to be valid; **gelten als** to be considered as

das Gemälde (-) painting

gemein common; **gemein haben** to have in common

die Gemeinde (-n) community

gemeinsam common; in common; together

die Gemeinschaft (-en) community; group

gemischt mixed

das Gemüse vegetable(s) (5)

der Gemüsestand (-e) vegetable stand

gemütlich cozy, cozily (4); comfortable, comfortably; leisurely

die Gemütlichkeit comfort; informality

genau exact(ly) (2); meticulous(ly)

genauso just/exactly as (7); **genauso ... wie** just/exactly as . . . as

genehmigen to approve

die Generation (-en) generation

genießen, genoss, genossen to enjoy, savor, relish

der Genitiv (-e) genitive case

genug enough, sufficient(ly)

genügend enough, sufficient(ly)

geöffnet open (6)

die Geografie geography

geografisch geographical(ly)

das Gepäck luggage (9)

gerade just, exactly; now (2); straight

geradeaus straight ahead (9); **immer geradeaus** (keep on going) straight ahead (9)

das Gerät (-e) device (13)

geräuchert smoked

das Gericht (-e) dish (*of prepared food*) (6); (*judicial*) court

germanisch Germanic, Teutonic

die Germanistik German studies

gern(e) (lieber, liebst-) gladly (1); **gern** (+ *verb*) to like (*doing something*) (1); **gern haben** to like (*a person or thing*) (2); **ich hätte gern** I would like to have

die Gesamtschule (-n) German secondary school

das Geschäft (-e) store, shop; business

die Geschäftsfrau (-en) businesswoman (11)

die Geschäftsleute (*pl.*) businesspeople

der Geschäftsmann (Geschäftsleute) businessman (11)

geschehen (geschieht), geschah, ist geschehen to happen

das Geschehen (-) event

gescheit intelligent, bright; sensible, decent (13); **nichts Gescheites** nothing decent (13)

das Geschenk (-e) present, gift (3)

die Geschichte (-n) story; history

das Geschirr dishes

geschlossen closed (6)

die Geschwindigkeitsbegrenzung (-en) speed limit

die Geschwister (*pl.*) brothers and sisters, siblings (3)

die Geselligkeit good company, social gathering

die Gesellschaft (-en) society

das Gesetz (-e) law

gesetzlich legal(ly)

das Gesicht (-er) face (8)

das Gespräch (-e) conversation

gestern yesterday (7); **gestern Abend** yesterday evening; **gestern Vormittag** yesterday morning

gestreift striped (5)

gestresst (*adj.*) under stress

gesund (gesünder, gesündest-) healthy, healthful(ly); well (8)

die Gesundheit health (8)

gesundheitsbewusst health-conscious(ly)

das Gesundheitswesen health-care system

das Getränk (-e) beverage, drink (5)

die Getränkedose (-n) beverage can (14)

der Getränkeladen (¨) beverage store (5)

das Getreide (-) cereal, grain

getrennt separate(ly) (6)

die Gewalt violence (14); force; power, dominion

die Gewaltbereitschaft readiness for violence

das Gewicht (-e) weight

gewinnen, gewann, gewonnen to win

das Gewitter (-) thunderstorm (7)

die Gewohnheit (-en) habit

gewöhnlich usual(ly) (4)

die Gewürzgurke (-n) pickle, pickled gherkin

der Giftstoff (-e) toxic substance

die Gitarre (-n) guitar (2)

der Gitarrenverstärker (-) guitar amplifier

glänzend shiny; excellent(ly)

das Glas (¨er) glass

glauben to believe (5); **Ich glaube dir nicht.** I don't believe you.

gleich right away, immediately (8); same; **gleich da drüben** right over there

gleichzeitig simultaneous(ly)

das Gleis (-e) track (10); platform

global global(ly) (14)

das Glöckchen (-) little bell

das Glockenspiel (-e) chimes, glockenspiel

das Glück fortune, luck; happiness; **Viel Glück!** Good luck! (1); **zum Glück** fortunately

glücklich happy, happily

der Glückwunsch (¨e) congratulations; **Herzlichen Glückwunsch zum Geburtstag!** Happy birthday! (3)

golden golden

der Goldfisch (-e) goldfish

googeln to Google, use the Google search engine

der Gott (¨er) God; god; **Gott sei Dank** thank God; **grüß Gott** hello (*in southern Germany and Austria*)

graben (gräbt), grub, gegraben to dig

der Grad (-e) degree (7); **35 Grad** 35 degrees (7)

der Graf (-en *masc.*) **(-en) / die Gräfin (-nen)** count/countess

die Grafik (-en) drawing

das Gramm (-e) gram

die Grammatik (-en) grammar; grammar book

die Grashütte (-n) grass hut

gratulieren (+ *dat.*) to congratulate (3); **Ich gratuliere!** Congratulations!

grau gray (5)

graugetigert with gray stripes

(das) Griechenland Greece

griechisch (*adj.*) Greek

der Grill (-s) grill, barbecue (6)

grillen to grill, barbecue

der Grillteller (-) grill platter

die Grippe flu (8)

groß big, large (2); tall (1); great

(das) Großbritannien Great Britain

die Größe (-n) size (5); height

die Großeltern (*pl.*) grandparents (3)

die Großmutter (¨) grandmother (3)

der Großraumwagen (-) rail car without compartments

größtenteils for the most part

der Großvater (¨) grandfather (3)

das Großväterchen (-) (*coll.*) little old man

großzügig generous(ly)

grün green (5)

der Grund (¨e) reason; ground; **im Grunde genommen** basically (14)

gründen to found, establish

die Grundform (-en) basic form

das Grundgesetz (-e) basic law, constitution

die Grundkenntnis (-se) basic knowledge

der Grundriss (-e) outline; layout; blueprint

die Grundschule (-n) primary school (11)

die Gründung (-en) founding, establishment

das Grüne (*decl. adj.*) green, greenery; **im Grünen** in the country; **ins Grüne fahren** to drive out to the country

die Grünen (*pl.*) the Green Party

die Gruppe (-n) group

der Gruß (¨e) greeting (12); **herzliche Grüße** kind regards; **viele Grüße** best wishes (12)

(sich) grüßen to say hello (to one another); **grüß dich** hello, hi (*among friends and family*) (E); **grüß Gott** hello (*in southern Germany and Austria*)

die Grütze: rote Grütze dessert made of red berries

gucken (*coll.*) to look

das Gulasch (-e) goulash

gültig valid

günstig favorable, favorably; convenient(ly) (9); reasonable (in price)

die Gurke (-n) cucumber (5)

der Gurt (-e) strap; seatbelt

der Gürtel (-) belt (5)

gut (besser, best-) good, well (1); **Alles Gute!** All the best! (3); **danke, gut** fine, thanks (E); **Er tanzt gut.** He dances well. (1); **Es geht mir gut.** I am fine; **ganz gut** pretty good/well (E); **Geht's gut?** Are you doing well? (E); **Gute Besserung!** Get well soon! (8); **gute Nacht** good night (E); **guten Abend** good evening (E); **guten Morgen** good morning (E); **guten Tag** hello, good day (E); **mach's gut** take care, so long (*inform.*) (E); **nicht besonders gut** not particularly well (E); **sehr gut** very well; fine; good (E); **zu guter Letzt** in the end, at long last

das Gymnasium (Gymnasien) secondary school (*leading to university*) (11)

die Gymnastik gymnastics

H

das Haar (-e) hair (8)

haben (hat), hatte, gehabt to have (2); **Angst haben (vor** + *dat.*) to be afraid (of) (12); **Durst haben** to be thirsty (2); **Erfolg haben** to be successful (11); **gern haben** to like (*a person or thing*) (2); **Hunger haben** to be hungry (2); **Ich habe eine Frage.** I have a question. (E) **Ich hätte gern ...** I would like to have . . . ; **lieb haben** to love, be fond of; **Lust haben** to feel like (*doing something*) (2); **recht haben** to be correct (2); **Wann hast du Geburtstag?** When is your birthday? (3); **Zeit haben** to have time (2)

der Hackbraten (-) meatloaf

der Hafen (¨) harbor, port

das Hähnchen (-) chicken (5)

der Haken (-) hook

halb half (4); **halb zwei** half past one, one-thirty (4)

die Halbpension *accommodation with two meals per day included*

die Hälfte (-n) half

der Halfter (-) halter

hallo hello (*among friends and family*) (E)

die Halogenlampe (-n) halogen lamp

der Hals (¨e) neck; throat (8)

das Halsband (¨er) (animal) collar

die Halsschmerzen (*pl.*) sore throat (8)

halt (*particle*) just

halten (hält), hielt, gehalten to hold, keep; to stop; **sich fit halten** to keep fit, stay in shape (8); **halten für** (+ *acc.*) to hold; to consider, think (14); **halten von** (+ *dat.*) to think of; **ein Referat halten** to give a paper; **sich auf dem Laufenden halten** to stay up-to-date

die Haltestelle (-n) stop, station (*bus, train, etc.*) (9)

Hamburger (*adj.*) of/from Hamburg

der Hamburger (-) hamburger; **der Hamburger (-)** / **die Hamburgerin (-nen)** person from Hamburg

der Hamster (-) hamster

die Hand (¨e) hand (8)

der Handel sales, trade (11)

handeln to act; **sich handeln um** (+ *acc.*) to be about; **handeln von** (+ *dat.*) to deal with, be about (13); **Wovon handelt es?** What's it about? (13)

das Handgepäck carry-on luggage (10)

der Handschuh (-e) glove (10)

das Handtuch (¨er) towel (9)

der Handwerker (-) / **die Handwerkerin (-nen)** tradesperson, craftsperson

handwerklich as a craftsman/craftswoman

das Handy (-s) cell phone (2)

hängen, hängte, gehängt to hang (up), put up (6)

hängen, hing, gehangen to hang, be hanging (6)

hart hard; severe(ly)

hassen to hate

hässlich ugly (2)

hauen, haute, gehauen to beat

häufig frequent(ly), often

Haupt- main, major, central (*used in compound words*)

das Hauptfach (¨er) major subject

die Hauptfigur (-en) main character, protagonist

das Hauptgericht (-e) main dish, entrée (6)

hauptsächlich mainly, mostly

die Hauptschule (-n) junior high school

das Hauptseminar (-e) advanced seminar

die Hauptstadt (¨e) capital (city)

das Haus (¨er) house (2); **nach Haus(e) gehen** to go home (5); **zu Haus(e)** at home (5)

die Hausarbeit (-en) housework; homework

die Hausaufgabe (-n) homework

der Hausbewohner (-) / **die Hausbewohnerin (-nen)** tenant

die Hausfrau (-en) homemaker, housewife

die Hausfrauensauce (-n) homemade sauce

hausgemacht homemade

der Haushalt (-e) household (12); budget

der Hausmann (¨er) house husband, stay-at-home husband

die Hausmusik music performed at home

die Hausnummer (-n) street address (number) (E)

der Hausrat household goods

der Hausschuh (-e) slipper (5)

das Haustier (-e) pet

die Haustür (-en) front door

die Haut (¨e) skin

heben, hob, gehoben to lift

das Hefeweizen *unfiltered wheat beer*

das Heft (-e) notebook (12); **das Comic-Heft (-e)** comic book

heikel awkward, delicate

das Heilbad (¨er) spa

der Heilige Abend Christmas Eve (3); **am Heiligen Abend** on Christmas Eve

das Heilmittel (-) remedy

das Heilwasser curative water

das Heim (-e) home

die Heimat (-en) homeland, hometown

heimtückisch treacherous

heiraten to marry, get married (3)

heiß hot (7)

heißen, hieß, geheißen to be called, be named (1); **das heißt (d.h.)** that is, i.e. (8); **Ich heiße ...** My name is . . . (E); **Wie heißen Sie?** What's your name? (*form.*) (E); **Wie heißt ... ?** What's the name of . . . ? (E); **Wie heißt du?** What's your name? (*inform.*) (E)

der Heißluftballon (-s) hot air balloon

heiter pleasant, fair, bright (7)

heizen to heat

die Heizung (-en) heating (12)

das Hektar (-e) hectare (= 2.471 acres)

hektisch hectic(ally)

der Held (-en *masc.*) **(-en)** / **die Heldin (-nen)** hero/heroine

helfen (+ *dat.*) **(hilft), half, geholfen** to help (5)

der Helfer (-) / **die Helferin (-nen)** helper, assistant

hell light, bright(ly) (2)

das Hemd (-e) shirt (5)

her this way; here; **hin und her** back and forth

herausfinden (findet heraus), fand heraus, herausgefunden to find out

herausfordern (fordert heraus) to challenge (11)

der Herbst (-e) autumn, fall (7)

hereinkommen (kommt herein), kam herein, ist hereingekommen to come inside

der Hering (-e) herring

herkommen (kommt her), kam her, ist hergekommen to come here; to come from

herkömmlich conventional, traditional

die Herkunft (¨e) origin, background

der Herr (-n *masc.*) **(-en)** Mr.; gentleman (E); **meine Damen und Herren** ladies and gentlemen

der Herrenartikel (-) men's accessory

die Herrenkonfektion men's ready-to-wear clothing

herrlich wonderful(ly), magnificent(ly)

herschieben (schiebt her), schob her, hergeschoben: etwas vor sich herschieben to put something off

herstellen (stellt her) to produce, manufacture (11)

herum: um ... herum around (*a place*)

herumfahren (um + *acc.*) **(fährt herum), fuhr herum, ist herumgefahren** to drive around

herumgehen (um + *acc.*) **(geht herum), ging herum, ist herumgegangen** to go around, walk around

herumtönen (tönt herum) to resound

herumtragen (trägt herum), trug herum, herumgetragen to carry around

herunterladen (lädt herunter), lud herunter, heruntergeladen to download

das Herz (gen. **-ens,**dat. **-en) (-en)** heart

herzlich cordial(ly); **herzlich willkommen** welcome (E); **Herzlichen Glückwunsch zum Geburtstag!** Happy birthday! (3)

(das) Hessen Hesse (*German state*)

heute today (1); **heute Abend** this evening (1); **heute Morgen** this morning (4); **heute Nachmittag** this afternoon (4); **Welches Datum ist heute?** What is today's date? (3)

heutig (*adj.*) today's

heutzutage nowadays

hi (*coll.*) hi (E)

hier here (1); **Ist hier noch frei?** Is this seat available? (6)

die Hilfe help, assistance

das Hilfsverb (-en) helping verb, auxiliary verb

der Himmel (-) sky (7); heaven; **unter freiem Himmel** in the open air

hin (to) there, thither; **hin und her** back and forth; **hin und zurück** round-trip (10); **vor sich hin** to oneself

hinaufschauen (schaut hinauf) to look up

hineinfahren in (+ *acc.*) **(fährt hinein), fuhr hinein, ist hineingefahren** to drive into

hineinschnuppern in (+ *acc.*) **(schnuppert hinein)** to try out, get a taste of

hinfahren (fährt hin), fuhr hin, ist hingefahren to go there, drive there, ride there

hingegen however

hingehen (geht hin), ging hin, ist hingegangen to go there

hinlegen (legt hin) to lay down; **sich hinlegen** to lie down (8)

sich hinsetzen (setzt hin) to sit down (8)

hinstecken (steckt hin) to stick (in), put (in)

hinten in the back

hinter (+ *acc.* / *dat.*) behind, in back of (6)

hintereinander one after another

hinterher afterward

hinterherlaufen (+ *dat*) **(läuft hinterher), lief hinterher, ist hinterhergelaufen** to run behind, run after

hinzufügen (fügt hinzu) to add

historisch historical(ly)

das Hobby (-s) hobby (1)

hoch (hoh-) (höher, höchst-) high(ly) (2); tall

das Hoch high-pressure system (*weather*)

das Hochdeutsch High German, standard German language

die Hochschule (-n) university, college
die Hochschulreife college qualification
höchstens at most
die Höchstgeschwindigkeit (-en) maximum
   speed, speed limit
die Hochzeit (-en) wedding (3)
das Hofbräuhaus *famous beer hall in Munich*
hoffen to hope (5)
hoffentlich hopefully; I/we/let's hope (6)
die Hoffnung (-en) hope
höflich polite(ly)
die Höhe (-n) height; **in die Höhe** upward
der Höhepunkt (-e) climax, peak; highlight
holen to get, fetch
(das) Holland Holland
holländisch (*adj.*) Dutch
der Höllenlärm hellish noise
das Holz wood
der Holzhammer (-) (wooden) mallet
der Holzpantoffel (-n) wooden shoe, clog
der Holzzaun (¨e) wooden fence
homöopathisch homeopathic
hören to hear, listen to (1)
der Hörer (-) / die Hörerin (-nen) listener
das Horoskop (-e) horoscope (13)
der Horrorfilm (-e) horror film
der Hörsaal (Hörsäle) lecture hall
der Hörtext (-e) listening text
die Hose (-n) (pair of) pants, trousers (5)
das Hotel (-s) hotel (9)
die Hühnersuppe (-n) chicken soup
der Humor (-e) humor, sense of humor
humorvoll full of humor, humorous(ly) (1)
der Hund (-e) dog (3) / die Hündin (-nen) female dog
hundert one hundred (E)
hundsmiserabel (*coll.*) sick as a dog (8)
der Hunger hunger; famine (14); **Hunger haben**
   to be hungry (2)
hungerleidend starving
hungern to go hungry, starve
hungrig hungry
husten to cough
der Husten (-) cough, coughing (8)
das Hustenbonbon (-s) cough drop
der Hut (¨e) hat (5)

I

der ICE (= Intercityexpresszug) intercity
   express train
ich I (1); **ich bin … geboren** I was born . . . (1)
ideal ideal(ly)
die Idee (-n) idea
identifizieren to identify
identisch identical(ly)
das Idyll (-e) idyllic setting
idyllisch idyllic(ally)
ihm (to/for) him/it (*dat.*) (5)
ihn him; it (*acc.*) (3)
Ihnen (to/for) you (*dat., form.*); **Was fehlt
   Ihnen?** What's the matter? (8); **Wie gefällt
   Ihnen … ?** How do you like . . . ? (5);
   Wie geht es Ihnen? How are you?
   (*form.*) (E)

ihnen (to/for) them (*dat.*) (5)
Ihr your (*form.*) (3)
ihr you (*inform. pl.*) (1); her, its; their (3); (to/for)
   her/it (*dat.*) (5)
illegal illegal(ly)
im = in dem; **im Freien** outdoors (11); **im Grunde
   genommen** basically (14); **im Januar** in
   January (3); **im Kaufhaus** at the department
   store
der Imbiss (-e) fast-food stand (6)
immer always (1); **immer geradeaus** (keep on
   going) straight ahead (9) **immer noch** still
der Imperativ (-e) imperative verb form
der Imperativsatz (¨e) imperative clause
das Imperfekt (-e) imperfect tense, simple past
der Import (-e) import
importieren to import
in (+ *acc./dat.*) in/into; inside; to (*a place*) (6); **in
   der Mitte (der Stadt)** in the center (of the
   city) (9); **in der Nähe (des Bahnhofs)** near
   (the train station) (9); **in die Disco gehen** to
   go clubbing (4); **in die Oper gehen** to go to
   the opera (4); **in zwei Tagen** in two days (6)
indem (*subord. conj.*) while, as
indirekt indirect(ly)
indisch (*adj.*) Indian, of/from/pertaining to
   India
die Individualität individuality
individuell individual(ly)
die Industrie (-n) industry
der Infinitiv (-e) infinitive verb form
die Info (-s) (*coll.*) info(rmation)
die Informatik computer science
der Informatiker (-) / die Informatikerin (-nen)
   computer scientist (11)
die Information (-en) information
informell informal(ly)
(sich) informieren (über + *acc.*) to inform
   (oneself) (about) (8)
der Ingenieur (-e) / die Ingenieurin (-nen)
   engineer
die Initiative (-n) initiative
inkl. = inklusive
inklusive inclusive; included
das Inland (*sg. only*) homeland (13); **im Inland
   und Ausland** at home and abroad (13)
das Inlineskaten inline skating
inmitten (+ *gen.*) in the midst of
die Innenpolitik internal politics; domestic
   policy
die Innenstadt (¨e) downtown, city center (9)
innerhalb (+ *gen.*) within, inside of (9)
die Innovation (-en) innovation
innovativ innovative(ly)
ins = in das; **ins Kino gehen** to go to the
   movies (4); **ins Theater gehen** to go to the
   theater (4)
die Insel (-n) island
insgesamt altogether, in total (10)
inspirieren to inspire
das Institut (-e) institute
die Institution (-en) institution
das Instrument (-e) instrument
integrieren to integrate
intelligent intelligent(ly)

intensiv intense(ly); intensive(ly)
die Interaktion (-en) interaction
interessant interesting (1)
das Interesse (-n) interest (1)
interessieren to interest; **sich interessieren für**
   (+ *acc.*) to be interested in (11)
interessiert (an + *dat.*) interested (in)
international international(ly)
das Internet Internet (13); **im Internet surfen** to
   surf the Internet (1)
der Internetzugang Internet access (9)
der Inter-Treff-Club (-s) club for meeting one
   another
das Interview (-s) interview
interviewen to interview
die Intrige (-n) intrigue
investieren to invest
inzwischen in the meantime, meanwhile
der Iran Iran
irgendwann sometime
irgendwas something
irgendwer (*coll.*) somebody
irgendwo somewhere
(das) Irland Ireland
irritieren to irritate
der Irrtum (¨er) error
ist is; **Das ist …** This is . . . (E)
(das) Italien Italy (E)
der Italiener (-) / die Italienerin (-nen) Italian
   (person)
italienisch (*adj.*) Italian
(das) Italienisch Italian (language)

J

ja yes (E); of course
die Jacke (-n) jacket (5)
das Jahr (-e) year (1); **dieses Jahr** this year; **einmal
   im Jahr** once a year (7); **im Jahr(e) …** in the
   year . . . ; **jedes Jahr** every year; **letztes Jahr**
   last year; **mit 10 Jahren** at age 10; **nächstes
   Jahr** next year (1); **die 90er Jahre** the
   nineties; **seit zwei Jahren** for two years (6)
die Jahreszeit (-en) season
das Jahrhundert (-e) century
-jährig: **12-jährig** (*adj.*) twelve-year(-old), twelve
   years old; **der/die 12-Jährige** (*decl. adj.*)
   twelve-year-old (person)
jährlich annual(ly)
(der) Jänner January (*Austrian*)
(der) Januar January (3); **im Januar** in
   January (3)
(das) Japan Japan
der Japaner (-) / die Japanerin (-nen) Japanese
   person
der Jazz jazz
je ever; every, each; **je** (+ *comparative*) **… desto**
   (+ *comparative*) **…** the . . . the . . .
je (*interjection*): **oh je** oh dear
die Jeans (*pl.*) jeans (5)
jeder, jede, jedes each, every (5); everybody;
   auf jeden Fall in any case (13); **jeden
   Abend** every evening; **jeden Morgen** every
   morning; **jeden Tag** every day (7); **jedes Jahr**
   every year
jederzeit (at) any time

jedoch however, but

der Jeep (-s) jeep

jemand somebody, someone

Jenaer (*adj.*) of/from Jena (*town in central Germany*)

jetzig current, present

jetzt now (1)

jeweils each time, in each case

der Job (-s) (temporary) job

jobben to work (at a temporary job) (12)

jobbenderweise with respect to working at a temporary job

joggen to jog (7)

der Jogginganzug (¨e) tracksuit, jogging outfit

der/das Joghurt yogurt (5)

der Journalist (-en *masc.*) **(-en) / die Journalistin (-nen)** journalist (1)

das Jubiläum (Jubiläen) anniversary

die Jugend youth; young people

das Jugendgästehaus (¨er) (type of) youth hostel

die Jugendherberge (-n) youth hostel (9)

der/die Jugendliche (*decl. adj.*) young person; teenager

(der) Juli July (3)

jung (jünger, jüngst-) young (10)

der Junge (-n *masc.*) **(-n)** boy (2)

(der) Juni June (3)

(die) Jura (*pl.*) law (*as a subject of study*)

K

das Kabarett (-s) cabaret

das Kabel (-) cable

der Kaffee (-s) coffee

der Käfig (-e) cage

(das) Kairo Cairo

der Kaiserschmarr(e)n broken-up pancake sprinkled with powdered sugar and raisins

das Kalbsschnitzel (-) veal cutlet

der Kalender (-) calendar (3)

(das) Kalifornien California

die Kalorie (-n) calorie

kalt (kälter, kältest-) cold (7)

die Kamera (-s) camera (10)

der Kamillentee chamomile tea

(sich) kämmen to comb (one's hair) (8)

(das) Kanada Canada

der Kanadier (-) / die Kanadierin (-nen) Canadian (person)

der Kanarienvogel (¨) canary

der Kandidat (-en *masc.*) **(-en) / die Kandidatin (-nen)** candidate

der Kanton (-e) canton (*division of Switzerland*)

der Kanzler (-) /die Kanzlerin (-nen) chancellor

der Kapellmeister (-) / die Kapellmeisterin (-nen) bandleader, conductor

kapieren (*coll.*) to get, understand

das Kapitel (-) chapter

kaputt broken (9)

die Karibik the Caribbean

kariert checkered, plaid (5)

(der) Karneval Mardi Gras (*Rhineland*) (3)

die Karotte (-n) carrot (5)

die Karriere (-n) career; **Karriere machen** to be successful in a career

die Karte (-n) card (7); ticket; chart; map; **Karten spielen** to play cards (1)

die Kartoffel (-n) potato (5)

der Kartoffelknödel (-) potato dumpling

das Kartoffelpüree mashed potatoes

der Kartoffelspieß (-e) potatoes (and other ingredients) roasted on a spit

der Käse (-) cheese (5)

die Kasse (-n) cash register; check-out (5)

das Kasseler smoked pork loin

der Kassenbon (-s) receipt

der Kassenzettel (-) receipt

der Kassierer (-) / die Kassiererin (-nen) cashier

der Kasten (¨) box

das Kastenweißbrot (-e) white bread baked in a square loaf pan

die Kategorie (-n) category

der Kater (-) tomcat, male cat

katholisch Catholic

die Katze (-n) cat (12)

kaufen to buy (2)

die Kauffrau (-en) saleswoman (11)

das Kaufhaus (¨er) department store (2); **im Kaufhaus** at the department store

die Kaufleute (*pl.*) salespeople (11)

der Kaufmann (Kaufleute) salesman (11)

kaum hardly, scarcely (8)

der Kaviar (-e) caviar

kegeln to bowl

der Kegler (-) / die Keglerin (-nen) bowler

der Kehrreim (-e) refrain

kein, keine no, none, not any (2); **kein(e) … mehr** no more . . . ; **noch kein(e)** no . . . yet

der Keks (-e) cookie (5)

der Keller (-) cellar, basement

der Kellner (-) / die Kellnerin (-nen) waiter, waitress; server (6)

kennen, kannte, gekannt to know, be acquainted with (*a person or thing*) (3)

kennenlernen (lernt kennen) to meet, get to know

die Kerze (-n) candle

die Kette (-n) chain

das Kfz = Kraftfahrzeug (-e) motor vehicle

das Kickboxen kickboxing

Kieler (*adj.*) of/from Kiel (*city in northern Germany*)

das Kilo (-s) = Kilogramm (-e) kilogram

der Kilometer (-) kilometer

das Kind (-er) child; **als Kind** as a child

der Kindergarten (¨) nursery school, preschool

die Kindheit childhood

das Kinn (-e) chin (8)

das Kino (-s) cinema, (movie) theater (4); **ins Kino gehen** to go to the movies (4)

der Kiosk (-e) kiosk

die Kirche (-n) church (9)

der Kirchhof (¨e) churchyard; graveyard, cemetery

der Kirchturm (¨e) church steeple

die Kirmes (-sen) fair

die Klamotten (*pl.*) duds, rags (*slang for clothing*) (5)

klar clear; of course; **Alles klar.** Everything is clear., I get it. (E); **na klar** absolutely (E); but of course, you bet

die Klasse (-n) class; classroom; **erster/zweiter Klasse fahren (fährt), fuhr, ist gefahren** to travel first/second class (10)

der Klassiker (-) classic

klassisch classic; classical(ly)

klauen (*coll.*) to steal, swipe

die Klausur (-en) examination

das Klavier (-e) piano

kleben to stick, adhere

das Kleid (-er) dress (5)

die Kleider (*pl.*) clothes

der Kleiderschrank (¨e) wardrobe; clothes closet (2)

die Kleidung clothing, clothes

klein small, little (2)

das Kleingeld (small) change

das Klettersteigen climbing

klicken to click (13)

der Klient (-en *masc.*) **(-en) / die Klientin (-nen)** client

das Klima climate

klimaschädlich harmful to the climate

der Klimawandel climate change (14)

klingeln to ring

klingen, klang, geklungen to sound (8); **Du klingst so deprimiert.** You sound so depressed. (8)

klopfen to knock

der Kloß (¨e) dumpling

klotzen (*coll.*) to show off

der Klub (-s) club

klug smart, intelligent(ly)

die Knackwurst (¨e) type of German sausage

knallen to slam, bang

knapp just about, barely

knauserig (*coll.*) stingy

knausern (*coll.*) to be stingy

die Kneipe (-n) pub, bar (6)

der Kneipenbummel (-) pub-crawl, bar-hopping

das Knie (-) knee (8)

der Knoblauch garlic

die Knolle (-n) tuber

knurren to growl

die Koalition (-en) coalition

die Kobra (-s) cobra

der Koch (¨e) / die Köchin (-nen) cook, chef

kochen to cook (1); to boil; **gekochtes Ei** boiled egg

der Koffer (-) suitcase (5)

das Kohlenhydrat (-e) carbohydrate

die Kohlensäure carbonic acid; **ohne Kohlensäure** non-carbonated

der Kollege (-n *masc.*) **(-n) / die Kollegin (-nen)** colleague, co-worker

(das) Köln Cologne (*city in western Germany*)

Kölner (*adj.*) of/from Cologne

die Kombination (-en) combination

kombinieren to combine

der Komfort (-s) comfort

komfortabel comfortable

komisch funny, funnily; strange(ly)

kommen, kam, ist gekommen to come (1); **Ich komme aus …** I'm from . . . (E); **Wie komme ich am besten dahin?** What's the best way to get there? (9); **Woher kommen Sie?** (*form.*) / **Woher kommst du?** (*inform.*) Where are you from? (E)

kommend coming, next

der Kommentar (-e) commentary

der Kommilitone (-n *masc.***) (-n) / die Kommilitonin (-nen)** fellow student

der Kommissar (-e) detective inspector; commissioner

die Kommode (-n) dresser (2)

die Kommune (-n) commune

die Kommunikation (-en) communication

das Kommunikationswesen communications

kommunikativ communicative(ly)

kommunizieren to communicate

die Komödie (-n) comedy (4)

der Komparativ (-e) comparative

komplett complete(ly)

das Kompliment (-e) compliment

der Komplize (-n *masc.***) (-n) / die Komplizin (-nen)** accomplice

kompliziert complicated (1)

komponieren to compose

der Komponist (-en *masc.***) (-en) / die Komponistin (-nen)** composer

das Kompositum (Komposita) compound word

kompostieren to compost

die Konditorei (-en) pastry shop (5)

der König (-e) / die Königin (-nen) king/queen

die Konjunktion (-en) conjunction

der Konjunktiv (-e) subjunctive (mood)

konkret concrete(ly)

können (kann), konnte, gekonnt to be able to; can (4); to know how to

konservativ conservative(ly) (1)

der Konsum consumption

der Konsument (-en *masc.***) (-en) / die Konsumentin (-nen)** consumer

der Kontakt (-e) contact (11)

kontaktfreudig outgoing (11)

der Kontext (-e) context

der Kontrast (-e) contrast

die Kontrolle (-n) control

kontrollieren to control

die Konversation (-en) conversation

konzentrieren to concentrate

das Konzert (-e) concert (4); **ins Konzert gehen** to go to a concert (4)

(das) Kopenhagen Copenhagen

der Kopf (¨e) head (8)

das Köpfchen (-): kluges Köpfchen clever little person

die Kopfschmerzen (pl.**)** headache (8)

die Kopie (-n) copy

der Korb (¨e) basket

(das) Korfu Corfu

der Körper (-) body

der Körperteil (-e) body part (8)

die Korrektur (-en) correction, revision

korrespondieren to correspond

korrigieren to correct

(das) Korsika Corsica

die Kosmetik cosmetics

die Kost food

kostbar precious

kosten to cost (2)

die Kosten (pl.**)** cost, expense

kostenlos free of charge

kostenpflichtig subject to a charge

das Kostüm (-e) costume; fancy dress

der Krach loud noise

die Kraft (¨e) power, strength

kräftig strong(ly), powerful(ly)

krank (kränker, kränkst-) sick, ill (8)

das Krankenhaus (¨er) hospital

die Krankenkasse (-n) health insurance company

der Krankenpfleger (-) / die Krankenpflegerin (-nen) / die Krankenschwester (-n) nurse (8)

die Krankenversicherung (-en) health insurance

die Krankheit (-en) illness, disease, ailment (14)

krass blatant(ly), crass(ly)

das Kraut (¨er) herb

der Kräutertee herbal tea (8)

die Krawatte (-n) necktie (5)

kreativ creative(ly)

die Kreativität creativity

der Kredit (-e) loan; credit

die Kreditkarte (-n) credit card (9)

die Kreuzung (-en) intersection (9)

das Kreuzworträtsel (-) crossword puzzle; **Kreuzworträtsel machen** to do crossword puzzles (1)

der Krieg (-e) war (14)

der Krimi (-s) crime/detective/mystery story, film, or TV show (4)

der Kriminologe (-n *masc.***) (-n) / die Kriminologin (-nen)** criminologist

der Krippenplatz (¨e) day-care slots

die Krise (-n) crisis

das Kriterium (Kriterien) criterion

der Kritiker (-) / die Kritikerin (-nen) critic

kritisch critical(ly)

kritisieren to criticize

die Küche (-n) kitchen (2); cuisine, food (6)

der Kuchen (-) cake (5)

der Kuckuck (-e) cuckoo

der Kugelschreiber (-) ballpoint pen (12)

kühl cool(ly) (7)

der Kühlschrank (¨e) refrigerator (9)

die Kultur (-en) culture

kulturell cultural(ly)

die Kulturwissenschaften (pl.**)** cultural sciences, arts and humanities

kümmern to concern

der Kunde (-n *masc.***) (-n) / die Kundin (-nen)** customer (5)

die Kundenbetreuung customer service (11)

künftig future; in the future

die Kunst (¨e) art

der Künstler (-) / die Künstlerin (-nen) artist (11)

die Kur (-en) health cure, treatment (at a spa)

der Kurort (-e) health spa, resort

der Kurs (-e) course

kurz (kürzer, kürzest-) short, brief(ly), for a short time (7); **vor kurzem** a short time ago

die Kürze: in Kürze soon, shortly

kürzlich recently

die Kusine (-n) = Cousine female cousin (3)

das Küsschen (-): ein dickes Küsschen a big kiss

die Küste (-n) coast

L

das Labor (-s) laboratory

der Laborant (-en *masc.***) (-en) / die Laborantin (-nen)** laboratory technician

lächeln to smile

lachen to laugh

der Lachs (-e) salmon

laden (lädt), lud, geladen to load

der Laden (¨) store, shop (5)

die Lage (-n) location (9); situation

das Lamm (¨er) lamb

die Lampe (-n) lamp (2)

das Land (¨er) country; nation, land; state; **auf dem Land(e)** in the countryside

das Landei (-er) farm egg

landen, hat /ist gelandet to land

die Landeskunde regional studies

die Landkarte (-n) map

die Landschaft (-en) landscape (10); scenery

landschaftlich with respect to the scenery

die Landstraße (-n) country road

lang (länger, längst-) long (7)

lange long (*temporal*); **wie lange** (for) how long

die Langeweile boredom

langsam slow(ly) (10); **Langsamer, bitte.** Slower, please. (E)

längst (adv.**)** long since, a long time ago

langweilig boring (1)

der Laptop (-s) laptop (computer)

der Lärm noise (14)

lassen (lässt), ließ, gelassen to leave (behind); to let (6); to have something done; **Lass uns (doch) …** Let's . . . (6)

(das) Lateinamerika Latin America

lateinisch (adj.**)** Latin

der Lauch (-e) leek

der Lauf (¨e) course; **im Laufe der Zeit** over the course of time

laufen (läuft), lief, ist gelaufen to run, jog (2); to walk; **der Film läuft im …** the film is playing at . . . ; **Schlittschuh laufen** to ice-skate (7)

laufend current; **sich auf dem Laufenden halten** to stay up-to-date

laut loud(ly); (+ *dat.*) according to

leben to live

das Leben life (11)

lebendig lively

der Lebenslauf (¨e) résumé (11); **tabellarischer Lebenslauf** résumé in outline form

das Lebensmittel (-) food, groceries

der Leberkäs Bavarian-style meatloaf

die Leberknödelsuppe liver dumpling soup

lecker tasty, delicious

das Leder (-) leather

die Lederwaren (pl.**)** leather goods

ledig unmarried, single

leer empty

legen to lay, put (*in a lying position*) (6); **sich legen** to lie down (8)

die Lehre (-n) apprenticeship; lesson

der Lehrer (-) / die Lehrerin (-nen) teacher (E)

der Lehrling (-e) apprentice, trainee

die Leiche (-n) corpse

leicht easy, easily; light(ly)

leiden an (+ *dat.*), **litt, gelitten** to suffer from

das Leiden (-) suffering

leider unfortunately (3)

leidtun (+ *dat.*) **(tut leid), tat leid, leidgetan** (*impersonal*) to be sorry (8)

leihen, lieh, geliehen to lend; to borrow (12)

Leipziger (*adj.*) of/from Leipzig

leise quiet(ly); softly

leisten to do (*work*)

die Leistung (-en) accomplishment; service; performance (11)

leistungsfähig capable, efficient

der Leitartikel (-) lead article

leiten to lead

der Leiter (-) / die Leiterin (-nen) leader, director

die Lektion (-en) lesson

die Lektüre (-n) reading (material)

lernen to learn; to study (1)

die Lernmittel (*pl.*) school supplies

die Lesegewohnheit (-en) reading habit

lesen (liest), las, gelesen to read (1, 2)

der Leser (-) / die Leserin (-nen) reader

die Leserschaft readers, readership

das Lesestück (-e) reading selection

die Letter (-n) piece of type (used in printing)

letzt- last; **letzte Nacht** last night; **letzte Woche** last week; **letztes Jahr** last year; **zum letzten Mal** for the last time

Letzt: zu guter Letzt in the end

die Leute (*pl.*) people (2)

liberal liberal(ly)

das Licht (-er) light

lieb kind; dear **alles Liebe** all my love (*at end of letter*); **lieb haben** to love, be fond of

die Liebe (-n) love

lieben to love

lieber (+ *verb*) rather, preferably; **möchte lieber** would rather (4)

der Liebhaber (-) / die Liebhaberin (-nen) lover, enthusiast

der Liebling (-e) darling; **Lieblings-** favorite (*first component of compound nouns*)

am liebsten (+ *verb*) the best, the most; **möchte am liebsten** would like (to do) most (4)

(das) Liechtenstein Liechtenstein (E)

das Lied (-er) song

der Liedermacher (-) / die Liedermacherin (-nen) (folk) songwriter

liegen, lag, gelegen to lie; to be located (6); **es liegt daran, dass ...** it is because . . .

liegen bleiben (bleibt liegen), blieb liegen, ist liegen geblieben to stay down

lila purple, violet (5)

die Limonade (-n) lemonade; any flavored soda, soft drink

die Linde (-n) linden tree; **Unter den Linden** *major street in Berlin*

die Linguistik linguistics

die Linie (-n) line

link- left, left-hand; **auf der linken Seite** on the left side

die Linke the left (*political*)

links (on the) left (9); **nach links** to the left (9)

die Liste (-n) list

listen to list

der Liter (-) liter

literarisch literary

die Literatur (-en) literature

sich lockern to relax, loosen

der Löffel (-) spoon (6)

logisch logical(ly)

der Lohn (¨e) pay, wage(s)

lokal local(ly)

das Lokal (-e) restaurant, pub, bar (6)

die Lokalität (-en) locality

die Lokalnachrichten (*pl.*) local news (13)

die Lokomotive (-n) locomotive

los loose; off; **Was ist denn los?** What's the matter? (2)

löschen to delete (13)

lösen to solve (14)

losgehen (geht los), ging los, ist losgegangen to start

loslegen (legt los) (*coll.*) to start, let rip

die Lösung (-en) solution (14)

loswerden (wird los), wurde los, ist losgeworden (*coll.*) to get rid of

die Lotterie (-n) lottery

der Löwe (-n masc.) (-n) lion

die Lücke (-n) gap, space, blank

die Luft (¨e) air (8)

die Luftverschmutzung air pollution (14)

lügen, log, gelogen to lie, tell a falsehood

der Lügenbaron lying baron (*Münchhausen*)

das Lunchpaket (-e) bag lunch

Lust haben to feel like (*doing something*) (2)

lustig cheerful(ly); fun-loving (1); funny, funnily

das Lustspiel (-e) comedy

(das) Luxemburg Luxembourg (E)

die Luxusgöre (-n) spoiled brat

(das) Luzern Lucerne (*in Switzerland*)

M

machen to make; to do (1); **Das macht nichts.** That doesn't matter. (8); **Das macht Spaß.** That's fun. (1); **das macht ...** that comes to . . . (5); **Kreuzworträtsel machen** to do crossword puzzles (1); **Mach schnell!** Hurry up!; **mach's gut** take care, so long (*inform.*) (E); **ein Praktikum machen** to do an internship (1); **sich Sorgen machen um** (+ *acc.*) to worry about (14); **Urlaub machen** to go on vacation (8); **Was machst du gern?** What do you like to do?

mächtig powerful(ly)

das Mädchen (-) girl

das Magazin (-e) magazine

der Magen (¨) stomach

die Magermilch skim milk

die Mahlzeit (-en) meal

(der) Mai May (3); **der erste Mai** May first (3); **am ersten Mai** on May first (3)

die Mail (-s) e-mail

mailen to e-mail

der Mais corn, maize (6)

mal = einmal once; just; (*softening particle used with imperatives*) (4); **-mal** time(s); **erst mal** for now; **noch mal** again, once again; **sag mal** tell me (1); **schau mal** look

das Mal (-e) time; **zum ersten Mal** for the first time

malen to paint (7)

der Maler (-) / die Malerin (-nen) painter

(das) Mallorca Majorca

man (*indef. pron.*) one; you; they; people (4); **Hier darf man nicht parken.** You may not park here. (4); **Wie sagt man ... auf Deutsch?** How do you say . . . in German? (E)

der Manager (-) / die Managerin (-nen) manager

mancher, manche, manches some; **manch ein(e)** many a; **manches Mal** many a time

manchmal sometimes (8)

die Mandarine (-n) mandarin orange

der Mann (¨er) man (1); husband (3)

männlich masculine, male

die Mannschaft (-en) team

der Mantel (¨) (over)coat (5)

marineblau navy blue

marinieren to marinate

markieren to mark

der Markt (¨e) (open-air) market, marketplace (5); **auf dem Markt** at the market

der Marktplatz (¨e) market square

die Marmelade (-n) jam

(das) Marokko Morocco

(der) März March (3)

die Masche (-n) (*coll.*) trick

die Maschine (-n) machine

der Maschinenbau mechanical engineering

die Massage (-n) massage

das Maß (-e) measure

mäßig moderate(ly)

das Material (-ien) material

die Mathe (*coll.*) math

die Mathematik mathematics

das Matjesfilet (-s) herring filet

der Matjeshering (-e) *young, lightly salted herring*

das Matterhorn *a mountain in the Swiss Alps*

die Mauer (-n) wall

die Maus (¨e) mouse (*also as term of endearment*)

maximal maximum

der Mechaniker (-) / die Mechanikerin (-nen) mechanic (11)

(das) Mecklenburg-Vorpommern *one of the German states*

die Medien (*pl.*) media

das Medikament (-e) medicine, medication (5)

die Meditation (-en) meditation

meditieren to meditate

die Medizin (field of) medicine

medizinisch medical(ly)

das Meer (-e) sea; ocean (7); **am Meer** at the seaside

die Meeresfrüchte (*pl.*) seafood

mehr more; **immer mehr** more and more; **kein(e) … mehr** no more; **nicht mehr** not anymore; **nie mehr** never again

das Mehrbettzimmer (-) room with several beds

mehrere (*pl.*) several

die Mehrfachnennungen (*pl.*) multiple mentions

die Mehrfachsteckdose (-n) electric power strip

mehrmals often, several times, on several occasions

die Mehrwertsteuer (-n) value-added tax; national sales tax

mein my (3)

meinen to mean; to think, be of the opinion (14); **Was meinen Sie?** (*form.*) / **Was meinst du?** (*inform.*) What do you think?

die Meinung (-en) opinion (14); **ich bin der Meinung …** I'm of the opinion . . . (14); **meiner Meinung nach …** in my opinion … (14)

meist mostly

meist- most; **am meisten** (the) most

meistens mostly (8)

der Meister (-) / die Meisterin (-nen) master; champion

sich melden to answer (*phone*) (13); **Niemand meldet sich.** No one is answering. (13)

die Melodie (-n) melody

die Mensa (-s or **Mensen)** student cafeteria (1)

der Mensch (-en *masc.*) **(-en)** human being, person (2)

menschlich human

das Menü (-s) menu

merken to notice, observe

merkwürdig strange(ly); remarkable, remarkably

messen (misst), maß, gemessen to measure

das Messer (-) knife (6)

das Metall (-e) metal

der Meteorologe (-n *masc.*) **(-n) / die Meteorologin (-nen)** meteorologist

der /das Meter (-) meter

die Methode (-n) method

metrisch metric(ally)

der Metzger (-) / die Metzgerin (-nen) butcher

die Metzgerei (-en) butcher shop (5)

(das) Mexiko Mexico

mich me (*acc.*) (3); **Freut mich.** Pleased to meet you. (E)

das Mietangebot (-e) rental offer

die Miete (-n) rent (2)

mieten to rent (*from someone*) (12)

der Mieter (-) / die Mieterin (-nen) renter

das Mietgesuch (-e) rental request

das Mietshaus (¨er) apartment building

der Mietwagen (-) rental car

die Mietwohnung (-en) rented apartment

der Mikrowellenherd (-e) microwave oven (12)

die Milch milk (5)

das Militär military, armed forces

der Milliardär (-e) / die Milliardärin (-nen) billionaire

die Milliarde (-n) billion (1,000,000,000)

der Milliliter (-) milliliter, one thousandth of a liter

die Million (-en) million

der Millionär (-e) / die Millionärin (-nen) millionaire

die Minderheit (-en) minority

mindestens at least (8)

das Mineral (-ien) mineral

mineralhaltig containing minerals

Mini- miniature, mini- (*in compounds*)

minimalistisch minimalistic(ally)

der Minister (-) / die Ministerin (-nen) (government) minister

die Minorität (-en) minority

die Minute (-n) minute (4)

mir (to/for) me (*dat.*) (5); **Das ist mir zu blöd.** I think that's really stupid. (13); **Mir ist schlecht.** I'm sick to my stomach (8)

die Mischung (-en) mixture

mit (+ *dat.*) with; by means of (5); **Wie wäre es mit … ?** How about . . . ? (13); **Willst du mit?** (*coll.*) Do you want to come along?

der Mitarbeiter (-) / die Mitarbeiterin (-nen) co-worker; employee (11)

mitbenutzen (benutzt mit) to share the use of

der Mitbewohner (-) / die Mitbewohnerin (-nen) roommate (2)

mitbringen (bringt mit), brachte mit, mitgebracht to bring along

miteinander together, with one another

mitgehen (geht mit), ging mit, ist mitgegangen to come along, go along

das Mitglied (-er) member

mithelfen (hilft mit), half mit, mitgeholfen to help, lend a hand

mithilfe (+ *gen.*) with the help of

mitkommen (kommt mit), kam mit, ist mitgekommen to come along (4)

mitmachen (macht mit) to join in

mitnehmen (nimmt mit), nahm mit, mitgenommen to take along (5); **zum Mitnehmen** (food) to go; takeout (6)

mitspielen (spielt mit) to play along

der Mitstudent (-en *masc.*) **(-en) / die Mitstudentin (-nen)** fellow student

der Mittag (-e) noon (4); **heute Mittag** today at noon

das Mittagessen (-) midday meal; lunch (5)

mittags at noon (4)

das Mittagstief (*coll.*) food coma, post-meal sleepiness

die Mitte (-n) middle, center (9); **in der Mitte (der Stadt)** in the center (of the city) (9)

mitteilen (teilt mit) to announce, inform

das Mittel (-) means, method

das Mittelalter Middle Ages

mittelalterlich medieval

die Mittelklasse (-n) middle class

der Mittelwesten Midwest (USA)

mitten in the midst; **mitten im Dorf** in the middle of the village

die Mitternacht midnight; **um Mitternacht** at midnight (3)

mittler- middle; **die mittlere Reife** high school diploma (*not sufficient for university studies*)

mittlerweile by now; in the meantime

(der) Mittwoch Wednesday (3)

mittwochs Wednesdays, on Wednesday(s) (4)

mitziehen (zieht mit), zog mit, mitgezogen to drag along

der Mix (-e) mix

die Möbel (*pl.*) furniture (2)

möbliert furnished (2)

möchte would like to (4); **ich möchte (gern)** I would like; **möchte am liebsten** would like (to do) most (4); **möchte lieber** would rather (4)

das Modalverb (-en) modal verb

die Mode (-n) fashion (13)

das Modell (-e) example, model

der Moderator (-en) / die Moderatorin (-nen) presenter, moderator

modern modern, in a modern manner

mögen (mag), mochte, gemocht to care for; to like (4); **ich möchte (gern)** I would like; **Wo mag das sein?** Where can that be?

möglich possible

möglicherweise possibly

die Möglichkeit (-en) possibility, opportunity (10)

möglichst as . . . as possible

die Möhre (-n) carrot (5)

der Moment (-e) moment; **im Moment** at the moment; **Moment (mal)** just a moment

momentan (at) present

der Monat (-e) month; **einmal im Monat** once a month (7)

monatlich monthly (12)

(der) Montag Monday (3); **am Montag** on Monday (3)

montags Mondays, on Monday(s) (4)

morgen tomorrow (3); **morgen Abend** tomorrow evening (4); **morgen früh** tomorrow morning (4); **morgen Nachmittag** tomorrow afternoon; **morgen Vormittag** tomorrow morning; **Welches Datum ist morgen?** What is tomorrow's date? (3)

der Morgen (-) morning (4); **am Morgen** in the morning; **(guten) Morgen** good morning (E); **heute Morgen** this morning (4); **jeden Morgen** every morning

morgens in the morning, mornings (4)

(das) Moskau Moscow

motivieren to motivate

der Motor (-en) motor, engine

das Motorrad (¨er) motorcycle (2); **Motorrad fahren** to ride a motorcycle

müde tired (8)

die Mühle (-n) mill

der Müll trash, garbage (12)

der Müller (-) / die Müllerin (-nen) miller

der Multikulturalismus multiculturalism

das Multiparteiensystem (-e) multi-party system

(das) München Munich

Münchner (*adj.*) of/from Munich

der Mund (¨er) mouth (8)

mündlich oral(ly), verbal(ly)

munter cheerful(ly)

das Museum (Museen) museum (9)

die Musik music (1)

der Musikant (-en *masc.***) (-en) / die Musikantin (-nen)** musician, music maker

der Musiker (-) / die Musikerin (-nen) (professional) musician

musizieren to make music, play an instrument

der Muskel (-n) muscle (8)

das Müsli (-s) granola; cereal (5)

müssen (muss), musste, gemusst to have to; must (4)

das Muster (-s) pattern, model, example; **nach dem Muster** according to the example

die Mutter (¨) mother (3)

mütterlicherseits on the mother's side

die Muttersprache (-n) mother tongue, native language

der Muttertag Mother's Day (3)

die Mutti (-s) mommy, mom

die Mütze (-n) cap (5)

Mwst. = Mehrwertsteuer

der Mythos (Mythen) myth

N

na well; so; **na ja** oh well; **na klar** absolutely (E); but of course; you bet; **Na und?** So what? (13); **Na, wie geht's?** How are you? (*casual*) (E)

nach (+ *dat.*) after (4, 6); to (*place name*) (5); according to; **Es ist Viertel nach zwei.** It's a quarter after two. (4); **fünf nach zwei** five after two (4); **meiner Meinung nach ...** in my opinion . . . (14); **nach dem Befinden fragen** to ask about someone's well-being; **nach dem Weg fragen** to ask for directions (9); **nach Dienstag** after Tuesday (6); **nach Hause** (to) home (5); **nach links/rechts** to the left/right (9); **nach oben** above, upstairs (*directional*) (12); **nach unten** below, downstairs (*directional*) (12)

der Nachbar (-n *masc.***) (-n) / die Nachbarin (-nen)** neighbor

nachdem (*subord. conj.*) after (10)

nachdenken (über + *acc.***) (denkt nach), dachte nach, nachgedacht** to think (about), ponder (over) (11)

nacherzählen (erzählt nach) to retell

nachforschen (forscht nach) to investigate

nachher afterward

nachkommen (kommt nach), kam nach, ist nachgekommen to come later, follow

der Nachmittag (-e) afternoon (4); **am Nachmittag** in the afternoon; **heute Nachmittag** this afternoon (4); **morgen Nachmittag** tomorrow afternoon

nachmittags in the afternoon, afternoons (4)

der Nachname (*gen.* **-ns,**acc./dat.** -n) (-n)** family name, surname (1)

die Nachricht (-en) message; **die Nachrichten** (*pl.*) news (13)

der Nachrichtensprecher (-) / die Nachrichtensprecherin (-nen) news anchor

nachschauen (schaut nach) to check, look up

nachsehen (sieht nach), sah nach, nachgesehen to check, look up

die Nachspeise (-n) dessert (6)

nächst- next, following; closest, nearest; **am nächsten Tag** on the next day; **nächstes Jahr** next year

die Nacht (¨e) night (4); **gute Nacht** good night (E); **letzte Nacht** last night

der Nachteil (-e) disadvantage

der Nachtisch (-e) dessert (6)

nachts at night, nights (4)

der Nachttisch (-e) nightstand (2)

das Nackensteak (-s) neck steak

nah (näher, nächst-) close by, near

die Nähe vicinity (9); **in der Nähe (des Bahnhofs)** near (the train station) (9)

die Nahrung nutrition; food

das Nahrungsmittel (-) food

der Name (*gen.* **-ns,**acc./dat.** -n) (-n)** name (1); **auf den Namen ... hören** to answer to the name . . . ; **Auf welchen Namen?** Under what name? (9); **Mein Name ist ...** My name is . . . (E); **Wie ist Ihr/dein Name?** What is your name? (*form./inform.*) (E)

nämlich namely, that is to say (3)

nanu now what

die Nase (-n) nose (8)

die Nation (-en) nation; **die Vereinten Nationen** United Nations

national national(ly)

die Natur (-en) nature (10)

die Naturfaser (-n) natural fiber

der Naturkostladen (¨) organic food store

natürlich natural(ly); of course (1)

die Naturwissenschaft (-en) natural science

das Navi (-s) = das Navigationssystem (-e) navigation system, GPS (10)

'ne = eine

das Neandertal *valley near Düsseldorf*

der Nebel fog

neben (+ *acc./dat.*) next to, beside (6)

nebenbei on the side (12)

nebeneinander next to each other

die Nebenkosten (*pl.*) utilities; extra costs (12)

der Nebensatz (¨e) subordinate clause

der Nebentisch (-e) adjacent table

neblig foggy (7)

der Neffe (-n *masc.***) (-n)** nephew (3)

negativ negative(ly)

nehmen (nimmt), nahm, genommen to take (5); **im Grunde genommen** basically (14); **Platz nehmen** to take a seat; **zu etwas** (*dat.*) **Stellung nehmen** to take a stand on something

nein no (E)

nennen, nannte, genannt to name, call

der Nerv (-en) nerve

nerven (*coll.*) to irritate, get on one's nerves

die Nervensäge (*coll.*) pain in the neck, annoyance

nett nice(ly) (1); pleasant(ly)

das Netz (-e) net; network

neu new(ly) (3); **nichts Neues** nothing new

der Neubau (Neubauten) modern building (12)

neuerdings recently

neugierig curious(ly) (1)

das Neujahr New Year's Day (3)

neun nine (E)

neunte ninth (3)

neunzehn nineteen (E)

neunzig ninety (E)

(das) Neuschottland Nova Scotia

(das) Neuseeland New Zealand

die Neustadt (¨e) new part of town

neutral neutral(ly)

nicht not (1); **Das weiß ich nicht.** I don't know. (E); **Ich verstehe das nicht.** I don't understand. (E); **nicht besonders gut** not particularly well (E); **nicht mehr** no longer; **noch nicht** not yet; **nicht wahr?** isn't that so?

die Nichte (-n) niece (3)

der Nichtraucher (-) / die Nichtraucherin (-nen) nonsmoker (2)

nichts nothing (2); **Das macht nichts.** That doesn't matter. (8); **gar nichts** nothing at all; **nichts Gescheites** nothing decent (13); **nichts Neues** nothing new; **Nichts zu danken.** No thanks necessary; Don't mention it. (8)

nie never (1); **nie mehr** never again

die Niederlande (*pl.*) the Netherlands (E)

der Niederländer (-) / die Niederländerin (-nen) Dutch person

(das) Niedersachsen Lower Saxony (*German state*)

niederschreiben (schreibt nieder), schrieb nieder, niedergeschrieben to write down

niedrig low (2)

niemand nobody; **Niemand meldet sich.** No one is answering. (13)

noch still; yet (2); **Ist hier noch frei?** Is this seat available? (6); **noch (ein)mal** once more; **noch mehr** even more; **noch nicht** not yet; **Sonst noch (et)was?** Anything else?; **weder ... noch** neither . . . nor

das Nomen (-) noun

der Nominativ (-e) nominative case

der Norden north; **im Norden** in the north

nördlich (von + *dat.***)** north (of)

Nordost (*without article*) northeast

nordöstlich (von + *dat.***)** northeast (of)

(das) Nordrhein-Westfalen North Rhine-Westphalia (*German state*)

die Nordsee North Sea

normal normal(ly)

normalerweise normally, usually

(das) Norwegen Norway

die Note (-n) grade, mark (*in school*)

das Notebook (-s) notebook computer (13)

notieren to write down

nötig necessary (5); urgent(ly)

die Notiz (-en) note; **sich Notizen machen** to take notes

(der) November November (3)

Nr. = Nummer number, no.

die Nudel (-n) noodle (6)

null zero (E)

die Nummer (-n) number

nummerieren to number

das Nummernschild (-er) license plate

nun now

nur only (2); **nicht nur** not only

(das) Nürnberg Nuremberg

Nürnberger (*adj.*) of/from Nuremberg

nutzen to use

nützen to be of use
nützlich useful(ly)

O

ob (*subord. conj.*) if, whether (or not) (8)
der/die Obdachlose (*decl. adj.*) homeless person (14)
die Obdachlosigkeit homelessness (14)
oben at the top; above; upstairs (12); **nach oben** above, upstairs (*directional*) (12)
ober upper
der Ober (-) waiter (6)
obig (*adj.*) above
das Objekt (-e) object
das Obst fruit (5)
der Obst- und Gemüsestand (¨e) fruit and vegetable stand (5)
obwohl (*subord. conj.*) although, even though
oder (*coord. conj.*) or (7); **entweder ... oder** either . . . or (8)
offen open
öffentlich public(ly) (14); **öffentliche Verkehrsmittel** (*pl.*) means of public transportation
offiziell official(ly)
der Offizier (-e) / **die Offizierin** (-nen) officer
öffnen to open
die Öffnung (-en) opening
oft (**öfter, öftest-**) often (1)
öfters now and then
oh oh; **oh je!** oh, dear!
ohne (+ *acc.*) without (3)
das Ohr (-en) ear (8)
der Ökogarten (¨) organic garden
ökologisch ecological(ly)
der Ökoplan (¨e) ecological plan
das Oktett (-e) octet
(der) Oktober October (3)
die Olive (-n) olive (6)
die Olympiade (-n) / **die Olympischen Spiele** (*pl.*) Olympic Games
die Oma (-s) (*coll.*) grandma (3)
das Omelett (-e) omelet
der Onkel (-) uncle (3)
der Opa (-s) (*coll.*) grandpa (3)
die Oper (-n) opera (4); **in die Oper gehen** to go to the opera (4)
die Optik optics
optimal optimal(ly)
orange (*adj.*) orange (color) (5)
die Orange (-n) orange
das Orchester (-) orchester
ordentlich neat(ly); proper(ly)
die Ordinalzahl (-en) ordinal number
ordnen to arrange
die Ordnung order
die Organisation (-en) organization
organisch organic(ally)
organisieren to organize
der Orientteppich (-e) oriental rug
original original(ly)
das Original (-e) original

originell original, in an original fashion; inventive(ly), unique(ly)
der Ort (-e) place; locality; location
Ost (*without article*) east
der Osten east; **im Osten** in the east
der Osterhase (-n *masc.*) (-n) Easter bunny
(das) Ostern Easter (3)
(das) Österreich Austria (E)
der Österreicher (-) / **die Österreicherin** (-nen) Austrian (person)
österreichisch (*adj.*) Austrian
östlich eastern
die Ostsee Baltic Sea
der Ozean (-e) ocean
das Ozonloch (¨er) hole in the ozone layer
die Ozonschicht (-en) ozone layer

P

das Paar (-e) pair
ein paar a few, a couple of; **ein paar Mal** a couple of times
packen to pack (10)
die Packung (-en) package; box
die Pädagogik pedagogy
das Paket (-e) package, packet
der Papa (-s) dad, daddy
das Papier (-e) paper (12)
der Papierkorb (¨e) wastepaper basket (2)
die Papierlaterne (-n) paper lantern
die Paprika bell pepper (6)
das Paradies (-e) paradise
die Parfümerie (-n) perfumery; perfume store
der Park (-s) park
parken to park; **Hier darf man nicht parken.** You may not park here. (4)
das Parkhaus (¨er) parking structure
der Parkplatz (¨e) parking space; parking lot (9)
das Parkverbot: hier ist Parkverbot no parking here
parodieren to parody
die Partei (-en) (political) party
das Partizip (-ien) participle; **das Partizip Perfekt** past participle; **das Partizip Präsens** present participle
der Partner (-) / **die Partnerin** (-nen) partner
die Party (-s) party (3); **eine Party geben/machen** to throw a party, have a party
der Passant (-en *masc.*) (-en) / **die Passantin** (-nen) passerby (9)
passen (+ *dat.*) to match; to fit (5); **passen zu** (+ *dat.*) to be suitable for
passend fitting, suitable
passieren, ist passiert to happen (7)
das Passiv (-e) passive voice (of a verb)
das Passivhaus (¨er) passive (low-energy) house
die Pastille (-n) pastille
der Patient (-en *masc.*) (-en) / **die Patientin** (-nen) patient
die Pauke (-n) kettledrum
die Pause (-n) pause, break
pausenlos continuous(ly), without interruption
der Pazifik Pacific Ocean

das Pech pitch; bad luck; **So ein Pech!** What a shame! What bad luck! (8)
peinlich embarrassing, awkward
pendeln, ist gependelt to commute
der Pendler (-) / **die Pendlerin** (-nen) commuter
penibel over-meticulous(ly)
(das) Pennsylvanien Pennsylvania
die Pension (-en) small family-run hotel; bed and breakfast (9)
per via; by way of; **per Autostopp reisen** to hitchhike (10)
perfekt perfect(ly)
das Perfekt present perfect tense; **das Partizip Perfekt** past participle
perfid perfidious(ly)
die Person (-en) person; **pro Person** per person (10)
der Personalausweis (-e) (personal) ID card (10)
das Personalpronomen (-) personal pronoun
persönlich personal(ly)
die Persönlichkeit (-en) personality
das Pestizid (-e) pesticide
die Pfanne (-n) pan (6)
der Pfarrer (-) / **die Pfarrerin** (-nen) pastor, minister, parish priest
der Pfeffer pepper (5)
das Pferd (-e) horse
der Pfirsich (-e) peach
die Pflanze (-n) plant
pflanzen to plant
pflanzlich (*adj.*) plant, vegetable
die Pflege care
pflegen to look after, care for; maintain
die Pflicht (-en) duty; requirement
der Pförtner (-) / **die Pförtnerin** (-nen) porter, doorkeeper
das Pfund (-e) pound; 500 grams
das Phantom (-e) phantom
die Phase (-n) phase
die Philharmonie (-n) philharmonic (orchestra)
die Philosophie philosophy
die Physik physics
der Physiker (-) / **die Physikerin** (-nen) physicist
das Picknick (-s) picnic
das Piercing (-s) piercing
der Pilot (-en *masc.*) (-en) / **die Pilotin** (-nen) pilot
das Pilsener (-) Pilsner beer
der Pilz (-e) mushroom
die Pistole (-n) pistol, revolver
die Pizza (-s) *or* (Pizzen) pizza
die Pizzeria (-s) pizzeria
der Plan (¨e) plan (4)
planen to plan (3)
die Plastiktüte (-n) plastic bag (14)
(das) Plattdeutsch Low German (North German dialect)
der Platz (¨e) place; seat (6); room, space; plaza, square; **Platz nehmen** to take a seat
die Platzkarte (-n) place card, seat reservation card (10)
plaudern to chat
pleite (*coll.*) broke, out of money (12)
das Plenum: im Plenum all together
plötzlich sudden(ly); unexpected(ly)

der Plural (-e) plural

das Podcast (-s) podcast

die Poesie poetry

(das) Polen Poland (E)

die Politik politics (13)

der Politiker (-) / die Politikerin (-nen) politician (14)

politisch political(ly)

die Politologie political science

die Polizei police; police station (9)

der Polizist (-en *masc.*) (-en) / die Polizistin (-nen) police officer

die Pommes (frites) (*pl.*) French fries (6)

populär popular(ly)

der Porree (-s) leek

das Portemonnaie (-s) purse, wallet

die Portion (-en) portion; helping, serving

das Porträt (-s) portrait

(das) Portugal Portugal

(das) Portugiesisch Portuguese (language)

das Porzellan porcelain, china

die Posaune (-n) trombone

die Position (-en) position

positiv positive(ly)

der Possessivartikel (-) possessive adjective

die Post mail; postal system; (*pl.* **Postämter**) post office (9)

das Postamt (ˆer) post office (9)

posten to post

das Poster (-) poster (2)

die Postleitzahl (-en) postal code (E)

das Präfix (-e) prefix

(das) Prag Prague

das Praktikum (Praktika) internship (1); **ein Praktikum machen** to do an internship (1)

praktisch practical(ly) (1)

prall full(y); intense(ly)

die Präposition (-en) preposition

präsentieren to present

der Präsident (-en *masc.*) (-en) / die Präsidentin (-nen) president

der Prater *amusement park in Vienna*

präzis precise(ly)

der Preis (-e) price, cost (9); prize; **im Preis enthalten** included in the price (9)

preislich with regard to price

preiswert inexpensive(ly), bargain (2); **recht preiswert** quite inexpensive, reasonable (2)

die Presse press (*newspapers, etc.*)

preußisch (*adj.*) Prussian

der Priester (-) / die Priesterin (-nen) priest

prima great, super

der Prinz (-en *masc.*) (-en) / die Prinzessin (-nen) prince/princess

prinzipiell in principle, as a matter of principle

privat private(ly)

pro per; **pro Person** per person (10); **pro Woche** per week (4)

die Probe (-n) test; rehearsal

probieren to try, taste

das Problem (-e) problem (2)

problemlos without any problem

das Produkt (-e) product

produzieren to produce

professionell professional(ly)

der Professor (-en) / die Professorin (-nen) professor (1)

der Profi (-s) (*coll.*) pro(fessional)

das Profil (-e) profile

das Programm (-e) program; TV station, channel (13); **im ersten Programm** on channel 1

programmieren to program

progressiv progressive(ly)

das Projekt (-e) project

das Pronomen (-) pronoun

prophezeien to prophesy, predict

der Prospekt (-e) brochure

das Protokoll (-e) transcript, minutes; **Protokoll führen** to make a transcript, take the minutes

provozieren to provoke

das Prozent (-e) percent

die Prüfung (-en) test, exam

der Psychologe (-n *masc.*) (-n) / die Psychologin (-nen) psychologist (11)

die Psychologie psychology

der Psychothriller (-) psycho-thriller (*movie, etc.*)

das Publikum audience

der Pudding (-e) pudding

der Pullover (-) pullover sweater (5)

der Pump: auf Pump (*coll.*) on credit

der Pumpernickel pumpernickel (*type of rye bread*)

der Punkt (-e) point

pünktlich punctual(ly), on time

punkto: in punkto (+ *gen.*) regarding

das Putenmedaillon (-s) turkey medallion, small slice of turkey

putzen to polish, clean; **sich** (*dat.*) **die Zähne putzen** to brush one's teeth (8)

Q

der /das Quadratmeter (-) square meter

die Qualifikation (-en) qualification

die Qualität (-en) quality

der Quark curd cheese (*German-style yogurt cheese*)

das Quartal (-e) (academic) quarter

der Quatsch (*coll.*) nonsense; **So ein Quatsch!** Nonsense!

die Quelle (-n) source

die Quittung (-en) receipt

das Quiz (-) quiz

der Quizmaster (-) quizmaster, host of a quiz show

R

das Rad (ˆer) wheel; bicycle; **Rad fahren (fährt Rad), fuhr Rad, ist Rad gefahren** to bicycle, ride a bike (7)

der Radfahrer (-) / die Radfahrerin (-nen) bicyclist

das Radio (-s) radio (2); **im Radio** on the radio

ran = heran: rangehen (geht ran), ging ran, ist rangegangen (*coll.*) to go up, get closer

rappelvoll (*coll.*) crazily full

rar rare, scarce

sich rasieren to shave (8)

der Rassismus racism (14)

der Raster (-) grid

der Rat advice (8); **Rat geben** to give advice

raten (rät), riet, geraten to guess; to advise

das Ratespiel (-e) guessing game

das Rathaus (ˆer) city hall (9)

(das) Rätoromanisch Rhaeto-Romance (language)

der Ratschlag (ˆe) piece of advice

der Räuber (-) / die Räuberin (-nen) robber

rauchen to smoke (8)

rauf = herauf: raufstolpern (stolpert rauf), ist raufgestolpert (*coll.*) to stumble up

der Raum (ˆe) room; space

raus = heraus (*adv.*) out

rausgehen (geht raus), ging raus, ist rausgegangen (*coll.*) to go out

reagieren to react

die Reaktion (-en) reaction

die Realität (-en) reality

die Realoberschule (-n) *secondary school with a curriculum emphasizing mathematics and science*

die Realschule (-n) *secondary school with a commercially oriented curriculum*

recherchieren to research, investigate

die Rechnung (-en) bill (6)

recht quite, rather (2); **recht preiswert** quite inexpensive, reasonable (2)

recht- right, right-hand; **auf der rechten Seite** on the right-hand side

das Recht (-e) right; law

recht haben (hat recht) to be correct (2)

rechtlich legal(ly)

rechts (on the) right (9); **nach rechts** to the right (9)

der Rechtsanwalt (ˆe) / die Rechtsanwältin (-nen) attorney, lawyer (11)

rechtzeitig in time, on time

das Recycling recycling

der Redakteur (-e) / die Redakteurin (-nen) editor

die Redaktion (-en) editorial staff

die Rede (-n) speech; **indirekte Rede** indirect discourse

das Redemittel (-) speaking resources

reden to talk (about)

reduzieren to reduce

das Referat (-e) paper, report; **ein Referat halten (hält), hielt, gehalten** to give a paper/report

der Referent (-en *masc.*) (-en) / die Referentin (-nen) speaker; advisor, expert

reflexiv reflexive(ly)

die Reformation Reformation

die Reformierung (-en) reforming, reformation

das Regal (-e) shelf (2)

die Regel (-n) rule

regelmäßig regular(ly) (8)

regeln to regulate, control

der Regen rain (7)

der Regenschauer (-) rain shower (7)

der Regenschirm (-e) umbrella (7)

die Regierung (-en) government; administration

die Region (-en) region

regional regional(ly)

der Regisseur (-e) / die Regisseurin (-nen) (film) director

registrieren to register

regnen to rain (7); **Es regnet.** It's raining. (7)

regnerisch rainy (7)

die Reha (coll.) = **Rehabilitation**

die Rehabilitation (-en) rehabilitation

reich rich(ly)

reichhaltig extensive; abundant

die Reife: die mittlere Reife high school diploma (*not sufficient for university studies*)

die Reihenfolge (-n) sequence, order

rein = herein (adv.) in

reinschnuppern in (+ acc.) **(schnuppert rein)** (coll.) to try out, dabble in

der Reis rice (6)

die Reise (-n) trip, journey (10)

die Reiseapotheke (-n) portable first-aid kit

das Reisebüro (-s) travel agency (10)

der Reiseführer (-) travel guide (book) (10)

reisen, ist gereist to travel (1); **per Autostopp reisen** to hitchhike (10)

der/die Reisende (decl. adj.) traveler

der Reisepass (¨e) passport (9)

der Reiseprospekt (-e) travel brochure (10)

der Reisescheck (-s) traveler's check (10)

reiten, ritt, ist geritten to ride (on horseback) (7)

rekonstruieren to reconstruct

relativ relative(ly)

die Religion (-en) religion

religiös religious(ly)

die Renaissance Renaissance (period)

rennen, rannte, ist gerannt to run, race

renommiert renowned

der Rentner (-) / die Rentnerin (-nen) retiree

die Reparatur (-en) repair (12)

reparieren to repair (9)

der Report (-e) report

die Reportage (-n) report

der Reporter (-) / die Reporterin (-nen) reporter

repräsentieren to represent

reservieren to book, reserve (7)

die Reservierung (-en) reservation

der Rest (-e) remainder

das Restaurant (-s) restaurant (6)

das Resultat (-e) result

die Rettung rescue

revidieren to revise

die Rezension (-en) review

das Rezept (-e) recipe; prescription

die Rezeption reception desk (9)

der Rhein Rhine (*river*)

rheinisch Rhenish, of the Rhine

(die) Rheinland-Pfalz Rhineland-Palatinate (*German state*)

sich richten auf (+ acc.) to be directed at; **sich richten nach** (+ dat.) to depend on

die Richtgeschwindigkeit (-en) recommended maximum speed

richtig correct(ly), right(ly), real(ly)

die Richtung (-en) direction

der Riese (-n masc.**) (-n)** giant

das Rind (-er) cow, bull, head of cattle

das Rinderfilet (-s) beef filet

das Rindfleisch beef (5)

der Ring (-e) ring

rings: rings um (+ acc.) all around

ringsherum all around

ringsum all around

das Ritual (-e) ritual

der Rock (¨e) skirt (5)

der Rock / die Rockmusik rock music

die Rolle (-n) role

das Rollenspiel (-e) role-play

das Rollerbladen rollerblading

der Roman (-e) novel

die Romanistik (study of) Romance languages and literatures

romantisch romantic(ally) (1)

die Römerzeit Roman era

römisch (adj.) Roman

die Röntgenstrahlen (pl.) X-rays

rosa pink

der Rosenkohl Brussels sprouts

die Rösti (Swiss) thinly sliced fried potatoes

rot red (5); **rote Grütze** dessert made of red berries

die Routine (-n) routine

die Rubrik (-en) category, section; column

der Rücken (-) back (8)

die Rückenschmerzen (pl.) backache

der Rucksack (¨e) backpack (5)

rudern, ist gerudert to row

der Ruf (-e) reputation

rufen, rief, gerufen to call (out), shout

die Ruhe quiet; calm(ness); rest

der Ruhetag (-e) day that a business is closed (6)

ruhig quiet(ly) (1); calm(ly)

die Ruhr a river in western Germany

das Rührei (-er) scrambled egg

der Rum (-s) rum

(das) Rumänien Romania

rund round; around; **rund um** (+ acc.) all around

die Rundfahrt (-en) tour

der Rundfunk radio; broadcasting

die Rundfunkanstalt (-en) broadcasting corporation; radio station

rundum all around

runterladen (coll.) = **herunterladen**

(das) Russland Russia

rustikal rustic

S

das Saarland Saarland (German state)

die Sache (-n) thing, object; matter

(das) Sachsen Saxony (German state)

(das) Sachsen-Anhalt Saxony-Anhalt (German state)

sächsisch (adj.) Saxon

der Saft (¨e) juice (5)

sagen to say, tell (1); **sag mal** tell me (1); **Wie sagt man ... auf Deutsch?** How do you say . . . in German? (E)

die Sahne cream; whipped cream (6)

der Salat (-e) salad; lettuce (6)

das Salz salt (5)

salzen, salzte, gesalzen to salt

sammeln to collect (7); to gather; **sich sammeln** to gather, come together

die Sammelstelle (-n) recycling center (14)

die Sammlung (-en) collection; **in die Sammlung geben** to give/take to recycling (14)

(der) Samstag Saturday (3)

samstags Saturdays, on Saturday(s) (4)

das Sanatorium (Sanatorien) sanatorium

die Sandale (-n) sandal

der Sänger (-) / die Sängerin (-nen) singer

der Satz (¨e) sentence

die Satzklammer (-n) sentence frame

der Satzteil (-e) part of a sentence, clause

sauber clean(ly) (14)

säuberlich neat(ly)

die Sauce = die Soße

sauer sour; **saurer Regen** acid rain

der Sauerbraten pot roast marinated in vinegar and herbs

das Sauerkraut sauerkraut, pickled cabbage (6)

die Sauna (-s) sauna

säuseln to murmur

die S-Bahn (-en) (= Schnellbahn) suburban railway

(das) Schach chess; **Schach spielen** to play chess (7)

schade too bad

schaden to harm

der Schaden (¨) damage, injury

der Schadstoff (-e) harmful substance

schaffen, schuf, geschaffen to create (14)

schaffen, schaffte, geschafft to manage to do; **sich schaffen** to busy oneself

der Schafskäse sheep's milk cheese

der Schal (-s) scarf (5)

der Schalter (-) counter; window; switch

scharf sharp; spicy

das Schaubild (-er) diagram

schauen (auf + acc.**)** to look (at/to); **Fernsehen schauen** to watch TV; **Schau mal!** Look!

der Schauer (-) (rain) shower

der Schauplatz (¨e) scene

der Schauspieler (-) / die Schauspielerin (-nen) actor/actress (11)

der Scheck (-s) check

der Schein (-e) banknote, bill, piece of paper money

scheinen, schien, geschienen to shine; to seem, appear (13); **Die Sonne scheint.** The sun is shining. (7)

schenken to give (as a gift) (5)

schick stylish(ly) (5)

schicken to send (1); **SMS schicken** to send text messages

schief gehen (geht schief), ging schief, ist schief gegangen to go wrong

schießen, schoss, geschossen to shoot

das Schiff (-e) ship (10)

das Schild (-er) sign, road sign

schimpfen to scold; to grumble, curse

der Schinken (-) ham (5)

das Schlachtfeld (-er) battlefield

der Schlaf sleep

das Schläfchen nap

schlafen (schläft), schlief, geschlafen to sleep (2)

der Schlafsack (¨e) sleeping bag

das Schlafzimmer (-) bedroom (2)

der Schlag (¨e) blow, punch, slap

die Schlagcreme whipped cream

schlagen (schlägt), schlug, geschlagen to beat, strike

die Schlagzeile (-n) headline (13)

das Schlagzeug (-e) (set of) drums; percussion instruments

schlank slender

schlapp weak, worn-out (8)

schlau clever(ly)

schlecht bad(ly), poor(ly) (E); Mir ist schlecht. I feel bad; I'm sick to my stomach. (8)

der Schlegel (-) mallet

der Schlemmer (-) / die Schlemmerin (-nen) gourmet

(das) Schleswig-Holstein one of the German states

schließen, schloss, geschlossen to close; schließen (aus + dat.) to conclude (from)

schließlich finally, in the end

die Schließung (-en) closing

schlimm bad

der Schlips (-e) necktie (5)

der Schlittschuh (-e) ice skate; Schlittschuh laufen (läuft), lief, ist gelaufen to ice-skate (7)

das Schloss (¨er) castle, palace (9)

der Schluckauf hiccup(s)

schlucken to swallow (8)

der Schluss (¨e) end, conclusion

der Schlüssel (-) key (9)

schmecken (+ dat.) to taste (good) (5); schmecken nach (+ dat.) to taste of

schmelzen (schmilzt), schmolz, geschmolzen to melt

der Schmerz (-en) pain (8)

der Schmuck jewelry

schmutzig dirty (12)

das Schnäppchen (-) (coll.) bargain

die Schnecke (-n) snail

der Schnee snow (7)

schneiden, schnitt, geschnitten to cut

schneien to snow (7); Es schneit. It's snowing. (7)

schnell fast, quick(ly) (10); Mach schnell! (inform.)/ Machen Sie schnell! (form.) Hurry up!

der Schnittlauch chives

das Schnitzel (-) cutlet; das Wiener Schnitzel breaded veal cutlet

die Schokolade (-n) chocolate

schon already (2); yet

schön nice(ly), beautiful(ly) (2); bitte schön please; you're welcome; danke schön thank you very much (E)

schonen to protect

der Schornsteinfeger (-) / die Schornsteinfegerin (-nen) chimney sweep

der Schrank (¨e) cupboard; closet; wardrobe

schrecklich horrible, horribly

schreiben, schrieb, geschrieben to write (2); Wie schreibt man … ? How do you write … ? (E)

der Schreibtisch (-e) desk (2)

die Schrift (-en) script; text

schriftlich written, in writing

der Schriftsteller (-) / die Schriftstellerin (-nen) writer, author

der Schritt (-e) step

die Schublade (-n) drawer

schüchtern shy, shyly (1)

der Schuh (-e) shoe (5)

der Schulabgänger (-) / die Schulabgängerin (-nen) school graduate

der Schulabschluss (¨e) graduation, completion of school

die Schulart (-en) type of school

die Schulden (pl.) debts; Schulden machen to go into debt

die Schule (-n) school; in die Schule gehen, ging, ist gegangen to go to school; zur Schule gehen, ging, ist gegangen to go to school

der Schüler (-) / die Schülerin (-nen) pupil, student in primary or secondary school

die Schulter (-n) shoulder (8)

die Schupfnudeln (pl.) potato noodles

der Schuss (¨e) shot; eine (Berliner) Weiße mit Schuss light, fizzy beer served with raspberry syrup

schütteln to shake

der Schutz protection

das Schützenfest (-e) shooting match

schützen to protect (14)

(das) Schwaben Swabia (region in southwestern Germany)

schwäbisch (adj.) Swabian

schwach weak(ly); gentle, gently

der Schwager (¨) brother-in-law (3)

die Schwägerin (-nen) sister-in-law (3)

schwarz (schwärzer, schwärzest-) black (5); das Schwarze Brett bulletin board

schwarzhaarig dark-haired

der Schwarzwald Black Forest

Schwarzwälder (adj.) of/from the Black Forest

der Schwarzwälder (-) / die Schwarzwälderin (-nen) inhabitant of the Black Forest

(das) Schweden Sweden

das Schwein (-e) pig

der Schweinebraten (-) pork roast (6)

das Schweinefleisch pork (5)

das Schweinemedaillon (-s) pork medallion, small slice of pork

das Schweinskotelett (-s) pork cutlet

die Schweiz Switzerland (E); aus der Schweiz from Switzerland; in die Schweiz to Switzerland

Schweizer (adj.) of/from Switzerland; der Schweizer Franken (-) Swiss franc

der Schweizer (-) / die Schweizerin (-nen) Swiss person

schwer heavy, heavily; difficult, with difficulty

die Schwester (-n) sister (3)

die Schwiegermutter (¨) mother-in-law

der Schwiegervater (¨) father-in-law

schwierig difficult, with difficulty

das Schwimmbad (¨er) swimming pool (7)

schwimmen, schwamm, ist geschwommen to swim (2)

die Schwimmflosse (-n) flipper

sich schwingen, schwang, geschwungen to swing oneself, jump

schwül muggy, humid (7)

der Schwung: voll Schwung full of zest

sechs six (E)

sechsmal six times

sechste sixth (3)

sechzehn sixteen (E)

sechzig sixty (E)

der See (-n) lake (7)

die See (-n) sea, ocean

das Seemannspfännchen (-) fried seafood dish

das Segelboot (-e) sailboat

der Segel-Enthusiast (-en masc.) (-en) / die Segel-Enthusiastin (-nen) sailing enthusiast

der Segelkurs (-e) sailing course (instruction)

segeln to sail (7)

sehen (sieht), sah, gesehen to see (2)

sehenswert worth seeing

die Sehenswürdigkeit (-en) (tourist) attraction

sehr very (1); very much; bitte sehr you're welcome; danke sehr thanks a lot (1); sehr gut very well; fine; good (E)

seid (you [inform. pl.]) are

die Seidenbluse (-n) silk blouse

die Seife (-n) soap

sein (ist), war, gewesen to be (1)

sein his, its (3)

seit (+ dat.) since; (+ time) for (5, 6); (subord. conj.) since; seit zwei Jahren for two years (6)

die Seite (-n) side; page

der Sekretär (-e) / die Sekretärin (-nen) secretary

die Sekunde (-n) second (4)

selb- (adj.) same

selber self (my-, your-, him-, her-, etc.)

selbst self (my-, your-, him-, her-, etc.)

selbstbewusst self-assured(ly) (11)

das Selbstbewusstsein self-confidence

selbstständig independent(ly) (11)

selbstversorgend self-sufficient(ly)

selbstverständlich natural(ly), of course (5)

die Selbstverwirklichung self-realization, self-fulfillment

selten rare(ly) (2), seldom

seltsam strange(ly)

das Semester (-) semester (1)

das Seminar (-e) seminar

die Seminararbeit (-en) seminar paper

senden, sandte, gesandt to send

senden, sendete, gesendet to broadcast

der Sender (-) broadcaster

die Sendung (-en) broadcast, TV or radio program (13)

der Senf mustard (6)

senken to lower, reduce

die Sensation (-en) sensation

sensationell sensational(ly)

sensibel sensitive(ly)

(der) September September (3)

die Serie (-n) series

der Service service; service department

servieren to serve

die Serviette (-n) napkin (6)

der Sessel (-) armchair (2)

setzen to set; to put (*in a sitting position*) (6); **sich setzen** to sit down (8)

shoppen to shop

sich oneself, yourself (*form.*), himself, herself, itself, themselves

sicher safe(ly) (10); sure(ly), certain(ly) (5)

die Sicherheit security, safety

Sie you (*form. sg./pl.*) (1, 3)

sie she; it; they (1); her; it; them (*acc.*) (3)

sieben seven (E)

sieb(en)te seventh (3)

siebzehn seventeen (E)

siebzig seventy (E)

die Siedlung (-en) settlement

die Silbermedaille (-n) silver medal

(das) Silvester New Year's Eve (3)

simsen to text (4)

sind (we/they/you [*form.*]) are

singen, sang, gesungen to sing

der Sinn (-e) sense; mind

sinnvoll sensible, sensibly

die Sitte (-n) custom, tradition

die Situation (-en) situation

der Sitz (-e) seat

sitzen, saß, gesessen to sit, be (sitting) (6)

(das) Sizilien Sicily

der Skandal (-e) scandal

skandalös scandalous(ly)

der Skater (-) / die Skaterin (-nen) skater

skeptisch skeptical(ly)

Ski fahren (fährt), fuhr, ist gefahren to ski (7)

der Skifahrer (-) / die Skifahrerin (-nen) skier

das Skilaufen skiing

die Skizze (-n) sketch

die Skulptur (-en) sculpture

die Slowakei Slovakia (E)

(das) Slowenien Slovenia (E)

das Smartphone (-s) smartphone

die SMS (-) text message (4); **eine SMS schicken/lesen** to send/read a text message (4)

so so (2); like that; **so ein(e)** such a; **So ein Pech!** What a shame! What bad luck! (8); **So ein Unsinn!** Nonsense! (14); **(so) gegen fünf Uhr** around five o'clock (6); **so was** something like that; **so weit** so far; **so ... wie** as . . . as (7)

sobald (*subord. conj.*) as soon as

die Socke (-n) sock (5)

das Sofa (-s) sofa (2)

sofort immediately (9)

die Software (-s) (piece of) software

sogar even (8)

sogenannt so-called

der Sohn (¨e) son (3)

solange (*subord. conj.*) as long as

die Solaranlage (-n) solar energy system

die Solarenergie solar energy

die Solarzelle (-n) solar cell

solch such

der Soldat (-en *masc.*) (-en) / die Soldatin (-nen) soldier

sollen (soll), sollte, gesollt to be supposed to; shall; ought to; should (4); to be said to be

somit with that, thus

der Sommer (-) summer (7)

sommerlich (*adj, adv.*) summer(y)

die Sommerzeit (-en) daylight savings time

die Sonderaktion (-en) special (sales) offer

das Sonderangebot (-e) special offer

sonderbar strange(ly)

sondern (*coord. conj.*) but, rather (7)

(der) Sonnabend Saturday (3)

sonnabends Saturdays, on Saturday(s) (4)

die Sonne (-n) sun (7); **Die Sonne scheint.** The sun is shining. (7)

der Sonnenaufgang (¨e) sunrise

die Sonnenbrille (-n) (pair of) sunglasses

der Sonnenschein sunshine (7)

das Sonnenschutzmittel (-) suntan lotion, sunscreen (10)

sonnig sunny (7)

(der) Sonntag Sunday (3)

sonntags Sundays, on Sunday(s) (4)

sonst otherwise; else; other than that

Sonstiges other items, miscellaneous

die Sorge (-n) worry; **sich Sorgen machen um (+ acc.)** to worry about (14)

sorgen für (+ acc.) to take care of, look after

sorgfältig careful(ly)

die Sorte (-n) kind, sort

sortieren to sort

sowie as well as

sowieso anyway

sowohl als/wie as well as

sozial social(ly)

der Sozialarbeiter (-) / die Sozialarbeiterin (-nen) social worker

die Sozialbauwohnung (-en) low-income housing

die Soziologie sociology

die Spalte (-n) (printed) column; slice

(das) Spanien Spain

spanisch (*adj.*) Spanish

(das) Spanisch Spanish (language)

spannend exciting(ly), suspenseful(ly) (4)

sparen (auf + acc.) to save (for), conserve (for) (12)

die Sparkasse (-n) savings bank

das Sparkonto (Sparkonten) savings account (12)

der Sparpreis (-e) discount price

sparsam thrifty, economical(ly)

der Spaß (¨e) fun (1); **Das macht Spaß.** That's fun. (1); **Spaß haben** to have fun; **Spaß machen** to be fun; **Viel Spaß!** Have fun! (1)

spät late (4); **Wie spät ist es?** What time is it? (4)

spätestens at the latest (12)

die Spätzle, Spätzli (*pl.*) a kind of noodles

spazieren gehen (geht spazieren), ging spazieren, ist spazieren gegangen to go for a walk (4)

der Spaziergang (¨e) walk, stroll

der Speck bacon (6)

die Speckbohnen (*pl.*) beans with bacon

speichern to store, save (13)

die Speise (-n) food; dish (of prepared food) (6)

die Speisekarte (-n) menu (6)

spektakulär spectacular(ly)

spekulieren to speculate

spenden to donate, contribute

das Spezial (-s) special

der Spezialist (-en *masc.*) (-en) / die Spezilaistin (-nen) specialist

die Spezialität (-en) specialty

speziell special(ly)

spezifisch specific(ally)

der Spiegel (-) mirror

das Spiegelei (-er) fried egg (sunny-side up) (6)

das Spiel (-e) game; play

spielen to play (1)

spielend (*adv.*) without effort, easily

der Spieler (-) / die Spielerin (-nen) player; **der CD-Spieler (-)** CD player

der Spielfilm (-e) feature film, movie (13)

die Spielkarte (-n) playing card (7)

die Spielkonsole (-n) (video) game console (13)

der Spielplatz (¨e) playground

das Spielzeug (-e) toy

der Spinat (-e) spinach

die Spinne (-n) spider

spitze (*coll.*) marvelous(ly)

die Spitze (-n) tip; (pointed) top

spontan spontaneous(ly)

der Sport (pl. Sportarten) sports, sport (7); **Sport treiben, trieb, getrieben** to play sports (7)

das Sportkabriolett (-s) sports convertible

der Spitzensportler (-) / die Spitzensportlerin (-nen) top athlete

sportlich athletic(ally) (1); **sportlich aktiv** active in sports (10)

der Sportplatz (¨e) athletic field (7)

die Sporttasche (-n) athletic bag

die Sprache (-n) language

sprechen (spricht), sprach, gesprochen to speak (2)

der Sprecher (-) / die Sprecherin (-nen) speaker

die Sprechstunde (-n) office hour (8)

springen, sprang, ist gesprungen to jump

der Sprudel (-) mineral water (6)

spülen to wash, rinse; **das Geschirr spülen** to wash the dishes

die Spülmaschine (-n) dishwasher (12)

spurlos without a trace

der Staat (-en) state, nation; government

staatlich governmental(ly), of/by the state

stabil sturdy, sturdily

das Stadion (Stadien) stadium

die Stadt (¨e) town; city (E)

das Stadtbad (¨er) municipal bath/pool

das Stadtbild (-er) townscape; cityscape

das Städtchen (-) little town

der Stadtplan (¨e) city street map

die Stadtplanung urban planning

der Stammbaum (¨e) family tree

das Stammcafé (-s) favorite/usual café

stammen aus (+ dat.) to come from, originate in

der Stammvokal (-e) stem vowel

ständig constant(ly)

stark (stärker, stärkst-) strong(ly) (7); heavy, heavily

starren (auf + *acc.***)** to stare (at)

starten to start

die Station (-en) station

die Statistik (-en) statistic

statt (+ *gen.***)** instead of

stattfinden (findet statt), fand statt, stattgefunden to take place

die Statue (-n) statue

der Stau (-s) traffic jam

der Steckbrief (-e) personal details

stecken to place, put (*inside*); to be (*inside*) (6)

das Stehcafé (-s) stand-up café

stehen, stand, gestanden to stand; to be located (6); (+ *dat.*) to look good (on a person) (5); **Die Farbe steht mir.** This color looks good on me. (5)

stehlen (stiehlt), stahl, gestohlen to steal

steigen, stieg, ist gestiegen to climb, go up, rise

steigend increasing

steil steep(ly)

die Steinbank (ˉe) stone bench

die Stelle (-n) place, position; job (11); **an deiner Stelle** if I were you, (if I were) in your place (12)

stellen to stand up, place, put (*in a standing position*) (6); **eine Frage stellen** to ask a question; **sich stellen** to place oneself

das Stellenangebot (-e) job offer; help-wanted ad (11)

die Stellensuche (-n) job search

die Stellung (-en) position; **Stellung nehmen zu** (+ *dat.*) to state one's opinion on

der Stephansdom St. Stephen's Cathedral

sterben (an + *dat.***) (stirbt), starb, ist gestorben** to die (of)

die Stereoanlage (-n) stereo (system) (2)

der Stern (-e) star

die Steuer (-n) tax (14)

der Steward (-s) / die Stewardess (-en) steward/stewardess, flight attendant

der Stiefbruder (ˉ) stepbrother

der Stiefel (-) boot (5)

die Stiefschwester (-n) stepsister

der Stil (-e) style

die Stimme (-n) voice; vote

stimmen to be correct; **(das) stimmt** that is correct

die Stimmung (-en) mood

stinken, stank, gestunken to stink

das Stipendium (Stipendien) scholarship, stipend

der Stock (*pl.* **Stockwerke)** floor, story (9); **im ersten Stock** on the second floor

das Stockwerk (-e) floor, story

stolpern, ist gestolpert to stumble

stolz proud(ly)

der Stopp (-s) stop

der Storch (ˉe) stork

stören to bother, disturb

stoßen (stößt), stieß, gestoßen to push

die Straftat (-en) criminal act

der Strafzettel (-) (parking/speeding) ticket

der Strand (ˉe) beach (10)

der Strang (ˉe) rope; **über die Stränge schlagen (schlägt), schlug, geschlagen** (*coll.*) to run wild, get carried away

die Straße (-n) street (E)

die Straßenbahnschiene (-n) streetcar track

sich strecken to stretch (8)

streckenweise in places, at times

der Streifen (-) strip; band

streiken to go on strike

streng strict(ly)

der Stress (-e) stress (8)

stressig stressful (1)

der Strom (ˉe) stream; (electrical) current, electricity (12); **Es regnet in Strömen.** It is pouring rain.

die Stube (-n) room

das Stüberl (-) (*Austrian, Bavarian*) small room

das Stück (-e) piece; (theater) play

der Student (-en *masc.***) (-en) / die Studentin (-nen)** (university) student (1)

die Studentenbude (-n) (*coll.*) student's room

das Studentenheim (-e) dormitory

das Studentenwerk (-e) student union

das Studentenwohnheim (-e) dormitory (2)

die Studie (-n) study

das Studienfach (ˉer) academic subject

die Studiengebühren (*pl.***)** fees, tuition (12)

studieren to study (1); to major in

der/die Studierende (*decl. adj.***)** student

das Studium (Studien) study, course of studies

der Stuhl (ˉe) chair (2)

die Stunde (-n) hour (4)

stundenlang for hours

stur obstinate(ly)

stürzen, ist gestürzt to fall

Stuttgarter (*adj.***)** of/from Stuttgart

das Substantiv (-e) noun

die Substanz (-en) substance

subventionieren to subsidize

die Suche (-n) search

suchen to search, look for (2); **nach etwas (***dat.***) suchen** to look for something (14)

(das) Südafrika South Africa

der Süden south; **im Süden** in the south

südlich (von + *dat.***)** south (of)

der Südwesten southwest; **im Südwesten** in the southwest

die Summe (-n) sum, total

super (*coll.*) super

der Superlativ (-e) superlative

der Supermarkt (ˉe) supermarket (5)

die Suppe (-n) soup (6)

das Surfbrett (-er) surfboard

surfen to surf (1); **im Internet surfen** to surf the Internet (1)

süß sweet(ly)

die Süßigkeiten (*pl.***)** sweets

(das) Sylt German island in the North Sea

Sylter (*adj.***)** of/from Sylt

das Symbol (-e) symbol

sympathisch likable, pleasant, nice (1)

die Symphonie (-n) symphony

das Symptom (-e) symptom

synchronisieren to dub (*a film*)

das Synthetik synthetic material

das System (-e) system

die Szene (-n) scene

die Szenekultur (-en) trendy culture

T

der Tabak (-e) tobacco

die Tabakware (-n) tobacco product

tabellarisch tabular, in tabular/outline form

die Tabelle (-n) table, chart

das Tablet (-s) tablet (computer)

das Tablett (-s) tray, platter

die Tablette (-n) tablet, pill

die Tafel (-n) (chalk)board

der Tag (-e) day (2); **eines Tages** one day; **(guten) Tag** hello, good day (E); **in zwei Tagen** in two days (6); **jeden Tag** every day (7); **Tag für Tag** every day; **vor zwei Tagen** two days ago

das Tagebuch (ˉer) diary

tagen to meet, convene

der Tagesablauf (ˉe) daily routine

der Tagesspiegel "daily mirror" (*German newspaper*)

die Tageszeit (-en) time of day

-tägig lasting . . . days

täglich daily (6)

die Tagung (-en) convention, meeting

das Tal (ˉer) valley

das Talent (-e) talent

die Tante (-n) aunt (3)

der Tanz (ˉe) dance

tanzen to dance (1); **Er tanzt gut.** He dances well. (1)

die Tasche (-n) handbag, purse (5); pocket

das Taschengeld (monetary) allowance

die Tasse (-n) cup (4); **eine Tasse Kaffee** a cup of coffee (4)

tätig active, working

die Tätigkeit (-en) activity; position (11)

der Tatort (-e) scene of the crime

die Tatsache (-n) fact

der/das Tattoo (-s) tattoo

tauchen to dive (7)

der Tauchgang (ˉe) dive

das Tauchpaket (-e) diving package

taumeln, ist getaumelt to stagger

tauschen to exchange

tausend one thousand (E)

das Taxi (-s) taxicab (10)

die Technik technique; technology (11); technical engineering

der Techniker (-) / die Technikerin (-nen) technician

der Technikstress (-e) technological stress

technisch technical(ly); mechanical(ly)

die Technologie (-n) technology

technologisch technological(ly)

der Tee tea (5)

der Teich (-e) pond

der/das Teil (-e) part; share; **zum Teil** in part

teilen to divide; to share

die Teilnahme (-n) participation

teilnehmen (an + *dat.*) (nimmt teil), nahm teil, teilgenommen to participate (in) (14)

der Teilnehmer (-) / die Teilnehmerin (-nen) participant

das Telefon (-e) telephone (2)

telefonieren to telephone, talk on the phone (1)

telefonisch by telephone

die Telefonnummer (-n) telephone number (E); **Wie ist deine/Ihre Telefonnummer?** What is your telephone number? (*inform./form.*) (E)

die Telekom = Deutsche Telekom AG (*German telecommunications corporation*)

die Telenovela (-s) type of soap opera

das Telephon (-e) = das Telefon (-e)

der Teller (-) plate (6)

die Temperatur (-en) temperature (7)

das Tempolimit (-s) speed limit

(das) Tennis tennis; **Tennis spielen** to play tennis (7)

die Tennisanlage (-n) tennis facility

der Tennisplatz (¨-e) tennis court (7)

der Tennisschuh (-e) tennis shoe (5)

der Teppich (-e) rug, carpet (2)

der Teppichboden (¨-) wall-to-wall carpeting (12)

der Termin (-e) appointment (8)

die Terrasse (-n) terrace, patio (2)

der Terrorismus terrorism (14)

testen to test

teuer expensive(ly) (2)

der Teufel (-) devil

der Text (-e) text

das Theater (-) theater (4); **ins Theater gehen** to go to the theater (4)

die Theaterkasse (-n) theater box office

das Theaterstück (-e) play, (stage) drama (4)

die Theke (-n) bar, counter

das Thema (Themen) theme; topic

die Theologie theology

therapeutisch therapeutic(ally)

die Therapie (-n) therapy

das Thermalbad (¨-er) thermal bath

der Thermalbrunnen (-) thermal spring

die Thermalkur (-en) thermal cure

die These (-n) thesis

(das) Thüringen Thuringia (*German state*)

Thüringer (*adj.*) Thuringian

tief deep(ly)

die Tiefgarage (-n) underground garage

das Tier (-e) animal (12)

der Tierarzt (¨-e) / die Tierärztin (-nen) veterinarian

der Tierpark (-s) zoo (9)

der Tierpfleger (-) / die Tierpflegerin (-nen) animal caretaker

der Tiger (-) tiger

der Tipp (-s) tip, hint

der Tiroler Hut (¨-e) Tyrolean hat

der Tisch (-e) table (2)

der Titel (-) title

der Toast (-e) toast

die Tochter (¨-) daughter (3)

der Tod (-e) death

todesmutig utterly fearless(ly)

die Toilette (-n) toilet

die Toilettensachen (*pl.*) toiletries

(das) Tokio Tokyo

tolerant tolerant(ly)

die Toleranz (-en) tolerance

toll! (*coll.*) super! (1); **ganz toll!** super! great! (1)

die Tomate (-n) tomato (5)

der Ton (¨-e) tone; (musical) note; sound

die Tonne (-n) ton; barrel

Top- top (*in compounds*)

der Topf (¨-e) pot; pan

das Tor (-e) gate

die Torte (-n) torte, pie, cake

die Toskana Tuscany

tot dead

total total(ly)

töten to kill

die Tour (-en) tour; trip

der Tourist (-en *masc.*) (-en) / die Touristin (-nen) tourist (9)

die Tradition (-en) tradition (3)

traditionell traditional(ly)

traditionsgemäß traditionally

tragbar portable (13)

tragen (trägt), trug, getragen to wear; to carry (5); to bear; **die Verantwortung tragen** to be responsible

tragisch tragic(ally)

die Tragödie (-n) tragedy (4)

trainieren to train; to practice

das Training training; practice

der Trainingsanzug (¨-e) jogging suit

die Tränke (-n) watering hole

der Transfer (-s) transfer

der Transport (-e) transportation

die Traube (-n) grape (5)

der Traum (¨-e) dream

träumen (von + *dat.*) to dream (of)

traurig sad(ly)

treffen (trifft), traf, getroffen to hit; to meet (4); **sich treffen mit** (+ *dat.*) to meet with

der Treffpunkt (-e) meeting-place

treiben, trieb, getrieben to drive; to do; **Sport treiben** to play sports (7)

trennbar separable

(sich) trennen to separate (14)

die Trennung (-en) separation

die Treppe (-n) staircase (12)

das Treppenhaus (¨-er) stairwell

treten (tritt), trat, ist getreten to step

treu loyal(ly) (1); faithful(ly)

(sich) trimmen to get into shape

der Trimm-Pfad (-e) jogging path

trinken, trank, getrunken to drink (2)

das Trinkgeld tip, gratuity

die Trinkkur (-en) mineral water drinking cure

die Trinkmilch pasteurized milk

das Trinkwasser drinking water

trocken dry

trocknen to dry

die Trompete (-n) trumpet

trompeten to (play the) trumpet

trotz (+ *gen.*) in spite of (9)

trotzdem nevertheless

das T-Shirt (-s) T-shirt (5)

(das) Tschechien the Czech Republic (E)

tschechisch (*adj.*) Czech

tschüss so long, bye (*inform.*) (E)

tun (tut), tat, getan to do (8)

die Tür (-en) door (2)

turbulent turbulent(ly)

der Türke (-n *masc.*) (-n) / die Türkin (-nen) Turk, Turkish person

die Türkei Turkey

türkis turquoise (color)

türkisch (*adj.*) Turkish

der Turm (¨-e) tower; steeple

der Turnschuh (-e) gym shoe, sneaker

twittern to use Twitter, "tweet"

der Typ (-en) type, sort

der Typ (-en *masc.*) (-en) (*coll.*) guy

typisch typical(ly)

U

die U-Bahn (-en) (= Untergrundbahn) subway

üben to practice

über (+ *acc./dat.*) over, above (6); about

überall everywhere

überarbeiten to revise

überbacken: mit Käse überbacken topped with cheese and baked

der Überblick (-e) overview

übereinstimmen (stimmtüberein) to agree

überfallen (überfällt), überfiel, überfallen to attack

überfliegen, überflog, überflogen to skim (*a text*), read quickly (13)

überglücklich super-happy, overjoyed

überhaupt at all; **überhaupt nicht** not at all

überheizen to overheat

die Überholspur (-en) passing lane

sich (*dat.*) **etwas überlegen** to consider something, think something over (10)

überliefern to hand down

übernachten to stay overnight (9)

die Übernachtung (-en) overnight stay (9)

übernehmen (übernimmt), übernahm, übernommen to take over

überraschen to surprise; **überraschend** surprising(ly)

die Überraschung (-en) surprise

überreden to persuade

die Überredungskunst (¨-e) persuasiveness, ability to persuade

der Überrest (-e) remnant; ruin

übersetzen to translate (11)

der Übersetzer (-) / die Übersetzerin (-nen) translator

übertreiben, übertrieb, übertrieben to exaggerate; **übertrieben** exaggerated (14)

die Überweisung (-en) (bank) transfer

überwinden to overcome

die Überwindung (-en) overcoming, conquest

üblich usual

übrig left over, remaining (12)

übrigens by the way (9)

die Übung (-en) exercise

das Ufo (-s) UFO (flying saucer)

die Uhr (-en) clock (2); watch; o'clock; **bis (um) fünf Uhr** until five o'clock (6); **Es ist ein Uhr.** It's one o'clock. (4); **(so) gegen fünf Uhr** around five o'clock (6); **um ein Uhr** at one o'clock; **Um wie viel Uhr?** At what time? (4); **von zwei bis drei Uhr** from two to three o'clock (6); **Wie viel Uhr ist es?** What time is it? (4); **zwischen zwei und drei Uhr** between two and three o'clock (6)

die Uhrzeit (-en) time of day

um (+ *acc.*) at (+ *time*) (3, 4); around; about; circa; **bis (um) fünf Uhr** until five o'clock (6); **sich Sorgen machen um** to worry about (14); **um ein Uhr** at one o'clock; **um … herum** around (*spatial*) (3); **um Mitternacht** at midnight (3); **Um wie viel Uhr?** At what time? (4); **um … zu** in order to; **um zwei** at two (o'clock) (4)

sich umbringen (bringt um), brachte um, umgebracht to commit suicide

umfassen to contain, include

das Umfeld (-er) milieu, surroundings

die Umfrage (-n) poll, survey

der Umgang contact (11)

die Umgangssprache (-n) colloquial language

umgeben (umgibt), umgab, umgeben to surround

die Umgebung (-en) area, neighborhood, vicinity (12)

umgehen mit (+ *dat.*), **ging um, ist umgegangen** to handle, deal with

umgekehrt the other way around

umgraben (gräbt um), grub um, umgegraben to dig up

das Umland surrounding area

der Umlaut (-e) *changed vowel sound represented by* ä, ö, *or* ü

ums = um das

umschulen (schult um) to retrain (14)

umsetzen (setzt um) to implement

umso (+ *comparative*) all the more

umsonst free of charge; in vain

umsteigen (steigt um), stieg um, ist umgestiegen to transfer, change (trains) (10)

umstellen (stellt um) to reset

umtauschen (tauscht um) to exchange (5)

die Umwelt environment (14)

umweltbewusst environmentally conscious

das Umweltbewusstsein environmental consciousness

umweltfreundlich environmentally friendly (14)

der Umweltschutz environmental protection (14)

die Umweltverschmutzung environmental pollution (14)

umweltverträglich environmentally safe

umziehen (zieht um), zog um, ist umgezogen to move (residence)

unabhängig independent(ly)

unangenehm unpleasant(ly)

unbedingt absolutely, by all means

unbegrenzt unlimited

unbekannt unknown

unbequem uncomfortable, uncomfortably

und (*coord. conj.*) and (E); **Na und?** So what? (13)

unerträglich unbearable, unbearably

unfair unfair(ly)

der Unfall (¨e) accident

unfreundlich unfriendly (1)

der Unfug nonsense

(das) Ungarn Hungary (E)

ungeduldig impatient(ly)

ungefähr approximately, about (9)

ungemütlich uncomfortable, uncomfortably

ungestört undisturbed

ungesund unhealthy, unhealthily

ungewöhnlich unusual(ly)

unglaublich unbelievable, unbelievably

unglücklich unhappy, unhappily

unhöflich impolite(ly)

die Uni (-s) (*coll.*) = **Universität**

die Uniform (-en) uniform

uninteressant uninteresting

die Union (-en) union; **die Europäische Union** European Union

die Universität (-en) university (1); college

unkonventionell unconventional(ly)

unlogisch illogical(ly)

unmittelbar direct(ly), immediate(ly)

unmöbliert unfurnished (2)

unmodern old-fashioned, in an old-fashioned way

unmöglich impossible, impossibly

die UNO UN (United Nations)

unordentlich disorderly

unpersönlich impersonal(ly)

unpraktisch impractical (1)

uns us (*acc.*) (3); (to/for) us (*dat.*) (5)

unsaniert unrenovated

unser our (3)

der Unsinn nonsense; **So ein Unsinn!** (Such) nonsense! (14)

unsympathisch unlikable (1)

unten below; downstairs (12); **nach unten** below; downstairs (*directional*) (12)

unter (+ *acc./dat.*) under, below, beneath; among (6); **unter anderem** among other things; **Unter den Linden** *major street in Berlin*

unterbrechen (unterbricht), unterbrach, unterbrochen to interrupt (14)

die Unterbrechung (-en) interruption

unterdurchschnittlich below average

untereinander amongst ourselves/yourselves/themselves

das Untergeschoss (-e) basement

der Unterhalt living expenses

sich unterhalten (unterhält), unterhielt, unterhalten to entertain oneself; to converse (13)

unterhaltsam entertaining (13)

die Unterhaltung (-en) entertainment (13); **zur Unterhaltung** for entertainment (13)

die Unterkunft (¨e) accommodation (9)

die Unterlagen (*pl.*) documentation, papers (11)

unternehmen (unternimmt), unternahm, unternommen to undertake; to do (10)

das Unternehmen (-) business, company, enterprise

der Unternehmer (-) / die Unternehmerin (-nen) entrepreneur

unterordnen (ordnet unter) to subordinate; **unterordnende Konjunktion** subordinating conjunction

der Unterricht (-e) instruction, lesson

unterrichten to teach

unterscheiden, unterschied, unterschieden to distinguish; **sich unterscheiden** to differ

der Unterschied (-e) difference

unterschiedlich different

unterschreiben, unterschrieb, unterschrieben to sign

die Unterschrift (-en) signature

unterstreichen, unterstrich, unterstrichen to underline

unterstützen to support (12)

die Unterstützung support

untersuchen to examine (11)

der /das Unterteil (-e) bottom part

unterteilen to divide, subdivide

der Untertitel (-) subtitle

die Unterwäsche underwear

unterwegs on the way, en route

unverbraucht unused; untouched

unwichtig unimportant

der Urenkel (-) / die Urenkelin (-nen) great-grandson/great-granddaughter

die Urgroßmutter (¨) great-grandmother

der Urgroßvater (¨) great-grandfather

urig natural; cozy

urkundlich documentary, in a document

der Urlaub (-e) vacation; **Urlaub machen** to go on vacation (8)

der Urlauber (-) / die Urlauberin (-nen) person on vacation

der Urlaubsort (-e) vacation resort

die Ursache (-n) cause

ursprünglich original(ly)

das Ursprungsland (¨er) country of origin

die USA (*pl.*) United States; **aus den USA** from the United States

der US-Amerikaner (-) / die US-Amerikanerin (-nen) American, person from the USA

usw. = und so weiter and so on

V

der Valentinstag Valentine's Day (3)

der Vampir (-e) vampire

das Vanilleeis vanilla ice cream

die Vanillesauce vanilla sauce

die Variante (-n) variant

die Variation (-en) variation

variieren to vary

der Vater (¨) father (3)

väterlicherseits on the father's side

der Vatertag (-e) Father's Day

der Vati (-s) dad, daddy

der Vegetarier (-) / die Vegetarierin (-nen) vegetarian (*person*)

vegetarisch vegetarian (6)

(das) Venedig Venice (Italy)

sich verabreden to have an appointment/date

die Verabredung (-en) appointment; date

verabschieden to say good-bye to; to adopt, pass

verändern to change

die Veränderung (-en) change

die Veranstaltung (-en) event

verantwortlich responsible (11)

die Verantwortung (-en) responsibility

verantwortungsbewusst responsible, conscious of responsibility

das Verb (-en) verb

die Verbalform (-en) verbal form

verbannen to ban; to banish

verbessern to correct; to improve

verbieten, verbot, verboten to prohibit, forbid (14)

verbinden, verband, verbunden to connect

der Verbrauch consumption

verbrauchen to use; to consume (14)

der Verbraucher (-) / die Verbraucherin (-nen) consumer

verbreiten to spread, disseminate

die Verbreitung (-en) spread

verbrennen, verbrannte, verbrannt to burn

verbringen, verbrachte, verbracht to spend (*time*) (7)

verdecken to cover

verdienen to earn; to deserve (11)

verdünnen to dilute

der Verein (-e) club, association (7)

vereinbaren to agree; to arrange

vereinen to unite; **die Vereinten Nationen** (*pl.*) United Nations

vereinigen to unite

vererben to bequeath, pass on

verfassen to write, draw up

verfehlen to miss

verfolgen to follow, pursue; to persecute

die Verfolgung (-en) persecution

verfügbar available

die Verfügbarkeit availability

die Verfügung: zur Verfügung stehen, stand, gestanden to be available, to be at one's disposal

die Vergangenheit past

vergessen (vergisst), vergaß, vergessen to forget (10)

vergiften to poison

der Vergleich (-e) comparison

vergleichen, verglich, verglichen to compare (12)

das Vergnügen (-) pleasure; leisure

die Vergnügung (-en) amusement, entertainment

verhaften to arrest

das Verhältnis (-se) relationship

verheiratet married

verhelfen zu (+ *dat.*) (verhilft), verhalf, verholfen to help to get/achieve

verhindern to prevent

verhungern, ist verhungert to die of starvation

der Verkauf (¨-e) sale(s) (11)

verkaufen to sell

der Verkäufer (-) / die Verkäuferin (-nen) salesperson (5)

der Verkehr traffic

die Verkehrsbelästigung (-en) traffic disturbance

das Verkehrsmittel (-) vehicle, means of transportation (14)

das Verkehrsmuseum (Verkehrsmuseen) transportation museum

das Verkehrswesen (-) transportation system

verkehrt wrong(ly)

die Verkleinerungsform (-en) diminutive form

verkochen, ist verkocht to boil away

verkraften to handle, cope with

verkürzen to shorten

verlangen to demand

verlassen (verlässt), verließ, verlassen to leave

der Verleih (-e) rental company/service

verleihen, verlieh, verliehen to lend (out)

(sich) verletzen to injure (oneself) (8)

sich verlieben (in + *acc.*) to fall in love (with)

verlieren, verlor, verloren to lose (7)

verlocken to tempt, entice

verlogen: verlogen sein to be full of lies

vermeidbar avoidable

vermeiden, vermied, vermieden to avoid (14)

vermieten to rent out (*to someone*) (12); **zu vermieten** for rent

der Vermieter (-) / die Vermieterin (-nen) landlord/landlady

vermindern to decrease, lessen (14)

vermissen to miss

das Vermögen (-) fortune; wealth

vernichten to destroy

vernünftig sensible, sensibly

veröffentlichen to publish

der Verordnung (en) regulation

verpflegen to cater for, feed

die Verpflegung (-en) food, meals (10); **Unterkunft und Verpflegung** room and board

verraten (verrät), verriet, verraten to betray, give away

verreisen, ist verreist to go on a trip (10)

verrückt crazy, crazily (8)

der Versand dispatch

verschenken to give away, throw away

verschieden different

verschlingen, verschlang, verschlungen to devour

die Verschmutzung (-en) pollution

verschreiben, verschrieb, verschrieben to prescribe (8)

verschwinden, verschwand, ist verschwunden to disappear

verschwommen blurred

das Versehen (-) oversight

die Versicherung (-en) insurance (11)

die Versorgung (-en) supplying

verspätet delayed, late

versprechen (verspricht), versprach, versprochen to promise

die Verständigung (-en) understanding, communication

verstehen, verstand, verstanden to understand; **Ich verstehe das nicht.** I don't understand. (E)

der Versuch (-e) attempt

versuchen to try (13); to attempt

verteilen to distribute

die Verteilung distribution, allocation

der Vertrag (¨-e) contract; treaty

sich vertragen (verträgt), vertrug, vertragen to go together; to get along

vertrauen (+ *dat.*) to trust

vertraut familiar (14)

vertreten (vertritt), vertrat, vertreten to represent

vervollständigen to complete

die Verwaltung (-en) administration

der Verwaltungsweg (-e) administrative route

verwandeln in (+ *acc.*) to convert into

verwandt mit (+ *dat.*) related to (3)

der/die Verwandte (*decl. adj.*) relative

die Verwandtschaft (-en) relationship

die Verwechslung (-en) confusion, mistake, mix-up

verwenden to utilize, use, apply (14)

verwirklichen to make real

verwöhnen to spoil, pamper

das Verzeichnis (-se) list, directory, schedule

verzichten auf (+ *acc.*) to do without (12)

der Vetter (-n) male cousin (3)

das Video (-s) video; videotape (2)

die Videokamera (-s) video camera (13)

viel (mehr, meist-) a lot, much (1, 2); **Um wie viel Uhr?** At what time? (4); **Viel Glück!** Good luck! (1); **Viel Spaß!** Have fun! (1); **Vielen Dank!** Many thanks! (6); **wie viel** how much; **Wie viel Uhr ist es?** What time is it? (4)

viele (*pl.*) many (2); **viele Grüße** best wishes (12); **wie viele** how many

die Vielfalt diversity

vielfältig many and diverse

vielleicht perhaps, maybe (3)

vier four (E)

die Vierergruppe (-n) group of four

viermal four times

viert: zu viert as a foursome (10)

vierte fourth (3)

das Viertel (-) quarter (4); **Es ist Viertel nach/vor zwei.** It's a quarter after/to two. (4)

vierteljährlich quarterly

viertgrößt -fourth largest

vierzehn fourteen (E)

vierzig forty (E)

vierzigste fortieth

die Villa (Villen) villa

vis-à-vis (+ *dat.*) across from

die Visitenkarte (-n) business card

das Vitamin (-e) vitamin

der Vogel (¨-) bird

das Vög(e)lein (-) little bird

die Vokabeln (*pl.*) vocabulary

die Vokabelsuche (-n) word-search

das Vokabular (-e) vocabulary

das Volk (¨-er) people; nation

die Völkerkunde ethnology

die Volksabstimmung (-en) popular vote

das Volksfest (-e) public festival; fair

das Volkslied (-er) folk song

der Volkswagen (-) Volkswagen (*automobile*)

die Volkswirtschaft economics

voll full; crowded (6)

völlig total(ly), complete(ly)

das Vollkornbrot (-e) whole-grain bread

die Vollmilch whole milk

die Vollpension accommodation with three meals per day included

vollständig complete(ly)

vom = von dem; **vom Fass** on tap; draft (6)

von (+ *dat.*) of; from; by (5, 6); out of; **gegenüber von** across from (9); **von da an** from then on; **von zwei bis drei Uhr** from two to three o'clock (6); **weit (weg) von** far away from (2)

vor (+ *acc./dat.*) before; in front of; ago (6); (+ *time*) to, of (4) **Es ist Viertel vor zwei.** It's a quarter to two. (4); **fünf vor zwei** five to/ of two (4); **vor allem** above all; **vor kurzem** a short time ago; **vor sich hin** to oneself; **vor zwei Tagen** two days ago (6)

Voraus: im Voraus in advance

voraussetzen (setzt voraus) to assume; to require

die Voraussetzung (-en) assumption; prerequisite

vorbehalten (behält vor), behielt vor, vorbehalten to reserve

vorbei past, gone, over

vorbeikommen (kommt vorbei), kam vorbei, ist vorbeigekommen to drop in, come by (4)

(sich) vorbereiten (auf + acc.) (bereitet vor) to prepare (oneself) (for) (11)

die Vorbereitung (-en) preparation

die Vorbestellung (-en) advance order

das Vorbild (-er) model

der Vorfahr (-en *masc.*) (-en) / die Vorfahrin (-nen) ancestor, predecessor

der Vorfall (-̈e) occurrence

vorgestern the day before yesterday

vorhaben (hat vor) to plan (to do) (4)

der Vorhang (-̈e) curtain

vorher before that; before

vorig previous, last

vorkommen (kommt vor), kam vor, ist vorgekommen to occur

vorlesen (liest vor), las vor, vorgelesen to read aloud

die Vorlesung (-en) (university) lecture (4)

die Vorliebe (-n) preference; particular fondness

vorm = vor dem

der Vormittag (-e) morning, before noon (4); **gestern Vormittag** yesterday morning; **heute Vormittag** this morning; **morgen Vormittag** tomorrow morning

vormittags before noon (4)

der Vorname (*gen.* -ns, *acc./dat.* -n) (-n) first name, given name (1)

vorn(e) in front

der Vorort (-e) suburb

der Vorortzug (-̈e) commuter train

der Vorsatz (-̈e) intention, resolution

der Vorschein: zum Vorschein kommen to appear, come to light

der Vorschlag (-̈e) suggestion

vorschlagen (schlägt vor), schlug vor, vorgeschlagen to suggest, propose (10)

die Vorsicht care, caution

vorsichtig careful(ly), cautious(ly)

die Vorspeise (-n) appetizer (6)

vorspielen (spielt vor): das Stück der Klasse vorspielen to perform the piece in front of the class

vorspulen (spult vor) to fast forward (13)

vorstellen (stellt vor) to set forward (*clock*); to introduce; **sich** (*acc.*) **vorstellen** to introduce oneself (11); **sich** (*dat.*) **etwas vorstellen** to imagine something (11)

die Vorstellung (-en) idea, concept; introduction

das Vorstellungsgespräch (-e) job interview (11)

der Vorteil (-e) advantage

der Vortrag (-̈e) lecture (4)

das Vorurteil (-e) prejudice

der Vorverkauf (-̈e) advance sale

vorweisen (weist vor), wies vor, vorgewiesen to show, present

vorzeigen (zeigt vor) to show

vorziehen (zieht vor), zog vor, vorgezogen to prefer (14)

W

wachsen (wächst), wuchs, ist gewachsen to grow

das Wachstum growth

das Wachstumshormon (-e) growth hormone

der Wagen (-) car (7)

die Wagenauffahrt (-en) driveway

wählen to choose; to vote, elect (14)

der Wähler (-) / die Wählerin (-nen) voter

die Wahlstimme (-n) vote

wahr true; real, genuine

während to last

während (+ *gen.*) during (9); (*subord. conj.*) while, whereas

die Wahrheit (-en) truth

der Wahrsager (-) / die Wahrsagerin (-nen) fortune-teller

wahrscheinlich probable, probably (11)

die Währung (-en) currency

der Wald (-̈er) forest (7)

der Walzer (-) waltz

die Wand (-̈e) wall (2); **die vier Wände** one's own home

wandern, ist gewandert to hike (1)

der Wanderstock (-̈e) hiking staff

der Wandervogel (-̈) enthusiastic hiker

der Wanderweg (-e) hiking trail (10)

wanken, ist gewankt to stagger, sway

wann when (1); **seit wann** since when; **Wann hast du Geburtstag?** When is your birthday? (3)

wäre: Wie wäre es mit ... ? How about . . . ? (13)

warm (wärmer, wärmst-) warm(ly) (7); heated

warnen to warn

die Warte (-n) vantage point, lookout

warten (auf + acc.) to wait (for) (6)

warum why (2)

was what (1); something (*colloquial form of etwas*); **so was** something like that; **Was bedeutet ... ?** What does . . . mean? (E); **Was fehlt dir/Ihnen?** What's the matter? (8); **was für (ein)** what kind of (a) (11); **Was ist denn los?** What's the matter? (2); **Was sind Sie von Beruf?** What do you do for a living? (1)

das Waschbecken (-) sink

die Wäsche laundry

(sich) waschen (wäscht), wusch, gewaschen to wash (oneself) (8)

die Waschmaschine (-n) washing machine (12)

das Waschmittel (-) laundry detergent

der Waschraum (-̈e) laundry room

das Wasser water (5)

der Wasserhahn (-̈e) faucet

die Wasserleitung (-en) water-pipe

das WC (-s) toilet; bathroom (9)

das Web (World Wide) Web

die Webseite (-n) webpage

die Website (-s) website (11)

der Wechsel (-) change, alternation

wechseln to change, exchange; **wechselnd bewölkt** with variable cloudiness

die Wechselpräposition (-en) two-way preposition, preposition governing either accusative or dative case

wecken to wake

der Wecker (-) alarm clock (2)

weder ... noch neither . . . nor

weg away, off; **weit weg von** (+ *dat.*) far away from

der Weg (-e) path, trail, way; road (9); **nach dem Weg fragen** to ask for directions (9)

wegen (+ *gen.*) because of, on account of (9)

weggehen (geht weg), ging weg, ist weggegangen to leave, go away

die Wegwerfflasche (-n) disposable bottle (14)

das Wegwerfprodukt (-e) nonrecyclable product

weh: oh weh alas

wehen to blow

der Wehrdienst military service

sich wehren (gegen) to defend oneself (against)

die Wehrpflicht military service, conscription

wehtun (+ *dat.*) **(tut weh), tat weh, wehgetan** to hurt (8); **Das tut mir weh.** That hurts. (8)

das Weihnachten Christmas (3)

der Weihnachtsbaum (-̈e) Christmas tree (3)

der Weihnachtstag (-e): der erste Weihnachtstag Christmas Day; **der zweite Weihnachtstag** the day after Christmas, Boxing Day

weil (*subord. conj.*) because (8)

der Wein (-e) wine (6)

die Weise (-n) manner, way

weiß white (5)

die (Berliner) Weiße: eine Weiße mit Schuss *light, fizzy beer served with raspberry syrup*

das Weißglas colorless glass

die Weißwurst (-̈e) white sausage (*made from veal*) (6)

weit far (9); **weit (weg) von** (+ *dat.*) far (away) from

weiter further, farther; **und so weiter** and so on

sich weiterbilden (bildet weiter) to continue one's education

weiterbringen (bringt weiter), brachte weiter, weitergebracht to bring forward

weiterentwickeln (entwickelt weiter) to continue to develop

weitererzählen (erzählt weiter) to continue telling

weitergehen (geht weiter), ging weiter, ist weitergegangen to go on, continue to go

weitermachen (macht weiter) to carry on, continue

weiterreisen (reiste weiter), ist weitergereist to continue to travel

weiterreiten, ritt weiter, ist weitergeritten to ride on, continue to ride (*on horseback*)

weiterschicken (schickt weiter) to forward, send on

weiterspielen (spielt weiter) to play on, continue to play

weitgehend extensive(ly)

das Weizenbier (-e) wheat beer

welcher, welche, welches which (2); **Auf welchen Namen?** Under what name? (9); **Welches Datum ist heute/morgen?** What is today's/tomorrow's date? (3)

die Welle (-n) wave

die Welt (-en) world, earth (14)

weltbekannt world-famous

weltberühmt world-famous

das Weltkulturerbe world cultural heritage

die Weltmeisterschaft (-en) world championship

weltstädtisch cosmopolitan

weltweit worldwide

wem (to/for) whom (*dat.*) (5)

wen whom (*acc.*)

wenig little (8); **zu wenig** too little

wenige (*pl.*) few, a few (8)

wenigstens at least

wenn (*subord. conj.*) if; when (8); whenever

wenngleich (*subord. conj.*) even though, although

wer who (1)

der Werbefilm (-e) advertising film

der Werbespot (-s) commercial

die Werbung (-en) advertisement, commercial

werden (wird), wurde, geworden to become (3); (+ *infinitive*) *future tense*; (+ *past participle*) *passive voice*; **Würden Sie bitte … ?** Would you please . . . ? (9)

werfen (wirft), warf, geworfen to throw

das Werk (-e) work, opus

das Wertpapier (-e) security, stock, bond

wertvoll valuable

wessen whose

West (*without article*) west

der Westen west; **im Westen** in the west

die Western-Musik country-western music

(das) Westfalen Westphalia (*region in northwestern Germany*)

der Wettbewerb (-e) competition

das Wetter weather

der Wetterbericht (-e) weather report (7)

der Wetterhahn (¨-e) weathercock

das Wettrennen (-) race

die WG = Wohngemeinschaft (2)

wichtig important(ly) (3)

widerspiegeln (spiegelt wider) to reflect

wie how (1); as; **so … wie** as . . . as (7); **Um wie viel Uhr?** At what time? (4); **Wie bitte?** Excuse me? What did you say? (E); **Wie findest du … ?** How do you like . . . ? What do you think of . . . ? (1); **Wie geht es Ihnen?** How are you (*form.*) (E); **Wie geht's (dir)?** How are you? (*inform.*) (E); **Wie heißen Sie? / Wie heißt du?** What's your name? (*form./inform.*) (E); **Wie heißt die Stadt?** What is the name of the town/city? (E); **Wie ist Ihr/dein Name?** What's your name? (*form./inform.*) (E); **Wie komme ich am besten dahin?** What's the best way to get there? (9); **Wie sagt man … auf Deutsch?** How do you say . . . in German? (E); **Wie spät ist es? / Wie viel Uhr ist es?** What time is it? (4); **wie viel** how much; **wie viele** how many; **Wie wäre es mit … ?** How about . . . ? (13)

wieder again (2); back; **schon wieder** yet again (*emphatic*)

wiederholen to repeat; to review

die Wiederholung (-en) review; **zur Wiederholung** as a review

das Wiederhören: (auf) Wiederhören good-bye (*on the phone*) (9)

das Wiedersehen: (auf) Wiedersehen good-bye (E)

die Wiedervereinigung (-en) reunification

wiederverwerten (verwertet wieder) to recycle

die Wiederverwertung recycling

wiegen, wog, gewogen to weigh

(das) Wien Vienna

Wiener (*adj.*) of/from Vienna; **das Wiener Schnitzel** breaded veal cutlet

die Wiese (-n) meadow (7)

wieso why

wild wild(ly)

das Wildgehege (-) game preserve

wildlebend wild, free

das Wildwasser white water

der Wildwestfilm (-e) Western (*movie*)

der Wille (*gen.* -ns, *acc./dat.* -n) (-n) will

willkommen (*adj.*) welcome; **herzlich willkommen** welcome (E)

der Wind (-e) wind (7)

die Windel (-n) diaper

windig windy (7)

das Windrad (¨-er) wind power generator (14)

der Winter (-) winter (7)

wir we (1)

wirken to bring about, do; to seem

wirklich real(ly) (1)

die Wirklichkeit (-en) reality

der Wirkstoff (-e) active agent

die Wirkung (-en) effect

die Wirtschaft (-en) economy (13); restaurant, pub, bar

wirtschaftlich economic(ally)

das Wirtshaus (¨-er) pub (6)

wissen (weiß), wusste, gewusst to know (*something as a fact*) (3); **Das weiß ich nicht.** I don't know. (E)

die Wissenschaft (-en) science (13)

der Wissenschaftler (-) / die Wissenschaftlerin (-nen) scientist, scholar

wissenswert worth knowing

Wittenberger (*adj.*) of/from Wittenberg (*city in eastern Germany*)

witzig amusing(ly)

das WLAN (-s) wireless local area network, wi-fi

wo where (1)

wobei at what; near what; with what

die Woche (-n) week (4); **einmal die Woche** once a week (7); **pro Woche** per week (4)

das Wochenende (-n) weekend (4); **am Wochenende** on the weekend

der Wochenmarkt (¨-e) weekly market

der Wochenplan (¨-e) weekly schedule

der Wochentag (-e) day of the week

wöchentlich weekly

-wöchig lasting . . . weeks

wofür for what; why

wogegen against what

woher from where (1); **Woher kommen Sie?** (*form.*) / **Woher kommst du?** (*inform.*) Where are you from? (E)

wohin (to) where (5); **Wohin gehst du?** Where are you going?

wohl well; probably (11); **sich wohl fühlen** to feel well (8)

das Wohl welfare; **das öffentliche Wohl** the public good

das Wohneigentum residential property

wohnen to reside, live (1)

das Wohngebiet (-e) residential area

die Wohngemeinschaft (-en) (WG) shared housing (2)

das Wohnheim (-e) dormitory

der Wohnort (-e) place of residence (1)

die Wohnqualität quality of life

die Wohnung (-en) apartment (2)

der Wohnwagen (-) camper, trailer

das Wohnzimmer (-) living room (2)

die Wolke (-n) cloud (7)

die Wolkendecke cloud cover

wolkenlos cloudless (7)

wolkig cloudy

wollen (will), wollte, gewollt to want to; to plan to (4)

womit with what

wonach after what; to what; for what

woran on what; about what

worauf on what; for what

woraus from what; out of what

das Wort (¨-er) word; **Worte** (*pl.*) words (*in connected speech*)

das Wörterbuch (¨-er) dictionary

der Wortschatz vocabulary

worüber about what

worum about what; around what

wovon of what; **Wovon handelt es?** What's it about? (13)

wovor before what; in front of what; of what

wozu for what; why

das Wunder (-) wonder, miracle; **kein Wunder** no wonder

wunderbar wonderful(ly)

sich wundern to be surprised

wunderschön very beautiful(ly)

der Wunsch (¨-e) wish

wünschen to wish (3)

der Wunschtraum (¨-e) wishful dream

die Wurst (¨-e) sausage (5)

das Würstchen (-) small sausage (5); hot dog

die Wurzel (-n) root

würzig tasty; spicy

der Wüstenstamm (ᵕe) desert tribe

Z

die Zahl (-en) number; amount

zahlen to pay (5)

zählen to count; zählen zu (+ dat.) to be one of, belong to

das Zahlenlotto (-s) number lottery

zahlreich numerous, in large numbers

der Zahlschein (-e) money transfer form

die Zahlung (-en) payment

der Zahn (ᵕe) tooth sich (dat.) die Zähne putzen to brush one's teeth (8)

der Zahnarzt (ᵕe) / die Zahnärztin (-nen) dentist (11)

die Zahnbürste (-n) toothbrush

zahnlos toothless

die Zahnpasta (Zahnpasten) toothpaste (5)

die Zahnschmerzen (pl.) toothache

z. B. = zum Beispiel for example

die Zehe (-n) toe (8)

zehn ten (E)

zehnte tenth (3)

das Zeichen (-) sign

zeichnen to draw, sketch (7)

der Zeichner (-) / die Zeichnerin (-nen) graphic artist (11)

die Zeichnung (-en) drawing (12)

zeigen to show (5)

die Zeile (-n) line (of text)

die Zeit (-en) time (2); Zeit haben to have time (2); Zeit verbringen, verbrachte, verbracht to spend time (7)

zeitgenössisch contemporary

der Zeitgeschmack contemporary taste, fashion of the time

der Zeitpunkt (-e) moment, point in time

die Zeitschrift (-en) magazine; periodical

die Zeitung (-en) newspaper (1)

die Zeitungsannonce (-n) newspaper advertisement

der Zeitvertreib (-e) pastime

das Zelt (-e) tent (10)

der Zentimeter (-) centimeter

zentral central(ly); zentral gelegen centrally located (2)

das Zentrum (Zentren) center (of town) (9); im Zentrum in the center of town

zerstören to destroy

die Zerstörung (-en) destruction

das Zeugnis (-se) report card; transcript; recommendation (from a former employer)

ziehen, zog, gezogen to pull, drag; ziehen, zog, ist gezogen to move; to go on

das Ziel (-e) goal, target; destination

ziemlich somewhat, rather, fairly (5)

die Zigarette (-n) cigarette

das Zimmer (-) room (2)

die Zimmerpflanze (-n) houseplant (2)

der Zimmerpreis (-e) room price

die Zimmervermittlung (-en) room rental agency

der Zirkus (-se) circus

das Zitat (-e) quotation

der Zivi (-s) (coll.) person performing community service

der Zivildienst community service (as an alternative to military conscription)

zivilisiert civilized, in a civilized manner

zivilgesellschaftlich pertaining to civil society

die Zone (-n) zone

zu (+ dat.) to; at; for (5); (+ infinitive) to; (adv.) too; ab und zu now and then, occasionally (8); bis zu until; to, as far as (9); Das ist mir zu blöd. I think that's really stupid. (13); ohne ... zu without doing; um ... zu in order to; zu Fuß gehen, ging, ist gegangen to walk, go on foot (8); zu Hause at home (5); zu zweit in pairs; as a couple, as a twosome (10)

zubereiten (bereitet zu) to prepare

die Zucchini (pl.) zucchini

der Zucker sugar (5)

zueinander to one another

zuerst first, at first (9)

zufrieden content, satisfied

der Zug (ᵕe) train (10)

der Zugang (ᵕe) access

zugehen auf (+ acc.) (geht zu), ging zu, ist zugegangen to approach

die Zugspitze name of the highest mountain in Germany

das Zuhause home

zuhören (hört zu) to listen (4)

die Zukunft future (11)

zukünftig in the future

zulassen (lässt zu), ließ zu, zugelassen to allow, permit

zuletzt last(ly), finally

zuliebe (+ dat.) for the sake of

zum = zu dem; zum Glück fortunately; zum Mitnehmen (food) to go; takeout (6); zum Teil in part

zumachen (macht zu) to close

zumindest at least

zumut(e): mir ist ängstlich zumut(e) I feel anxious

zunächst (at) first

zünftig proper(ly)

zuordnen (+ dat.) (ordnet zu) to relate (to); to assign (to)

zupacken (packt zu) to work hard, pitch in

zur = zu der

(das) Zürich Zurich

zurück back; hin und zurück round-trip (10)

zurückbringen (bringt zurück), brachte zurück, zurückgebracht to bring back

zurückfaxen (faxt zurück) to fax back

zurückflüstern (flüstert zurück) to whisper back

zurückhaltend reserved, restrained

zurückkommen (kommt zurück), kam zurück, ist zurückgekommen to return, come back (4)

zurückreichen (reicht zurück) to reach back, extend back

zurückrufen (ruft zurück), rief zurück, zurückgerufen to call back

zurückzahlen (zahlt zurück) to pay back

zurufen (+ dat.) (ruft zu), rief zu, zugerufen to shout to

zurzeit currently, presently

zusammen together; das macht zusammen ... all together, that comes to . . .

zusammenarbeiten (arbeitet zusammen) to work together, collaborate

zusammenfassen (fasst zusammen) to summarize

die Zusammenfassung (-en) summary

zusammenkommen (kommt zusammen), kam zusammen, ist zusammengekommen to meet, get together

zusammenpassen (passt zusammen) to match, go together

zusammenschlagen über (+ dat.) (schlägt zusammen), schlug zusammen, ist zusammengeschlagen to engulf

zusammenschneiden (schneidet zusammen), schnitt zusammen, zusammengeschnitten to cut, edit

zusammensetzen (setzt zusammen) to put together; zusammengesetztes Wort compound word

zusammensitzen (sitzt zusammen), saß zusammen, zusammengesessen to sit together

zusammenstellen (stellt zusammen) to put together

zusammenwohnen (wohnt zusammen) to live together, cohabitate

zusätzlich additional(ly)

der Zuschauer (-) / die Zuschauerin (-nen) spectator

zuschicken (schickt zu) to send

zuschneien (schneit zu), ist zugeschneit to snow in

der Zuschuss (ᵕe) contribution; grant

zustimmen (+ dat.) (stimmt zu) to agree with

die Zutat (-en) ingredient

zutreffen auf (+ acc.) (trifft zu), traf zu, zugetroffen to apply to

zuvor before

zwanzig twenty (E)

der Zwanziger (-) twenty-euro/mark/dollar bill

zwanzigste twentieth (3)

zwar admittedly; und zwar that is to say

der Zweck (-e) purpose

zwei two (E)

zweieinhalb two and a half

zweihundert two hundred (E)

zweimal twice (7)

zweit: zu zweit in pairs; as a couple, as a twosome (10)

zweitausend two thousand (E)

zweite second (3); zweiter Klasse fahren to travel second class (10)

zweitgrößt- second largest

zweithöchst- second highest

zweitlängst- second longest

die Zwiebel (-n) onion (6)

der Zwilling (-e) twin

der Zwinger baroque palace in Dresden

zwischen (+ acc./dat.) between (6); zwischen zwei und drei Uhr between two and three o'clock (6)

zwischendurch in between; in the mean time

zwölf twelve (E)

zwölfte twelfth (3)

English–German

This list contains all the words from the end-of-chapter vocabulary sections.

A

a ein, eine

able: to be able to können (kann), konnte, gekonnt (4)

about über (+ *acc.*); gegen (+ *time*) (6); ungefähr (9); **to be about** handeln von (+ *dat.*) (13); **How about . . . ?** Wie wäre es mit … ? (13); **What's it about?** Wovon handelt es? (13)

above über (+ *acc./dat.*) (6); (*adv.*) oben; (*directional*) nach oben (6)

abroad im Ausland (11); **at home and abroad** im Inland und Ausland (13)

absolutely na klar (E)

access: Internet access der Internetzugang (9)

accommodation die Unterkunft (ᵉe) (9)

account: on account of wegen (+ *gen.*) (9); **savings account** das Sparkonto (Sparkonten) (12)

to acquire something sich (*dat.*) etwas anschaffen (schafft an) (14)

across from gegenüber von (+ *dat.*) (9)

active(ly) aktiv (10); **active in sports** sportlich aktiv (10)

activity die Tätigkeit (-en) (11)

actor/actress der Schauspieler (-) / die Schauspielerin (-nen) (11)

ad: help-wanted ad das Stellenangebot (-e) (11)

addiction: drug addiction die Drogensucht (14)

addition: in addition außerdem (14)

address die Adresse (-n) (E); **street address** die Hausnummer (-n) (E)

advice der Rat (8)

to affect betreffen (betrifft), betraf, betroffen (14)

afraid: to be afraid of Angst haben vor (+ *dat.*) (12)

after nach (+ *dat.*) (4, 5, 6); (*subord. conj.*) nachdem (10); **after Tuesday** nach Dienstag (6); **five after two** fünf nach zwei (4); **It's a quarter after two.** Es ist Viertel nach zwei. (4)

afternoon der Nachmittag (-e) (4); **afternoons, in the afternoon** nachmittags (4); **this afternoon** heute Nachmittag (4)

again wieder (2)

against gegen (+ *acc.*) (3); **I'm against it.** Ich bin dagegen. (14)

agency: travel agency das Reisebüro (-s) (10)

ago vor (+ *dat.*) (6); **two days ago** vor zwei Tagen (6)

ahead: straight ahead geradeaus (9)

ailment die Krankheit (-en) (14)

air die Luft (ᵉe) (8); **air pollution** die Luftverschmutzung (14)

airplane das Flugzeug (-e) (10)

alarm clock der Wecker (-) (2)

alcohol der Alkohol (8)

all alle (2); **All the best!** Alles Gute! (3)

to allow erlauben (9)

almost fast (8)

along: to come along mitkommen (kommt mit), kam mit, ist mitgekommen (4); **to take along** mitnehmen (nimmt mit), nahm mit, mitgenommen (5); **to walk along** entlanggehen (geht entlang), ging entlang, ist entlanggegangen (9)

already schon (2)

also auch (E)

altogether insgesamt (10)

aluminum can die Dose (-n) (14)

always immer (1)

am bin; **I am** Ich bin (E)

American der Amerikaner (-) / die Amerikanerin (-nen) (1)

among unter (+ *acc./dat.*) (6)

an ein, eine

and (*coord. conj.*) und (E)

animal das Tier (-e) (12)

annoyed: to be annoyed about sich ärgern über (+ *acc.*) (12)

to answer (*phone*) sich melden (13); **No one is answering.** Niemand meldet sich. (13)

any: in any case auf jeden Fall (13); **not any** kein (2)

apartment die Wohnung (-en) (2)

to appear scheinen, schien, geschienen (13)

appetizer die Vorspeise (-n) (6)

apple der Apfel (ᵉ) (5); **apple strudel** der Apfelstrudel (-) (6)

applesauce das Apfelmus (6)

appliance (*TV, telephone, camera, etc.*) der Apparat (-e) (9)

application die Bewerbung (-en) (11); **application form** das Bewerbungsformular (-e) (11)

to apply verwenden (14); **to apply (for)** sich bewerben (um + *acc.*) (bewirbt), bewarb, beworben (11)

appointment der Termin (-e) (8)

approximately ungefähr (9)

April (der) April (3)

are (*you sg. inform.*) bist; (*you pl. inform.*) seid; (*you sg./pl. form.; we; they*) sind; **Are you doing well?** Geht's gut? (E); **there are** es gibt (3)

area die Umgebung (-en) (12)

arm der Arm (-e) (8)

armchair der Sessel (-) (2)

around (*spatial*) um… herum (3); gegen (+ *time*) (3, 6); **around five o'clock** (so) gegen fünf Uhr (6); **to lie around** faulenzen (7)

arrival die Ankunft (ᵉe) (10)

to arrive ankommen (kommt an), kam an, ist angekommen (9)

article of clothing das Kleidungsstück (-e) (5)

artist der Künstler (-) / die Künstlerin (-nen) (11); **graphic artist** der Zeichner (-) / die Zeichnerin (-nen) (11)

as: as . . . as so … wie (7); **as a twosome/threesome/foursome** zu zweit/dritt/viert (10); **as far as** bis zum/zur (9); **as of** ab (+ *dat.*) (12); **as of June 1st** ab 1. Juni (ab erstem Juni) (12)

to ask fragen (2); **to ask for** bitten um (+ *acc.*), bat, gebeten (12); **to ask someone for directions** jemanden nach dem Weg fragen (9)

asleep: to fall asleep einschlafen (schläft ein), schlief ein, ist eingeschlafen (4)

to assert behaupten (13)

assignment die Arbeit (-en) (8)

association der Verein (-e) (7)

at (+ *time*) um (+ *acc.*) (3, 4); bei (+ *dat.*) (5); zu (+ *dat.*) (5); an (+ *acc./dat.*) (6); auf (+ *acc./dat.*) (6); **at first** zuerst (9); **at home** zu Hause (5); **at home and abroad** im Inland und Ausland (13); **at least** mindestens (8); **at midnight** um Mitternacht (3); **at night** nachts (4); **at noon** mittags (4); **at the corner** an der Ecke (9); **at the latest** spätestens (12); **at two** um zwei (4); **At what time?** Um wie viel Uhr? (4)

athletic sportlich (1); **athletic field** der Sportplatz (ᵉe) (7)

attention: to pay attention to achten auf (+ *acc.*) (8)

attic das Dachgeschoss (-e) (12)

attorney der Rechtsanwalt (ᵉe) / die Rechtsanwältin (-nen) (11)

August (der) August (3)

aunt die Tante (-n) (3)

Austria (das) Österreich (E)

autumn der Herbst (-e) (7)

available: Is this seat available? Ist hier noch frei? (6)

average: on average durchschnittlich (12)

to avoid vermeiden, vermied, vermieden (14)

away (from) entfernt (von) (+ *dat.*) (9); **far away from . . .** weit weg von … (2)

B

back der Rücken (-) (8); **in back of** hinter (+ *acc./dat.*) (6); **to come back** zurückkommen (kommt zurück), kam zurück, ist zurückgekommen (9)

backpack der Rucksack (ᵉe) (5)

bacon der Speck (6)

bad(ly) schlecht (E); **What bad luck!** So ein Pech! (8)

bag: plastic bag die Plastiktüte (-n) (14)

bakery die Bäckerei (-en) (5)

balcony der Balkon (-e) (2)

ball: soccer ball der Fußball (¨e) (7)

ballet das Ballett (-e) (4)

ballpoint pen der Kugelschreiber (-) (12)

banana die Banane (-n) (5)

bank die Bank (-en) (9)

bar die Kneipe (-n) (6); das Lokal (-e) (6)

barbecue der Grill (-s) (6)

(a) bargain preiswert (2)

basically im Grunde genommen (14)

basket: wastepaper basket der Papierkorb (¨e) (2)

bathing suit der Badeanzug (¨e) (5)

bathroom das Bad (¨er) (2); das Badezimmer (-) (2); das WC (-s) (9)

to be sein (ist), war, ist gewesen (1); (+ *past participle*) werden (wird), wurde, ist geworden (3)

to be able to können (kann), konnte, gekonnt (4)

to be about handeln von (+ *dat.*) (13)

to be afraid of Angst haben vor (+ *dat.*) (12)

to be annoyed about sich ärgern über (+ *acc.*) (12)

to be called heißen, hieß, geheißen (1)

to be correct recht haben (hat recht) (2)

to be glad about sich freuen über (+ *acc.*) (12)

to be hanging hängen, hing, gehangen (6)

to be hungry Hunger haben (hat Hunger) (2)

to be inside stecken (6)

to be interested in sich interessieren für (+ *acc.*) (11)

to be lazy faulenzen (7)

to be located liegen, lag, gelegen (6); stehen, stand, gestanden (6)

to be named heißen, hieß, geheißen (1)

to be of the opinion meinen (14)

to be permitted to dürfen (darf), durfte, gedurft (4)

to be pleasing to gefallen (+ *dat.*) (gefällt), gefiel, gefallen (5)

to be sorry leidtun (+ *dat.*) (tut leid), tat leid, leidgetan (8)

to be successful Erfolg haben (11)

to be supposed to sollen (soll), sollte, gesollt (4)

to be thirsty Durst haben (hat Durst) (2)

beach der Strand (¨e) (10)

bean die Bohne (-n) (6)

beautiful(ly) schön (2)

because (*coord. conj.*) denn (7); (*subord. conj.*) weil (8); **because of** wegen (+ *gen.*) (9); **because of that** deswegen (12)

to become werden (wird), wurde, ist geworden (3)

bed das Bett (-en) (2); **bed and breakfast** die Pension (-en) (9); **room with one bed** das Einzelzimmer (-) (9); **room with two beds** das Doppelzimmer (-) (9)

bedroom das Schlafzimmer (-) (2)

beef das Rindfleisch (5)

beer das Bier (-e) (5); **beer garden** der Biergarten (¨) (6)

before vor (+ *acc./dat.*) (6); (*subord. conj.*) bevor (10); **before noon** der Vormittag (-e) (4); (*adv.*) vormittags (4)

to begin anfangen (fängt an), fing an, angefangen (4)

behind hinter (+ *acc./dat.*) (6)

beige beige (5)

Belgium (das) Belgien (E)

to believe glauben (5)

bell pepper die Paprika (6)

belly der Bauch (¨e) (8)

to belong to (*a person*) gehören (+ *dat.*) (5)

below unter (+ *acc./dat.*) (6); (*adv.*) unten; (*directional*) nach unten (12)

belt der Gürtel (-) (5)

beneath unter (+ *acc./dat.*) (6)

beside neben (+ *acc./dat.*) (6)

besides außerdem (14)

best best-; **All the best!** Alles Gute! (3); **best wishes** viele Grüße (12); **What's the best way to get there?** Wie komme ich am besten dahin? (9)

better besser

between zwischen (+ *acc./dat.*) (6); **between two and three o'clock** zwischen zwei und drei Uhr (6)

beverage: beverage can die Getränkedose (-n) (14); **beverage store** der Getränkeladen (¨) (5)

bicycle das Fahrrad (¨er) (1); **to bicycle, ride a bicycle** Fahrrad/Rad fahren (fährt), fuhr, ist gefahren (1, 7)

big groß (größer, größt-) (2)

bill die Rechnung (-en) (6)

birth: date of birth der Geburtstag (-e) (1)

birthday der Geburtstag (-e) (1); **Happy birthday!** Herzlichen Glückwunsch zum Geburtstag! (3); **When is your birthday?** Wann hast du Geburtstag? (1)

birthplace der Geburtsort (-e) (1)

black schwarz (schwärzer, schwärzest-) (5)

to blog bloggen (7)

blouse die Bluse (-n) (5)

blue blau (5)

to board (*a vehicle*) einsteigen (steigt ein), stieg ein, ist eingestiegen (10)

body: part of the body der Körperteil (-e) (8)

bodybuilding: to do bodybuilding Bodybuilding machen (7)

book das Buch (¨er) (1)

to book buchen (9)

bookcase, bookshelf das Bücherregal (-e) (2)

boot der Stiefel (-) (5)

boring langweilig (1)

born: I was born ich bin geboren (1)

to borrow leihen, lieh, geliehen (12)

boss der Chef (-s) / die Chefin (-nen) (11)

bottle die Flasche (-n) (14); **disposable bottle** die Wegwerfflasche (-n) (14)

boy der Junge (-n *masc.*) (-n) (2)

bread das Brot (-e) (5)

breakfast das Frühstück (-e) (5); **bed and breakfast** die Pension (-en) (9); **breakfast nook** die Frühstücksnische (-n) (12); **breakfast room** der Frühstücksraum (¨e) (9); **to eat breakfast** frühstücken (4)

breast die Brust (¨e) (8)

bright(ly) hell (2); (*weather*) heiter (7); (*intelligent*) gescheit (13)

to bring bringen, brachte, gebracht (7)

broccoli der Brokkoli (5)

brochure: travel brochure der Reiseprospekt (-e) (10)

broke (*coll.*) pleite (12)

broken kaputt (9)

brother der Bruder (¨) (3)

brother-in-law der Schwager (¨) (3)

brown braun (5)

to brush one's teeth sich die Zähne putzen (8)

to build bauen (12)

building: modern building der Neubau (-ten) (12)

bus der Bus (-se) (10)

business: day that a business is closed der Ruhetag (-e) (6)

businessman der Geschäftsmann (*pl.* Geschäftsleute) (11)

businesswoman die Geschäftsfrau (-en) (11)

but (*coord. conj.*) aber (1); **but rather** (*coord. conj.*) sondern (7)

butcher shop die Metzgerei (-en) (5)

butter die Butter (5)

to buy kaufen (2)

by von (+ *dat.*) (5); **by means of** mit (+ *dat.*) (5); **by the way** übrigens (9); **to come by** vorbeikommen (kommt vorbei), kam vorbei, ist vorbeigekommen (4)

bye tschüss (*inform.*) (E)

C

café das Café (-s) (6)

cafeteria: student cafeteria die Mensa (-s) (1)

cake der Kuchen (-) (5)

calendar der Kalender (-) (3)

to call (up) anrufen, rief an, angerufen (4)

called: to be called heißen, hieß, geheißen (1)

camera die Kamera (-s) (10); **digital camera** die Digitalkamera (-s) (13); **video camera** die Videokamera (-s) (13)

can (*tin or aluminum*) die Dose (-n) (14); **beverage can** die Getränkedose (-n) (14)

can, to be able to können (kann), konnte, gekonnt (4)

cap die Mütze (-n) (5)

car das Auto (-s) (2); der Wagen (-) (7)

card die Karte (-n) (7); **credit card** die Kreditkarte (-n) (9); **ID card** der Personalausweis (-e) (10); **to play cards** Karten spielen (1); **playing card** die Spielkarte (-n) (7); **report card** das Zeugnis (-se) (11); **seat reservation card** die Platzkarte (-n) (10)

care: I don't care. Das ist mir egal. (5); **take care** mach's gut (*inform.*) (E)

to care for mögen (mag), mochte, gemocht (4)

career training die Ausbildung (11)

carpet der Teppich (-e) (2)

carpeting (wall-to-wall) der Teppichboden (¨) (12)

carrot die Karotte (-n) (5); die Möhre (-n) (5)

to carry tragen (trägt), trug, getragen (5)

carry-on luggage das Handgepäck (10)

case: in any case auf jeden Fall (13)

cash das Bargeld (10); **cash register** die Kasse (-n) (5)

cashier die Kasse (-n) (5)

casserole der Auflauf (¨e) (6)

castle das Schloss (¨er) (9)

cat die Katze (-n) (12)

to catch a cold sich erkälten (8)

cauliflower der Blumenkohl (5)

CD player der CD-Spieler (-) (2)

to celebrate feiern (3)

cell phone das Handy (-s) (2)

center die Mitte (9); **center (of town)** das Zentrum (Zentren) (9); **in the center (of the city)** in der Mitte (der Stadt) (9); **recycling center** die Sammelstelle (-n) (14)

centrally located zentral gelegen (2)

cereal das Müsli (-s) (5)

chair der Stuhl (¨e) (2)

to challenge herausfordern (fordert heraus) (11)

change: climate change der Klimawandel (14)

to change (*trains*) umsteigen (steigt um), stieg um, ist umgestiegen (10)

channel (*TV*) das Programm (-e) (13)

characteristic die Eigenschaft (-en) (11)

cheap(ly) billig (2)

check der Scheck (-s); **traveler's check** der Reisescheck (-s) (10)

to check in (*hotel*) sich anmelden (meldet an) (9)

check-out die Kasse (-n) (5)

cheerful lustig (1)

cheese der Käse (5)

chess: to play chess Schach spielen (7)

chest die Brust (¨e) (8)

chicken das Hähnchen (-) (5)

chin das Kinn (-e) (8)

to choose wählen (14); **to choose something** sich (*dat.*) etwas aussuchen (sucht aus) (13)

Christmas das Weihnachten (3); **Christmas Eve** der Heilige Abend (3); **Christmas tree** der Weihnachtsbaum (¨e) (3)

church die Kirche (-n) (9)

cinema das Kino (-s) (4)

citizen der Bürger (-) / die Bürgerin (-nen) (14)

city die Stadt (¨e) (E); **city hall** das Rathaus (¨er) (9); **in the center of the city** in der Mitte der Stadt (9)

to claim behaupten (13)

class: to travel first/second class erster/zweiter Klasse fahren (fährt), fuhr, ist gefahren (10)

clean sauber (14)

to clean up aufräumen (räumt auf) (4)

clear: Everything is clear. Alles klar. (E)

to click klicken (13)

climate change der Klimawandel (14)

clock die Uhr (-en) (2); **alarm clock** der Wecker (-) (2); **It's one o'clock** Es ist eins. / Es ist ein Uhr. (4)

closed geschlossen (6); **day that a business is closed** der Ruhetag (-e) (6)

closet die Garderobe (-n) (12); **clothes closet** der Kleiderschrank (¨e) (2)

clothing (*slang*) die Klamotten (*pl.*) (5); **article of clothing** das Kleidungsstück (-e) (5)

cloud die Wolke (-n) (7)

cloudless wolkenlos (7)

cloudy bewölkt (7)

club der Verein (-e) (7); **dance club** die Disco (-s) (4)

clubbing: to go clubbing in die Disco gehen, ging, ist gegangen (4)

coat der Mantel (¨) (5)

code: postal code die Postleitzahl (-en) (E)

coffee der Kaffee; **coffee table** der Couchtisch (-e) (2); **a cup of coffee** eine Tasse Kaffee (4)

cold (*adj.*) kalt (kälter, kältest-) (7)

cold die Erkältung (-en) (8); **to catch a cold** sich erkälten (8)

cold cuts der Aufschnitt (5)

colleague der Mitarbeiter (-) / die Mitarbeiterin (-nen) (11)

to collect sammeln (7)

color die Farbe (-n) (5)

colorful bunt (5)

to comb (one's hair) sich kämmen (8)

to come kommen, kam, ist gekommen (1); **to come along** mitkommen (kommt mit), kam mit, ist mitgekommen (4); **to come back** zurückkommen (kommt zurück), kam zurück, ist zurückgekommen (4); **to come by** vorbeikommen (kommt vorbei), kam vorbei, ist vorbeigekommen (4); **that comes to . . .** das macht ... (5);

comedy die Komödie (-n) (4)

comfortable, comfortably bequem (2)

company die Firma (Firmen) (11)

to compare vergleichen, verglich, verglichen (12)

to complain about sich beschweren über (+ *acc.*) (9)

complete(ly) ganz (12)

completion (*of training or school*) der Abschluss (¨e) (11)

complicated kompliziert (1)

computer der Computer (-) (2); **computer connection** der Computeranschluss (¨e) (2); **computer scientist** der Informatiker (-) / die Informatikerin (-nen) (11); **notebook computer** das Notebook (-s) (13); **to play computer games** Computerspiele spielen (1)

concert das Konzert (-e) (4); **to go to a concert** ins Konzert gehen (4)

to congratulate gratulieren (+ *dat.*) (3)

connection der Anschluss (¨e) (10); **computer connection** der Computeranschluss (¨e) (2)

conservative konservativ (1)

to consider halten (für + *acc.*) (hält), hielt, gehalten (14)

console: (video) game console die Spielkonsole (-n) (13)

to consume verbrauchen (14)

contact der Kontakt (-e) (11); der Umgang (11)

convenient(ly) günstig (9)

to converse sich unterhalten (unterhält), unterhielt, unterhalten (13)

to cook kochen (1)

cookie der Keks (-e) (5)

cool kühl (7)

corn der Mais (6)

corner die Ecke (-n) (9); **at the corner** an der Ecke (9)

correct: to be correct recht haben (hat recht) (2)

cost der Preis (-e) (9); **extra costs** die Nebenkosten (*pl.*) (12)

to cost kosten (2)

cough, coughing der Husten (8)

counselor: employment counselor der Berufsberater (-) / die Berufsberaterin (-nen) (11)

country das Land (¨er); **foreign countries** das Ausland (*sg. only*) (11); **home country** das Inland (*sg. only*) (13)

course: of course natürlich (1); selbstverständlich (5)

court: tennis court der Tennisplatz (¨e) (7)

cousin (*female*) die Cousine (-n); die Kusine (-n) (3); (*male*) der Vetter (-n) (3)

co-worker der Mitarbeiter (-) / die Mitarbeiterin (-nen) (11)

cozy, cozily gemütlich (4)

crazy verrückt (8)

cream die Sahne (6); **dish of ice cream** der Eisbecher (-) (6); **ice cream** das Eis (5); **whipped cream** die Sahne (6)

to create schaffen, schuf, geschaffen (14)

credit card die Kreditkarte (-n) (9)

crime film or book der Krimi (-s) (4)

crossword: to do crossword puzzles Kreuzworträtsel machen (1)

crowded voll (6)

cucumber die Gurke (-n) (5)

cuisine die Küche (6)

cup die Tasse (-n) (4); **a cup of coffee** eine Tasse Kaffee (4)

curious neugierig (1)

current aktuell (13); **current events** Aktuelles (13)

customer der Kunde (-n *masc.*) (-n) / die Kundin (-nen) (5); **customer service** die Kundenbetreuung (11)

to cut out ausschneiden (schneidet aus), schnitt aus, ausgeschnitten (13)

cutlet das Schnitzel (-) (5)

Czech Republic Tschechien (E)

D

daily täglich (6)

to dance tanzen (1); **He dances well.** Er tanzt gut. (1)

dance club die Disco (-s) (4)

danger die Gefahr (-en) (14)

dangerous(ly) gefährlich (10)

dark dunkel (2)

date das Datum (Daten); **date of birth** der Geburtstag (-e) (1); **What is today's/tomorrow's date?** Welches Datum ist heute/morgen? (1)

daughter die Tochter (¨) (3)

day der Tag (-e) (2); **day of the week** der Wochentag (-e) (3); **day that a business is closed** der Ruhetag (-e) (6); **every day** jeden Tag (7); **good day** (guten) Tag (E); **in two days** in zwei Tagen (6); **time of day** die Tageszeit (-en) (4); **two days ago** vor zwei Tagen (6)

to deal with (*be about*) handeln von (+ *dat.*) (13); (*treat, take care of*) behandeln (14)

December (der) Dezember (3)

decent gescheit (13); **nothing decent** nichts Gescheites (13)

to decide sich entschließen, entschloss, entschlossen (13)

to decrease vermindern (14)

definitely bestimmt (1)

degree (*school*) der Abschluss (¨e) (11); (*temperature*) der Grad (-e) (7); **35 degrees** 35 Grad (7)

to delete löschen (13)

demonstration die Demonstration (-en) (14)

Denmark (das) Dänemark (E)

dentist der Zahnarzt (¨e) / die Zahnärztin (-nen) (11)

to depart abreisen (reist ab), ist abgereist (9); abfahren (fährt ab), fuhr ab, ist abgefahren (10)

department store das Kaufhaus (¨er) (2)

departure die Abfahrt (-en) (10)

depressed deprimiert (8); **You sound so depressed.** Du klingst so deprimiert. (8)

to deserve verdienen (11)

to design entwerfen (entwirft), entwarf, entworfen (11)

desk der Schreibtisch (-e) (2); **reception desk** die Rezeption (9)

dessert die Nachspeise (-n) (6); der Nachtisch (-e) (6)

detective film or book der Krimi (-s) (4)

to develop entwickeln (14)

development die Entwicklung (-en) (11)

device das Gerät (-e) (13)

digital camera die Digitalkamera (-s) (13)

diligent fleißig (1)

dining room das Esszimmer (-) (2)

directions: to ask someone for directions jemanden nach dem Weg fragen (9)

dirty schmutzig (12)

disco die Disco (-s) (4)

to discuss diskutieren (1)

disease die Krankheit (-en) (14)

dish (*of prepared food*) das Gericht (-e) (6); die Speise (-n) (6); **dish of ice cream** der Eisbecher (-) (6); **main dish** das Hauptgericht (-e) (6); **side dish** die Beilage (-n) (6)

dishwasher die Spülmaschine (-n) (12)

disposable bottle die Wegwerfflasche (-n) (14)

to dive tauchen (7)

diverse abwechslungsreich (11)

to do machen (1); tun (tut), tat, getan (8); unternehmen (unternimmt), unternahm, unternommen (10); **Are you doing well?** Geht's gut? (E); **to do an internship** ein Praktikum machen (1); **to do body-building** Bodybuilding machen (7); **to do crossword puzzles** Kreuzworträtsel machen (1); **to do research** forschen (13); **to do weight training** Bodybuilding machen (7); **to do without** verzichten auf (+ *acc.*) (12); **What do you do for a living?** Was sind Sie von Beruf? (1)

doctor der Arzt (¨e) / die Ärztin (-nen) (8)

document das Dokument (-e) (13)

documentary (film) der Dokumentarfilm (-e) (13)

documentation die Unterlagen (*pl.*) (11)

dog der Hund (-e) (3); **sick as a dog** (*coll.*) hundsmiserabel (8)

door die Tür (-en) (2)

dormitory das Studentenwohnheim (-e) (2)

double room das Doppelzimmer (-) (9)

doubt: no doubt bestimmt (1)

down: to lie down sich (hin)legen (legt hin) (8); **to sit down** sich (hin)setzen (setzt hin) (8)

downstairs unten; (*directional*) nach unten (12)

downtown die Innenstadt (¨e) (9)

draft vom Fass (6)

drama (*stage*) das Theaterstück (-e) (4)

to draw zeichnen (7)

drawing die Zeichnung (-en) (12)

dress das Kleid (-er) (5)

dressed: to get dressed sich anziehen (zieht an), zog an, angezogen (8)

dresser die Kommode (-n) (2)

drink das Getränk (-e) (5)

to drink trinken, trank, getrunken (2)

to drive fahren (fährt), fuhr, ist gefahren (1)

to drop off abgeben (gibt ab), gab ab, abgegeben (8)

drug die Droge (-n) (14); **drug addiction** die Drogensucht (14)

drugstore (*toiletries and sundries*) die Drogerie (-n) (5)

duds (*slang for clothing*) die Klamotten (*pl.*) (5)

during während (+ *gen.*) (9)

DVD player der DVD-Spieler (-) (2)

E

each jeder, jede, jedes (5)

ear das Ohr (-en) (8)

early früh (4); **earlier** früher (7)

to earn verdienen (11)

earth die Welt (14)

Easter (das) Ostern (3)

to eat essen (isst), aß, gegessen (1); **to eat breakfast** frühstücken (4)

eating das Essen (1)

eccentric exzentrisch (1)

economy die Wirtschaft (13)

egg das Ei (-er) (5); **fried egg** das Spiegelei (-er) (6)

eight acht (E)

eighteen achtzehn (E)

eighth achte (3)

eighty achtzig (E)

either . . . or entweder … oder (8)

elbow der Ell(en)bogen (-) (8)

to elect wählen (14)

electricity der Strom (12)

elevator der Aufzug (¨e) (9)

eleven elf (E)

eleventh elfte (3)

e-mail die E-Mail (-s) (13)

to employ beschäftigen (11)

employee der Mitarbeiter (-) / die Mitarbeiterin (-nen) (11)

employer der Arbeitgeber (-) / die Arbeitgeberin (-nen) (11)

employment: employment counselor der Berufsberater (-) / die Berufsberaterin (-nen) (11); **employment office** das Arbeitsamt (¨er) (11)

to entertain oneself sich unterhalten (unterhält), unterhielt, unterhalten (13)

entertaining unterhaltsam (13)

entertainment die Unterhaltung (13); **for entertainment** zur Unterhaltung (13)

entire(ly) ganz (12)

entrance der Eingang (¨e) (12)

environment die Umwelt (14)

environmental: environmental pollution die Umweltverschmutzung (14); **environmental protection** der Umweltschutz (14); **environmentally friendly** umweltfreundlich (14)

to equip einrichten (richtet ein) (12)

especially besonders (8)

euro der Euro (-[s]) (2)

even sogar (8)

evening der Abend (-e) (4); **evening meal** das Abendessen (-) (5); **good evening** guten Abend (E); **in the evening, evenings** abends (4); **this evening** heute Abend (1); **tomorrow evening** morgen Abend (4)

event: current events Aktuelles (13)

every jeder, jede, jedes (5); **every day** jeden Tag (7)

everything alles (10); **Everything is clear.** Alles klar. (E)

exact(ly) genau (2); **exactly** gerade (2); **exactly as . . . as** genauso … wie (7)

exaggerated übertrieben (14)

examination (*at the end of Gymnasium*) das Abitur (-e) (11)

to examine untersuchen, untersucht (11)

excellent ausgezeichnet (E)

to exchange umtauschen (tauscht um) (5)

exciting spannend (4)

to excuse entschuldigen (6); **Excuse me!** Entschuldigen Sie! (6), Entschuldigung! (9); **Excuse me?** Wie bitte? (E)

expense die Ausgabe (-n) (12)

expensive(ly) teuer (2)

to experience erleben (10)

extra costs die Nebenkosten (*pl.*) (12)

to extract ausschneiden (schneidet aus), schnitt aus, ausgeschnitten (13)

eye das Auge (-n) (8)

eyeglasses die Brille (-n) (5)

F

face das Gesicht (-er) (8)

fair (*weather*) heiter (7)

fairly (*rather*) ziemlich (5)

fall (*autumn*) der Herbst (-e) (7)

to fall fallen (fällt), fiel, ist gefallen (7); **to fall asleep** einschlafen (schläft ein), schlief ein, ist eingeschlafen (4)

familiar vertraut (14)

family die Familie (-n) (3); **family gathering** das Familienfest (-e) (3); **family name** der Nachname (*gen.* -ns, *acc./dat.* -n) (-n) (1); **family tree** der Stammbaum (¨e) (3); **small family-run hotel** die Pension (-en) (9)

famine der Hunger (14)

fantastic fantastisch (1)

far weit (9); **as far as** bis zum/zur (9); **far (away) from . . .** weit (weg) von … (2)

farmhouse das Bauernhaus (¨er) (12)

fashion die Mode (13)

fast schnell (10); **to fast forward** vorspulen (spult vor) (13)

fast-food stand der Imbiss (-e) (6)

father der Vater (ٜ) (3)

favor: I'm in favor of it. Ich bin dafür. (14)

favorable günstig (9)

fear die Angst (ٜe) (12)

feature film der Spielfilm (-e) (13)

February (der) Februar (3)

to feel (well) sich (wohl) fühlen (8); **to feel like** (*doing something*) Lust haben (hat Lust) (2)

fees (*tuition*) die Studiengebühren (*pl.*) (12)

female cousin die Cousine (-n) / die Kusine (-n) (3)

fever das Fieber (8)

few wenig (8)

field: athletic field der Sportplatz (ٜe) (7)

fifteen fünfzehn (E)

fifth fünfte (3)

fifty fünfzig (E)

to fill out ausfüllen (füllt aus) (9)

film der Film (-e) (4); **feature film** der Spielfilm (-e) (13)

to find finden, fand, gefunden (1); **to find something** sich (*dat.*) etwas aussuchen (sucht aus) (13)

fine sehr gut (E); **fine, thanks** danke, gut (E)

finger der Finger (-) (8)

firm die Firma (Firmen) (11)

first erste (3); (*at first*) zuerst (9); **first name** der Vorname (*gen.* -ns, *acc./dat.* -n) (-n) (1); **May first** der erste Mai (3); **on May first** am ersten Mai (3)

to fish angeln (7)

fit (*adj.*) fit (8); **to keep fit** sich fit halten (hält), hielt, gehalten (8)

to fit passen (+ *dat.*) (5)

fitness die Fitness (8)

five fünf (E)

fixed (*not portable*) fest (13)

to flash blitzen (7)

floor der Stock (*pl.* Stockwerke) (9); die Etage (-n) (12); **ground floor** das Erdgeschoss (-e) (9); **top floor** das Dachgeschoss (-e) (12)

flu die Grippe (8)

to fly fliegen, flog, ist geflogen (7)

foggy neblig (7)

food das Essen (-) (1); die Küche (6); die Ernährung (12); **food to go** zum Mitnehmen (6); **natural-foods store** der Bioladen (ٜ) (5); **organic foods** die Biolebensmittel (*pl.*) (8)

foot der Fuß (ٜe) (8); **to go on foot** zu Fuß gehen, ging, ist gegangen (8)

for für (+ *acc.*) (3); (+ *time*) seit (+ *dat.*) (5, 6); zu (+ *dat.*) (5); (*coord. conj.*) denn (7); **for two years** seit zwei Jahren (6)

to forbid verbieten, verbot, verboten (14)

foreign countries das Ausland (*sg. only*) (11)

foreigner der Ausländer (-) / die Ausländerin (-nen) (14); **hatred directed toward foreigners** die Ausländerfeindlichkeit (14)

forest der Wald (ٜer) (7)

to forget vergessen (vergisst), vergaß, vergessen (10)

fork die Gabel (-n) (6)

form das Formular (-e); **application form** das Bewerbungsformular (-e) (11); **registration form** das Anmeldeformular (-e) (9)

forty vierzig (E)

forward: to fast forward vorspulen (spult vor) (13); **to look forward to** sich freuen auf (+ *acc.*) (12)

four vier (E)

foursome: as a foursome zu viert (10)

fourteen vierzehn (E)

fourth vierte (3)

France (das) Frankreich (E)

free(ly) frei (2)

free time die Freizeit (7)

French fries die Pommes frites (*pl.*) (6)

fresh(ly) frisch (5)

Friday (der) Freitag (3); **Fridays, on Friday(s)** freitags (4)

fried: fried egg das Spiegelei (-er) (6); **fried potatoes** die Bratkartoffeln (*pl.*) (6)

friend der Freund (-e) / die Freundin (-nen) (1)

friendly freundlich (1); **environmentally friendly** umweltfreundlich (14)

fries: French fries die Pommes frites (*pl.*) (6)

from aus (+ *dat.*) (5); von (+ *dat.*) (5, 6); ab (+ *dat.*) (12); **across from** gegenüber von (+ *dat.*) (9); **far (away) from . . .** weit (weg) von … (2); **from two to three o'clock** von zwei bis drei Uhr (6); **from where** woher (1); **I'm from . . .** Ich komme aus … (E); **Where are you from?** Woher kommen Sie? (*form.*) / Woher kommst du? (*inform.*) (E)

front: front hall die Diele (-n) (12); **in front of** vor (+ *acc./dat.*) (6)

fruit das Obst (5); **fruit and vegetable stand** der Obst- und Gemüsestand (ٜe) (5)

full voll (6)

full-service restaurant die Gaststätte (-n) (6)

fun der Spaß (ٜe) (1); **have fun!** viel Spaß! (1); **That's fun.** Das macht Spaß. (1)

to function funktionieren (9)

fun-loving lustig (1)

to furnish einrichten (richtet ein) (12)

furnished möbliert (2)

furniture die Möbel (*pl.*) (2)

future die Zukunft (11)

G

game das Spiel (-e); **to play computer games** Computerspiele spielen (1); **(video) game console** die Spielkonsole (-n) (13)

garage die Garage (-n) (2)

garbage der Müll (12); der Abfall (ٜe) (14)

garden der Garten (ٜ) (2); **beer garden** der Biergarten (ٜ) (6)

gasoline das Benzin (12)

gathering: family gathering das Familienfest (-e) (3)

generator: wind power generator das Windrad (ٜer) (14)

gentleman der Herr (-n *masc.*) (-en) (E)

German deutsch; (*language*) (das) Deutsch (1); **How do you say . . . in German?** Wie sagt man … auf Deutsch? (E)

Germany (das) Deutschland (E)

to get (*receive*) bekommen, bekam, bekommen (6); **What's the best way to get there?** Wie komme ich am besten dahin? (9)

to get dressed sich anziehen (zieht an), zog an, angezogen (8)

to get into (*a vehicle*) einsteigen (steigt ein), stieg ein, ist eingestiegen (10)

to get involved sich engagieren (14)

to get undressed sich ausziehen (zieht aus), zog aus, ausgezogen (8)

to get up aufstehen (steht auf), stand auf, ist aufgestanden (4)

to get well sich erholen (8); **Get well soon!** Gute Besserung! (8)

gift das Geschenk (-e) (3)

to give geben (gibt), gab, gegeben (3); (*as a gift*) schenken (5); (*drop off, turn in*) abgeben (gibt ab), gab ab, abgegeben (8); **to give to recycling** in die Sammlung geben (14)

given name der Vorname (*gen.* -ns, *acc./dat.* -n) (-n) (1)

glad: to be glad about sich freuen über (+ *acc.*) (12)

gladly gern (1)

glasses (eyeglasses) die Brille (-n) (5)

global global (14)

glove der Handschuh (-e) (10)

to go gehen, ging, ist gegangen (1); **(food) to go** zum Mitnehmen (6); **to go clubbing** in die Disco gehen (4); **to go for a walk** spazieren gehen (geht spazieren) (4); **to go on a trip** verreisen, ist verreist (10); **to go on foot** zu Fuß gehen (8); **to go on vacation** Urlaub machen (8); **to go out** ausgehen (geht aus), ging aus, ist ausgegangen (4); **to go shopping** einkaufen gehen (geht einkaufen) (4); **to go to a concert** ins Konzert gehen (4); **to go to the movies** ins Kino gehen (4); **to go to the opera** in die Oper gehen (4); **to go to the theater** ins Theater gehen (4)

good sehr gut (E); gut (1); **good day** (guten) Tag (E); **good evening** guten Abend (E); **good luck!** viel Glück! (1); **good morning** (guten) Morgen (E); **good night** gute Nacht (E); **to look good** (*on a person*) stehen (+ *dat.*), stand, gestanden (5); **pretty good/well** ganz gut (E); **to taste good** schmecken (+ *dat.*) (5)

good-bye (auf) Wiedersehen (E); (*on telephone*) auf Wiederhören! (9)

GPS das Navi (-s), das Navigationssystem (-e) (10)

granddaughter die Enkelin (-nen) (3)

grandfather der Großvater (ٜ) (3)

grandma die Oma (-s) (3)

grandmother die Großmutter (ٜ) (3)

grandpa der Opa (-s) (3)

grandparents die Großeltern (*pl.*) (3)

grandson der Enkel (-) (3)

granola das Müsli (-s) (5)

grape die Traube (-n) (5)

graphic artist der Zeichner (-) / die Zeichnerin (-nen) (11)

gray grau (5)

great! ganz toll! (1)

green grün (5)

greeting der Gruß (ٜe) (12)

grill der Grill (-s) (6)

ground floor das Erdgeschoss (-e) (9)

guest der Gast (ٜe) (9); **guest room** das Gästezimmer (-) (12)

guide: travel guide (book) der Reiseführer (-) (10)

guitar die Gitarre (-n) (2)

gym das Fitnesscenter (-) (4)

H

hair das Haar (-e) (8)

half halb (4); **half past one** halb zwei (4)

hall: city hall das Rathaus (¨-er) (9); **front hall** die Diele (-n) (12)

hallway der Flur (-e) (12)

ham der Schinken (-) (5)

hand die Hand (¨-e) (8)

handbag die Tasche (-n) (5)

to hang (*something*) hängen (6); **to hang, be hanging** hängen, hing, gehangen (6)

to happen passieren, ist passiert (7)

happy glücklich; **Happy birthday!** Herzlichen Glückwunsch zum Geburtstag! (3)

hardly kaum (8)

hardworking fleißig (1)

hat der Hut (¨-e) (5)

hatred directed toward foreigners die Ausländerfeindlichkeit (14)

to have haben (hat), hatte, gehabt (2); **have fun!** viel Spaß! (1); **to have time** Zeit haben (hat Zeit) (2); **to have to** müssen (muss), musste, gemusst (4); **I have a question.** Ich habe eine Frage. (E); **What will you have?** Was bekommen Sie? (6)

he er (1)

head der Kopf (¨-e) (8); (*boss*) der Chef (-s) / die Chefin (-nen) (11)

headache die Kopfschmerzen (*pl.*) (8)

headline die Schlagzeile (-n) (13)

health die Gesundheit (8)

healthful, healthy gesund (gesünder, gesündest-) (8)

to hear hören (1)

heat, heating system die Heizung (12)

hello grüß dich (*inform.*) (E); (guten) Tag (E); hallo (*among friends and family*) (E)

to help helfen (+ *dat.*) (hilft), half, geholfen (5)

help-wanted ad das Stellenangebot (-e) (11)

her ihr (3); sie (*acc.*) (3); **(to/for) her** ihr (*dat.*) (5)

herbal tea der Kräutertee (8)

here hier (1)

hi grüß dich (*inform.*) (E); hi (E)

high(ly) hoch (hoh-) (2)

to hike wandern, ist gewandert (1)

hiking trail der Wanderweg (-e) (10)

him ihn (*acc.*) (3); **(to/for) him** ihm (*dat.*) (5)

his sein (3)

to hitchhike per Autostopp reisen, ist gereist (10)

hobby das Hobby (-s) (1)

to hold halten (hält), hielt, gehalten (14)

home (to home) nach Hause (5); **at home** zu Hause (5); **at home and abroad** im Inland und Ausland (13)

homeland das Inland (*sg. only*) (13)

homeless person der/die Obdachlose (*decl. adj.*) (14)

homelessness die Obdachlosigkeit (14)

to hope hoffen (5); **I hope** hoffentlich (6)

horoscope das Horoskop (-e) (13)

horseback: to ride on horseback reiten, ritt, ist geritten (7)

hostel: youth hostel die Jugendherberge (-n) (9)

hot heiß (7)

hotel das Hotel (-s) (9); **small family-run hotel** die Pension (-en) (9)

hour die Stunde (-n) (4); **office hour** die Sprechstunde (-n) (8)

house das Haus (¨-er) (2)

household der Haushalt (-e) (12)

houseplant die Zimmerpflanze (-n) (2)

housing: shared housing die Wohngemeinschaft (-en) / die WG (-s) (2)

how wie (1); **How about . . . ?** Wie wäre es mit … ? (13); **How are you?** Na, wie geht's? (*casual*) / Wie geht's (dir)? (*inform.*) / Wie geht es Ihnen? (*form.*) (E); **How do you like . . . ?** Wie findest du … ? (1); Wie gefällt Ihnen … ? (5); **How do you say . . . in German?** Wie sagt man … auf Deutsch? (E); **How do you write . . . ?** Wie schreibt man … ? (E)

human (being) der Mensch (-en *masc.*) (-en) (2)

humid schwül (7)

humorous humorvoll (1)

hundred (ein)hundert (E)

Hungary Ungarn (E)

hunger der Hunger (14)

hungry: to be hungry Hunger haben (hat Hunger) (2)

to hurry up sich beeilen (8)

to hurt wehtun (+ *dat.*) (tut weh), tat weh, wehgetan (8); **That hurts.** Das tut mir weh. (8)

husband der Mann (¨-er) (3)

I

I ich (1); **I am** Ich bin… (E); **I don't care.** Das ist mir egal. (5); **I don't know.** Das weiß ich nicht. (E); **I'm from . . .** Ich komme aus … (E); **I think that's really stupid!** Das ist mir zu blöd. (13); **I was born** ich bin geboren (1)

ice, ice cream das Eis (5); **dish of ice cream** der Eisbecher (-) (6)

to ice-skate Schlittschuh laufen (läuft Schlittschuh), lief Schlittschuh, ist Schlittschuh gelaufen (7)

ID card der Personalausweis (-e) (10)

i.e. d.h. (= das heißt) (8)

if (*subord. conj.*) wenn (8); **if I were you** an deiner Stelle (12)

ill krank (kränker, kränkst-) (8)

illness die Krankheit (-en) (14)

to imagine sich (*dat.*) vorstellen (stellt vor) (11)

immediately gleich (8), sofort (9)

important wichtig (3)

impractical unpraktisch (1)

in in (+ *acc./dat.*) (6); **in addition** außerdem (14); **in any case** auf jeden Fall (13); **in back of** hinter (+ *acc./dat.*) (6); **in front of** vor (+ *acc./dat.*) (6); **in January** im Januar (3); **in shape** fit (8); **in spite of** trotz (+ *gen.*) (9); **in the afternoon** nachmittags (4); **in the evening** abends (4); **in the morning** morgens (4); **in two days** in zwei Tagen (6); **to keep in shape** sich fit halten (hält), hielt, gehalten (8)

included in the price im Preis enthalten (9)

income das Einkommen (11); die Einnahmen (12)

independent(ly) selbstständig (11)

inexpensive(ly) billig (2); preiswert (2); **quite inexpensive** recht preiswert (2)

to inform oneself (about) sich informieren (über + *acc.*) (8)

information die Auskunft (¨-e) (10)

to injure oneself sich verletzen (8)

inside drinnen (7); **inside of** innerhalb (+ *gen.*) (9)

insurance die Versicherung (-en) (11)

intelligent gescheit (13)

interest das Interesse (-n) (1)

interested: to be interested in sich interessieren für (+ *acc.*) (11)

interesting interessant (1)

Internet das Internet (13); **Internet access** der Internetzugang (9); **to surf the Internet** im Internet surfen (1)

internship das Praktikum (Praktika) (1); **to do an internship** ein Praktikum machen (1)

interpreter der Dolmetscher (-) / die Dolmetscherin (-nen) (11)

to interrupt unterbrechen (unterbricht), unterbrach, unterbrochen (14)

intersection die Kreuzung (-en) (9)

interview das Interview (-s); **job interview** das Vorstellungsgespräch (-e) (11)

to introduce einführen (führt ein) (14); **to introduce oneself** sich (*acc.*) vorstellen (stellt vor) (11)

to invent erfinden, erfand, erfunden (13)

invention die Erfindung (-en) (13)

to invite einladen (lädt ein), lud ein, eingeladen (4)

involved: to get involved sich engagieren (14)

is ist; **that is** d.h. (= das heißt) (8); **there is** es gibt (3); **This is . . .** Das ist … (E); **What is . . . ?** Wie ist … ? (E)

it es, er, sie (1); es, ihn, sie (*acc.*) (3); **(to/for) it** ihm, ihr (*dat.*) (5); **It's one o'clock** Es ist eins. / Es ist ein Uhr. (4)

Italy (das) Italien (E)

its sein, ihr (3)

J

jacket die Jacke (-n) (5)

January (der) Januar (3); **in January** im Januar (3)

jar die Dose (-n) (14)

jeans die Jeans (5)

job die Stelle (-n) (11); **job interview** das Vorstellungsgespräch (-e) (11); **job offer** das Stellenangebot (-e) (11)

to jog joggen (7); laufen (läuft), lief, ist gelaufen (2)

journalist der Journalist (-en *masc.*) (-en) / die Journalistin (-nen) (1)

juice der Saft (¨-e) (5)

July (der) Juli (3)

June (der) Juni (3)

just gerade (2); **just as . . . as** genauso … wie (7)

K

to keep fit, in shape sich fit halten (hält), hielt, gehalten (8)

to keep on going straight ahead immer geradeaus gehen (9)

key der Schlüssel (-) (9)

kind: what kind of (a) was für (ein) (11)

kitchen die Küche (-n) (2, 6)

knee das Knie (-) (8)

knife das Messer (-) (6)

to know (*be acquainted with*) kennen, kannte, gekannt (3); **to know** (*something as a fact*) wissen (weiß), wusste, gewusst (3); **I don't know.** Das weiß ich nicht. (E)

L

lake der See (-n) (7)

lamp die Lampe (-n) (2)

landscape die Landschaft (-en) (10)

large groß (größer, größt-) (2)

to last dauern (7)

late spät (4); **at the latest** spätestens (12)

lawyer der Rechtsanwalt (¨e) / die Rechtsanwältin (-nen) (11)

to lay legen (6)

layover der Aufenthalt (-e) (9)

lazy faul (1); **to be lazy** faulenzen (7)

leaf das Blatt (¨er) (7)

to learn lernen (1)

least: at least mindestens (8)

to leave (*depart*) abfahren (fährt ab), fuhr ab, ist abgefahren (10)

lecture der Vortrag (¨e) (4); **university lecture** die Vorlesung (-en) (4)

left links (9); **to the left** nach links (9)

left over übrig (12)

leg das Bein (-e) (8)

to lend leihen, lieh, geliehen (12)

to lessen vermindern (14)

to let lassen (lässt), ließ, gelassen (6); **Let's . . .** Lass uns (doch) … (6)

letter der Brief (-e) (7)

lettuce der Salat (-e) (6)

librarian der Bibliothekar (-e) / die Bibliothekarin (-nen) (11)

library die Bibliothek (-en) (4)

to lie, be lying down liegen, lag, gelegen (6); **to lie around** faulenzen (7); **to lie down** sich (hin)legen (legt hin) (8)

Liechtenstein (das) Liechtenstein (E)

life das Leben (11); **professional life** das Berufsleben (11)

light (*adj.*) hell (2)

light: traffic light die Ampel (-n) (9)

lightning: There's lightning. Es blitzt. (7)

likable sympathisch (1)

to like mögen (mag), mochte, gemocht (4); **to like** (*a person or thing*) gern haben (hat gern) (2); **to like** (*doing something*) gern (+ *verb*) (1); **to feel like** (*doing something*) Lust haben (hat Lust) (2); **How do you like . . . ?** Wie findest du … ? (1); Wie gefällt Ihnen … ? (5); **would like to** möchte (4); **would like (to do) most** möchte am liebsten (4)

linens die Bettwäsche (9)

to listen hören (1); zuhören (hört zu) (4)

litter der Abfall (¨e) (14)

little wenig (8); **a little** (*adv.*) etwas (2)

to live wohnen (1)

living: What do you do for a living? Was sind Sie von Beruf? (1)

living room das Wohnzimmer (-) (2)

loaf of bread das Brot (-e) (5)

local news die Lokalnachrichten (*pl.*) (13)

located: to be located liegen, lag, gelegen (6); stehen, stand, gestanden (6); **centrally located** zentral gelegen (2)

location die Lage (-n) (9)

long lang (länger, längst-) (7); **so long** mach's gut (*inform.*) (E); tschüss (*inform.*) (E)

to look at something sich (*dat.*) etwas anschauen (schaut an) (13); sich (*dat.*) etwas ansehen (sieht an), sah an, angesehen (13)

to look for suchen (2)

to look forward to sich freuen auf (+ *acc.*) (12)

to look good (*on a person*) stehen (+ *dat.*), stand, gestanden (5)

to lose verlieren, verlor, verloren (7)

lot: a lot viel (1); **thanks a lot** danke sehr (1)

lot: parking lot der Parkplatz (¨e) (9)

lotion: suntan lotion das Sonnenschutzmittel (10)

low niedrig (2)

loyal treu (1)

luck: good luck! viel Glück! (1); **What bad luck!** So ein Pech! (8)

luggage das Gepäck (9); **carry-on luggage** das Handgepäck (10)

lunch das Mittagessen (-) (5)

Luxembourg (das) Luxemburg (E)

M

machine die Maschine (-n); **washing machine** die Waschmaschine (-n) (12)

made of aus (+ *dat.*) (5)

main dish das Hauptgericht (-e) (6)

to make machen (1); **to make a turn** einbiegen (biegt ein), bog ein, ist eingebogen (9)

male cousin der Vetter (-n) (3)

man der Mann (¨er) (1)

manager der Chef (-s) / die Chefin (-nen) (11)

to manufacture herstellen (stellt her) (11)

many viele (2); **Many thanks!** Vielen Dank! (6)

March (der) März (3)

Mardi Gras (der) Fasching (*southern Germany, Austria*) (3); (der) Karneval (*Rhineland*) (3)

market, marketplace der Markt (¨e) (5); **stock market** die Börse (-n) (13)

to marry heiraten (3)

to matter: That doesn't matter. Das macht nichts. (8); **What's the matter?** Was ist denn los? (2); Was fehlt Ihnen/dir? (8)

May (der) Mai (3); **May first** der erste Mai (3); **on May first** am ersten Mai (3)

may, to be permitted to dürfen (darf), durfte, gedurft (4); **You may not park here.** Hier darf man nicht parken. (4)

maybe vielleicht (3)

me mich (*acc.*) (3); **(to/for) me** mir (*dat.*) (5); **Excuse me?** Wie bitte? (E)

meadow die Wiese (-n) (7)

meal: evening meal das Abendessen (-) (5); **meals** die Verpflegung (10); **midday meal** das Mittagessen (-) (5)

to mean: What does . . . mean? Was bedeutet … ? (E)

means: by means of mit (+ *dat.*) (5); **means of transportation** das Verkehrsmittel (-) (14)

meat das Fleisch (5)

mechanic der Mechaniker (-) / die Mechanikerin (-nen) (11)

medication das Arzneimittel (-) (14)

medicine das Medikament (-e) (5)

to meet treffen (trifft), traf, getroffen (4); **Pleased to meet you.** Freut mich. (E)

to mention: Don't mention it. Nichts zu danken. (8)

menu die Speisekarte (-n) (6)

message: text message die SMS (-) (4); **to send/read a text message** eine SMS schicken/lesen (4)

microwave oven der Mikrowellenherd (-e) (12)

midday meal das Mittagessen (-) (5)

middle die Mitte (9)

midnight: at midnight um Mitternacht (3)

milk die Milch (5)

mineral water der Sprudel (6)

minute die Minute (-n) (4)

modern building der Neubau (-ten) (12)

Monday (der) Montag (3); **Mondays, on Monday(s)** montags (4); **on Monday** am Montag (3)

money das Geld (2); **out of money** (*coll.*) pleite (12)

month der Monat (-e) (3); **once a month** einmal im Monat (7)

monthly monatlich (12)

morning der Morgen (-) (4); der Vormittag (-e) (4); **good morning** (guten) Morgen (E); **in the morning, mornings** morgens (4); **this morning** heute Morgen (4); **tomorrow morning** morgen früh (4)

most: would like to (do) most möchte am liebsten (4)

mostly meistens (8)

mother die Mutter (¨) (3)

Mother's Day der Muttertag (3)

motorcycle das Motorrad (¨er) (2)

mountain der Berg (-e) (7)

mouth der Mund (¨er) (8)

to move in einziehen in (+ *acc.*), zog ein, ist eingezogen (12)

movie der Spielfilm (-e) (13); **movie theater** das Kino (-s) (4); **to go to the movies** ins Kino gehen (4)

Mr. Herr (E)

Mrs., Ms. Frau (E)

much viel (1, 2); **thank you very much** danke schön (E)

muggy schwül (7)

muscle der Muskel (-n) (8)

museum das Museum (Museen) (9)

music die Musik (1)

must, to have to müssen (muss), musste, gemusst (4)

mustard der Senf (6)

my mein (3); **My name is . . .** Ich heiße … (E); Mein Name ist… (E)

mystery film or book der Krimi (-s) (4)

N

name der Name (*gen.* -ns, *acc./dat.* -n) (-n) (1); **family name** der Nachname (*gen.* -ns, *acc./dat.* -n) (-n) (1); **first name, given name** der Vorname (*gen.* -ns, *acc./dat.* -n) (-n) (1); **My name is . . .** Ich heiße … (E); Mein Name ist . . . (E); **Under what name?** Auf welchen Namen? (9); **What is the name of . . . ?** Wie heißt … ? (E); **What's your name?** Wie heißen Sie? (*form.*) / Wie heißt du? (*inform.*) (E); Wie ist Ihr Name? (*form.*) / Wie ist dein Name? (*inform.*) (E)

named: to be named heißen, hieß, geheißen (1)

namely nämlich (3)

napkin die Serviette (-n) (6)

to narrate berichten (13)

natural(ly) natürlich (1); selbstverständlich (5); **natural-foods store** der Bioladen (-̈) (5)

nature die Natur (10)

near bei (+ *dat.*) (5); **near (the train station)** in der Nähe (des Bahnhofs) (9)

necessary (5); **No thanks necessary.** Nichts zu danken. (8)

neck der Hals (-̈e) (8)

necktie die Krawatte (-n) (5); der Schlips (-e) (5)

to need brauchen (2)

neighborhood die Umgebung (-en) (12)

nephew der Neffe (-n *masc.*) (-n) (3)

Netherlands die Niederlande (*pl.*) (E)

never nie (1)

new neu (3)

New Year's Day das Neujahr (3)

New Year's Eve (das) Silvester (3)

news die Nachrichten (*pl.*) (13); **local news** die Lokalnachrichten (*pl.*) (13)

newspaper die Zeitung (-en) (1)

next nächst-; **next to** neben (+ *acc.* / *dat.*) (6); **next year** nächstes Jahr (1)

nice(ly) nett (1); schön (2)

niece die Nichte (-n) (3)

night die Nacht (-̈e) (4); **at night, nights** nachts (4); **good night** gute Nacht (E)

nightstand der Nachttisch (-e) (2)

nine neun (E)

nineteen neunzehn (E)

ninety neunzig (E)

ninth neunte (3)

no nein (E); **no (not any)** kein (2); **no doubt** bestimmt (1); **No one is answering.** Niemand meldet sich. (13); **No thanks necessary.** Nichts zu danken. (8)

noise der Lärm (14)

nonalcoholic alkoholfrei (6)

none kein (2)

nonsense: Nonsense! So ein Unsinn! (14)

nonsmoker der Nichtraucher (-) / die Nichtraucherin (-nen) (2)

noodle die Nudel (-n) (6)

nook: breakfast nook die Frühstücksnische (-n) (12)

noon der Mittag (-e) (4); **at noon** mittags (4); **before noon** der Vormittag (-e) (4); (*adv.*) vormittags (4)

nose die Nase (-n) (8)

not nicht (1); **not any** kein (2); **not particularly well** nicht besonders gut (E)

notebook das Heft (-e) (12); **notebook computer** das Notebook (-s) (13)

nothing nichts (2); **nothing decent** nichts Gescheites (13)

November (der) November (3)

now jetzt (1); gerade (2); **now and then** ab und zu (8)

number die Nummer (-n); **telephone number** die Telefonnummer (-n) (E)

nurse der Krankenpfleger (-) / die Krankenschwester (-n) (8)

nutrition die Ernährung (12)

O

occasionally ab und zu (8)

occupation der Beruf (-e) (1)

occupied besetzt (6)

to occupy oneself (with) sich beschäftigen (mit + *dat.*) (11)

ocean das Meer (-e) (7)

o'clock: It's one o'clock Es ist eins. / Es ist ein Uhr. (4)

October (der) Oktober (3)

of von (+ *dat.*) (5); **five of/to two** fünf vor zwei (4); **made of** aus (+ *dat.*) (5); **of course** natürlich (1); selbstverständlich (5); **out of** aus (+ *dat.*) (5)

offer das Angebot (-e) (10); **job offer** das Stellenangebot (-e) (11)

to offer bieten, bot, geboten (9)

office das Büro (-s) (11); **employment office** das Arbeitsamt (-̈er) (11); **office hour** die Sprechstunde (-n) (8); **post office** die Post (*pl.* Postämter) (9)

often oft (1)

old alt (älter, ältest-) (1)

olive die Olive (-n) (6)

on an (+ *acc./dat.*) (6); auf (+ *acc./dat.*) (6); **on account of** wegen (+ *gen.*) (9); **on average** durchschnittlich (12); **on May first** am ersten Mai (3); **on Monday** am Montag (3); **on Monday(s)** montags (4); **on tap** vom Fass (6); **on the side** nebenbei (12); **on top of** auf (+ *acc./dat.*) (6)

once einmal (7); früher (7); **once a month/year** einmal im Monat/Jahr (7); **once a week** einmal die Woche (7)

one eins (E); (*indef, pron.*) man (4); **half past one, one-thirty** halb zwei (4); **It's one o'clock** Es ist eins. / Es ist ein Uhr. (4)

one-way (ticket) einfach (10)

onion die Zwiebel (-n) (6)

only nur (2)

open geöffnet (6)

open-air market der Markt (-̈e) (5)

opera die Oper (-n) (4); **to go to the opera** in die Oper gehen (4)

opinion die Meinung (-en) (14); **to be of the opinion** meinen (14); **I'm of the opinion . . .** ich bin der Meinung … (14); **in my opinion . . .** meiner Meinung nach … (14)

opportunity die Möglichkeit (-en) (10); die Gelegenheit (-en) (11)

or (*coord. conj.*) oder (7); **either . . . or** entweder … oder (8)

orange (*adj.*) orange (5)

to order bestellen (6)

organic foods die Biolebensmittel (*pl.*) (8)

ought to sollen (soll), sollte, gesollt (4)

our unser (3)

out of aus (+ *dat.*) (5); **to cut out** ausschneiden (schneidet aus), schnitt aus, ausgeschnitten (13); **out of money** (*coll.*) pleite (12)

outdoor swimming pool das Freibad (-̈er) (7)

outdoors im Freien (11)

outgoing kontaktfreudig (11)

outside draußen (7); **outside of** außerhalb (+ *gen.*) (9)

oven: microwave oven der Mikrowellenherd (-e) (12)

over über (+ *acc./dat.*) (6); **over there** da drüben (6); **left over** übrig (12)

overcast bewölkt (7)

overnight stay die Übernachtung (-en) (9); **to stay overnight** übernachten (9)

own (*adj.*) eigen (12)

to own besitzen, besaß, besessen (11)

P

to pack packen (10)

pains die Schmerzen (*pl.*) (8)

to paint malen (7)

pair of eyeglasses die Brille (-n) (5)

palace das Schloss (-̈er) (9)

pan die Pfanne (-n) (6)

pants die Hose (-n) (5)

paper das Papier (-e) (12); (*report*) die Arbeit (-en) (8); **papers** (*documents*) die Unterlagen (*pl.*) (11)

parents die Eltern (*pl.*) (3)

to park parken; **You may not park here.** Hier darf man nicht parken. (4)

parking lot, parking space der Parkplatz (-̈e) (9)

part der/das Teil (-e); **part of the body** der Körperteil (-e) (8)

to participate (in) teilnehmen (an + *dat.*) (nimmt teil), nahm teil, teilgenommen (14)

particularly besonders; **not particularly well** nicht besonders gut (E)

party die Party (-s) (3)

passerby der Passant (-en *masc.*) (-en) / die Passantin (-nen) (9)

passport der Reisepass (-̈e) (9)

past: half past one halb zwei (4)

pastry shop die Konditorei (-en) (5)

path der Weg (-e) (9)

patio die Terrasse (-n) (2)

to pay zahlen (5); **to pay attention to** achten auf (+ *acc.*) (8)

pedestrian zone die Fußgängerzone (-n) (9)

pen: ballpoint pen der Kugelschreiber (-) (12)

pencil der Bleistift (-e) (12)

people die Leute (*pl.*) (2); (*indef. pron.*) man (4)

pepper der Pfeffer (5); **bell pepper** die Paprika (6)

per pro; **per person** pro Person (10); **per week** pro Woche (4)

performance die Leistung (11)

perhaps vielleicht (3)

to permit erlauben (9)

permitted: to be permitted to dürfen (darf), durfte, gedurft (4)

person der Mensch (-en *masc.*) (-en) (2); **per person** pro Person (10)

pharmacy die Apotheke (-n) (5)

phone das Telefon (-e) (2); **cell phone** das Handy (-s) (2); **to talk on the phone** telefonieren (1)

photograph das Foto (-s) (2)

physician der Arzt (¨e) / die Ärztin (-nen) (8)

to pick up (*from a place*) abholen (holt ab) (4)

place der Platz (¨e) (6); **(if I were) in your place** an deiner Stelle (12); **place of residence** der Wohnort (-e) (1); **This place is taken.** Hier ist besetzt. (6)

to place (*in a standing position*) stellen (6); **to place inside** stecken (6)

plaid kariert (5)

plan der Plan (¨e) (4)

to plan planen (3); **to plan** (*to do*) vorhaben (hat vor), hatte vor, vorgehabt (4); **to plan to** wollen (will), wollte, gewollt (4)

plastic bag die Plastiktüte (-n) (14)

plate der Teller (-) (6)

platform (*train*) der Bahnsteig (-e) (10)

play (*theater*) das Theaterstück (-e) (4)

to play spielen (1); **to play cards** Karten spielen (1); **to play chess** Schach spielen (7); **to play computer games** Computerspiele spielen (1); **to play soccer** Fußball spielen (7); **to play sports** Sport treiben, trieb, getrieben (7); **to play tennis** Tennis spielen (7)

player: CD player der CD-Spieler (-) (2); **DVD player** der DVD-Spieler (-) (2)

playing card die Spielkarte (-n) (7)

pleasant angenehm (7)

please bitte (E); **Slower, please.** Langsamer, bitte. (E); **Would you please . . . ?** Würden Sie bitte … ? (9)

pleased: Pleased to meet you. Freut mich. (E)

pleasing: to be pleasing to gefallen (+ *dat.*) (gefällt), gefiel, gefallen (5)

Poland (das) Polen (E)

police, police station die Polizei (9)

politician der Politiker (-) / die Politikerin (-nen) (14)

politics die Politik (13)

pollution: air pollution die Luftverschmutzung (14); **environmental pollution** die Umweltverschmutzung (14)

pool: swimming pool das Schwimmbad (¨er) (7); **outdoor swimming pool** das Freibad (¨er) (7)

poor(ly) schlecht (E)

popular beliebt (7)

pork das Schweinefleisch (5); **pork roast** der Schweinebraten (-) (6)

portable tragbar (13)

position der Arbeitsplatz (¨e) (11); die Stelle (-n) (11); die Tätigkeit (-en) (11)

to possess besitzen, besaß, besessen (11)

possibility die Möglichkeit (-en) (10)

post office die Post (*pl.* Postämter) (9)

postage stamp die Briefmarke (-n) (7)

postal code die Postleitzahl (-en) (E)

poster das Poster (-) (2)

potato die Kartoffel (-n) (5); **fried potatoes** die Bratkartoffeln (*pl.*) (6)

poverty die Armut (14)

practical praktisch (1)

to prefer vorziehen (zieht vor), zog vor, vorgezogen (14)

to prepare (for) sich vorbereiten (auf + *acc.*) (bereitet vor) (11)

to prescribe verschreiben, verschrieb, verschrieben (8)

present das Geschenk (-e) (3)

prestige das Ansehen (11)

pretty good/well ganz gut (E)

pretzel die Brezel (-n) (6)

price der Preis (-e) (9); **included in the price** im Preis enthalten (9)

primary school die Grundschule (-n) (11)

to print drucken (13)

printer der Drucker (-) (13)

probably wahrscheinlich (11); wohl (11)

problem das Problem (-e) (2)

to produce herstellen (stellt her) (11)

profession der Beruf (-e) (1)

professional life das Berufsleben (11)

professor der Professor (-en) / die Professorin (-nen) (1)

program das Programm (-e) (13); **TV or radio program** die Sendung (-en) (13)

to prohibit verbieten, verbot, verboten (14)

to promote fördern (14)

to propose vorschlagen (schlägt vor), schlug vor, vorgeschlagen (10)

to protect schützen (14); **environmental protection** der Umweltschutz (14)

psychologist der Psychologe (-n *masc.*) (-n) / die Psychologin (-nen) (11)

pub die Kneipe (-n) (6); das Lokal (-e) (6); das Wirtshaus (¨er) (6)

public öffentlich (14)

pullover sweater der Pullover (-) (5)

to purchase something sich (*dat.*) etwas anschaffen (schafft an) (14)

purple lila (5)

purse die Tasche (-n) (5)

to put (*in a lying position*) legen (6); (*in a sitting position*) setzen (6); (*inside*) stecken (6); (*in a standing position*) stellen (6)

puzzle: to do crossword puzzles Kreuzworträtsel machen (1)

Q

quarter das Viertel (-) (4); **It's a quarter after/to two.** Es ist Viertel nach/vor zwei. (4)

question die Frage (-n); **I have a question.** Ich habe eine Frage. (E)

quick(ly) schnell (10); **to read quickly** überfliegen, überflog, überflogen (13)

quiet ruhig (1)

quite ganz (1); recht (2); **quite inexpensive** recht preiswert (2)

R

racism der Rassismus (14)

radio das Radio (-s) (2); **radio program** die Sendung (-en) (13)

rags (*slang for clothing*) die Klamotten (*pl.*) (5)

railway die Bahn (-en) (10)

rain der Regen (7)

to rain regnen (7); **It's raining.** Es regnet. (7)

rain shower der Regenschauer (-) (7)

rainy regnerisch (7)

rare(ly) selten (2)

rather recht (2); ziemlich (5); (*coord. conj.*) sondern (7); **would rather** möchte lieber (4)

to read lesen (liest), las, gelesen (1, 2); **to read a text message** eine SMS lesen (4); **to read quickly** überfliegen, überflog, überflogen (13)

really echt (*coll.*) (1); ganz (1); wirklich (1)

reasonable (*in price*) preiswert (2)

reception desk die Rezeption (9)

to recommend empfehlen (empfiehlt), empfahl, empfohlen (5)

recommendation (*from a former employer*) das Zeugnis (-se) (11)

to record (*e.g., on video*) aufnehmen (nimmt auf), nahm auf, aufgenommen (13)

to recover sich erholen (8)

recycling: to give/take to recycling in die Sammlung geben (14); **recycling center** die Sammelstelle (-n) (14)

red rot (5)

refrigerator der Kühlschrank (¨e) (9)

register: cash register die Kasse (-n) (5)

to register sich anmelden (meldet an) (9)

registration form das Anmeldeformular (-e) (9)

regular(ly) regelmäßig (8)

related to verwandt mit (3)

to relax sich entspannen (8)

to remain bleiben, blieb, ist geblieben (1)

rent die Miete (-n) (2)

to rent (*from someone*) mieten (12); **to rent out** (*to someone*) vermieten (12)

repair die Reparatur (-en) (12)

to repair reparieren (9)

report der Bericht (-e) (13); **report card** das Zeugnis (-se) (11); **weather report** der Wetterbericht (-e) (7)

to report berichten (13)

to request bitten um (+ *acc.*), bat, gebeten (12)

research die Forschung (-en) (14)

research: to do research forschen (13)

reservation: seat reservation card die Platzkarte (-n) (10)

to reserve reservieren (7)

to reside wohnen (1)

residence: place of residence der Wohnort (-e) (1)

responsible verantwortlich (11)

restaurant das Restaurant (-s) (6); das Lokal (-e) (6); **full-service restaurant** die Gaststätte (-n) (6)

résumé der Lebenslauf (¨e) (11)

to retrain umschulen (schult um) (14)

to return zurückkommen (kommt zurück), kam zurück, ist zurückgekommen (4)

rice der Reis (6)

to ride fahren (fährt), fuhr, ist gefahren (1); **to ride a bike** Fahrrad/Rad fahren (fährt Fahrrad/Rad) (1, 7); **to ride on horseback** reiten, ritt, ist geritten (7)

right rechts (9); **to the right** nach rechts (9)

river der Fluss ("-e) (7)

road der Weg (-e) (9)

roast: pork roast der Schweinebraten (-) (6)

roll das Brötchen (-) (5)

romantic romantisch (1)

roof das Dach ("-er) (12)

room das Zimmer (-) (2); **breakfast room** der Frühstücksraum ("-e) (9); **dining room** das Esszimmer (-) (2); **guest room** das Gästezimmer (-) (12); **living room** das Wohnzimmer (-) (2); **room with one bed** das Einzelzimmer (-) (9); **room with two beds** das Doppelzimmer (-) (9)

roommate der Mitbewohner (-) / die Mitbewohnerin (-nen) (2)

round-trip hin und zurück (10)

rug der Teppich (-e) (2)

to run laufen (läuft), lief, ist gelaufen (2)

S

safe(ly) sicher (10)

to sail segeln (7)

salad der Salat (-e) (6)

salary das Gehalt ("-er) (11)

sales der Handel (11); der Verkauf (11)

salesman der Kaufmann (pl. Kaufleute) (11)

salesperson der Verkäufer (-) / die Verkäuferin (-nen) (5)

saleswoman die Kauffrau (-en) (11)

salt das Salz (5)

Saturday (der) Samstag (3); (der) Sonnabend (3); **Saturdays, on Saturday(s)** samstags (4); sonnabends (4)

sauerkraut das Sauerkraut (6)

sausage die Wurst ("-e) (5); **small sausage** das Würstchen (-) (5); **white sausage** die Weißwurst ("-e) (6)

to save (conserve) sparen (12); (store) speichern (13)

savings account das Sparkonto (Sparkonten) (12)

to say sagen (1); **How do you say . . . in German?** Wie sagt man … auf Deutsch? (E); **that is to say** nämlich (3); **What did you say?** Wie bitte? (E)

scarcely kaum (8)

scarf der Schal (-s) (5)

schedule der Fahrplan ("-e) (10)

school die Schule (-n); **primary school** die Grundschule (-n) (11); **secondary school** das Gymnasium (Gymnasien) (11)

science die Wissenschaft (-en) (13)

scientist: computer scientist der Informatiker (-) / die Informatikerin (-nen) (11)

sea das Meer (-e) (7)

season die Jahreszeit (-en) (7)

seat der Platz ("-e) (6); **Is this seat available?** Ist hier noch frei? (6); **seat reservation card** die Platzkarte (-n) (10)

second (adj.) zweite (3)

second die Sekunde (-n) (4)

secondary school das Gymnasium (Gymnasien) (11)

to see sehen (sieht), sah, gesehen (2)

to seem scheinen, schien, geschienen (13)

to select something sich (dat.) etwas aussuchen (sucht aus) (13)

selection das Angebot (-e) (10)

self-assured(ly) selbstbewusst (11)

semester das Semester (-) (1)

to send schicken (1); **to send a text message** eine SMS schicken (4)

sensible gescheit (13)

to separate (sich) trennen (14)

separate(ly) getrennt (6)

September (der) September (3)

serious ernst (1)

server der Kellner (-) / die Kellnerin (-nen) (6)

service die Bedienung (6); **customer service** die Kundenbetreuung (11)

set (TV, telephone, camera, etc.) der Apparat (-e) (9)

to set setzen (6)

seven sieben (E)

seventeen siebzehn (E)

seventh sieb(en)te (3)

seventy siebzig (E)

shame: What a shame! So ein Pech! (8)

shape: in shape fit (8); **to keep in shape** sich fit halten (hält), hielt, gehalten (8)

shared housing die Wohngemeinschaft (-en) / die WG (-s) (2)

to shave sich rasieren (8)

she sie (1)

shelf das Regal (-e) (2)

to shine scheinen, schien, geschienen; **The sun is shining.** Die Sonne scheint. (7)

ship das Schiff (-e) (10)

shirt das Hemd (-en) (5); **T-shirt** das T-Shirt (-s) (5)

shoe der Schuh (-e) (5); **tennis shoe** der Tennisschuh (-e) (5)

shop das Geschäft (-e) (5); **butcher shop** die Metzgerei (-en) (5); **pastry shop** die Konditorei (-en) (5)

to shop einkaufen (kauft ein) (4)

shopping: to go shopping einkaufen gehen (geht einkaufen), ging einkaufen, ist einkaufen gegangen (4)

short kurz (kürzer, kürzest-) (7)

should, to be supposed to sollen (soll), sollte, gesollt (4)

shoulder die Schulter (-n) (8)

to show zeigen (5)

shower die Dusche (-n) (9); **rain shower** der Regenschauer (-) (7)

to shower sich duschen (8)

shy schüchtern (1)

siblings die Geschwister (pl.) (3)

sick krank (kränker, kränkst-) (8); **sick as a dog** (coll.) hundsmiserabel (8); **I'm sick to my stomach.** Mir ist schlecht. (8)

side: on the side nebenbei (12); **side dish** die Beilage (-n) (6)

simple einfach (10)

since seit (+ dat.) (5, 6)

single room das Einzelzimmer (-) (9)

sister die Schwester (-n) (3)

sister-in-law die Schwägerin (-nen) (3)

to sit sitzen, saß, gesessen (6); **to sit down** sich (hin)setzen (setzt hin) (8)

six sechs (E)

sixteen sechzehn (E)

sixth sechste (3)

sixty sechzig (E)

size die Größe (-n) (5)

to skate: to ice-skate Schlittschuh laufen (läuft Schlittschuh), lief Schlittschuh, ist Schlittschuh gelaufen (7)

to ski Ski fahren (fährt Ski), fuhr Ski, ist Ski gefahren (7)

to skim (a text) überfliegen, überflog, überflogen (13)

skirt der Rock ("-e) (5)

sky der Himmel (7)

to sleep schlafen (schläft), schlief, geschlafen (2)

slipper der Hausschuh (-e) (5)

Slovakia die Slowakei (E)

Slovenia (das) Slowenien (E)

slow(ly) langsam (10); **Slower, please.** Langsamer, bitte. (E)

small klein (2); **small sausage** das Würstchen (-) (5)

to smoke rauchen (8)

snow der Schnee (7)

to snow schneien (7); **It's snowing.** Es schneit. (7)

so so (2); **so long** mach's gut (inform.) (E); tschüss (inform.) (E); **So what?** Na und? (13)

soccer, soccer ball der Fußball ("-e) (7); **to play soccer** Fußball spielen (7)

sock die Socke (-n) (5)

sofa das Sofa (-s) (2)

solution die Lösung (-en) (14)

to solve lösen (14)

something etwas (2)

sometimes manchmal (8)

somewhat etwas (2); ziemlich (5)

son der Sohn ("-e) (3)

soon bald (12); **Get well soon!** Gute Besserung! (8)

sore throat die Halsschmerzen (pl.) (8)

sorry: to be sorry leidtun (+ dat.) (tut leid), tat leid, leidgetan (8)

to sound klingen, klang, geklungen (8); **You sound so depressed.** Du klingst so deprimiert. (8)

soup die Suppe (-n) (6)

space: parking space der Parkplatz ("-e) (9)

to speak sprechen (spricht), sprach, gesprochen (2)

special offer das Angebot (-e) (10)

to spend (money) ausgeben (gibt aus), gab aus, ausgegeben (12); (time) verbringen, verbrachte, verbracht (7)

spite: in spite of trotz (+ gen.) (9)

spoon der Löffel (-) (6)

sport, sports der Sport (pl. Sportarten) (7); **active in sports** sportlich aktiv (10); **to play sports** Sport treiben, trieb, getrieben (7)

spring (season) das Frühjahr (-e), der Frühling (-e) (7)

staircase die Treppe (-n) (12)

stamp: postage stamp die Briefmarke (-n) (7)

stand der Stand ("-e); **fast-food stand** der Imbiss (-e) (6); **fruit and vegetable stand** der Obst- und Gemüsestand ("-e) (5)

to stand stehen, stand, gestanden (6); **to stand up** (*get up*) aufstehen (steht auf), stand auf, ist aufgestanden (4); **to stand up** (*put in a standing position*) stellen (6)

station (*bus, train, etc.*) die Haltestelle (-n) (9); (*TV or radio*) das Programm (-e) (13); **police station** die Polizei (9); **train station** der Bahnhof (¨-e) (9)

stay der Aufenthalt (-e) (9); **overnight stay** die Übernachtung (-en) (9)

to stay bleiben, blieb, ist geblieben (1); **to stay overnight** übernachten (9)

stereo die Stereoanlage (-n) (2)

still (*yet*) noch (2)

stock market die Börse (-n) (13)

stomach der Bauch (¨-e) (8); **I'm sick to my stomach.** Mir ist schlecht. (8)

stop (*bus, train, etc.*) die Haltestelle (-n) (9)

store das Geschäft (-e) (5); der Laden (¨-) (5); **beverage store** der Getränkeladen (¨-) (5); **department store** das Kaufhaus (¨-er) (2); **natural-foods store** der Bioladen (¨-) (5); **toiletries and sundries store** die Drogerie (-n) (5)

to store speichern (13)

story (*level*) der Stock (*pl.* Stockwerke) (9); die Etage (-n) (12)

straight ahead geradeaus (9)

to straighten up aufräumen (räumt auf) (4)

strawberry die Erdbeere (-n) (5)

street die Straße (-n) (E); **street address** die Hausnummer (-n) (E)

strenuous anstrengend (8)

stress der Stress (8)

stressful stressig (1)

to stretch sich strecken (8)

striped gestreift (5)

strong stark (stärker, stärkst-) (7)

strudel: apple strudel der Apfelstrudel (-) (6)

student der Student (-en *masc.*) (-en) / die Studentin (-nen) (1); **student cafeteria** die Mensa (-s) (1)

study (*room*) das Arbeitszimmer (-) (2)

to study (*at university*) studieren (1); (*for an exam*) lernen (1)

stupid blöd (13); **I think that's really stupid.** Das ist mir zu blöd. (13)

stylish(ly) schick (5)

to subscribe abonnieren (13)

subscription das Abo(nnement) (-s) (13)

success der Erfolg (-e) (11)

successful(ly) erfolgreich (11); **to be successful** Erfolg haben (11)

sugar der Zucker (5)

to suggest vorschlagen (schlägt vor), schlug vor, vorgeschlagen (10)

suit der Anzug (¨-e) (5); **bathing suit** der Badeanzug (¨-e) (5)

suitcase der Koffer (-) (5)

summer der Sommer (-) (7)

sun die Sonne (7); **The sun is shining.** Die Sonne scheint. (7)

Sunday (der) Sonntag (3); **Sundays, on Sunday(s)** sonntags (4)

sunny sonnig (7)

sunscreen das Sonnenschutzmittel (10)

sunshine der Sonnenschein (7)

suntan lotion das Sonnenschutzmittel (10)

super! (*coll.*) (ganz) toll! (1)

supermarket der Supermarkt (¨-e) (5)

to support unterstützen, unterstützt (12)

supposed: to be supposed to sollen (soll), sollte, gesollt (4)

sure(ly) sicher (5)

to surf surfen (1); **to surf the Internet** im Internet surfen (1)

surname der Nachname (*gen.* -ns, *acc./dat.* -n) (-n) (1)

suspenseful spannend (4)

to swallow schlucken (8)

sweater: pullover sweater der Pullover (-) (5)

to swim schwimmen, schwamm, ist geschwommen (2)

swim trunks die Badehose (-n) (5)

swimming pool das Schwimmbad (¨-er) (7); **outdoor swimming pool** das Freibad (¨-er) (7)

Switzerland die Schweiz (E)

T

table der Tisch (-e) (2)

table: coffee table der Couchtisch (-e) (2)

to take nehmen (nimmt), nahm, genommen (5); **to take** (*time*) dauern (7); **to take a vote** abstimmen (stimmt ab) (14); **to take along** mitnehmen (nimmt mit), nahm mit, mitgenommen (5); **take care** mach's gut (*inform.*) (E); **to take to recycling** in die Sammlung geben (14)

taken besetzt (6); **This place is taken.** Hier ist besetzt. (6)

takeout (*food*) zum Mitnehmen (6)

to talk on the phone telefonieren (1)

tall groß (größer, größt-) (1)

tap: on tap vom Fass (6)

to taste (good) schmecken (+ *dat.*) (5)

tax die Steuer (-n) (14)

taxicab das Taxi (-s) (10)

tea der Tee (5); **herbal tea** der Kräutertee (8)

teacher der Lehrer (-) / die Lehrerin (-nen) (E)

technique die Technik (-en) (11)

technology die Technik (-en) (11)

telephone das Telefon (-e) (2); **telephone number** die Telefonnummer (-n) (E); **to talk on the telephone** telefonieren (1)

television (set) der Fernseher (-) (2); **to watch television** fernsehen (sieht fern), sah fern, ferngesehen (4); **television** das Fernsehen (4)

to tell sagen (1); **tell me** sag mal (1)

temperature die Temperatur (-en) (7)

ten zehn (E)

tennis das Tennis; **to play tennis** Tennis spielen (7); **tennis court** der Tennisplatz (¨-e) (7); **tennis shoe** der Tennisschuh (-e) (5);

tent das Zelt (-e) (10)

tenth zehnte (3)

terrace die Terrasse (-n) (2)

terrorism der Terrorismus (14)

to text simsen (4)

text message die SMS (-) (4); **to send/read a text message** eine SMS schicken/lesen (4)

than als (7)

to thank danken (+ *dat.*) (5); **thank you very much** danke schön (E)

thanks danke (E); **fine, thanks** danke, gut (E); **Many thanks!** Vielen Dank! (6); **No thanks necessary.** Nichts zu danken. (8); **thanks a lot** danke sehr (1)

that das; (*subord. conj.*) dass (8); **that comes to . . .** das macht … (5); **That doesn't matter.** Das macht nichts. (8); **that is** d.h. (= das heißt) (8); **that is to say** nämlich (3); **That's fun.** Das macht Spaß. (1)

the der, die, das

theater das Theater (-) (4); **to go to the theater** ins Theater gehen (4); **movie theater** das Kino (-s) (4)

their ihr (3)

them sie (*acc.*) (3); **(to/for) them** ihnen (*dat.*) (5)

then: now and then ab und zu (8)

there da (2); **over there** da drüben (6); **there is/are** es gibt (3); **What's the best way to get there?** Wie komme ich am besten dahin? (9)

therefore deshalb (8)

they sie (1); (*indef. pron.*) man (4)

to think (about/of) denken (an + *acc.*), dachte, gedacht (12); **I think that's really stupid.** Das ist mir zu blöd. (13); **to think (about)** nachdenken (über + *acc.*) (denkt nach), dachte nach, nachgedacht (11); **to think** (*be of the opinion*) meinen (14); **to think** (*consider*) halten (für + *acc.*) (hält), hielt, gehalten (14); **to think over** sich überlegen, überlegt (10); **What do you think of . . . ?** Wie findest du … ? (1)

third dritte (3)

thirsty: to be thirsty Durst haben (hat Durst) (2)

thirteen dreizehn (E)

thirteenth dreizehnte (3)

thirty dreißig (E)

this dieser, diese, dies(es) (2); **this afternoon** heute Nachmittag (4); **this evening** heute Abend (1); **This is . . .** Das ist … (E); **this morning** heute Morgen (4)

thousand (ein)tausend (E)

three drei (E); **three times** dreimal (7)

threesome: as a threesome zu dritt (10)

throat der Hals (¨-e) (8); **sore throat** die Halsschmerzen (*pl.*) (8)

through durch (+ *acc.*) (3)

to thunder donnern (7); **It's thundering.** Es donnert. (7)

thunderstorm das Gewitter (-) (7)

Thursday (der) Donnerstag (3); **Thursdays, on Thursday(s)** donnerstags (4)

ticket (*bus or train*) die Fahrkarte (-n) (10); **ticket window** der Fahrkartenschalter (-) (10)

time die Zeit (-en) (2); **At what time?** Um wie viel Uhr? (4); **to have time** Zeit haben (hat Zeit) (2); **to spend time** Zeit verbringen, verbrachte, verbracht (7); **three times** dreimal (7); **time of day** die Tageszeit (-en) (4); **What time is it?** Wie spät ist es? / Wie viel Uhr ist es? (4)

tin can die Dose (-n) (14)

tired müde (8)

tiring anstrengend (8)

to nach (+ *dat.*) (5); zu (+ *dat.*) (5); (*a place*) in (+ *acc.*) (6); **five to two** fünf vor zwei (4); **It's a quarter to two.** Es ist Viertel vor zwei. (4); **to (as far as)** bis zum/zur (9); **(to) home** nach Hause (5); **to the left/right** nach links/ rechts (9); **to where** wohin (5)

today heute (1); **What is today's date?** Welches Datum ist heute? (3)

toe die Zehe (-n) (8)

together zusammen

toilet das WC (-s) (9)

toiletries and sundries store die Drogerie (-n) (5)

tomato die Tomate (-n) (5)

tomorrow morgen (3); **tomorrow evening** morgen Abend (4); **tomorrow morning** morgen früh (4); **What is tomorrow's date?** Welches Datum ist morgen? (3)

too (*also*) auch (E)

tooth der Zahn (¨e); **to brush one's teeth** sich die Zähne putzen (8)

toothpaste die Zahnpasta (Zahnpasten) (5)

top: on top of auf (+ *acc./dat.*) (6); **top floor** das Dachgeschoss (-e) (12)

topical aktuell (13)

total insgesamt (10); **total(ly)** ganz (12)

tourist der Tourist (-en *masc.*) (-en) / die Touristin (-nen) (9)

towel das Handtuch (¨er) (9)

town die Stadt (¨e) (E); **center of town** das Zentrum (Zentren) (9)

track das Gleis (-e) (10)

trade der Handel (11)

tradition die Tradition (-en) (3)

traffic light die Ampel (-n) (9)

tragedy die Tragödie (-n) (4)

trail: hiking trail der Wanderweg (-e) (10)

train der Zug (¨e) (10); (*railway*) die Bahn (-en) (10); **train platform** der Bahnsteig (-e) (10); **train station** der Bahnhof (¨e) (9)

training die Ausbildung (11); **to do weight training** Bodybuilding machen (7)

transcript das Zeugnis (-se) (11)

to transfer (*trains*) umsteigen (steigt um), stieg um, ist umgestiegen (10)

to translate übersetzen, übersetzt (11)

transportation: means of transportation das Verkehrsmittel (-) (14)

trash der Müll (12); der Abfall (¨e) (14)

travel: travel agency das Reisebüro (-s) (10); **travel brochure** der Reiseprospekt (-e) (10); **travel guide (book)** der Reiseführer (-) (10)

to travel reisen, ist gereist (1); **to travel first/ second class** erster/zweiter Klasse fahren (fährt), fuhr, ist gefahren (10)

traveler's check der Reisescheck (-s) (10)

tree der Baum (¨e); **Christmas tree** der Weihnachtsbaum (¨e) (3); **family tree** der Stammbaum (¨e) (3)

trip die Reise (-n) (10); **to go on a trip** verreisen, ist verreist (10)

trousers die Hose (-n) (5)

trunks: swim trunks die Badehose (-n) (5)

to try versuchen (13); **to try on** anprobieren (probiert an) (5)

T-shirt das T-Shirt (-s) (5)

Tuesday (der) Dienstag (3); **Tuesdays, on Tuesday(s)** dienstags (4)

tuition die Studiengebühren (*pl.*) (12)

to turn einbiegen (biegt ein), bog ein, ist eingebogen (9)

TV das Fernsehen (4); **TV channel** das Programm (-e) (13); **TV program** die Sendung (-en) (13); **TV set** der Fernseher (-) (2)

twelfth zwölfte (3)

twelve zwölf (E)

twentieth zwanzigste (3)

twenty zwanzig (E)

twice zweimal (7)

two zwei (E)

twosome: as a twosome zu zweit (10)

U

ugly hässlich (2)

umbrella der Regenschirm (-e) (7)

uncle der Onkel (-) (3)

under unter (+ *acc./dat.*) (6); **Under what name?** Auf welchen Namen? (9)

to understand verstehen, verstand, verstanden; **I don't understand.** Ich verstehe das nicht. (E)

to undertake unternehmen (unternimmt), unternahm, unternommen (10)

undressed: to get undressed sich ausziehen (zieht aus), zog aus, ausgezogen (8)

unemployment die Arbeitslosigkeit (14)

unfortunately leider (3)

unfriendly unfreundlich (1)

unfurnished unmöbliert (2)

university die Universität (-en) (1); **university lecture** die Vorlesung (-en) (4)

unlikable unsympathisch (1)

until bis (um) (+ *acc.*) (6); **until five o'clock** bis (um) fünf Uhr (6)

upstairs oben; (*directional*) nach oben (12)

urgent(ly) dringend (2)

us uns (*acc.*) (3); **(to/for) us** uns (*dat.*) (5)

to use verwenden (14)

used to (*do, be, etc.*) früher (7)

usual(ly) gewöhnlich (4)

utilities die Nebenkosten (*pl.*) (12)

V

vacation: to go on vacation Urlaub machen (8)

Valentine's Day der Valentinstag (3)

varied abwechslungsreich (11)

vegetable das Gemüse (5); **fruit and vegetable stand** der Obst- und Gemüsestand (¨e) (5)

vegetarian vegetarisch (6)

vehicle das Verkehrsmittel (-) (14)

very ganz (1); sehr (1); **thank you very much** danke schön (E); **very well** sehr gut (E)

vicinity die Nähe (9); die Umgebung (-en) (12)

video(tape) das Video (-s) (2); **video camera** die Videokamera (-s) (13); **video game console** die Spielkonsole (-n) (13)

violence die Gewalt (14)

to visit besuchen (1)

vote: to take a vote abstimmen (stimmt ab) (14)

to vote wählen (14)

W

to wait warten (6)

waiter der Ober (-) (6)

to wake up aufwachen (wacht auf) (4)

to walk zu Fuß gehen, ging, ist gegangen (8); **to go for a walk** spazieren gehen (geht spazieren), ging spazieren, ist spazieren gegangen (4); **to walk along** entlanggehen (geht entlang), ging entlang, ist entlanggegangen (9)

wall die Wand (¨e) (2)

wall-to-wall carpeting der Teppichboden (¨) (12)

to want to wollen (will), wollte, gewollt (4)

war der Krieg (-e) (14)

wardrobe die Garderobe (-n) (12)

warm warm (wärmer, wärmst-) (7)

to wash (oneself) sich waschen (wäscht), wusch, gewaschen (8)

washing machine die Waschmaschine (-n) (12)

waste der Abfall (¨e) (14)

wastepaper basket der Papierkorb (¨e) (2)

to watch something sich (*dat.*) etwas anschauen (schaut an) (13); sich (*dat.*) etwas ansehen (sieht an), sah an, angesehen; **to watch television** fernsehen (sieht fern), sah fern, ferngesehen (4)

water das Wasser (5); **mineral water** der Sprudel (6)

way der Weg (-e) (9); **by the way** übrigens (9); **What's the best way to get there?** Wie komme ich am besten dahin? (9)

we wir (1)

weak schlapp (8)

to wear tragen (trägt), trug, getragen (5)

weather das Wetter (7); **weather report** der Wetterbericht (-e) (7)

website die Website (-s) (11)

wedding die Hochzeit (-en) (3)

Wednesday (der) Mittwoch (3); **Wednesdays, on Wednesday(s)** mittwochs (4)

week die Woche (-n) (4); **day of the week** der Wochentag (-e) (3); **once a week** einmal die Woche (7); **per week** pro Woche (4)

weekend das Wochenende (-n) (4)

weight training: to do weight training Bodybuilding machen (7)

welcome herzlich willkommen (E); **you're welcome** bitte (E)

well gut (1); (*healthy*) gesund (8); **Are you doing well?** Geht's gut? (E); **to feel well** sich wohl fühlen (8); **to get well** sich erholen (8) **Get well soon!** Gute Besserung! (8); **He dances well.** Er tanzt gut. (1); **not particularly well** nicht besonders gut (E); **pretty good/well** ganz gut (E); **very well** sehr gut (E)

were: if I were you an deiner Stelle (12)

what was (1); **At what time?** Um wie viel Uhr? (4); **So what?** Na und? (13); **Under what name?** Auf welchen Namen? (9); **What a shame! What bad luck!** So ein Pech! (8); **What did you say?** Wie bitte? (E); **What do you do for a living?** Was sind Sie von Beruf? (1); **What do you think of . . . ?** Wie findest du … ? (1); **What does . . . mean?** Was bedeutet … ? (E); **What is . . . ?** Wie ist … ? (E); **What is the name of . . . ?** Wie heißt … ? (E); **What is today's/tomorrow's date?** Welches Datum ist heute/morgen? (3); **what kind of (a)** was für (ein) (11); **What time is it?** Wie spät ist es? / Wie viel Uhr ist es? (4); **What will you have?**

Was bekommen Sie? (6); **What's it about?** Wovon handelt es? (13); **What's the best way to get there?** Wie komme ich am besten dahin? (9); **What's the matter?** Was ist denn los? (2); Was fehlt Ihnen/dir? (8); **What's your name?** Wie heißen Sie? (*form.*) / Wie heißt du? (*inform.*) (E); Wie ist Ihr Name? (*form.*) / Wie ist dein Name? (*inform.*) (E)

when (*adv.*) wann (1); (*subord. conj.*) wenn (8); (*subord. conj.*) als (10); **When is your birthday?** Wann hast du Geburtstag? (3)

where wo (1); **from where** woher (1); **(to) where** wohin (5); **Where are you from?** Woher kommen Sie? (*form.*) / Woher kommst du? (*inform.*) (E)

whether (*subord. conj.*) ob (8)

which welcher, welche, welches (2)

while (*subord. conj.*) während (9)

whipped cream die Sahne (6)

white weiß (5); **white sausage** die Weißwurst (¨e) (6)

who wer (1)

whom wen (*acc.*); **(to/for) whom** wem (*dat.*) (5)

why warum (2)

wife die Frau (-en) (3)

wind der Wind (-e) (7); **wind power generator** das Windrad (¨er) (14)

window das Fenster (-) (2); **ticket window** der Fahrkartenschalter (-) (10)

windy windig (7)

wine der Wein (-e) (6)

winter der Winter (-) (7)

wish: best wishes viele Grüße (12)

to wish wünschen (3)

with mit (+ *dat.*) (5); bei (+ *dat.*) (5)

within innerhalb (+ *gen.*) (9)

without ohne (+ *acc.*) (3); **to do without** verzichten auf (+ *acc.*) (12)

woman die Frau (-en) (E)

work die Arbeit (-en) (8)

to work arbeiten (1); (*at a temporary job*) jobben (12); (*function*) funktionieren (9)

workplace der Arbeitsplatz (¨e) (11)

workroom das Arbeitszimmer (-) (2)

world die Welt (14)

worn-out schlapp (8)

to worry about sich Sorgen machen um (+ *acc.*) (14)

would: would like to möchte (4); **would like (to do) most** möchte am liebsten (4); **would rather** möchte lieber (4); **Would you please . . . ?** Würden Sie bitte … ? (9)

to write schreiben, schrieb, geschrieben (2); **How do you write . . . ?** Wie schreibt man … ? (E)

X

xenophobia die Ausländerfeindlichkeit (14)

Y

yard der Garten (¨) (2)

year das Jahr (-e) (1); **for two years** seit zwei Jahren (6); **next year** nächstes Jahr (1); **once a year** einmal im Jahr (7)

yellow gelb (5)

yes ja (E)

yesterday gestern (7)

yet noch (2)

yogurt der/das Joghurt (5)

you du (*inform. sg.*), ihr (*inform. pl.*), Sie (*form. sg./pl.*) (1); dich (*inform. sg. acc.*), euch (*inform. pl. acc.*), Sie (*form. sg./pl. acc.*) (3); dir (*inform. sg. dat.*), euch (*inform. pl. dat.*), Ihnen (*form. sg./pl. dat.*) (5); (*indef, pron.*) man (4); **You may not park here.** Hier darf man nicht parken. (4); **you're welcome** bitte (E)

young jung (jünger, jüngst-) (10)

your dein (*inform. sg.*), euer (*inform. pl.*), Ihr (*form. sg./pl.*) (3)

youth hostel die Jugendherberge (-n) (9)

Z

zero null (E)

zone: pedestrian zone die Fußgängerzone (-n) (9)

zoo der Tierpark (-s) (9)

INDEX

CREDITS

Photography/Alamy; p. 193: Courtesy of Robert Di Donato; p. 194 (kneipe): ©Martin Lengemann/ullstein bild/The Image Works; p. 194 (imbiss): ©Ilona Studre/ullstein bild/The Image Works; p. 194 (mensa): ©Ulrich Baumgarten/Getty Images; p. 195 (both): ©McGraw-Hill Education. Klic Video Productions; p. 199: Courtesy of Robert Di Donato.

Chapter 7 Opener: ©STOCK4B GmbH/Alamy RF; p. 202 (still): ©McGraw-Hill Education. Klic Video Productions; p. 207: ©Ossinge/Newscom; p. 208 (summer): ©imageBROKER/Alamy RF; p. 208 (winter): Courtesy of Monica Clyde; p. 208 (autumn): ©Fridmar Damm/Corbis; p. 208 (spring): ©Ronald Wittek/age fotostock/Getty Images; p. 211: ©imageBROKER/Alamy; p. 212: Courtesy of Robert Di Donato; p. 214: ©Mark Wieland/Getty Images; p. 218: ©Syracuse Newspapers/Marilu Lopez-Fretts/The Image Works; p. 223 (rowers): Courtesy of Robert Di Donato; p. 223 (hikers): ©Altrendo/Getty Images; p. 224: ©McGraw-Hill Education. Klic Video Productions; p. 226: ©Topham/The Image Works.

Chapter 8 Opener: ©Buddy Bartelsen/ullstein bild/The Image Works; p. 230 (still): ©McGraw-Hill Education/Klic Video Productions; p. 232 (walking): ©Michael P. Gadomski/Science Source; p. 232 (skating): ©A Teich/Caro/ullstein bild/The Image Works; p. 232 (yoga): ©Photodisc/Getty Images RF; p. 237: ©Wodicka/ullstein bild/The Image Works; p. 239: ©LOOK Die Bildagentur der Fotografen GmbH/Alamy; p. 242: ©Marco Urban/Sueddeutsche Zeitung Photo/The Image Works ; p. 247: Courtesy of Monica Clyde; p. 248: ©Werner Dieterich/Alamy; p. 249: ©McGraw-Hill Education. Klic Video Productions; p. 251 (Sterzenbach): Courtesy of Backoffice STERZENBACH GmbH; p. 251 (workout): ©nullplus/E+/Getty Images RF.

Chapter 9 Opener: Courtesy of Robert Di Donato; p. 256: ©McGraw-Hill Education. Klic Video Productions; p. 257 (graphic): ©Fintastique/Alamy RF; p. 257 (Zwinger): ©iStock/360/Getty Images RF; p. 257 (Semperoper): ©Getty Images; p. 260: ©David Crausby/Alamy; p. 263: ©H. & D. Zielske/LOOK/Getty Images RF; p. 266: ©INTERFOTO/Alamy; p. 272: ©Rico Hofmann/Visum/The Image Works ; p. 274: Courtesy of Monica Clyde; p. 275: ©Shaun Egan/Getty Images; p. 276: ©Danita Delimont/Gallo Images/Getty Images; p. 278: ©McGraw-Hill Education. Klic Video Productions.

Chapter 10 Opener: ©Arco Images GmbH/Alamy; p. 284 (still), p. 288: ©McGraw-Hill Education/Klic Video Productions; p. 290: ©Karl-Heinz Haenel/Corbis; p. 291: Courtesy of Monica Clyde; p. 294 (travelers): ©Matti Niemi/Getty Images; p. 294 (family): Courtesy of Monica Clyde; p. 298: ©ullstein bild - Merten/The Image Works; p. 302: ©Ulrike Welsch/PhotoEdit; p. 303: ©Wolfgang Steche/Visum/The Image Works; p. 306 (Prater): ©Harald A. Jahn/Corbis; p. 306 (Bern): ©Visum Foto GmbH/Alamy; p. 307: ©McGraw-Hill Education. Klic Video Productions; p. 308: ©Pixtal/AGE Fotostock RF; p. 309: ©Natphotos/Digital Vision RF.

Chapter 11 Opener: ©Sven Doering/Visum/The Image Works ; p. 314 (still): ©McGraw-Hill Education/Klic Video Productions; p. 320: ©Silver Screen Collection/Getty Images; p. 323: ©uwe umst_tter/Getty Images RF; p. 324: ©Caro/Alamy; p. 332: ©McGraw-Hill Education. Klic Video Productions; p. 333: ©Stefanie Grewel/Getty Images RF; p. 335: ©Thomas Trutschell/Getty Images; p. 336: ©McGraw-Hill Education. Klic Video Productions; p. 337: ©Ulrich Baumgarten via Getty Images; p. 339: Courtesy of Monica Clyde.

Chapter 12 Opener: ©altrendo images/Getty Images; p. 342 (still): ©McGraw-Hill Education/Klic Video Productions; p. 345: ©Tetra Images/Getty Images RF; p. 348: Courtesy of Monica Clyde; p. 352: ©Simon Wilkinson/Getty Images; p. 365: ©Luis Alvarez/Getty Images RF; p. 366: ©McGraw-Hill Education. Klic Video Productions.

Chapter 13 Opener: ©Giorgio Magini/Getty Images RF; p. 372 (still): ©McGraw-Hill Education. Klic Video Productions; p. 373 (left): ©ullstein bild - Wodicka/The Image Works; p. 373 (right): ©ullstein bild - joko/The Image Works; p. 374 (magazin): ©ullstein bild - Dagmar Scherf/The Image Works; p. 374 (krimiserie): ©United Archives/90060/ullstein bild/The Image Works; p. 375 (serie): ©ullstein bild - Buddy Bartelson/The Image Works; p. 375 (actionserie): ©ullstein bild - United Archives/The Image Works; p. 381: ©Friedel/Imago/SIPA/Newscom; p. 382: (still): ©McGraw-Hill Education/Klic Video Productions; p. 384: ©ullstein bild - Wodicka/The Image Works; p. 389: ©imageBROKER/Alamy; p. 390: ©Westend61/Getty Images RF; p. 391: ©McGraw-Hill Education. Klic Video Productions; p. 393: ©Cultura Creative/Alamy RF.

Chapter 14 Opener: ©Carsten Koall/Getty Images; p. 398 (still): ©McGraw-Hill Education. Klic Video Productions; p. 401: Courtesy of Monica Clyde; p. 408: ©imagebroker/Alamy; p. 413: ©Thomas Imo//Getty Images; p. 414: ©McGraw-Hill Education. Klic Video Productions.

Text Credits

Einführung Page 6 (bear): Adapted from Rintelen Naturbetten; p. 9: From Bücherei am Münztor Schongau; p. 10 (right): From Universität Klagenfurt; p. 10 (left): From Buchhandlung Gebecke; p. 10 (right): From Verkehrsmuseum Dresden; p. 10 (right): Adapted from Buchantiquariat Benz; p. 12: From Kur-Café; p. 13 (right): From Symphonisches Orchester Berlin; p. 13 (left): From Café Kadenz; p. 13 (bottom): From Kabarett Leipziger Pfeffermühle.

Chapter 1 Page 30 (top): From Goldmann Verlag; p. 30 (top): From *Das Wandermagazin*; p. 32: From *Frankfurter Allgemeine Zeitung*; p. 34 (hedgehog): From Pan-Creativ; p. 37 (left): From Leipziger Universitätsverlag; p. 37 (right): From Volksbanken Raiffeisenbanken; p. 39 (car): © Barbara Henniger, www.barbarahenniger.de; p. 39 (island): Used by permission of Ioannis Milionis, www.mycartoons.de; p. 42: © Hamburg 1 Fernsehen, www.hamburg1.de; p. 42 (ape): From Tierpark Hellabrunn, München; p. 44: Adapted from *The Guardian*, September 19, 2012; p. 44 (poster): From DSR Deutsche Städte-Reklame GmbH; p. 46: Nasrin Siege, "Dialog" in *Texte dagegen*. All rights reserved. Used with permission.

Chapter 2 Page 60: Adapted from the Goethe Institut; p. 60 (floor plan): From Pro Fertighaus; p. 68 (bottom): From Salamander; p. 69 (stork): © Wolfgang Horsch, www.horschcartoons.de.